Weihnachten 1978 (2),
auch von Pa-Li.

Herbert Scurla
Rahel Varnhagen

Herbert Scurla

RAHEL VARNHAGEN

Die große Frauengestalt der deutschen Romantik

claassen

Originaltitel:
Begegnung mit Rahel
Der Salon der Rahel Levin

Bildnachweis:
Archiv für Kunst und Geschichte,
Berlin

Lizenzausgabe mit freundlicher Genehmigung
des Verlags der Nation, Berlin (DDR)

1. Auflage 1978 claassen Verlag GmbH, Düsseldorf
Gesamtherstellung: Bercker, Kevelaer
ISBN 3 546 48256 5

Gewidmet dem Gedenken an
E. B.

In einer höher organisierten Gesellschaft
würde Rahel für die Völker
das gewesen sein, was sie hier
für einen kleinen Kreis vertrauter Freunde war:
eine Leuchte der Geister,
eine Führerin der Seelen.

Astolphe de Custine

VORWORT

Rahel lebte im Zeitalter des aufkommenden Liberalismus. Das Bürgertum begann dem Feudaladel ökonomische und gesellschaftliche Rechte abzutrotzen. Seine literarischen Wortführer hatten sich auf die Würde des Menschen besonnen und die Rechte des Menschen proklamiert. In Frankreich hatte der dritte Stand das Zeichen zum revolutionären Aufstand gegeben und, ähnlich wie vorher bereits in England, die politische Macht erobert. Er folgte den Verheißungen einer gesellschaftlichen Ordnung, in der Freiheit, Gleichheit, Brüderlichkeit als Grundgesetze menschlichen Zusammenlebens gelten sollten.

Staatliche Grenzen und militärische Kordons hatten dem Fortströmen freiheitlicher Gedanken keinen Einhalt gebieten können. Der revolutionäre Funke zündete im linksrheinischen Deutschland, wo sich die Klassengegensätze am deutlichsten zugespitzt hatten; Frankreichs Bürgerarmeen trugen das Fanal revolutionärer Empörung gegen Despotismus und Feudalismus über die Sprachgrenzen hinweg in die der jungen Bürgerrepublik benachbarten Länder. Im Süden und Südwesten Deutschlands regte es sich, und bis nach Berlin, bis in die Hauptstadt des friderizianischen Militär- und Beamtenstaates, war die Unruhe spürbar, von welcher die bürgerliche Welt erfaßt worden war. Auch hier hatte die Aufklärung, freilich spät, den Boden für eine neue Saat fruchtbar vorbereitet. Auch hier hatte die Klassik mit idealistischem Pathos, das antike Beispiel rühmend, dem wach gewordenen Individuum Wege zur Vervollkommnung durch Selbstdenken und Selbstbildung gewiesen; eben hier zog die junge Romantik, von Jena nach Berlin übergesiedelt, breite Kreise der Gebildeten in ihren Bann. In jenen Jahren um die Wende zum 19. Jahrhundert hatte Rahel Levin um sich einen Kreis von Menschen versammelt, in denen der Zeitgeist so oder so lebendig war.

Rahels Verhaltensweise war betont bürgerlich-individualistisch. Doch Rahel war Frau. Und sie war Jüdin.

Und wenn schon dem Mann und dem Gebildeten bürgerlicher Herkunft von seiten der feudalen Herrenschicht die Grenzen gewiesen waren, innerhalb derer er sich zu bewegen hatte, wollte er nicht mit den herrschenden Mächten in Konflikt geraten — wieviel weniger Bewegungsfreiheit besaß die bürgerliche Frau. Die *Frau* wagte, von den Aufklärern ermuntert, eben die ersten tastenden Schritte zum gleichen Recht mit dem Mann. Die *Jüdin* vollends galt in der gesellschaftlichen Ordnung, gleich welchen Staates, so gut wie nichts; war sie doch noch im eigenen Umkreis, in dem unter staatlichem Ausnahmerecht lebenden Judentum, minderen Rechtes.

Rahel hat zeitlebens darunter gelitten, daß sie Frau und daß sie Jüdin war. Sie empfand es als Verhängnis, daß ihr die Rechte des bürgerlichen Mannes, so er Christ war oder es durch Aufgabe des Judentums geworden war, auf Bildung, Beruf und allmählich auf öffentliches Wirken versagt blieben. Die formale Gleichberechtigung des Judentums auch im preußischen Staat vollzog sich rascher als die Emanzipation der Frau innerhalb der gegebenen Gesellschaft. War Rahel uneins mit sich oder mit dem Zeitgeist, dem sie eher voranlief, als daß sie ihm huldigte, so schalt sie sich selbst eine „Ignorantin", wobei die romantische Individualistin die Schuld zunächst in sich, danach erst in den gesellschaftlichen Verhältnissen suchte, wo sie ausschließlich zu finden war.

Trotzdem empfand schon ihre eigene Zeit Rahel als eine Individualität eigenen und fast unvergleichlichen Ranges, als weithin befruchtende, Gutes wirkende Persönlichkeit. Sie hätte, meinten kritisch-besonnene Stimmen schon damals, Varnhagen von Enses, ihres Mannes, beredsamen und dabei nicht immer redlichen Lobgesanges nicht bedurft, dem sie ihren frühen Nachruhm als eine der empfindsamsten Seelen verdankt. Das bürgerlich-liberale Deutschland zählte sie zu den bdeutendsten Frauen der ersten Hälfte des 19. Jahrhunderts und als eine seiner entschiedenen Vertreterinnen. Und auch wir dürfen, wir sollten sie wieder in die Vorhut bürgerlicher Frauen einreihen, die der Restauration und der Reaktion des Feudalismus getrotzt und dazu beigetragen haben, der Gleichberechtigung der Frau und dem gleichen Recht aller Menschen die Bahn zu brechen.

Rahel kann in ihrem aufrüttelnden Einfluß auf Menschen ihres Umgangs und in ihrer intellektuellen Ausstrahlung nur mit Germaine de Staël und Bettina von Arnim auf eine Ebene gestellt werden. Diese beiden hatten vor der namenlosen Jüdin freilich den Glanz ihrer Herkunft, ihre sorgfältige Bildung, ihre Stellung in der zeitgenössischen Gesellschaft voraus. Zudem verschafften ihre in Büchern des Bekenntnisses niedergelegten Ideen dem verwöhnten Sprößling aus französischem Hochadel wie der Tochter eines Frankfurter Großbürgers Zeitruhm, und dieser Nachlaß erschließt uns noch heute den unmittelbaren Zugang zu ihrem Wissen, ihrem Wollen, ihren Triebkräften. Zwar war auch Rahel wie Bettina und Germaine und andere Frauen geistiger Mittelpunkt eines den Bedingungen der Zeit gemäßen, „Salon" genannten Kreises von Menschen; aber sie hinterließ kein Buch. Sie wirkte nur in der besonderen, der persönlichen Verbundenheit des Gespräches und des Gedankenautausches in Briefen, die meist dem Augenblick entsprangen, einer besonderen Lage gerecht werden wollten und allenfalls in seltenen Ausnahmefällen mit dem Blick auf die Nachwelt geschrieben wurden. Doch auch Rahels Begegnungen – und das enthebt sie der privaten Sphäre – vollzogen sich mit typischen Repräsentanten der in Unruhe und Aufruhr geratenen Epoche des Überganges aus der feudalistischen Gesellschaft des Agrarstaates zum bürgerlich bestimmten Industriestaat des kapitalistischen Zeitalters. Rahel hat literarische Zeugnisse also nur in Briefen und Tagebuchblättern hinterlassen, und diese hat Varnhagen, wie wir heute wissen, nicht frei von Zutaten, Auslassungen, willkürlichen Veränderungen[1] der Öffentlichkeit übergeben. Weniger im überlieferten Wort als in der individuellen Einflußnahme auf Menschen ihrer Zeit wie in der Art dieser Begegnungen liegen Wert und Besonderheit der durchaus als geschichtlich zu wertenden Leistung Rahels.

---

[1] Hannah Arendt hat in ihrer Biographie (s. Literaturverzeichnis) neuerlich auf „die große Eigenmächtigkeit Varnhagens in der Veröffentlichung oder Vorbereitung des Rahelschen Nachlasses, die in manchen, nicht häufigen Fällen auch vor Interpolationen und Vernichtung oder Verstümmelung von Briefen nicht zurückscheute", hingewiesen. Manche Berichtigung war ihr auf Grund von Archivstudien vor 1933 möglich. Darüber hinausgehende Überprüfungen Varnhagenscher Veröffentlichungen, zumal in dem „Buch des Andenkens" (1834), sind zur Zeit nicht möglich, da nach einer Auskunft der Handschriften- und Inkunabelabteilung der Deutschen Staatsbibliothek in Berlin die Sammlung Varnhagens seit der kriegsbedingten Auslagerung als vermißt gilt.

Vor einiger Zeit hat die in der nordamerikanischen Universität von Princeton als Professor tätige deutsche Emigrantin Hannah Arendt das Ergebnis ihrer bis in die Zeit vor 1933 zurückreichenden Studien in einer Rahel-Biographie veröffentlicht, in der „die Leidensgeschichte einer deutschen Jüdin aus der Romantik“ mit bewundernswertem Einfühlungsvermögen nacherzählt, man möchte sagen: nacherlebt worden ist und ebendeshalb vielleicht in einer fast tragischen, manchmal geradezu entmutigenden subjektivistischen Interpretation. Wenn Hannah Arendt in der Darstellung des Lebens, des Liebens, des Leidens der deutschen Jüdin Rahel Levin-Varnhagen im 19. Jahrhundert zu der düsteren Feststellung gelangt: „Man kommt aus dem Judentum nicht heraus“, so möchte man annehmen, daß daraus nicht so sehr die spürbare Identifikation der Verfasserin mit der Individualistin Rahel im Zeitalter der deutschen Romantik spricht, sondern das eigene, aufwühlende, unmenschliche Erleben der deutschen Jüdin Hannah Arendt in den barbarischen Jahren des Faschismus.

Das dem Leser vorliegende Buch war im wesentlichen abgeschlossen, als Hannah Arendts bedeutsame „innere Biographie“ Rahels erschien. Der Verfasser wollte mit seinen Studien nicht eigentlich die Reihe der Beschreibungen und Deutungen des Lebens Rahels um eine weitere vermehren; ihm ging es auch nicht darum, wie Hannah Arendt ihr Vorhaben umschrieben hat, „Rahels Lebensgeschichte so nachzuerzählen, wie sie selbst sie hätte erzählen können“. Gewiß erfordert die Auseinandersetzung mit einer der hervorragenden Gestalten der frühen deutschen Romantik auch eine Darstellung ihrer Entwicklung und den Versuch einer Deutung ihrer Individualität, da wir uns in die Frühzeit des Liberalismus begeben, wo die Freiheit des Individuums von den Gebildeten vornehmlich in der persönlichen Lebenssphäre gesucht und bestätigt worden ist. Romantischer Subjektivismus und weltanschaulicher Individualismus bedingen einander. Wir werden vor allem aber den gesellschaftlichen Wurzeln dieser Erscheinung nachgehen müssen. Dabei muß es uns bei aller Verehrung für Rahel fernliegen, Varnhagens Rahelkult zu erneuern. Wir wollen Rahel aus den Gegebenheiten ihrer Zeit begreifen und versuchen darzustellen, wie sie, die Frau, die Jüdin, der rasch verlöschenden Ära der Berliner Aufklärung entstammend, sich selbst bildend und zu einem Sinnbild der Berliner Romantik geworden, in der Begegnung mit Menschen ihrer Zeit, mit Künstlern, Publizisten und Gelehrten, Adligen und Bürgern, Liberalen, Gleichgültigen und Reaktionären, sich wenigstens für eine Spanne ihres Lebensweges behauptet, der Lüge Wahrhaftigkeit, der Restauration des Vergangenen wenn nicht die Gewißheit, so doch zumindest die Ahnung eines Neuen entgegengesetzt hat. So enttäuschend der Sieg der Reaktion für die Bürgerin, die Frau, die Jüdin Rahel gewesen sein mag, sie hat noch in den mit dem Alter häufiger werdenden Stunden der Resignation und des Lebensüberdrusses nach Quellen gesucht, aus denen sie die Gewißheit schöpfen könnte, das erträumte Zeitalter der Humanität müsse dereinst dennoch Wirklichkeit werden. Die alternde Rahel gehört zu den ersten utopischen Sozialistinnen von Rang, denen wir in Deutschland begegnen.

Es gibt kein Geschichtsbuch, in dem von *Taten* Rahel Varnhagens die Rede wäre, ein solches Geschichtsbuch wird auch niemals geschrieben werden können. Ihre Zeit gab ihr wenig Möglichkeiten, etwas zu *tun*, sie mußte sich darauf beschränken, zu *sein*. Und das hat sie getan. So kennt man von ihr – wir erwähnten es bereits – „nur“ eine Unzahl von höchst persönlichen Briefen und Aufzeichnungen, Zettel oft nur, die einem Gedanken, einer Stimmung, einem Gefühl, seltener einer Beobachtung, einer zeitkritischen Feststellung Ausdruck verleihen. Darüber hinaus besitzen wir aus dieser schreibfreudigen Zeit ungezählte Berichte von Zeitgenossen über Begegnungen mit Rahel, mit Rahel Erlebtes, über Rahel Gehörtes, dankbare und undankbare Berichte, bewundernde, erregte und auch hämische und haßerfüllte Dokumente der Zeit.

Unser Augenmerk gilt vor allem andern den Spuren der Menschlichkeit, die Rahel hinterlassen hat und auf die wir stoßen, wo immer sie in Erscheinung trat, auch und am häufigsten im kleinsten Kreis, wie es ihrer schamvollen Schüchternheit gemäß war. Es sind durchweg Spuren einer Humanität, wie sie Lessing und Mendelssohn verkündet hatten, Kant und Fichte lehrten, Goethe und der ältere Humboldt selbstbewußt lebten – und wie Rahel, sie nicht in sich selbst suchend, sondern sich am Denken und Tun anderer messend, sie in der Begegnung mit bedeutenden Mitmenschen und alltäglichen Köpfen zu verwirklichen strebte. Rahel stand der Wirklichkeit wieder und wieder unsicher, bisweilen hilflos gegenüber. Dennoch beharrte sie im Glauben an den endlichen Sieg des Guten.

H. S.

IM NACHFRIDERIZIANISCHEN PREUSSEN

RAHELS ERSTER SALON

MOSAIK EINER STADT

Wenn Friedrich Schleiermacher, seinerzeit (1796) Prediger an der Charité, in den späten Abendstunden den Salon der Henriette Herz verließ, um durch die unbeleuchtete Neue Friedrichstraße heimwärts zu pilgern, trug er, am Knopfloch eingehakt, eine kleine Laterne, die ihm die Hofrätin geschenkt hatte. Er hatte sich, bevor er in der Oranienburer Straße Wohnung nahm, zunächst in einem Zimmer dieses öffentlichen Berliner Krankenhauses einquartiert, die Umgegend war „noch wüst, unangebaut, ja ungepflastert". Erst drei Jahrzehnte später glimmten in Berlins Straßen die ersten Gaslampen auf (1826), legten (1824) die Weinhändler Lutter und Wegener vor ihrem durch E. T. A. Hoffmann und Ludwig Devrient berühmt gewordenen Kellerlokal Ecke Französische und Charlottenstraße längs des Hausrandes jene Granitbahnen an, die zum Vorläufer des Berliner Trottoirs geworden sind.

Als Germaine de Staël, von Napoleon aus dem Umkreis von Paris verbannt, auf ihrer Reise durch Deutschland, von Weimar kommend, im März 1804 in Berlin eintraf, wohnte sie nicht wie bald danach Schiller während seines siebzehntägigen Aufenthaltes im Hotel de Russie Unter den Linden, sondern auf dem Kai an der Spree in einem zu ebener Erde gelegenen Zimmer. Prinz Louis Ferdinand pflegte dem berühmten französischen Gast den Morgengruß hoch zu Pferde am offenen Fenster zu entbieten. Henriette Herz entdeckte Jean Paul, dem gleich Schiller von der Königin Luise empfangenen und geehrten Dichter, bei seinem ersten Besuch in Berlin (1800) in Quartier in einem „obscuren Wirts- oder eigentlich Kaffeehause". Später empfing er die Huldigungen der Berliner Damen in einem kleinen Hofstübchen, das ihm in Markus Herz' Haus in der Neuen Friedrichstraße eingeräumt worden war.

Noch waren die Ansprüche an Komfort gering und bescheiden

die Gastlichkeit in Bürgerhäusern und Salons. Moses Mendelssohns Frau zählte vom Lebensunterhalt der Familie abgesparte Mandeln und Rosinen, mit denen sie die Gäste ihres berühmten Mannes bewirtete, in eine Schale, die während des Gespräches von Hand zu Hand gereicht wurde. Rahel Levins Zusammenkünfte mit Prinzen und Fürsten, Dichtern und Gelehrten fanden in dem „Dachstübchen", einer Mansarde mit schrägen Dachbalken, statt, die sie im väterlichen Hause in der Jägerstraße 54 bewohnte; dünner Tee war die einzige Erfrischung, die angeboten wurde. Im Jahre 1808 klagte sie Gentz, sie möchte „das breitstraßige Nest" verlassen, und wenn sie „mit dem Bettelsack abgehen" sollte (wir werden sehen, weshalb, und daß sie es nicht so wörtlich meinte). Vier Jahre später wohnte sie in der Behrenstraße 48, halb belustigt, halb verärgert darüber, daß sie am Sonntagmorgen von krähenden Hähnen geweckt wurde. „Am Ende ließ ich sie wegjagen", lesen wir in einem Brief an Varnhagen. „So ist's auf den Straßen unserer edlen Stadt. Hühnerhorden!"

Noch vor dem Siebenjährigen Krieg war der Tiergarten zum Park umgestaltet worden, die restlichen Befestigungswerke waren der Neuen Friedrichstraße, der Alexanderstraße, der Wallstraße gewichen. Zu Knobelsdorffs Opernhaus Unter den Linden gesellte sich (1800) das Schauspielhaus am Gendarmenmarkt. Das von Langhans 1788 bis 1791 erbaute Brandenburger Tor gab der Straße Unter den Linden den festlichen Abschluß und Berlin ein Wahrzeichen.

Durch die friderizianischen Kriege, die bis zur völligen Erschöpfung des Landes geführt wurden, war die Einwohnerzahl der preußischen Hauptstadt um mehr als ein Fünftel, zeitweilig bis unter die Hunderttausendgrenze abgesunken. Im Gegensatz zur allgemeinen Verarmung der Bevölkerung, insbesondere der unteren sozialen Schichten, waren viele Kaufleute und Fabrikanten durch die Kriegslieferungen reich geworden. Aus Gründen der Staatsräson veranlaßte der König Maßnahmen, um der verarmten Stadt wieder zu wirtschaftlichem Aufschwung zu verhelfen. Insbesondere wurden bestimmte, erfolgversprechende Gewerbezweige in Berlin in der Hoffnung konzentriert, man könnte mit ihrer Hilfe Handel und Wandel wieder in Gang bringen und die Staatskasse füllen. Seide, Wolle, Baumwolle,

Leinen, Kattun wurden auf diese Weise zu Hauptprodukten des hauptstädtischen Gewerbefleißes. Im Zuge dieser Entwicklung verschärften sich sehr schnell die sozialen Widersprüche zwischen der arbeitenden Bevölkerung und den Unternehmern, da sich die Eigentümer der Manufakturen konkurrenzfähig zu halten suchten, indem sie die Arbeitszeit verlängerten, die Löhne senkten und Frauen und Kinder zu minderbezahlter Arbeit heranzogen.

Nur Zahlen vermögen eine ungefähre Vorstellung von der Bedeutung zu geben, die die Textilmanufakturen um 1800 gehabt haben. Berlin zählte im Jahre 1804 bereits 182 000 Einwohner, in annähernd der gleichen Zeit (1802/03) waren 45 000 Berliner als Meister oder Gesellen oder deren Angehörige von Textilverlegern abhängig. Die Tucherzeugung, an über zehntausend Stühlen in Manufakturen oder als Heimarbeit ausgeübt, entwickelte sich sprunghaft, als Südfrankreichs Seidenindustrie infolge des Bürgerkrieges in Frankreich nach 1789 zeitweilig daniederlag. Ein weiterer Aufschwung vollzog sich während der von Napoleon gegen britische Erzeugnise verhängten kontinentalen Handelssperre. Die Berliner Textilwirtschaft lieferte ihre Erzeugnisse fast in das ganze nördliche Europa, brach aber nach dem Ende der Befreiungskriege unter der britischen Konkurrenz zusammen, da man es nicht verstanden hatte, ihre Betriebe schnell genug zu mechanisieren. Im Jahre 1816 war die Zahl der in den Seidenfabriken, Webereien, Kattundruckereien beschäftigten Personen auf nur 8000 zurückgefallen.

Der Berliner „Bücherauktionskommissar" Friedrich Wilhelm August Bratring, dem wir eine aufschlußreiche Analyse der sozialen Struktur der preußischen Hauptstadt aus jener Zeit verdanken, kam zu dem Schluß: „Berlin ist im eigentlichsten Verstande ein Fabrikort." Die konzessionierten Fabriken stellten Textilien her, oder sie fabrizierten Papier, siedeten Zucker, verarbeiteten Gold und Silber, Tabak und Leder, brannten Branntwein oder brauten Bier; ihre Zahl näherte sich dem zweiten Hundert. In der Stadt, in der nur noch hundert Ackerbürger, aber über zweieinhalbtausend Groß- und Kleinhändler ansässig waren, verdingten sich bereits fünfzehntausend Menschen als „Gesinde", vierzehntausend wurden von der damals üppig aufsprießenden Statistik als „Arme" erfaßt, das heißt als Menschen, die völlig mittellos der privaten Wohltätigkeit oder dem Elend überlassen waren. Rahel hatte zeitlebens solche Klienten, die sie regelmäßig mit Gaben bedachte, und Henriette Herz nahm sich später der Vermittlung weiblichen Dienstpersonals als einer Aufgabe der sozialen Fürsorge an. Eine letzte, bemerkenswerte Zahl: von 182 000 Berlinern gehörten 32 000 unmittelbar oder mittelbar in den Bereich der „großen Kaserne“ (Germaine de Staël).

Die neuen Straßenzeilen längs der Spree wurden dichter bebaut, die Stralauer Vorstadt wuchs über die ihr zunächst gesetzten Grenzen hinaus, die Rosenthaler Vorstadt mußte angelegt werden. Germaine de Staël fiel eine Beziehung von Bauwerken und Lebensstil auf, in der besonders Ausländer für mindestens ein Jahrhundert einen Wesenszug Berlins zu sehen glaubten: „Diese prächtigen, neuerrichteten Gebäude“, schrieb sie, „scheinen nur für bequeme Vereinigungen zum Zwecke des Vergnügens und der Arbeit bestimmt.“ Mit ihren breiten und geraden Straßen und den vielen neuen Backsteinbauten machte ihr die preußische Hauptstadt, mit der französischen verglichen, zwar einen regelmäßigen, nicht aber einen bedeutenden Eindruck. Berlin hatte nach der Meinung der Französin nichts vom Gepräge des Landes oder vom Charakter der Bevölkerung. Preußen war in ihren Augen gewiß nicht „nur eine große Kaserne“; bei vielen Berlinern aller Stände begegnete sie reichem Wissen, gediegener Bildung, liberaler Gesinnung, bürgerlichem Selbstbewußtsein, schwindendem Standesdünkel. „Aber noch war das verknüpfende Band für diese schönen Eigenschaften nicht hergestelt: der neu begründete Staat wurzelte weder in der Zeit noch im Volke.“

Immerhin: In Berlin gedieh nach den Beobachtungen der Frau von Staël das geistige Leben in weit allgemeinerer Weise als in Wien oder Weimar. Friedrich Schiller besuchte Preußens Metropole im Jahre 1804 nicht zuletzt, um sich „in einer großen, fremden Stadt zu bewegen“. Ihm gefiel Berlin besser, als er erwartet hatte. „Es ist dort eine große persönliche Freiheit und eine Ungezwungenheit im bürgerlichen Leben.“

Schiller kam aus Weimar, wo er sich „in so engen, kleinen Verhältnissen“ sah, daß er sich darüber wunderte, auch nur einigermaßen etwas leisten zu können, „das für die größere Welt ist“. Herder hatte die Hauptstadt des kleinen Herzogtums Sachsen-Weimar-Eisenach ein „Mitteldung zwischen Hofstadt und Dorf“ genannt, sie war von kaum siebentausend Menschen bewohnt. Jeder fünfzehnte Weimaraner war ein Kostgänger des Fürsten. Es gab nur eine Handvoll Gewerbebetriebe, die Struktur des Ländchens war agrarisch, die geistige Regsamkeit auf einen engsten Kreis beschränkt. Goethe, Schiller, Herder, Wieland lebten auf kleinen intellektuellen Inselchen, die untereinander und mit der tonangebenden Hofgesellschaft nur durch schmale Stege verbunden waren. Goethe war dieser Enge entflohen, als er nach Italien gegangen war, und hatte erst in Rom erfahren, „was es heißt, ein Mensch zu sein“; unfroh war er in das „gestaltlose“ Deutschland, in die „unwiderrufliche Verbannung“ nach Weimar zurückgekehrt.

Auch Schiller war, später als Goethe, versucht, der ihn bedrückenden Enge Weimars zu entfliehen, er sehnte sich nach Freiheit und Ungezwungenheit, hoffte sie in Berlin zu finden. Er sah die preußische Hauptstadt mit hoffnungsvolleren Augen in der märkischen Ebene auftauchen, als sie, ein Menschenalter zuvor, der resignierende Lessing verschwinden sah, und er begegnete, bereits auf dem Gipfel seines Lebens, einem anderen Berlin, als es der jugendliche Lessing kennengelernt hatte. Lessing, von Friedrich II., dem „geistigen Vasallen Voltaires“ (Goethe) auf dem preußischen Königsthron, nicht beachtet, hatte im Jahre 1769 Preußen als das „sklavischste Land in Europa“ verlassen, nachdem die Versuche seiner Freunde, ihn als Hofmeister oder Prinzenerzieher, als Gesandtschaftssekretär oder Bibliothekar in Amt und Nahrung zu bringen, gescheitert waren. Was noch hatte er in Berlin, „auf der verzweifelten Galeere, zu suchen“, in der Stadt, die es vor allen anderen ihm verdankte, wenn sie seit der Mitte des 18. Jahrhunderts zur „Hochburg der Freigeister“, zu einem intellektuellen Zentrum geworden war, das mit Leipzig und Zürich zu wetteifern vermochte? Zwei der zeitweiligen Weggenossen Lessings wirkten noch in die Epoche, in der Rahel aufwuchs: Moses Mendelssohn und Friedrich Nicolai.

Zehn Jahre, nachdem Lessing der preußischen Metropole den Rücken gekehrt hatte, weilte der damals fünfundzwanzigjährige Weltreisende Georg Forster in Friedrichs Hauptstadt. Er war vom Äußeren überrascht, vom „Innerlichen“ enttäuscht. „Berlin ist gewiß eine der schönsten Städte in Europa. Aber die Einwohner! — Gastfreiheit und geschmackvoller Genuß des Lebens — ausgeartet in Üppigkeit, Prasserei, ich möchte fast sagen, Gefräßigkeit; freie, aufgeklärte Denkungsart — in freche Ausgelassenheit und zügellose Freigeisterei. Und dann die vernünftigen, klugen Geistlichen, die aus der Fülle ihrer Tugend und moralischen Vollkommenheit Religion und Unverstand säubern und dem gemeinen Menschenverstand ganz begreiflich machen wollen! — Ich erwartete Männer ganz außerordentlicher Art, reiner, edler, von Gott mit seinem hellen Lichte erleuchtet, einfältig und demütig wie Kinder. Und siehe, da fand ich Menschen wie andere; und was das ärgste war, ich fand den Stolz und den Dünkel der Weisen und Schriftgelehrten."

Auf Friedrich II. folgte Friedrich Wilhelm II. An diese Ära (1786 bis 1797) — Rahel erlebte sie als junges Mädchen — erinnerte sich der alte Schadow in einem Gespräch, das Varnhagen aufgezeichnet hat, als an eine Zeit „größter Liederlichkeit, alles besoff sich in Champagner, fraß die größten Leckereien, frönte allen Lüsten. Ganz Potsdam war wie ein Bordell; alle Familien dort suchten nur mit dem Könige, mit dem Hof zu tun zu haben, Frauen und Töchter bot man um die Wette an, die größten Adligen waren am eifrigsten. Die Leute, die das wüste Leben mitgemacht haben, sind alle früh gestorben, zum Teil elendiglich, der König an der Spitze".

BLICK IN DIE ZEIT

Man wird genauer hinsehen müssen, wenn man aus solchen Urteilen von Zeitgenossen Gestalt und Gesicht der Stadt und darüber hinaus des Landes erkennen will, in denen Rahel Levin, die spätere Gattin Varnhagen von Enses, aufgewachsen ist.

Das säkulare, in Rahels Mädchenzeit fallende Ereignis des 18. Jahrhunderts war die Französische Revolution.

Hundert Jahre zuvor war in England in der Bill of rights, der verfassungsrechtlichen Grundlage der konstitutionellen englischen Monarchie, der Gedanke ausgesprochen worden, der Mensch habe angeborene und unveräußerliche Rechte, die auch der Staat achten müsse. Als sich, Anfang Juli 1776, die nordamerikanischen Staaten vom britischen Mutterland losgesagt hatten, war in der Neuen Welt die Absicht erörtert worden, einen Kodex der Menschenrechte zu schaffen. Nun hatte Lafayette, ein hervorragender Teilnehmer am amerikanischen Unabhängigkeitskrieg, in seine europäische Heimat zurückgekehrt, in der Französischen Nationalversammlung den Antrag gestellt, feierlich die Ansprüche zu proklamieren, die der Mensch kraft seines Menschseins an den Staat zu stellen habe. Der Realist Mirabeau hatte vor einer Gesetzgebung gewarnt, die statt der Erfüllung menschlicher Sehnsüchte bloße Versprechungen enthalten würde, und Sieyès, der Theoretiker des dritten Standes, hatte sich vermittelnd ins Geschehen eingeschaltet.

„Der Mensch wird frei und gleich an Rechten geboren und bleibt es“, lautet der Artikel 1 der Erklärung der Rechte des Menschen und des Bürgers, wie sie der französischen Verfassung vom 3. September 1791 einverleibt wurde, und der Artikel 2 verhieß: „Das Ziel aller politischen Gesellschaften ist die Erhaltung der natürlichen und unveräußerlichen Rechte des Menschen. Diese Rechte sind die Freiheit, das Eigentum, die Sicherheit und das Recht des Widerstandes gegen willkürliche Bedrückung."

Alle diese beredten Manifestationen der Menschlichkeit waren ein Spiegelbild der revolutionären Entwicklung, die sich unter dem Zwang der ökonomischen Gegebenheiten in Westeuropa in einer gewaltigen Auseinandersetzung zwischen Adel und Bürgertum vollzog. Die gesellschaftlichen Zustände unter dem „Ancien régime" in Frankreich waren eine unerträgliche Fessel für die freie Entwicklung der jungen bürgerlichen Klasse geworden. Die Forderungen nach Freiheit, Gleichheit und Brüderlichkeit waren eine Tat für die fortschrittliche Entwicklung der gesamten Menschheit.

Auch auf das linksrheinische Deutschland griff die französische Bürgerbewegung über, und in den südwestlichen Teilen des Reiches forderten die Unterdrückten in Stadt und Land ihre Rechte. Sogar in Sachsen standen die Bauern gegen ihre Fronherren auf, ohne Aussicht freilich, den Kampf gewinnen zu können. Rechts der Elbe erregte und bewegte die Französische Revolution wohl die Köpfe und Herzen der Gebildeten, brodelte sie unter den unzufriedenen Untertanen; aber auf die Machtverhältnisse im nachfriderizianischen Preußen blieb sie ohne Einfluß.

In der historischen Situation der beiden benachbarten Völker bestand aber ein wesentlicher Unterschied. Die Nation, zu deren Repräsentanten sich das Bürgertum in Frankreich selbstbewußt erklärte, war bereits im absolutistischen Einheitsstaat präformiert worden. Das französische Bürgertum lebte nicht wie das deutsche in einem zerrissenen politischen Gebilde, dessen Rückständigkeit die Konzentration der bürgerlichen Kräfte und die Herausbildung eines bürgerlichen Klassenbewußtseins erschwerte. So vermochte das Bürgertum, das sich im Gegensatz zu Adel und Geistlichkeit in Frankreich als „dritten Stand" empfand, 1789 die feudale Ordnung zu stürzen und über die kurze Dauer der revolutionären Herrschaft der Jakobiner hinaus die gesellschaftliche Entwicklung seines Landes im ganzen 19. Jahrhundert zu bestimmen. Dieser dritte Stand war durchaus keine homogene gesellschaftliche Kraft, sondern reichte in seiner sozialen Zusammensetzung von kleinbürgerlichen Schichten in der Stadt und auf dem Lande bis zur Bourgeoisie und den mit ihr verbündeten adligen Intellektuellen.

Deutschland hingegen war ein Staatenkonglomerat, ein buntscheckiges Gemenge nach Größe und Herrschaftsform völlig verschiedener Gebilde, denen neben der Sprache nur ein mehr oder minder absolutistisches feudales Regiment gemeinsam war. Die Partikularstaaten, aus dem Feudalsystem entstanden, waren dem Reichsverband entwachsen, dessen Spitze, der Kaiser des Heiligen Römischen Reiches Deutscher Nation, nach und nach aller zentralen Reichsgewalt beraubt worden war. Deutschland blieb, obwohl Elemente der Herausbildung einer Nation deutlich sichtbar waren, weit davon entfernt, seine politische Einheit zu erringen. Im Gegenteil: Der Kampf um die politische Hegemonie im Reich, ausgetragen vor allem vom hohenzollerschen Preußen und habsburgischen Österreich, war im Siebenjährigen Krieg in einer verhängnisvollen Weise zugespitzt worden; dieser Bruderkrieg hatte die Entwicklung des feudalistischen deutschen Partikularstaates zu einem bürgerlich-nationalen Einheitsstaat auf lange Zeit unterbunden, er hatte darüber hinaus ungezählte Opfer an Menschen gekostet und die ökonomische Entwicklung um Jahrzehnte zurückgeworfen.

Noch stärker als von der mangelnden nationalen Einheit her war die deutsche Entwicklung im Vergleich zur englischen und französischen von der wirtschaftlichen Rückständigkeit bestimmt. Deutschland war nach wie vor vornehmlich Agrarland und in seiner Produktionsweise feudalistisch. Die im Westen gelegenen deutschen Länder waren mehr von bürgerlich-kapitalistischen Tendenzen beeinflußt, die Ansätze zum Neuen längs des Rheines stärker als östlich der Elbe. Das lag weniger an der unmittelbaren ideologischen Einwirkung des Nachbarlandes Frankreich als daran, daß der Widerspruch zwischen den Produktionsverhältnissen und dem Stand der Produktivkräfte hier bereits wesentlich wirksamer geworden war als im Osten Deutschlands.

Dieser Unterschied gab Männern wie Georg Forster in Mainz die Möglichkeit, wenigstens für das linksrheinische Deutschland eine den Grundsätzen der französischen entsprechende bürgerliche Gesellschaftsordnung zu fordern. In Preußen wäre ein solcher Appell zur Konstituierung der Menschenrechte ungehört geblieben.

Das Preußen Friedrichs II. war nach Marx ein „Regierungsmischmasch von Despotismus, Bürokratie und Feudalismus". Rahel wuchs in der Hauptstadt eines Landes auf, in dem in Heer und Verwaltung, vor allem aber im überwiegend landwirtschaftlichen Gefüge der Adel seine überkommenen Privilegien bewahrt hatte und sie, soweit sie im Zeitalter der Aufklärung und der Französischen Revolution angetastet wurden, alsbald wieder sichern konnte.

Durch des Königs Kriege waren Staat und Bevölkerung verarmt. Um das zahlenmäßig ungewöhnlich starke stehende Heer und die Beamtenschaft zu besolden, mußten rigoros neue Einnahmequellen erschlossen werden. Der Staat brauchte Geld. Das Geld, damals noch ausschließlich gemünztes Metall, erschien zumal in einem Lande wie Preußen, das über keine Vorräte an Edelmetallen verfügte, als der Inbegriff gesellschaftlichen Reichtums. Die Regierung suchte ihn besonders dadurch zu vermehren, daß sie die städtischen Manufakturen förderte, um die Ausfuhr im Lande erzeugter Produkte zu steigern, die Einfuhr ausländischer Erzeugnisse aber durch handelspolitische Maßnahmen drosselte. Diese merkantilistische, vor Preußen bereits im absolutistischen Frankreich geübte Wirtschaftspolitik maß der Landwirtschaft, dem bisherigen Hauptzweig der Wirtschaft des Landes, geringere Bedeutung bei. Die Widersprüche zwischen überkommener und neuer, zwischen feudalistischer und kapitalistischer Produktionsweise vermehrten sich in dem Maße, wie der Aufbau bestimmter Industriezweige, so der Seidenmanufaktur in Berlin, der Leinenindustrie im jüngst eroberten Schlesien, der Tucherzeugung in der Mark, durch den alles reglementierenden Staat begünstigt wurde. Als Ziel der Förderung gewerblicher Tätigkeit galt dem auf die Finanzbedürfnisse des Staates eingestellten Merkantilsystem die unmittelbare Steigerung der Steuereinnahmen und anderweitigen Finanzabgaben. Da trotz des schnell angewachsenen Geldbedarfs des Staates die Steuerprivilegien des Adels unangetastet blieben, erwies sich das friderizianische Finanzsystem als eine besondere Form der Ausbeutung des schaffenden Menschen in Stadt und Land durch den Staat. Nutznießer dieses spätfeudalen preußischen Staates war das Junkertum.

Das Merkantilsystem, aus fiskalischen Erwägungen auf Förderung des Manufakturwesens bedacht, festigte zum andern aber auch, die ökonomischen Widersprüche vermehrend, die Lage des Bürgertums, ohne daß es freilich diesem möglich gewesen wäre, seine wirtschaftliche Entfaltung in politischen Machtzuwachs umzusetzen. Abgesehen davon, daß das Manufakturwesen mit Spinnrad und Handwebstuhl in Preußen vorherrschend wurde, während sich in England bereits der Übergang zum Maschinenwesen vollzog, blieb das Bürgertum in ohnmächtige Interessengruppen zersplittert, von der Mitgestaltung des öffentlichen Lebens ausgeschlossen. Die Politik des „aufgeklärten Absolutismus“ war weit davon entfernt, den fortschrittlichen Tendenzen zum Durchbruch zu verhelfen; sie dachte weder daran, den Staat zu reformieren noch gar dessen feudales Fundament zu beseitigen. Alle staatlichen Maßnahmen gingen darauf hinaus, die Schlüsselstellung des Feudaladels in Staat und Verwaltung, Rechtsprechung und Armee zu sichern. Das Heereswesen trug nach wie vor den Charakter des Söldnertums, das Waffenhandwerk blieb im Offiziersrang Sache des Adels, im Mannschaftsstand die erbuntertäniger Bauern, unselbständiger Städter und geworbener Fremder; dem Bürgertum war das eine verschlossen, das andere verpönt.

Obwohl sich Preußen im wesentlichen noch im agrarischen Zustand befand, verschärften sich die Klassengegensätze, genauer gesagt, es kamen neue hinzu; sie verschärften sich zwischen Grundherren und Bauern, zwischen Adel und Bürgertum. Die Macht und damit die Herrschaft blieb beim Feudaladel, der den Staat okkupiert hatte, unbeschadet gewisser Reformen der staatlichen Verwaltung, die in ihrer Wirkung in beschränktem Ausmaß dem ökonomischen Übergang vom Feudalismus zum Kapitalismus Rechnung trugen, indem sie das Gliederungsprinzip der staatlichen Verwaltung den Erfordernissen des wirtschaftlichen Fortschrittes anpaßten. Diese Reorganisation im Generaldirektorium, so wichtig sie für den Fiskus war, stellte mehr eine Bevormundung als eine Förderung der ersten kapitalistischen Ansätze zum Maschinenzeitalter dar; das Generaldirektorium blieb auch in seiner neuen Verfassung eine nachgeordnete Behörde. Die letzte Entscheidung in wirtschaftlichen wie in politischen Fragen lag nicht in der Spitze der staatlichen Verwaltung, sondern im Kabinett des Königs; hier liefen die Berichte aus dem Lande zusammen, hier wurden alle bedeutenden Entschlüsse gefaßt, zu Zeiten des aufgeklärten Despoten

Friedrichs II. nach dessen Willen, unter seinem Nachfolger von einem Klüngel, der im Namen des Königs, nach wie vor aber im Interesse des reaktionären Feudaladels die Regierungsgeschäfte des preußischen Monarchen führte.

Man muß sich vor Augen halten, daß in jenen Jahrzehnten der Kindheit und Jugend Rahels zwei Drittel der Untertanen des Königs von Preußen auf dem Lande und von den Früchten des Bodens lebten; die Mehrzahl der städtischen Handwerker und Gewerbetreibenden waren im Nebengewerbe Landwirte. Nun war östlich der Elbe nach wie vor das Feudalrecht in Geltung. Der Bauer war dem Grundherrn erbuntertänig, der geschlossene herrschaftliche Grundbesitz wurde als Gutsherrschaft in Fronarbeit durch Leibeigene betrieben. Die feudalistische Produktionsweise erwies ihre Rückständigkeit, als die Nachfrage nach Getreide stieg, besonders nachdem England nach dem Ausfall der nordamerikanischen Kolonien und im Zuge der Liberalisierung seiner Wirtschaft als Käufer auf dem festländischen und zumal dem mitteleuropäischen Getreidemarkt in Erscheinung trat. Die wachsenden Anforderungen an die Leistungsfähigkeit der Landwirtschaft einerseits, die steuerlichen Belastungen des gemeinen Mannes, die Anwerbung von Söldnern, die Anziehungskraft der Manufakturen andererseits drängten zu einer Veränderung der Produktionsweise auf dem Lande, die sich sowohl in den Besitz- wie in den Arbeitsverhältnissen geltend machen mußte.

Friedrich II. hatte versucht, diesen Erfordernissen zumindest im staatlichen Sektor der Agrarwirtschaft Rechnung zu tragen, indem er auf den Domänen die Erbpacht einführte und den Pächter und seine Familie am Ertrag seiner Arbeit interessierte. Nach des Königs Tode wurde verkündet, man werde die Erbuntertänigkeit der Domänenbauern aufheben und die Leistung von Fron- und Gesindediensten ablösen. Die Gutsbesitzer widersetzten sich, von wenigen Ausnahmen abgesehen, dem Beispiel ihres Monarchen; und wo sie die Erbuntertänigkeit aufhoben, geschah es in der Regel, um sich an den Ablösungsgeldern ihrer Bauern zu bereichern. Wir erwähnten bereits, daß der landsässige Adel unter Friedrich Wilhelm II. dem Beispiel des „galanten" vorrevolutionären Frankreich gefolgt war und in Berlin und Potsdam, den Residenzen der Hohenzollern, einen weit überhöhten Aufwand trieb, zu Lasten der erbuntertänigen Bauern, von deren Arbeitskraft steigende Leistungen bei geringerem Nutzen gefordert wurden. Die Verschwendungs- und Prunksucht kleiner und kleinster Herren verursachte eine wachsende Verschuldung, die primitive Bodenkultur sinkende Rentabilität. Als man, freilich im wesentlichen erst nach der Jahrhundertwende, daranging, den Landbau nach wissenschaftlichen Methoden intensiver zu betreiben, fehlte es allenthalben an den erforderlichen Investitionsmitteln. Der Kapitalmangel war um so drückender, als der Gutsbesitz nach wie vor Vorrecht des Adels war und es dem kapitalkräftigen Besitzbürgertum wo nicht verboten, so doch praktisch nahezu unmöglich blieb, Rittergüter oder anderweitigen landwirtschaftlich nutzbaren Landbesitz zu erwerben. Es wurde Sitte — wir werden Beispiele dafür auch aus Rahels engstem Lebenskreis kennenlernen —, daß Feudalherren, die wegen ihres „fürstlichen“ Aufwandes und veralteter Agrarverfassung in finanzielle Bedrängnis geraten waren, Töchter reicher Bürger zumal aus solchen jüdischen Häusern heirateten, in denen Geld- und Getreidehandel zur Anhäufung nicht angelegter und nach dem Sonderrecht für Juden schwer anlegbarer Reichtümer geführt hatten.

In seiner überkommenen Agrarverfassung blieb das flache ostelbische Land noch hinter den mäßigen Fortschritten zurück, die sich in den größeren Städten angebahnt hatten. Abgesehen davon, daß die herrschende Klasse mit Hilfe von Staat und Kirche die Menschen in den Dörfern und auf den Gutsherrschaften in erschreckender Unwissenheit hielt, galt grundsätzlich noch immer als ökonomisches Grundgesetz, daß Handel und Handwerk der Stadt vorbehalten seien, das Land sich auf die landwirtschaftlichen Erwerbszweige zu beschränken habe. Das Handwerk blieb in den Städten konzentriert, da Niederlassungen auf dem Lande in Preußen an die Erlegung sogenannter „Nahrungsgelder“, also an eine Leistung geknüpft waren, die aufzubringen der kleine Mann selten in der Lage war. In den Städten selbst wußten nach wie vor die Zünfte ihre überalterten Sonderrechte durchzusetzen. Zwar durchbrachen „Bönhasen“ oder gar „Pfuscher“ geschimpfte freie Handwerker vielfach das System von Zwangs- und Bannrechten, mit denen sich das zünftige Handwerk gegen neue Produktionsmethoden zu wehren versuchte. Von einem freien Wettbewerb in der städtischen Wirtschaft, wie er sich in westeuropäischen Ländern mehr und mehr durchsetzte, konnte östlich der Elbe jedoch keine Rede sein, obwohl weiter blickenden Männern in Wissenschaft und Verwaltung längst klargeworden war, daß die Entwicklung des Manufakturwesens, das Aufkommen neuer, verbesserter technischer Produktionsmittel, das gesetzmäßige Übergreifen der wirtschaftlichen Entfaltung über die Stadt- und Landesgrenzen hinaus mit dem Zunftzwang die ökonomischen Fesseln sprengen und der kapitalistischen Entwicklung freie Bahn brechen würden. Vorerst erwiesen sich in dem auf Aufrechterhaltung der Feudalmacht eingestellten Beamten- und Militärstaat die überkommenen Regelungen stärker als das fortschreitende Leben.

Friedrich II. hatte sich eine verhältnismäßig großzügige Behandlung zumindest in Fragen des Glaubens und der Presse leisten können, und diese Freiheit wurde mehr und mehr vom gebildeten Bürgertum in Anspruch genommen. Die Toleranz des Königs entsprang nicht zuletzt der Menschenverachtung des alternden Selbstherrschers, vor allem aber der Tatsache, daß er in seinem Machtbereich protestantische und katholische Untertanen (Schlesien) vereinigte.

Unter seinem Nachfolger wurden der Meinungsfreiheit abermals sehr scharfe Zügel angelegt. Friedrich Wilhelm II. besaß, wie schon Schadow ganz richtig gesehen hat, nicht entfernt das Format seines Vorgängers, sondern war ein mißtrauischer Schwächling und unersättlicher Wüstling. Er überließ die Herrschaft über die Monarchie seinen Günstlingen, unter denen der ehemalige Prediger Johann Christoph Wöllner und der Generaladjutant Johann Rudolf Bischoffwerder besonders traurigen Ruhm erlangt haben. Dieser bediente sich eines Bauchredners, um Geister zu beschwören, die den König von Preußen zu allergnädigsten Taten erleuchteten, jener verband sich mit allen finsteren Mächten, um die lutherische Orthodoxie noch einmal gegen die Aufklärung zur Macht zu bringen. Beide benutzten den geheimnistuerischen Mummenschanz der Rosenkreuzer, um ihren Einfluß auf den sinnlich-weichen, unfähigen und abergläubischen Herrscher zu festigen.

Friedrich II. hatte den adelssüchtigen Wöllner als „intriganten Pfaffen" abgetan, sein Neffe und Nachfolger ließ ihn zum mächtigsten Mann im Staat emporsteigen. Wöllner hob am Vorabend der Französischen Revolution (im Juli beziehungsweise Dezember 1788) durch das Religionsedikt und das Zensuredikt die beschränkten Freiheiten auf, die in Preußen bestanden hatten. Als Chef des geistlichen Departements und Justizminister dekretierte er unter heftigsten Ausfällen gegen die „edlen, längst widerlegten Irrtümer" aller derer, die jenseits der orthodoxen Theologie standen und ihre Ansichten „mit vieler Dreistigkeit und Unverschämtheit durch den äußerst gemißbrauchten Namen Aufklärung unter das Volk" brachten: jeder Geistliche, der sich zur Aufklärung bekenne, „müsse ein Amt niederlegen, wozu er sich selbst aus obiger Ursache unbrauchbar und untüchtig fühlt". Es war die Zeit, als im Berliner Stadtschloß die „Weiße Frau" umging und die „Poltergeister" nicht nur die einfältigen Dorfbewohner von Tegel, sondern auch so aufgeklärte Leute beunruhigten, wie es die Humboldts waren.

So wurden also den freiheitlichen Regungen, die unter dem aufgeklärten Absolutismus aufkeimen konnten, mit Hilfe von Gesetzgebung und Polizeiapparat neue Fesseln angelegt. Diese restaurierenden Maßnahmen entsprachen den Interessen der reaktionärsten Kräfte der feudalen Herrenschicht um so mehr, als die Berliner Aufklärung unbekümmert um Zollschranken und Stadtmauern in das Land hinein vorgedrungen war und dort manchen gebildeten Adligen „infiziert" hatte. In ihren Spuren wandelten die Ideen der Französischen Revolution und alsbald auch die humanen Gedanken der deutschen klassischen Dichtung und Philosophie. Weil sie nicht in der Öffentlichkeit geäußert werden durften, nahmen sie ihre Zuflucht in die Berliner „Salons", mit deren Geschichte wir uns eingehend befassen werden.

Es überrascht nach alledem nicht, daß sich Preußen sehr schnell in die Front der legitimistischen Mächte gegen das revolutionäre Frankreich eingliederte, hätte doch das Übergreifen der französischen Bürgerbewegung auf das westliche und südwestliche Deutschland bei den bestehenden Zuständen die Herrschaft des Feudalismus in ganz Europa gefährdet. Ein solches außenpolitisches Verhalten, das vom Konkurrenzneid des weit fortgeschrittenen England gegenüber dem bürgerlichen Frankreich gefördert wurde, bestimmte die herrschenden Kreise in Preußen, der Ausbreitung fortschrittlicher Gedanken, wie sie jenseits des Rheines, jenseits des Ärmelkanals, jenseits des Atlantischen Ozeans vertreten wurden, wieder engere Grenzen zu setzen. Die Bestimmungen über die Zensur von Druckerzeugnissen wurden verschärft. Gegen die liberalen Strömungen machte sich schon bald nach 1790 ein reaktionär-aristokratisches Denken geltend, das aus England kam und von Burke ausging; es wurde, wie wir sehen werden, in Deutschland maßgeblich durch Gentz publik gemacht und fand seinen Hauptvertreter später in Gentz' Freund Adam Müller. Trotz gewisser bürgerlich-reformatorischer Deklamationen blieb Preußen junkerlich. Das nach jahrzehntelangen Vorbereitungen 1791 fertiggestellte „Allgemeine Gesetzbuch" wurde zurückgenommen, noch ehe es in Kraft getreten war. An seine Stelle trat (1794) das „Allgemeine Landrecht", das trotz einiger für die damalige Zeit relativ fortschrittlicher Tendenzen die feudalen Vorrechte insgesamt konservierte und trotz der wachsenden Unruhe unter den leibeigenen Bauern — im Jahre 1793 war es in Schlesien zu Bauernaufständen gekommen — das gutsherrlich-bäuerliche Verhältnis verewigen sollte. Der Klassenegoismus der Junker feierte Triumphe.

Auch nach der Thronbesteigung Friedrich Wilhelms III. (1797) trat kein durchgreifender Wandel ein. „Kabinettsregierung und Kabinettsjustiz blieben ebenso erhalten wie die Tausende von Zöllen und Akzisen, wie die Korruption der Beamtenschaft, wie die Hindernisse für eine Weiterentwicklung der Manufakturen und wie die Unterdrückung fortschrittlicher Ideen durch die Zensur, der vor allem die periodisch erscheinenden Druckschriften unterworfen waren. Erhalten blieb vor allem die Basis des alten Preußens, die feudale Abhängigkeit der Bauern" (Streisand).

Dennoch gab es in der Epoche der Französischen Revolution auch und gerade in Deutschland harte Auseinandersetzungen mit den gegebenen gesellschaftlichen Verhältnissen. Aber diese Auseinandersetzungen waren entsprechend den besonderen nationalen und ökonomischen Bedingungen auf das geistige Leben beschränkt.

Über die Unreife der politischen und ökonomischen Zustände schrieb 1844 Karl Marx in der „Deutschen Ideologie": „Während die französische Bourgeoisie sich durch die kolossalste Revolution, die die Geschichte kennt, zur Herrschaft aufschwang und den europäischen Kontinent eroberte, während die bereits politisch emanzipierte englische Bourgeoisie die Industrie revolutionierte und sich Indien politisch und die ganze andere Welt kommerziell unterwarf, brachten es die ohnmächtigen deutschen Bürger nur zum ‚guten Willen'. Kant beruhigte sich bei dem bloßen ‚guten Willen', selbst wenn er ohne alles Resultat bleibt, und setzte die Verwirklichung dieses guten Willens, die Harmonie zwischen ihm und den Bedürfnissen und Trieben der Individuen, ins Jenseits. Dieser gute Wille Kants entspricht vollständig der Ohnmacht, Gedrücktheit und Misere der deutschen Bürger, deren kleinliche Interessen nie fähig waren, sich zu gemeinschaftlichen, nationalen Interessen einer Klasse zu entwickeln, und die deshalb fortwährend von den Bourgeois aller anderen Nationen exploitiert wurden. Diesen kleinlichen Lokalinteressen entsprach einerseits die wirkliche lokale und provinzielle Borniertheit, andererseits die kosmopolitische Aufgeblähtheit der deutschen Bürger. Überhaupt hatte seit der Reformation die deutsche Entwicklung einen ganz kleinbürgerlichen Charakter erhalten."

Die Widersprüche zwischen feudalistischer Gesellschaftsordnung und bürgerlichem Freiheitswillen, zwischen Geist und Macht, werden in der Klassik wie in der Romantik und der idealistischen Philosophie sichtbar. Kennzeichnend für die deutsche Zersplitterung ist, daß dieses geistige Gespräch, obwohl es von säkularer Bedeutung war, nicht so sehr in den großen Städten des verfallenden Heiligen Römischen Reiches Deutscher Nation oder in den Residenzen der Habsburger und Hohenzollern geführt wurde, sondern in einer Reihe kultureller Zentren, die sich nationaler Aufspaltung und dynastischem Machtstreben zum Trotz, gefördert durch den Genius einiger überragender Männer, im Herzen Deutschlands an Ilm und Saale gebildet hatten. Berlin gehörte nur zeitweilig und bedingt zu diesen Hauptorten der klassischen bürgerlichen Kultur. Heimstätten der deutschen Klassik waren Weimar und Jena. In Jena wurde die Romantik geboren, von hier nahm, von dem in Königsberg beheimateten Kant befruchtet, die idealistische Philosophie von Fichte bis Hegel ihren Ausgang.

Von einem gesamtdeutschen politischen Bewußtsein kann am Ende des 18. Jahrhunderts noch nicht gesprochen werden. Die Träger der geistigen Bewegung sahen sich in einer Art Gemeingefühl verbunden, „das sie selbst wohl schon Nationalgefühl nannten und das in der Tat die Vorstufe eines wirklichen Nationalgefühls geworden ist“ (Friedrich Meinecke). Aber dieses Gemeingefühl war, wie dieser Historiker meinte, leicht und schwebend wie ein Duft; es war ein Wunschbild und keine von den gesellschaftlichen Gegebenheiten her geprägte Wirklichkeit. Friedrich Schiller zweifelte noch an der Möglichkeit der Deutschen, eine Nation im Sinne einer *politischen* Einheit zu bilden.

„Zur Nation euch zu bilden, ihr hoffet es, Deutsche, vergebens.
Bildet, ihr könnt es, dafür freier zu Menschen euch aus.“

lautete eines der wenigen Epigramme politischen Inhalts, die er zu den mit Goethe gemeinsam geschaffenen „Xenien“ (1797) beisteuerte.

Wurde bei Schiller die Humanität zum Inbegriff der Entfaltung der menschlichen Persönlichkeit, so leugnete unter den Wortführern der jungen Romantik Novalis jedwede Möglichkeit der Deutschen, eine Nation zu werden, und setzte den Kosmopolitismus, im Sinne jener Zeit Weltweite und Weltverbundenheit, dem Streben der sich geistig entfaltenden Individualität gleich. Fichte hat noch 1813 die Männer des Geistes, die Gelehrten und die Schriftsteller, als intellektuelle Wegbereiter der gesamtdeutschen Bewegung gefeiert: „Also der merkwürdige Zug im Nationalcharakter der Deutschen wäre eben ihre Existenz ohne Staat und über den Staat hinaus, ihre rein geistige Ausbildung.“

Nicht, noch nicht die Nation war unter den diesseits des Rheines gegebenen wirtschaftlichen und politischen Verhältnissen das Hauptthema der Auseinandersetzungen in Dichtkunst und Philosophie. Das Wunschbild einer menschenwürdigen Daseinsordnung war „Menschheit“, damals noch gleichbedeutend mit einer vollentfalteten, dem Menschen Wert und Würde, Maß und Ziel setzenden Menschlichkeit. Viele Intellektuelle in Deutschland begeisterten sich an dem Versuch, die Menschenrechte zu verwirklichen, aber angesichts der Revolutionskämpfe in Frankreich entsetzten sie sich alsbald über einen als inhuman empfundenen Weg zum humanen Ziel.

Mangelnde Informationen über die tatsächlichen Vorgänge in

Frankreich, die Schwierigkeit, von der Ferne her zwischen Absichten und Taten der einzelnen miteinander kämpfenden Fraktionen der Revolution zu unterscheiden, und später nicht zuletzt die Tatsache, daß die Revolutionsideen von den französischen Bürgerarmeen auf den Spitzen der Bajonette nach Deutschland getragen werden sollten, führten dazu, daß selbst viele ursprüngliche Anhänger dieser Ideen in den Ereignissen jenseits der Vogesen einfach eine sinnlose und grausame Herrschaft des blutigen Fallbeils sahen. Letztlich lagen die Ursachen einer solchen schwankenden Haltung der deutschen Literaten in den unreifen politischen Zuständen Deutschlands selbst und in der Tatsache, daß das deutsche Bürgertum zu schwach war, um das gleiche zu tun, was jenseits des Rheins geschah.

Dennoch sollte man nicht, wie es vielfach geschieht, diese regressive Entwicklung unter den deutschen Intellektuellen *über*betonen. Revolutionäre Demokraten wie Forster und Campe hielten der haßerfüllten konterrevolutionären Propaganda der französischen Emigranten zum Trotz der Sache der Revolution die Treue. Viele andere sympathisierten zum mindesten lange mit ihr oder vertraten doch in ihrem Gesamtwerk den Glauben an den menschlichen Fortschritt und die bürgerliche Emanzipation.

Goethe wünschte, „einem tätigen produktiven Geiste, einem wahrhaft vaterländisch gesinnten und einheimische Literatur befördernden Manne“ möge man es zugute halten, „wenn ihn der Umsturz alles Vorhandenen schrecke, ohne daß“ — ein unter den deutschen Verhältnissen durchaus zutreffendes Urteil — „die mindeste Ahnung zu ihm spräche, was denn Besseres, ja nur anderes daraus erfolgen solle“. Doch er erkannte, daß mit dem Sturm auf die Bastille ein neuer Abschnitt der Menschheitsgeschichte begonnen hatte, und er sprach es aus, als er am Abend der Kanonade von Valmy, nach dem Sieg der französisischen Bürgerarmeen über die feudalen Söldnerheere der deutschen Interventen, den Offizieren des Herzogs von Weimar zurief: „Von hier und heute geht eine neue Epoche der Weltgeschichte aus, und ihr könnt sagen, ihr seid dabeigewesen.“

Schiller, der Dichter der „Räuber“, der „Kabale und Liebe“ und des „Don Carlos“, hielt die Blicke erwartungsvoll „auf den französischen Schauplatz geheftet, wo jetzt, wie man glaubt, das große Schicksal der Menschheit verhandelt wird". Er fragte sich, ob es nicht wider die Forderung der Zeit sei, „sich nach einem Gesetzbuch für die ästhetische Welt umzusehen, da die Angelegenheiten der moralischen ein so viel näheres Interesse darbieten". Er verfolgte mit lebhafter Anteilnahme den Lauf der Dinge in Frankreich und den Vormarsch der Bürgerarmeen an den Rhein. Als aber die Jakobiner Konterrevolution und schleichenden Verrat mit Gewaltmaßnahmen beantworteten und die Guillotine ihre blutige Arbeit begann, erstarrte der philosophische Kopf im Angesicht dessen, was er „sklavische Gesinnung in der Freiheit" nannte. „Das Gebäude des Naturstaates", der ersten Stufe menschlicher Entwicklung, wankte zwar, wie er zu erkennen glaubte. Die Hoffnung aber, es gäbe „eine *physische* Möglichkeit . . ., das Gesetz auf den Thron zu stellen und wahre Freiheit zur Grundlage politischer Verbindung zu machen", sei vergeblich: „Die *moralische* Möglichkeit fehlet, und der freigebige Augenblick findet ein unempfängliches Geschlecht." Der pathetisch-optimistische Humanist hielt den Zeitpunkt einer Wende aus der Sklaverei in die Freiheit für verfrüht und ging daran, die Menschen zur „höheren Menschheit" zu läutern, wobei er in der Kunst das Mittel zur moralischen Erziehung des Menschengeschlechtes zu finden hoffte.

„Gallien krönet sich mit einem Bürgerkranze, wie keiner war!" begeisterte sich Klopstock poetisch am Vorabend des „Jahrhunderts edelster Tat". „Frankreich schuf sich frei." Hegel blickte, freilich zugleich zutiefst enttäuscht, noch Jahrzehnte später zurück auf den „herrlichen Sonnenaufgang" der Französischen Revolution. Mit Schelling, mit Hölderlin und anderen freiheitsbegeisterten Zöglingen hatte er im Tübinger Stift zu Ehren der Revolution seinerzeit einen Freiheitsbaum gepflanzt. Der junge Tieck, eines der Häupter der sich eben ankündenden Romantik, rief begeistert aus: „Frankreich ist jetzt mein Gedanke Tag und Nacht — ist Frankreich unglücklich, so verachte ich die ganze Welt", wie denn jener Kreis um die Brüder Schlegel, um Tieck, um Novalis — sehr im Unterschied zur späteren Romantik — mit Fichtes Wissenschaftslehre und Goethes „Wilhelm Meister" die Französische Revolution zu den „drei größten Tendenzen des Jahrhunderts" rechnete.

Fichte verteidigte, gleichfalls von Jena aus, in anonymen Schriften das große Ereignis im Westen Europas, indem er der

„Zurückforderung der Denkfreiheit" das Wort redete und in einer anderen Schrift, den „Beiträgen zur Berichtigung der Urteile des Publikums über die Französische Revolution" (beide 1793), eine „Kultur der Freiheit" unter freiheitlichen Staatsordnungen forderte. Wilhelm von Humboldt, auf die Kunde vom Ausbruch der Französischen Revolution nach Paris geeilt, um nach seines Begleiters Campe Wort „der Leichenfeier des französischen Absolutismus beizuwohnen", wandte sich zur gleichen Zeit, nichts weniger als die Abschaffung der feudalen Vorrechte verlangend, an die deutsche Öffentlichkeit; er schrieb seine „Ideen über Staatsverfassung, durch die neue französische Constitution veranlaßt" (1791), und begründete seine zeitlebens vertretene liberale und demokratische Gesinnung in den „Ideen zu einem Versuch, die Grenzen der Wirksamkeit des Staates zu bestimmen" (1792). Kant im weit abgelegenen Königsberg proklamierte, seiner Zeit weit vorauseilend, unter dem Eindruck der auf Freiheit und Gleichheit der Staatsbürger gerichteten Staatsgründung westlich des Rheines in einer „Zum ewigen Frieden" genannten Schrift (1795) die Idee eines Bundes der Völker zur Sicherung des Friedens und der Wohlfahrt der Menschheit. Freilich vermochte auch er wie Schiller nur an den „guten Willen" der Menschen zu appellieren, um ein menschenwürdiges Zusammensein aller zu verwirklichen. In Berlin machte sich, nur für kurze Zeit, der junge Kriegsrat Friedrich Gentz, einer der engsten Freunde Rahels, zum Wortführer der Freunde des Fortschritts. Seit 1786 in der preußischen Hauptstadt ansässig, nahm er (im November 1797) den Thronwechsel zum Anlaß eines „Sendschreibens an Seine Königliche Majestät Friedrich Wilhelm III." In beflissener, dem künftigen Meister jedweder Tagesforderung gewachsener Wortkunst lobte und tadelte er den preußischen Untertanenstaat — er wollte ihn, mit Freiheit der Presse und des Gewerbes bedacht, nach englischem Vorbild zu einem konstitutionell-monarchischen Staatsgebilde geläutert sehen. Man weiß nicht, ob der junge König, ein hilfloser, allem Neuen mißtrauisch abgewandter, auf seine ererbte Würde bedachter Fürst, das nicht ohne Mut und ohne Berechnung geschriebene Schriftstück überhaupt gelesen hat; es hätte der Krone ohnehin nur das zur Kenntnis gebracht, was in den schöngeistigen, politische Fragen allenfalls theoretisch erörternden, völlig einflußlosen Klubs diskutiert wurde und den politischen Organen selbstverständlich schon seit langem bekannt war.

Es blieb in Deutschland im wesentlichen bei einer theoretischen Diskussion der Menschenrechte und dem Versuch, den Menschen mit den Mitteln einer ihn erhebenden und erziehenden Kunst dem ersehnten Ziele eines menschenwürdigen Daseins näher zu bringen. Im ostelbischen Deutschland, wo wir Rahel zu suchen haben, hatte Kant als obersten Grundsatz menschlichen Rechts die Unabhängigkeit von fremder nötigender Willkür interpretiert. Fichte glaubte an die Möglichkeit, die Verhältnisse zwischen den mit Naturrechten begabten Menschen statt durch Gewalt durch freiwillig vereinbarte Rechtsnormen zu regeln. Das menschliche Grundrecht auf Individualität, auf Vervollkommnung, das Urrecht auf Selbsterhaltung wurden philosophische und rechtstheoretische Grundlagen des Subjektivismus, des Liberalismus, der Romantik. Die Menschenrechte waren das weltanschauliche Fundament aller Forderungen, die auf Verwirklichung des gleichen Rechtes für alle Menschen ohne Rücksicht auf Geschlecht und soziale Herkunft erhoben wurden.

Als Rahel, die damals achtzehnjährige Tochter eines orthodoxen „Schutzjuden“ Friedrichs II., von den Pariser Juliereignissen erfuhr, sah sie nicht so sehr die gesellschaftliche Umwälzung vor sich als einen ihrer namhaftesten Wortführer, den Grafen Mirabeau. Ihm war sie begegnet, wenn er während eines informatorischen Aufenthaltes in Berlin seine Briefe zur Post brachte. Das war in den Jahren 1786 und 1787 gewesen, als der liberale Repräsentant des französischen Adels am Vorabend der Revolution in Berlin geweilt hatte, um zusammen mit dem braunschweigischen Major Mauvillon im Hinblick auf das zu erwartende Ableben Friedrichs II. den vermutlichen Gang der Dinge in Preußen zu studieren; soweit diese Beobachtungen für die Öffentlichkeit bestimmt waren, fanden sie sich später in einer erstaunlich scharfsichtigen, mehrere Bände umfassenden Analyse des friderizianischen Systems wieder.

Rahel wußte nichts von Mirabeaus Mission, erinnerte sich aber, als nun sein Name genannt wurde, an seine äußere Erscheinung bis in unbedeutende Einzelheiten, an die breite Gestalt in einer einfachen, der späteren englischen ähnelnden bürgerlichen Kleidung, an die weich blickenden lebhaften Augen unter starken Brauen, an das häßliche pockennarbige Gesicht mit der platten Nase und den dicken wulstigen Lippen. Er hatte „das Ansehen wie einer, der viel und mit vielen gelebt hat", glaubte sie ihre Eindrücke und ihr allenfalls erhöhtes Wissen deuten zu sollen, „er zeigte sich in den gleichgültigsten und kleinsten Bewegungen seiner Person als sehr tätig und als einer, der alles untersucht, kennenlernt und ergründet". Sie hatte sich mit seinen Gedanken vertraut gemacht, als der Graf im Jahre 1788 bei den Wahlen zu den Generalständen nicht als Abgeordneter des Adels, sondern des Bürgertums kandidiert hatte, „ein Kerl, den sich die Natur gefreut hatte zu erschaffen". Seither verfolgte sie seine politische Tätigkeit.

Es ist typisch für Rahel: Weit mehr eine Persönlichkeit als eine Sache erregte ihre Aufmerksamkeit, und eine Sache vornehmlich in der Person, die sie vertrat. In Rahels Meinung und Urteil über die Französische Revolution spiegelte sich die schillernde Persönlichkeit Mirabeaus. Die Ableitung des Allgemeinen vom Besonderen (bisweilen vom Zufälligen), die eigenartige charakterisierende Verknüpfung von Ideen und Vorgängen mit deren Repräsentanten, die Bindung einer von den gegebenen Verhältnissen bewirkten allgemeinen Entwicklung an eine oder mehrere bestimmte Personen ist — wir werden es darzustellen haben — ein Wesenszug der deutschen Romantik.

DIE „SCHUTZJUDEN" FRIEDRICHS II.

Rahel war Frau, und sie war Jüdin.

Ein Jude durfte nur durch zwei der Tore Berlins die Stadt betreten oder sie verlassen. War er ein Fremder, mußte er sich wie seine Ware und Habe verzollen. Nur eine einzige jüdische Familie war zur Zeit von Rahels Jugend rechtlich den Bürgern Berlins uneingeschränkt gleichgestellt, die des Daniel Itzig, dem im Jahre 1791 das Naturalisationspatent verliehen worden war; vereinzelten anderen waren bestimmte Bürgerrechte wie das der Freizügigkeit oder der freien Berufswahl gewährt worden. Nur ein Beruf stand dem zur Niederlassung berechtigten Juden in Preußen uneingeschränkt offen, der des Händlers mit Waren und Gold. Doch noch um die Jahrhundertwende wurde nach der Handelsordnung aus dem Jahre 1716 verfahren. In ihr wurde der Jude dem „strafbaren Totschläger, Gotteslästerer, Mörder, Dieb, Ehebrecher, Meineidigen oder den sonst mit öffentlichen groben Lastern und Sünden Befleckten und Behafteten" gleichgestellt. Auch der jüdische Händler war daher in der Gilde der ehrbaren und redlichen" Kaufleute der preußischen Hauptstadt nicht gelitten; erst im Berliner Bürgerreglement von 1805 wurden jüdische und christliche Kaufleute nach gleichen Rechtssätzen behandelt.

Dieser besonderen Stellung der etwa vier- bis fünfhundert jüdischen Familien im gesellschaftlichen Gefüge Berlins muß gedacht werden, wenn man Rahels Leben, ihr Wesen und Wirken verstehen will.

Im allgemeinen richteten sich die Rechtsverhältnisse der Juden in Preußen noch nach den Bestimmungen des im Jahre 1750 von Friedrich II. geschaffenen General-Privilegiums. Danach hatte eine beschränkte Anzahl von Juden das Recht auf Niederlassung erhalten, die dafür erteilten Schutzbriefe waren teuer erkauft worden; die übrigen Juden blieben auf preußischem Staatsgebiet lediglich geduldet. Selbst den „Schutzjuden" – „les juifs de Frédéric le Grand" hat sie Rahel genannt – war erst nach den schlesischen Kriegen auch für ein zweites Kind das Recht zugestanden worden, in Berlin einen eigenen Wohnsitz zu begründen und nach des Vaters Tode ein eigenes Geschäft zu betreiben.

Da Friedrichs Kriege die Finanzkraft des Landes erschöpft hatten, waren auch die besonderen Lasten der Juden wie die aller Bürger und Bauern drückender geworden. Das Schutzgeld, das die Gemeinschaft der in Preußen ansässigen Juden jährlich aufzubringen hatte, war von 15 000 auf 25 000 Taler erhöht worden. Drückender wurden Silbersteuer und Trauscheinabgabe, Kalendergebühren und Rekrutengelder. Eine Sondersteuer eigener Art war der Zwangskauf von Porzellan. „Seine Königliche Majestät" hatten, wie es in einer Kabinettsorder aus dem März 1769 heißt, „zur Beförderung des Betriebes derer bei Dero Porcelain-Manufaktur verfertigten Porcelains und um solche außer Landes mehr und mehr bekanntzugeben, Allergnädigst resolviert, daß die Juden ein gewisses mäßiges Quantum Porcelain abzunehmen haben", um es nach Belieben auf eigene Rechnung im Ausland zu verkaufen. Dieses Quantum kostete drei- bis fünfhundert Taler (das war für manchen Zwangskäufer das Einkommen mehrerer Jahre). Die Erzeugnisse der seit 1763 königlichen Manufaktur waren denen aus Meißen und Sèvres damals nur selten ebenbürtig; der Zwangskauf erwies sich im Regelfall als eine Sonderbesteuerung der Juden zugunsten eines unwirtschaftlichen königlichen Unternehmens.

Seit vorwiegend jüdische Bankiers und Getreidehändler die kämpfenden preußischen Heere in den schlesischen Kriegen mit Lebensmitteln und Kriegsbedarf versorgt hatten und jüdischer Wagemut die Entwicklung des hauptstädtischen Gewerbes, zumal der Textilmanufakturen, förderte, wandelte sich unter merkantilistischen Einflüssen, unterstützt durch die allgemeine, von der Französischen Revolution ausgelöste Bewegung, das Verhältnis des Staates zu seinen Schutzjuden. In Preußen machte sich besonders der Kriegsrat Christian Wilhelm Dohm, ein führender Merkantilist und Lehrer der Brüder Humboldt, zum Fürsprecher einer „bürgerlichen Verbesserung" der Juden, teils aus staatswirtschaftlichen Erwägungen, teils im

Sinne jener Toleranz, wie sie das „gelehrte Berlin“ der Lessing und Mendelssohn als besonderen, nachwirkenden Beitrag zur deutschen Aufklärung geliefert hatte.

In Berlin war unter dem Druck der Wöllnerschen Edikte als Gegenbewegung in weiten Kreisen der Geistlichkeit der freie Geist der Reformation neu belebt worden. Während aber Luther in seiner Schrift „Daß Christus ein geborener Jude sei“ (1523) aus christlicher Verantwortung gemahnt hatte, dem Juden als Blutsfreund und Bruder zu begegnen, und Lessing aus reinster Humanität die Gleichheit der Religionen und Rassen gelehrt hatte, war inzwischen aus Weimar Herders Stimme erklungen, die der Assimilation, in seinem Sinne dem wechselseitigen Aufgehen von Christen und Juden, das Wort redete. Ihm war eine solche „Denk- und Lebensweise ... kein Religionsdisput mehr, wo über Meinung und Glauben diskurriert werde, sondern eine einfache *Staatsfrage*“, eine Entscheidung aus politischer Vernunft und Zweckmäßigkeit. Ob Christian Dohm mit diesen Gedanken des großen Anregers der klassischen Epoche vertraut gewesen ist, darf dahingestellt bleiben. Nach den Vereinigten Staaten von Amerika hatte die französische Nationalversammlung (1791) die Gleichstellung der Juden proklamiert. Ihr besonderer Fürsprecher im französischen Revolutionsparlament war Mirabeau. „Frankreich, dem klassischen Lande der Aufklärung ..., verdanken die Juden die Verwirklichung der Gleichberechtigung; daß die Argumente für eine bürgerliche Gleichstellung zuerst von preußischen Beamten programmatisch formuliert worden waren — Mirabeau benutzte den Kriegsrat Dohm bis zum Abschreiben — und daß die gesellschaftliche Assimilation der Juden zuerst von der preußischen Aufklärung des ‚gelehrten Berlin‘ in die Wege geleitet worden war ..., war hier [in Berlin, im Umkreis Rahels] kaum bekannt, auf jeden Fall unwichtig“ (Hannah Arendt).

Dennoch war Preußen keineswegs das erste deutsche Land, in dem die rechtliche Gleichstellung der Juden durchgeführt wurde. Sie erfolgte zunächst (1808) in den von Frankreich besetzten linksrheinischen Gebieten und im gleichen Jahr in Hessen, im Jahre 1811 in der Freien Reichsstadt Frankfurt, wo sich das Judentum ökonomisch bereits durchgesetzt hatte, und in Baden. In Preußen wurden zwar unter maßgeblicher Mitwirkung Dohms nach langwierigen Verhandlungen zwischen einer staatlichen Kommission und einer jüdischen Abordnung einzelne Härten wie der Leibzoll für Inländer und der Porzellanzwangskauf aufgehoben, die von jüdischer Seite angestrebte und von vielen verantwortungsbewußten Christen befürwortete Gleichstellung war jedoch zunächst nicht verwirklicht worden. Friedrich Wilhelm III. erwies sich auch in dieser Frage als ein eigensinniger und entschlußloser Zauderer, so daß das Edikt über die bürgerlichen Verhältnisse der Juden vom 11. März 1812 erst im Zuge der allgemeinen, an die Namen Stein und Hardenberg geknüpften preußischen Reformen erlassen wurde; es räumte den Juden wenigstens grundsätzlich die gleichen Rechte und Pflichten ein, wie sie den anderen preußischen Untertanen gewährt worden waren.

Diese Verordnung kam zu spät, als daß sie den wirklichen Verhältnissen hätte gerecht werden können. Trotz aller Bemühungen Lessings, Mendelssohns, Herders, Dohms und vieler anderer war das Bürgertum nicht bereit gewesen, im jüdischen Händler und Kaufmann, der in der Regel der „Konkurrent" war, einen gleichberechtigten Staatsbürger zu sehen. „Direkte, gesellschaftliche und persönliche Beziehungen hatten die Juden nicht zum Bürgertum, sondern zum Adel, dessen Finanziers sie in der Gestalt der Geldleiher lange Zeit gewesen waren." (Hannah Arendt) Aus diesen gesellschaftlich-ökonomischen Gegebenheiten erklärt sich die Fülle der Kontakte zwischen Adel und Judentum, denen wir auch bei Rahel und ihrem Freundeskreis begegnen werden. „Aus dem Geldleiher der Judengasse war für das verarmte Junkertum der Vater einer Tochter mit Mitgift geworden" (Hannah Arendt). Das änderte sich, sobald der Adel nach dem Krieg gegen den Usurpator Napoleon alle Zugeständnisse zurücknahm, die er dem Volk, dem Bürgertum und auch den Juden in höchster Not eingeräumt hatte. Das preußische Edikt von 1812 wurde zehn Jahre später aufgehoben und der Sonderstatus der Juden weitgehend wiederhergestellt. Erst die Revolution von 1848 nahm sich der Frage der Gleichstellung der Juden wieder an; unter den vom Frankfurter Parlament verkündeten deutschen Grundrechten findet sich eine Bestimmung, nach der der Genuß der bürgerlichen oder staatsbürgerlichen Rechte nicht durch das religiöse Bekenntnis bedingt oder beschränkt sein solle. Dieser Grundsatz ist erst für das Gebiet des Norddeutschen Bundes durch ein Reichsgesetz vom 3. Juli

1869, dreieinhalb Jahrzehnte nach Rahels Tod, allgemein verwirklicht worden.

Senior der jüdischen Emanzipationsbewegung in Berlin war der im Jahre 1786 verstorbene Moses Mendelssohn, der Freund Gotthold Ephraim Lessings, das Ebenbild Nathans des Weisen, der „Befreier der Juden aus ihren eigenen Vorurteilen“ (Ellen Key). Er hat durch Leben und Wirken einen nachhaltigen Einfluß auf die gesellschaftliche Entwicklung seiner Glaubensgenossen und den Fortschritt der Humanität in Deutschland ausgeübt. Mendelssohn ist unmittelbar nach Lessing zu nennen, wenn man nach den Wegbereitern geistigen Lebens in der preußischen Hauptstadt fragt. „Nach Wahrheit forschen, Schönheit lieben, Gutes wollen, das Beste tun“, lautete sein humanes, in den Grenzen des Menschenmöglichen gelebtes Leitwort.

Aaron Gumpertz hatte im Jahre 1754 die Begegnung Lessings, des Pastorensohnes aus Kamenz in der sächsischen Oberlausitz, mit dem aus Dessau zugewanderten Mendelssohn vermittelt, der, nur ein „geduldeter Jude“, bei dem Seifenfabrikanten Bernhard vier Jahre Hauslehrer gewesen und seinerzeit als Buchhalter tätig war; als solcher hatte er Anteil am Niederlassungsprivileg seines Brotherrn. In Mendelssohn webte wie in Lessing ein ewig reger Trieb nach Wahrheit, nach Vervollkommnung, nach Menschlichkeit. Aber er war keine kämpferische Natur, „weder im physischen noch im moralischen Sinne zum Kunstringer geboren“, wie ihm der streitbare David Friedländer bezeugte; „man darf nicht beklagen, daß ihm, dem Franklins Tugenden gehörten, die Eigenschaften Washingtons abgingen“.

Lessing und Mendelssohn standen, als sie sich kennenlernten, im fünfundzwanzigsten Lebensjahr. Lessing führte den philosophisch gut vorgebildeten, unter den Mitgliedern der Akademie der Wissenschaften wohlgelittenen Freund in die Literatur ein, ihn überschwenglich im voraus als einen zweiten Spinoza rühmend (der er nicht geworden ist). Zu den Freunden fand sich als dritter alsbald der schriftstellernde Buchhändler und nachmalige Verleger Friedrich Nicolai. Frucht ihres gemeinsamen Schaffens waren die „Bibliothek der schönen Wissenschaften und freien Künste“, das weithin gerühmte Sprachrohr der Aufklärung, die „Literaturbriefe“, die „Allgemeine deutsche Bibliothek" (seit 1765). Auch als sich Lessings Genius über die Talente der Berliner Aufklärer erhob, blieb Lessing für Mendelssohn der „Freund und Richter", dessen Rat und Urteil er sich zu vergegenwärtigen suchte, sooft er „einen Schritt von Wichtigkeit zu tun" hatte.

„Phaedon oder über die Unsterblichkeit der Seele" (1767), eine weit über Berlin hinaus beachtete und vielgelesene Schrift, brachte den philosophierenden Buchhalter in einen Meinungsaustausch mit Hamann und Herder, Wieland und Lavater. Er wurde im Jahre 1771 in die Akademie der Wissenschaften gewählt, von Friedrich II. aber nicht bestätigt. Einem Vertrauten des Königs, dem Sekretär der philosophischen Klasse der Akademie, Jean Baptiste Marquis d'Argens, einem Franzosen, war es einige Jahre früher immerhin gelungen, dem Monarchen die Erlaubnis abzutrotzen, daß sich Mendelssohn in Berlin aufhalten durfte; ein Gesuch des jüdischen Philosophen selbst war unbeantwortet geblieben.

Mendelssohn schrieb deutsch. Er setzte sich über die Vorurteile seiner orthodoxen Glaubensgenossen hinweg und lehrte seine jüdischen Mitbürger, sich statt ihres Jargons selbstbewußt der Sprache des Volkes zu bedienen, in dem sie lebten. Von intoleranten Rabbinern stark angefeindet, schuf er die ersten deutschen Lehrbücher für seine Glaubensgenossen, indem er die Psalmen und die Bücher Moses übersetzte. Seine Forderungen an den preußischen Staat beschränkten sich auf die Duldung einer bloßen Existenz in menschlicher Würde. Es genügte ihm, „der geringste Einwohner" im Königreich Preußen zu sein. Sein Ziel war die kollektive Gleichberechtigung der Juden, ihre „bürgerliche Gleichstellung" (Heinrich Heine), ohne ein Aufgehen im Christentum, ohne eine völlige Abwendung vom Glauben der Väter.

Um Mendelssohn scharten sich von ihm ermunterte und ermutigte Israeliten, um an seinem Werk teilzuhaben, es fortzuführen, der eine oder der andere auch, um des verehrten Lehrers Streben über eine bloße Duldung der Juden hinaus zu erweitern. Hartwig Wessely und Isaak Euchel machten sich um die Erneuerung der hebräischen Sprache verdient, Salomo Dubno und Herz Homberg und andere fanden sich in der Bibelübersetzung zusammen. David Friedländer und Isaak Daniel Itzig gründeten (1778) die erste jüdische Freischule in Berlin; sie vermittelte jüdischen Knaben eine deutsche Bildung und erzog Intellektuelle, die später einen wesentlichen Anteil an der Emanzipation ihrer Glaubensgenossen gehabt haben. Am tätigsten wurde David Friedländer, der ein „Sendschreiben einiger jüdischer Hausväter“ verfaßte, in dem der herrschenden Gewalt von den Juden, um sich „öffentlich der Gesellschaft einzuverleiben“, schlechthin der Übertritt zum Christentum angeboten wurde, sehr zum Kummer so fortschrittlicher protestantischer Theologen wie etwa Schleiermacher, der diese Art der „Aufklärungsmanier“ als „verächtlich“ empfand und einer echten Einbürgerung der Juden als gleichberechtigte Bürger neben den Christen das Wort redete.

Für manchen „neumodischen Juden“ lösten sich die Fesseln dogmatischer Glaubensgebundenheit nicht rasch genug, hingen die Rabbiner zu konservativ an überkommenen Glaubenssätzen und Gewohnheiten; er löste sich aus seiner unter Sonderrecht stehenden Glaubensgemeinschaft, da er nicht warten wollte, bis dem Judentum als solchem durch die Verkündung eines gleichen Rechtes für alle oder durch ein zumindest religiöses Aufgehen im Gastvolk sein gesellschaftlicher Makel genommen worden wäre. So drängte mancher für sich heraus aus dem Judentum, löschte doch der Übertritt zu einer christlichen Konfession schneller und gründlicher als allgemeine Reformen die gesellschaftlichen Nachteile aus, die der mosaischen Abstammung anhafteten. Man ließ sich taufen. Auch Henriette Herz und Rahel Levin taten es, wenn auch aus Pietät gegenüber der orthodoxen Gesinnung ihrer patriarchalischen Familienoberhäupter erst nach deren Tode, Henriette im 53., Rahel lange nach ihren drei Brüdern im 43. Lebensjahr. Rahel entschloß sich dazu aus „Selbstdenken“, wie Lessing die Erhebung der Vernunft zur herrschenden Autorität bezeichnet hatte — bei Rahel war Selbstdenken angesichts der mangelnden schulischen Erziehung der Frau und zumal der Jüdin zugleich auch Selbstbildung. Weit mehr noch ließ sie sich bei ihrem Entschluß von dem betonten „Ich-Verständnis“ leiten, jener bezeichnenden Anschauung der deutschen Romantik, nach welcher Erkenntnisse des Individuums nur für dieses, nicht aber allgemein und objektiv Geltung haben können. Auch dieser Subjektivismus war ein Wesenszug der frühen deutschen Romantik.

VON DER BERLINER AUFKLÄRUNG ZUR BERLINER ROMANTIK

Mendelssohns Denken schloß an Christian Wolffs Rationalismus an. Der Berliner Popularphilosoph hat mit dem Hallenser Fakkelträger der deutschen Aufklärung eine letztlich flache Vernunftgläubigkeit gemeinsam. Das war ein Anlaß mehr für Kant gewesen, seine Kritiken der reinen wie der praktischen Vernunft und der Urteilskraft zu schreiben, ohne daß er damit die Bedeutung der Aufklärung des unwissenden Menschen als des „Ausganges aus seiner selbstverschuldeten Unmündigkeit“ (Kant) herabzuwürdigen gedachte. Mendelssohn nahm an der kritischen Fortführung der Erkenntnistheorie keinen Anteil mehr; nachdem im Todesjahr Lessings (1781), fünf Jahre vor seinem eigenen Tod, die „Kritik der reinen Vernunft“ erschienen war, klagte er besorgt über den „alles zermalmenden Kant“.

Dabei fand sich in seinem vertrautesten Kreis mancher spekulative Kopf, der dem Denken Kants in Berlin den Weg bereitete. Hier ist abermals des aus Königsberg zugewanderten David Friedländer zu gedenken; er war nicht nur Schüler Kants, sondern auch Christian Jakob Kraus', des Königsberger Staatswirtschaftslehrers und frühen Vertreters der liberalen klassischen bürgerlichen Ökonomie, wie sie der Engländer Adam Smith, der „Ökonom der Manufakturperiode“ (Marx), entwickelte. Lazarus Bendavid, nach Heine „ein Weiser nach antikem Zuschnitt“, machte sich als ein begeisterter und beredter Künder der Ideen des Königsberger Philosophen einen Namen. Nachdem man dem gebürtigen Berliner in Wien die Fortführung seiner von Hunderten besuchten Vorlesungen untersagt hatte, kehrte er im Jahre 1797 in die preußische Hauptstadt zurück, wo er als Kalkulator an der Königlichen Witwenkasse ein Auskommen fand.

Mendelssohn freundschaftlich eng verbunden war der Arzt

Markus Herz, der schon von Königsberg, seiner Heimat, her in Verbindung mit Kant stand. Die privaten Vorlesungen dieses überaus tätigen und vielseitigen, geistig regen Mannes machten sein Haus zu einem intellektuellen Zentrum der preußischen Hauptstadt. Er nahm für einige Zeit jene beherrschende Stellung im geistigen Leben Berlins ein, wie sie bis zum Tode Moses Mendelssohns dessen Haus zugekommen war, das man als den ersten weit in die Zeit und die Welt hinein wirkenden Vereinigungspunkt bürgerlicher Intelligenz aller Bekenntnisse und unterschiedlicher Weltanschauungen in Berlin ansehen darf.

Wie in Jena Wielands Schwiegersohn Karl Leonhard Reinhold, so erwarb sich in Berlin Johann Gottfried Kiesewetter, seit 1793 als Professor an der Pépinière, der Militärärztlichen Bildungsanstalt, tätig, besondere Verdienste um die Verbreitung der in eine schwer zugängliche Sprache gekleideten Gedanken Kants. Kiesewetters „Versuch einer faßlichen Darstellung der wichtigsten Wahrheiten der kritischen Philosophie“ erlebte schnell hintereinander mehrere Auflagen. Das gebildete Publikum der Hauptstadt wurde weniger von Kants erkenntniskritischen Ideen bewegt als von seinem freiheitlichen, revolutionsfreundlichen Denken, von seiner Feindschaft gegen Dogmatismus und Mystizismus, von seinen humanen Postulaten einer Morallehre, die den einzelnen wie die gesamte Menschheit zur Sittlichkeit des Handelns verpflichten wollte.

Wöllner zeterte in einer Kabinettsorder gegen den Kantschen Gedanken, die statuarischen Satzungen des Kirchenglaubens würden in dem gleichen Maße entbehrlich werden, in dem die menschliche Vernunft reife, als gegen eine strafwürdige „Entstellung und Herabwürdigung des Christentums“. Polternder, rechthaberischer Widerpart Kants in Berlin, nicht aus Rechtgläubigkeit, sondern aus Besserwisserei, war der alternde Friedrich Nicolai, der sich trotz aller literarischen Züchtigungen, die ihm aus Königsberg, von Schiller und Goethe, von den Schlegels zuteil wurden, weiterhin als Erbe Lessings aufspielte. In seiner nüchternen Beschränktheit verfiel er dem Kampf gegen den einst von ihm repräsentierten intellektuellen Fortschritt, ob dieser nun vom Sturm und Drang oder von der idealistischen Philosophie, von der Klassik oder der jungen Romantik getragen wurde. Was nicht naturalistisch nüchtern war, fand keine Gnade in den Augen des Altmeisters der Kritik, der nach der

Jahrhundertmitte so fördernd und belebend auf das Berliner Geistesleben eingewirkt hatte und von seinem Haus in der Brüderstraße, das einer der bekanntesten Mittelpunkte des intellektuellen Berlin war, weiterhin den gesunden Menschenverstand gegen Aberglauben und Dogmenkult mobilisierte. Nicolais „Allgemeine Deutsche Bibliothek“, aus einem kämpferischen Organ ein Sprachrohr der Lehrhaftigkeit und des Unfehlbarkeitsdünkels seines Herausgebers geworden, war dem Dunkelmann Wöllner noch immer so verdächtig, daß sie für eine Reihe von Jahren (1793 bis 1800) vor den königlich-preußischen Zensoren nach Kiel ausweichen mußte, wo sie unter anderer Leitung erschien.

Außer Nicolai lebte von den Literaten, die sich um den jungen Lessing geschart hatten, in Berlin nur mehr Karl Wilhelm Ramler, der Dichter wenig poetischer Oden. Er war seit 1793 Direktor des neuerrichteten Berliner Nationaltheaters und übte dieses Amt eine Zeitlang gemeinsam mit dem jüngeren, der Berliner Aufklärung entstammenden Schriftsteller Johann Jakob Engel aus, dessen moralisierend realistische Romane und popularphilosophische Schriften das lesefreudige Publikum anzogen. Ein Sonderling unter den Berliner Freigeistern in der Art des jungen Lessing, ein wahrer Stürmer und Dränger, der einzige in Berlin, war Karl Philipp Moritz. Er hatte einen ganz ungewöhnlichen Werdegang und zählt zu den originalsten Erscheinungen der deutschen Literatur. Er gewann in Italien die fördernde Zuneigung Goethes und hat früher als Rahel und vielleicht noch nachhaltiger als der junge Tieck dem Schaffen Goethes die skeptischen Köpfe und spröden Herzen der Berliner geöffnet. Seine Zeit verdankte dem ehemaligen Hutmacherlehrling und (seit 1789) Professor der Altertumskunde weit mehr, als wir heute nachzuzeichnen vermögen.

Nur einer der Männer, die zur geistigen Physiognomie des zeitgenössischen Berlins mehr oder minder markante Züge beitrugen, trat für Lebenszeit in Rahels engeren Freundeskreis: Friedrich Gentz, der gleichfalls aus Königsberg aus der Schule Kants kam. Den anderen war sie an Jahren und Anschauungen zu fern. Sie lernte von ihnen wie aus Büchern, aber sie begegnete ihnen nicht im wechselseitig fördernden und formenden Gespräch.

Rahel wurde in den Bannkreis der späten Berliner Aufklärung gezogen, während sie sich, den Mädchenjahren noch nicht entwachsen, durch Gespräch und Lektüre selbst zu bilden suchte; in diese Zeit fällt auch ihr Umgang mit Berliner Repräsentanten der Kantischen Philosophie. Goethe erlebte sie vorerst nur aus der Ferne in seinem Werk.

In das Sprühfeuer der frühen Romantik geriet Rahel in der ersten Blütezeit ihres eigenen Salons. Sie wuchs förmlich aus der absterbenden Aufklärung in die aufquellende Romantik hinein, sie gehörte zur gleichen Generation wie deren namhafteste Repräsentanten. Nicht Kant und Mendelssohn oder gar Nicolai sind zu nennen, wenn man nach Wegweisern in Rahels vielschichtigem Bildungserleben sucht, sondern Fichte und Schleiermacher, und zu den willkommensten Gästen in ihrem ersten Salon zählten Friedrich Schlegel und Ludwig Tieck. Sie alle standen um die Jahrhundertwende für eine längere oder kürzere Zeitspanne im Blickpunkt des intellektuellen Berlins.

Will man Rahels zeitweiligen Gleichklang mit der Frühromantik, will man die „romantische Emanzipation" der Tochter eines „Schutzjuden" nicht mißverstehen, dann muß man sich daran erinnern, daß diese so vielfältig schillernde literarisch-philosophische Bewegung in ihren Anfängen steckte und sich eben erst um die Herausarbeitung eines eigenen Weltbildes bemühte. Sie war eine Flucht aus der Misere der gesellschaftlichen Verhältnisse im vielfach zerspaltenen Deutschland in eine „höhere", irreale Kunstwelt, in der Dichtung und Leben wieder eine Einheit werden sollten. An die Stelle des klassischen Humanitätsideals setzte sie in ihren programmatischen Schriften die vage Forderung nach einer „Universalpoesie". Statt in die kühle Formenstrenge der Antike, an der sich die Klassik ästhetisch orientierte, führte ihr Suchen in die phantastische Traumwelt übersteigerter Empfindungen und in ein verklärt gesehenes deutsches Mittelalter. „Romantisieren", schrieb Novalis, „heißt: dem Gemeinen einen hohen Sinn, dem Gewöhnlichen ein geheimnisvolles Ansehen, dem Bekannten die Würde des Unbekannten, dem Endlichen einen unendlichen Schein geben."

Noch fehlte der Romantik das bewußt nationale Element, das ihr in der Zeit der nationalen Katastrophe und der napoleonischen Fremdherrschaft einige eigentümliche Züge verlieh. Später dann, als Rahel ihren eigenen Weg hatte suchen müssen, verflüchtigte sich der Kosmopolitismus der Frühromantik in eine universalistische Traumschwärmerei oder ein christlich-germanisches Phantasiereich mißverstandenen Mittelalters. In der Frühromantik dominierten diese Erscheinungsformen einer feudalen Restauration noch nicht. Dagegen redete sie der uneingeschränkten Entfaltung individuellen Geistes- und Trieblebens das Wort. Aus der antik strengen Bindung der sich in der Entwicklung aller ihrer Anlagen bildenden menschlichen Persönlichkeit an eine menschheitliche sittliche Gesinnung, wie sie die Klassik als Wunschbild eines sittlichen Charakters vorstellte, übersteigerte die Romantik das Subjektive zu einem Ich-Kult, dem zuweilen keinerlei Grenzen mehr gesetzt wurden. Weil aber nicht der Mensch schlechthin, sondern das individuelle Ich zu einer der entscheidenden Triebkräfte dieser geistigen Strömung wurde, kann die Vielfalt ihrer Erscheinungen nur in den verschiedenen Epochen, den landschaftlich bedingten „Schulen“, ja in der Besonderheit ihres jeweiligen Vertreters dargestellt werden. Die Romantiker sind notwendigerweise höchst unterschiedliche Wege gegangen. Während einige künstlerisches Volksgut erweckten, andere den vergleichenden Sprachwissenschaften, der Linguistik überhaupt, den Weg ebneten, dritte unter die namhaftesten Sänger des Freiheitskampfes gegen Napoleon und für ein demokratisches geeintes Deutschland zählen, wandelten sich andere zu mittelalternden Wortführern einer feudalen Restauration und zu publizistischen Repräsentanten der Metternichschen Reaktion.

Die Romantik nahm gegen Ende des 18. Jahrhunderts ihren Ausgang von Jena und Berlin. Zum Jenaer Kreis gehörten besonders die Brüder Schlegel, Novalis, Schelling, unter den Berlinern ragten neben den beiden Schlegel Wackenroder, Tieck, Bernhardi hervor.

Tieck, der Sohn eines Seilermeisters aus der alten Roßstraße, und Wackenroder, der Sprößling eines spreestädtischen Bürgermeisters, waren gleichaltrige Zöglinge des Friedrichwerderschen Gymnasiums; sie besuchten es, während es noch der berühmte Schulmann Friedrich Gedike leitete. Die beiden Jünglinge wurden enge Freunde. E. J. Koch begeisterte sie für die ältere deutsche Literatur, K. Ph. Moritz, der Römer, weckte den Sinn für die bildenden Künste, der Kapellmeister Reichardt und der Komponist Fasch, der Gründer der Berliner Singakademie, förderten die Freude an der Musik. Von der Wirklichkeit menschlichen Daseins sprach keiner der in die Kulturgeschichte ihres Jahrhunderts eingegangenen Pädagogen zu den beiden jungen Menschen, die hin und her gerissen wurden zwischen aufklärerischer Nüchternheit und deren bereits „modern" gewordenem Gegenpol, jener unbestimmten Sehnsucht nach dem Verklärten und Abenteuerlichen.

Wackenroder war weit mehr Kunststudien zugetan als der Rechtskunde, wie es dem väterlichen Willen entsprochen hätte. Auf einer Bildungsreise durch Franken fand er in Nürnberg deutsches Mittelalter greifbar vor Augen. Wackenroder wurde der erste Romantiker, der die Wallfahrt in die mittelalterliche Scheinwelt angetreten hat. Der Trommler der Romantik hat seine „Herzensergießungen eines kunstliebenden Klosterbruders" (1797) nur wenige Monate überlebt.

Wackenroder hatte auch einigen unmittelbaren Anteil an Ludwig Tiecks „Franz Sternbalds Wanderungen" (1798), in denen zum ersten Male jene „mondbeglänzte Zaubernacht des Mittelalters" irrlichterte, die für die Weltfremdheit der späten Romantik so kennzeichnend geworden ist. In jenen Jahren 1794 bis 1798, in denen Tieck nach Abschluß seiner Studien in Halle, Göttingen und Erlangen wieder in Berlin lebte, war die „romantische Schule" noch vornehmlich eine kritisch-poetische Gemeinschaft. In ihrem Streben nach einer neuen Kunst wetteiferte sie mit dem Bund des Ernstes und der Liebe, dessen schöpferische und kämpferische Beständigkeit Schiller und Goethe in den „Xenien" (1796) soeben ihren Neidern und Feinden bewiesen hatten.

Im Jahre 1797 kam Friedrich Schlegel aus Jena nach Berlin, wo er bis zum Sommer 1800 lebte, um sich dann an der Universität Jena zu habilitieren. Sein Bruder August Wilhelm Schlegel übersiedelte ein Jahr später aus Jena nach Berlin, das er drei Jahre danach als Begleiter Germaine de Staëls verlassen hat.

Die Schlegel und Tieck machten Berlin für einige Jahre zum Forum des ästhetischen Meinungsstreites in Deutschland. Friedrich Schlegel sang das Lob Goethes und züchtigte den anmaßend gewordenen Nicolai. Unendlich sei nur die „romantische" Poesie, dozierte er, vorerst Goethe in sie einbeziehend, bis er ihn ein

Jahrzehnt später zugunsten Dantes und Calderons entthronte; die „romantische" Poesie allein sei frei und erkenne als erstes Gesetz, „daß die Willkür des Dichters kein Gesetz über sich leidet".

August Wilhelm Schlegel las während dreier aufeinanderfolgender Winter in öffentlichen Vorlesungen vor einem zahlreichen und aufgeschlossenen Publikum über schöne Literatur und Kunst, Nicolai, den Richter des guten Geschmackes und literarischer Schicklichkeit, ein um das andere Mal bedrängend. Die Berliner Jahre waren vielleicht die fruchtbarsten seines Lebens. Mit Tieck veröffentlichte er den Musenalmanach für das Jahr 1802, die Übersetzung Shakespearescher Dramen nahm ihren Fortgang, ein Trauerspiel des Euripides wurde umdichtet, der Spanier Calderon dem deutschen Theater gewonnen, der Entwicklung einer romantischen Theorie der Dichtung viel Zeit gewidmet. Die „naseweise, schneidende und einseitige Manier" der Brüder (in ihrer Zeitschrift „Athenäum") hatte nicht nur dem mit den Schlegel bereits zerfallenen Schiller „physisches Weh" bereitet. Vielleicht nicht zuletzt deshalb sammelten sich um das angriffslustige Organ jugendliche Berliner Literaten wie Adelbert von Chamisso und Karl August Varnhagen, auch Rahels Bruder Ludwig Robert und Julius Eduard Hitzig, der spätere Kanzelredner L. F. F. Theremin und der schon ein Jahrzehnt ältere Sprachforscher und nachmalige Direktor des Friedrichwerderschen Gymnasiums, A. F. Bernhardi. Der Höhepunkt dieses literarischen Treibens wurde erreicht, als die Schlegel Ludwig Tieck zum Poeta laureatus erklärten und als Goethe ebenbürtigen Dichter feierten.

Rahel nahm an dem öffentlichen Wechselgespräch, das die Schlegel, Tieck, Schleiermacher und Fichte miteinander führten, lebhaften und fördernden Anteil. Die Berliner Romantik lebte in Urfehde mit dem alten Nicolai, sie geriet in einen heftigen, wenig fruchtbaren Widerstreit mit den beiden erfolgreichen Stückeschreibern Kotzebue und Iffland, sie schlug sich mit Garlieb Merkel, der keine der ihm reichlich gebotenen Gelegenheiten ausließ, die Schlegel und ihren Kreis zu verunglimpfen.

Iffland, im Jahre 1796 aus Mannheim in die Leitung des Königlichen Nationaltheaters berufen, war ein Liebling der theaterfreudigen Berliner. Mit Fleck als Wallenstein führte er „Die

Piccolomini“ und „Wallensteins Tod“ zum Erfolg, die Unzelmann glänzte als „Maria Stuart“. Die „Jungfrau von Orleans“, wegen politischer und religiöser Bedenken Ifflands von Woltmann in einer für Schiller ärgerlichen Weise zugestutzt, mußte in sechs Wochen mehr als ein dutzendmal gespielt werden. Goethes „Egmont“ und „Iphigenie“ fanden indessen in Preußens Hauptstadt keinen sonderlichen Anklang.

Der sehr geschäftigte Iffland wußte sich in Fragen künstlerischer Kost dem Zeitgeist anzupassen; er bildete den Geschmack, indem er ihm diente. Er bevorzugte publikumssichere Autoren wie seinen Vorgänger Johann Jakob Engel, den überaus fruchtbaren, meist seichten, vornehmlich sentimentalen August Friedrich von Kotzebue (er lieferte der Berliner Bühne etwa siebzig Stücke) und sich selbst, den breit moralisierenden Sittenschilderer August Wilhelm Iffland.

Kotzebue kam erst im Jahre 1802 nach Berlin, nachdem der Versuch gescheitert war, in seiner Vaterstadt in nähere Verbindung mit Goethe zu treten oder doch Schiller von dem großen Freunde zu trennen. Er vereinigte sich mit Garlieb Merkel, dem unversöhnlichen Widersacher Goethes; für einige Zeit (bis 1806) erschienen Kotzebues „Freimütiger“ und Merkels erfolgreicheres Wochenblatt „Ernst und Scherz“ gemeinsam.

Berlin besaß kein öffentliches Forum für den Meinungsstreit. Nicolais „Allgemeine Deutsche Bibliothek“ war es nicht mehr. Auch die von Johann Erich Biester, dem königlichen Bibliothekar, zunächst gemeinsam mit Friedrich Gedike herausgegebene „Berlinische Monatsschrift“, von Kant und Humboldt gefördert und zu Wöllners Zeiten mancherlei Anfechtungen ausgesetzt, war, unter veränderten Titeln, nach einem bissigen Wort in den „Xenien“ nur noch „der ausgetrocknete Balg“ ihrer selbst. Reichardts „Deutschland“ litt unter mittelmäßigen Autoren. Daß es im damaligen Deutschland schlechthin unmöglich war, um ein anspruchsvolles intellektuelles Forum ein zahlenmäßig genügend großes empfängliches Publikum zu sammeln, hatten Schiller und Goethe am mißglückten Versuch der „Horen“ erfahren müssen.

Die Hauptstadt Preußens besaß noch keine Universität. Im Jahre 1790 war zwar die Veterinärschule, an der auch Pharmazie, Chemie und Physik gelehrt wurden, und fünf Jahre später von Johannes Görcke die medizinisch-chirurgische Pépinière gegründet worden; bei beiden Anstalten waren für die Errichtung Bedürfnisse des Heeres ausschlaggebend gewesen. Wissenschaftliche Hochschulen waren sie nicht. Hufeland, als Leibarzt des Königs im Jahre 1798 von Jena nach Berlin gerufen und an die Spitze des medizinischen Kollegiums gestellt, fand allzu viele Aufgaben vor, als daß er die unwürdigen Zustände an der Berliner Charité schnell und gründlich hätte beheben können.

Gewiß gab es unter den Mitgliedern der Akademie der Wisschenschaften, an den fünf Berliner Gymnasien und andernorts Männer, deren Namen weit über Berlin hinaus einen guten Klang hatten, wie die der Ärzte Hufeland und Heim, der Historiker K. F. Becker und Joh. von Müller, K. F. Woltmann und J. P. F. Ancillon, der Wegbereiter der Literaturgeschichtsschreibung E. J. Koch, F. H. von der Hagen und F. Ch. Horn. Sie wirkten teils in der Stille, oder sie waren, der eine wegen seiner fortschrittlichen, der andere wegen seiner rückschrittlichen Gesinnung, viel umkämpft; volkstümlich und von origineller Prägung waren Hufeland und vor allem „der alte Heim". So mancher Pionier des Fortschrittes blieb von seinen Zeitgenossen unbeachtet, so der hypochondrische Rektor der Großen Schule in Spandau, Christian Konrad Sprengel — er entdeckte, daß Insekten Blüten bestäuben, eine Tat, die erst von Charles Darwin in das rechte Licht gerückt worden ist —, und Andreas Sigismund Marggraf, dessen Entdeckung des Rübenzuckers erst von seinem Schüler Franz Carl Achard vor den Stadttoren Berlins in Kaulsdorf zum wirtschaftlichen Erfolg geführt wurde.

Wenn auch das geistige Leben rege war, konnte sich Berlin dennoch nicht mit Jena und Göttingen messen, deren Universitäten sich vor den anderen Hohen Schulen im Heiligen Römischen Reich Deutscher Nation einen wissenschaftlichen Ruf erworben hatten. Das Schulwesen lag in Preußen mehr im argen als anderswo. Was der Oberkonsistorialrat im Schuldepartement, F. S. G. Sack, über die unwürdige Besoldung der preußischen Schullehrer und den erbärmlichen Zustand der Schulen im allgemeinen berichtete — „verfallene Bretterhütten oder finstere, dumpfe Stockhäuser" —, das galt bis zu einem gewissen Grade auch für die preußische Hauptstadt. Erst im Jahre 1803 wurde in Berlin ein Lehrerseminar eröffnet.

Das Bedürfnis nach fortschreitender Bildung und geistigem

Austausch war vorhanden. Es ließ sich nicht unterdrücken; es wuchs in dem gleichen Maße, wie dem freien Flug der Gedanken durch Wöllnersche Edikte und rückständige Beckmesserei Grenzen gesetzt werden sollten. Da dem Kampf der Meinungen ein allgemein zugängliches Forum fehlte, das öffentliche Gespräch in der Zeitung oder der Zeitschrift, auf der Bühne oder von der Kanzel von Zensoren reglementiert und von Spitzeln überwacht wurde, schuf sich das unabdingbare Bedürfnis nach dem freien und fördernden Wort aus den besonderen gesellschaftlichen Umständen des zeitgenössischen Berlins heraus eigene Formen der kulturellen Begegnung; die gelehrte Tischgesellschaft und den Salon.

ROMANTISCHE EMANZIPATION

Als Tochter eines friderizianischen Schutzjuden im Hause Spandauer Straße Nr. 26, Ecke Königstraße, am Pfingstsmontag, dem 19. Mai 1771, geboren, fühlte sich die heranwachsende Rahel in ihrer Umwelt kaum mehr als geduldet. Levin-Markus, ein vielgereister und lebenserfahrener, recht erfolgreicher Geschäftsmann, verzichtete auf keines der Rechte, die ihm als Oberhaupt einer jüdischen Familie nach uraltem Brauch zustanden; er nahm sie wahr wie ein Despot, herrschsüchtig und gewalttätig. Er beraubte die Tochter des ihr von der Natur durchaus nicht vorenthaltenen „Mutes zum Glück".

Henriette Herz hat uns den „Juwelenhändler Levin" geschildert. Er „war der geistreichste und witzigste Despot, den man sich denken kann, und ebendeshalb der verletzendste. Aber darum kümmerte er sich wenig, denn in der Tat war seine größte Lust die an der Unlust. Sein Wille war sein höchstes Gesetz, und unter diesem eisernen Willen litt seine ganze Familie; doppelt aber Rahel, welche auch das Leid mitlitt, welches ihre gute, sanfte, doch etwas geistesbeschränkte Mutter traf." Levin-Markus war, so klagte noch die alternde Rahel, ein „rauher, strenger, heftiger, launenhafter, genialistischer, fast toller Vater", der ihr starkes, aber (wie wir hinzufügen möchten) überaus empfindsames Herz „übersah und brach", ihr „jedes Talent zur Tat zerbrach, ohne solchen Charakter schwächen zu können". Man wird sich der Umwelteinflüsse von Kindheit und Jugend erinnern müssen, wenn man wieder und wieder beobachtet, von welch abnormer Empfindlichkeit und welch krankhafter Reizbarkeit diese in der Folgerichtigkeit ihres Denkens und Wirkens bewundernswerte, in ihrer körperlichen Konstitution zu zarte, schwächliche, anfällige Frau gewesen ist.

Levin-Markus hat den Ausbruch der Französischen Revolution nicht lange überlebt. Rahel fand sich in ihrem „Dachstübchen“ in der Jägerstraße Nr. 54 unversehens doppelt frei, in ihren individuellen Lebenserwartungen wie in ihren allgemeinen Hoffnungen für die Menschheit. Indessen bedeutete Freiheit in Rahels Sicht nicht Ungebundenheit, sondern Wirken aus der eigenen Verantwortung. Befreit von der demütigenden psychischen Last väterlichen Patriarchats nahm sie die Sorge um die Erziehung und Entwicklung der jüngeren Geschwister auf sich, bemüht, ihnen ein „freudiger, empfindlicher Lebensverbreiter“ zu sein, wandte sie ihre erstaunliche Energie daran, sich selbst aus „dicker Unwissenheit“ zu befreien, indem sie mit einer an Lessing erinnernden Sucht nach Wahrheit an Lebenswirklichkeit und lebensträchtigen Strömen in sich aufzunehmen suchte, was sie nur immer erlesen oder erhören konnte.

Chaiche Levin, die Mutter, hatte unter der Fuchtel ihres Hausherrn ohne Daseinsfreude und eigenen Willen dahingelebt; nachdem er tot war, blieb sie unfrei und unfroh. Früh alternd, wurde sie selbstsüchtig und geizig, launisch und unverträglich, voll unguter Gedanken für ihre Kinder. Ohne Verständnis für ihre emanzipierte Tochter sagte sie ihr wegen des dünnen Tees, den Rahel ihren Gästen servierte, „Verschwendung“ nach. Es kam zu sehr häßlichen Szenen zwischen der nachsichtigen Tochter und der unnachsichtigen Mutter, bis Rahel des Hauses verwiesen wurde.

Nur Markus, der ein Jahr jüngere Bruder, hatte der Schwester Leiden unter dem väterlichen Tyrannen geteilt; die drei anderen Geschwister, Ludwig, Rosa und Moritz, hatten den Vater im kindlichen Alter von zwölf, neun und fünf Jahren verloren. „Rahle“ nahm sich der drei Kleinen mit mütterlicher Sorgfalt an und blieb ihnen wie Markus und der Mutter in einem Gefühl verbunden, das sie „Faserliebe“ nannte und das Ellen Key, mit fraulicher Einschmiegsamkeit den feinsten Regungen in Rahels Wesen nachspürend, als das Empfinden bezeichnet hat, „das die Natur mit den Fibern unseres Wesens verwebt und das auch dann noch seine Stärke bewahrt, wenn man kaum mehr einen Gedanken gemeinsam hat“.

Und das war, sieht man von Ludwig ab, im Umgang mit allen Angehörigen der Familie der Fall. Von der Mutter zur Tochter führte keine Brücke des Verstehens. Auch Markus, dem die Verwaltung des beträchtlichen väterlichen Nachlasses zufiel, eine Aufgabe, der er sich nicht aus Neigung, sondern aus

Pflichtbewußtsein unterzog, mißbilligte Rahels Umgang; ihr Salon war ihm „eine Welt voll dicker, verpesteter Luft, in der sich schwer atmen läßt". Moritz verriet alsbald die kaufmännische Begabung des Vaters, ohne auch dessen despotische Züge ererbt zu haben. Er war ein geschäftiger und wendiger Typ, frühzeitig auf Unabhängigkeit und eigenen Lebenswind bedacht. Nachdem er die Handelsschule besucht hatte, ging er nach Holland, wohin Röschen verheiratet worden war, und weiter nach Hamburg. Ähnlich lebhaft war Ludwig, eher schon quecksilbrig und ohne Moritz' beweglichen Lebensernst, spielerisch und bei aller Selbstironie doch wohl zu sehr von sich eingenommen; ihn zog es bald zur Wissenschaft, bald zur Dichtung, ohne daß ihm irgendwo eine seine Zeit überdauernde Leistung vergönnt gewesen wäre. Er nannte sich schon frühzeitig Ludwig Robert, heiratete ein überaus schönes Mädchen und wurde einer der treuesten Paladine der von ihm abgöttisch verehrten Schwester. Sein literarischer Meister war Ludwig Tieck; mit Rahel teilte er die Goethe-Anbetung.

In einem freilich sehr eingeschränkten Sinne war Rahels Salon ein Erbstück des alten Levin. Rahels Vater hat Geldgeschäfte aller Art betrieben; dazu hatte auch die Gewährung von Krediten an Menschen gehört, die sich lieber in privaten Räumen als in Kontoren einfanden, um sich ihrer Sorgen und später ihrer Schulden zu entledigen. Künstler und Schauspieler suchten des Geldleihers Hilfe. Iffland nahm Zuflucht zu ihm, als er seiner Verschuldung Herr werden mußte, Gentz dürfte hier tätige Hilfe auf Zeit erfahren haben. Und mancher Adlige, als zweiter oder dritter Sohn Offizier geworden und schnell in die standesübliche pekuniäre Verlegenheit geraten, bediente sich der Kreditwilligkeit des jüdischen Bankiers. Der moralische Schlendrian, der unter Friedrich Wilhelm II. in Preußen eingerissen war, kostete Geld. Man kann nicht sagen, daß sich die Berliner Bankleute diesem zeiteigenen Bedürfnis entzogen und nicht alle Möglichkeiten (einschließlich der Verheiratung ihrer Töchter in adlige Familien) genutzt hätten, die sich ihnen boten.

Levin-Markus hatte recht bald erkannt, daß Rahel, ob ihres „Witzes" (im Verstand jener Zeit also ihres schlagfertigen Geistes) zu des Vaters Geselligkeiten schon in jungen Jahren hinzugezogen, anziehender wirkte als sein Geld. Und das war verwunderlich, denn Rahel war keineswegs schön. Sie war unscheinbar, kaum mittelgroß, zwar kräftig von Wuchs, doch von zarten und weichen Gliedern. Füße und Hände waren auffallend klein. Schwarzes Haar umfloß das Gesicht mit den jeden fremden Blick bannenden dunklen Augen. Sie hatte nach ihres Jugendfreundes David Veit Worten „einen superioren Kopf auf einem inferioren Körper".

Der gleichaltrige Veit studierte seit 1793 in Göttingen, später in Jena, promovierte in Halle zum Doktor der Medizin, unternahm mit einem Sohn Mendelssohns die zeitübliche Bildungsreise (sie führte nach Paris), ließ sich in Hamburg als Arzt nieder, wo er, ein Wohltäter der Armen, mit Sieveking und Perthes vertraut wurde; er starb nach hingebungsvoller Pflege Erkrankter und Verwundeter im Februar 1814. Rahels Beziehungen zu Veit haftete nichts Sinnliches an. Umgang und Briefwechsel dienten der wechselseitigen Bildung. Dabei mag Veit von seinen Universitätsstudien her bis zu einem gewissen Grade den Bildungsstoff bestimmt haben: Lessing und Hume, Moritz und Homer, Gentz und Kant, Fichte und Goethe, eine für heutige Begriffe recht heterogene, für jene Zeit notgedrungener Selbstbildung indessen eher typische Wahl.

Rahel ist weder durch eine bildende Schule gegangen noch durch das Elternhaus erzogen worden. Sie verdankte Kenntnisse und Wissen, ihre Einstellung zum Leben, ihr Verhalten zu den Werten und Problemen des menschlichen Daseins überwiegend eigener, unablässiger Arbeit an sich selbst. Zeit- und Lebensumstände zwangen sie zu einer solchen Selbstbildung. In diesem Bemühen ist David Veit ihr uneigennütziger Helfer gewesen, solange ein Bedürfnis nach einem solchen Austausch bestanden hat. Alsbald nämlich wurde der Briefwechsel der beiden, ein typisches Bildungsgespräch vornehmlich noch im Stile der späten Aufklärung, durch den unmittelbaren geistigen Umgang mit Frauen und Männern ergänzt und schließlich abgelöst, die Rahel um sich zu sammeln wußte. Das geschah, ihrem Alter gemäß, in den Jahren des Aufschwunges der Berliner Romantik, als das „Selbstdenken", die von Lessing geforderte und von Rahel für sich in Anspruch genommene Fähigkeit des Menschen, von sich allein aus zu „Vernunftwahrheiten" zu gelangen, vom Drang zum „Selbstleben" verdrängt wurde, wie man das lebenshungrige Sich-Entfalten der Persönlichkeit in der romantischen Epoche bezeichnen könnte.

Elemente der verschiedenen einander ablösenden und überschneidenden Geistesströmungen mischten sich in Rahels Entwicklungsprozeß ineinander. Diese Vielfalt von Einflüssen lag nicht nur in der allgemeinen Tendenz der Zeit und der Berliner Umwelt begründet: wie wir sie uns bereits vergegenwärtigt haben. Ursache eines solchen Entwicklungsganges war neben einer vielseitigen Veranlagung vornehmlich die besondere gesellschaftliche Lage, in der sich die junge Rahel befand, als sie den Versuch unternahm, sich dem Leben wissend zu stellen; das war die Lage einer Frau aus dem jüdischen Bürgertum, das innerhalb der bürgerlichen Klasse als isolierte Minorität um seine Gleichberechtigung kämpfen mußte. Auch der Drang, einen individuellen Ausweg aus einer solchen Situation zu finden, war von den Verhältnissen bestimmt, unter denen Rahel als Tochter eines Schutzjuden und bürgerliche Frau im nachfriderizianischen Preußen aufwuchs und in das gesellschaftliche Leben des zeitgenössischen Berlin einzutreten bestrebt war.

Der starren, gefühllosen Vernunftgläubigkeit des Rationalismus war der Idealismus der Klassik gefolgt. Rahel begegnete ihm in ihrer Jugend unmittelbar in Wilhelm von Humboldt, dem einzigen der Klassiker, der zu ihrem Freundeskreis gehörte; er sah, worin Rahel einstimmte, den wahren Zweck des Menschen, seine ganze Größe in einer höchsten und allseitigen Ausbildung aller menschlichen Kräfte und Fähigkeiten zu einem harmonischen Ganzen. Vielen Vertretern der jungen Romantik, die in Berlin tonangebend waren, ging es indessen weit mehr um das Sich-Ausleben der Individualität, um einen bis zur Genußsucht übersteigerten, ja entarteten Subjektivismus.

Rahel hat alle diese Stadien teils nacheinander, teils ineinander verfließend durchlaufen. Am flüchtigsten, weil nur in ihren Mädchenjahren selbstdenkend, aber nicht miterlebend erworben, das rationalistische individuelle Ringen um „Vernunftwahrheiten". Am nachhaltigsten beeindruckte sie, die Leistung ihres Lebens prägend, die Begegnung mit dem Werke Goethes (der später sehr eingehend zu gedenken sein wird). Miterlebt, in der Vollkraft menschlichen Nehmens und Gebens durchlitten hat sie um die Jahrhundertwende das Aufsprühen der Romantik als Frau, als Jüdin, als Angehörige der jungen bürgerlichen Klasse, als eine der empfindsamsten und edelsten Angehörigen der ersten Generation der Streiter um bürgerliche

Gleichberechtigung, um Emanzipation der Frau und um Assimilation des Judentums.

Niemand — außer David Veit —hat Rahel auf ihrem frühen Bildungsgang begleitet, niemand außer ihm sie in diesem Entwicklungsprozeß angeleitet. Sie ordnete die Quellen ihrer Bildung nicht, noch verfolgte sie einen besonderen Lebensplan; als Frau, zumal als jüdische Frau, war ihr jede öffentliche Wirksamkeit versagt. Sie folgte in der Wahl ihres Umganges mit Büchern und Menschen zunächst dem allgemeinen Geschmack des Vortrupps der Romantik. Sie beschäftigte sich mit dem, was die Öffentlichkeit erregte, und trachtete, die Denker zu verstehen und den Dichtern zu huldigen, die in jener kritischen Zeit einen Namen erwarben und, wie Rahel feststellte, bemüht waren, Antworten auf Fragen zu finden, die auch sie zu stellen hatte. So ist es ganz natürlich und gesellschaftlich betrachtet durchaus zwangsläufig, daß sich in Rahels romantischer Emanzipation Bildungselemente aus der späten Aufklärung, der Klassik, der idealistischen Philosophie, vornehmlich aber der frühen Romantik finden.

Wenn vor der Jahrhundertwende unter den Geistern der Zeit Fichte und Schleiermacher den nachhaltigsten Einfluß auf Rahel ausgeübt haben, so lag das nicht zuletzt daran, daß Rahel für die unmittelbare Begegnung empfänglicher war als für die Wirkung eines Buches, daß beide damals in dem gleichen Menschen- und Lebenskreis wirkten, in dem Rahel die ersten entscheidenden Schritte zu einer eigenen, in ihrer Art besonderen Wirksamkeit getan hat, daß endlich beide damals in der preußischen Hauptstadt am meisten von sich reden machten.

Fichte sprach aus, was in der Zeit lag, was Rahel mehr ahnte und fühlte als erkannte. Ihr „lieber Herr und Meister“ hat „ihr bestes Herz herausgekehrt, befruchtet“, ihr „zugeschrien: ‚Du bist nicht allein!‘“ (Rahel), in dem er, der Philosoph der „Ichheit“, dem Kantschen Ding an sich das menschliche Ich als ein allgemeines, als den Schöpfer der Dinge entgegenstellte. Das Individuum, das Subjekt, trat in den Mittelpunkt des Denkens; der Mensch, die Persönlichkeit, nahm die Freiheit des Sich-Auswirkens und des Lebensgenusses für sich in Anspruch.

In Jena des Atheismus beschuldigt, hatte sich Fichte weder durch Lockungen noch durch Drohungen in seiner Forderung nach Freiheit des Menschengeistes beirren lassen. Er hatte seinem Asyl in Oßmannstedt bei Weimar den Rücken gekehrt und sich im Juli 1799 nach Berlin begeben, wo er nur geduldet wurde. Man schickte den unbequemen Denker für das Sommersemester 1805 an die abseits der geistigen Auseinandersetzungen gelegene, damals preußische Universität Erlangen. Seine für den Sommer angeordnete endgültige Berufung dorthin blieb infolge der napoleonischen Kriege aus.

Fichte war keine mitteilsame Natur und der romantischen Geselligkeit wenig zugetan. Man begegnete ihm selten in den Salons. Während seines ersten Berliner Aufenthaltes beschäftigte sich Rahel mit ihm mehr aus der Ferne im Bildungsgespräch und im brieflichen Gedankenaustausch mit Veit. Als er im Jahre 1807 in die preußische Hauptstadt zurückkehrte, hatten die kriegerischen Ereignisse die Geselligkeit, wie sie in den Salons üblich war, auf lange Zeit unterbrochen.

Fichte mietete sich in einem Garten nahe der Weidendammer Brücke ein, wo auch Johannes von Müller und der Amerikareisende Alexander von Humboldt wohnten. „Ich verwahre mich, so gut ich kann", schrieb er an Beyme, „daß kein Ton der Verzweiflung und der Indolenz, durch die sie verursacht wird, über meine Schwelle komme, damit ich die Freiheit des Geistes behalte, den Prinzipien einer besseren Ordnung der Dinge nachzudenken." Ein Ergebnis dieser Reflektionen waren die Reden an die Nation, deren erste er am 13. Dezember 1807 hielt. Er wußte, daß „ebenso wie Palm ein Blei" ihn treffen konnte. Aber „selbst das Schweben in höheren Kreisen des Denkens spricht nicht los von der allgemeinen Verbindlichkeit, seine Zeit zu verstehen".

Rahels Verehrung für Fichte — sie setzte ihn in seiner Wirkung auf Deutschland mit Goethe nahezu gleich — beruhte auf seiner frühen Wirksamkeit als Philosoph des Individualismus, als er noch, wie ähnlich Wilhelm von Humboldt, den Endzweck des Staates dem Endzweck des einzelnen untergeordnet wissen wollte und gelehrt hatte, das Individuum sei Bildung, sei Kultur und sei es durch Selbsttätigkeit; Kultur geben könne weder die Gesellschaft noch der Staat, sondern nur der schöpferische Mensch. „Niemand wird kultiviert, sondern jeder hat sich selbst zu kultivieren."

Fichtes „Ich" postulierte kein Recht auf Willkür; seine Sittenlehre subjektivierte den kategorischen Imperativ. Nicht ein objektives Sittengesetz gebot und verbot, die Freiheit des Individuums wurde vielmehr gebunden an die Verantwortung des Handelnden, an die Lauterkeit seiner Gesinnung, an die Sittlichkeit seines eigenen Wollens. Rahels Bruder Ludwig feierte Fichte als den „gottseligen Lehrer jener unendlichen Wissenschaft, die das Leben zur Freiheit gestaltet, die Freiheit in das Gesetz einführt und Gesetze der Freiheit zur Liebe verklärt".

Rahel gestattete niemandem, für sie zu denken. Sie kam nicht zu Resultaten, indem sie sich solche anderer aneignete. In einem frühen Brief an Brinkmann steht der Satz: „Auf das Selbstdenken kommt es an." Sie nahm im Sinne Lessings das Selbstdenken als menschliches Grundrecht für sich in Anspruch und forderte ein gleiches Verhalten von jedem, dem sie das Recht auf menschliche Eigenständigkeit zuerkennen sollte. So ging es ihr in ihrer verehrungsvollen Zustimung zu Fichte nicht um sein philosophisches System, mit dem sie sich vertraut, das sie sich aber nicht zu eigen gemacht hat. Es ging ihr um den Gleichklang der Gesinnung und der Gesittung mit dem „einen Auge Deutschlands" (als das andere betrachtete sie Goethe). Sie, die physisch Schwache, die gesellschaftliche Außenseiterin, bewunderte den Lebenskräftigen und Charakterfesten, der, um Erziehung zur Humanität bemüht, voll edelstem Enthusiasmus um Einheit von Sollen und Sein im eigenen Leben wie in dem der Nation und der Menschheit rang. In seiner Haltung erschloß sich für Rahel die unerschöpfliche Quelle seiner Energie und seines Mutes, unter den Trommeln der Feinde mahnend-erzieherische und aufrührerische Reden an die Nation zu halten. In der Gleichstimmigkeit von Charakter und Lehre, von Verhalten und Forderung sah sie die Ursache seiner breiten erzieherischen Wirkung.

Es hat an Rahels Konstitution, weit mehr aber an einer aus ihrer gesellschaftlichen Sonderstellung als Frau und Jüdin erklärbaren Lebensscheu gelegen, wenn sie, obwohl sie ihre Bindungen an die Tradition und die gesellschaftliche Konvention mehr und mehr zerriß, den Mut zum ungehemmten Eigenleben wohl bei anderen lobte und sogar Exzesse tolerierte (wir kommen auf solche Verhaltensweisen noch zurück), sich selbst aber jegliches Luststreben versagte. Es handelt sich nicht so sehr, wie sie gern meinte, um mangelnden Mut, sich auszuleben, noch darf man diese Begrenzung eigener Willkür als ein Zugeständnis an die Sitte mißverstehen. Rahel beugte sich vielmehr der „klassischen“ Einsicht, daß eine Befreiung des Menschen von den ihm durch die Gesellschaft gesetzten Hindernissen nichts anderes bedeuten könne, als sich mit allem, was ihm von der Natur gegeben, nach seinen Möglichkeiten zu entfalten, zu einer höheren, reineren, wahren Menschlichkeit zu läutern.

Rahel wandte sich entschieden gegen die Rechtfertigung der Despotie als eines konsequenten Subjektivismus durch die spätere Romantik; niemals huldigte sie der Stärke oder der Macht, wenn diese nicht zugleich dem Sittlichen und Humanen verpflichtet waren, und sie verachtete die Gewalt, wie auch immer diese gerechtfertigt werden mochte. „Wir sind ja nur ein Gesetz, begeistigt durch Einsicht und Übereinstimmung“ (Rahel).

Rahel war weder Egoistin, wie Treitschke behauptete, noch eigentlich Hedonistin wie so viele Frauen der Romantik und ihres Kreises (Pauline Wiesel, die Pachta, die Brede u. a.), die Recht und Sinn ihres Lebens in der subjektiven Befriedigung ihrer Lust sahen. Rahels Emanzipationsstreben betonte die gesellschaftliche Verpflichtung der Frau gegenüber allen Schwachen. Nicht aus Mitleid oder aus religiösen Motiven opferte sie sich in der sozialen Fürsorge und der Krankenpflege auf; wo immer in Zeiten des Krieges und der Seuchen tätige Menschen gebraucht wurden, forderte sie ein von Frauen geleitetes Armendirektorium als einen ersten grundlegenden Schritt zur staatlichen Sozialpolitik: Das Recht der Frau auf ungehinderte Betätigung ihrer Kräfte und Fähigkeiten schloß in Rahels Sicht humane Verpflichtung gegenüber den von Natur und Lebensumständen Benachteiligten ein.

Es heißt indessen den subjektivistischen, den fichteschen Zug im Wesen Rahels zu überschätzen, wenn man sie als „durchaus ein Kind der fichteschen Epoche der Romantik“ (Emma Graf) erkennen will. Gewiß war auch ihr Denken das Denken ihrer Zeit, und Fichte hat diesem Denken zündenden Ausdruck verliehen. Aber Rahel war Persönlichkeit in sich, sie war durchaus „Selbstdenkerin“. Gentz rief noch der Sechzigjährigen zu: „Sie sind die Romantik selbst; Sie waren es, ehe das Wort erfunden wurde.“ Der ihr weltanschaulich inzwischen weltenweit entrückte, aber von ihr verstandene Gentz wußte, daß Rahel eine der großen Anregerinnen ihrer Epoche gewesen ist, nicht durch eine literarische oder eine ihr durch die Zeit versagte öffentliche Tat, sondern durch die Ausstrahlung ihrer Persönlichkeit, die Begegnung mit Menschen, die vorurteilsfreie Achtung der geistigen Eigenständigkeit jedes in ihren Kreis tretenden schöpferischen Menschen.

Der Individualistin widerstrebte jegliche Bindung an ein gedankliches, ein philosophisches System. „Mit uns Lebendes, zu uns Gehöriges" fand sie im System nur „als totes Getötetes" wieder. Am späten Abend ihres Lebens bekannte sie: „Je mehr Leben einer Überzeugung innewohnt, je tiefere und reichere Beziehung sie hat, je mehr sie allen unseren Anlagen zusagt und entspricht, je schwerer ist das gerade als eine Maschinerie zusammenzufassen und darzustellen: jedes System aber will zur Maschinerie werden. Nur ein groß und lebendig organisiertes gibt es: die erschaffene, sich noch erschaffende Welt." Das Leben war ihr alles. Nicht ein erklügeltes System formte oder gar beherrschte sie. Rahel fügte sich, Goethe gleich mehr erfühlend als erkennend, in den Lebensprozeß der Natur ein.

Ebendarum wurde sie Lebensverbreiterin weit über den engen Kreis ihrer Familie hinaus, Anregerin und Mahnerin, Beichtigerin und Mentorin zur Wahrhaftigkeit für eine Fülle eigenständiger Menschen mit großer künstlerischer oder anderer Art gesellschaftlicher Verantwortlichkeit. Karoline Schlegel hat ihren Schwager Friedrich dazu inspiriert, sich der geistvollen emanzipierten Aspasia zu erinnern, die im fünften Jahrhundert vor unserer Zeitrechnung Mittelpunkt eines Kreises schöpferischer Männer in Athen gewesen war. „So, wie in der Blütezeit Athens das Bild der Aspasia vor uns auftaucht, die, selbst nichts schaffend, für Sokrates eine Inspiration zur Weisheit, für Perikles zur Beredsamkeit, für Sophokles zur Dichtung und für Phidias zur Linienschönheit ward, so erblickt man im Leben Berlins hinter Schleiermacher und Humboldt, Fichte und Hegel, den Romantikern und Jungdeutschland das Bild einer anderen Frau, die dieselbe inspirierende Macht besaß: das Bild Rahels" (Ellen Key).

Graf Alexander Dohna, damals Kriegs- und Domänenrat in Berlin, späterhin Mitarbeiter an den preußischen Reformen und 1808 Nachfolger Steins als Minister des Innern, hatte den kurze Zeit am „Schullehrerseminar" Gedikes tätigen Friedrich Daniel

Ernst Schleiermacher schon 1794 bei der Hofrätin Herz eingeführt. Hier ist er, als er 1796, achtundzwanzig Jahre alt, Prediger an der Charité geworden war, mit Fichte, mit Friedrich Schlegel, mit Rahel bekannt geworden. Der kleine, etwas verwachsene blasse Mann mit den scharfen und klug fixierenden Augen pflegte sich am Vorabend von Predigttagen eine Viertelstunde an den Herzschen Ofen zu stellen, um „denkend vor sich hinzublicken“ (Henriette Herz) und auf einem kleinen Papierstreifen Stichworte für den Predigttext zu notieren. Späterhin, als Pfarrer an der Dreifaltigkeitskirche, soll er, wie Karl Gutzkow zu berichten weiß, erst auf dem Weg von der Wilhelmstraße, wo er im Hause seines Freundes und Verlegers Georg Reimer wohnte, bis zum Gotteshaus meditiert haben. „Unser Bijou“, unser Kleinod, hänselte man ihn im Haus Henriettes, wo er regelmäßig zu Gast war.

Schleiermacher lebte bis 1802 in Berlin, um dann einem Ruf als Hofprediger nach Stolp zu folgen. Im Jahre 1804 wurde der streitbare Theologe Professor an der Universität Halle, wo er sich als Mann des Fortschritts bewährt hat. Als die Universität wegen der Unbotmäßigkeit ihrer Studenten gegen den Eroberer Napoleon im Herbst 1806 geschlossen wurde, kehrte der Professor Schleiermacher nach Berlin zurück. Er wurde im Jahre 1809 Prediger an der Dreifaltigkeitskirche und nahm lebhaften Anteil an der patriotischen Bewegung, besonders an den Vorarbeiten zur Gründung der Universität, an der er seit ihrer Eröffnung (1810) wieder als Universitätslehrer bis zu seinem Tode (1834) tätig gewesen ist. Fichte eng verbunden, gehörte er vor allem während der napoleonischen Besetzung von Berlin zum kleinen Kreis der Freunde, die sich um Rahel wiederfanden. Die Zeit der intensiven Einwirkung des Begründers der neueren protestantischen Theologie auf Rahel und ihre Zeitgenossen lag in den Jahren um die Jahrhundertwende.

Der junge Schleiermacher war der Subjektivist im Talar. Nach Rahels Meinung hatte er „Messer im Kopfe“. Aufklärung und Rationalismus hatten in der Theologie auch die christliche Verkündung in eine schwierige Lage gebracht. Die Orthodoxen waren willens, den Zweifel kurzerhand auszurotten, während sich die rationalistischen Erben Lessings von der Kanzelgläubigkeit abwandten; Wissen und Glauben, Bildung und Religion gerieten miteinander in Widerstreit.

Im Februar 1799 wanderten zwischen Potsdam und Berlin Manuskriptblätter hin und her, von Schleiermacher geschrieben, von Friedrich Schlegel und Mendelssohns Tochter Dorothea begutachtet, von Henriette Herz zu Zensor und Buchhändler befördert, die „Reden über die Religion, an die Gebildeten unter ihren Verächtern" gehalten.

Schlegel war der Meinung, in dem „gebrechlichen" Zeitalter wäre jegliche Religion gänzlich erloschen, „bis auf wenige Funken, die vielleicht hier und da noch schlummern unter dem Aschenhaufen der Mode, der kameralistischen Politik und der diesen nachgebildeten Aufklärung und Erziehung". Er war skeptisch ob des Versuchs des Freundes, die Religion von jeder „Verunreinigung" (Schleiermacher) durch Metaphysik und Ethik zu säubern und vor aller Welt, vor den skeptischen Rationalisten wie vor den strenggläubigen Ketzerwitterern, zu bekunden, daß die Religion unverweilt sprudelnde Quelle, wie der Romantiker Schleiermacher glauben machte, dem menschlichen Gefühlsleben entspringe. Nicht ein Glaubenssatz, auch nicht ein Prophet oder ein Religionsstifter, vielmehr der Mensch in seiner Verwobenheit mit dem Unendlichen, in seiner Hingabe an das Universum sei Ursprung aller Religiosität. Gott offenbare sich im einzelnen.

Schleiermacher ließ in seinen Erstlingsschriften wenig Raum und Auftrag für einen Mittler zwischen Gott und den Menschen. Im Erlebnis der Einheit der Welt, in der Überzeugung, daß die sündige Menschheit verbesserungsfähig wäre, wurde die von der Kirche gelehrte Spaltung der Welteinheit in ein irdisches Jammertal und einen Himmel der Glückseligkeit, ein Diesseits und ein Jenseits, fragwürdig. „Wahre Religion ist Sinn und Geschmack für das Unendliche" (Schleiermacher). Das Gefühl für die Unendlichkeit verschmolz mit dem Gefühl für die Menschheit, der gläubige Mensch wurde tolerant, wie denn die typisch „romantische" Betonung des Gefühls nach Heilborn „recht eigentlich die Tat Schleiermachers in seiner Zeit" gewesen ist.

Dem subjektivistischen Zug des frühliberalen Denkens entsprach die Subjektivierung des Religiösen. Jeder Mensch, hieß es nun, sei unmittelbar zu Gott, könne eines Wunders, vermöchte der Offenbarung teilhaftig werden. Der Aufruf in Schleiermachers „Monologen" (1800), wieder vornehmlich an den zu seelischem und geistigem Erleben fähigen und willigen, an den gebildeten Menschen gerichtet, er möge in ihm schlummernde Kräfte nach seiner menschlichen Besonderheit entfalten, schloß in diesen rein persönlichen Erlebnis- und Entwicklungsprozeß das Gefühl als Quelle aller Religiosität ein. Schleiermachers Einschätzung des Menschen war so optimistisch, daß die christliche Lehre von der Erbsünde in seiner Vorstellung keinen Raum mehr hatte. Fichte sprach (in den „Reden an die Nation") Rahel aus dem Herzen, als er es für „eine abgeschmackte Verleumdung der menschlichen Natur" erklärte, unterstellen zu wollen, daß der Mensch als Sünder geboren würde.

Es war nur mehr Schleiermachers persönliche, weder von Schlegel noch von Rahel geteilte Ansicht, daß unter den positiven Religionen die christliche dem von ihm gerühmten Gefühlspantheismus am ehesten entspräche. Rahel war in ihrer Kindheit durchaus nicht streng mosaisch erzogen worden; sie trat der christlichen Religion wie anderen Bekenntnissen unbefangen entgegen. Ihr religiöser Subjektivismus und ihre Toleranz waren mit dem Ausschließlichkeitsanspruch einer bestimmten Religion unvereinbar. Sie kannte Lessings Fabel von den drei Ringen, von denen nur einer echt sein konnte, und war sich durchaus nicht sicher, wer wohl den rechten Glauben im Herzen trug. Es entfremdete sie Schleiermacher, als er sich, Professor der Theologie in Halle geworden, alsbald dem positiven Christentum näherte. Seine „Weihnachtsfeier" (1806) fand nicht mehr den Beifall, den sie den „Monologen", die ihr Henriette Herz geschickt, gezollt hatte.

Schleiermachers Bedeutung für die geistige Situation um 1800 und insonderheit für die junge Romantik lag darin, daß er, um ein Wort Varnhagens aufzugreifen, der Vermittler einer neuen Religiosität war, einer Religiosität, die den Widersprüchen der durch die Aufklärung ausgelösten, von der jungen Romantik aufgefangenen geistigen Entwicklung gerecht zu werden suchte. Erstmalig nach Luther ahnte ein führender Theologe die Zusammenhänge zwischen der sittlichen und der wirklichen Welt. Was aber geschah dem mutigen Schleiermacher, dem im Leben hart geprüften, dem „schicksalsreichen"?

Varnhagen stellte diese Frage in seinen „Tagebüchern" und beantwortete sie: „Die Welt war gieriger, die Rechtgläubigkeit kräftiger, als er gedacht. Sie ergriffen den Vermittler und rissen ihn in der Bahn, die er geöffnet, mit unwiderstehlicher Kraft fort.“ In der Epoche der Reaktion, des Bündnisses von Thron und Altar (das Schleiermacher vergeblich zu verhindern suchte)[1] herrschten Glaubenseifer und Schwarmgeisterei. Während Hengstenberg in Berlin und Tholuck in Halle, inquisitorisch wütend, die neulutherische Orthodoxie begründeten, wurde Schleiermacher mit seinem Schwager Arndt und dem dahingegangenen Fichte auf die Liste der Demagogen gesetzt. Es mag ihn, den Gottesfürchtigen, der stolz darauf war, niemals vom Teufel versucht worden zu sein, schmerzlich betroffen haben, daß viele Romantiker, denen er als der Verkünder des religiösen Subjektivismus zur Seite gestanden hatte, späterhin ihre Zuflucht in einer Rechtgläubigkeit nach den Vorstellungen des mittelalterlichen Katholizismus suchten und, es sei, wie es sei, dem Teufel verfielen.

Schleiermachers Reden über die Religion haben eine ungewöhnliche Wirkung auf die gebildeten Zeitgenossen ausgeübt. Hier wurde auch von der Kanzel, dem obersten Areopag der Gläubigen, ein offenes Wort zur gesellschaftlichen Situation der Zeit gesprochen. Ein Prediger bestätigte, was von der literarisch-philosophischen Strömung der Romantik, so wirr und formlos es immer dargestellt sein mochte, soeben gegen die rationalistische Vernünftelei als einer, wie sich erwiesen hatte, unzureichenden Reaktion gegen die von Kant neuerlich gerügte „Unmündigkeit“ des Menschen vorgebracht wurde. Und ebendieser Geistliche machte sich alsbald in seinen „Vertrauten Briefen über Schlegels Lucinde“ auch in Fragen der Sittlichkeit zum moralischen Fürsprecher der rebellischen Jugend. Noch ein Menschenalter später erregte die durch Karl Gutzkow besorgte Neuausgabe dieser theologischen Schrift aus der emanzipatorisch gerichteten Frühromantik „in der sich formierenden Front der Liberalen Aufsehen und machte bei den Vertretern der deutschen Rückständigkeit böses Blut“ (Fritz Böttger).

Rahel glaubte an keinen offenbarten, durch andere überlie-

[1] „Ihr habt vielleicht recht, zu wünschen, daß niemals der Saum eines priesterlichen Gewandes den Fußboden eines königlichen Gemaches möchte berührt haben; aber laßt auch uns nur wünschen, daß nie der Purpur den Staub am Altar geküßt hätte; denn wäre dies nicht geschehen, so würde jenes nicht erfolgt sein.“ (Reden über die Religion, an die Gebildeten unter ihren Verächtern, 1799)

ferten Gott, weder an den, welchen Moses, noch an den, welchen Christus bezeugt hatten, auch nicht an den „neumodischen“ Gott, von dem ihr Freund Schleiermacher kündete. Sie wußte nicht recht, wer dieser Gott sei, an den *sie* glaubte, den sie als ihren Schöpfer, als den Allerhalter gefühlt und erlebt zu haben wähnte. Sie glaubte ihn nur für sich allein. Ohne irgend jemanden zu ihrer persönlichen, Goethe verwandten deistischen Auffassung bekehren zu wollen, betete sie die ganze „ihr bekannte Natur“ an. Sie glaubte, weil sie, weit weniger romantisch als rationalistisch, Gott den Schöpfer und Erhalter zum „Beweise unserer Existenz“ nötig hatte.

Ihr ganzes Leben hindurch, insonderheit aber in jenen Jahren ihrer individuellen Entfaltung, quälten sie religiöse Zweifel. Denn sie war fromm und demütig, sie, „die erste Ignorantin“, wollte glauben, ja, sie hoffte der Offenbarung teilhaftig zu werden und nahm immer wieder in fast kindlicher Einfalt Zuflucht zu dem, den sie, weil sie ihn nicht erkannt hatte, nicht nennen mochte. Wie sie ihr Leben hindurch auf der Suche nach der Wahrheit in den Verhältnissen und Bedingungen des Lebens gewesen ist, befand sie sich immer auf der Suche nach Gott. Sie war viel zu ehrlich vor sich selbst, ihr Leben trotz ihrer hohen Intellektualität und ihrer Sucht nach Selbsterkenntnis zu romantisch-gefühlsbetont, als daß sie den Konflikt hätte totschweigen oder wegdisputieren können, in den sich Fühlen und Wissen, Denken und Leiden verstrickt hatten.

Rahel war frei von den Bindungen, die den großen Nathan-Mendelssohn unlöslich in der Religion der Väter, wie sie offenbart war, ehe sie erstarrte, festgehalten hatten. Aber in ihrem Streben nach Individualität suchte sie doch, ihre eigene Ohnmacht gegenüber der gesellschaftlichen Macht erkennend, gläubig, zumindest glaubenssüchtig, wie sie war, Zuflucht bald bei Gott, bald bei einem gottähnlichen Schicksal. Sie hatte, wie es in einem Brief an Veit aus dem März 1795 heißt, eine „Phantasie . . ., als wenn ein außerirdisches Wesen, wie ich in diese Welt getrieben wurde, mir beim Eingang dieses Wort mit einem Dolch in Herz geschrieben hätte: ‚Ja, habe Empfindung, sieh die Welt, wie sie wenige sehen, sei groß und edel, ein ewiges Denkmal kann ich dir auch nicht nehmen, eins hat man aber vergessen: *sei eine Jüdin*‘, und *nun ist mein ganzes Leben Verblutung.*“

Rahels Emanzipationsstreben war dreifach: das des Juden, der rechtsgleich mit dem Christen, das der Frau, die aus der Sklaverei ihres Geschlechtes entlassen, das des Untertanen, der Staatsbürger werden wollte. Gewiß hat Rahel ihre Zugehörigkeit zum Judentum als „Infamie des Schicksals" (Berdrow) empfunden, aber doch wohl in dem eingeschränkten Sinn, daß ihr in ihrem Streben nach Entfaltung zusätzliche Lasten auferlegt worden waren. Dazu gehörten außer dem gesellschaftlichen Vorurteil gegen die Juden (mit dem in Rahels Lebenskreis Aufklärung und Frühromantik nur vorübergehend aufgeräumt hatten) Orthodoxie und Rückständigkeit des Judentums selbst, eine Last, die Männern wie Mendelssohn und Friedländer viel zu schaffen gemacht hatte. Sie fand ihre Sehnsucht in Fichtes Lehre, in Schleiermachers Bekenntnis, in der jungen Romantik Forderung und Lebensgestaltung vielfältig bestätigt. So bewußt sie sich des „ewigen Denkmals" in ganzen Epochen ihres Lebens geworden sein mag, sie wußte: „*Falsch*geboren ist nicht *hoch*geboren!" Und sie ist sich gegen Ende ihres Lebens, als sie kaum noch auf andere wirken konnte und sich auf sich selbst besann, darüber klargeworden, daß ihr Judentum zu den unabdingbaren Voraussetzungen dafür gehört hat, damit sie wurde, was sie war: Rahel, die bürgerliche Frau, die wie keine andere an Lessings Nathan gemahnt und dennoch keine Erfindung eines Dichters, sondern still wirkende Wirklichkeit gewesen ist.

Für die Jüdin wie die Staatsbürgerin (die ja zu jener Zeit nicht konfessionslos sein konnte) war die Begegnung mit der christlichen Kirche, für den religiösen Menschen die Auseinandersetzung mit der Religion Jesu Christi unausweichlich. „Diese ganze Lehre", vermerkte sie im Jahre 1804 über das Christentum, „ist in einem Seelenzustand entstanden und erfunden, der nicht dauern kann." Rahel, man muß es abermals anerkennen: die Jüdin Rahel hielt das Christentum für die Religion, die „in jeder Seele allein ausbrechen und wirken und leben und eigentlich nicht mitgeteilt werden sollte". Kein Mensch könne einem anderen „ein Religionsgefühl, Meinung oder Ansicht beibringen. Ist das nicht der letzte intime Akt zwischen der Kreatur und dem, was ich nicht nennen mag?" (an Fouqué, 1811). Die Offenbarung des Göttlichen müßte der Mensch „in tiefstunterworfener Demut abwarten und mit gedoppelter Kraft das Große auch im Dunkeln ehren".

Nicht nur ihr Subjektivismus veranlaßte Rahel, das Christentum als Massen- oder gar als „Pflichtreligion" abzulehnen. Weil das Bekenntnis zu Christo soviel Selbstverleugnung und Aufopferung heische, sei es würdig und schön in den Herzen, in denen es mit Leidenschaft herrsche, wie es sich ja mit Leidenschaft über die Erde verbreitet habe, „aber angewandt auf Staat und Leben verkehrt und Jahrtausende hemmend".

Dreierlei hinderte Rahel daran, subjektive Befriedigung im positiven Christentum zu finden: das Dogma der Erbsünde, das ihr des Schöpfers unwürdig schien, die Vertröstung des Menschen auf das Jenseits, die Lehre von der Wiedergeburt, die sie als Widerspruch empfand. Die Lehre, so heißt es in der Aufzeichnung aus dem Jahre 1804, „ist auf die natürlichste Weise in ihren Wirkungen in ihrer Natur widersprechend; denn das Leben quillt wieder hervor, und sie strebt, Tod erzielend, nach dem Himmel".

Wesentlich später, im Jahre 1830, als sie Eduard Gans' von saint-simonistischen, also von Gedanken des utopischen Sozialismus beeinflußtes „Erbrecht" gelesen hatte, notierte sie in bewegter Freude, daß endlich gedruckt wurde, was sie „stumm" immer gesagt habe: „Daß es nicht wahr ist, daß das Reich Gottes *nicht* von dieser Welt sei. Die Forderungen der vorgeblichen Religion sind nicht rein, fromm und wahrheitsvoll; darum verweist man sie lieber von unserer nach einer anderen Welt. *Aber nur hier und gleich soll Religion herrschen.*"

Im Juli 1797 kam Friedrich Schlegel nach Berlin. Der vormalige Königliche Kapellmeister Reichardt führte ihn in Henriette Herz' Salon ein. Reichardt war nunmehr Salinendirektor in Halle und lebte in Burg Giebichenstein, wo ihn die in Jena ansässigen Romantiker oft und gern besuchten. Der schwedische Diplomat Brinkmann machte Rahel auf Schlegel aufmerksam. Sie lernte ihn im August 1797 kennen, nachdem sie längst für ihn und sein Schaffen eingenommen war, besorgt, ob sie ihm etwas bedeuten könne. „Das ist ein Kopf, worin Operationen geschehen", meinte sie.

Friedrich Schlegel hatte der Emanzipation der Frau das Wort geredet, die Forderungen der Französischen Revolution nach Menschenrechten mit denen der Romantik nach individueller Entfaltung der Persönlichkeit verbindend. Aber noch während er die Spätlinge der Aufklärung in die Grenzen ihrer Vernünftelei verwies („Über Lessing“, 1797) und seinen Ruf als Theoretiker der romantischen Schule begründete, entspann sich jener Liebes- und Lebensroman, der in echt romantischer Manier das objektive Anliegen seines glühenden Kampfes gegen die verlogene Moral seiner Zeit nicht unbeträchtlich verschoben hat, da er nunmehr zumindest auch in eigener Sache sprach. Die Diskussion um ein höchstpersönliches, wenn auch durchaus typisches Liebeserleben verdunkelte den Zeitgenossen völlig den ideologischen Wandel vom Fortschritt zum Rückschritt, den der Sprecher der Romantik zu vollziehen sich schon damals anschickte. Hatte schon sein Freund Novalis Besorgnisse gegen das Denken gehegt und die Meinung zu Papier gebracht, nur die Religion könne Europa wieder aufwecken „und die Völker versöhnen und die Christenheit mit neuer Herrlichkeit sichtbar auf Erden in ihr altes friedensstiftendes Amt installieren“ (1799), so vertraute Friedrich Schlegel etwa im zweiten Jahr seiner Bekanntschaft mit Rahel seinem Tagebuch die Anmerkung an: „Nichts ist mehr Bedürfnis der Zeit als ein geistiges Gegengewicht gegen die Revolution und den Despotismus.“ Der die spätere Romantik charakterisierende Widerspruch zwischen Fortschritt und Rückschritt ist hier bereits offenbar.

Rahel war ein Mensch der Begegnungen, des Gespräches, des persönlichen Kontaktes. Sie erlebte die Frühromantik weniger in ihren Schriften als im persönlichen Umgang in den Salons. Um so nachhaltiger wirkte das Außergewöhnliche, das in einer fast anarchistischen Übertreibung des Individualitätsbegriffes aus der Sphäre des Persönlichen und Intimen bewußt in die breite Öffentlichkeit gezogen wurde. „Die hemmungslose Aussprache wird zur offenen Indiskretion“ (Hannah Arendt). Das galt besonders von einer Affäre, in deren Mittelpunkt Friedrich Schlegel und seine spätere Frau Dorothea Veit standen. Es war das ein Begebnis, an dem man nicht vorübergehen kann, weil es für das zeitgenössische Berlin von symptomatischer Bedeutung gewesen ist und Rahel wie ihren Kreis sehr intensiv beschäftigt hat.

Mendelssohns Tochter Dorothea, gegen ihren Willen mit dem Kaufmann Veit verheiratet und Mutter von zwei Söhnen, und Schlegel näherten sich in Henriette Herz’ Salon. Die Herz und

Schleiermacher waren Dorothea behilflich, sich aus ihrer Verbindung mit Veit zu lösen, was Ende des Jahres 1798 gelang. Weil sich Dorothea jedoch mit Rücksicht auf ihre Mutter erst fünf Jahre später entschloß, den evangelischen Glauben anzunehmen, konnte, da es nur die kirchliche Trauung, nicht aber bereits die Zivilehe gab, eine Eheschließung vorerst nicht erfolgen. Für die Bedürfnisse von Fürsten und anderen Bevorrechtigten war in solchen Fällen durch die kirchlich sanktionierten Institute der morganatischen Ehe und der Mätresse Vorkehrung getroffen. Für den Untertanen, der nicht scheinheilig genug war, die Ehe mit einem ungeliebten Menschen formal fortzuführen und mit dem geliebten ein anrüchiges Verhältnis zu unterhalten, blieb nur ein „freies" Zusammenleben, das nach geltendem Recht und herrschender Moral nicht minder unsittlich und verwerflich war.

Das im Zuge der romantischen Emanzipation durchaus nicht seltene Begebnis zwischen Friedrich Schlegel und Dorothea Veit blieb indessen nicht in der Sphäre des Privaten. Es wurde zu einem öffentlichen Anliegen der jungen Bewegung, als sich Schlegel entschloß, beider Erleben in der „Lucinde" (1799) künstlerisch zu verklären. Mangelnde Gestaltungsgabe, Formlosigkeit, stoffliche und ethische Hemmungslosigkeit, Sinnlichkeit machten das Buch schon zu seinen Zeiten nicht gerade zu einer erfreulichen Lektüre. Es erwies sich, daß der Romantik Theoretiker keineswegs ihr Dichter war. So großes Aufsehen das Buch auch erregte, so wenig spiegelte es das Problem der Emanzipation der Frau, dessen sich die Romantik annahm. Gewiß ging es Schlegel um Ehrlichkeit in den Beziehungen der Geschlechter zueinander, gewiß griff er die Lebenslüge in der feudalen und bürgerlichen Ehe mit scharfen Waffen an, aber er scheiterte in der künstlerischen Gestaltung dieses überaus zeitgemäßen Stoffes, vielleicht auch deshalb, weil er echt individualistisch und romantisch ein nur allzu persönliches Anliegen stellvertretend für ein weithin allgemeines abhandelte. Dorothea war keine Vorkämpferin der Frauenbewegung, sondern eine von tiefster Leidenschaft zu einem Mann erfaßte Frau, der es um Lebensgenuß ging.

Nach Mitteilungen Friedrich Schlegels an seinen Bruder in Jena soll Rahel die Veröffentlichung befürwortet haben. „Die Levi meint, ich soll mich auf dem Titel nicht nennen, übrigens aber nichts schonen." August Wilhelm lag nichts daran, daß die „törichte Rhapsodie" Aufsehen erregte. Er und seine Frau Karoline, die Muse der Romantik, waren von der Schaustellung dieser Leidenschaft durchaus nicht erfreut. Sogar Henriette, eine eifrige Förderin der Liebesbeziehungen der beiden, erinnerte sich: „Das gegen die Sitte Stoßende dieses Verhältnisses war nicht zu leugnen" und merkte weiter an: „Daß nun aber in der Zeit solchen Zusammenlebens Schlegels mit Dorothea die ‚Lucinde' erschien, machte das Verhältnis ihrer Freunde zu ihnen allerdings etwas schwierig." Henriettes Mann, der Hofrat Herz, ließ sich über die „Lucinde" vernehmen: „Der eine Teil ist eine gemeine prosaische Schweinigelei, der zweite eine poetische und der dritte Unsinn."

Das allgemeine Anliegen, die Heuchelei in den Beziehungen der Geschlechter bloßzustellen und den uneingeschränkten Lebensgenuß nach den Vorstellungen der Romantik zu propagieren, wurde künstlich höchst unzulänglich vertreten, die schamlose Spiegelung des intim Persönlichen wirkte schlechthin peinlich.

Zum Fürsprecher dieser „Apotheose der freien Liebe" (Berdrow) machte sich, seltsam genug, der protestantische Geistliche Friedrich Schleiermacher. Er zog in den „Briefen über Lucinde" gegen die konventionelle Ehe zu Felde und versuchte sich an einer Fragment gebliebenen „Idee zu einem Katechismus der Vernunft für edle Frauen", priesterlich und ernstlich um Sittlichkeit bemüht. Man hat bei seinem Versuch mitunter den Eindruck, als sollte das die romantische Bewegung kompromittierende Aufsehen verdeckt werden, das die Preisgabe persönlicher Liebeserfahrungen durch den jüngeren Schlegel verursacht hatte. Immerhin: für einen Prediger blieb das Unternehmen gewagt. Und so meinte denn Varnhagen zurückblikkend, Schleiermachers „Briefe" hätten „Lucinde" nicht erklärt, jedoch ihn selbst für viele unerklärlich gemacht, obwohl sich der Verfasser an das eigentliche Thema hielt, die Emanzipation der Frau und die Ehenot ohne und gegen ihren Willen Verheirateter, das Elend der Konkubinen und Gattinen zur linken Hand, die Folgen der gesellschaftlichen Versklavung der Frau abhandelte. „Ich glaube an die unendliche Menschheit, die da war, ehe sie die Hülle der Männlichkeit und der Weiblichkeit annahm." Immerhin sang er nicht nur das humane Lied der

Gleichberechtigung. An anderer Stelle erging das priesterliche Gebot zu einem dem Menschen gefälligen Leben: „Merke auf den Sabbath deines Herzens, daß du ihn feierst, und wenn sie dich halten, so mache dich frei oder gehe zugrunde."

Auch Rahel wurde in jenen Jahren, zwischen 1796 und 1803, von erschütternden Stürmen der Leidenschaft heimgesucht, ohne indessen die Öffentlichkeit an ihrer Liebeslust und ihrem Liebesleid teilnehmen zu lassen. Hätten nicht später Varnhagen von Ense und dessen Nichte Ludmilla Assing aus „Rahels Liebesleben" zusammengetragen, was immer ihr Spürsinn zu finden vermochte, wüßten wir kaum etwas davon. Rahels spröder und scheuer Natur widersprach öffentliches Aufsehen. Sie nahm sich und erkannte jedermann das Recht zu, nach seiner Art und seinem Geschmack zu leben. Sie bewunderte Freunde, die die Genüsse des Daseins bis zum äußersten auskosteten, und versagte menschliche Teilnahme keinem, der öffentlich verfemt war. So verstand und billigte sie auch den Liebesbund zwischen Schlegel und Dorothea – sie selbst hat einen ähnlichen nicht geschlossen und hätte eine „Lucinde" niemals geschrieben.

Es hatte andere Gründe, wenn Rahels Beziehungen zu Friedrich Schlegel sich sehr schnell abkühlten. Er galt nicht viel in ihrer „Menagerie", wie er ihren Salon nannte. Er gehörte zu den Naturen, in denen sich zurechtzufinden selbst Varnhagen schwerfiel. Er war wandelbar und nicht aufrichtig. Er bewillkommnete Rahel im voraus laut in Jena, um, als sie nicht nach Thüringen zu den Romantikern, sondern zu den klassischen Humboldts nach Frankreich reiste, dem Bruder spöttisch zu eröffnen, es wäre „also diesmal dieser Kelch glücklich an uns vorübergegangen".

Rahel trug Schlegel nicht einmal seinen und Dorotheas Übertritt zur katholischen Kirche nach, obwohl sie die sich darin abzeichnende Orientierung der Romantik zum Restaurativ-Illusionären mißbilligte. Gentz, der weit Bedenklicheres unternahm als Schlegel, blieb ihr eng verbunden, weil er bei all seiner Skrupellosigkeit sich ihr gegenüber rückhaltlos offen gab. Ihr Lob, ihr Tadel für den Schriftsteller Friedrich Schlegel sind sparsam. Sein Theoretisieren bereitete ihr Unbehagen, sein unerfreulicher Einfluß erregte sie, das Mißverhältnis zwischen Geltungswillen und poetischem Vermögen ernüchterte sie, zumal sie nur einen Maßstab poetischer Größe kannte: Goethe. Man sah sich weiterhin, 1815 anläßlich des Kongresses in Wien, wenig später in Frankfurt, wo der inzwischen geadelte Herr von Schlegel beim Bundestag als Legationsrat in österreichischen Diensten paradierte — eine gemeinsame Plattform für ein weltanschauliches oder politisches Gespräch und gar für eine menschliche Begegnung von bleibendem Wert fand sich nicht.

Noch zurückhaltender verhielt sich Rahel gegenüber August Wilhelm Schlegel. Sie schätzte seine Übersetzungen, wie sie seines Bruders „Philosophie des Lebens" lobte. Man weiß, daß sie seine Berliner Vorlesungen besucht hat, als er nach der Jahrhundertwende in drei aufeinanderfolgenden Wintern mittwochs und sonntags seine Gedanken über Literatur und Kunst, seine Theorie und Geschichte der Romantik entwickelte. Es scheint so, als folgte sie mehr der Mode als einem echten Bedürfnis. Denn obwohl er keineswegs zurückgezogen lebte und, noch mit Karoline verheiratet, mit Sophie Bernhardi, der Schwester seines Freundes Tieck und Frau seines romantischen Parteigängers am Friedrichwerderschen Gymnasium, Bernhardi, eine Liebesromanze durchlebte, ist uns — und das in einer so mitteilungsfreudigen Zeit — nichts über einen menschlichen Umgang zwischen Rahel und dem älteren Schlegel überliefert. Eine solche Feststellung überrascht um so mehr, als nach unserer Meinung Wilhelm Schlegel eher als Gentz einer lebenslangen Begegnung mit Rahel würdig gewesen wäre; er fand sie, und wir werden uns damit später zu beschäftigen haben, im Umgang mit Germaine de Staël. Nicht minder bemerkenswert ist, daß es zu keinerlei Verbindung mit Wilhelm Schlegels Frau Karoline, der Witwe des Bergmedikus Böhmer und Tochter des Theologen Michaelis, gekommen ist.

Karoline Schlegel, vier Jahre älter als Wilhelm, ihr zweiter Gatte, war in Göttingen in einer sehr freisinnigen und weltoffenen Umwelt aufgewachsen. Zu den Gefährtinnen ihrer Bildungsjahre hatten Therese Heyne, die Tochter des vielgenannten Philologen Heyne und Lebensgefährtin Georg Forsters, und Dorothea Schlözer gehört, die sehr gelehrte Tochter des Göttinger Historiker Schlözer. Karoline hatte sich an der Seite Försters in Mainz während der französischen Besetzung in der revolutionären Volksbewegung bewährt, noch ehe sie die Ehe mit

Schlegel einging und in Jena unschätzbaren Einfluß auf Ursprung und Richtung der Romantik nahm. Um sie, dank ihr, scharten sich die Paulus, Schelling, Hufeland, Steffens, Novalis, Tieck und die Brüder Schlegel; Goethe huldigte ihr, und sogar Fichte fand sich gelegentlich ein. Nur Schiller blieb ihrem Kreise wie allem Romantischen fern. Karoline Schlegel ist es vor allen anderen zu danken, wenn die Romantik Goethe zunächst aufgeschlossen begegnete. Wo immer sie in Erscheinung trat, wirkte sie in ungewöhnlichem Maße anregend und fruchtbar. Schelling, den sie nach der Trennung ihrer Verbindung mit Schlegel im Jahre 1803 heiratete, hat seine intellektuelle Helferin verehrungsvoll „ein Meisterstück des Geistes" genannt. Da sie, späterhin als „genialste Frau des Jahrhunderts" (Oscar F. Walzel) gefeiert, bereits im Jahre 1809 gestorben ist, hat sie Schellings Berufung nach Berlin (1840), die auch erst nach Rahels Tode erfolgte, nicht mehr erlebt. Es bleibt merkwürdig, daß diese beiden bedeutenden Frauen des 19. Jahrhunderts keinerlei Austausch miteinander gepflogen haben.

Rahel verglich Dichter — wir sagten es schon — mit Goethe. Eine solche Abwägung wirkte sich um so nachteiliger aus, wenn an Goethe gemessene Poeten aus ihrer Abneigung gegen Rahels Abgott kein Hehl machten, wie in späteren Jahren die beiden Schlegel. Friedrich, so meinte Rahel, bliebe, während er auf Goethe schimpfe, „wo er ist, und wird dumm". Im März 1829 berichtete Varnhagen aus Bonn, übrigens recht überheblich und anmaßend, allein auf ein Lob für die eigene Haltung bedacht, über Ausfälle August Wilhelm Schlegels gegen Goethe. Empört antwortete Rahel dem Gatten, er hätte (statt sich selbst aufzuspielen) entgegnen sollen: „Sie sind nicht der Vernünftige, der ich dachte. In nichts. Und zeigen mir zu sehr, daß Sie von der ganzen Natur nichts wissen noch sehen: ebendadurch, daß Sie gar nichts von Goethe sehen."

Rahel hatte Freude am Progressiven der Romantik, und man kann sie zu den Parteigängerinnen der Romantik zählen, solange und wo diese progressiv gewesen ist. Sie wurde sich frühzeitig der Grenzen bewußt, die den zur romantischen Schule zu zählenden Dichtern gesetzt waren. Schiller könnte gesagt haben, was sie schrieb: „Um Talent zu haben, muß man Charakter haben; Fähigkeiten und Naturanlagen allein machen noch kein Talent."

Novalis hatte „Charakter", er hatte echte Gefühle. Wie Goethe in dem Frühvollendeten (1801) „das Zeug zu einem Imperator" erkannt hatte, schwor Rahel auf ihren „verehrten, unsäglich geliebten Hardenberg". Dort aber wehrte sie ihm, wo er (im „Ofterdingen") ganz ungoethisch, ja antigoethisch, eine „Poesie der Poesie" versuchte, bestrebt „zu zeigen, was Poesie ist: und daher werden diese Anfertigungen gerade unpoetisch. Poesie ist in der Natur, das will sagen, da, wo unser Geist ein Freies, Bedeutungsvolles wahrzunehmen vermag; also auch in der Natur der Begebenheiten und den Vorfällen des menschlichen Lebens, und folglich in den Schilderungen desselben."

So mußte sich denn Tieck, seit 1794 gelegentlich Gast in Rahels Salon und ihr nicht als Schriftsteller, doch als Kritiker und Theaterfreund nahestehend, dem Sinne nach wieder und wieder sagen lassen, es ginge ihm ab, „ein Stück Leben in ein Buch zu fassen wie Goethe". Enttäuscht legte sie eine seiner Erzählungen nach der anderen aus der Hand: „Das Ganze ist Tiecks alte Krankhaftigkeit, daß er die Welt nicht frisch in sich aufnehmen kann, und da er nun darstellen will, nur grübelt, wie Dichter und Literatoren sie wohl gesehen haben... Wie kann ein so alter Kritiker und Würdiger so leichthin arbeiten!" Rahel, wie Gentz richtig sah, eine Romantikerin noch vor der Romantik, hatte sich von dieser literarisch-philosophischen Richtung bereits gelöst, noch ehe diese, an der Auseinandersetzung mit der Gegenwart gescheitert, den Blick von einer möglichen Zukunft abwandte und der Vergangenheit zukehrte.

Rahels Subjektivismus, ihre „Ichheit", stellt kein in sich geschlossenes originelles philosophisches System dar. Fichte und Schleiermacher sprachen aus, was in der Zeit lag, und die junge Romantik suchte auf ihren Wegen den Durst nach individueller Freiheit und Daseinsentfaltung zu stillen (einen anderen Weg ging man im fernen Weimar). Rahel wurzelte, hierin dem „Lebenstheoretiker" Rousseau und in einem anderen, einem lebensträchtigen Sinne dem „Lebenspraktiker" Goethe verwandt, in der Natur, freilich nicht als animalisches Geschöpf, sondern als Mensch, als sich ihrer selbst bewußte, sich vervollkommnende Individualität; sie wußte aus humaner Einsicht um die Gebundenheit des einzelnen, um seine Verantwortung für die Gesamtheit. Eine „vollkommene" Romantikerin ist Rahel Levin nie gewesen, sie konnte es nicht sein.

Rahel verlangte es nach dem Natürlichen, fromm war sie nur im Sinne der Naturverbundenheit Goethes. Das reale Leben, dem sie auch in der Literatur zu begegnen wünschte, lehrte sie die ganze unpoetische Wirklichkeit. Es war ihr sonach unmöglich, sich in die Traumwelt der späteren Romantik zu retten; Goethe, in ihr lebendig, hinderte sie daran. Sie sah die verwirrte Menschheit auch nicht aus der Ferne oder aus der Höhe, wie man sie in Weimar sah. Sie suchte „Wahrheit". Sie war zu tief religiös, als daß sie bei Lessing oder Fichte hätte verharren können; sie war vor sich selbst zu ehrlich und wahrhaftig, als daß sie noch bei dem älteren Schleiermacher hätte Zuflucht suchen können. Sie blieb, letztlich allein, nehmend, mehr und mehr, aber endlich ausschließlich gebend. Sie wurde, war und blieb — Rahel.

WEGE ZU RAHEL – IHR ERSTER SALON

Im Jahre 1749 hatte Schultheß den Berliner Montags-Klub gegründet, der bis in unser Jahrhundert bestanden hat. Er war das „Generalquartier der Aufklärer“ (Geiger), Lessing und Ramler hatten ihm angehört. Im Jahre 1756 hatte Nicolai das Präsidium übernommen und fest in den Händen behalten; das junge Berlin blieb dieser ehemaligen Kampfstätte der Freigeister seither fern. Gelehrter als im Kreise der durchaus genußfreudigen Aufklärer gab man sich in der Mittwochs-Gesellschaft, der anzugehören zwischen 1783 und der Jahrhundertwende einer Ehrung gleichkam. Freitagabend tagte die „Griechische Gesellschaft“, deren Anfänge bis in die letzten Jahre des 18. Jahrhunderts zurückreichen.

Im November 1809, zu einer Zeit also, die bereits jenseits der von uns betrachteten Epoche liegt, trat im Kemperschen Gartenlokal die „Gesetzlose Gesellschaft“ zusammen, in der sich Gelehrte der soeben eröffneten Universität mit Vertretern der preußisch-deutschen Erneuerungsbewegung trafen. Um etwa die gleiche Zeit wurde das Haus des Buchhändlers Georg Andreas Reimer zum Treffpunkt führender Patrioten. Bedeutung und Gesinnung des jeweiligen Hausherrn, bisweilen auch der Charme oder der Ruf der Hausfrau bestimmten Anzahl und Zusammensetzung der Teilnehmer, Art und Inhalt des Gespräches oder auch des Vergnügens, dem man sich in den verschiedenen Häusern widmete. Die Stammtische vollends, wie sie sich bei Stehely oder bei Sala Unter den Linden niederließen, sind erst eine Schöpfung des geruhsamen Biedermeiers.

Die literarischen und schöngeistigen Zirkel, in Berliner Bürgerhäusern in überraschender Zahl wie Sommerblumen aufsprießend und alsbald verdorrend, waren Wirkungen der Aufklärung und der Verkündigung der Menschenrechte, Folgen der Emanzipation der Frau und des Anspruches der Juden auf Gleichberechtigung. Schöne Seelen und Tugendbündelei, Berliner Goethekult und blaue Blume der Romantik, Frauenbewegung und Biedermeier sind nicht denkbar ohne den Salon.

Der berühmteste Berliner Salon in Rahels Jugendjahren war der der Henriette Herz. Der Wohnung des Arztes Markus Herz in der Neuen Friedrichstraße 22 gegenüber „war ein Tanzboden", erinnerte sich Schadow, „man hörte Musik, das Stampfen und Juchhe der Tänzer. Frau Herz sagte zu ihrem Mann: Was hilft uns die feine Bildung; zu diesem Grund an Fröhlichkeit bringen wir es nie. Ihr Mann sagte: Dagegen entbehren jene auch des stillen Genusses, den ein gutes Buch gewährt, und der Mitteilung von Entdeckungen im Bereich der Naturkräfte zum Wohle der Menschheit."

Markus Herz, dem wir bereits als Kantianer begegneten, war in der Luft der Aufklärung groß geworden. Sein kritischer Verstand begnügte sich nicht mit der bloßen Ratio; er wandte sich insonderheit der experimentellen Ergründung der Naturkräfte zu. Der sehr geschätzte und begehrte Arzt veranstaltete in seinem Haus philosophische Vorlesungen und physikalische Experimente. Um den vielseitig gebildeten Mann sammelte sich eine Gemeinde wissensdurstiger, meist jüngerer Menschen aus Bürgertum und Hofadel. Geschwister und Kinder Friedrich Wilhelms III. suchten in Herz' Vorträgen Belehrung. Die beiden jungen Humboldts, von ihren Lehrern Kunth und Dohm eingeführt, waren häufige Gäste im Herzschen Hause. Alexander dürfte aus den Veranstaltungen seines „teuren Lehrers" und väterlichen Freundes manche die Richtung seines Geistes mitbestimmende Anregung empfangen haben. Aus „Schloß Langeweil" in Tegel schrieb er der vertrauten Henriette, die er die Tanzschritte des Menuetts gelehrt hatte, Briefe in hebräischen Schriftzügen, weil es (so meinte sie) für einen jungen Edelmann doch nicht ganz unbedenklich gewesen wäre, in jedermann verständlicher Weise „kundzugeben, man unterhalte sich besser in Gesellschaft jüdischer Frauen als auf dem Schlosse der Ahnen".

Das empfindsam-vertraute Verhältnis, das Wilhelm von Humboldt mit der Hofrätin Herz verbunden hat, kennzeichnete die andere, die gefühlvolle Atmosphäre dieses und anderer Salons. Denn zugleich mit dem Vorstoß in neue erkenntnistheoretische Bereiche, wie er von Kant ausging, und dem Ansatz zur

Entschleierung der Natur, der sich dann in der Entfaltung der Naturwissenschaften fortsetzen sollte, zeigten sich im Überschwang des Gefühls erste Vorboten der nahen Romantik.

Kritische Vernunft und naturergründendes Experiment, Schwärmerei und hemmungsloses Sich-Ausleben sind, so wesensverschieden sie sein mögen, Auswirkungen des gleichen Protestes gegen Dürre der Vernünftelei und Unterdrückung menschlicher Empfindungen. Charakteristisch für diese zwielichtige Atmosphäre sind die Verbindungen zwischen Henriette Herz und Schleiermacher, das Verhältnis zwischen Friedrich Schlegel und Dorothea Mendelssohn-Veit und der „Tugendbund", der unter wertherisch hingebungsvoller Teilnahme des jungen Wilhelm von Humboldt von Henriette Herz und Karl La Roche gestiftet worden war. Ob sich die leidenschaftliche Offenbarung schmachtender „geschwisterlicher" Zuneigung allenthalben platonisch gegeben, ob sich der Abbau des Gefühlsschwulstes ausschließlich in brieflichen Geständnissen vollzoggen hat, inwieweit die Entfesselung des Gefühls Pose blieb, mag dahingestellt sein; Förderung der Tugend, Veredelung zum Teil nur brieflich miteinander bekannter junger Männer und Frauen durch wechselseitige Enthüllung intimster Empfindungen, „Beglückung durch Liebe" (Humboldt) war der sogar statuarisch befestigte Sinn des „Tugendbundes". Karoline von Dacheröden, Humboldts spätere Frau, und Karoline von Beulwitz, Schillers spätere Schwägerin, ließen sich aus der Ferne für den Bund der im Grunde marmorkalten „tragischen Muse" gewinnen. Rahel versagte sich der Aufforderung, an solchem „empfindsamen Tändelwerk" und „eitlen Schöntun" teilzuhaben in der treffenden Einsicht, daß es sich um bloßes Spiel handele, ein Spiel, dem sich der in den Göttinger und Pariser Erfahrungen gereifte und inzwischen (1791) verheiratete Humboldt sehr bald wieder entzog.

Henriette Herz war weniger durch Geist als durch Schönheit ausgezeichnet, eine „junonische Riesin" (Ludwig Robert), ehrgeizig und anspruchsvoll, wissensdurstig und aufnahmefreudig, freilich ohne eigene Gedanken und eigenes Urteil; man hat sie, durchaus übertrieben, „eine große übertünchte Unwahrheit" genannt, ein Wort nicht recht feststellbaren Ursprungs. Zutreffen mag, daß sie mehr schien, als sie war.

Sie entstammte einer aus Portugal zugewanderten Familie. Ihr Vater, Benjamin de Lemos, war sehr im Unterschied zu Rahels Vater ein liebevoller Patriarch, der die Tochter umhegte und verzärtelte, aber nicht bildete. Nach israelitischem Brauch wurde sie, zwölfjährig, ungefragt dem fünfzehn Jahre älteren Markus Herz verlobt. Drei Jahre später fand die Hochzeit statt. Henriette war ein unwissendes Kind, als sie Herz' eifrigste Schülerin wurde und mit überraschender Aufgeschlossenheit rasch in den Kreis der Männer hineinwuchs, der sich um Markus Herz gebildet hatte. Mendelssohn, Engel, Ramler, Moritz, Schadow, Dohm, Göckingh, Kunth, Spalding, Reichardt, Gentz, die Humboldts, die Grafen Alexander Dohna und Christian Bernstorff gehörten dazu, um von den Alten und Jungen wenigstens einige durch Leistung oder Rang ausgezeichnete Männer zu nennen. Fast alle gehörten zugleich der von Engel präsidierten, im Jahre 1785 gegründeten Lesegesellschaft an, die sich beim Kastellan des königlichen Schlosses, Hofrat Bauer, zu versammeln pflegte.

Wen Herz' Gelehrsamkeit nicht zu fesseln vermochte, der wurde von den Reizen der Frau in das Haus in der Neuen Friedrichstraße gezogen. Die „schöne Herz" half dem verschüchtert verhaltenen Schleiermacher dazu, sich der Öffentlichkeit mitzuteilen, so daß er ihr bis ans Ende seines Lebens verbunden blieb, und wußte — wesentlich später — die Leidenschaft des jugendlichen Börne zu zügeln, der 1802, ein Jahr vor Markus Herz' Tod, dem Arzt als Schüler anvertraut wurde. In Henriettes Salon waren Mirabeau und Madame de Staël zu Gast, versicherten Jean Paul und Schiller die Hausherrin ihrer Verehrung, machten sich Johannes von Müller und Fichte mit dem ihnen unbekannten Berlin vertraut, begann der romantische Lebensroman zwischen „Brenna" Mendelssohn, des Bankiers Veit Gattin, und Friedrich Schlegel. Hier entdeckte der schwedische Diplomat von Brinkmann Rahel Levin, schwärmten die Schwestern Elisa von der Recke und Herzogin Biron von Kurland, waren Rahels Basen Sara und Marianne Meyer heimisch, deren absonderlicher Lebensgang ein Blitzlicht auf die Beziehungen zwischen Feudaladel und reichem Judentum wirft. Nicht nur der preußische, auch der österreichische Feudaladel war weithin verarmt und heiratete Töchter reicher Juden.

Durch ein halbes Jahrhundert ist Henriette Herz' Salon Vereinigungspunkt von Gelehrten und Politikern, Künstlern und Frauen geblieben. Da der Witwe beträchtliche Mittel verbraucht oder vom turbulenten Gang der äußeren Ereignisse aufgezehrt wurden, versorgte sie der treue Alexander von Humboldt in ihren letzten Lebensjahren (sie starb, in ihrer Geistesregsamkeit zuletzt sehr beeinträchtigt, erst 1847) mit einer Jahrespension aus der Schatulle des Königs. „Ich glaube nicht zuviel zu behaupten“, heißt es in ihren Lebenserinnerungen, „wenn ich sage, daß es damals in Berlin keinen Mann und keine Frau gab, die sich später irgendwie auszeichneten, welche nicht längere oder kürzere Zeit, je nachdem es ihre Lebensstellung erlaubte, diesen Kreisen angehört haben“, diesen Salons, die Henriette und mit oder nach ihr andere, vornehmlich aus jüdischen Häusern stammende Frauen unterhalten haben. Nur zwei haben zu ihrer Zeit den Ruhm Henriettes verblassen lassen: Rahel und Bettina.

Die Hofrätin hat den jüngeren erfolgreichen Rivalinnen nicht gezürnt. Ihr hat jeweils der Glanz genügt, der auf sie entfiel. „Einen Fehler“, schrieb ihr Rahel im Jahre 1830, „haben Sie und hatten Sie von je, liebste Freundin: Ihre große Bescheidenheit!“

Wie wir sahen, verdankte der Berliner Salon seine Existenz den gesellschaftlichen Gegebenheiten der Zeit. Er war mehr als eine besondere Form der Geselligkeit, wie sie im Wesen der Romantik lag. Es gab kein öffentliches Forum der Aussprache, geschweige denn politischer Mitverantwortung und Mitentscheidung. Man war auf das Gespräch im privaten vertrauten Kreise angewiesen und mußte sich auch dort literarisch geben, wo es um Politik, wo es um die Veränderung der gesellschaftlichen Verhältnisse ging. Adel und Bürgertum, die verfallende wie die aufsteigende Macht, blieben getrennt und unter sich. Nur einigen herausragenden jüdischen Häusern war es damals schon möglich, Adlige und Bürgerliche miteinander zu versammeln; das verbindende Glied zwischen ihnen bildete der zeitübliche, der Aufklärung entstammende Drang zur eigenen Bildung wie zur Weltverbesserung, der unter klassischen Einflüssen vornehmlich der harmonischen Entfaltung der Persönlichkeit, unter denen der jungen Romantik mehr und mehr dem individuellen Sich-Ausleben gegolten hat. Hier nun begegneten zeitübliche Form der Geselligkeit und zeitbedingtes gesellschaftliches Bedürfnis einander.

Gemeinsam war allen diesen Salons, daß sie über der Wirklichkeit in einer Art Traumland thronten, allenfalls die gesellschaftliche Misere ihrer Zeit erörterten, wobei sie diese aus ihrer persönlichen Lebenssphäre zu verbannen suchten. Gemeinschaften von potentiellen Reformern oder gar Verschwörern gegen die gesellschaftlichen Zustände ihrer Zeit waren diese Salons nicht. Um die Jahrhundertwende war die Herrschaft der Romantik über die Berliner Geister viel zu stark, als daß das individualistische Interesse an diesen Zusammenkünften zugunsten irgendeines kollektivistischen hätte in den Hintergrund verbannt werden können. Die gesellschaftliche Bedeutung der Salons lag in ihrer Einwirkung auf das Individuum, das ja kein Eigendasein führte, sondern so oder so in den gesellschaftlichen Geschehensablauf verstrickt war. Eine andere Wirkungsmöglichkeit hat es in der nachfriderizianischen Zeit für den Berliner Salon nicht gegeben. Kein Salon hat in diesem einzig möglichen Sinne auf das Fortschreiten des Zeitgeistes und damit der gesellschaftlichen Entwicklung so eingewirkt wie der Salon der Rahel Levin.

Geselligkeit wäre ihr „halbes Leben“. So umschrieb Rahel die besondere Form ihrer geselligen Rührigkeit. Sie meinte damit nicht derbe Sinnlichkeit und rohe Ausgelassenheit, wie sie in Berliner Adelspalästen und Bürgerhäusern in der nachfriderizianischen und frühromantischen Epoche üblich waren; grobe Sitten und ungeschliffene Redeweise waren ihr so verpönt wie das Schöntun des Tugendbundes und die gefühlsmäßig überhöhte Atmosphäre im Kreise „schöner Seelen“. Man sah Rahel in jenen ersten Jahrzehnten ihres geselligen Umganges nur in wenigen, ihren Bestrebungen gleich oder verwandt gerichteten Salons, insonderheit im Hause der Henriette Herz. In bürgerlichen nichtjüdischen Häusern waren Juden kaum anzutreffen, der hohe Adel besuchte zwar jüdische Salons, vermied aber die Begegnung mit Juden im eigenen Palast. Diese gesellschaftlichen Vorurteile förderten eher die Anziehungskraft des jüdischen Salons, als daß sie sie hemmten. Gesellschaftliche Toleranz im umfassenden Sinn war ein Grundprinzip in Rahels Salon. Rahel lag daran, im zwanglosen, von ihr unmerklich gesteuerten Gespräch „eine Zusammenfassung, einen Ausgangspunkt alles Sittlichen“ zu schaffen. Die Kunst des Bildungsgespräches war die Frucht ihrer unermüdlichen Bemühungen.

Das „Romantische“ an Rahels Salon machte sich darin bemerkbar, daß man in ihm einer Fülle ausgeprägter Individualitäten begegnete. Die junge Hausherrin zollte auch der Zeit ihren Tribut, wenn sie es geradezu darauf angelegt zu haben schien, zunächst Menschen eigener und besonderer Prägung um sich zu sammeln, Menschen, die für andere interessant waren, es fehlte in ihrem Umkreis weder an Originalen noch an romantischen Sonderlingen, die eine bestimmte, bisweilen skurrile, betont zur Schau getragene Sonderheit pflegten. Auch unbedeutende Menschen fanden sich zu Dutzenden ein.

Wenn man sich aber etwa bei Henriette Herz damit begnügte, zusammen zu sein und gemeinsam zu lesen und miteinander zu sprechen, so sah Rahel in der Geselligkeit eine wechselseitige Begegnung im geistig-förderlichen Sinne. Humboldt erinnerte sich im Alter, man habe sie gern aufgesucht, „nicht bloß, weil sie wirklich von sehr liebenswürdigem Charakter war, sondern weil man fast mit Gewißheit darauf rechnen konnte, nie von ihr zu gehen, ohne nicht etwas von ihr gehört zu haben und mit hinwegzunehmen, das Stoff zu weiterem ernstem, oft tiefem Nachdenken gab oder das Gefühl lebendig anregte“ (1834, an Charlotte Diede). Jüngere Menschen wie Heinrich Heine erkannten sich in dem Spiegel, den die gealterte Rahel ihnen vorzuhalten wußte, oft erst Jahre nach der persönlichen Begegnung. Nicht die berühmten Männer, die sich bei ihr einfanden, sondern Rahel selbst, die ruhmlose, war Mittelpunkt ihres Salons.

Eine solche auf die intellektuelle Entfaltung einwirkende Geselligkeit in Rahels Kreis wird nach dem Bild, das wir vom zeitgenössischen Berlin und vom nachfriderizianischen Preußen gezeichnet haben, nicht überraschen. Noch einmal: Es gab keine oder doch nur eine sehr eingeschränkte „Öffentlichkeit“ der Meinungsbildung und des Meinungsstreites, es gab kein Parlament, keine Universität, noch kein Café, es gab ein paar Vorträge von A. W. Schlegel, Fichte, Gall, einigen Akademikern, ein beliebtes Theater mit guten Schauspielern und theaterfreudigem Publikum, eine zensurierte Presse ohne progressive, aufrüttelnde Kraft, wie denn das Bürgertum von jeder tätigen Anteilnahme an den politischen Entscheidungen ausgeschlossen war und, nachdem es den Gang der französischen Umwälzung mit Hoffnung, dann mit zwiespältigen Gefühlen verfolgt hatte, neuerlich mit Ergebenheit in sein Schicksal verharrte; seine Vorkämpfer widmeten sich überwiegend der Auseinandersetzung mit Kunst und Wissenschaft.

Man nahm das gleiche Recht für Mann und Frau, Christ und Jude, Adligen und Bürger in Anspruch, aber nur für den abgegrenzten Raum, in dem man sich bewegte. Nie wäre Louis Ferdinand auf den Gedanken gekommen, seine „Beichtigerin" zu einem seiner Empfänge zu bitten (wie seine Schwester, die Fürstin Radziwill, deren Namen nicht ein einziges Mal erwähnt), und Gentz verleugnete später seine Freundin vor seinen Gönnern aus böhmischem Hochadel. Man schuf sich die Welt, die man forderte, im kleinen, ohne sich sonderlich darum zu sorgen, wie sie im großen verwirklicht werden könnte, und man beschränkte die Freiheit in dieser kleinen Welt auf die Sphäre des Geistigen. Das Politische und Allgemein-Gesellschaftliche blieben im wesentlichen aus den Salons der romantischen Epoche verbannt. Der Berliner Salon hatte, im Unterschied zum Pariser, keine Freiheit zu verteidigen, da noch keine errungen war. Er war eine intellektuelle Oase in einer ungeistigen Wüste. Manch ein Gedanke, hier gefaßt und heiß umstritten, reifte später zur Tat. Was im Salon geschah, drang indessen nicht unmittelbar nach außen; es half nicht einstoßen, was im Stürzen war. Man lebte jenseits der Wirklichkeit in einer ersehnten besseren Welt. Man war sorglos, wenn nicht gar gedankenlos. Wilhelm von Humboldt sprach diese auch ihm erst später zuteil gewordene Einsicht aus, als er, der von ihm als gesamtdeutsch empfundenen preußischen Katastrophe gedenkend, im Jahre 1807 aus Rom an Henriette Herz schrieb: „Ja, meine Liebe, Gute, wir sind alle unglücklich, ich sage, wir alle, die sonst ein froher und harmloser Kreis umschloß. Die Samen unseres Unglücks lagen in unserer damaligen Sorglosigkeit. Mir war seit langem vor dem Ausgang bange, und ich zitterte vor dem Augenblick der Entscheidung."

Keineswegs aber war Rahels Salon eine Hohe Schule des Ich-Kultes. Der jungen, weltunerfahrenen, äußerlich nicht reizvollen Berlinerin, die das politische Fluidum Frankreichs und seiner Hauptstadt entbehren mußte, ging es um ein Allgemein-

Menschliches, um eine Fortbewegung des Menschen aus dem Sumpf, wenn sie und ihr Kreis sich und andere im fördernden Gespräch in Bildung, Charakter, Humanität zu vervollkommnen strebten.

Rahel bezeichnete Gesellschaft (im Sinne geselligen Beisammenseins) als „sich bewußten, behaglichen Verein im Genuß und Weiterbringen alles menschlich schon Geleisteten". Sie sprach von der „Lebensgeselligkeit in Worten" und betrachtete sich selbst als das Salz und den Quirl dieses Strebens, das auf die wechselseitige Vervollkommnung und die Förderung der individuellen Menschlichkeit gerichtet war.

Wenn man sich im allgemeinen gegen fünf Uhr nachmittags in Rahels Salon traf, so geschah das zwanglos, ohne Einladung und ohne schriftliche Aufforderung. Man führte einander ein und war willkommen, wenn man zum gedanklichen Austausch beitrug, und blieb weg, wenn man sich nicht angesprochen fühlte oder überflüssig vorkam. Adlige und Bürger, Juden und Christen, Prinzen und Fürsten, Offiziere und Beamte, Künstler und Gelehrte waren einander gleich werte Gäste. Rang und Standesunterschiede wurden nicht als solche, sondern im Rahmen allgemeiner Schicklichkeit geachtet. Was allein auszeichnete, waren Geist und Gedanken. Um Rahel herrschte uneingeschränkte Toleranz. So bereitete es ihr besondere Freude, wenn die sogar in bürgerlichen Häusern verfemten Schauspieler erschienen, wie etwa Joh. Friedr. Ferdinand Fleck oder Friederike Unzelmann, Gentz' Freundin Christel Eigensatz oder die Sängerin Marchetti.

Man bewegte sich in zwanglosen Gruppen, dann und wann den Gesprächspartner wechselnd. Tee wurde gereicht und das Plaudern gelegentlich durch einen musikalischen Vortrag unterbrochen. Die Hausherrin pflegte von Gruppe zu Gruppe zu wandeln und wußte für eine angenehme Unterhaltung aller zu sorgen. Streitgespräche ließ Rahel im allgemeinen sich erst entwickeln, wenn sich die Mehrzahl der Gäste verabschiedet hatte und nur zusammengeblieben war, wer einander mehr als Landläufiges zu sagen hatte. Die Stunde der „Dachstubenwahrheiten" vollends brach erst an, wenn Rahel mit diesem oder jenem ihr nahestehenden Besucher eines ihrer Persönlichstes enthüllenden Gespräche führte. Überraschend schnell hatte sie die Nöte des Partners erkannt, immer bereit, Verwirrungen zu lösen.

Wilhelm von Humboldt lobte Rahels Talent, von dem scheinbar Unbedeutenden auszugehen, diesem eine bessere und anziehende Seite abzugewinnen, und bewunderte ihre Fähigkeit, von jedem Punkt des täglichen Lebens „zu innerem, tieferem Nachsinnen“ überzuwechseln. Erstaunlich war Rahels Geschick, jedermann anzuregen, damit er sprach und seine Meinung sagte. Sie äußerte sich erst dann, wenn sie, eine treffende Umschreibung, „aus dem Zentrum“ sprechen konnte. „Alle vertragen mich“, durfte sie mit freudigem Stolz feststellen, „sie nehmen mich für das, was ich ja auch bin — für eine Frage, zuweilen für eine ehrliche und mutige Antwort.“

Man möchte nicht wieder und wieder, es entwertend, von Rahels Lebensmotiv, dem Hang zur Wahrhaftigkeit, sprechen; man muß es, denn auch im alltäglichen Gespräch war diese ihre Eigenschaft von auflockernder, helfender, enthüllender Wirkung auf den, der verkrampft vor ihr saß und der Hilfe bedurfte, um mit sich selbst ins reine zu kommen. Wilhelm von Humboldt gehörte weder zu ihren Lobrednern noch zu ihren Beichtkindern und nannte doch die Wahrheit „einen auszeichnenden Zug in ihrem intellektuellen und sittlichen Wesen. Sie kannte darin keine weichliche Selbstschonung, weder um sich etwaige Schuld zu verbergen oder sie zu verkleinern noch um in Wunden, die ihr das Schicksal schlug, mit tiefer Selbstprüfung einzugehen. Sie überließ sich aber auch keinen Selbsttäuschungen, keinen trügerischen Hoffnungen, sondern suchte überall nur die reine und nackte Wahrheit auf, wenn sie auch noch so unerfreulich oder selbst bitter sein mochte.“

Wie sie sich selbst kritisch betrachtete, so betrachtete sie analysierend den Partner. Der Heuchler wurde entlarvt und der Schmeichler entwaffnet. Niemand vermochte sich aufzuspielen und sich wichtiger zu machen, als er war. In Rahels Salon herrschte eine Atmosphäre der Ehrlichkeit, wie sie in menschlichen Gemeinschaften selten zu finden ist.

Wenn der dänische Literaturhistoriker Georg Brandes Rahel Levin „das erste große und moderne Weib im deutschen Kulturleben“ genannt hat (ähnliche Superlative aus anderem Munde ließen sich anfügen), so dachte er weniger an die zeitgebundene als an die über ihre Epoche hinaus wirkende Leistung Rahels. Diese Leistung ist nicht literarischer Art. Rahel hat im wesentlichen nur Briefe hinterlassen, und man wird nicht behaupten können, daß es sich dabei um Kunstwerke handelt oder daß in ihnen neue Erkentnisse, gleich welcher Art, niedergelegt wären. Sie hat auch während der preußischen Reformen und in der patriotischen Bewegung nicht an hervorragender Stelle gestanden und, hätte sie es gewollt, nicht stehen können. Sie war keine Muse der Romantik und hat Goethe in keiner der wenigen Begegnungen inspiriert, die sie mit ihm hatte. Rahel war, um mit Schleiermacher zu sprechen, das „seltene Phänomen eines menschlichen Wesens, das immer konzentriert ist, immer sich selbst hat". Sie wirkte aus sich, als Mensch, mit den Fähigkeiten ihres klaren Kopfes und ihres gütigen Herzens, indem sie nicht nur human dachte, sondern human war. Niemand ging von ihr, ohne irgendwie bereichert, vielleicht sogar verändert zu sein.

Nur wer starb oder Berlin verließ, schied aus dem Kreis, der sich um Rahel gebildet hatte. Ein Teil der Gesprächspartner war ihr aus Henriettes Salon in das Haus schräg gegenüber der Seehandlung gefolgt, ohne die Besuche bei der Hofrätin aufzugeben, andere lernten sie während ihrer Bäderreisen in Böhmen kennen. Junge Literaten kamen mit Ludwig Robert in den Salon der Schwester, manchen gewichtigen Gast führte Karl Gustav von Brinkmann ein, der allerorts gern gesehene und geselligste ihrer Paladine.

Es begegnen uns Namen, die heute vergessen oder doch nur dem Freunde und Kenner jener Epoche näher vertraut sind. Wir werden uns mit Rahels Begegnungen mit namhaften und ausgezeichneten Repräsentanten ihrer Zeit, mit ihrem Einfluß auf sie und mit der wechselseitigen Befruchtung in einer Reihe typischer Fälle gesondert zu beschäftigen haben. Wir würden aber die Atmosphäre ihres Salons, ihren Lebensstil und die Spuren verzeichnen, die Rahel ihrem Zeitalter aufgeprägt hat, gedächten wir im Vorübergehen nicht auch einiger jener Dachstubengäste, die zwar das romantische Zeitalter charakterisieren, nicht aber durch hervorstechende Leistungen in gleich welchem Sinne in das Gedächtnis der Nachwelt eingegangen sind.

Einiger Anmerkungen bedürfen insonderheit die Adligen, die Rahels Umgang suchten, ohne daß ihnen materielle Interessen am Geschäft des (im übrigen, wir erfuhren es, früh verstorbenen) Vaters oder andere als solche der Geselligkeit und des Bildungsstrebens nachgewiesen werden können. Selbst gebildet, lösten sie sich aus der dumpfen Landluft ihrer Güter und der ungebildeten Atmosphäre städtischer Adelspaläste, um ihren künstlerischen Liebhabereien nachzugehen oder auch nur ihrer Langeweile in den gebildeten Bürgerhäusern entfliehen zu können. Da die Männer, deren Wohlstand einen Salon erlaubte (und manchmal geradezu zur Voraussetzung hatte), dem Gelderwerb nachgingen, fiel die Last der Repräsentation in der Regel auf die Frau, und das besonders in jüdischen Häusern, die sich emanzipiert hatten und ihre Stellung in der absterbenden Feudalgesellschaft wie in der aufstrebenden Bürgergesellschaft zu fundieren suchten.

Typisch für diese Art von Edelleuten unter Rahels engen und lebenslangen Freunden waren von Brinkmann und von Burgsdorff.

Brinkmann, ein auch literarisch hervorgetretener, Wilhelm von Humboldt befreundeter Schwede, war Diplomat. Von 1792 bis 1797 und dann wieder seit 1802 war er Sekretär an der Gesandtschaft seines Landes in Berlin; zwischendurch wirkte er in Paris. Von 1807 bis 1810 vertrat er, Gesandter geworden, den König von Schweden beim König von Preußen, später lebte er recht zurückgezogen als Mitglied des schwedischen Reichsrates in seiner Heimat. Er rühmte sich, Schüler Rahels zu sein, und war der „geisteskräftigen Denkerin" seit der ersten Bekanntschaft in Verehrung und Freundschaft zugetan. „Was ich in den Hörsälen der Weisen, in den geheimnisvollen Tempelhallen der Frommen, in der sinnlichen Prachtwelt vergebens gesucht hatte: ungeschleierte Wahrheit, Selbständigkeit des Geistes und Innigkeit des Gefühls, kam mir in dem Dachstübchen dieser seltenen Selbstdenkerin als eine heilige Offenbarung entgegen." — „Höhere Sittlichkeit durch die höhere Freiheit" war die Einsicht, die er in jedem offenmütigen Gespräch mit Rahel bestätigt fand. Rahel, so schwärmte er, habe auf sein innerstes Denken und Sein gewirkt wie „keine der neun Musen".

Nun war Brinkmann, übrigens ein Studienfreund Schleiermachers, gewiß nur ein Causeur, ein brillanter Plauderer im diplomatischen Stil seiner Zeit, und man wird das Scherzwort des Prinzen Louis Ferdinand von Preußen auf diesen damals sehr angesehenen, mit begrenztem Erfolg poetisierenden Staatsmann als zutreffend bezeichnen müssen: „Brinkmann ist wirklich göttlich, die Liebenden schreiben der Liebe wegen, der liebt der Briefe wegen." Entkleidet man seine Bekenntnisse zu Rahel indessen des zeitüblichen Gefühlsüberschwanges, so bleibt sein Eingeständnis, daß Rahel „die Freundin ohne Beiwort und Zusatz", die Quelle des „Geistesmutes" nicht nur dieses etwa Gleichaltrigen, sondern manches Mannes gewesen ist, der der Generation der Väter oder gar der Großväter zugerechnet werden muß.

Weit bedeutender als Brinkmann war der Fürst Karl Joseph de Ligne, mit dem Rahel sich verbunden fühlte, nachdem sie ihn, vierundzwanzig Jahre alt, im Jahre 1795 in Teplitz kennengelernt hatte. Gebürtiger Belgier und österreichischer Feldmarschall, war der damals Sechzigjährige Grande von Spanien und wohlangesehener Kavalier an allen Fürstenhöfen Europas. Sein Witz, berühmt wie seine Bücher, war gefürchtet. „Le congrès danse bien, mais il ne marche pas" — der Kongreß tanzt wohl, aber er kommt nicht voran — war eine jener sprichwörtlich gewordenen Bemerkungen, mit denen der „geistreiche und herzliche Greis" (Rahel) bis zu seinem Tode zu glänzen und — wie hier in bezug auf den Wiener Kongreß — bissige Wahrheiten zu sagen pflegte. Rahel schätzte de Lignes Lebensart wie einen „wahren Wiesenflor, ein Sofa, eine Gondel für die Seele". Um ihn waren jene Leichtigkeit und in Scherz gehüllte Treffsicherheit durchaus ernster Gespräche, wie man sie jeweils auf eine andere Art in Paris und den böhmischen Bädern, wohl auch in Wien, nicht aber in dem weder galanten noch espritvollen Berlin hören konnte.

An solchen Vorbildern und zumal an dem de Lignes orientierte Rahel das kultivierte Wechselgespräch, jenen anspruchsvoll-gelockerten Ton, den sie ihrem eigenen Salon zu geben wußte, auch wenn sie im Eifer des Wortwechsels, gebürtige Berlinerin die sie war, für einen so empfindsamen Menschen wie Wilhelm von Humboldt gelegentlich zu laut werden mochte.

Zu der Gruppe typischer „Salonhelden" der romantischen Epoche in Rahels Umgebung gehörten der aus der Normandie zugewanderte Graf Alexander Tilly, ein ehemaliger Page der Königin Marie Antoinette, von Rahel bezeichnenderweise wenig geschätzt, weil er seiner selbst nicht sicher war, und der ehemalige Zietenhusaren-Major und (seit 1798) Diplomat Peter von Gualtieri, Sohn eines preußischen Predigers; er stand um die Jahrhundertwende als witziger Flügeladjutant bei Friedrich Wilhelm III. in besonderer Gunst und ging gegen Ende des Jahres 1804 als preußischer Gesandter an den Hof von Madrid, wo er bald danach gestorben ist.

Mehr Aufmerksamkeit dürfen auch heute die märkischen Edelleute für sich in Anspruch nehmen, die in Rahels erstem Salon verkehrten, wie die Grafen Dohna und Bernstorff, denen wir bereits im Salon der Henriette Herz begegnet sind, und — vor allen anderen — Wilhelm von Burgsdorff und Wilhelm von Humboldt. Zumindest dieser beiden muß als Rahel lebenslang nahestehende Repräsentanten eines um persönliche Bildung und allgemeinen Fortschritt bemühten Adels in diesem Zusammenhang gedacht werden. Sie bildeten gewiß nur Ausnahmen ihres Standes und wurden, wie besonders die Humboldts, vom alteingesessenen Feudaladel verachtet und bekämpft; sie gehörten zum andern zu jenem fortschrittlich gesinnten Teil des märkischen Adels, aus dessen Reihen sich später die engsten Mitarbeiter Steins und Scharnhorsts rekrutiert haben.

Während Wilhelm von Humboldt über das Streben nach individueller Vervollkommnung hinaus zumindest durch ganze Epochen seines Lebens öffentlich wirksam und im Sinne des menschlichen Fortschrittes tätig gewesen ist, widmete sich Wilhelm von Burgsdorff zwar der Selbstbildung im Sinne seines Freundes Humboldt, fand aber in dieser Art des Lebensgenusses sein Genügen. Er hat niemals einen Beruf oder eine öffentliche Tätigkeit ausgeübt noch irgendwie eine gesellschaftlich zu wertende Leistung vollbracht. Schiller zählte ihn (in einem Brief an Körner aus dem Dezember 1796) zu den „ruhig empfangenden Naturen“, verlor jedoch das Interesse an ihm, nachdem er ihn bei längerem Umgang „immer ohnmächtig und, wie die schwächlichen Naturen, eigensinnig“ (an Körner, August 1797) gefunden hatte. Christian Gottfried Körner, dem wir manches treffende Urteil über den Jenaer Kreis verdanken, hatte kurz zuvor gegenüber dem Freunde Burgsdorffs „bloß leidendes“ Verhalten bemängelt: „An eigene Tätigkeit ist bei ihm gar nicht zu denken, und selbst in seinem Genuß ist zuwenig Energie ... Man erwartet doch auch, daß seine eigene Kraft sich am Anschauen der fremden entzünde“ (an Schiller, im Juli 1797).

Burgsdorff war in Dessau und Berlin zur Schule gegangen,

hatte in Halle und Göttingen studiert und sich auf Bildungsreisen mit den geistigen Strömungen der Zeit vertraut gemacht. Zu seinen Mitschülern hatten Ludwig Tieck und Wackenroder gehört, einer seiner Lehrer war F. A. Bernhardi gewesen. Er bot auf seinem Gut Ziebingen, dessen Bewirtschaftung er sich übrigens nur in Kriegszeiten vorübergehend widmete, später dem von ihm bewunderten Ludwig Tieck hilfreiche Gastfreundschaft und bewährte sich als dessen uneigennütziger Freund. Er fühlte das Ende der Herrschaft seiner Kaste herannahen, ahnte auch die tieferen Ursachen des Verfalles und Niederbruchs des friderizianischen Preußens, fand aber, weder zu wissenschaftlicher noch zu literarischer Leistung bestimmt, nicht den Weg in eine öffentliche Wirksamkeit. Unbefriedigt von der geistlosen dumpfen Landluft, in der er lebte, suchte er in Berlin, in Jena, in Paris, in den böhmischen Bädern, auf langen Reisen Anregung und Fortbildung, ernstlich bestrebt, sich zu einer harmonischen Individualität im Zeitsinne zu entfalten. Brinkmann wohl vermittelte die Bekanntschaft mit Wilhelm und Karoline von Humboldt, die im Juli 1795 in Berlin ansässig geworden waren; der ältere Humboldt wie Burgsdorff dienten dem preußischen Staat vorübergehend als Kammerreferendare. In die gleiche Zeit fällt, wiederum durch Brinkmann herbeigeführt, die Bekanntschaft mit Rahel.

Die lebenslange Freundschaft wurde erst im folgenden Jahr während eines gemeinsamen Sommeraufenthaltes in Karlsbad und Teplitz begründet. Damals las Burgsdorff der Freundin „Torquato Tasso“ und „Iphigenie in Tauris“ vor. Gegen Ende des Jahres lebte er einige Wochen in Jena bei den Humboldts, die dorthin übergesiedelt waren, hatte Umgang mit Schiller und machte zusammen mit den Humboldts Goethe seine Aufwartung. Er wünschte auch Rahel in den Freundeskreis an der Saale zu ziehen, wo Klassik und Romantik miteinander wetteiferten und wohl auch auf den „märkischen Edelmann“ (Varnhagen) einen Eindruck ausübten, der Burgsdorff für immer aus der geistigen Öde seiner feudalen Umwelt herausriß, ohne ihn freilich zu einer eigenschöpferischen Anteilnahme am gedanklichen Ringen um das Fortschreiten der Menschheit zu befeuern. Im Januar 1797 trat er eine auf vier Jahre berechnete Reise an, die ihn nach der Iberischen Halbinsel, auf die englischen Inseln und vor allem nach Frankreich führte, wo er wiederum zusammen mit den Humboldts lebte, zeitweilig in recht engen Beziehungen zu Karoline. Berlin, wo er seither bis zu seinem Tode (1822) vornehmlich weilte, sofern er sich nicht auf seinem Gute Ziebingen aufhielt, sah er erst zu Anfang des Jahres 1801 wieder. Seinen und Brinkmanns Bemühungen war es wohl in erster Linie zu verdanken, wenn auch Rahel einige Monate bei den Humboldts in Paris verbrachte.

Für einige Zeit schien es, als sollte die Annäherung zwischen Karoline von Humboldt und Rahel zu einem festen Freundschaftsbunde führen. Karoline hatte die „Freigeisterei der Leidenschaft", der auch sie gehuldigt, überwunden und entwickelte sich an der Seite Wilhelm von Humboldts zu einer Individualität von eigenem geistigem Rang. Der Salon, den sie im Winter 1797 mit einer längeren Unterbrechung bis zum Frühsommer 1801 in Paris führte, war in der Tat, wie sie Rahel schrieb, ein Point de ralliement, ein Vereinigungspunkt, in dem sich beste Köpfe aus Frankreichs Kunst und Wissenschaft mit namhaften Deutschen und anderen Ausländern trafen, die Paris besuchten.

Rahel müßte nach Paris kommen, lautete Karolines Einladung, denn „die Empfindung, alles zu verstehen", habe ihr noch kein Mensch gegeben wie Rahel. Schon vorher, im Mai 1798, hatte es wie eine Werbung geklungen: „Man trifft nicht Menschen wie Sie und versteht sie, um sie zu vergessen." Und später, im Februar 1799, als ihr Rahel das Ende ihres Verlöbnisses mit Graf Finckenstein mitgeteilt hatte, ereignete es sich (was sich später aus weit schmerzlicherem Anlaß im Briefwechsel zwischen Goethe und Zelter wiederholen sollte), daß im Verlauf der menschlichen Ergießung das formelle „Sie" dem vertrauten „Du" wich. „O wenn ich zurück bin", schwärmte Karoline, im Begriff, mit Gatten und Kindern nach Spanien abzureisen, „wie es mein einziger, heißester Wunsch, viel mit dir zu leben, ganz, wenn du willst und du es deinen häuslichen Verhältnissen abgewinnen kannst. Liebe, ich weiß, glaube es nur, ich weiß, wie verschieden und wie ähnlich unsere Naturen sind, und ich bin in mir überzeugt, daß nie zwei Frauen ein innigeres Verhältnis haben könnten als wir." Rahels Pariser Aufenthalt alsbald nach der Jahrhundertwende war denn in erster Linie auch eine Begegnung mit den Humboldts und ihrem Kreise; Rahel war nach ihrer herbsten Liebesenttäuschung viel zu sehr in sich selbst verstrickt und mit sich selbst beschäftigt, als daß das zeitgenössische Frankreich tiefere Spuren in ihrer Entwicklung oder gar ihrem Wesen hätte hinerlassen können.

Rahel und Karoline haben sich danach elf Jahre nicht gesehen; andere Menschen waren in beider Lebenskreise getreten. Erst Rahels Hilferufe aus Prag nach Geld und Gut für die in die böhmische Hauptstadt strömenden Verwundeten des Befreiungskrieges und gemeinsame Sorge um Angehörige und Freunde, die im Kampf gegen Napoleons Armeen standen, ließen mit dem Austausch von Nachrichten die wechselseitige Anteilnahme noch einmal aufflackern. Karoline unterstützte das „liebe gute Geschöpf" in Prag. Beide waren zu ausgeprägte Persönlichkeiten geworden, als daß es noch denkbar gewesen wäre, sie hätten sich den Wunsch nach einer Lebensfreundschaft erfüllen können. Es ist nicht einmal anzunehmen, daß ein solches Bedürfnis bei ihnen noch bestanden hat. Karoline war im übrigen „offen judenfeindlich geworden" (Hannah Arendt), ein Phänomen der Restaurationsepoche, auf das wir zu gegebener Zeit zurückkommen werden. „Rahel erfuhr das erst, als sie von ihr vor einer großen Gesellschaft einfach mit Sie angeredet wurde — eine recht simple Art, eine jahrzehntealte, peinlich gewordene Freundschaft zu liquidieren" (Hannah Arendt).

Wilhelm von Humboldt hatte sich dem Haus in der Jägerstraße schon um 1790 genähert. Als er sich den Schwärmereien des „Tugendbundes" entzogen hatte, bemerkte er (1794), Veit ihre Gescheitheit und ihren Witz lobend, Rahel wäre die einzige, mit der er in Berlin gerne umgegangen wäre (was übrigens durchaus nicht zutraf). Um die gleiche Zeit eröffnete Rahel dem Jugendfreund in Jena, der seinerseits um ein Wort über Humboldt gebeten hatte: „Ich weiß keins." Veit, so warnte sie aus sorglicher Freundschaft, möchte sich nicht zu sehr auf das Verhältnis verlassen, das zwischen ihm und dem Freiherrn bestehen könnte, er sollte besonders im Urteil zurückhaltender sein und sich nicht erlauben, was sich der andere erlaubte.

Rahel fürchtete den „furchtbaren Dialektiker", den „Wetzstein des Verstandes" nicht, wie Gentz Wilhelm von Humboldt nannte; beide waren vor der Jahrhundertwende zeitweilig die lebhaftesten Partner in den Streitgesprächen, die in Rahels Salon geführt wurden. Sie vermochte Humboldt aber auch nicht zu lieben. In fast allen uns überlieferten Äußerungen übte auch sie in einer an ihr überraschenden Weise Zurückhaltung. Er hätte jeweils so viel Geist, wie er wollte, orakelte sie und hielt ihm vor, sie könnte ihm seine Geistesfreiheit nicht mehr so hoch anrechnen, wenn er auch für sein Tun und Ausüben sich selbst weder Schranke noch Zügel setzte. Sie gestand ihm zu, „universell" und „von keinem Alter" zu sein, doch sie mißbilligte mit Varnhagen, daß Humboldt aus seiner „freien Geistesüberlegenheit" das Recht zog, den Menschen mit „scherzender Verhöhnung" aufzuwarten.

Alle diese Beobachtungen treffen Wilhelm von Humboldts Wesen und jenen ihm eigenen überlegen-spöttelnden Zug, den man als ein klassisches Gegenstück zur romantischen Ironie bezeichnen möchte. Mephistopheles lautete der Deckname, den Rahel und Varnhagen in ihrem späteren Briefwechsel für den älteren Humboldt gewählt haben.

Humboldts „Unlust an Berlin und berlinischer Gegend", die ihn schließlich im Jahre 1802 neuerlich für längere Zeit aus der preußischen Residenz vertrieb, mag seine im selbstherrlichen Bewußtsein geistiger Überlegenheit ausgeübte Spottsucht genährt haben, wie sich diese wiederum an den Berliner Zuständen entzündete. Keine Aufgabe hat ihn je befriedigt, ob er sie selbst aufgegriffen, ob man sie ihm im Staatsdienst oder während seiner diplomatischen Laufbahn übertragen hatte. Er hatte nicht einmal rechten Geschmack am Lebensgenuß, dem er sich in allseitiger Liberalität mit Vorurteilslosigkeit, mit Großzügigkeit, gelegentlich sogar mit Hochherzigkeit zu widmen vermochte. Angriffspunkte bot er in Fülle, vor allem, weil es bisweilen selbst Menschen aus seinem vertrautesten Umgang schwergefallen sein mag, in den Wortgefechten, die er lieferte, den Unterschied zwischen gedanklichem Ernst und gedanklichem Spiel zu erkennen.

Rahel suchte den wohl geistesmächtigsten Freund ihrer näheren Bekanntschaft von seiner besten Seite zu sehen: „Er ist so weit voraus in seinen Ideen, daß doch nicht mehr die Rede davon sein kann, ob er gut oder nicht gut sei, das liegt fern unter ihm." Ihr mißfiel, daß er mit Wissen und Geist zu jonglieren liebte, Libertiner[1] im zweifachen Sinn des Wortes

[1] Der Libertiner (von liberté = Freiheit) ist ursprünglich ein Freigeist, im politischen Sinn ein Parteigänger der Freiheit, ein Liberaler. Das Wort wurde aber bald seines ursprünglich fortschrittlichen Inhalts beraubt und zur Kennzeich-

war, Freigeist und spielerischer intellektueller Leichtfuß, daß er Toleranz und Emanzipation das Wort redete, sich als human gesinnter Mensch wie später als besonnener Patriot und Humanist gab, ohne ein einziges Mal seine Mittel, seine Fähigkeiten, seine Macht mit Nachdruck und Mut einzusetzen, damit eines der Ziele verwirklicht werde, die er gesetzt hatte.

„Die Brühe ist vortrefflich", urteilte Rahel, als sie seine „Ideen über Staatsverfassung" (1791) gelesen hatte, „aber sie macht keinen Braten." Humboldt war wohl auch von zu mächtiger geistiger Potenz, als daß er im ästhetischen Gespräch oder gar in geistreicher Tändelei Genüge gefunden hätte, wie sie, sehr zum Kummer Rahels, auch im sorgsamst geführten Salon letztlich vorherrschen mußten. Der große Fürsprecher der jüdischen Emanzipation hat auch in späteren Jahren keinerlei Vorurteile gegenüber der Freundin seiner Jugend empfunden. Sein Urteil schärfte sich und wurde zugleich maßvoller, je größer der Widerspruch wurde, in den er mit dem Gang der politisch-gesellschaftlichen Entwicklung geriet. Recht treffend ist das Wort, das er Rahel in einem seiner „Lea" überschriebenen Sonette zurief:

„Du hat gelebt in des Ichs Gebiete,
Hast jeder seiner Falten nachgespüret,
Gefühlet alle Flammen, die es schüret;
Kein Blick sieht mehr, wie er hinstarrend brüte."

In Berlin, der Hochburg der jungen Romantik, war Wilhelm von Humboldt gleichsam der bevollmächtigte Botschafter der Klassik. Er vertrat das bürgerlich-klassische Humanitätsstreben, das nach seinen Worten auf „Veredelung des einzelnen, der Nation und der Menschheit" zielte, auf eine Veredelung, „welche doch der einzige Zweck allen Ergründens der Natur und des Menschen und erklärenden Zusammenhangs beider sein kann". In Rahels Salon war der enge persönliche Freund und bedeutende Parteigänger des Ästhetikers Schiller, und dieser gehörte nicht zu den Göttern, denen man in Rahels Mansarden-

---

nung eines zügellosen Menschen, eines Leichtfußes oder Wüstlings verwandt. In diesem Sinne wurde es zu Zeiten der Restauration auch auf Fichte, Schleiermacher u. a. angewandt, nicht weil sie wirklich Libertiner im negativen Sinne waren, sondern weil man sie durch diese Bezeichnung herabsetzen wollte.

stube huldigte. Der Dichter, der aus dem Gedanken heraus schuf, war Rahels gefühlsbestimmtem Wesen fremd. Sie hatte, fast noch ein junges Mädchen, den kunsttheoretischen Grundsätzen widersprochen, die Schiller seiner Rezension der Gedichte Bürgers zugrunde gelegt hatte. „Alles, was der Dichter uns geben kann“, hatte es dort geheißen, „ist seine Individualität. Diese muß es also wert sein, vor Welt und Nachwelt ausgestellt zu werden. Diese seine Individualität so sehr als möglich zu veredeln, zur reinsten herrlichen Menschheit[1] hinauf zu läutern, ist sein erstes und wichtigstes Geschäft.“

Rahel mißfiel an Schillers Ästhetik, daß das Genie, also der Künstler, im Mittelpunkt seiner Betrachtungen stand und nicht, wie bei Lessing, das Kunstwerk. Schillers Absage an die Freigeisterei der Leidenschaft war unvereinbar mit dem subjektivistischen Anspruch der Libertiner. Sein Pathos klang in Rahels Ohren unwahr, sein Idealismus schien ihr nicht von dieser Welt zu sein. Keine Verbindung spann sich zwischen Jena und Berlin an, trotz Humboldt, trotz Brinkmann und Burgsdorff.

Als Schiller im Mai 1804 in Berlin weilte, machte er Henriette Herz seine Aufwartung. Am Salon der Rahel ging er vorbei, vielleicht in Erinnerung an die Qualen, die ihm der Besuch der Madame de Staël in Weimar bereitet hatte. Seine Vorstellung vom andern Geschlecht trug, zumal seit er sich für Lotte von Lengefeld entschieden hatte, betont frauliche Züge; er hielt nicht viel von der Intellektualität des Weibes.

Vier Jahre zuvor hatte Jean Paul in Berlin geweilt. Nun beteten die Mädchen den Dichter an, wie er sie früher angebetet hatte. Statt Autogramme verteilte er Locken, er war der meistgelesene Autor seiner Zeit. Rahel war im Begriff, nach Paris zu reisen, als er sie besuchte. Sie stand mit ihrem Gast am Fenster und stellte Betrachtungen über das menschliche Vorstellungsvermögen an. Jean Pauls „Jugendwahn“, der ihn zu berühmten Leuten getrieben hatte, war vorüber, sein Bedarf an Titaniden gedeckt. Wenige Monate später holte er sich aus Berlin eine bürgerliche Beamtentochter zur Ehefrau. Er trat Tieck näher, fand Berührung mit Fichte und Schleiermacher (der seine Dichtungen übrigens nicht schätzte). Und wenn er sich auch, „durch

---

[1] Menschheit wurde damals im Sinne von Menschlichkeit gebraucht.

männliche Trivialität ermattet", bald wieder von den Berliner „kleinstädtischen Gelehrten" heimsehnte „nach echter genialischer Spitzbüberei in Jena und Weimar" — die Erinnerung an Rahel verblaßte nicht.

Einige Mitteilungszettel, die während des Berliner Zusammenseins hin und her flatterten, sind uns erhalten. Sie sind, sofern sie aus Jean Pauls Hand stammen, überschwenglich, verschroben, nach seiner Manier gekünstelt. Henriette Herz und Rahel Levin stimmen demgegenüber in der Feststellung überein, daß sich der eigenwilligste aller deutschen Poeten im persönlichen Umgang ganz natürlich, klar, geordnet, anspruchslos, ernst gegeben habe, nur selten in einen humoristischen oder satirischen Ton verfallend, obwohl er doch seinen Berliner Aufenthalt zu einem Teil benutzte, um sich „Des Luftschiffers Gianozzo Seebuch", richtend über „Schnapphähne der Ungerechtigkeit" und „Krähhähne der Aufgeblasenheit", vom Herzen zu schreiben.

Rahel behagten zwar Jean Pauls titanische Frauengestalten ebensowenig wie Schillers Heroinen, aber sie las ihn fleißig und begriff ihn in der Eigenheit seines Schaffens wie wenige seiner Zeitgenossen. Seine Arbeit sei spinnenartig, und gleich komme jeder Vorrat in sein neuestes Gewebe, schrieb sie im Oktober 1808 an Varnhagen, der ihr von seinem Besuch in Bayreuth berichtet und geschwärmt hatte, Jean Paul wäre ihr von Herzen zugetan und rühmte sie als „eine einzige Erscheinung", hielte sie „für das Anheben einer neuen Sphäre". Die „kühne Richtung der neumodischen Empfindsamkeit nach Atmodischem, als Katholizismus und dergleichen" habe ihn erschreckt, analysierte Rahel, „seine [Empfindsamkeit] kriecht ihr etwas nach, ihr eigenes, natürliches Gehege vergessend. Der muß sich für allein halten, um original zu bleiben; jedes, viel, alles kann er mit dieser Gabe nicht ergreifen."

Rahel hat sich einer Bekanntschaft gerühmt, die, wie man nicht zu Unrecht angemerkt hat, ihrem Salon eine besondere Anziehungskraft verliehen hat. Das war Prinz Louis Ferdinand von Preußen, der sich um die Jahrhundertwende in Rahels Salon eingefunden und gebeten hatte, sie des öfteren besuchen zu dürfen. Er gehörte zu den Verehrern der Madame de Staël, der er während ihres Berliner Aufenthaltes fast täglich seine Aufwartung machte. „Er war voll Urteil und Enthusiasmus", urteilte die Französin, „aber in Ermangelung des Ruhmes suchte er zu sehr die Stürme, welche das Leben aufregen.“ — „Ordentliche Dachstuben-Wahrheiten wird er hören“, schrieb Rahel zu Beginn dieses Umganges ihrem Vertrauten Brinkmann. Der Prinz, eine zwischen den Gegensätzen seiner Umwelt triebhaft hin und her gerissene ungewöhnliche Gestalt, hat sie in ganz unfürstlichem Maße von ihr zu hören bekommen.

Louis Ferdinand war ein Sohn des jüngsten Bruders Friedrichs II., künstlerisch, insonderheit musikalisch begabt und von weltoffenem Sinn. Er hatte, zwanzig Jahre alt, als Regimentskommandeur an der Campagne in Frankreich teilgenommen und die Kanonade von Valmy erlebt. Er hatte begriffen, daß von den Ereignissen in Frankreich (um mit Goethe zu sprechen) eine neue Epoche der Weltgeschichte ausginge. Nach seiner Verwundung kam er, wieder geheilt, in das inzwischen eroberte Mainz, eben rechtzeitig, um das verlassene Haus Georg Forsters vor der Ausplünderung zu bewahren. Ein solches offenes Eintreten des Vetters des Königs von Preußen für den flüchtig gewordenen Parteigänger der Jakobiner wurde bei den Thronwächtern des Absolutismus nicht weniger unfreundlich vermerkt als Louis Ferdinands Hamburger Umgang mit Klopstock und seine Neigung, sich in Berlin „Libertinern“ wie Schleiermacher und Fichte, Gentz, Bernhardi und den Schlegel zu nähern. Brinkmann und Gualtieri, zwei Paladine Rahels also, sorgten für den Kontakt zwischen Prinz und Freigeistern.

Louis Ferdinand gehörte nicht zu den Stillen im Land. Er machte von sich reden durch seine Liebschaften, seine Trinkfreudigkeit, seine Verschuldung, seine Unzufriedenheit mit dem Schlendrian seines Vetters, des zweiten, seine Aufsässigkeit gegen die politische Impotenz seines Neffen, des dritten Friedrich Wilhelm. Jener hatte ihn geliebt, dieser, ein Pedant auf dem Thron, schulmeisterte und rüffelte den Ausbrecher aus der hohenzollerschen Zucht. Er ließ den gegen Feigheit Aufbegehrenden arretieren und vorübergehend nach Magdeburg überführen, statt — Madame de Staël hatte klug beobachtet — dem Hochbegabten eine Tätigkeit zuzuweisen, an der sich sein Tatendrang (und seine Langeweile) hätte Genüge tun können.

Es wäre abwegig, ihn etwa einen Vorläufer der Reformer um Stein zu nennen. Dazu war er zu flatterhaft, zu unbeständig, zu genußsüchtig. Er lehnte sich zwar gelegentlich als Frondeur auf, doch er hatte nichts von einem Revolutionär. Er war einer der extremsten Subjektivisten der jungen Romantik und unfähig, Gesinnungsgleiche oder doch Gesinnungsverwandte aus dem Adel, gar dem Bürgertum um sich zu versammeln. Er vergeudete Kraft, Gesundheit, Leben, was nicht besagen will, daß er, wäre der Anstoß von außen, von einem in sich weniger Widerspruchsvollen gekommen, zu fortschrittlich-konstruktiver Tat befähigt gewesen wäre. Der Reichsfreiherr vom Stein hätte ihn gewiß an seiner Seite gefunden. Es ist müßig, darüber zu spekulieren; es ist nicht überflüssig, es anzumerken, wenn man Louis Ferdinands eigenwilligen Weg und sein Ende, wenn man seinen Umgang mit der „kleinen Levy" (um ihretwillen, nicht um seinetwillen) verstehen will.

Bildungsreisen und Genußleben und musische Schwärmerei füllten die temperamentsprühende Kraftnatur des kommandolosen Generals nicht aus. Er hatte eine liberale Gesinnung und ausgesprochen bürgerliche Neigungen, er hatte einen echten Hang zu Bildung und Natur, er wußte, wie morsch und faul Staat und Heer seines glorreichen Onkels bereits geworden waren. Ihm war nicht wie Wilhelm von Humboldt „seit langem vor dem Ausgang bange"; er wußte, daß Preußen nur die Wahl zwischen Kampf und Untergang hatte und nur bestehen könnte nach einem Strukturwandel an Haupt und Gliedern, an den unter den gegebenen Umständen nicht zu denken war.

Was dem Prinzen fehlte, waren Selbstzucht, Entschiedenheit und Pflichtbewußtsein. Fortschrittlich gesinnt, war er doch eine der romantischen Naturen, die das subjektivistische Denken und Fühlen mißbrauchten, um damit ihren uneingeschränkten Lebensgenuß zu rechtfertigen. Zur Größe mangelte es Louis Ferdinand an Charaker, heroisch war er wohl nur im Blickwinkel einer empfindsamen Epoche. Wenn er auch nicht wie Kleist einen Freitod starb, sondern am Vorabend der Niederlage bei Jena und Auerstedt bei Saalfeld im Kampf gegen Napoleon blieb — er hatte aus dem schal gewordenen Genußleben und aus den für ihn unlösbaren Konflikten mit der preußischen Wirklichkeit diesen Ausgang gesucht.

Woltmann, der zeitgenössische Historiker und geschäftige Agent deutscher Kleinstaaten am Hofe des Königs von Preußen, vermerkte besorgt, Louis wäre „der lauteste Tonangeber" der damaligen „öffentlichen Stimme in Preußen" gewesen. „Zu ihm gesellten sich verschiedenartige Elemente der Gesellschaft in Berlin, die alle den Haß wider die französische Regierung zum Attraktionspunkt hatten", was dem Parteigänger Napoleons höchst zuwider sein mußte. Infolgedessen durfte in Woltmanns Charakteristik der von Varnhagen unwillig zurückgewiesene (dennoch zutreffende) Hinweis nicht fehlen, der Prinz wäre „der Liebe stets ergeben" gewesen, „die Wollust höher achtend als Reinheit der Sitten". Des ruhmsüchtigen Tatenlosen Liebeswirrwarr zwischen Pauline Wiesel und Henriette Fromm hat ihn oft beichtend und ratheischend in Rahels Stübchen zu seiner „moralischen Hebamme" getrieben, wie er die Freundin, ihr auch das gestehend, einmal gegenüber Gentz bezeichnet hat. Eines konnte Woltmann dem Prinzen nicht absprechen, „daß der eigentliche Held der öffentlichen Stimme, Prinz Louis Ferdinand, nicht von dem blinden Stolz und Vertrauen auf Preußens unüberwindliche Waffen, womit viele Offiziere in den Krieg gingen, besessen war".

Johannes von Müller, damals noch als Hofhistoriograph des Hauses Hohenzollern in Berlin lebend, hielt Louis für einen sehr labilen Charakter. Er sprach ihm „unendliche Hilfsmittel", Wissen und Geist zu, glaubte ihn in seinen Entschlüssen aber an die Zustimmung solcher Menschen gebunden, deren Urteil ihm wert wäre. Der Umgang des Prinzen mit Rahel bestätigte diese Beobachtung, und so ist es verständlich, wenn Müller aus seiner politisch-restaurativen Einstellung wünschte, Louis Ferdinand möchte nur stets von Leuten umgeben sein, die für den König und das Vaterland so dächten wie er, der hohenzollersche Hofhistoriograph.

Nur wenige der Briefe und Nachrichtenzettel, die zwischen Rahel und dem Prinzen gewechselt wurden, sind der Nachwelt überliefert worden. Rahel hat die meisten, „daß die Feinde sie nicht lesen", verbrannt, den Rest Fouqué zugedacht, der sich mit dem absonderlichen Leben des Prinzen beschäftigte, aber viel zu voreingenommen war, als daß er Louis Ferdinand und seiner zwielichtigen Stellung hätte gerecht werden können.

Das bedeutendste Stück dieses Briefwechsels ist Louis Ferdinands Brief vom 11. September 1806. Dieses Dokument gewährt in die charakterliche Verworrenheit und die Ausweglosigkeit des Briefschreibers einen bemerkenswerten Einblick.

Im Begriff, in den, wie er weiß, aussichtslosen Krieg zu ziehen, an zwei Frauen gebunden, deren eine ihm zwei Kinder geschenkt hat, beide liebend, unfähig, sich zu entscheiden, immer nur einem Trieb folgend, hat sich sein Geschick in einer für ihn unlösbaren Weise verwirrt. Konflikt um Konflikt, ausreichender Stoff für mehrere rührselige französische Tragödien darbietend, häufte er durch den Versuch, für die geliebten Menschen vorzusorgen, falls er die preußische Niederlage nicht überleben würde, wie er es nach Varnhagen seiner Beichtigerin Rahel „tausendmal" vorhergesagt hatte.

Dieses menschliche Dilemma gilt es gegenwärtig zu haben, wenn man im gleichen Brief von der seinem Tod vorausgreifenden, fast zur Legende gewordenen „heldischen Verschwörung" mit den beiden Generalen Blücher und Rüchel liest: „Ein Wort geben wir uns alle, ein feierliches, männliches Wort — und gewiß soll es gehalten werden —, *bestimmt* das Leben daranzusetzen und diesen Kampf, wo Ruhm und Ehre uns erwartet oder politische Freiheit und liberale Idee auf lange erstickt und vernichtet werden, wenn er unglücklich wäre, nicht zu überleben! Es soll gewiß so sein! Der Geist der Armee ist trefflich [es gibt andere Äußerungen des Briefschreibers, in denen er sich keine Illusionen über den Geist der Armee machte!] und würde es gewiß noch mehr sein, wenn mehr Bestimmtheit und erregende Kraft von oben wäre und ein fester Wille die schwachen und schwankenden Menschen bestimmte! Was ist dieses erbärmliche Leben — nichts, auch gar nichts! Alles Schöne und Gute verschwindet, erhaben ist das Schlechte, und die traurige Erfahrung reißt unbarmherzig alle schönen Hoffnungen von unseren Herzen. So muß es in diesem Zeitalter sein, denn so erstarben auch alle schönen menschenbeglückenden Ideen. Nur das Erbärmliche blieb, nur dieses siegt — warum also was beklagen, wenn im Kleinen geschieht, woran ein ganzes Zeitalter leidet!"

Dieser Prinzenbrief vom Vorabend des preußischen Zusammenbruches kann nicht als zeitüblicher Gefühlsüberschwang, als pathetische Heldenpose abgetan werden. Louis Ferdinand spürte, daß das Ende des friderizianischen Preußens gekommen war, wenn er auch die tieferen Gründe des als unabwendbar betrachteten Geschehens nur ahnte. Der König, sogar die ihm zugetane, des öfteren seine Partei ergreifende Königin hatten ihm die Abschiedsaudienz verweigert. So nahm Louis Ferdinand von Königin Luise in einem Brief Abschied, der mit den Worten schloß: „Ich werde mein Blut für den König und mein Vaterland vergießen, ohne jedoch einen Augenblick zu hoffen, es zu retten!“

„Ein Vielverworrener“ — so nannte ihn Rahel. Als er, todesbereit, im Spätsommer 1806 Berlin verließ, beliefen sich seine Schulden auf annähernd eine Million Taler.

Varnhagen, von dynastischen Rücksichten gewiß nicht beschwert, allenfalls um das Rahelbild besorgt, wie er es zu überliefern gedachte, bedurfte der vortrefflichen Federgewandtheit eines diplomatisch erfahrenen Chronisten, um über Louis Ferdinand, den er selbst nicht gekannt hat, nach Rahels Mitteilung auszusagen: „Über den Charakter des Prinzen Louis Ferdinand wird immer Lob und Tadel in dem Urteile gemischt bleiben, in wechselndem Verhältnisse, je nachdem der Urteilende seinen Standpunkt wählt. Aus rein menschlicher Ansicht [der einzigen, die Rahel anerkannte], von seiten des Herzens, des Strebens, des innerlichen Daseins wird man ihn stets rühmen und wahrhaft lieben müssen. Von diesen Seiten vorzugsweise zeigte er sich dem Sinne Rahels, die seine Mängel genug einsah und rügte, aber ihn mehr noch beklagte als verurteilte.“ — „Prinz Louis Ferdinand, der geniale, heldische Mensch“, lesen wir an anderer Stelle (in Varnhagens „Denkwürdigkeiten“), „den sein hoher Standpunkt leider mehr für seine Fehler als für seine großen und schönen Eigenschaften begünstigte, hatte hier [in Rahels Dachstübchen] seine reinsten Empfindungen, sein innigstes Streben und Denken, seine edelsten Erhebungen im Genuß einer geistesregen, gemütsvollen Freundschaft gehabt, einer Freundschaft, deren starkem Vertrauen ebenso sein politisches Sinnen wie seine verliebte Leidenschaft und jede Wendung des bedrängten Geistes und Herzens sich erschließen durfte, eines Anteils gewiß, wie sonst nur die mitergriffene Neigung ihn hervorzubringen pflegt.“

Rahel liebte Superlative, und sie lagen — Varnhagens Darlegungen unterstreichen es erneut — im Wesen einer Zeit, die „das Innere“, die Gefühle, das „Herz“, die „Liebe“ überschwenglich bis zu einer uns heute unerträglichen Schönrederei betonte. Für Louis Ferdinand aber erfand sie sogar gesteigerte Superlative.

Es bestand ein sonderbares Verhältnis zwischen der prinzlichen Hoheit und dem emanzipierten Judenmädchen. Rahel empfand es, trotz der fast täglichen Besuche, als „beinahe ganz unpersönlich“ (an Fouqué 1811). Komponierte er oder musizierte er, mußte sie bei ihm sitzen; spielte er Karten, brauchte er sie zu seinem Spielglücke neben sich. Was er auf dem Herzen hatte, sagte er ihr. Nur bei ihr, im Gespräch mit ihr, war er seiner sicher, beruhigte sich die wogende Lava, die in ihm kochte. Nur bei ihr, die er nicht sinnlich liebte, deren Freundschaft ihm indessen „viel süßer als alles übrige“ war, brauchte er sich nicht zu betäuben, zu betrinken, zu heucheln, konnte er sich geben, wie er sein wollte, wie er jenseits von Etikette und Konvention, jenseits von Gut und Böse war, mit einem Wort: konnte er „wahr“ sein. Die Maske des Fürsten durfte fallen. Nach Rahels Erfahrung verbarg sich dahinter ein Mensch. Gern hätte sie — so schrieb sie unter Hinweis auf die verbrannten Briefe an Fouqué — der Welt ein Beispiel gegeben, wie wahrhaft man mit einem königlichen Prinzen sein könnte.

Wir wissen nur von einer Art Sorgen, die Louis Ferdinand im Dachstübchen gebeichtet hat (und sie interessieren uns nicht um seinetwillen, sondern um Rahels willen): seine persönlichen Sorgen, seine Liebes- und seine Lebensverworrenheit. Und wir wissen nur von einer Art Wahrheiten, die dem „Libertin“ im vieldeutigen Sinne des Wortes in der Jägerstraße gesagt worden sind: persönliche, auf sein privates Leben bezügliche, keine politischen, keine gesellschaftlichen Wahrheiten. Zwischen ihm und Gentz oder Fichte ist in Rahels Salon gewiß auch von den öffentlichen Angelegenheiten die Rede gewesen (Woltmann und von Müller wußten um die Quelle der „öffentlichen Stimme“ Preußens), ob auch zwischen Louis und Rahel — wir wissen nicht mehr, als daß sie große Hoffnungen in den fürstlichen Freigeist gesetzt hat. Ein Urteil über den politischen Libertiner hat sie uns nicht überliefert. Aber wir finden Anhaltspunkte für die Art dieser Dachstubenwahrheiten in der Fülle unmittelbarer Auslassungen, die uns über die Beziehungen Rahels zu Pauline Wiesel vorliegen.

Die sehr freundschaftliche Verbindung zwischen Pauline Wiesel und Rahel Varnhagen hat seit der Jahrhundertwende bis zu Rahels Tod bestanden. Über die ersten Begegnungen der beiden Frauen wissen wir so gut wie nichts; der Prinz mag Pauline bei

Rahel eingeführt haben, wo dieser Typ lebens- und liebeshungriger, nach Gleichberechtigung mit dem Manne auf eigene Art ausgehender Frauen nicht selten war. Gentz' Berliner Geliebte Christel Eigensatz suchte hier Zuflucht, Rahels Basen Marianne und Sara Meyer waren in der Frühzeit des Salons häufige Gäste. Nach der Jahrhundertwende begegnete man Rebecca Friedländer, mit der Rahel einige Jahre hindurch eng befreundet war — sie machte sich zu ihrer Zeit unter dem Pseudonym Regina Frohberg als Verfasserin von Romanen einen Namen —, und deren beiden Schwestern Marianne und Julie Saaling. Varnhagen hat im „Freundeskreis" den adligen Freundinnen Rahels den Vorzug gegeben und besonders der liebreizenden Josephine von Pachta und der männlich-derben Gräfin Karoline Schlabrendorf gedacht. Er rühmte die Pachta als „ein reines, wahrhaftes, treues Naturkind . . ., das aus der vornehmen Welt Böhmens wie aus einer Urwelt" unter die Menschen trat, „mit regem Geist, mit feinem Sinn, mit feinstem Gemüt, die sich unter nichts Fremdes beugen wollten". Sie war ein entschiedener Freigeist auch in ihrem Liebesleben und kam im Spätsommer 1797 nach Berlin, um „an einem fremden Ort unter fremdem Namen zu leben" und die Folgen ihres Liebesverhältnisses mit ihrem späteren bürgerlichen Manne vor ihrem damaligen Ehegatten, einem böhmischen Grafen, zu verbergen. Der Versuch der schönen Frau, nach den philosophischen Grundsätzen der Romantik zu leben, hat, wie Varnagen bezeugt, einen unglücklichen Ausgang genommen.

Nicht weniger verworren war der Lebensgang der Gräfin Schlabrendorf, die sich zeitweilig sehr eng zu der alles verstehenden, als verzeihenden Rahel hingezogen fühlte. Sie entstammte der Familie des Feldmarschalls Grafen Kalckreuth, hatte indessen mit der feudalen Welt gebrochen und erinnert in ihrem konsequenten Verhalten an ihren in Paris ansässig gewordenen, fortschrittlich gesinnten Onkel, den Grafen Gustav Schlabrendorf. Sie war mit einem Parteigänger Bischoffwerders verheiratet gewesen und frühzeitig verwitwet. Der tiefe Einblick in die moralische Verworfenheit der herrschenden Schichten hatte sie zu einer Fanatikerin der Aufrichtigkeit gemacht. Aber keine dieser typischen Frauen der romantischen Epoche blieb Rahel so tief menschlich verbunden wie Pauline Wiesel.

Drei Eigenschaften werden übereinstimmend von Louis Ferdinands letzter Geliebten übermittelt: ihre ungewöhnliche Schönheit, ihr erst in späten Jahren behobener Mangel an Bildung, ihr ungehemmtes Triebleben. Der spröde Alexander von Humboldt, der nie, auch nicht für eine kurze Zeit, eine Frau an sich gebunden zu haben scheint, schmeichelte der in Paris in lockerstem Wandel dahinlebenden Pauline, er würde zwölf Stunden zu Fuß gehen, nur um sie zu sehen. Varnhagen fand es sogar Rahel gegenüber, die unter keinen Umständen zu verstimmen er stets bemüht war, lächerlich, Pauline neben seiner „Herzensralle“ zu denken.

Pauline Cesar war Berliner Kind, Tochter eines höheren Beamten im Dienste des Prinzen Heinrich, mit dem Kriegsrat Wiesel verheiratet, den sie wegen ihrer Leidenschaft für Louis Ferdinand verließ (auch er wußte sich übrigens zu trösten). Bald nach des Prinzen Tode ging sie, von übelster Nachrede verfolgt, ins Ausland. Varnhagen traf sie im Jahre 1814 in Paris, einem Russen nachgereist, kurz darauf mit Gentz liiert, in mancherlei andere Liebeshändel verstrickt, verschuldet und in Geldnot. Er brachte sie zu Rahel nach Frankfurt; sie lebte in Karlsruhe und später in Berlin zeitweilig bei den Varnhagens als Gast. Rahel wollte es so. Und wenn auch Varnhagen bei der Veröffentlichung des Nachlasses seiner Frau aus welchen Gründen immer den umfangreichen Briefwechsel zwischen ihr und Pauline, bis auf einige Auszüge, unveröffentlicht ließ, so finden sich doch Nachweise genug, um den Kern in beider Beziehungen zueinander bloßzulegen. Für die Weite der Toleranz in Rahels Wesen, für die gesellschaftliche Bedeutung ihres Salons in einer im Umbruch befindlichen Zeit ist das Verhältnis Rahels zu Pauline nicht minder aufschlußreich als das zu dem dem Königshaus entstammenden Libertiner Louis Ferdinand.

Rahel fühlte sich der ihr körperlich wie geistig völlig Ungleichartigen in einem Maße verwandt, daß sie wähnte, die Natur hätte ein Stück aus ihnen beiden machen wollen, zwei aber machen müssen. „Sie sah, was ich sah, verstand, was ich verstand, wir lachten, beobachteten, bewunderten und verachteten zusammen. Sie hatte Gefühl für das bekräftigende, verstandene Dasein in einem anderen. Und wenn sie gefühllos schien, war es nur, weil sie — wie ich selbst — unter ihrem allzu tiefen Mitgefühl litt. Sie und ich konnten erschüttert werden wie kein anderer. Sie war eine erobernde, kriegerische, leichtsinnige oder besser leicht lebende Natur; tiefer, wahrer, klarer fand ich keine."

Rahel scheint, wenn wir Varnhagen Glauben schenken dürfen, dieses Urteil in ihren letzten Lebenswochen geändert zu haben. Zumindest wird man Varnhagen in seinen kritischen Bemerkungen über Paulines höchst leichtfertiges Naturell bei näherem Zusehen beistimmen müssen. Doch das ist ohne Belang für die Frage, worauf Rahels lebenslange, fast huldigende Verbundenheit zu Pauline Wiesel beruht hat.

Rahel hat darüber sehr viel nachgedacht. „Groß verfuhr die Natur mit uns beiden ... Wir sind geschaffen, die Wahrheit[1] in dieser Welt zu leben." Ellen Key hat bemerkt, Pauline hätte nach Rahels Meinung, von der Naturseite her gesehen, ein vollmenschlicheres Dasein geführt als Rahel selbst, und sie hat in diesem Zusammenhang gefolgert: „Ganz gewiß ist Rahel in einem Grade einheitlich, wie man es selten findet: Genie, Gemüt, Instinkte wirken zusammen und stärken sich gegenseitig, anstatt wie bei den meisten im Kampfe miteinander zu stehen. Aber Rahel selbst hat allzuoft ihre Unzufriedenheit mit der Disharmonie zwischen ihrem Willen und ihrem Mut zum Handeln betont, als daß man sie in dieser Beziehung nicht ernst nehmen müßte, und man darf nicht das an ihr preisen, was sie selbst eine Schwäche nannte: daß sie das nicht wagte, was sie ihrer innersten und von ihrem Gewissen gebilligten Natur nach wollte. Sie weiß, daß oft das ‚bessere Bewußtsein' das verlangt, was die Gesellschaft ‚Sünde' nennt, und daß es eine größere Sünde sein kann, sich die Glücksmöglichkeiten des Lebens entgehen zu lassen oder seine Lebensirrtümer geduldig weiterzuschleppen."

Ellen Key ist der Meinung (und wir stimmen ihr darin zu), daß nicht asketische oder christliche Überzeugung Rahel gehemmt hätten zu tun, was ihr beliebte. „Aber die väterliche Tyrannei, die körperliche Schwäche, die Überzeugung, der Anmut zu entbehren", hätten dazu beigetragen, ihren Lebensmut

[1] Rahels Begriff der Wahrheit ist mitunter schwer faßbar, der Inhalt wechselt je nach dem Sinnzusammenhang. „Die ewige Wahrheit" verdeutlicht sie in einem Brief an Pauline als „das richtige Leben und Fühlen, das sich unabgebrochen auf einfache tiefe Menschenanlagen, auf die für uns zu fassende Natur zurückführen läßt". Geschaffen, in dieser Welt „die Wahrheit" zu leben, bedeutet, in Übereinstimmung mit der „Natur", im schlichten Sinne natürlich zu leben.

zu knicken, zumal ihr die wachsende Intoleranz gegen Juden das Leben erschwerte. Rahel selbst betonte wohl, zwischen Pauline und ihr bestünde der eine Unterschied, daß Pauline, weil sie Mut und Glück gehabt, alles gelebt, sie selbst, weil mutlos und glücklos, das meiste nur gedacht, geträumt hätte. Der wesentliche Unterschied lag gewiß darin, daß Pauline ein einfältiges und (in ihrer Jugend) ungebildetes Naturkind war, das einfach das Leben genoß, Rahel indessen eine sehr grüblerische Selbstdenkerin, nach ihres Altersfreundes Oelsner keineswegs nur huldigenden Beobachtung vergleichbar einem „philosophischen Naturalisten, dessen heller Instinkt unendlich weiter reiche als alle Schul- und Weltweisheit der Männer".

LIEBESLÜGE UND LIEBESWAHRHEIT

Rahel hat die Frauen bewundert, die sich, ganz Natur, ganz Trieb, dem Leben hemmungslos hingaben. Sie hat sie bisweilen beneidet, wie die vielliebende und von vielen geliebte leichtfertige Pauline oder die mutige Gräfin Pachta, „der größte weibliche Charakter", den gekannt zu haben sie sich erinnerte, wie Dorothea Veit oder Auguste Brede oder Marianne Meyer, deren schöne Anmut Goethe Anno 1795 in Karlsbad „gleich einen kleinen Roman aus dem Stegreife" anknüpfen ließ (der höchst nötig war, um den Geheimen Rat im Interesse seines körperlichen Wohlseins um fünf Uhr morgens aus dem Bett zu locken). In den Lebenswirrnissen, die solcherlei typisch romantische Liebesbeziehungen im Gefolge hatten, hat Rahel immer auf der Seite der Frauen gestanden, die von ihrem Recht auf Individualität, auf Gleichberechtigung, auf Lebensgenuß Gebrauch gemacht haben.

Das gleiche zu tun vermochte sie nicht. Wie kam es, daß sie mehr Trennungen erlebte, als irgendeine ihrer Freundinnen, daß sie auch in ihren Liebesbeziehungen „die Zeit an ihrem Fortschreiten" erkannte, „Mit Riesenschritten und Riesenarmen reißt sie das Neue hervor und tritt hinter sich alles zu Grabe" (an Varnhagen, September 1808).

Uns Menschen der zweiten Hälfte des 20. Jahrhunderts interessiert nicht mehr das Intime in Rahels Leben, sondern die Gebundenheit einer der fortschrittlichsten Frauen jener Zeit an den gesellschaftlichen Entwicklungsprozeß, einer Frau, die Bürgerin und Jüdin war und für sich und ihre Schwestern die Grundrechte des Menschen verwirklicht sehen wollte. Aber weil das Zeitalter der Frühromantik der Individualität und ihren Besonderheiten den Weg zu bahnen suchte, liegt im Persönlichen zumal einer Frau wie Rahel zugleich ein Allgemeines. So bedarf auch dieses einer Betrachtung.

Als sich Rahel entschlossen hatte, Varnhagen anzugehören, übereignete sie ihm ihren Briefwechsel mit dem spanischen Diplomaten d'Urquijo. Sie bemühte sich, aus diesem Anlaß dem Freunde begreiflich zu machen, warum sie einer Beziehung hatte ein Ende bereiten müssen, die ihre „größte Türpitüde", ihre größte Schändlichkeit, gewesen wäre. „Ich log. Die schönste Lüge, die einer wahren, großen Leidenschaft. Ich log, um mir das Leben zu fristen. Ich log, ich sprach die Forderungen meines Herzens, die Gebühren meiner Person nicht aus, um das mörderische Nein nicht in Worten zu hören; ich ließ mich ersticken, ich wollte mich nicht durchbohren lassen — elende Feigheit; ich wollte, Unglückselige!, das Leben des Herzens schützen. Ich stellte mich vor, ich stellte mich hinter, ich bog und bog und bog. Als ich endlich, niedrig behandelt, mein eigen Herz auf das Schild legte . . ., war es wirklich aus. Meine Seele wußte es vorher. Es ging aber um den Wert, um die Möglichkeit meines Seins überhaupt . . . Lange hätte ich gern *diese* Lüge grade, worauf sich die Besten unseres Zeitalters etwas einbilden und welche zum Teil die ganze neue europäische Liebe konstituiert, recht auseinandergelegt, bezeichnet, in all ihren Verzuckungen und Retiraden dargestellt, zerlegt, damit sie nie wieder lebe; aber so gewiß und wahrhaft sie mein Geist erfaßt hat, so hat er doch nicht die Kräfte, sie fichtisch zu zerlegen oder goethisch vorüberschreiten zu lassen, wie ein zitierter Geist, der sich stellen muß."

Was war die Liebeslüge, was die Ehelüge, und wie sollte nach Rahels Sehnen und Wünschen die „neue europäische" Liebe sein?

Sie hat einmal die Schandflecke Europas, das den Verkauf farbiger Menschen aus Afrika über See nicht nur duldet, sondern durch seine Sendlinge selbst betreibt, so bezeichnet: „Negerhandel, Krieg, Ehe — und sie wundern sich und flicken", statt einzureißen, was faul ist, und neu aufzubauen. Die Ehe? „Weg mit der Mauer! Weg mit ihrem Schutt. Der Erde gleich sei dieses Unwesen gemacht, und alles wird auf ihr erblühen, was leben soll. Eine Vegetation!"

Sie wollte Wahrheit in den Beziehungen zwischen den Menschen statt der Scheu, des Scheines, der Heuchelei. Wir erinnern uns des Sittenbildes aus der höfischen Gesellschaft, dem städtischen Adel, dem Bürgertum, die in die Dunst- und Gunstsphäre der Majestät drängten, wie es der alte Schadow Varnhagen in die Feder diktiert hatte, und wir rufen uns in das Gedächtnis zurück, wie Henriette de Lemos und Dorothea Mendelssohn verheiratet wurden, wie — um Beispiele außerhalb des Berliner Umkreises zu nennen — Charlotte von Stein und Charlotte von Kalb in einer Eheknechtschaft litten, in die sie als unwissende Mädchen gegeben, um nicht zu sagen verkauft worden waren. Es gab eine unterschiedliche Moral für die Geschlechter. Die Frau hatte „rein“ und „treu“ zu sein, während der Mann sich „ausleben“ durfte. Es galt als Merkmal wohlansehnlicher und beneidenswerter Lebensfülle, wenn ein „Herr“ von Stand Gattinnen zur linken Hand, Mätressen, Geliebte unterhielt, wie es als ein Merkmal von Verworfenheit gerügt wurde, wenn ein Mädchen, gleich welchen Standes, „sich vergaß“. Der Mann wählte die Mutter seiner Kinder, die Lebensgefährtin, die Mitträgerin der Lebenslast; die Frau wurde gewählt.

„Daß in Europa Männer und Weiber zwei verschiedene Nationen sind, ist hart. Die einen sittlich, die anderen nicht — das geht nimmermehr!“ lautet eine der empörten Bekundungen Rahels. Wie bitter klang es, wenn sie schrieb: „Ich sehe jetzt auch ein, die Menschen sind so verworfen, daß sie ihre Déclaration d'amour [ihre Liebeserklärung] mit einem Priester und vor dem Kammergericht machen müssen. Sie kennen einander!“ Die romantische Frivolität war nur eine Begleiterscheinung des Ausbruchs, den das Weib aus der Knechtschaft durch Eltern und Mann vollzog. Hören wir abermals Rahel: „Ist intimes Zusammenleben ohne Zauber und Entzücken nicht unanständiger als Ekstase irgendeiner Art ...? Ist ein Zustand, wo die Wahrheit, die Grazie, die Unschuld nicht möglich sind, nicht dadurch allein verwerflich?“

Liebe und Ehe sollten, in Rahels Sinne, „fichtisch zerlegt“, in der subjektiven Freiheit des Individuums begründet sein und die Gleichheit von Weib und Mann zur unabdingbaren Voraussetzung haben; das Zueinandergleiten Liebender sollte sich, „goethisch vorüberschreitend“, in beherrschter Gelassenheit und natürlicher Hingabe vollziehen, mit Sinnen, Gefühlen, Gedanken ineinander aufgehend. „Einwilligung, durch Einsicht und Herzensübung, in das Gegebene, Vorgefundene“ forderte Rahel und — die Ichbezogenheit des Denkens bei aller Hingabe an das Du, die sie wie kaum ein anderer übte, die Wechselseitigkeit also des Gebens und des Nehmens aus freiem Entschluß, die persönliche Eigenständigkeit betonend auch und gerade in der Bindung —: „Freiheit, Freiheit!, besonders in einem geschlossenen Zustand wie die Ehe!“

Für Rahel waren Liebe und Freundschaft kein flüchtiges, empfindungsbetontes Erlebnis junger schwärmerischer Menschen, sie waren oder sollten doch menschliche Begegnungen zweier Individualitäten sein, die einander in Erkennen und Entfalten der jeweiligen Sonderheit förderten. Die Frau zumal sollte sich in der Hingabe nicht aufgeben, sondern sich vom Mann erkannt und bestätigt finden. Freundschaft und Liebe, als die Freundschaft zwischen den Geschlechtern, setzen wechselseitiges Verstehen, also den nach modernen Erkenntnissen waghalsigen Versuch voraus, gleichsam aus der eigenen Haut in die des anderen zu steigen, Gefühls- und Erlebniswelt des andern sich selbst zu erschließen und zur eigenen zu machen, einer dem anderen selbstlos zu helfen, Anlagen und Fähigkeiten zur vollen schöpferischen Harmonie zu entwickeln. Leidenschaft, nur Leidenschaft, wenngleich die reinste Flamme, das Herz verbrennend, von dem sie entzündet, war „Lüge“, sofern sich den Sinnen nicht der Geist in eben nicht nur fleischlicher Hingabe verbündete.

Rahel wollte nicht erobern und nicht erobert werden, sondern in freiem Zusammenklang mit einem anderen unabhängigen Wesen sich verbunden wissen. Dieser Bund, ob der Freundschaft oder der Liebe, sollte zu einer menschlichen Begegnung reifen, in der alle sinnlichen Bindungen zugleich sittliche sein sollten und nicht triebhaft, sondern aus freiem Entschluß und im Bewußtsein eigener Verantwortung vollzogen wurden.

Für die emanzipierte Frau, für die um gesellschaftliche Gleichberechtigung ihres Geschlechtes kämpfende Frau ist es unvorstellbar, weil unwürdig und unmenschlich, nur als Geschlechtswesen „geliebt“ zu werden. Sie will als Individualität erkannt sein und sich frei in der Gebundenheit wissen, wie sie ihrerseits dem Gedanken die Freiheit läßt. „Diese Frauen besitzen die höchste geistige Kultur ihrer Zeit . . ., aber das hindert sie nicht, . . . in einer Leidenschaft aufzugehen, einer ursprünglichen, naturstarken, flammenden und verzehrenden Leidenschaft. In welcher Zeit, in welchem Lande eine Frau mit dieser ganzen und großen Liebe gelebt hat, da hat die Liebe für sie selbst die Einheit der Seele und der Sinne bedeutet und zugleich die Forderung — oder wenigstens die Hoffnung —, so geliebt zu werden, wie sie selbst liebte: mit einer Liebe, die die ganze Persönlichkeit des Mannes, seine menschliche geradeso wie seine männliche Wesensart umfaßte" (Ellen Key).

Geschichte und Dichtung wußten und wissen um solche Liebesmacht, die Romantik war bereits im Begriff, jene Liebesbünde zu idealisieren, die ihren ersten Schwung befeuerten. In der Lebenswirklichkeit blieben sie seltene Ausnahmen. Rahel war ein solches Erlebnis nicht vergönnt.

Im Frühjahr 1796, also fünfundzwanzig Jahre alt, lernte Rahel den Grafen Karl von Finckenstein kennen. Der blauäugig-weißblonde, in seiner Erscheinung und Lebensart äußerst anziehende Jüngling saß in einer Nachbarloge, während eine Oper von Righini gespielt wurde. Der Musikdirektor Anselm Weber, in wechselseitiger Verehrung Rahel zugetan, vermittelte die Bekanntschaft mit dem vielseitig gebildeten und natursinnigen Goethefreund und Musikschwärmer.

Rahel verfiel dem Schein. Sie wußte noch nichts vom Widerspruch zwischen hochgezüchtetem Sich-Geben und kraftlos verweichlichtem Sein. Ein wohlgesinnter Vertrauter warnte sie vergeblich, Finckenstein besäße nichts als sklavische Dürftigkeit, eine, wie sich zeigen sollte, treffende Kennzeichnung des innerlich gehalt- und haltlosen Junkers.

Es mag verwegen erscheinen, daß Rahel, noch immer preußische Schutzjüdin von Gnaden des zweiten Friedrichs, einen Junker begehrte, zu dessen Sippe neben einem verstorbenen Feldmarschall jener noch lebende Minister Friedrichs, dem der König als innigem Vertrauten vor der Schlacht bei Leuthen sein Testament gegeben, und jener Regierungspräsident gehörten, den der gleiche König wegen seiner Haltung im Arnoldschen Prozeß amtsentsetzt hatte.

Wenn auch der preußische Adel historisch längst zum Abtreten verurteilt war — Hardenberg meinte, er habe „seit fast über hundert Jahren politisch so gut wie nichts mehr zu bedeuten gehabt" —, so war er doch, von wenigen Ausnahmen abgesehen, keineswegs bereit, an seinen überkommenen Vorrechten und seiner gesellschaftlichen Stellung etwas ändern zu lassen. Wie die Marwitz' gehörten auch die Finckensteins später zu den feudalen Familien, die den Stein-Hardenbergschen Reformen härtesten Widerstand entgegensetzten (worauf in anderem Zusammenhang näher einzugehen sein wird). Daß Rahel gerade mit Mitgliedern dieser beiden Familien zeitweilig eng verbunden war, macht die schroffen Widersprüche der Zeit besonders deutlich, wie denn der aus gegebenen gesellschaftlichen Tatsachen letztlich unvermeidbare Bruch zwischen Rahel und Finckenstein beziehungsweise Marwitz sie besonders hart und schmerzlich treffen mußte.

Rahel hat nicht, wie etwa die Schwestern Meyer, ihre Basen, nach „Rangerhöhung" gestrebt. Sie sah in Finckenstein nicht einen Edelmann, sondern die Realisierung eines romantischen Wunschtraumes, ein menschliches „Idealbild", wenn man so will. Sie glaubte ernstlich, Finckenstein würde sich ihr verbinden, weil auch er jeden Menschen als seiner gleich menschenwürdig ansehen und in ihr nicht die Frau, die Jüdin, sondern den Menschen gleichen Rechtes und gleicher Würde schätzen und lieben würde. Leidenschaft trübte ihren Blick für einen Mann, der zwar wohlerzogen und vielseitig gebildet, aber ohne geistige Mächtigkeit, zudem schwächlich und ohne Willenskraft gewesen ist, in einem Wort — einer Rahel nicht wert.

Den Geliebten an sich zu binden, fehlte Rahel, um mit ihren Worten zu sprechen, der „Mut". Sieht man schärfer hin, war es bürgerliche Selbstachtung, die es ihr unmöglich machte, sich triebhaft-sieghaft hinzugeben wie Pauline Wiesel oder berechnend aufzusteigen wie Marianne Meyer.

Sobald beider Beziehungen zueinander nach Klarheit dränten, machten sich die gesellschaftlichen Gegensätze und Widersprüche geltend, in denen beide lebten. Das kam darin zum Ausdruck, daß Finckenstein sich einer Entscheidung zu entziehen suchte. Er machte geltend, daß seine Familie, insbesondere seine Schwestern, eine Verbindung mit Rahel nicht wünschten, und schob die Entscheidung Rahel zu. Je näher man hinsieht, um so fragwürdiger erscheint Finckensteins Argumentation; sie dürfte nur ein Vorwand gewesen sein.

Kennzeichnend ist, wie wenig Finckensteins Schwestern sich selbst noch an jene morsch gewordene Sonderstellung des Adels gebunden fühlten, die sie dem Bruder als Argument gegen seine Verbindung mit Rahel ständig ins Gedächtnis riefen. Denn Karoline Finckenstein ging eine heimliche Ehe mit dem Baumeister Hans Genelli ein, der wiederum zu Rahels Freundeskreis gehörte, und Karl Finckensteins älteste Schwester Henriette war die erklärte Freundin des Dichters Tieck.

Finckensteins Briefe wurden selbstquälerischer, seine Einsicht in die Überlegenheit der eineinhalb Jahre älteren Rahel drükkender. Sie hinwiederum glaubte jahrelang seinen Beteuerungen, ohne die Schmach zu empfinden, die ihr letztlich angetan wurde, wenn er sich und sie wegen des Konfliktes zwischen der Liebe zu ihr und der zu den Schwestern beschwerte. Es gab Entfremdungen und Versöhnungen, bis Rahel, als er nach Wien gegangen war, das Verlöbnis löste.

Finckenstein, der übrigens bereits im Jahre 1811 starb, wurde Diplomat; er war nacheinander als preußischer Gesandter in Wien und in Dresden tätig. Hinter Wohlerzogenheit und Wohlansehnlichkeit verbargen sich Farblosigkeit, Leere und Kühle, Henriette Herz meinte, nachdem sie ihn in Wien wiedergesehen hatte, er habe keine Leidenschaft und „nicht mehr Charakter, als dazu gehört, eine schöne Uniform zu unterstützen". „Sein Herz", heißt es in dem an Rahel gerichteten Brief, „kommt mir grade vor wie eine Uhr für Kinder. Sie hat das Zifferblatt, aber sie geht nicht."

Von ganz anderer Art war der überaus glutvolle und bildnishaft-schöne Baske Don Raphael d'Urquijo, spanischer Legationssekretär in Berlin, den sein Gesandter in Rahels Salon eingeführt hatte, als sie im Frühjahr 1802 von einer langen Reise zurückgekehrt war. Rahel hatte, von ihrem Liebeserleben tieferschüttert, eine Einladung Karoline von Schlabrendorfs angenommen und war mit ihr im Sommer 1800 nach Paris gereist, wo sie im Hause der Humboldts vertraute Freunde wie Burgsdorff und Brinkmann wiedergesehen und neue gefunden hatte, darunter einen, über den in diesem Zusammenhang berichtet werden muß.

David Veit hatte einem jungen hanseatischen Kaufmann aus seinem Hamburger Kreis, den dreiundzwanzigjährigen Georg Wilhelm Bokelmann, von Franzosen wegen seines überaus ansprechenden Äußeren Le beau Kelmann genannt, empfohlen, Rahel während ihres Pariser Aufenthaltes aufzusuchen. Rahel war von ihrem Liebesleid mit Finckenstein so tief verwundet, daß sie die Reise nur als „letzten Pulsschlag eines frischen Herzens" angetreten hatte; sie glaubte nicht, je wieder geliebt werden zu können noch, daß sie selbst je wieder lieben könnte. Eine maßlose bittere Traurigkeit hatte sie befallen.

Bokelmann entbrannte jäh in jünglingshaft-schwärmerischer Verehrung für Rahel. Er war von einer Innigkeit und Ergebenheit für die Dreißigjährige, daß sich das Wunder Varnhagen vielleicht schon an ihm, dem Sanft-Klugen und höchst Bildsamen, vollzogen hätte, wäre es in Rahel nicht „dunkel und kein Sturm“ gewesen. Dankbar, doch ohne eigene Regung nahm sie die Huldigung des Jünglings hin, der zwei Monate in ihrer Nähe weilte, bevor er nach Spanien reiste. Im folgenden Jahr besuchte er sie in Berlin. Sie wollte „das Liebliche nicht besitzen, nur blühen sehen“. Einige Briefe wurden noch gewechselt. Dann verschwand Bokelmann aus Rahels Gesichtskreis; er ist, wie Varnhagen im Jahre 1837 bei einem Zusammentreffen in Altona erfuhr, über Rahels Tod hinaus einer ihrer verständnisvollsten Verehrer geblieben.

Rahel hatte die nach Amsterdam verheiratete Schwester Rose besucht und aus Holland ihre seit dieser Heirat dort lebende Mutter mit sich nach Berlin genommen. Wieder wie so oft in jenen Jahren erkrankt, drängte sie Veit in Hamburg, nach Bokelmann zu fahnden, sie müßte wissen, wo er ist und ob er kommt. „Ich bin ohne Freund und beinahe ohne Herzen.“ Bald darauf und sehr schnell muß sie d'Urquijo mit einer Leidenschaft verfallen sein, wie sie für ihr Naturell ungewöhnlich und ihrem Leben ohne Wiederholung gewesen ist. Es war „ihre größte Türpitüde“, wie wir bereits erfuhren.

D'Urquijo war von unbeherrschter Glut und, was schlimmer war, von maßlos wilder Eifersucht. Rahel entsagte dem Umgang mit vertrauten Freunden, zog sich aus der Stadt und jedweder Geselligkeit zurück, um durch ihr Verhalten zu beweisen, wovon sie den Geliebten durch Versicherungen und Beschwörungen nicht zu überzeugen vermochte. Da sie sich in einer dritten, der französischen Sprache verständigen mußten, mag manche Voraussetzung für ein Verstehen zwischen ihnen gefehlt haben, die Menschen gleicher Sprache und gleichen Volkes das Zueinanderkommen erleichtert. Dennoch geschah von Rahels Seite Übermenschliches, um sich zu erklären und zu offenbaren — ohne Erfolg. D'Urquijo quälte und marterte die Geliebte durch Vorhaltungen und Nachstellungen in einer unwürdigen, unmenschlichen Art. Rahel mußte nach anderthalbjähriger Seelenqual erkennen, daß sie dieser Leidenschaft für den Spanier entsagen mußte, „um den Wert und die Möglichkeit ihres Seins“ zu bewahren. „Da packt' ich mordgewaffnet mein eigen Herz mit meiner Hand und ging: wie aus dem Leben.“

Die Briefe dieser Leidenschaft sind im Jahre 1813 verlorengegangen. Varnhagen, der sie kannte, berichtet: „In welchen Gluten diese Leidenschaft niederbrannte, welche Qualen aus ihr emporstiegen und welche Trümmer davon übrigblieben, diese tragische Geschichte wurde mir sowohl mündlich in ihren noch unverschlossenen Zügen mitgeteilt, als auch später durch die schriftlichen Denkmäler vergegenwärtigt, welche davon erhalten waren. Diese Briefe und Tagebuchblätter, welche mir aus einziger Gunst des Vertrauens zum Lesen gegeben wurden, enthielten eine Lebensfülle, an welche das, was von Goethe und Rousseau in dieser Art bekannt ist, nur selten hinanreicht. So mögen die Briefe der Frau von Houdetot gewesen sein, deren Rousseau selbst als unvergleichbar mit allen anderen erwähnt, ein solches Feuer der Wirklichkeit mag auch in ihnen gebrannt haben.“ Rahels Gewinn aus diesen quälenden Begegnungen war die Erkenntnis „neuer, europäischer Liebe“, erlitten durch ihre eigne „schönste Lüge“, die Leidenschaft für einen Unwürdigen.

Denn daß d'Urquijo ein Unwürdiger gewesen ist, nicht würdig der menschlichen Größe, der Liebesfähigkeit Rahels, nahm endlich sie selbst staunend wahr. Als sie sich im Briefwechsel mit Varnhagen Himmel und Hölle dieser Liebe vergegenwärtigte, vergeblich bemüht, das, was ihr Geist vom Wesen der Liebe erfaßt, vor dem Freunde „fichtisch zu zerlegen oder goethisch vorüberschreiten zu lassen“, war ihr bewußt geworden: Hätte der Herr dieser Erde ein Exempel solcher Liebe gewollt, in allen ihren Wendungen und Möglichkeiten, in ihrer höchsten Kraft, Echtheit und Reinheit, gepaart mit dem höchsten Bewußtsein über sich selbst und also „in größthöchster“ Möglichkeit ihrer Martern“ — es wäre mit diesem Beispiel genug gewesen. Sie vermochte sich kein anderes auszusinnen, in dem Liebe himmlischer gegeben und höllischer erlitten würde als in dem von ihr gelebten. „Dies ist alles d'Urquijo begegnet — wie sonderbar. Er weiß von nichts“ (1808). Er war „so unschuldig wie das Beil, das einem großen Mann den Kopf abhaut“.

Er wußte von nichts. Er begriff nicht einmal, daß er aus dem Leben dieser Frau für immer zu verschwinden hatte. Im Herbst 1813 in Prag — sie war mit von der Marwitz unterwegs — begegnete ihr „ein Bettler im größten Kot und Gedränge". Es war d'Urquijo, der in preußische Dienste übergewechselt war und sich im Gefolge des Staatskanzlers in der Etappe betätigte, „feigherziger Schurke, zusammengeflickter Lumpensoldat!", wie Rahel wütete.

Gentz, der ihn ebenfalls traf, wunderte sich „tot", wie der ihr eine Leidenschaft hätte einflößen können. Rahel antwortete dem überraschten Freund, sie hätte damals alle Fehler d'Urquijos so gesehen, wie sie sie jetzt sähe. Er kam Tag für Tag zu ihr, brachte kleine Geschenke, aber — „wie immer" — sah sie nicht an. Als er durch eine Geldsendung seines Bruders die Möglichkeit erhielt, nach Berlin zu gehen und ein bedeutungsloses Mädchen, eine Geliebte, zu heiraten, freute sie sich mit ihm. „Ich lernte diesen Abend", schrieb sie Varnhagen, „daß man eine Rachetat und Rachsucht nicht moralisch ansehen muß. Ich *will* mich rächen und *kann* nicht..."

Auch Rahels zweite große Liebe, ihre fast unbegreifliche Bindung an einen Unwürdigen, endete mit einer höchst schmerzhaften Enttäuschung. Ohne daß sie ihre Anschauung vom Wesen der Beziehungen zwischen den Geschlechtern geändert hätte, klangen ihre persönlichen Sehnsüchte nach einer „neuen, europäischen Liebe" ab. Als ihr Varnhagen und von der Marwitz nähertraten, war sie bereits von den Stürmen der Zeit erfaßt und gezaust worden. Das Ende des nachfriderizianischen Preußen bedeutete, mehr noch als in Rahels Entwicklung selbst, einen tiefen Einschnitt in ihrer Wirkung auf die Menschen ihrer Umwelt. Vom politischen und gesellschaftlichen Geschehen gingen so nachhaltige Stöße auch auf Rahels Lebenskreis aus, daß die Illusion einer harmonischen Selbstentfaltung der Persönlichkeit allmählich von der für Rahel zunächst herben Einsicht in die gesellschaftliche Gebundenheit des Individuums verdrängt wurde. Dem romantischen Höhenschwung der jungen Rahel folgten Jahre des Verzichts und der Entsagung, bevor sie, einsichtig geworden, sich in der harten Begegnung mit der Wirklichkeit vollends bewährte und sich, ihren Freunden, ihrer Umwelt nach Heines treffendem Zeugnis zur „freudigen, empfindlichen Lebensverbreiterin" wurde.

ZWISCHENSPIEL
IN DER GROSSEN WELT

UNTER DER NAPOLEONISCHEN
HERRSCHAFT

BLICK IN DIE ZEIT

Ohne daß Rahel, in persönlichstes Erleben verstrickt, sonderlich davon Kenntnis nahm, löste sich das Heilige Römische Reich Deutscher Nation zu Beginn des neuen Jahrhunderts auf. Kurz darauf folgte, Rahel weit unmittelbarer berührend, der Zusamenbruch des morschen nachfriderizanischen Preußen. Dieser Gang der politischen Entwicklung machte Epoche auch in Rahels Leben.

Napoleon hatte kurz vor der Jahrhundertwende einen Staatsstreich verübt und in Frankreich eine Militärdiktatur errichtet. Aus den Interventionskriegen der feudalen europäischen Mächte gegen das revolutionäre Frankreich wurde in wachsendem Maße ein Raub- und Eroberungszug napoleonischen Machtstrebens gegen die Völker Europas. Da sich Rußland und Preußen aus unterschiedlichen Gründen nur zeitweilig an der hauptsächlich von England geschürten antifranzösischen Koalition beteiligten, hatte das kaiserliche Österreich die Hauptlast des Landkampfes zu tragen. Weder seine Militärorganisation noch seine gesellschaftliche Struktur waren dem Elan der modernen französischen Bürgerarmeen und ihrer angriffsfreudigen fähigen Führung gewachsen. Österreich, und das heißt der Kaiser des Heiligen Römischen Reiches Deutscher Nation, wurde wiederholt schwer geschlagen. Napoleon machte sich zum Herrn weiter Teile des Reiches.

Säkularisierung geistlicher und Mediatisierung bis dahin reichsunmittelbarer Gebiete ließen weit über hundert selbständige staatliche Gebilde verschwinden; sie wurden, mehr oder minder als werbende Köder gedacht, den größeren und mittleren deutschen Staaten, zumal solchen zugeschanzt, die durch die französische Annektion des linken Rheinufers territoriale Verluste erlitten hatten. Noch härter und entschiedener zeigte sich Napoleons Druck im Juli 1806, als sich sechzehn deutsche

Staaten in einem dem Korsen hörigen Rheinbund zusammenschlossen (fünf weitere folgten später); Franz II. sah sich veranlaßt, die Kaiserkrone niederzulegen und das völkerrechtliche Ende des Heiligen Römischen Reiches Deutscher Nation einzugestehen.

Das napoleonische Frankreich hatte seinen Einfluß vom Rhein bis an die Elbe vorgeschoben und Österreich vorerst ausgeschaltet. Zwischen den ehrgeizigen Herrschaftsplänen Napoleons und seinem stärksten europäischen Widersacher, dem Zaren von Rußland, lag nur mehr Preußen, dessen wankelmütige Politik zu den Niederlagen der zweiten und dritten Koalition beigetragen hatte. Preußen mußte um so schneller geschlagen und um so tiefer gedemütigt werden, als es seit Friedrichs II. Kriegen zu einer Österreich ebenbürtigen Macht im deutschen Reichsverband geworden und, von England abgesehen, der einzige potentielle Verbündete des Kaisers von Rußland war. Noch ehe die vierte, gegen Napoleon gerichtete europäische Koalition, zu der sich England, Rußland, Preußen und Schweden zusammengefunden hatten, militärisch zur Entfaltung kommen konnte, waren im Oktober 1806 die preußischen Truppen innerhalb von sechs Tagen zusammengeschlagen und Berlin, die Hauptstadt, von napoleonischen Verbänden besetzt. Die vernichtende und schmähliche Niederlage war nicht nur eine Folge der taktischen und kämpferischen Überlegenheit der sieggewohnten französischen Nationalarmeen über die schwer beweglichen Kader der friderizianischen Söldnertruppen. Die Niederlage war vielmehr auf die Fäulnis eines Staates zurückzuführen, in dem die gesellschaftliche Ordnung noch immer auf feudalistischen Prinzipien beruhte und wo weder der Staatsbürger noch gar der ländliche Gutsuntertan der von der Französischen Revolution für den europäischen Kontinent verkündeten Menschen- und Bürgerrechte teilhaftig geworden war.

In der preußischen Verwaltung gab es bereits vor 1806 Männer, die eine Reform der Staatsverfassung an Haupt und Gliedern verlangten. Die älteste Denkschrift des damaligen Staatsministers Reichsfreiherrn vom Stein zur Reform der Spitze der Staatsverwaltung trägt das Datum vom 27. April 1806, und auch Scharnhorst hatte seine beschwörende Stimme zur Reform der überalterten Heeresverfassung bereits vor der militärischen

Katastrophe erhoben. Daher fanden sich in Heer und Verwaltung, aus Bürgertum und Adel nun sogleich Reformer zusammen, um Preußen von Grund auf neu aufzubauen. Selbst Prinz Louis Ferdinand, um eine Persönlichkeit aus Rahels Lebenskreis zu nennen, hatte den rückständigen Charakter der preußischen Heeresverfassung erkannt und sich an die Spitze einer kleinen Gruppe von Beamten und Offizieren gestellt, die eine verstärkte Aktivierung der preußischen Politik und ein rechtzeitiges Eingreifen gegen die napoleonische Expansion gefordert hatten.

Die Reformer waren sich im allgemeinen darin einig, daß die Vorrechte des Adels in Staat und Heer weitgehend abgeschafft und daß die Untertanen des Königs freie Staatsbürger werden müßten. Notwendig war ferner, die Agrarverfassung zu ändern und den Städten die Selbstverwaltung zu geben. Die französischen Rechts- und Gesellschaftszustände, wie sie sich im Zuge der bürgerlichen Revolution herausgebildet hatten, und die bereits ältere liberale Staatsverfassung Englands boten Vorbilder für die Entwürfe neuer Rechtsverhältnisse, wie sie in den verschiedenen Kreisen entstanden. Wie der energische, rasch zupackende und dennoch behutsame Stein zur Seele der Reformbestrebungen in Staat und Gesellschaft wurde, sammelten sich um Scharnhorst Männer wie Gneisenau und Boyen, Grolman und Clausewitz, um dem neuen Staat ein neues Heer als schlagkräftiges Instrument für die Befreiung vom französischen Joch zur Seite zu stellen. Es ist von entscheidender Bedeutung, daß diese unmittelbar nach dem preußischen Zusammenbruch beginnende patriotische Reformbewegung in ihren Grundzügen einen nationalen und demokratischen Charakter trug und keineswegs allein auf die Wiederherstellung des preußischen Staates, sondern auf ein geeintes Deutschland gerichtet war.

Napoleons Gewaltherrschaft in Deutschland hat nicht zuletzt bewirkt, daß diese Bestrebungen in breiten Kreisen des preußischen Bürgertums und auch des Adels begeistert aufgenommen worden sind. Preußen war auf weniger als die Hälfte seines Besitzstandes reduziert worden; es lag zwischen zwei napoleonischen Staatsgründungen, dem Königreich Westfalen und dem Großherzogtum Warschau, eingepreßt. Die linksrheinischen Gebiete Deutschlands hatte Napoleon seinem Kaiserreich eingegliedert, zwischen Rhein und Elbe herrschten neben neugeschaffenen im Rheinbund zusammengefaßte Fürstentümer von Napoleons Gnaden. Das am tiefsten gedemütigte Preußen wurde zum Sammelbecken aller patriotischen Kräfte, denen an einer Erneuerung Deutschlands gelegen war. So überraschend eine solche Feststellung zunächst klingen mag: Deutschlands Hoffnungen beruhten auf Preußen. Die Ziele der Reformer waren jedoch durchaus unterschiedlich. Neben den demokratisch oder liberal Gesinnten gab es viele konservative Elemente, die allenfalls zu zeitweiligen Zugeständnissen bereit waren.

Napoleons Gewaltherrschaft in Deutschland wirkte sich nicht nur in der Stärkung des jäh erwachten vaterländischen Bewußtseins aus; sie traf den einzelnen sehr nachhaltig und drükkend in wirtschaftlicher Hinsicht. Die ökonomischen Lasten wiederum, die der Sieger den Besiegten auferlegte, förderten die allgemeine Aufgeschlossenheit für die Reformen, die auf politischem und gesellschaftlichem Gebiete vorbereitet und in rascher Folge verkündet wurden.

Die Belastung durch den Eroberer war vielfältig und hart. Sie bestand in den Kosten der Einquartierung, in der Aufbringung von Kontributionen, in Napoleons wirtschaftlichen Kampfmaßnahmen gegen England, die nicht minder schwer auf des Inselreiches kontinental-europäische Handelspartner drückten. Die im November 1806 von Berlin aus verkündete Kontinentalsperre sollte dem englischen Überseehandel und der fortgeschrittenen englischen Industrie die Festlandsmärkte entziehen; sie traf aber auch den preußischen Handel und die auf Exporte angewiesene ostdeutsche Landwirtschaft. Zwar drängten die Versorgungsnöte zur beschleunigten Industrialisierung der Wirtschaft. Zunächst aber machten sich Not und Elend in Stadt und Land um so mehr geltend, als Einquartierungen und andere Kriegslasten von nie erlebtem Ausmaß die politisch rechtlose Bevölkerung weit härter trafen als den durch Vorrechte besonders auch steuerlicher Art noch immer geschützten Adel. Der kleine Mann in Stadt und Land hatte zusätzlich zur Ausbeutung durch das feudalistisch-kameralistische System auch noch die Ausbeutung durch den fremden Eroberer zu tragen. Das Wort „Reformen“, mit dem in jedem Falle eine Besserung seiner Lebensverhältnisse verbunden war, übte auf den ländlichen Erbuntertanen eine ähnliche geradezu magische Anziehungskraft aus wie auf den Stadtbürger.

Der Druck der Fremdherrschaft hat sogar weite Teile des Adels eine Veränderung der gesellschaftlichen Verhältnisse hinnehmen lassen, die den feudalen Vorrechten in Verwaltung und Heer, im Steuerwesen und auf dem Gebiete des Rechtes ein Ende bereiten sollte. Sobald aber dieser Druck von außen weggefallen und Napoleon aus Deutschland vertrieben war, fand sich der Feudaladel an der Spitze aller reaktionären Kräfte zum Gegenstoß gegen den „Beginn der bürgerlichen Revolution in Preußen" zusammen, wie Friedrich Engels die zunächst von Stein und nach dessen Entlassung im November 1808 von Hardenberg geleiteten Reformen von Staat und Heerwesen bezeichnet hat.

Bei der Umwandlung des rückständigen Feudallandes in einen bürgerlichen Rechtsstaat haben die revolutionären Errungenschaften in Frankreich in vieler Hinsicht als Vorbild gedient. Manche Maßnahme war, wie die Agrarreform, auf Teilgebieten bereits in die Wege geleitet, manche andere durch verantwortungsbewußte Beamte, die sich nun Stein zur Verfügung stellten, vorbedacht und im stillen geplant worden, und Stein selbst ging keineswegs unvorbereitet an seine große Aufgabe heran. Hauptmerkmale des von den Reformern geleiteten, vom gesamten Volk getragenen Umwandlungsprozesses waren die Aufhebung der auf der Erbuntertänigkeit beruhenden feudalen Gutsherrschaft auf dem Lande und die Schaffung einer liberalen Selbstverwaltung und freien Wirtschaftsentfaltung in der Stadt. Parallel zur Staats- und Gesellschaftsreform wurde die Heeresreform durchgeführt, die die Truppenführung und Kampforganisation modernisierte, die feudalen Vorrechte weitgehend aufhob und auf ein Volksheer mit allgemeiner Wehrpflicht hinzielte. Nach Worten aus dem Oktoberedikt 1807 ging es darum, „ebensowohl den unerläßlichen Forderungen der Gerechtigkeit als den Grundsätzen einer wohlgeordneten Staatswirtschaft gemäß alles zu entfernen, was den einzelnen bisher hinderte, den Wohlstand zu erlangen, den er nach dem Maß seiner Kräfte zu erreichen fähig war". Es tat und es tut der patriotisch-fortschrittlichen Grundtendenzen dieser Reformen keinen Abbruch, wenn zugleich ihre finanzwirtschaftliche Notwendigkeit offen eingestanden wurde. Der durch die Niederlage und ihre militärisch-politischen Folgen vervielfachte Druck eines überlebten gesellschaftlichen Systems machte den Wandel unerläßlich. Daß er nicht konsequent zu Ende geführt und die Junkerherrschaft nicht völlig beseitigt wurde, ist das Ergebnis einer Entwicklung, die wir in einem späteren Zusammenhang zu streifen haben werden. Rahels Lebenskreis blieb nach wie vor städtisch, so daß der Reform des städtischen Lebens in unserer Betrachtung etwas eingehender gedacht werden muß.

Die Aufhebung der Gutsuntertänigkeit machte der vererblichen persönlichen Abhängigkeit des an den Boden gebundenen Bauern vom Grundherrn formal ein Ende. Aber bei weitem nicht alle betroffenen Bauern gelangten nun in den freien Besitz eines von jeglichen Frondiensten freien Bauernhofs. Da die Lasten abgelöst werden mußten und der freie Grund des Bauernhofes die untere Rentabilitätsgrenze vielfach unterschritt, führte die Aufhebung der Grundherrschaft weithin auch zur Entstehung eines ländlichen Proletariats, das sich entweder als Landarbeiter verdingte oder aber in die Stadt abwanderte, wo die schnell fortschreitende Industrialisierung des Gewerbes den Bedarf an Arbeitskräften rapide ansteigen ließ. Es hatte keine Revolution stattgefunden, die den Feudalismus entmachtete; die Reform hatte auch auf den noch immer mächtigsten und begütertsten Stand in der Gesellschaft Rücksicht nehmen müssen und trug daher die Keime des Widerstandes und einer feudalen Restauration in sich. Die liberalen Wirtschaftsgrundsätze, wie sie Adam Smith und sein Königsberger Schüler Jakob Christian Kraus lehrten, hatten zugleich die Freiheit ländlichen Besitzes und Besitzwechsels propagiert. In ihrem Gefolge wurde viel Bauernland eingezogen, aufgekauft, in Gutsland verwandelt, so daß nicht zuletzt der Adel ökonomischen Vorteil aus den Maßnahmen zur Aufhebung der Gutsuntertänigkeit gezogen hat. Stein hatte diese Gefahr vorausgesehen und, ohne einer solchen Einsicht gesetzgeberisch Rechnung tragen zu können, vermerkt: „Nur eine gesetzliche Einschränkung der freien Disposition über das Eigentum wird bleiben müssen, diejenige nämlich, welche dem Eigennutz des Reichen und Gebildeten Grenzen setzt und das Einziehen des Bauernlandes zum Vorwerksland verhindert." Daß dieses nicht geschah, hat die später als Landflucht bezeichnete Abwanderung von Arbeitskräften vom Land in die Stadt gefördert.

Stärker als auf dem Lande wirkten sich die Kräfte der anti-feudal-bürgerlichen Bewegung in den Städten aus. Vorbild der Reform war die französische Gemeindeordnung vom Dezember 1789, die eine weitgehende Selbstverwaltung der städtischen Gemeinwesen durch die Bürgerschaft unter Aufhebung überkommener Bindungen und Bevormundungen vorsah. Hier war der Wandlungsprozeß seiner Natur nach radikaler, da mit so starken Widersachern, wie es der Feudaladel auf dem Lande war, in der Stadt nicht gerechnet zu werden brauchte. Überdies waren die bürgerlicher Kraftentfaltung entgegenstehenden Zunftordnungen und Gewerbebeschränkungen bereits weitgehend unterhöhlt worden.

Die Städteordnung vom 19. November 1808 hob alle mittelbaren Rechte von Städtegründern oder Mediatherren auf und räumte lediglich dem Staat ein höchstes Aufsichtsrecht über Aufgaben allgemeinen Charakters ein, wie es das Schulwesen, die Versorgung der Armen und die Fürsorge für die Gesundheit waren. Die Leitung der städtischen Angelegenheiten lag nunmehr in den Händen von Magistraten, die aus der Stadtverordnetenversammlung hervorgingen; diese wiederum wurden unmittelbar von den Bürgern gewählt. Wenn auch das Wahlrecht an das übrigens leicht zu erwerbende Bürgerrecht geknüpft und die Wählbarkeit in ein städtisches Amt mit dem Nachweis eines bestimmten Einkommens verbunden war, so bewirkte diese Reform der städtischen Verfassung doch, wie es der Reichsfreiherr vom Stein gewünscht hatte, eine „Belebung des Gemeingeistes und des Bürgersinnes". Diese Feststellung bleibt bestehen, obwohl selbst in Berlin an den ersten Kommunalwahlen im April 1809 nur elftausend Einwohner teilnahmen.

Der Regelung der Selbstverwaltung in den Städten folgten Maßnahmen, die ganz im Sinne der ökonomischen Entwicklung die Gewerbefreiheit zum Ziele hatten. Auch hierbei wurde das Finanzbedürfnis des Staates nicht übersehen. So wurde im Edikt über die Gewerbesteuer vom 2. November 1810 die gewerbliche Steuerpflicht verallgemeinert, das heißt der bisher steuerfreie Adlige gleichfalls zur Gewerbesteuer herangezogen, wenn er auf seinem Gut oder mitunter auch in der Stadt neben seinem landwirtschaftlichen Unternehmen ein Gewerbe betrieb. Vor allem aber wurde durch ein Edikt vom 7. September 1811 der Zunftzwang beseitigt und die Ausübung eines Handwerks oder Gewerbes jedermann zuerkannt, der einen entsprechenden

Gewerbeschein erwarb. Die wohltätigen Wirkungen der Brechung der politischen wie der wirtschaftlichen Herrschaft der Zünfte machten sich alsbald in einem lebhaften Aufschwung von Handwerk und industriellem Gewerbe bemerkbar.

Mit dem Geist des freien Wettbewerbs, der nun nicht mehr durch überalterte Schranken eingedämmt war, begann das kapitalistische Prinzip in der gewerblich-industriellen Entwicklung seinen Siegeszug. Hierbei waren die Reformer teilweise sogar den Erwartungen der Stadtbürger vorausgeeilt; so mancher Bürger sah sich wehrlos einem Sturm der Konkurrenz ausgesetzt, sobald er nun endlich von den als Last empfundenen Zunftbanden befreit war.

Die allgemeine Gewerbefreiheit war — das muß im Hinblick auf Rahel erwähnt werden — für die „Schutzjuden" Friedrichs II. von besonderer Bedeutung. Sie ermöglichte ihnen eine ungehinderte Tätigkeit nicht nur in den Städten, sondern auch auf dem Lande. Viele Gutshöfe waren, durch Mißwirtschaft oder infolge des Krieges verfallen, jüdischen Geldgebern verpfändet oder übereignet worden; auf ihnen begann man nun mit der industriellen Verarbeitung der Bodenschätze in Brauereien und Brennereien, auch Ziegeleien und Nutzungsbetrieben von Wald und Moor; alsbald folgte die Gewinnung von Rübenzucker. Die Industrialisierung griff auf das Land über.

Als eine der letzten Maßnahmen der bürgerlichen Reformen, die Hardenberg nach der Entlassung Steins Ende 1808 freilich zögernd und gelegentlich schon mit restaurativen Tendenzen fortführte, ist das Edikt über die bürgerlichen Verhältnisse der Juden vom 11. März 1812 anzusehen. Eine uneingeschränkte Gleichberechtigung der in Preußen lebenden Juden mit der christlichen Bevölkerung, wie man eigentlich hätte annehmen sollen, brachte auch dieses Edikt nicht. Die Schutzjuden, etwa dreißigtausend an der Zahl, erhielten zwar die Gleichstellung in Wirtschaft und vor Gericht, nicht aber uneingeschränkt im staatlichen Dienst; wer nicht Schutzjude war, dem blieb auch diese bürgerliche Gleichberechtigung weiterhin versagt.

Wir haben bereits angedeutet, daß alle diese reformatorischen Schritte zu bürgerlich-liberalen Verhältnissen nicht Folgen einer Revolution, sondern reformatorischer Tendenzen gewesen sind, von denen eine breite Gruppe fortschrittlich gesinnter Patrioten getragen wurde. Gegner der Reformen waren besonders in adligen Kreisen zu finden, die ihre Privilegien gefährdet sahen. Aber auch mancher Städter, ob Handwerker oder Gewerbetreibender, stand, befangen in den alten Zunftvorstellungen, zunächst zumindest verständnislos einer Entwicklung gegenüber, die, vom fiskalischen Interesse des Staates abgesehen, einem besseren Fortkommen des tätigen Menschen und der Verwandlung des Untertanen in einen Staatsbürger dienen sollte.

Im wesentlichen haben sich die städtischen Bürger von den Vorteilen der Selbstverwaltung wie der Gewerbefreiheit alsbald überzeugen lassen. Sie begannen, die Reformen als einen Schritt nach vorwärts zu betrachten, und ließen sich auch für öffentliche Dienste und patriotische Opfer gewinnen, wie sie unter dem Druck der Fremdherrschaft und des Wiederaufbaus von Staat und Heer von ihnen verlangt werden mußten. Wirklich opferwillige Mitträger der bürgerlich-patriotischen Bewegung waren in ihrer überwiegenden Mehrheit die Gebildeten; sie wurden von fortschrittlichen Männern wie Fichte, Schleiermacher, Arndt und von patriotischen Dichtern wie Körner, Schenkendorf, Eichendorff u. a. um so mehr begeistert, je wohltätiger sie den Wandel von der feudalen zur bürgerlichen Zeit empfanden und je lauter die Rufe der Reformer nach einem liberalen Gesamtdeutschland wurden.

Auf dem Lande vollzog sich der Wandlungsprozeß wesentlich langsamer und unter Bedingungen, die den Keim zum reaktionären Umschwung in sich trugen. Das aus einer Untertänigkeit „befreite" Landvolk verproletarisierte vielfach. Stein hatte daran gedacht, auch die äußerlichen Gemeinden mit einer Art von Selbstverwaltung auszustatten, wie sie ihm von den Erbentagen seiner westfälischen Heimat vertraut gewesen sind. Es blieb dem von Napoleon geächteten und von seinem König entlassenen Staatsmann versagt, eine so weit wirkende ländliche Reform im ostelbischen Preußen durchzuführen, und Restauration und Reaktion dachten nicht im entferntesten daran, die gesellschaftlich-politischen Rechte der Landbevölkerung denen der Städter anzupassen.

Die Macht auf dem Lande und damit im monarchisch-obrigkeitlichen Staat behielt trotz aller Verfallserscheinungen der Feudaladel. Die Junker unternahmen alles, um sich die wirtschaftlichen Vorteile der Aufhebung der Gutsuntertänigkeit zunutze zu machen und die vom Gesetz ohnehin nicht begünstigte Bildung eines kräftigen Bauernstandes nach Möglichkeit zu verhindern. Die gutsherrliche Erbgerichtsbarkeit sowie polizeiliche und Patronatsrechte des Gutsherrn blieben erhalten, so daß auf dem Lande eine Gleichheit vor dem Gesetz auch weiterhin nicht bestand. Am Einfluß seiner unmittelbaren Umgebung auf den schwankenden und schwachen König änderte sich wenig, in der Hofkamarilla herrschte nach wie vor das Junkerelement vor. Auch in der höheren Beamtenschaft gab es einflußreiche Gruppen, die zwar mit einer Liberalisierung des städtischen Lebens schon wegen des enormen Finanzbedarfes des Staates einverstanden waren, sich indessen jedweder Reform widersetzten, die den traditionellen Status Preußens, den des Feudalstaates mit selbstherrlicher monarchischer Spitze, hätte grundlegend verändern können. Selbst Hardenberg, der sich zunächst vom patriotischen Schwung der Reformzeit hatte tragen lassen, geriet mehr und mehr unter den Einfluß der Restaurationspartei. Nach dem Befreiungskrieg wurde diese vollends zum politischen Instrument jener feudalreaktionären Gruppe der Junker, „die in der Illusion lebte, das internationale Kräfteverhältnis zwischen Feudalismus und Kapitalismus könne noch einmal zugunsten des Feudalismus verändert werden“ (Streisand). Am schärfsten widersetzten sich die Ritterschaften der Mark Brandenburg und Schlesiens den Stein-Hardenbergschen Reformen. Hardenberg blieb nichts anderes übrig, als zwei der schärfsten Wortführer der märkischen Feudalopposition vorübergehend zu maßregeln. Einer der beiden war Ludwig von der Marwitz auf Friedersdorf, der Bruder Alexanders von der Marwitz, dem Rahel in jenen Jahren nahestand wie nur wenigen Menschen in ihrem Leben überhaupt.

Wie Rahel diese Zeit erlebte und wie sie sich ihr stellte, wird in den folgenden Abschnitten im einzelnen zu untersuchen und darzustellen sein. Sie begegnete ihr als eine Frau, die sich innerhalb der Berliner Geselligkeit auf den Flügeln der jungen Romantik bereits einen der ersten Plätze geschaffen hatte. Als Frau und Jüdin war es ihr auch weiterhin versagt, am öffentlichen Geschehen einen tätigen Anteil zu nehmen. Die besondere Form ihrer Mitwirkung am Fortgang der Zeit hatte sie sich, an Beispielen orientiert, in ihrem Salon geschaffen, in einem intellektuellen Zentrum, das, wie wir sahen, abseits vom gesellschaftlich-politischen Geschehen der Zeit stand, auch wenn es manchem Handelnden jener Epoche eine geistige und gesellige Zuflucht geboten hat. Rahel selbst frönte geradezu dem Ideal der Persönlichkeitsbildung in seiner klassischen wie in seiner romantischen Abart. Gewiß hatte sie Hirn und Herz und Haus den Gedanken und Empfindungen und den Menschen ihrer Zeit weit geöffnet; die gesellschaftlichen Gegebenheiten aber verhinderten ein Wirken über ihren Kreis hinaus.

Nun bahnte sich eine neue Wirklichkeit an. Preußens Katastrophe und Deutschlands Zerfall, die politischen Reformen und die Forderung nach der Befreiung vom napoleonischen Joch mit dem Ziel eines geeigneten demokratischen Gesamtdeutschlands stellten zumindest jeden Gebildeten im Lande vor eine unausweichliche Entscheidung. Zwar war noch nirgendwo davon die Rede, daß die Frau die gleichen Rechte wie der Mann haben sollte. Aber dem Bürger war aufgetragen worden, seine kommunalen Angelegenheiten unter der Aufsicht des Staates selbst in die Hände zu nehmen. Hemmende Schranken freier wirtschaftlicher Betätigung waren beseitigt, die Schutzjuden ihren christlichen Mitbürgern in ökonomisch entscheidenden Grundrechten gleichgestellt worden.

Die Welt des schönen Scheins war vorüber. Die schöngeistigen Salons hatten sich geleert. Die Offiziere waren zur Truppe, die Junker auf ihre Güter geeilt. Wer immer den Zorn Napoleons fürchten mußte oder zur Hofgesellschaft wie zur höheren Beamtenschaft gehörte, verließ mit dem Königspaar Berlin, um den Rest des Landes vom äußersten Osten her zu verwalten. Rahels Salon hörte auf zu bestehen, die Mitglieder ihres Kreises wurden weithin verstreut. Als die Gelehrten, Beamten, Künstler, Landedelleute sich wieder in der preußischen Hauptstadt zu sammeln begannen, zeigte sich, daß sich das Thema derart geselliger Begegnungen unter dem Wandel der politischen Verhältnisse grundlegend geändert hatte.. Nicht mehr Entfaltung des Individuums, nicht mehr Selbstbildung und Lebensgenuß beschäftigten die regen Geister; allenthalben bildeten sich Gruppen von Patrioten adliger oder bürgerlicher Herkunft, die sich mit der Reorganisation von Staat und Heer, der Gewährung von Grundrechten an die Bevölkerung, der Vorbereitung des Volksaufstandes gegen die Fremdherrschaft, dem

Bau eines gesamtdeutschen demokratischen Staatsgebildes beschäftigten. An die Stelle der jedermann offenen jüdischen Salons traten Vereinigungen, die wegen ihrer vorzüglich patriotischen Ziele nur einem bestimmten Kreis von Männern zugänglich waren, sofern sie nicht überhaupt geheimbündlerischen Charakter trugen. Der Salon verschwand nicht schlechthin, aber er wanderte aus den schlichten Bürgerhäusern in die Paläste von Standespersonen, so zur Fürstin Radziwill, der Schwester des Prinzen Louis Ferdinand, und zur Gräfin Voß, wo sich auch jene Romantiker mit Vorliebe einzufinden pflegten, die zu ideologischen Repräsentanten der Restauration wurden, wie etwa Adam Müller, auch Clemens Brentano und Achim von Arnim.

Abgesehen davon, daß Rahel im ökonomischen Umbruch der Zeit, wie noch darzustellen sein wird, verarmte, war ihr der Zugang zu diesen Vereinigungen von Rang und Stand als Bürgerin und Jüdin weithin versagt. Adam Müller, die Sprecher der „Christlich-Teutschen Tischgesellschaft" und wer sonst unter den Romantikern in Berlin die Stimme erhob, selbst die von Heinrich von Kleist geleiteten „Berliner Abendblätter" machten wohl den Kampf gegen den Usurpator Napoleon zu ihrem Anliegen; in allen Fragen des Fortschrittes hingegen vertraten sie Ansichten, die Rahel empörten und sie, wie wir noch erfahren werden, von manchem ihrer einstigen Gesinnungsfreunde für immer trennten. Adam Müller träumte von einer „ständischen" Neuordnung, die letztlich eine Neubegründung feudaler Herrschaftsverhältnisse zum Ziele hatte, andere verwahrten sich gegen die Emanzipation des Bürgers, der Frau, des Juden.

Charakteristisch für diese schnell wieder Oberhand gewinnende Gesellschaftsschicht sind die Satzungen der im Jahre 1811 von Achim von Arnim gegründeten „Christlich-Teutschen Tischgesellschaft", die die Mitgliedschaft von Franzosen (wofür man Verständnis aufbringen wird), aber auch von „Philistern" und Juden ausschlossen. Noch ehe also dem jüdischen Bankier die Staatsbürgerrechte gewährt worden waren, wurde selbst in aufgeklärten Kreisen des Adels das Vorurteil gegen den Juden laut, der wie der Bürger christlichen Glaubens der Vorteile der Hardenbergschen Gewerbefreiheit teilhaftig wurde und in den Machtkampf zwischen Feudalismus und Bourgeoisie eintrat. So klagte denn schon Scharnhorsts Mitarbeiter Boyen, daß das

Edikt über die bürgerlichen Verhältnisse der Juden vom 11. März 1812 „der Gegenstand eines augenblicklichen Lärms" gewesen sei, „den ebenso christliches Vorurteil als christlicher Handelsneid erzeugte".

In einem anderen Sinne problematisch war Rahels Verhältnis zu den bürgerlichen Gesellschaften; sie hatten überwiegend den Charakter von Männerbünden, wenn auch in einzelnen Fällen die Schönheit der Hausfrau nicht minder anzog als die Aussicht auf ein patriotisches Gespräch. Rahel hatte keinen unmittelbaren Kontakt mit den um Chasot versammelten Männern in der Charlottenburger „schießenden und lesenden Gesellschaft" oder zu den Kreisen, die sich im Hause des Verlegers Reimer, des Buchhändlers Johann Daniel Sander, in der „Liedertafel" bei Karl Friedrich Zelter oder auf dem Turnplatz Jahns und seiner Getreuen in der Hasenheide trafen. Jahns deutschtümelnde Auslassungen entbehrten jener allgemeinmenschlichen Weite, ohne die sich Rahel ein Fortschreiten der Menschheit nicht vorzustellen vermochte. Das bedeutet indessen keineswegs, wie schon hier angemerkt werden darf, daß in ihrem Hause nicht Männer ein und aus gegangen wären, deren Namen in der preußisch-deutschen Erneuerungsbewegung überall dort einen guten Klang hatten, wo es nicht nur um die Befreiung vom napoleonischen Joch, sondern darüber hinaus um eine zu politischer Freiheit und menschlicher Würde fortschreitende gesellschaftliche Entwicklung ging.

Von einem Salon freilich, wie ihn Rahel im nachfriderizianischen Preußen geführt hatte, konnte in den Jahren, die dem preußischen Zusammenbruch folgten, nicht mehr die Rede sein. Auch Rahel wandelte sich in den Jahren des politisch-gesellschaftlichen Umbruches, sie reifte in der Auseinandersetzung mit der Zeit und in der Begegnung mit Frauen und Männern, deren Namen mit dieser Epoche unlöslich verbunden sind.

„NIEDERE PREKÄRE LAGE“ IN BERLIN

(1807 bis 1813)

Rahels Mahnung an den resignierenden Alexander von der Marwitz, er könne der Zeit nicht entfliehen, da jeder Mensch in seine Zeit gebannt sei, war Ausdruck ihrer bewußten Begegnung mit der Lebenswirklichkeit. Sie suchte auch in der Auseinandersetzung mit den Mächten ihrer Zeit das „Wahre“ zu erkennen und ehrlich zu tun, was sie als „wahr“ erkannt hatte.

Es mag dahingestellt bleiben, ob Rahel einen Sieg der preußischen Waffen erhofft hatte; als Vertraute Louis Ferdinands wußte sie um den Zustand der nachfriderizianischen Armee. „Paraden und anderes“, vermerkte sie, wären „ein schweißtreibendes Geschäft“ gewesen; „als der Krieg kam, kam er wie in eine Kinderstube hinein, wo man ein Puppenarsenal sieht“. Sollte sie auf eine Niederlage gefaßt gewesen sein, so gewiß nicht auf die schmählichen Umstände, unter denen sie sich vollzog. Bittere und harte Urteile sind uns von ihr überliefert. Der Gedanke an den unwürdigen Frieden von Tilsit erschreckte sie „wie ein schweres Unglück“, wenn sie ihn „für einen Augenblick vergessen“ hatte.

Es konnte der bürgerlichen Frau und zumal der Jüdin nicht leichtfallen, das Land zu lieben, in dem sie lebte. Sie beneidete die Römerinnen, die wegen ihrer Vaterlandsliebe berühmt gewesen waren. „Was ist es leicht und natürlich, sein Vaterland zu lieben, wenn es einen nur ein bißchen wiederliebt“, rief sie aus, als im Dezember 1808 die napoleonischen Truppen abgezogen waren und die ersten preußischen Verbände, aus Bürgerspenden winterlich gekleidet, in Berlin einrückten. „Ich will gar nicht mehr unglücklich sein und viel Armut still ertragen, wenn ich nur daran denke, daß unsere Soldaten keine Prügel mehr bekommen.“

In diesem Wunsche wie in der Hoffnung, sie möchte ihr Vaterland wenigstens nach ihrem Tode glücklich wissen, regte sich Humanität, nicht Deutschtümelei; aber auch jener echte Patriotismus, der in diesen Monaten und Jahren, von Männern wie Stein und Arndt genährt, allenthalben aufzukeimen begann, mußte ihr fremd bleiben. Sie wußte um die sklavischen Züge im Antlitz des preußischen Staates, mußte sie als Jüdin noch demütigender empfinden, als sie ein Winckelmann und Lessing empfunden hatten. Erst während ihres Prager Aufenthaltes, im kritischen Rückblick und im Vergleich, ist ihr bewußt geworden, daß „die brandenburgische Physiognomie ... keineswegs Inhumanität" ausdrücke.

Wieviel sie auch und gerade in den Jahren der Stille und Einsamkeit an Berlin auszusetzen hatte, wie groß ihre Vorbehalte gegen Preußen gewesen sein mögen — sie liebte das Land, dem sie entstammte, bisweilen mit einer Art Haßliebe. Sie liebte es nicht aus Gründen des Gefühls, sondern aus solchen vernünftiger Einsicht. „Schützt und hegt mich mein Staat, so muß ich auch tun, was er für gut findet." Also haderte sie nicht mit diesem Staat, als Preußens Niederlage sie auch in ihren Lebensverhältnissen beschwerte. Zufrieden ist sie mit den staatlichen Zuständen damals wie später ebensowenig gewesen wie mit den gesellschaftlichen Verhältnissen ihrer Zeit.

Rahel war Individualistin, sie dachte liberal. Solange es keine Staatsverfassung gäbe, der Mensch im staatlichen Verband also Untertan und nicht Bürger wäre, könnte man „sich nur für einzelnes und sich selbst interessieren", so argumentierte sie noch nach der Schlacht bei Leipzig, zu einer Zeit also, als die deutschen Fürsten und zumal der König von Preußen ihren Völkern bereits feierlich versprochen hatten, ihnen einen Anteil an der Regierung ihrer Länder einzuräumen. Rahel ist auch in den Stürmen vaterländischer Begeisterung hinsichtlich der staatsbürgerlichen Errungenschaften eines siegreich durchgestandenen Befreiungskrieges skeptisch geblieben.

Sie verachtete und haßte den Krieg. Er war in ihren Augen inhuman und des seiner selbst bewußten Menschen unwürdig. „Krieg ist für keinen gebildeten Menschen. Die nicht wissen, daß der Körper die Person ist, können ihn sich zerschießen lassen", meinte sie empört, mit bitterem Hohn. Für den bewußten, den „gebildeten" Menschen gestand sie (in einem Brief aus dem Juli 1809, der an den in Wagram seiner Feuertaufe entgegensehenden Varnhagen gerichtet ist) nur zwei Ausnahmen zu: „In dem Augenblick, wo man angegriffen wird, muß man sich wehren, und wenn Zorn und Rache fortreißt!“ Diese Äußerung Rahels zeigt, daß sie den Verteidigungskrieg grundsätzlich bejahte, wenn sie sich auch dabei stark von gefühlsmäßigen Momenten leiten ließ.

Rahel hat sich viel mit dem Wesen des napoleonischen Krieges beschäftigt und seine aggressiv-unmenschliche Natur erkannt. „Der Krieg ist nichts anderes als ein mißverstandenes und verkehrtes Streben im Menschen nach einer Universalmonarchie“, notierte sie im Februar 1810.

Der Mensch, so argumentierte sie, ruhe gemäß seiner „wahrhaft menschlichen Natur“ nicht eher, „bis er alles seiner Vernunft und Einsicht ... unterworfen hat. Mit dem Kopfe denkt man; dem fügen sich alle Glieder des gesamten Körpers, dienstbar mit ihren Kräften. Unsere Einsicht soll von einem jeden Menschen können angenommen werden oder widerstritten werden, daß wir seine annehmen müssen. Der Allerverständigste muß notwendig alle übrigen überzeugen können, und der Vorteil aller muß auf eine bestmögliche Art zu vereinigen sein“; sie pflegte die Staatsverfassung „als eine Regel zum Wohlsein aller in einem gegebenen Fall“ zu definieren, ihr also weit umfassendere Aufgaben als nur die der Regelung des politischen Mitwirkungsrechtes der Landesbevölkerung zuzuweisen. Alle Menschen zusammen, durch den „allerverständigsten“ unter ihnen überzeugt, müßten „sich die ganze Erde mit ihren Produkten, die ganze bekannte Natur mit ihren Kräften unterwürfig machen und, erhaschten sie mehr Planeten, eine weitere Natur, auch diese“.

Natürlich wußte Rahel, daß ein solches Traumbild menschenwürdiger Daseinswirklichkeit in ihrer Zeit nicht zu realisieren war. Aber sie glaubte an den Menschen, an die Möglichkeit seiner Veredelung, seiner Vervollkommnung; sie war überzeugt, daß die Sehnsucht der Millionen einmal Erfüllung finden würde. „Die Natur brachte einen Menschen hervor, der Mensch will aus dem Geschlecht einen Menschen machen, zu aller Vorteil.“ Was aber geschah bisher? Da gäbe es immer wieder Menschen, die alle anderen gewaltsam von ihrer Einsicht überzeugen möchten. „Und wird dieses nicht bei den schändlichsten Kriegen *von je* und in allen Zeitungen *jetzt* zum Vorwand angegeben? Beziehen sich nicht alle Gründe, die die Staaten [für die Notwendigkeit eines Krieges] angeben, immer auf vorgebliche Beabsichtigung des Vorteils aller?" Angesichts der napoleonischen Eroberungskriege erkannte sie, daß sogar die menschliche Sehnsucht nach einem menschenwürdigen Dasein mißbraucht wurde, um universale Herrschaftspläne schmackhaft zu machen. Sie mißtraute denen, die da kamen, um den Menschen gleich welches „Glück" und welche „Freiheit" mit der Waffe in der Hand zu bringen.

Der große Ruf an alle Menschen guten Willens, daran mitzuwirken, daß Freiheit, Gleichheit, Brüderlichkeit moralisches Grundgesetz in den Beziehungen der Menschen untereinander würden, war von Frankreich ausgegangen. Auch wenn sich Napoleon Bonaparte des revolutionären Elans der Franzosen für seine „Versuche zu einer Universalherrschaft" bedient hatte, so wußte Rahel dennoch: „Frankreich wird in vielem noch lange unser Vorbild bleiben." So riet sie dem Bruder Ludwig Robert, der vom preußisch-napoleonischen Krieg in Paris überrascht worden war, noch in jenen dunkelsten Monaten zwischen Jena und Tilsit, alle seine Gegengründe widerlegend, „in dieser Athena" zu bleiben.

Gewohnt, die Dinge nüchtern-vernünftig zu sehen, rechnete sie ihm vor, daß der Unterschied der Lebenshaltungskosten an Spree und Seine unter den gegebenen Umständen monatlich nur zwanzig Taler betrüge. „Diese mußt du wahrlich durch Klugheit einsparen und dort bleiben, wo alle Meisterwerke der vergangenen Welt dich ansprechen und deine Seele auf Kunst lenken, dir jedes Studium erleichtern, dich dazu anreizen, dort, wo der Mittelpunkt der ganzen Weltbewegung ist und wo du gezwungen bist, Geschichte zu denken, dies heißt, sie zu studieren." Des Bruders Sorge um die Vorteile einer Ausbildung in Deutschland begegnete sie mit dem Hinweis, daß Paris, „eine gebildete, uralt-gebildete Stadt, die das Zentrum vom alten Europa und auch von einem neuen ist", nicht nur nicht hemme, sondern dazu anrege, den „Geist deutsch auszubilden".

Rahel hat, ohne bemerkenswert tätigen Anteil daran zu haben, die Jahre der Erhebung gegen das napoleonische Joch sehr bewußt miterlebt.

Sie ist den Franzosen, die gegen Ende Oktober 1806 in Berlin einzogen, mit würdiger Zurückhaltung begegnet. Sie gehörte nicht zu den Leuten, die nach Hegel der französischen Armee, wie er es schon früher getan hatte, Glück wünschten, „was ihr [der Armee] bei dem ganz ungeheuern Unterschied von ihren Feinden auch gar nicht fehlen“ (Hegel) konnte. Noch weniger fühlte sie mit den servilen Parteigängern Napoleons wie dem Herausgeber des „Neuen Telegraphen“, dem Hofrat K. A. Lange, an den Schadow neben anderen gedacht haben mag, als er schrieb: „Wir meinten immer, die Deutschen wären dumme Teufel, nun sagen sie das einander selber“, während sie um die Gunst des Siegers und die Huld seiner ohnmächtigen Mitläufer unter den Fürsten zwischen Rhein und Elbe buhlen. Es sprach für den gesunden Sinn der Berliner, daß Lange noch vor dem Abzug der Franzogen (Anfang Dezember 1808) aus der preußischen Hauptstadt verschwinden mußte. „Wir lebten hier immer noch in ziemlichem Druck“, vertraute Nicolai zehn Tage nach dem Einmarsch der preußischen Truppen Böttiger an, „und haben wenig Hoffnung zur Erleichterung und Besserung. Ich habe nie geklagt und klage noch nicht, aber der müßte kein Patriot sein, welcher sein einst von vielen anderen Ländern so sehr glückliches Vaterland hinschwinden sieht, ohne Hoffnung, zu erleben, daß es sich erhole, und dem nicht oft Tränen in die Augen treten. Ich ziehe mich in mich selbst zurück, und die Wissenschaften sind mein Trost.“

Nicolai kennzeichnete damit eine Haltung, die von vielen eingenommen wurde, die, den Künsten oder der Wissenschaft verschworen, dem Gang der Dinge mit empfindsam-wacher Anteilnahme folgten, ohne eine Möglichkeit zu sehen, etwas Sinnvolles oder Förderliches zu tun. Zu ihnen gehörte Rahel. Wenn Freunde wie Schleiermacher und Wolf, Widersacher wie Iffland, ihr fernstehende Prediger wie Sack und Hanstein so offene Worte gegen Napoleons Anmaßung und für die deutsche Sache wagten, daß sie schon im November 1808 mit anderen von der Obrigkeit gemahnt wurden, „sich in Wort und Schrift nicht so keck zu äußern, wie sie bisher bei mancher Gelegenheit getan hätten“, so verfolgte sie solch mutige Haltung mit angespannter Aufmerksamkeit. Fichtes kühne Reden an die deutsche Nation bewegten sie so lebhaft, weil über den vaterländischen Anlaß seiner Mahnung hinaus der einzelne Mensch aufgerufen wurde, zu handeln, als hinge von ihm und seinem Tun allein das deutsche Schicksal ab, als trüge er allein die Verantwortung für die Wende des Geschicks. So individualistisch sie gesinnt war, so verpflichtet fühlte sie sich in ihrem Humanismus der menschlichen Gemeinschaft und insonderheit den Schwachen und Unterdrückten.

Doch blieb sie skeptisch und mißtraute den allzu kecken Lobrednern einer preußisch-deutschen Erneuerung. Tiefer als andere empfand sie das Widersprüchliche der Zeit und der einander feindlich gegenüberstehenden politischen Lager. Erfreute es sie, daß die Franzosen in den Jahren der Besatzung das Nationaltheater gefördert hatten, so verwirrte es sie, daß Männer der gleichen Nation Knobelsdorffs Opernhaus Unter den Linden als Verpflegungsmagazin mißbrauchten. Aus preußischem Munde hörte sie manch opferfreudiges Wort, um andererseits zu erfahren, daß Adlige und Bürger das Silber, das um der Erneuerung des Vaterlandes willen mit hohen Abgaben belegt worden war, wie die Bonins und die Möllendorffs nach Mecklenburg überführten oder mit Hilfe von Geldhändlern in Barren einschmelzen ließen, um es in Hamburg zum Kauf anzubieten. „Die Zeitungen sind voll der Zufriedenheit und des Dankes der Franzosen gegen unsere Stadt und unsere Nation, und umgekehrt", schrieb sie aus diesen besorgten und zwiespältigen Gefühlen in den ersten Dezembertagen 1808 an Varnhagen nach Tübingen. „Unser Invalidenhaus wurde von ihnen und ihre Militärpolizei von uns beschenkt; den fünften [Dezember] gehen sie. Kurz, wir scheiden voneinander wie zwei gebildete Nationen, wir mögen zusamengekommen sein, wie wir wollen. Sie erwähnen unseren Preußen-Bildner Friedrich den Zweiten namentlich; lies es, wo möglich, selbst. Der Sieger vergißt aber auch in Burgos seine nordische Überwundene nicht und gedenkt derer, die ihm durch ihr Betragen mißfielen, im dritten Bulletin aus dieser Stadt. Sie betragen sich hier beim Abschiede ganz wie Sieger, aber fest, würdig, gebildet. Lernten das die, die dies nicht verstehen!"

Man muß anmerken, um Rahels tiefe, in Andeutungen verschlüsselte Sorge zu verstehen, daß sie eingangs den Freund beschwor, beider Korrespondenz nicht dadurch zu stören, daß er ihr „über öffentliche Angelegenheiten" schreibe; man habe „wieder solche Dummheiten gemacht und solche dummen Briefe geschrieben, daß wohl alle von neuem wieder aufgemacht werden. Folge mir darin. Du weißt, ich verstehe diesen Gang aus Erfahrung, die mir von ungefähr wird. Du bist einmal aus dem Lande, wo du her bist — begnüge dich damit, in Sprache und Wissenschaft frei zu sein!"

Krieg und Niederlage hatten die gewohnten wirtschaftlichen Verbindungen schwer beeinträchtigt. Erhöhte Steuern und Abgaben drückten den Lebensstandard der Bevölkerung. Man hat die Kosten, die den Berlinern durch die französische Besatzung zusätzlich aufgebürdet worden waren, auf über acht Millionen Taler geschätzt; nach den Eigentümern waren die Mieter und seit 1807 sogar das Hausgesinde zu den vielerlei Zwangsbeiträgen herangezogen worden, die der Sieger in der gedemütigten Stadt eintrieb.

Das Vermögen, das Rahel nach ihres Vaters Tod zugefallen war, steckte wie das ihrer Mutter und ihrer Brüder im Geschäft, dem Markus als Prokurist der Mutter vorstand. Trotz der scheinbar höchst geschickten Anlage der Gelder waren unvermeidliche Verluste entstanden, die Einnahmen sanken, während Ausgaben und Lasten anwuchsen. Alle Mitglieder der Familie waren gehalten, sich in ihrer Lebensführung auf die gegebenen Verhältnisse einzustellen. Auch Rahel war zu einer Einschränkung ihrer Ausgaben gezwungen, eine Tatsache, die sie, über den Stand ihres Anteils und dessen Wert im unklaren, als eine Beeinträchtigung ihrer Unabhängigkeit ansah. Es kam zu recht unerquicklichen Auseinandersetzungen, besonders mit der Mutter, vorübergehend sogar zu einem Bruch zwischen Mutter und Tochter mit nachfolgender Aufhebung der Wohngemeinschaft.

Rahel zog (1808) in das sogenannte Trenksche Haus in der Charlottenstraße Nr. 22. Nach dem Tode der Mutter (Oktober 1809) drängte Rahel auf eine endgültige Klärung ihres finanziellen Status, wie sie es schon der Mutter gegenüber vergeblich angestrebt hatte. Es zeigte sich, daß der ihr zustehende Anteil am Familienvermögen 18 000 Taler betrug. Die Vermögensverwalter, zu denen außer Markus seit 1809 auch der Bruder Moritz gehörte, konnten ihr als jährliches Einkommen aus Zinsen und Einträgnissen die Summe von 1200 Talern aussetzen. Der Betrag mußte im Jahre 1811 auf 800 Taler herabgesetzt werden. Varnhagens heftige Angriffe gegen Rahels Brüder gehen auf diese finanziellen Auseinandersetzungen zurück, sind sachlich jedoch unberechtigt. Der Schwester krankhafte Empfindlichkeit und nervöse Reizbarkeit haben zur Erkaltung ihrer „Faserliebe“ zu den Geschwistern nicht weniger beigetragen als die allgemeine ökonomische Misere, die freilich auf den Haushalt einer alleinstehenden Frau von einigen Lebensansprüchen und bei ihrer Gewöhnung an große Geselligkeit nicht ohne ernstliche Auswirkung bleiben konnte.

Abermals wechselte Rahel das Quartier. Infolge eines Brustleidens schon etwas schweratmig geworden, bezog sie (1810) eine Wohnung im Erdgeschoß der Behrenstraße Nr. 48. „Da sitze ich ganz allein“, klagte sie im Mai 1812 der von der üblen Nachrede in die Schweiz verdrängten Pauline Wiesel, „mit Linen und noch einem Mädchen, weil ich mit einer mich fürchte und dann sie gar nicht wegschicken kann. Zu einem Bedienten [den sie zu ihrem Schutz wünschte und der ihr des Abends die Laterne vorantragen konnte] habe ich kein Geld, also kann ich auch jetzt im Frühling nicht ausgehen, nachdem ich den ganzen Winter beinah immer allein und auch viel unpaß war. Menschen konnt' ich nicht sehen, weil ich das Geld, sie nur so wie sonst aufzunehmen, nicht habe. Auch sind meine alten Bekannten tot und weg. Seit Moritz' Heirat habe ich nur so viel zu verzehren, als Sie mal in Charlottenburg unter dem Bette stehen hatten und immer davon nahmen. Berechnen Sie, ob davon Holz, Quartier, Kleider, Domestiken, Leben, Kranksein, Arme, Abgaben und alles Unberechenbare abgeht? Diesen Monat hab' ich an neun Taler Abgaben unter allerlei Namen geben müssen, ohne die Einquartierung, die man mir schickt. Wenn ich diese beständig hätte, so blieben mir den Monat für mich, Holz und Logis abgerechnet, zehn Taler. Also *alle* Aisance [Leichtigkeit, Ungezwungenheit, Wohlstand], alles Fahren, Theater, Musik, alles ist weg für mich.“

Die schon im Herbst 1808 in einem Brief an Gentz erhobene Klage, sie kenne fast niemanden mehr in Berlin, und Athen könne nicht ausgestorbener und ihr fremdartiger sein, kehrt in vielen Briefen dieser Berliner Notjahre zwischen 1807 und 1813 wieder. Berdrow nennt diese Zeit „den trübsten, dunkelsten Abschnitt ihres Lebens“.

Rahel hatte ihre Bewegungsfreiheit verloren. Sie fühlte sich eingesperrt und von der großen Unruhe und Ungewißheit verwirrt, die über Berlin, Preußen, Deutschland, Europa lag; Zeitläufe und Umwelt hatten ein politisches und gesellschaftliches Klima geschaffen, in dem Rahel, die wahrheitssüchtige Individualistin, zu verkümmern drohte. Nicht nur wegen ihrer Bedrängung, ihrer „niederen, prekären Lage", sah sie sich in ein „niedertrachtvolles Leben" geworfen, fühlte sie sich „ohne Hoffnung für irgendein Glück ganz in einem großen Meer von zahllosen Tropfen des Mißlingens". Man darf die an Verwirrung reiche, widerspruchsvolle Beziehung zu dem jugendlichen wankelmütigen Varnhagen, von der im nächsten Abschnitt zu berichten sein wird, in diesem Zusammenhang nicht außer Betracht lassen. Den Ausschlag für Rahels Gefühl, vereinsamt und nutzlos zu sein, gab indessen die Tatsache, daß sie als Frau und Jüdin von einer tätigen Anteilnahme an der patriotischen Bewegung, von der Berlin mehr und mehr ergriffen wurde, ausgeschlossen blieb. Rahel geriet auch in ihrer weltanschaulichen Entwicklung in eine gewisse Isolierung, weil in ihrem Denken das humane Prinzip vor dem vaterländischen notwendigerweise den Vorrang besaß. In jenen Jahren vollzog sich ihre Abwendung von den Romantikern, deren wirklichkeitsfremdes Mittelaltern zu jenem „neuen Katholizismus" führte, den Rahel sehr früh, man darf sagen von allem Anfang an, als eine Verirrung erkannte.

Sie beobachtete einen Zwanzigjährigen, der in Heidelberg studierte. „Der neue Katholizismus geht ihm im Kopf herum", teilte sie Varnhagen am 2. Januar 1810 mit, „und Kunst und Bildung und Musik, wie man davon spricht und wie sie nur von denen aufgenommen werden, die von selbst nie darauf gekommen wären, die diese großen Musengestalten nie im Weltwirrwarr herausgefunden hätten. Der junge, gute, sonst unschuldige Mann spürt eine Leere in sich, die ihm etwas widert; daher sucht er um sich, hält seinen Ennui [seine Langeweile, seinen Verdruß] für traurige Anklage und wer weiß was. Dies alles untereinander weiß er in einem Meere angelegter Phrasen und Worte auszudrücken, plätschert darin herum, es sind ebenso viele Wellen, taucht unter, steigt wieder auf. Sie tragen ihn, und so findet er sich gehoben von Ausdrücken, von Zeichen."

Diese einzelne Beobachtung war ihr, so hebt sie hervor, nur Anlaß für eine allgemeine Betrachtung, die sie den Freund wissen läßt. „Ich zeichne es mir wirklich auf, weil ich die — dafür gehaltene — gute Erziehung ordentlich für affadierend [geschmacklos] halte. Es ist geradeso, als wäre solche Bildung zu Kaufe. So bekommt jetzt jeder um ein billiges seinen Vorrat von Bildung mit, aus den Schulen, den Häusern, den Büchern, den Teestuben; die Industrie des Erfinders wird ihm durch den großen Überfluß ganz unmöglich gemacht. Und ein doppelter Frager, ein doppelter Antworter muß jetzt in einem Kopf sitzen, wenn er nur *auf* den Gedanken kommen soll, sich Rechenschaft über den Scheinreichtum zu fordern, womit er allenthalben durchkommt. Kunst, Religion u. dgl. sind die Louisdor; Menschheit, Gemüt — große Münze; so durch. Kommt das reale Leben immer von neuem aus Erde und Wolken dem einmaligen armen Leibe, ihnen nun wirklich vor die Augen an die Kehle, so erkennen sie sich und dieses Leben nicht, wissen sich in nichts zu entschließen, verstehen nichts zu behandeln, machen also, wenn auch nur in bloßer Perplexität [Verwirrung] des Anstarrens und Wartens, alles verkehrt; befinden sich schlecht dabei und nennen's Unglück. Jawohl: Bei allen Nationen, wenn sie untergingen, war gewiß eine solche leere Münze für irgendein großes Lebenselement im Gange."

Rahel empfand die Sonderstellung, die sie einnahm, sie spürte die Abirrung so manchen Freundes aus der Epoche der jungen Romantik vom Kult der individuellen Freiheit als einen Ausdruck der Sehnsucht nach bürgerlichen Rechten zu neuen, aus der Tradition gesuchten, im Grunde also alten Gebundenheiten des Menschen. Rahel begann die gesellschaftliche Wirklichkeit kritischer zu betrachten, als sie es bisher getan hatte, und aus ihren Einsichten Urteile zu gewinnen. Dabei halfen ihr Männer aus dem alten Freundeskreis, die sich jetzt zwar nicht zur gewohnten Stunde zum zwanglosen Gespräch, wohl aber von Fall zu Fall und nach Verabredung vereinzelt einfanden, um mit der Freundin Gedanken auszutauschen und sich vielleicht auch über ihr eigenes Wollen und Wirken im Umbruch der Zeit klarzuwerden.

So war denn Rahel in jener Epoche weder in ihren Gedanken noch in ihrem Umgang so vereinsamt, wie es nach den vielfältigen Klagen der aus einer einzigartigen Geselligkeit gerissenen, auf sich und ihre Geltung bedachten Individualität erscheinen mag. Gewiß waren die Charmeure und Causeure, die bezaubernden Nichtstuer und geistreichen Plauderer aus der Hofgesellschaft vom Sturmwind der Zeit verweht, blieben die Offiziere und die Beamten aus, und der Adel, durch den Zusammenbruch und die Reformen zumindest verwirrt, kehrte nur zögernd und vielfach von Grund auf verwandelt in die preußische Hauptstadt zurück, während die Romantiker, soweit sie sich in Berlin aufhielten, mit wenigen Ausnahmen das Haus in der Behrenstraße mieden. Aber Fichte besuchte die Freundin, Schleiermacher fand sich wieder bei ihr ein, der klassische Philologe Friedrich August Wolf trat ihr näher. Am engsten aber war sie für einige Zeit durch Wilhelm von Humboldt mit dem Geschehen der Zeit verbunden; ihre Neigung und seine Aufgabe ließen sie besonderen Anteil an der Gründung der Universität Berlin nehmen, ein Ereignis, das vor allem mit dem Namen Wilhelm von Humboldt verbunden ist. Freilich kam jetzt kaum noch jemand zu ihr, um sich „Dachstubenwahrheiten" sagen zu lassen. Sie war und wurde mehr: Partnerin im Gespräch, in der Sorge um die Lösung drängender Fragen von Volk und Menschheit. So wuchs sie doch, ohne daß eine solche Absicht vorgelegen hätte oder dieser Prozeß ihr recht bewußt geworden wäre, in die Zeit und die Wirklichkeit hinein, sich mehr und mehr wandelnd aus einer subjektivistischen Romantikerin zu einer liberalen Demokratin. Dieser Vorgang — und das ist wiederum typisch für Rahel — vollzog sich im wesentlichen nicht durch die Bildung oder durch die gesellschaftliche Tätigkeit, sondern in der Begegnung mit Menschen, die in der einen oder in der anderen Weise die gesellschaftlichen Kräfte und die geistigen Strömungen ihrer Zeit repräsentierten.

Wilhelm von Humboldt hatte sich Jahre hindurch in Jena der Selbstbildung und humanitären Reflexion gewidmet; ausgedehnte Bildungsreisen nach Österreich, Frankreich, Spanien waren gefolgt. Als der ältere Humboldt im Sommer 1802 wieder in den preußischen Staatsdienst eintrat und als Ministerresident an den Päpstlichen Stuhl nach Rom geschickt wurde, zählte er bereits zu den hervorragenden Repräsentanten der klassisch-bürgerlichen Epoche. Im Herbst 1808 verließ er, von der preußischen Katastrophe keineswegs überrascht, aber zutiefst beeindruckt, seinen diplomatischen Posten in Italien. Er war auf Vorschlag Steins in das Ministerium des Innern berufen worden und übernahm dort (Ende Februar 1809) die Sektion des Kultus und des Unterrichtswesens. Er weilte zwar nur vorübergehend in Berlin, in jener Zeit aber oft bei Rahel; im April begab er sich an den Sitz der Regierung nach Königsberg. Binnen Jahresfrist erwies sich, daß der weniger preußich und konservativ als deutsch und liberal denkende ungewöhnlich konstruktive Kopf in der preußischen Verwaltung nicht die erhoffte Wirkungsmöglichkeit fand. Als er auf seinen Antrag im Juni 1810 aus der inneren Verwaltung entlassen wurde — der König ernannte ihn zum Gesandten in Wien —, waren die Vorarbeiten für die Gründung der Universität Berlin und die Reform der Akademie der Wissenschaften wie des Unterrichtswesens im wesentlichen abgeschlossen. Zwar lehnte es mancher namhafte Gelehrte ab, einem Ruf nach Berlin zu folgen, wo die Meinungsfreiheit allen Bemühungen Humboldts und anderer zum Trotz noch immer behindert war; aber unter den annähernd sechzig Lehrern, die sich der jungen Universität bei ihrer Eröffnung im Oktober zur Verfügung gestellt hatten, befanden sich aus Rahels Freundeskreis so berühmte Männer wie Fichte, Schleiermacher und Wolf. Humboldt hatte sie dazu bestimmt, trotz der bedrückenden Verhältnise in der preußischen Hauptstadt zu bleiben.

„Die Universität", schrieb Rahel zu beginn des Jahres 1811 an Varnhagen, „wenn sie auch, als bloßer Anfang zu einer, verscheiden muß, ist schön und wahrlich einem jeden hier nach seinen Kräften lieb. Sie ist ein Produkt des Geistes. Mitten in der Besiegung, der Armut, ja der Furcht, der Störung erdacht, entworfen, angefangen! Ein Grünen der Erde durch ihr eigenes Feuer. Möge Phöbus gnädig leuchten und keine Pfeile den Kühnen schicken."

Noch bevor Wilhelm von Humboldt, aus Rom kommend, in Berlin eintraf, hatte es sein jüngerer Bruder schon wieder verlassen. Alexander von Humboldt war nach seiner berühmten Reise durch Südamerika nach Paris zurückgekehrt (1805) und, ein „zweiter Kolumbus", mit seinem französischen Freunde Gay-Lussac über Italien in die Heimat gekommen. Seit dem Spätherbst 1805 wohnte er in einem Garten nahe der Weidendammer Brücke auf einem Grundstück, in dem auch Johannes von Müller und Fichte nach seiner Rückkehr aus dem Exil Wohnung genommen hatten. Alexander von Humboldt widmete seine „Ansichten der Natur" vorzugsweise „bedrängten Gemütern“ und schickte seinem in die Ferne entführenden Bericht die Anfangsverse jenes „weltrichtenden Chores“ von Schiller voraus, der mit den Worten beginnt: „Auf den Bergen ist Freiheit!“ Seine „Ansicht der Welt“ war „trübe“, er sehnte sich dorthin, „wo der Mensch nicht hinkommt mit seiner Qual“. In einem Brief an Karoline von Wolzogen, die Schwägerin des ein Jahr zuvor verstorbenen Schiller, bezeichnete er das verödete Berlin, verglichen mit dem wissenschaftlich so fruchtbaren Paris, als „eine menschenleere Wüste“. Bevor er aber im Frühjahr 1808 einen Bruder des Königs auf dessen aussichtslose politische Mission nach Paris begleitete — statt der erwarteten Erleichterung verfügte Napoleon nach demütigenden Verhandlungen eine weitere Kriegskontribution von 140 Millionen Francs und bald darauf die Entlassung Steins —, fand er sich wie in früheren Tagen in den späten Nachmittagsstunden bei Rahel ein. „Humboldt ist täglich bei uns“, schrieb sie im Februar 1807 dem Bruder Ludwig nach Paris. Kein Wunder, daß auch ihr Denken und Trachten ganz dahin ging, „in eine bessere Gegend zu kommen“. „Humboldt will uns auf den Kanarischen Inseln absetzen. Und erzählte uns so davon — und wie die Griechen und Römer sie die Glücklichen genannt haben —, daß ich in einem wilden Rattenloch zu sitzen glaubte. — Ich weiß aber auch, daß Deutschland sein Liebes für Deutsche behält.“

Für ein solches Wissen sorgte Fichte. Nicht nur durch die „Reden an die deutsche Nation“, die er im Winter 1807/08 im runden Saal des Gebäudes der Akademie hielt und die von Rahel, ihrem Bruder, von Varnhagen und seinen Freunden mit verhaltener Begeisterung gehört wurden. „Der ‚herrliche, göttliche Mann‘, ‚dieser Stern‘ blieb fortan über allem tauben und irren Gewoge . . ., in hellem Glanze leuchtend und leitend“ (Varnhagen). Der Kreis, der zuversichtlich zu ihm emporblickte, um sich „zum Rechten und Wahren zu reinigen und zu stärken“, war auch in Berlin, der Stätte seines Wortes und Wirkens, nicht groß; aber zu ihm gehörte Rahel, in deren Wohnung der Mahner und Rufer ein und aus ging. „Fichtes Stunde mein einziger Trost, meine Hoffnung, mein Reichtum.“

Steffens, der zum deutschen Patrioten gewordene Skandinavier, hat ihn uns im Vergleich mit den bekannten Gelehrten der Berliner Universität geschildert. „Unter den Philosophen war

Fichte, wenn er auch viele Gegner fand und finden mußte" – er war gnadenlos in seinem Urteil – „doch von großem Einfluß. Seine Gesinnung, ja selbst seine abgeschlossene scharfe Eigentümlichkeit bildete einen festen Haltepunkt, und durch seine rücksichtslose nationale Kühnheit gewann er viele Menschen, von denen er wissenschaftlich getrennt war; ja, er hatte schon den Grund gelegt zu einer Ansicht des Lebens, die in einer schwankenden Zeit wie die damalige eine große geschichtliche Bedeutung erhielt. Die Verwirrung, in welche die religiöse und wissenschaftliche wie die bürgerliche Existenz geraten war, mußte einen jeden zu der Einsicht führen, wie notwendig es war, sich vor allem in sich zu fassen und zu bestimmen, und der Mann, welcher berufen war, einen großen, alles leitenden Gedanken kühn herorzuheben als den absolut gebietenden, mußte als ein Beherrscher anerkannt werden, auch wo er nicht verstanden ward."

Fichte, das eine „Auge Deutschlands", sprach aus Rahels Bekenntnis an Ludwig Robert in Paris (3. Februar 1807), wenn sie, beglückt über „dieselbe Aufnahme für unser Schicksal" in der Seele des fernen brüderlichen Gesinnungsgenossen, schrieb: „Das gestählte Herz selber ist es: die sich alles gewärtige Seele, der nichts bleibt als ihr eigenes Gewissen, die – von diesem innersten Punkt des Seins aus – sich auf sich selbst stemmt und so ihre Existenz *erwartet,* mit ungetrübtem, ungefangenem Geiste, unsre Mitgift, auf daß wir nicht vergehen – aus dem Hause Gottes." Nur wenige Zeilen später spricht sie es für jedermann unmißverständlich aus: „Verehret, verehret Fichten! Mit Tränen hab' ich es gelesen, daß ihr unseren verehrten Lehrer, den rechtschaffenen Mann, in Paris leset. Er hat mein bestes Herz herausgekehrt, befruchtet, in Ehe genommen, mir zugeschrien: ‚Du bist nicht allein!'"

Wilhelm von Humboldt hatte in jungen Jahren (1801) gemeint, die meisten hielten Fichte für einen unschädlichen Grübler, manche aber für einen Tollhäusler. In Rahels Augen glich er einem alttestamentlichen Propheten. Er blickte in den Grund und den Abgrund der Zeit, aber er sah auch, was danach kam, kommen mußte: der zum Handeln aus Sittlichkeit, zur Sittlichkeit im Handeln erzogene Mensch.

Anfang Februar 1814 erhielt Rahel, in Prag sicher lebend, die Nachricht vom Tode Fichtes. Abermals stellte sie ihn an die

Seite Goethes, um diesen „wie ein Einäugiger" zitternd. Nun, nach Fichtes Tod, schrieb sie Mitte Februar 1814 an Varnhagen: „*Fichte* kann umfallen und faulen! Das ist *nicht* Zauber ... — Fichte konnte also nicht erleben, daß sich die Länder vom Krieg erholten, Zäune wieder aufgebaut würden, dem Bauer geholfen, den Gesetzen nachgeholfen, daß die Schulen sich wieder herstellten und füllten, daß gewitzigte Staatsleute ihnen von den Fürsten Schutz verschafften!, daß Gesetze erfunden und ausgefeilt würden, daß die Denker frei, ohne den Augenblick zu schaden, sie Volk und Regenten zur Geistesprüfung vorlegen dürften — dies selbst ein Glück, zu aller Zukunft Glück! Der Mann, der dies, und *also* Deutsches, was *allein* so genannt werden dürfte, nur einzig und allein beabsichtigte — mißverstanden von den meisten Mitlebenden! Also auch *er* soll *nicht* aufgehen sehen, was er aus den dunkeln Schluchten im Schweiße seines Angesichts, in dem ganzen Aufwand seiner Seelenkraft hervortrieb?"

Wieder erinnerte sich Rahel des Mannes, der ihr, Fichte verwandt wie kein anderer, den Weg zur Wahrheit, zum Triumph der Wahrheit, gewiesen hatte: „Lessing! Lessing liegt auch, von wenigen nur nicht vergessen; und mußte kämpfen um das, was jetzt *platt* in jeder Zeitung stehen darf, um das, was solcher Gemeinplatz geworden ist, daß sie den Erfinder vergessen und es in stupider Albernheit *nur ihm nach*sprechen dürfen! Und was würde er *jetzt* wieder den anderen *vor*sprechen! Wie würd' er sie über ihren Dünkel abkappen, sie polemisch, lebendig überführen, ihnen zur rechten Minute Völker und Geschichte vorrücken, in die blinde Aufgeblasenheit Löcher reißen und ihnen die Aussicht für Tat und Sache öffnen und frei machen mit Ernst und Spott ... Lessing, Fichte! und ihr Ehrlichen *alle* — möget ihr unsere Fortschritte *sehen* und uns mit euren starken Geistern segnen! So denke ich mir Heilige, begabt von Gott, geliebt von ihm, ihm treu. Selig sei unser ehrlicher Lehrer!"

Fichte in einem Atemzug, in einer unmittelbaren Gedankenkette mit Lessing genannt — das will sagen, daß Rahel auch in dem glühenden Hasser Napoleons und Fürsprecher der Einheit der deutschen Nation, im Patrioten den Weltbürger sah. Fichte war ihr Künder eines sittlichen Bewußtseins, daß die Ichheit nunmehr in die Gemeinschaft der Nation, der Menschheit einbettete und dem einzelnen wie dem Kollektiv die Beförderung der Humanität mit ihren menschlichen Grundrechten der Freiheit und der Gleichheit zur sittlichen wie zur patriotischen Pflicht machte. Er sprach Rahel aus dem Herzen, wenn er feststellte: „Der Kampf mit den Waffen ist beschlossen", und unmittelbar danach forderte: „Es erhebt sich, so wir es wollen, der neue Kampf der Grundsätze, des Charakters."

Und ob Rahel das wollte! Auch ihr verbanden sich, ja waren Vaterlandsliebe und Staatsbewußtsein nur möglich als Attribute des Humanen und des Persönlichen. Auch ihr verbanden sich, ja waren Patriotismus und Kosmopolitismus Ausdruck eines gleichen und unteilbaren Humanismus. Nie fühlte sie sich Fichte tiefer verbunden als jetzt, wo er den Staat als „das Mittel für den höheren Zweck der Ausbildung des rein Menschlichen in der Nation" (Meinecke) erkannt zu haben glaubte. Rahel griff leidenschaftlich den Gedanken auf, daß der Staat (aus dem sie ja noch immer ausgeschlossen war) zwar ein lebendiges Organ der Nation sein müsse; daß aber beide, der Staat wie die Nation, dem Humanitätsideal verpflichtet seien. Rahels Patriotismus war ein Patriotismus der Vernunft und nicht ein solcher des Gefühls. So sah sich Rahel auch darin bestätigt, daß Fichte nunmehr dem Menschen die Fähigkeit zusprach, die Welt, die er bisher als eine Folge sich ablösender, a priori bestimmter Zeitalter aufgefaßt hatte, kraft seiner tieferen Einsicht umzugestalten, wenn sich Rahel selbst auch nie als befähigt oder autorisiert fühlte, in den Ablauf der Geschichte einzugreifen. Es war ihr aus dem Herzen und aus ihrer Anschauung des Lebens gesprochen, wenn Fichte in dem neuen Zeitalter „die Epoche der Vernunftwissenschaft, das Zeitalter, wo die Wahrheit als das Höchste anerkannt und am höchsten geliebt wird", verwirklicht wissen wollte.

Schleiermacher war inzwischen einen Weg gegangen, der eher geeignet schien, die beiden Parteigänger der jungen Romantik einander zu entfremden, als das Bündnis ihrer Jugend in der Begegnung nach 1807 zu erneuern oder gar zu vertiefen. „Welcher Unterschied zwischen dem Jüngling, der als angehender Gelehrter und Prediger in einem bescheidenen Zimmerchen Genosse der Romantiker gewesen, die ‚Lucinde' verteidigt hatte und als Intimer der schönen Frau Herz Zielscheibe mancher spottfrohen Berliner gewesen war (1796—1802) und dem durch Seelenleiden und ernste Studien gereiften Manne, der 1807 nach Berlin kam“ (Geiger). Nicht nur Rahel war der Meinung, Schleiermacher wäre von Halle „gebrochen“ zurückgekehrt, er hätte „bei aller hohen Unschuld keinen Blick zum Aufgreifen dessen, was in der Wirklichkeit um ihn her vorgeht“. Im Laufe der Jahre wurde er ihr zu theologisch und zu kirchlich, als daß sie ihm so nahe hätte verbunden bleiben können wie in seinen „romantischen“ Jugendjahren.

Das will nicht besagen, daß Schleiermacher, nunmehr Prediger an der Dreifaltigkeitskirche und nach der Gründung der Universität, an deren Vorbereitung er auf Wunsch Steins und Humboldts lebhaften Anteil genommen hatte, Professor der Theologie, der Romantik in ihre Verwirrung gefolgt wäre. Mehr und mehr näherte sich der Theologe einer sittlichen Orientierung menschlicher Individualität. Mit einer gewaltigen Rednergabe beschenkt, stritt er von Kanzel und Katheder für die Humanisierung des Lebens, für die Überwindung des Untertanengeistes in Staat und Kirche, für die Begründung eines eigenen Volksstaates der Deutschen, für die Entfaltung von Kunst und Wissenschaft. Wohl glaubte er an die „schlechthinnige“ Abhängigkeit des Menschen von Gott und sah in ihr das Wesen der Religion, wohl predigte er, daß die Welt „durch das Leben des Erlösers verherrlicht“ sei; aber Frömmigkeit bedeutete ihm nicht Ergebenheit in ein „Schicksal“, sondern tätige Hingabe an die menschliche Gemeinschaft und ihre irdischen Erfordernisse, wie denn die Welt nach seinem Glauben durch die Wirksamkeit des christlichen Geistes „zu immer unaufhaltsamer weiterer Entwicklung alles Guten und Göttlichen geheiligt“ sei. Sein Kampf um die Erneuerung der Kirche entsprang der Einsicht, daß nicht der Glaube, sondern die Bildung, das Wissen die menschliche Entwicklung vorantreibe und daß die im Dogma verharrende Kirche Gefahr laufe, sich von der Kultur zu lösen.

Es war nur folgerichtig, wenn sich Schleiermacher, der zu den Schöpfern der Union der lutherischen und der reformierten Kirchen (1817) gehörte, mit mutigem Nachdruck für die Trennung von Staat und Kirche und die Begründung einer freien Volkskirche aussprach, sobald er den rückschrittlichen Einfluß der Krone auf das kirchliche Leben erkannt hatte. Der Theologe, der nicht einmal die Autorität der Heiligen Schrift anerkannte, konnte kein Fürstendiener sein. Er gehörte zu den Geistlichen und den Professoren, deren Predigten und Vorlesungen von Polizeispitzeln überwacht wurden.

„Bedenken Sie, daß kein einzelner bestehen, daß kein einzelner sich retten kann, daß doch unser aller Leben eingewurzelt in deutscher Freiheit und deutscher Gesinnung, und dies gilt es“, hatte er geschrieben, als er, durch Napoleon vom Katheder verdrängt, abermals auf die Kanzel gestiegen war, nicht zuletzt, um den Patriotismus seines Volkes zu entflammen. Schleiermacher ist an erster Stelle zu nennen, wenn man in den Jahren vor der deutschen Erhebung nach Patrioten auf der Kanzel fragt.

In den Monaten der Volkserhebung war der Professor der Theologie und Prediger zugleich als Redakteur am „Preußischen Korrespondenten“ tätig. Er wandte sich mit Energie gegen die „kurzatmigen Bürger“, den König und seine Unterhändler, die bereits nach der ersten Phase des Krieges nach Möglichkeiten um einen Ausgleich mit Napoleon suchten, um die mächtig ausgreifende Volkserhebung rechtzeitig einzudämmen. Es bedürfte noch „einer ungeheuren Kraftentwicklung“, erklärte er, wenn „Deutschland im allgemeinen und unser Staat insbesondere ... zu einem würdigen Zustande“ gelangen soll, „aus dem sich nahes Heil und Wohlergehen entwickeln kann“. Nachdrücklich verwahrte sich Schleiermacher gegen die „Willkür sich durchkreuzender diplomatischer Verhandlungen“. „Den Grund zu einer künftigen Reform legen“ müßten „Ereignisse, wie nur der Krieg sie bringen kann“.

Er zählte sich durchaus zu Recht zu jenen „nach außen und innen Hellsehenden“, die erkannten, daß Fürsten und Fürstendiener im Begriff standen, den Volkskrieg um Befreiung vom napoleonischen Joch und um Schaffung eines eigenen, vom gesamten Volk getragenen deutschen Vaterlandes in einen Kabinettskrieg umzufälschen, in dem es nur noch um die Wiederherstellung verspielter und verratener fürstlicher Macht und um die Unterdrückung jedweder freiheitlichen Regung ging.

Seit der Hallenser Zeit mit dem Naturphilosophen Heinrich Steffens und im Alter mit dem Naturforscher Alexander von Humboldt befreundet, betrachtete es Schleiermacher als sein besonderes theologisches Anliegen, die Stellung der Religion wie der protestantischen Kirche in einer Welt zu klären, in der die naturwissenschaftliche Erkenntnis die Vorherrschaft von Theologie und Metaphysik durchbrach und der geduckte Untertan auch im bürgerlichen Leben zur Freiheit eines Christenmenschen zu gelangen trachtete. In einer Reihe theologischer, philosophischer, pädagogischer Schriften, durch seine Predigten und seine akademische Wirksamkeit hat Schleiermacher in den Jahrzehnten nach seiner Rückkehr in die preußische Hauptstadt eine reformatorische Bewegung entfacht, die die Kirche aus der Erstarrung löste, in die sie seit Luther und Lessing wieder gefallen war.

Es ging aber Schleiermacher in seinem Ringen um die Erneuerung der protestantischen Theologie wesentlich um das Lebensgefühl des gläubigen Menschen, der sich in der sich verändernden Welt zu orientieren suchte, um die Befreiung des Christen von unhaltbar gewordener Bevormundung, auch um die Befreiung des mündig gewordenen Untertanen aus der staatsbürgerlichen Rechtlosigkeit. Als er 1806 von napoleonischen Schergen aus Halle, seiner ersten akademischen Wirkungsstätte, vertrieben wurde, klagte er über das Fehlen eines lebendigen Staatsbegriffes. Er betrachtete den preußischen und darüber hinaus den zeitgenössischen Staat schlechthin so lange als eine feindliche Wirklichkeit, wie er sich dem Menschen gegenüber als Unterdrücker des menschlichen Lebenswillens offenbarte.

„Ich glaube", so lautet sein dem Katechismus nachgeformtes, im besten Sinne humanes und protestantisches Bekenntnis, „an Begeisterung und Tugend, an die Würde der Kunst und den Reiz der Wissenschaft, an Freundschaft der Männer und an Liebe zum Vaterland, an vergangene Größe und an künftige Veredelung ... Ich glaube, daß ich nicht lebe, um zu gehorchen oder um mich zu zerstreuen, sondern um zu sein und zu werden ..."

Noch vor seinem Schwager Arndt wurde Schleiermacher ein Opfer der Demagogenverfolgung. Kurz nach seinem obenerwähnten öffentlichen Aufbegehren gegen die Verfälschung des Volkskrieges erging am 17. Juli 1813 eine Kabinettsorder des Königs von Preußen an den Staatskanzler Hardenberg, in der es hieß: „Aus der Anlage werden Sie ersehen, wie der Professor Schleiermacher geständigermaßen einen höchst anstößigen Artikel über die politische Lage des Staates in den Preußischen Korrespondenten vom 14. d. M. hat einrücken lassen ... Ich trage Ihnen auf, demselben in meinem Namen seine Dienstentlassung anzukündigen und ihm anzudeuten, binnen 48 Stunden Berlin zu verlassen und sich über Schwedisch-Vorpommern ins Ausland zu begeben . . ."

Des „Hellsehenden" Wort galt im Gotteshaus wie in der Universität, im vertrauten Freundeskreis wie in der Öffentlichkeit; er sollte als frühes Opfer der Reaktion fallen, die ihr Haupt bereits erhob. Hardenberg, noch den Männern verbunden, denen er sie Stütze seiner Macht verdankte, milderte den Befehl Friedrich Wilhelms III. in einen ernsten Verweis mit der Drohung, „daß eine Wiederholung . . . mit unfehlbarem Verlust seiner Dienststelle wird geahndet werden". Damals schon fürchtete Schleiermacher, daß die Entwicklung einen Gang nehmen könnte, wie er sie zwei Jahre vor seinem Tode — er starb am 12. Februar 1834 — in einem Gespräch mit Alexander von Humboldt mit den Worten kennzeichnete: „Es macht mich oft doch wehmütig, nach so schönen Ansätzen und Hoffnungen unsere deutsche Welt in einem so zweideutigen Zustande zurücklassen zu müssen, wenn ich scheide . . ."

Noch einmal also begegnete Rahel den beiden großen Wegbereitern und Freunden ihrer romantischen Epoche in einem wichtigen Abschnitt ihres Lebens. Fichte war zum Repräsentanten der zeitgenössischen Philosophie in Deutschland geworden, Schleiermacher, der bedeutendste Kanzelredner seiner Zeit, durfte den ersten Platz in der Theologie und im kirchlichen Leben der Jahrhundertwende für sich in Anspruch nehmen. Fichte vor allem stand, mit seinem Worte weithin wirkend, in der ersten Reihe der Patrioten. Beide formten an Rahels sich wandelndem Lebens- und Weltbild.

An fachlichem Ruhm auf seinem Wissensgebiet kam den beiden der dritte große Gelehrte gleich, der in jenen Jahren der Vereinsamung mit Rahel Kontakt hielt. Das war der klassische Philologe Friedrich August Wolf.

Goethe hatte nach Schillers Tod gehofft, er würde den Gesprächspartner vieler Begegnungen als fördernden Freund gewinnen können. Im Frühsommer 1805 weilte Wolf als Gast im Haus am Frauenplan; Goethe fand alsbald darauf, von Lauchstädt kommend, im Hause des Philologen in Halle gastliche Aufnahme. Doch im vertraulichen Umgange tat sich, wie Goethe in den „Annalen" berichtet, „die Differenz entscheidend hervor", die zwischen „beiden obwaltete. Hier war sie entschieden von anderer Art als diejenige, welche mich mit Schiller, anstatt zu entzweien, innigst vereinigte. Schillers ideeller Tendenz konnte sich meine reelle gar wohl nähern, und weil beide vereint doch nicht zu ihrem Ziele gelangten, so traten beide zuletzt in einem lebendigen Sinne zusammen."

Goethe hegte eine unbegrenzte Achtung vor Wolfs Gelehrsamkeit. Er freute sich der Fülle des Wissens und der freilich nüchternen Zielstrebigkeit des Mannes, der der Antike nicht als Schöngeist oder Künstler, sondern als kühler Forscher entgegentrat. In Wolf hatte sich die Aufklärung in wissenschaftliche Unbestechlichkeit geläutert. Das hätte Goethe mit ihm verbinden können. Aber Wolf war rechthaberisch und streitsüchtig, unnachgiebig und selbstbewußt. Er mochte das Recht dazu haben (und man begreift, daß er im romantischen und später biedermeierschen Berlin nie heimisch geworden ist). Indessen verwarf Wolf hartnäckig die Zulässigkeit der von Goethe geübten künstlerisch-intuitiven Schau der Antike und achtete „das nur einzig für geschichtlich, für wahrhaft glaubwürdig, was durch geprüfte und zu prüfende Schrift aus der Vorzeit zu uns herübergekommen sei" (Goethe). Des Künstlers Goethe hartnäkkige Bemühungen um den Gelehrten Wolf (der im übrigen weit über sein Fach hinaus der deutschen Wissenschaft Ruhm erworben hat) scheiterten an der ausschließlich analysierenden, jegliche Illusion zerstörenden Nüchternheit des Forschers. So war die Differenz zwischen ihm und Goethe anderer Art als die zwischen der ideellen Tendenz Schillers und der reellen Goethes: Sie entzweite, statt zu vereinigen, auch wenn Goethe die hohe Achtung vor dem gesicherten Wissen Wolfs niemals verloren hat.

Wolf, wie Schleiermacher aus Halle verdrängt, kam im Jahre 1807 nach Berlin. Die Brücke zu Rahel führte über Schleiermacher. Der Philologe betrat sie nach längerem Verharren. Wolf — so erzählte Rahel der Frau Fichtes — nannte sie „verrucht", und auch Rahel hatte nicht viel Erfreuliches über den „Geschichtsergründer" zu berichten, obwohl beide bisher einander nicht getroffen hatten. Was ihn veranlaßt haben mag, später Rahels Umgang zu suchen und viele Stunden in ihrer Nähe zu verweilen, ist uns unbekannt. Man darf aber annehmen, daß beider Goetheverehrung einer der Gründe war, die den gelehrten Philologen in das Haus der Goethe schwärmerisch ergebenen Rahel geführt haben. Wolf hat, obwohl ihm die Möglichkeit dazu geboten wurde, dem Lehrkörper der Berliner Universität nicht als ordentlicher Professor angehört; er blieb, ohne je den Widerhall zu finden wie während seiner Hallenser Wirksamkeit, Akademiker, das heißt ordentliches Mitglied der Akademie der Wissenschaften mit dem Recht, an der Universität, an deren Errichtung er Anteil hatte, zu lesen.

Wolf und Rahel waren recht bald eng vertraut miteinander. Sie diskutierten nicht, sie machten Konversation. Und das ist nicht verwunderlich, wenn man bedenkt, daß Rahel zur antiken Welt kein sonderliches Verhältnis hatte und auch nicht zu den sehr wenigen Frauen ihrer Epoche gehörte, die, wie etwa Karoline Schlegel, wissenschaftliche Neigungen gehabt haben. Wolf war nicht eigentlich einer der Zeitgenossen, die Rahel in ihrer Weltsicht bestimmten. Er füllte, wenn auch in einem anderen und eingeschränkteren Sinne als im Verhältnis zu Goethe, der seinen großen edlen Freund verloren hatte, eine Lücke, in Rahels Leben entstanden durch die Ungunst der Zeiten, die ihren Umgang für Jahre sehr nachhaltig beeinträchtigte.

Wolf sprach in der Behrenstraße Nr. 48 „auf die reichhaltigste, geistreichste, naiveste, offenste Art“ nicht wie einst Schlegel und Gentz im Kreis der Freundin, also zu einer zumindest relativen Öffentlichkeit, sondern ausschließlich zu seiner Gastgeberin, die vor allem die Abwesenheit Marwitz' schmerzlich bedauerte. Er plauderte, so schrieb sie (im Oktober 1811) dem Freunde nach Potsdam, „von allen seinen Arbeiten . . ., Pläne, Gesinnung, über alle Gelehrte und Stadtgenossen. Über sein früheres Leben, seine Liebschaften, Heirat, Ehe, Frau, Kinder und ihre Erziehung. Über die Art und Weise, wie er seine Arbeiten konzipiert, und unergründlich liebenswürdig, was er davon hält, was er noch zu schreiben gedenkt, wie er vieles verfaßte, was er vom Übersetzen denkt.“ Man tauschte auch die Ansichten über „Voß, Schiller, Schleiermacher, Humboldt, Goethe, dessen Ehefrau und Geschichte, sein Leben mit ihr, vom Herzog [von Weimar], der Herzogin, Friedrich Schlegel, dessen Frau und Bruder; Deutschland und seine Meinung darüber (meine Satisfaktion! es war meine)“.

Auch wenn man berücksichtigt, daß Rahel summiert, bedauernd, daß der Freund an diesen Gesprächen keinen Anteil hatte, so bleibt doch der Eindruck, daß Wolf und Rahel, allzu unterschiedlich in ihren Naturen und Individualitäten, wohl miteinander sprechen, aber nicht im eigentlichen Sinne einander begegnen konnten. Auch Marwitz mochte diesen Mißklang fühlen, wenn er, der Wolf von seiner Hallenser Studienzeit her kannte, in seiner Antwort der Freundin ein verständnisvolles Porträt seines Lehrers zeichnete: „Wolf paßt ungemein für Sie: sein versatiler [beweglicher, gewandter] Geist, seine angenehme, gesprächige, feinsinnige, zuweilen mit allen möglichen Grazien geschmückte Geselligkeit, die große Haltung, die ihm seine tiefe Kenntnis des Altertums gibt, der Blick auf alle Gebiete des Lebens. Auch den hat er durch das Altertum, welches alle Richtungen der Menschheit in großartigen Massen erscheinen läßt, nichts Zersplittertes, nichts Abgefallenes von dem großen Grundgedanken des Seins, nichts in ein kleinliches, beziehungsloses Treiben Verlorenes darstellt. Es ist ein immenser Vorteil der wahren Philologie, daß sie ein *ganzes,* nach allen Richtungen hin *vollständig* gebildetes Leben zu ihren Füßen hat."

Das eben war das Ideal jener Zeit: Harmonie der Persönlichkeit, mochte sie nun am klassischen Beispiel der Antike, wie es, unterschiedlich im Wege, Schiller, Humboldt, Wolf vorschwebte, oder in der frühromantischen Entfaltung der Individualität zu ihrer vollen Würde erstrebt werden, wie es Fichte, Schleiermacher, Rahel, die Berliner Frühromantiker vor sich gesehen hatten und wie es nur einem an sich selbst zu verwirklichen vergönnt war: Rahels Abgott Goethe.

Der Historiker Johannes von Müller war gelegentlich bei Rahel erschienen, freilich nur in den Monaten des Zusammenbruchs; denn bald nach Napoleons Einzug in Berlin war er von dem Triumphator empfangen worden und hatte, durch dessen „Genie und seine unbefangene Güte" beeindruckt, alsbald im neugeschaffenen Königreich Westfalen die Stelle eines Staatssekretärs angenommen. Er starb bereits im Frühjahr 1809.

Rahel war der damals Neunundsechzigjähre „lieb geworden", auch wenn sie sich vergeblich mühte, „dem früh sich entwikkelnden Geist . . . auf die Spur zu kommen". Ihr war es, „lieb, daß er in Kassel, in einem sich zurechtrückenden Staate ist! Es geht zwar karg mit ihm her, und man sieht selten sein Gemüt in reichen Bewegungen; aber er spricht wohl nur nicht davon und geht einen anderen Weg (wozu ich die Veranlassung in seiner Seele und *eigentlichen* Geschichte wohl auffinden möchte). Aber einzelne und auch sehr schön ausgedrückte Äußerungen sind mir unumstößliche Beweise und bürgen mir für die schönsten Regungen in ihm" (an Varnhagen im Dezember 1808).

Sehr viel stärker war ihre Neigung zu Heinrich Steffens, der als Hallenser Universitätslehrer Schleiermachers und Wolfs Schicksal teilte, als Naturphilosoph in Schellings Bahnen wandelte und Rahel besonders durch Alexander von Humboldt vertraut geworden war. Er litt Not; obwohl sie selbst darbte, war sie versucht, ihm anonym Liebesgaben zu schicken. Sie war „sehr eingenommen" von dem gebürtigen Norweger, der wie der jüngere Humboldt zu den Schülern des von Goethe hochgeschätzten Freiberger Geologen Abraham Gottlob Werner gehörte, als Philosoph und Forscher die Natur zu ergründen suchte und dennoch romantische Züge aufwies. Der Skandinavier Steffens, im Jahre 1811 an die Universität Breslau berufen, folgte Lützows Ruf zu den freiwilligen Jägern. Rahel las, was ihr von seinen Veröffentlichungen in die Hand fiel, seine Denkschrift über Universitäten, seine in Fachkreisen berühmt gewordenen „Geognostisch-geologischen Aufsätze", die sie Alexander von Humboldt „weggenommen" hatte. „Alles ist gestört, sag' *ich*", schrieb sie (im April 1810) an Varnhagen, dem sie von ihrem Umgang mit Steffens berichtete, „einer größeren. uns unbekannten Beziehung gehören wir und alles an; das denk' ich lange, lange! Darum geht es Steffens schlecht, und nichts in einer anderen Ordnung als in der Unordnung."

Sieht man von Fichte und Schleiermacher ab, so fanden sich zu vertrautem Gespräch meist Männer der Erneuerungsbewegung bei Rahel ein, die man nicht zu den Wegbereitern, sondern allenfalls zu den zeitweiligen Weggenossen der patriotischen Volksbewegung rechnen kann. Der aus der Uckermark stammende Staatsrat Friedrich August von Stägemann, ein Mitarbeiter Hardenbergs mit poetischen Ambitionen, kam aus der unmittelbaren Nachbarschaft zu ihr; er wohnte an der Ecke Charlotten- und Behrenstraße. Wir werden dem zwiespältigen Manne, der sich vom Träger liberal-fortschrittlicher Auffassungen zum Vertreter einer konservativ-reaktionären Anschauung wandelte, später noch begegnen. Chamisso trat ihr näher, Kleist kam selten, Fouqué besuchte sie, wenn er in Berlin weilte. Brentanos Schwester Bettina ließ sich bei ihr kurz vor ihrer Verlobung mit Achim von Arnim einführen.

Achim von Arnim und Clemens Brentano waren im Jahre 1809 nach Berlin gekommen und wohnten in der Mauerstraße, nur einige Dutzend Schritte von dem Hause entfernt, in dem sich Heinrich von Kleist niederließ, als er sich, tief enttäuscht über den Zusammenbruch der österreichischen Erhebung gegen Napoleon, nach Preußen wandte. Adam Müller vermittelte die Bekanntschaft mit den beiden Repräsentanten der jüngeren Romantik; er schuf auch die Verbindung zu den Berliner Frauen, die je nach ihrer Weise einen gesellschaftlichen Mittelpunkt bildeten: zu der hübschen Buchhändlersgattin Sophie Sander, einer Freundin Müllers und Theremins, zu des Rendanten Vogel Ehefrau Henriette Vogel (mit der Kleist später in den Freitod ging) und zu Rahel Levin. Man kann nicht sagen, daß Kleist nahestehende Zeitgenossen die im allgemeinen überlieferten Urteile über des Dichters Weltschmerz, seine Hoffnungslosigkeit, seinen Trübsinn bestätigt hätten. Arnim sprach von einer „sehr eigentümlichen, ein wenig verdrehten Natur“ und bezeichnete den Dichter des „Prinzen von Homburg“ (dieses Werk entstand damals) als einen „fast zynischen Menschen“. Brentano war der Meinung, er wäre „gemischtlaunicht, kindergut, arm und fest“ gewesen.

Von Rahels Umgang mit dem Viel-Enttäuschten, der sich nach eigenem Geständnis „mit seinem ganzen Gewicht, so schwer oder leicht es sein mag, in die Waage der Zeit geworfen“ und der Schwester Ulrike im Abschiedsbrief bekannt hatte: „Die Wahrheit ist, daß mir auf Erden nicht zu helfen war“, wissen wir wenig. Als Heinrich von Kleist in jungen Jahren in Berlin geweilt hatte, war er der Meinung gewesen, die Salons der Rahel und der Herz (in denen er anscheinend selten gewesen ist) hätten „so preziös [so geziert, so geschraubt] mit ihrer Bildung“ getan.

Über den Umgang beider geben nur wenige Briefblätter Auskunft, die während Kleists letztem Berliner Aufenthalt gewechselt worden sind. So recht vertraut miteinander waren sie nicht. Rahel meinte, der Dichter hielte sie für „putzig“. Marwitz gegenüber klagte sie, Kleists Auge werfe ihr „keinen Strahl von Zärtlichkeit, also von Sicherheit“.

Eines Abends, im Hause des Buchhändlers Sander, hatte sie, während sich Brentano und Arnim anderen zuwandten, „*nur!* mit Heinrich von Kleist und Adam Müller“ sprechen können. In Kleists letzten Lebenswochen scheint der Kontakt enger gewesen zu sein.

Kleist hatte ein Büchlein von Steffens bei ihr entliehen und entschuldigte die verspätete Rückgabe, wenige Tage vor seinem Tode, mit dem Hinweis, daß er sich unwohl befunden und, wäre er dennoch zu ihr gekommen, einen schlechten Tröster abgegeben hätte: „Aber wie traurig sind Sie in Ihrem Brief — Sie haben in Ihren Worten so viel Ausdruck als in Ihren Augen. Erheitern Sie mich. Das Beste ist nicht wert, daß man es bedaure!“

Kleists Heimgang erregte nur unter seinen Freunden Aufsehen. Rahel war tief erschüttert. Erst zwei Tage darauf vermochte sie Marwitz, dem Kleist so verwandten, zu schreiben: „Es läßt sich, wo das Leben aus ist, niemals etwas darüber sagen. Von Kleist befremdete mich die Tat nicht. Es ging streng in ihm her, er war wahrhaft und litt viel. Wir haben nie über Tod und Selbstmord gesprochen.“

Sie mochte nicht, daß Menschen „bis auf den Hefen“ leiden. Und sie war der Meinung, daß man sich dem Unendlichen, wenn man es für gegeben hielt, auf jedem Wege nähern dürfte und daß es unwahrscheinlich sei, daß göttliche Güte „grade nach einem Pistolenschuß ihr Ende erreicht“ haben sollte. Es war ihr unvorstellbar, daß „Siechen auf Krankheits- und Unglückslagern“ dem Menschen verordnet wäre, um, „wenn es hoch und schön kommt, zu achtzig Jahren ein glücklicher Imbécile“, ein glücklicher Schwachkopf, zu werden. So freute sie sich, daß ihr „edler Freund — denn Freund ruf’ ich ihm bitter und mit Tränen nach — das Unwürdige nicht duldete: gelitten hat er genug!“

Leidensfähigkeit und Menschenwürde waren in ihren Augen unlösbar miteinander verbunden. Aus ihrem Eigenbewußtsein heraus verstand und ehrte sie Kleist, auch wenn sie, wie sie Marwitz gestand, von den Gründen seines Todes nichts wußte. „Es ist und bleibt ein Mut. Wer verließe nicht das abgetragene, inkorrigible [unverbesserliche] Leben, wenn er die dunklen Möglichkeiten nicht noch mehr fürchtete? Uns loslösen vom Wünschenswerten, das tut der Weltgang schon. Dies von denen, die sich nichts zu erfreuen haben; forsche ein jeder selbst, ob es viele oder wenige sind." – „Erschöss' ich mich", bekannte sie Varnhagen Monate später (im Februar 1812), „wunderten sich die Freunde wie über Kleist. Diese Begräbnisfeier, mich nicht zu wundern, habe ich ihm wenigstens gehalten."

Rahel hatte Kleist verstanden. Doch – wen verstand sie nicht?

LIEBESKAMPF UND LIEBESWIRKLICHKEIT

Zwei junge Männer sind Rahel in den Jahren zwischen preußischem Zusammenbruch und deutscher Erhebung besonders nahegetreten. Beide Begegnungen gingen über das Freundschaftliche hinaus. In der einen, die sich etwas später anzubahnen begann, schien sich das Erlebnis mit Finckenstein zu wiederholen, mit einem Finckenstein jedoch, der Rahel in Charakter und humanitärem Streben weit ebenbürtiger, ihr in der Tiefe des Zeitempfindens und des gesellschaftlich-politischen Bewußtseins durchaus überlegen war: Alexander von der Marwitz. Im anderen Fall geschah etwas Neues: Rahel verband sich einem Mann, der weder durch Herkunft noch durch Gaben ausgezeichnet war, unstet und unfertig, vom Geltungsdrang getrieben, nach einer über das bloße Dasein unter Millionen hinausgehenden humanen Aufgabe suchte, bildungsfähig und leitbar war, einem jungen Manne, in dem Rahel verwirklichen konnte, was ihr selbst darzustellen unter den gesellschaftlichen Bedingungen ihrer Zeit und der Besonderheit ihrer Individualität nicht vergönnt sein konnte: Karl August Varnhagen. Rahel stand im siebenunddreißigsten Lebensjahr, als sie sich mit dem vierzehn Jahre jüngeren Studenten Varnhagen verlobte; von der Marwitz war siebenundzwanzig Jahre alt, als er 1809 die Bekanntschaft der Achtunddreißigjährigen machte.

Man wird diese Daten im Auge behalten müssen, wenn man sich der alternden Rahel Liebeskampf und Liebeswirklichkeit vergegenwärtigt, nicht weil uns Menschen eines späteren Jahrhunderts diese persönlichen Schicksale sonderlich interessierten, sondern weil sie besonders kennzeichnend und aufschlußreich für den Wandlungsprozeß sind, den auch Rahel durchleben mußte, sosehr sie sich, bisweilen verbittert, weit öfter resignierend, zumindest in ihrer persönlichen Lebenssphäre dem Umbruch der Zeit zu entziehen suchte.

Karl August Varnhagen war im Jahre 1785 geboren worden. Er hatte dem Wunsche seines früh verstorbenen Vaters, der Arzt gewesen war, entsprochen und an der Berliner Pépinière Medizin studiert. Nach dreijährigen, recht unregelmäßigen Studien war er Hauslehrer in einer Berliner jüdischen Fabrikantenfamilie geworden. Seine Neigung gehörte der Literatur. Er war Mitglied einer Gruppe junger Schriftsteller, die sich den Polarstern als Zeichen gewählt hatten und, wie seinerzeit üblich, einen Musenalmanach veröffentlichten. Neben Varnhagen und Rahels Bruder Ludwig sind Adelbert von Chamisso, damals junger Leutnant, der Predigtamtskandidat Franz Theremin, der Breslauer Arzt David Ferdinand Koreff und der Handlungsgehilfe Wilhelm Neumann zu nennen.

Es war im Jahre 1803, als Rahel eines Tages zur Teestunde in das Haus des Fabrikanten Cohen kam, während der Hauslehrer den Versammelten aus einem Werke Wielands vorlas. Der Achtzehnjährige hat keinerlei Eindruck auf sie hinterlassen, während Varnhagen (wenn man seinen späteren Berichten Glauben schenken darf) von ihrer Erscheinung und ihrem Wesen sofort zutiefst beeindruckt war. Trotz seiner Verbindung mit Rahels Bruder Ludwig ergab sich jedoch keine Gelegenheit, die flüchtige Bekanntschaft zu vertiefen, die ihn sogar zu einem Huldigungssonett inspirierte.

Im Jahre 1804 wechselte Varnhagen seinen Studien- und Wohnort. Er siedelte als Hofmeister, also als Hauslehrer, nach Hamburg über, wo er in Fanny Hertz, der Herrin des wiederum jüdischen Hauses, eine ihm sehr zugetane Förderin fand; mit ihrer Hilfe setzte er schließlich in Halle seine Studien fort, die schon im Frühjahr 1807 infolge der Schließung der Universität abermals unterbrochen wurden. Friedrich August Wolf, Schleiermacher, Steffens gehörten zu seinen Lehrern, zu seinem Kreis fand sich auch Alexander von der Marwitz.

Mehr und mehr offenbarte sich, wie ziellos der junge Mann war; er wußte bei einer allgemeinen, aber nicht ausgeprägten schriftstellerischen Begabung nirgendwo und nirgendwie zu einer sinnvollen Begrenzung und Konzentration seines Bildungsstrebens zu gelangen. Varnhagen wandte sich nach Berlin, wählte — ohne daß sich dort rechte Ausbildungsmöglichkeiten geboten hätten — das Brotstudium der Medizin, während er mit einer Tätigkeit liebäugelte, in der er seinen Geltungsdrang zur Wirkung bringen könnte. Mächtig fühlte er sich zu dem heimgekehrten Fichte hingezogen, aber zu einer klaren Entscheidung gelangte er auch im Umgang mit diesem begeisterten und begeisternden Manne nicht. Fichte war aus einem Sachsen zu einem Preußen mit ausgesprochen gesamtdeutschen Vorstellungen geworden. Varnhagen blieb Rheinländer, das will sagen: Er trug die Ideen von 1789 von Hause aus im Herzen und vermochte sich in seiner Aufgeschlossenheit für die freiheitlichen Gedanken mit den widersprüchlichen Verhältnissen in Preußen um so weniger abzufinden, weil er noch nichts darstellte und, aus der Sicherheit seines Kreises in Halle durch den Gang der Ereignisse brüsk herausgerissen, in der preußischen Umwelt nicht heimisch werden konnte.

In Fichtes Vorlesungen an die deutsche Nation, die einem breiteren Publikum zugedacht waren, sah Varnhagen auch Rahel wieder, die in Begleitung ihres Bruders, seines Freundes, erschien. Ohne festen äußeren oder gar inneren Halt war er seiner selbst viel zu unsicher, als daß er gewagt hätte, sich der Frau zu nähern, die er verehrte und von Schleiermacher rühmen hörte.

Eines Nachmittags in noch schneeigem Frühlingswetter des Jahres 1808 begegnete Varnhagen, wie er in seinen „Denkwürdigkeiten" erzählt, Unter den Linden unvermutet Rahel Levin; ihre Begleiterin war ihm aus dem Cohenschen Hause wohlbekannt. So gab sich auch eine Möglichkeit, ein Gespräch mit Rahel anzuknüpfen. Varnhagen bot seinen Witz auf, um die Gelegenheit nicht ungenutzt vergehen zu lassen. Eine irgendwo gehörte Äußerung der bewunderten Frau gab Anlaß zu einer geistreichen Bemerkung. Rahel hatte an dem ihr in den Mund gelegten Ausspruch einiges zu berichtigen und riet ihm, sich „lieber selbst bei der Quelle solcher Äußerungen einzufinden".

Varnhagen machte schon in den nächsten Tagen von dieser Erlaubnis Gebrauch. Es war keineswegs so, daß bei diesem Wiedersehen ein Funke übergesprungen wäre. Man näherte sich gemessen, im Gedankenaustausch ohne Leidenschaft.

So bedingt der Wert einer solchen Rückerinnerung an die vergötterte Lebensgefährtin zumal aus der Feder eines sie bewundernden, ihr indessen nicht ebenbürtigen Geistes sein mag, der sich alsbald als ihr „Priester“ und „Prophet“ gab, muß hier doch mit einigen Sätzen des Eindrucks gedacht werden, den Rahel auf Varnhagen ausgeübt hat. Denn selten ist Rahels allgemeine Wirkung so treffend wiedergegeben worden wie hier von dem alternden federgewandten Zeitchronisten. Insofern kann Varnhagens Rahelbild Anspruch auf eine gewisse Allgemeingültigkeit erheben.

Wer sich mit der eigenartigen Wirkung ihrer Persönlichkeit beschäftigt hat, wird einer solchen Einsicht des Menschen, der ihr näherstand und sich ihr fügsamer einordnete als irgendein anderer, nur zustimmen können. Denn die Schwierigkeit jedes Versuches, diese Frau zu erfassen, liegt nur zum Teil darin, daß sie nicht ein „Werk“ als geschlossene, vom Forscher kritisch und nachschöpfend aufschließbare Leistung hinterlassen hat; sie liegt vor allem darin, daß Rahel in der unmittelbarsten Weise des persönlichen Umganges ihren unschätzbaren Einfluß ausübte. Selbst ihre Briefe, wie reich und eigentümlich darin auch die Quellen ihres Geistes und Gemütes sprudeln mögen, geben — wie Varnhagen hervorhebt — nur ein unvollkommenes Bild von ihrem Wesen, dessen Hauptmerkmal die ursprüngliche Lebendigkeit ist, „wo alles ganz anders aussieht, leuchtet und schattet, erregt und fortreißt, begütigt und versöhnt, als irgend Bericht oder Darstellung wiederzugeben vermag“. Sie war weit bedeutender im wechselseitigen Gespräch, in der absichtslosen persönlichen Begegnung als im geschriebenen Wort.

„Das volle Gefühl . . ., einen echten Menschen, dies herrliche Gottesgeschöpf, in seinem reinsten und vollständigsten Typus vor mir zu haben“, so äußerte sich Varnhagen über Rahel, „überall Natur und Geist in frischem Wechselhauche, überall organisches Gebild, zuckende Faser, mitlebender Zusammenhang für die ganze Natur, überall originale und naive Geistes- und Sinnesäußerungen, großartig durch Unschuld und durch Klugheit und dabei in Worten wie in Handlungen die rascheste, gewandteste, zutreffendste Gegenwart. Dies alles war durchwärmt von der reinsten Güte, der schönsten, stets regen und tätigen Menschenliebe, der zartesten Achtung für jede Persönlichkeit, der lebhaftesten Teilnahme für fremdes Wohl und Weh. Die Vorzüge menschlicher Erscheinung, die mir bisher einzeln begegnet waren, fand ich hier beisammen, Geist und Witz, Tiefsinn und Wahrheitsliebe, Einbildungskraft und Laune, verbunden zu einer Folge von raschen, leisen, graziösen Lebensbewegungen, welche, gleich Goethes Worten, ganz dicht an der Sache sich halten, ja diese selber sind und mit der ganzen Macht ihres tiefsten Gehaltes augenblicklich wirken. Neben allem Großen und Scharfen quoll aber auch immerfort die weibliche Milde und Anmut hervor, welche besonders den Augen und dem edlen Munde den lieblichsten Ausdruck gab, ohne den starken der gewaltigen Leidenschaft und des heftigen Aufwallens zu verhindern.

Ob man sich in dieser Mischung von entgegenstehenden Gaben und streitigen Elementen, wie ich sie anzudeuten versucht habe, sogleich zurechtfinden würde, bezweifle ich fast. Mir wenigstens war es beschieden, erst vermittels mancher Ungewißheit und manchen Irrtums auf die rechte Bahn zu kommen, indem ich nur in dem *einen* auf der Stelle bestimmt und auf immer fest war, daß mir der außerordentlichste und wertvollste Gegenstand vor Augen sei. Irgendein Vorurteil, wie das mißfällige Reden der Leute aus den Kreisen und Standpunkten seit so langer Zeit mir wohl hätte aufbürden mögen, hatte ich nicht, auch wäre dasselbe an ihrer Gegenwart sogleich zerschellt; der schlichte, natürliche Empfang, die harmlose Klarheit und das anspruchslose Wohlbehagen des anfänglich nur auf Gleichgültigkeit fallenden Gespräches mußten jede mitgebrachte Spannung auflösen, und nach und nach erhob sich dagegen eine neue, die ganz dem Augenblicke selber angehörte und schon darin begründet lag, daß jedes Wort, rein und lauter wie der frische Quell aus dem Felsen, auch dem Gleichgültigsten einen Reiz des Lebens, einen Charakter von Wahrheit und Ursprünglichkeit gab, welche durch die bloße Berührung jedes Gewöhnliche zu Ungewöhnlichem verwandelten ...

Hier fand ich das Wunder anzustaunen, daß Rahel in gleichem Maße, als andere sich zu verstellen suchen, ihr wahres Innere zu enthüllen strebte, von ihren Begegnissen, Leiden, Wünschen und Erwartungen, mochten ihr dieselben auch zum Nachteil auszulegen sein, ja ihr selber als Gebrechen und Fehl erscheinen, mit ebensolcher Unbefangenheit und tiefen Wahrheit sprach, als hätte sie nur Günstiges und Schmeichelhaftes anzuführen, sich nur der schönsten Geselligkeit zu rühmen gehabt. Diese Aufrichtigkeit, derengleichen ich nie in einem anderen Menschen wieder gesehen habe und deren sogar J. J. Rousseau nur in schriftstellerischer Mitteilung fähig gewesen zu sein scheint, konnte mich sogar einigermaßen bedenklich und irremachen, indem oft scharfe Härten aus den leidenschaftlichen Bekenntnissen hervorsprühten und in dem Erlebten wie in dem darüber Gedachten ein eigenes Element aufwogte, das als gewaltsam und schonungslos leicht widrige Empfindungen weckte, besonders wenn man voraussetzte, daß nach der gewöhnlichen Weise auch hier neben dem Ausgesprochenen noch Verschwiegenes im Hintergrunde liege. Dies war aber hier keineswegs der Fall, Rahel sagte in betreff ihrer selbst rücksichtslos die ganze Wahrheit und würde auch die beschämende und nachteiligste, wäre eine solche vorhanden gewesen, demjenigen nicht verhehlt haben, der im Schein edlen Vertrauens und einsichtiger Teilnahme sie darum befragt hätte. Sie glaubte, indem sie wahr sei, niemals etwas zu vergeben noch durch Verschweigen etwas zu gewinnen, und dieses höchste, ausgleichende, versöhnende Interesse für die Mitteilung der Wahrheit, welches sie empfand, setzte sie für deren Würdigung auch bei anderen stets, wiewohl leider meist fälschlich, immer aufs neue voraus ..."

Das Porträt, das uns Varnhagen von seiner Rahel überliefert hat, ist das eines wahrhaft humanen Menschen, wie man sich ihn in der Goethezeit vorstellte. Es ist das Bildnis eines Menschen, der die Lebensaufgabe des Bildungsbürgers in der Entfaltung seiner Individualität zu menschlicher Vollkommenheit sah. Wer in Rahels Augen diesen zeitgenössischen Idealtypus verkörperte, den rechnete sie nicht zu den ungebildeten „Leuten", sondern zu den „Menschen". Es ist aber auch das Bildnis eines Menschen, der abseits der Lebenswirklichkeit einen individuellen Weg gesucht hat. Denn es ist ein anderes, die Wahrheit im Menschen, das heißt seine reine Individualität, zu erkennen (sofern ein solches Unterfangen überhaupt möglich ist) — eine Kunst, die im Zeitalter der Frühromantik bis zum Überdruß experimentiert worden ist. Und es ist ein anderes, die Wahrheit in der Lebenswirklichkeit, Ursache und Wirken des Zeitgeschehens zu erkennen.

Rahel hat sich noch nach Abschluß ihrer romantischen Epoche über die Lebenswirklichkeit erheben wollen. Sie hat einsehen und unter Enttäuschungen und Bedrängnissen erfahren müssen, daß sich niemand außerhalb der Zeit zu stellen vermag, in der er lebt. Dennoch hat sich Rahel ihre romantische Vorstellung von Menschenwürde und Menschenpflicht bewahrt, obwohl sie unausweichlich stärker und stärker in den Umbruch der Zeit hineingezogen, obwohl sie jäh aus dem Traumbild der Frühromantik ins Wachsein gerufen wurde und sich ihren Weg vorwärts durch die gesellschaftlichen Gegebenheiten der Zeit und in Übereinstimmung mit diesen suchen mußte. Sosehr sie sich indessen mit der Lebenswirklichkeit auseinanderzusetzen hatte, so hartnäckig verteidigte sie in ihrem Inneren ein Beharren jenseits des Geschehens des Tages, von welchem ihr äußeres Geschick bestimmt wurde und dem sie nicht zuletzt deshalb feind war. Sie hielt für ihr Leben fest an der „Wahrheit", an der uneingeschränkten und kompromißlosen Ehrlichkeit vor sich selbst und anderen; in diesem Wesenszug liegt Rahels Besonderheit einer gelebten Humanität.

In den Augen einer solchen Frau konnte Varnhagen durchaus nicht Billigung für alles erwarten, was er war und sagte; er vernahm manchen Tadel und konnte anderweitiges Mißfallen unausgesprochen erraten, fühlte aber, daß Rahels Teilnahme für ihn durch solch ein aufrichtiges Rechten mit seinen Schwächen nicht litt, sondern wuchs. Sie hat in scharfsichtiger Weise die Bilanz seines Wesens gezogen, als sie nach einem gemeinsamen, meist in Charlottenburg verbrachten Sommer übereingekommen waren, einander anzugehören.

Varnhagen, so hatte man in Voraussicht auf das gemeinsame Leben vereinbart, sollte in Tübingen sein Studium der Medizin zu einem gewissen Abschluß bringen (den akademischen Grad eines Doktors verschaffte er sich mit Hilfe eines Berliner Professors, der diese eigenartige Mäklertätigkeit entgeltlich ausübte, bei der Universität Erfurt), ohne daß damit ausgemacht war, daß er einmal den Beruf eines Arztes ausübte. Er fühlte sich vielmehr, „für politische Verhältnisse und Geschäfte nicht ungeeignet", die freie Tätigkeit eines Schriftstellers erschien ihm „vor allem leicht und wünschenswert". Auch das Kriegshandwerk lockte, weniger aus Vaterlandsliebe, wie man hinzufügen muß, als wegen der Ansprüche auf zivile Verwendung, die man mit dem Offiziersrang erheben konnte.

Er war damals ein schwankendes Rohr im Sturmwind der Zeit, und diese Zeit rüttelte und schüttelte ihn wegen seiner menschlichen Schwächen und seiner Unausgeglichenheit um so heftiger. Da sich auch Rahel so lange wie möglich gegen eine Auseinandersetzung mit der veränderten Lebenswirklichkeit sträubte, war ein Versuch, sich dem Dasein und seinen Veränderungen in voller Bewußtheit zu stellen, bei seinem labilen Wesen vorerst nicht zu erwarten. Das „Varnhägken“ suchte in Rahel denn auch seine „Urheimat“, ohne daß es ihm gelungen wäre (und gelingen konnte), der unmittelbaren Begegnung mit dem Zeitgeschehen zu entgehen. Sich selbst bemitleidend, empfand er sich bezeichnenderweise als „Bettler“ am Wege, darauf wartend, daß „etwas vorgehe“, das ihn aus seiner Passivität reiße und möglichst ohne Schwierigkeiten in eine diplomatische oder publizistische Stellung führe, weniger um seinen Ehrgeiz zu befriedigen, als sich Rahels „würdig“ zu erweisen.

Für ein Alter von dreiundzwanzig Jahren war Rahels Verlobter nach den strengen Maßen seiner Zeit noch immer reichlich unentschieden. In seiner inneren Entwicklung war er nach den hohen Begriffen seiner Zeit unfertig, im Selbsterkennen durch ein Geltenwollen gehemmt, das in keinem Verhältnis zu den bereits entfalteten Eigenschaften oder gar seinen Leistungen stand. Immer wollte er wie ein anderer, Namenhafterer sein, größer und bedeutender, als er war und zu sein vermochte. Er neigte zur Anlehnung an eine stärkere Natur, ließ, wenn die Entscheidung nicht für ihn durch einen anderen gefällt wurde, die Dinge auf sich zukommen. Auch sein Verstandes- und Gemütsleben waren keineswegs sonderlich reich, er war bar eigener Gedanken und aufwühlender Gefühle. „Leer ist es in mir“, gestand er selbst (1808). Er war nicht einmal eine nachempfindende oder nachschöpferische Natur, sondern ein aufmerksamer Statist jener Zeitentwicklung mit der Anlage, ihr Chronist werden zu können.

Rahel entdeckte diese Anlage in ihm, brachte sie ihm zum Bewußtsein und nahm deren Entfaltung in ihre Obhut. Es ist vornehmlich ihr zu danken, wenn Varnhagen nach Goethes Urteil zu einer „sondernden, suchenden, trennenden und urteilenden Natur“ geworden ist, wobei die Aneinanderreihung der Attribute auch einer zeitlichen Folge der Entwicklung Varnhagens zum Chronisten seiner Zeit entsprach.

„Frei mußt du sein", schrieb Rahel dem Freunde (im Dezember 1808) in ihrer trefflichen Analyse, „und innerlich noch freier. Laß dich *ganz* gehen, wenn du arbeitest, dichtest; denk an keinen Freund, an kein Muster, an die größten Meister nicht, als um zu vermeiden, an kein Drucken, an nichts! Folge deinem innersten, süßesten Hange, stelle *dich* dar: alles, was du siehst, und so, wie du's siehst. Was dir das liebste, das schrecklichste, das peinlichste, das heimlichste, das verführerischste ist, das kehre hervor mit deinen göttlichen Worten. Nennen kann ich es noch nicht, aber du hast ein einziges Talent."

Dieses einzigartige Talent, so meinte Rahel schon zu einer Zeit, in der Varnhagen noch nichts von Bedeutung geschrieben hatte, läge in seiner Fähigkeit, schier Unverständliches zu begreifen und auf für jedermann verständliche Weise auszusprechen. Wie er die wetterartigsten Zustände und Regungen, denen er unterlegen, der Freundin farben- und kunstreich darzustellen wisse, so sollte er Welt, Publikum, Papier behandeln, wenn er dichte.

Dichter, wie er geträumt hatte, war Varnhagen gewiß nicht. Das ergab sich, sobald er sich zu Herzen genommen hatte, was ihm geraten worden war: nicht Nachahmer zu sein, nicht mit fremden Augen zu sehen (und sich mit fremden Federn zu schmücken), letztlich die Welt ohne sich selbst darzustellen, in der Sicht anderer. Es ist erstaunlich, wie Rahel im voraus sah, was uns andern erst vom Ende und der Ernte seines Lebens her zu überblicken möglich wurde: „Du bist so ehrlich, mit Anlagen, es nicht zu sein, daß es ein Wunder — nicht moralisch genommen — ist. Dies allein muß dein Talent originalisieren auf eine Weise, wie es vielleicht noch nie geschah, und schaffen, wie es noch nie keins gab. Denn dazu gehören bestimmte Talente, bestimmte Akkorde von Gaben."

Rahels Rat an Varnhagen lautete: er möge recht in Üppigkeit und Schwelgerei arbeiten, um recht er selbst zu sein; er möge seine andere Natur, das Gehässige und Zänkische, beherrschen, damit eine neue Frucht auf der Erde entstehe, die sie in ihm liebe, und damit sich die Besonderheit seiner Anlage verwirkliche, die ihm seinen Reiz gebe, „denn dies ist dein Eigenstes, dies macht dich zum Varnhagen unter den Menschen".

„Mein geliebter Freund, mein liebes Kind" nannte Rahel aus solchem Anlaß den Unsteten, der ihr nicht in glühender Leidenschaft verfallen war, sondern sich bewundernd, kaum je begehrend an sie als seine stärkste Stütze lehnte. Sie kam zu ihm auf einem langen Weg langsam quellender Neigung, mütterlich wiederum in vielem, schlicht menschlich helfend, zürnend seiner Unzuverlässigkeit, dankbar für die Verehrung und die Leitbarkeit des „Kindes", achtsam auf seine Besonderheit, die Fähigkeit eben, eigene, aber auch mitgeteilte, angedeutete, erfühlte Zustände und Regungen „in farbenreichen, hellen, hervorspringenden, immer schön- und kunstreichen Worten darzustellen".

Einer stürmischen Leidenschaft, sich der Liebe zu ergeben wie einem Meere, war Rahel nun nicht mehr fähig. Die Begegnungen mit Finckenstein und d'Urquijo hatten sie tief verletzt und in ihrem Sehnen nach „neuer, europäischer Liebe" enttäuscht. Diese ihre persönlichst romantische Epoche war verflogen. Der Liebeslüge folgte die Liebeswahrheit, diese eine nicht minder schmerzensreiche Erfahrung als jene.

Vorerst türmten sich Berge auf dem Wege zu beider Vereinigung.

Varnhagen war auch nach seiner Verbindung mit Rahel seiner selbst nicht sicher, wenn er, was in den folgenden Jahren selten der Fall war, mit ihr vereint lebte. Wieder und wieder suchte er sich der zielbewußten Vorbereitung auf eine Erwerbstätigkeit zu entziehen, schwankend zwischen medizinischem Brotstudium und bisweilen peinlich großsprecherischen politischen Aspirationen oder schriftstellerischem Ehrgeiz. Von Tübingen drängte er bald nach Wien, bald nach Paris, anscheinend auf seine Entdeckung durch einen Staatsmann harrend, unreifer Pläne voll. Gebürtiger Rheinländer und republikanisch, zumindest adelsfeindlich gesinnt, tendierte er weit mehr nach einem Aufenthalt in Paris, allenfalls in Wien, als in Berlin.

Im Jahre 1809 entschied er sich plötzlich für den Eintritt in die österreichische Armee, um am wieder auflebenden Kampf gegen Napoleon teilzunehmen. Trotz seiner Mitteilsamkeit weiß er für diese Wendung keine überzeugenden Gründe anzuführen, patriotische waren es nicht. „Schneidend und schmerzend" nannte Rahel die Anfänge ihres Vertrautseins mit Varnhagen; er gestand „leidenschaftliche Spannungen" ein, die nicht nur in seiner Unausgeglichenheit und in Rahels pathologischer Reizbarkeit begründet lagen. „Ich mußte fort", das wußte er, „um als ein anderer wiederzukommen, und mußte immer wieder fort, bis nach genugsamen Kämpfen und Stürmen das innere Leben sich zu dem äußeren in gehöriges Verhältnis gebracht hatte. Ich fühlte diese unwiderstehliche Notwendigkeit, ohne derselben klar bewußt zu sein, und alle entgegengesetzten Versuche mußten mißlingen, bis die rechte Zeit gekommen war." Es bedurfte darüber hinaus der Entwirrung jener Beziehungen, in die Varnhagen während seiner Hamburger Zeit zu Fanny Hertz getreten war, und der Lösung schicksalhafter Verkettungen beider Liebenden mit Alexander von der Marwitz.

Fanny hat, wir wissen nicht, in welchem Ausmaß, zu den Ausbildungskosten Varnhagens beigetragen, seit er in Hamburg (Sommer 1804 bis Sommer 1805) Hauslehrer ihrer Kinder gewesen war. Rahels Verlobter war noch immer von dieser Unterstützung abhängig und glaubte sie annehmen zu können, da er sich seiner Gönnerin verbunden fühlte, und das in einer Weise, die man nicht anders denn als Verlöbnis bezeichnen kann. Diese Zweigleisigkeit Varnhagenscher Bindung war gewiß schon im Sommer 1808 zwischen den sich einander Versprechenden in der ländlichen Wohnung in Charlottenburg erörtert worden, während man auf dem heimlichen Schattenplatz vor der Tür des kleinen Hauses in der abgelegenen Schloßstraße weilte, auf Spaziergängen in den duftenden Gartenwegen, durch die breiten baumreichen Straßen des damals überaus stillen Ortes, längs des Ufers der Spree und über die Brücken lustwandelte. Aber man hatte, auf eine lange Vorbereitungszeit künftigen Zusammenlebens gefaßt, wie Rahel einsah, wohl Pläne der Trennung, nicht aber der Vereinigung gemacht. Fanny stand zwischen ihnen, ohne daß sie selbst es gewußt hätte.

Bald nach seiner Übersiedlung nach Tübingen, unter neuen Klagen über die Zerrissenheit seines Lebens, in der Überzeugung, „ein verdorbener großer Dichter", von Natur her „unfähig einer großen Leidenschaft" zu sein, erinnerte sich der doppelt Gebundene wieder und wieder jener „anderen Verwirrung", an sein Verhältnis zu Fanny. Oft und oft bedurfte Rahel ihres „liebreichen Gefühls" und ihrer „verständigen Einsicht", um Varnhagen zur Klärung seiner Lebensbindungen anzuhalten. Erstaunlich, aber auch peinlich berührt die Ehrlichkeit, mit der er seiner Rahel die Verworrenheit seiner zu alledem leidenschaftslosen Liebeswirren schilderte. Er möchte an seiner „Unkraft" verzweifeln, erkannte sich als „einen dünnen Faden" neben ihr, dem „schön ragenden Baum", malte sich aus, er würde nach Hamburg gehen — denn Fanny wartete auf seine Rückkehr — und dort als Arzt ein gesichertes Leben haben: „Abscheulich aber wäre mir der Gedanke, dich mit Fanny an einem Ort zu sehen, und wäre auch mit jeder von euch beiden mein Umgang so geartet, daß jede, auch als Verliebte, keine Eifersucht auf die andere fassen könnte. Ich habe keine so lieblose Freundschaft! — Sage, teure Rahel, ist das nicht ein ungeheures Unglück, so verworren zu sein?"

Hatte Rahel eingesehen, daß sie nie geliebt werden würde, werden könnte, wie sie zu lieben vermochte, weil es ihr nicht vergönnt war, dem Manne zu begegnen, der ihr an Fülle des inneren Erlebens, an Höhe der Gedanken und Tiefe der Gefühle ebenbürtig gewesen wäre? War die Verbindung mit Varnhagen nicht doch Resignation?

Als sie die zwielichtigen Auslassungen ihres Verlobten in Händen hatte, hielt sie ihm nicht den Spiegel ihres tiefgründigen Wissens oder gar den ihrer Empörung vor die Augen. „Taten, Taten, nicht mehr Worte!" rief sie ihm zu, diese Taten aber nicht von ihm verlangend, sondern ihm bietend. Zwar hätten ihr die „Hamburger Verhältnisse" von jeher mißfallen, sie wären von seiner Seite aus „unreife Jugend" gewesen; sie, Rahel, gäbe ihn, unbeschadet ihrer unveränderlichen Liebe für ihn, immer und jedesmal frei. „Kein Wort gegen mich, keine Äußerung, keine mir gemachte Hoffnung bindet dich!" Aber: „Ich liebe dich und wünsche mit keinem anderen lieber zu leben als mit dir."

Varnhagen spielte sich in die Rolle des leidenden Wahrheitsfanatikers, eines dank der Aufrichtigkeit seiner Gefühle nach zwei Seiten hin gebundenen Ehrenmannes. „Das beste ist, daß wir noch einige Monate unentschieden bleiben können." Wieder und wieder waren „wichtige Nachrichten aus Hamburg", die er erwartete, Vorwand für fortdauernde Unentschiedenheit. Wie Rahel, so sollte Fanny für ihn entscheiden, wobei die finanzielle Sicherung seines unwillig verfolgten Studienabschlusses unverkennbar seine Wankelmütigkeit beeinträchtigte. „Heiraten werde ich nie, oder eine von euch beiden! Ich weiß, daß ich damit etwas Ungeheures sage, dadurch ungeheuer, daß ich es zu dir sage, geliebte Rahel!" Aber — er sagte es nicht nur Rahel, er sagte es auch Fanny, in seinem Berufsstreben zielloser als je, wortreich sich selbst bemitleidend wegen der Schmerzen, die er Fanny bereitete und die tausendfach wiederholt in seiner Brust wüteten. „Du siehst, die Wahrheit ist fürcherlich, aber sie ist doch Wahrheit und muß in ihrem unhemmbaren Aufsteigen alle Wolken wegstrahlen!" — Rahel gab ihn frei. Aber sie brach nicht mit ihm, sondern versicherte ihn unentwegt ihrer unveränderten Liebe.

Sie wollte ihm nicht zwei leidende Weiber zeigen, so zeigte sie ihm sich selbst als ein eisernes. Sie tat es um so entschiedener, als sich infolge von Krieg und Besatzung ihre wirtschaftliche Lage wesentlich veränderte. Die Geschäfte des Bankhauses, das ihr Bruder Moritz für die gesamte Familie führte, gingen schlecht. Sie mußte sich darauf einstellen, von weniger als zwölfhundert preußischen Talern im Jahr zu leben, was ihr bei einiger Beschränkung nicht nur in Berlin, sondern auch in Wien oder Paris, Varnhagens austauschbaren Zielen, möglich gewesen wäre. Sie wollte nicht mehr allein leben, als Frau, sie vermochte es nicht mehr.

Ende März traf Varnhagen in Hamburg ein. Sein Sinn war stumpf, sein Kopf leer, „alles unsicher". „Ob ich nach Paris kann, will, ob ich hier bleibe — alles ist unbestimmt; ich weiß nicht, wie meine Geldquellen sein werden. Was die Güte mir gewährt, nehm' ich dankbar hin." Hamburg schilderte er in lokkenden Farben, lobte Wohlstand, Freiheit und Getümmel, empfand es angenehm, Reichtum auch nur zu sehen. Dann erst sprach er von Fanny, fand sie „liebreich und lieblich wie sonst, aber viel reizbarer und tiefer gedrungen das Gefühl der Unglücklichkeit".

Fast wäre man versucht, Varnhagen zu den spätwertherschen Naturen zu rechnen, denen es in jener gefühlsseligen Zeit Freude und Behagen bereitete, wenn sie litten. Zutreffender wohl muß man annehmen, daß er mit seiner Verworrenheit Rahel zu beeindrucken suchte. Im Grunde spielte er mit dem Gedanken, zusammen mit Rahel für Fannys Geld in Paris eine Chance zu suchen. Man mag, wie es gern geschieht, der Gebrochenheit der Zeit viel von der Gebrochenheit Varnhagens zurechnen, um ihn vor der Selbstverantwortung, wie sie dieses subjektivistische Zeitalter doch feierte, zu entlasten. Jedoch, andere reiften, indem sie sich der Zeit stellten, Varnhagen war jede Woge neuer Unsicherheit willkommen, um sich in seiner eigenen Unsicherheit von ihr tragen zu lassen.

„Geld erbitten mag ich nicht, Geld erwerben kann ich nicht, und ohne Geld — nein, Rahel, nein, nein! Ich fühle, daß ich nicht hilflos zu dir kommen darf. Ich weiß, du willst teilen, aber du hast kaum für dich, und wir litten beide ... Ich denke oft, daß meine Lage auf keinem Wege gut werden kann; ich mag unter den vorhandenen Bedingnissen nichts wünschen, das Beste bliebe schlimm. Überhaupt kann man nur sein, nie etwas werden. Erringen ist Schmach, eine Schmach, die auch Napoleon bei der Kaiserwürde fühlt. Verzeihe mir! Ich bin nicht kleinmütig, nicht verzagt, aber beleidigt und gekränkt und darum in Tränen!" Er ließ sie, weil er untüchtig wäre, das Leben ihn schmähte, er sich seines Armseins schämte. „Leb wohl, geliebte, süße, einzige Rahel, du mein Engel, mein Freund, mein Wesen ...! Ich beklage dich, geliebte Rahel, mehr als mich!"

„Wie mit einer Hand von Messern" schnitt dieser Brief Rahel von allen Seiten ins Herz, wiewohl ihr nichts von alledem, was sie las, neu war; „alles wußte ich". Er schmerzte sie um seinetwillen. Sie wäre nicht dazu gemacht, „‚im Glückstopf nach eitlen Gütern dieser Welt zu greifen', und von neuem immer dazu verdammt, gestoßen. Nun ja! Ich beuge mein Haupt endlich unter dem furchtbaren Beil. Ich will. Ich muß. Weiter."

R. L. signiert, eilte dieser Brief mit der schnellen Post nach Hamburg. Er war überholt wie die Abschiedsklage, die ihn ausgelöst hatte. Varnhagen hatte inzwischen von Fanny die Zusage erhalten, daß ihm für das nächste Jahr 400 preußische Taler zur Verfügung stünden, ohne jede Bedingung, ohne jede Bindung. Vergessen hatte er die Absage an Rahel im Augenblick, überströmend vor Freude kündete er seinen Besuch in Berlin an, bereit, mit Rahel nach Paris („nur im Fall deine Finanzen so gut sind, daß du mich rein nehmen kannst") oder nach Wien („am sichersten für mein Fortkommen und meine Studien") zu reisen. „Die Politik wird uns weniger hindern, als du denkst. Ist Krieg, so ist die Entscheidung schnell, und das französische Wien bleibt uns sicher und wohlfeil wie das österreichische, und sein Glanz kann in dem ersten Jahr nicht verfallen wie der von Berlin."

Es dauerte noch ein Jahrzehnt, bevor Varnhagen ein seines Deutschtums stets bewußter Berliner wurde.

Gegen Mitte Mai 1809 war Varnhagen bei Rahel, die er am 13. Juni wieder verließ. Sein Ziel war nicht Paris, allenfalls indirekt das inzwischen von den Franzosen eroberte Wien; die patriotische Begeisterung der Österreicher und vieler Deutscher war, im Anblick der verhängnisvollen Unbeweglichkeit der österreichischen Heere bereits erstarrt, von Napoleon in wenigen Schlägen erstickt worden. Der Bauernaufstand in Tirol und die erfolgreiche Schlacht, die den Österreichern am 21. und 22. Mai bei Aspern gegen Napoleon gelungen war, mögen Varnhagen dazu bestimmt haben, sich den österreichischen Armeen anzuschließen. Den gleichen Entschluß hatte Varnhagens Studienfreund Alexander von der Marwitz gefaßt. Eine Woche nach Varnhagens Abreise aus Berlin standen beide in Nikolsburg bei Wien am Krankenlager des achtzehnjährigen schwerverwundeten jüngeren Bruders von der Marwitz', der bald danach starb. Varnhagen wurde in der Entscheidungsschlacht bei Wagram (am 5./6. Juli) ernstlich verletzt. Nach seiner Wiederherstellung und dem Friedensschluß blieb er zu Rahels Kummer im Regiment des Grafen Bentheim, dessen Adjutant er geworden war.

Rahel hatte sich nach Varnhagens Abreise nach Charlottenburg zurückgezogen; doch auch in der Stille der noch ländlichen Stadt und im vertrauten Umgang mit wenigen Menschen machte ihr jeder Gegenstand „Schreck und eine verwaiste Furcht". Das Zusammensein mit dem Verlobten hatte weder Klärung noch Harmonie gebracht. In einem Brief vom 8. Juli, geschrieben im Krankenzimmer der Mutter, die, wie Rahel während dieser Zeilen an Varnhagen erfuhr, ihrer letzten Stunde entgegensah, zog sie die Bilanz ihrer Verhältnisse.

„Ich werde es nie vergessen, mit welchem Abscheu vor Berlin du von Hamburg kamst. Ich schwieg. Und ewig unsicher über deine Herzenswahl! Meins ist davon empört und gedrückt. Und nicht versöhnt durch alle deine Sehnsucht. Unfruchtbar bleibt sie!" Das blieb sie auch „nach der letzten Versöhnung". Er wäre entehrt, wenn er abermals ausbräche, könnte nicht, wie im Jahre zuvor, bloß „mit einem starken Wollen wiederkommen". Und dennoch: „Ewig bin ich dein Asyl. Komm, *wann*, komm, *wie* du willst!" Rahel hatte sich gebunden.

Und dann fällt — zum ersten Male in einem Briefe Rahels an Varnhagen — der Name Marwitz. Mit gleicher Post wie von Varnhagen hatte sie von ihm „einen großartigen, edlen, himmlisch ausgedrückten Brief“ erhalten. „Siehst du ihn, sag ihm, wie sehr ich ihn liebe — dies sei mein Gruß . . . Sei gut gegen ihn; er ist etwas unsicher über dich geworden. Wie edel drückt er das aus! Wie fragend! Kannst du denn sein Gemüt nicht finden wie ich, den Lebenspunkt, das Herz, wo alle seine Eigenschaften hinlaufen und ausgehen?“

In jenem Mai 1809, in dem Varnhagen, von der Bindung an Fanny befreit, nach Berlin gekommen war, hatte Rahel seinen Studienfreund, den zweiundzwanzigjährigen Alexander von der Marwitz, kennengelernt. Sie hatte ihn im Salon der Frau von Fouqué und bei Fichte getroffen und in einer Weise für sich eingenommen, wie kaum einen Adligen oder einen Bürger zuvor. Beide traten einander nahe, im wohlverstandenen Sinne der intellektuellen Begegnung jener Zeit, nicht in Liebe, nicht nur in Freundschaft, sondern im Verstehen von Mensch zu Mensch. Niemand hat auf Alexander von der Marwitz' kurzes Leben einen förderlicheren Einfluß ausgeübt als Rahel Levin.

Blickt man nur oberflächlich hin, könnte man meinen, in Alexander von der Marwitz wäre Karl Graf von Finckenstein, der Sproß märkischen Uradels, Rahel Levin, der emanzipierten Jüdin, ein zweites Mal begegnet. Doch Rahel hatte sich von der Frühromantik gelöst, und Marwitz war von anderem, eindrucksfähigerem, aufgeschlossenerem, wohl auch fortschrittssüchtigerem Schlag und von menschlich weit größerem Format als Wilhelm von Humboldts Vorgänger auf dem preußischen Gesandtenposten in Wien. Und, was schwerer wiegt, die Zeit hatte an der alternden Frau und dem Jüngling gezaust und beide gezwungen, sich einer Entwicklung zu stellen, die sich in den Jahren ihrer engsten Vertrautheit vollzog. Das war für Marwitz aufwühlender als für Rahel, die noch das nachfriderizianische Preußen bewußt erlebt und erlitten hatte.

Das Geschlecht derer von der Marwitz, nicht weniger mit Preußens Geschichte verbunden als das der Finckensteins, hatte der königlichen Armee elf Generale gestellt. Das Stammgut Friedersdorf lag am linken Oderufer, wenn auch Alexander wie sein älterer Bruder Ludwig in einem Palais in der Berliner Wilhelmstraße geboren waren, wo die Familie mehrere Monate des Jahres zu verbringen pflegte. Friedrich August Ludwig von der Marwitz, Herr auf Friedersdorf, war 1777 geboren und mithin zehn Jahre älter als sein Bruder Alexander, der schon sechsjährig seinen Vater verlor und von seinem älteren Bruder ins Leben geleitet wurde. Das Graue Kloster in Berlin, wo er mit Söhnen von Büsching, Biester, Adelung, der Frau von Staël erzogen wurde, die Universitäten Frankfurt an der Oder und Halle bestimmten seinen Bildungsgang. In Halle näherte er sich sehr zum Verdruß des älteren Bruders dem Philologen Friedrich August Wolf, von Johannes von Müller, einer selbstgesuchten Bekanntschaft, eingeführt.

Ludwig von der Marwitz, das Haupt der Familie, erkannte das Bürgertum nur an, soweit es sich in die ständische Ordnung einfügen ließ; die Gebildeten unter den Bürgern aber haßte er. Selbst Goethe, den er im Oktober 1806 nach der Schlacht bei Jena im Weimarer Schlosse traf, erschien ihm zwar als ein „anstandsvoller Minister und ein großer Poet, war der leuchtende Stern des Hofes, aber geboren als ein Bürgerssohn zu Frankfurt“ (Theodor Fontane).

Dieses feudale Selbstbewußtsein war nichts anderes als ein junkerlicher Standesdünkel, den der ältere Marwitz aus der Tradition des Adels und einem Festhalten an der ständischen Gliederung als gesellschaftlichem Ordnungsprinzip historisch. juristisch, ja sogar moralisch zu rechtfertigen suchte. Sein vielfach mystisch verbrämter Konservativismus stellte ihn von vornherein auf die Seite der entschiedenen Gegner der preußischen Reformen, soweit sie die Rangordnung der Stände und damit die Vorrechte des Adels anzutasten suchten. Für Stein hatte er nichts übrig, gegen Hardenberg zog er schließlich öffentlich zu Felde, wo immer in den preußischen Reformen das Bürgertum ranggleich neben den Adel trat. Theodor Fontane sah durchaus richtig, wenn er des älteren Marwitz' Verhältnis zum Bürgertum als seinen Kardinalirrtum, seinen „angreifbaren Punkt“ bezeichnete.

Ludwig von der Marwitz' restaurative Tendenzen bedingten auch seinen stockpreußischen Patriotismus. Seine Anhänglichkeit galt in Krieg und Frieden einem Staat, der die überkommene Ordnung zu schützen beziehungsweise wiederherzustellen hatte, und einem König, der die Treue des Feudaladels zur Krone mit der Treue der Krone zum Feudaladel zu vergelten hatte. In Marwitz' Vorstellungen hatten weder demokratische Rechte noch ein geeintes Deutschland ihren Raum.

Sobald er spürte, daß Hardenberg entschlossen war, die Macht der Stände zu brechen, machte er sich zum Sprecher der Lebusischen Stände gegen die Reform, indem er den Regierungschef Friedrich Wilhelms III. revolutionärer Tendenzen beschuldigte und den Gehorsam verweigerte. Gerade weil Hardenberg eine revolutionäre Entwicklung verhindern wollte, glaubte er endlich, zur Sicherung seiner Reformen gegenüber den junkerlichen Rebellen ein „warnendes Exempel“ statuieren zu müssen: Er schickte Ludwig von der Marwitz und — denkt man an Rahel, wahrlich eine Ironie des Schicksals — den alten Grafen Finckenstein im Juli 1811 für kurze Zeit auf die Festung Spandau. Es war eine öffentliche Geste, nicht mehr. Es versteht sich von selbst, daß der ältere Marwitz zu den ersten gehörte, die unmittelbar nach der Konvention von Tauroggen auf die Wiederaufnahme des Krieges gegen Napoleon drängten.

Alexander von der Marwitz war von anderer Art als sein älterer Bruder. Als er neunzehnjährig für den ins Feld rückenden Ludwig die Verwaltung des verwahrlosten Gutes — Wirtschaftsgebäude waren abgebrannt — übernommen und die Heimsuchung durch plündernde Franzosen über sich hatte ergehen lassen, schien es, als würde sich der den Musen ergebene Jüngling zu entschiedener Tat aufraffen. Er stand nicht nur in Friedersdorf seinen Mann, sondern eilte nach der Rückkehr des Bruders im Herbst 1807 nach Memel, wo sich Stein und vor allem Niebuhr für seine Verwendung in der reformierten Staatsverwaltung und im Dienste der Erneuerungsbewegung einsetzten. Alexander von der Marwitz sah die ökonomischen Grundlagen in Hardenbergs Reformen, war aber im Gegensatz zu dem Staatskanzler der Meinung, daß der Übergang zum Kapitalismus wohl für das industrialisierte liberale England, nicht aber für das agrarische, verarmte und unterjochte Preußen möglich war. Zur Jahreswende war Marwitz bereits in Berlin. Niebuhr versuchte im Frühjahr 1809, den Zweiundzwanzigjährigen im Rang eines Staatsrates für die preußische Verwaltung zu gewinnen. Es mag sein, daß des Jünglings Teilnahme am Schillschen Zug die Fortführung der Verhandlungen unmöglich machte. Gewiß ist, daß Alexander von der Marwitz allenfalls mit dem Gefühl, keineswegs mit dem Verstand auf seiten der bürgerlichen Reformer stand. Er stimmte sogar insoweit mit dem Bruder überein, als auch er keinerlei „Reformen des Adels“ wünschte und Hardenbergs Maßnahmen als „ein Gewebe von moderner eleganter Dummheit, Unwissenheit, Lügenhaftigkeit und Schwäche“ ablehnte, eine Formulierung, die erkennen läßt, wie überheblich Marwitz schon damals war. Er flüchtete nicht in die Vergangenheit, sondern in das zeitübliche Ideal des wirklichkeitsfernen Gebildeten, er strebte nach „einem *ganzen* nach allen Richtungen hin *vollständig* gebildeten Leben“. Er war der Prototyp des romantischen Individualisten.

Insofern war Alexander von der Marwitz eine Rahel-Natur, so daß beider wechselseitiges Verständnis entscheidend auf beider Übereinstimmung beruht. Nur in einem unterschieden sie sich grundlegend: in der Summe der Lebens- und Welterfahrung, aus der sie schöpften. Rahel, vom Leben schwer geprüft, suchte sich nunmehr in oder doch an der Lebenswirklichkeit zu orientieren, ohne ihre menschlichen Ideale aufzugeben. Marwitz war zu jung, als daß er die entscheidenden Einsichten in Welt und Leben aus eigener Erfahrung bereits hätte sammeln können. Aber er war auch zu klug und zu empfindsam, als daß er die Widersprüche des Lebens und den Zwiespalt seiner Stellung zwischen Feudaladel und Bildungsbürgertum nicht zutiefst hätte empfinden und erkennen müssen. Doch waren seine Traditionsgebundenheit und sein Hang zur Individualität so stark, daß er einer objektiven Analyse der Zeitgegebenheiten nicht gewachsen war. Er begnügte sich, jeden Schritt nach vorwärts als Halbheit abzutun, und flüchtete sich, ohne einen Ausweg aus der allgemeinen Zeitmisere nur mehr zu suchen, ins Traumland der Selbstbildung und der Selbstbetrachtung. Theodor Fontane verglich den jüngeren Marwitz mit einem gezähmten Falken: „Früh an die Menschheit gewöhnt, blieb er in Zwiespalt, wo seine Heimat sei: ob hinter Gitterstäben, wo die schöne Hand der Herrin ihm Spielzeug und Schmeichelworte reichte, oder dort oben, wo die lichten Wolken im Äther ziehen. Sooft er in den Lüften war, zog ihn die süße Gewohnheit zur Erde zurück, sooft er auf der Erde war, zog ihn die eingeborene Natur nach oben.“ Er blieb, so analysierte Heinrich Meisner, „nach der Art der echten Romantiker ein zwischen klassischer Bildung, feurigem Patriotismus und suchender Menschenliebe hin und her geworfener Mann“.

Der Zwiespalt zwischen klassischem und romantischem Wunschbild, in dem Alexander von der Marwitz befangen war, vermehrte die Lebensfährnisse, die aus dem schnell entfachten Jähzorn des jungen Mannes entstanden und ihn in manche Lage brachten, in der ihn nur sein Stand vor ernsten Folgen für ihn selbst bewahrte. Es liegt nahe, an Wilhelm von Humboldt zu denken, wenn man nach einem allgemeiner bekannten Zeittyp sucht, dem Marwitz zu vergleichen wäre. Was aber beim weiseren Humboldt zur (wiederum romantischen) ironischen Betrachtung aller größeren und kleineren Begebenheiten führte und endlich in einer Entsagung gegenüber der öffentlichen Wirksamkeit endete, trug bei dem viel jüngeren, weit erregbareren Marwitz düstere Züge wie bei Heinrich von Kleist. Scheiterte aber Heinrich von Kleist an der Wirklichkeit, der er sich gestellt hatte, wich von der Marwitz einer solchen Begegnung von vornherein aus. Der Weltschmerz gehörte zum Wesensbild der Romantik; Rahel hat sich nie von ihm zu lösen vermocht und, so paradox es klingen mag, im Weltschmerz ihre glücklichsten Stunden verweint.

Marwitz meinte wie Kleist in einen Abgrund zu blicken, in den Welt und Menschheit stürzen müßten. Ironie und Zynismus waren ihm fremd. Die besondere Art der Krankheit an der Zeit, der er verfallen war, wühlte noch lebensgefährlicher. Er litt an Lebensüberdruß, und er litt an Weltverachtung — letztlich, weil er nicht zu erkennen vermochte, wie es denn weitergehen sollte, ohne daß am Kult der sich selbst bildenden Individualität gerüttelt würde. Er wäre gescheitert, auch wenn ihn nicht im Februar 1814 im Gehölz von Bailly ein früher Tod auf dem Schlachtfeld ereilt hätte. Fontanes Urteil, daß Alexander von der Marwitz der Tod traf, „als er auf dem Punkte stand, die Gegensätze zu versöhnen und in Freiheit zu dienen“, läßt die Lebensverneinung außer Betracht, die den Menschen- und Weltverächter erfaßt hatte.

Obwohl selbst im Zwiespalt mit den Mächten ihrer Umwelt, hat Rahel das Menschenmögliche versucht, um Alexander von der Marwitz in seiner Auseinandersetzung mit sich, der Zeit, der Welt zu helfen, wie es schien, sogar mit dem Ergebnis, daß er sich tätig in die Weltgeschäfte stürzte. Vollends gelungen ist es ihr, wie wir sehen werden, nicht. Alexander von der Marwitz scheute den Schritt der Brüder Humboldt aus dem Adel in das politisch wie gesellschaftlich tätige Bildungsbürgertum. Zwischen ihm und dem Fortschritt stand die Gestalt des älteren Bruders, zumal er gerade jenes Festhalten am Überkommenen verkörperte, das nicht nur vom Klasseninteresse bestimmt war. Zwischen ihn und den Rückschritt stellte sich Rahel Levin, die einzigartige Menschenkennerin; sie entwirrte die Verwirrung seines Lebens, redlich, wenn auch endlich vergebens bemüht, diesem ratlosen Lebenskampf ein Ziel zu setzen.

Die erste Station der Begegnung zwischen Rahel und Alexander von der Marwitz ist das vom Schillschen Zug erregte Berlin im Mai 1809. Nach der Teilnahme am österreichischen Aufstand fand sich Marwitz im Herbst 1810 erneut in Berlin ein. Wiederum suchte er jene Art des Studiums und der intellektuellen Geselligkeit, die sein Bruder wegen ihres Einflusses auf Alexander so scharf verwarf. „Die Bücher, die Studien, der gesellige Verkehr, die Plauderei, die Friktion der Geister, das Blitzen der Gedanken — er hing an dieser Art der Existenz, und doch, wenn er sie hatte, genügte sie ihm nicht ... Das Gegenwärtige immer klein findend, von der Zukunft und sich selbst das Höchste wollend, rang er einer Traumwelt nach und verlor die wirkliche Welt unter den Füßen“ (Theodor Fontane).

Nach dem Zusammenbruch des österreichischen Aufstandes zum Garnisonsleben verurteilt, hatte sich Marwitz aus ähnlichen Erwägungen wie der preußische Leutnant von Chamisso, im Wesen noch unsteter als dieser, von den „toten Formen“ des Söldnerdaseins getrennt. In die Mark zurückgekehrt, vergrübelte er neuerlich seine Zeit in einer krankhaft-schwermütigen Hoffnungslosigkeit. Er schwankte zwischen wissenschaftlicher Tätigkeit, für die er gewiß begabt war, und einer militärischen oder politischen Beschäftigung in fremden Diensten. In dieser Zwiespältigkeit seiner Neigungen siechte er im Landleben dahin, zu jedem Entschluß unfähig, da er, die Flucht in ein idealisiertes Mittelalter von sich weisend, keinen Ausweg aus den Widersprüchen seiner Zeit zu finden vermochte.

Ernst Heilborn hat von der Marwitz „den jung und klanglos Dahingeschiedenen“ genannt, „der nichts ist als eben der Exponent der Zeit; das aber in unvergleichlicher Weise“. Räumt man ein, daß man, um typischer Vertreter einer Zeit zu sein, nicht notwendigerweise ein aktiver Mensch sein muß, sondern

Ausdruck, genauer gesagt, duldsames Ergebnis der Wirkungsfaktoren einer Epoche sein kann, so wird man in der Tat die Begegnung zwischen Rahel und Alexander von der Marwitz als eine menschliche Auseinandersetzung zwischen der Suche nach dem Fortschritt und kraftloser Beharrung ansehen müssen.

Um es vorwegzunehmen: Rahel hatte nicht die (ihr auch von Hannah Arendt zugesprochene) Neigung zum Adel, wie ihr Umgang mit Prinzen und Fürsten, ihre Herzensneigung zu märkischen Edelleuten wie Finckenstein und Marwitz, Burgsdorff und Fouqué in der Tat vermuten lassen könnten. Varnhagen, der übrigens selbst ein altes Adelsschild aufpolierte und alsbald aus einem Karl August Varnhagen zu einem Varnhagen von Ense wurde, scheint eine solche Befürchtung zur Sprache gebracht zu haben, denn in jenem Brief Rahels, in dem von der Marwitz zum erstenmal erwähnt wird, findet sich in Zusammenhang mit diesem eine auch in anderer Hinsicht beachtliche Äußerung. „Kennt man die Welt, so fügt man sich in ihre Fugen", meinte Rahel, eine Einsicht in die Gegebenheiten menschlicher Existenz um 1800 offenbarend, die uns in ihrem Ringen um Marwitz' Selbstdarstellung noch wiederholt und in ausgeprägter Form begegnen wird. „Die Adels-Fuge", fuhr sie fort, „ist *schlecht.* Adlige liebe ich oft, den Adel nie", eine Einstellung zum Träger des feudalen Herrschaftssystems jener Zeit, wie man sie von der sich emanzipierenden Rahel im Grunde nicht anders erwarten kann.

Rahels Liebe zu Marwitz war nicht erotischer Art, auch wenn sie bis zu einem gewissen Grade die Antwort des Weibes auf Varnhagens Doppelverhältnis zu ihr und Fanny gewesen sein mag. Man konnte diese intime Freundschaft auch als ein Verliebtsein in jene Eigenschaften begreifen, die Marwitz hatte und die sie an Varnhagen vermißte: Feingeistigkeit, Gewandtheit und männlicher Charme. Ein eigensüchtiges Hineindrängen in den Adel (wie es in jenen Zeiten nicht selten war) war es nicht. Worum es Rahel weniger in ihrer Begegnung mit Marwitz als in ihrer Stellung zum Adel ging (und was Varnhagen freilich mißverstanden zu haben scheint), drückte sie in ihren eigenen, an ihn gerichteten Worten so aus: „Solang es einen Adligen gibt, muß man auch geadelt werden. Du adelst dich ja selbst mit deinem Blute! Du fühlst es wohl, ich fühle es auch; drum sagt' ich ja dazu. Auch ich ginge in Schwertern, um den Preis. Das

Schicksal selbst forderte ich.“ Es ging ihr nicht darum, geadelt zu werden, sondern sie wollte die gleichen menschlichen und staatsbürgerlichen Rechte wie jene erreichen, die sich kraft ihrer Geburt im Vorrecht und höheren Range dünkten. So eng auch ihre Beziehungen zu Alexander von der Marwitz blieben — Rahel Levin hatte sich bereits für Karl August Varnhagen entschieden, den „Aufgeklärten, Liberalen, Bürgerlichen“, wie ihn auch Hannah Arendt nennt, den Bürger „mit dem immer wachen Mißtrauen gegen alle Privilegien, gegen den Adel als Stand und das Vorrecht der Geburt“. Ihr Verlöbnis mit Varnhagen wurde durch ihre Freundschaft zu von der Marwitz, so jedenfalls meinte Rahel selbst, in keiner Weise beeinträchtigt.

Da sich Varnhagen als anstellig erwiesen hatte, war er nach Abschluß des österreichisch-französischen Feldzuges vom Grafen Bentheim mit der Regelung recht verworrener Familienangelegenheiten auf dessen westfälischem Stammschloß betraut worden. Die private Vertrauensstellung in der Uniform eines österreichischen Offiziers brachte den Doktor der Medizin auf seinem Lebensweg nicht weiter. Er hatte sich zwar auch um eine Beschäftigung in Preußen bemüht und Rahel gebeten, sich bei Wilhelm von Humboldt um eine Anstellung an der eben gegründeten Universität Berlin zu verwenden. An ernstlichen Anstrengungen, sich eine Rahels einigermaßen würdige öffentliche Stellung zu schaffen, ließ er es indessen fehlen.

Rahel hatte auch im Sommer 1810 vergeblich auf des Verlobten Heimkehr oder doch darauf gewartet, daß ihr Varnhagen ein Zusammensein vorschlagen würde. Im Herbst siedelte sie in die Behrenstraße 48 über, noch immer sehr zurückgezogen lebend. Die ihrem vierzigsten Geburtstag nahe Frau sparte nicht mit Vorwürfen.

Varnhagens Zerknirschung ob der „herbstlichen Strenge“ in den „Dornenbriefen“ mochte echt sein; sie hielt nicht an, noch weniger wandelte sie ihn. Mit Recht begann Rahel zu fürchten, die ihm gewährte „unbedingte Freiheit“ hätte ihn zur Leichtfertigkeit verführt. „Wieso versteht alle deine Liebe mir nicht wohlzutun?“

Im April 1811 — es war das auch der Höhepunkt ihres Umganges mit Marwitz — schlug sie ihm vor, in Prag, in Teplitz oder wo immer es wohlfeil sei, gemeinsam aus ihren zwölfhundert preußischen Talern jährlichen Einkommens ein Jahr zusammen zu leben. Manches Mißverständnis galt es zu beseitigen, ehe sie einander trafen und wenn auch kein Jahr, so doch die Zeit von Mitte Juni bis Mitte September in Teplitz gemeinsam verbrachten. Auf der Rückreise wurde Rahel in der Nähe von Dresden von Marwitz erwartet. Sie hatte ihn gebeten, er möchte sie in Teplitz abholen, denn Varnhagen fuhr nach Prag zurück, wo sein Regiment in Garnison stand. „Warum aber?“ hatte Marwitz gefragt. „Muß ich Ihnen helfen, von Varnhagen loszukommen? Aber basta! Antworten Sie mir nicht auf diese Fragen, überlegen Sie nur Ihre Lage, die meinige, die in der Tat *große* Unbequemlichkeit, Leute vor den Kopf zu stoßen, mit denen ich der Gegenwart und der Zukunft halber in einem freundlichen und ungestörten Verhältnis bleiben will ... “

So nahe Marwitz in jener Zeit Rahel bereits gekommen war — schon aus dem August 1809 stammt sein bewundernder Ausruf gegenüber seinem Freunde Adolf Müller: „Sie mag wohl jetzo das größte Weib auf Erden sein!“ —, man kann nicht sagen, daß der märkische Adlige zwischen ihr und Varnhagen gestanden hätte. Rahel hatte sich entschieden, sich aber in dieser Entscheidung die Freiheit bewahrt, freundschaftlich vertrauten Umgang mit jedermann zu pflegen, dem sie sich verbunden fühlte. Marwitz andererseits wußte um die Art ihres Verhältnisses zu Varnhagen und mag sich ebendarum der einzigen Seele, der er sich voll anvertraut zu haben scheint, eröffnet haben, ohne je den Wunsch oder die Absicht erkennen zu lassen, sie ganz an sich zu binden. Inwieweit er in seinem übersteigerten Selbstbewußtsein seinen ehemaligen Studiengenossen Varnhagen seine intellektuelle Überlegenheit fühlen ließ, kann dahingestellt bleiben. Wir dürfen auch hier Rahels klarem und wahrhaftem Urteil trauen. Sie hat sich in der ernsthaften, die Freundschaft zerstörenden Verstimmung ihrer beiden Verehrer sehr entschieden gegen den ihr anverlobten Varnhagen gewandt.

In jener Zeit (Sommer 1811) war von der Marwitz als Hilfsarbeiter in den preußischen Staatsdienst getreten. Das will sagen, daß er nicht den Weg Heinrich von Kleists gegangen war, auf den es auch ihn gezogen hatte, dank Rahel, seiner „Fasenkennerin“, die ihm zu der Erkenntnis verholfen hatte, daß er der Zeit nicht ausweichen dürfe, daß er sich ihr stellen müsse. Befriedigung fand er in seiner Tätigkeit nicht.

Aus Alexander von der Marwitz' Nachlaß wissen wir, daß er sich, vorwiegend wohl vom Haß beraten, mit dem Charakter und dem Wirken Napoleons beschäftigt hat. Eine Niederschrift über die „Teilung der Gemeinheiten", also einen Teil der Agrarreform, zeugt von seinem Widerwillen gegen eine Maßnahme, die, wie er meinte, auf „ein Abbauen der Dörfer" hinauskomme und zudem falsch sei, weil sie „den Egoismus des einzelnen steigere, statt ihn zu mindern". Hier zeigt sich sein Beharren auf den Privilegien des Adels. Die Briefe an Rahel, unsere wichtigste, in dieser Zeit sehr rege sprießende Quelle, gelten vornehmlich persönlichen und ästhetischen Fragen. Das gesellschaftlich-politische Geschehen tritt, wie überhaupt im Briefwechsel der Romantik, völlig in den Hintergrund. Der nur verdrießlich in untergeordneter Stellung Tätige klagte, nunmehr jeglichen Kontaktes mit den Patrioten bar, über den „gänzlichen Mangel an Köpfen und Charakteren", über den er sich „schauerlich klar" wurde.

In seinen Grübeleien über die Reorganisation in Preußen bezog er eine reichlich unklare weltanschauliche Position. Er setzte sich einerseits mit dem Industriesystem und den Freihandelslehren des englischen Nationalökonomen Adam Smith auseinander und kritisierte heftig dessen deutschen Interpreten, den Königsberger Professor Christian Jakob Kraus. Dabei wurde er sich, in Rahels Manier durchaus selbstkritisch, der Unzulänglichkeit des eigenen ökonomischen Wissens bewußt und faßte den Plan, in dem wirtschaftlich am weitesten fortgeschrittenen England eine Tätigkeit zu suchen. Stellte er sich so zumindest abwartend, im Grunde aber ablehnend gegen die ökonomisch-ideologischen Grundlagen auch der Hardenbergschen Reformen wie der Tendenz zum Industriezeitalter überhaupt, so verwarf er zum andern in aller Entschiedenheit die Ansichten der theoretischen Wortführer der restaurativen Junker, also der Kampfgenossen seines eigenen Bruders. Besonders scharf ging er in seinen Briefen mit Adam Müller ins Gericht.

Müller, der auf Kleist einen verhängnisvollen Einfluß ausgeübt hat, war im Jahre 1809 nach Berlin übergesiedelt. Der Staatskanzler Hardenberg hatte die von ihm angesuchte Übernahme in den preußischen Staatsdienst abgelehnt. Müller hatte sich daraufhin zum Sprecher der kurbrandenburgischen Ritterschaft gemacht und in einer an den König gerichteten Anklageschrift Hardenberg und die Reformer revolutionärer Umtriebe bezichtigt. Seine Schriften über die Idee des Staats und die Elemente der Staatskunst waren mystisch und von jenem romantischen Hang zum Mittelalter beseelt, der der Hochromantik zum Verhängnis geworden ist.

Alexander von der Marwitz bezeichnete Müller als einen „hohlen gemachten Gesell", der nichts recht wisse, aber vieles „halbgesehen" habe und „in schöpferischen Momenten des Lesers viel" anrege. Rahel stimmte ihm in diesem Urteil zu. Adam Müller „brockt ... alle Welten und Systeme untereinander", meinte sie, doch reize er zur Berichtigung nicht nur seines, sondern auch des eigenen Urteils.

Marwitz' eigene Vorstellungen vom gesellschaftlichen Wandlungsprozeß waren verworren. Er verweilte in gedanklichen Spekulationen, die ihn immer wieder abseits der Wirklichkeit führten, obwohl er für die Gebrochenheit seiner Umwelt und seiner Epoche, ihren Charakter als Übergangszeit mitunter ein scharfes Auge hatte. „Es ist eine wunderliche und wirklich mystische Zeit, in der wir leben", heißt es in einem Brief vom letzten Tage des Jahres 1812, in dem Rahel Ansichten zusammengefaßt übermittelt werden, die der Briefschreiber auch schon früher geäußert hatte. „Was sich den Sinnen zeigt, ist kraftlos, unfähig, ja heillos verdorben, aber es fahren Blitze durch die Gemüter, es geschehen Vorbedeutungen, es wandeln Gedanken durch die Zeit und zeigen sich wie Gespenster in mystischen Augenblicken dem tieferen Sinn, die auf eine plötzliche Umwandlung, auf eine Revolution aller Dinge deuten, wo *alles* Frühere so verschwunden sein wird wie eine im Erdbeben untergegangene Erde, während die Vulkane unter entsetzlichem Ruin eine neue, frische emporheben. Und der Mittelpunkt dieser Umgestaltung wird doch Deutschland sein, mit seinem großen Bewußtsein, seinem noch fähigen und grade jetzt keimenden Herzen, seiner sonderbaren Jugend (ich meine die physische, unser junges Volk)."

Marwitz' Stellung blieb widerspruchsvoll, gewiß bedingt durch den Traditionalismus seines gesellschaftlichen Standes, seiner Klasse, und den gedanklichen Höhenflug seiner Epoche, in den er sich geflüchtet hatte. So hat er den romantischen

Mystizismus keineswegs so unerbittlich verneint wie, bei aller Liebe zu überkommenen Bindungen, in jenen Jahren schon etwa Ernst Moritz Arndt. Er gehörte zu jenen Kräften, die mit Goethe und Wilhelm von Humboldt wie Rahel und anfänglich die Romantik in der jenseits von Rassen und Nationen verwirklichten Humanität das Zielbild einer zukunftswilligen und entwicklungsfähigen Menschheit sahen. Indessen diente er solchen Vorstellungen ohne Schwung, zutiefst verwirrt durch die Widersprüche seiner Zeit, philosophierend, bisweilen in mystischen Vorstellungen befangen, obwohl er zu den nachdenklichen Köpfen seiner Zeit gehörte. Er litt nach seiner eigenen Einsicht an einer „kranken, verwelkenden Seele".

Auch als der Befreiungskrieg ausgebrochen war, blieb Marwitz bei aller Entschiedenheit seiner Stellungnahme selbst im Kampfe unstet. Noch vor der Konvention von Tauroggen stieß er zum Stabe des Generals Yorck, der Ausbruch der Feindseligkeiten sah ihn im russischen Reiterkorps des kühnen Tettenborn. Schon im Frühjahr 1813 wechselte der auch in der Truppe Unfügsame zu dem unter Wittgenstein kämpfenden Dörnberg über. Seine schwere Verwundung im August 1813 erhielt er bei der Truppe des russischen Reiterführers Tschernischew. Nirgendwo vermochte er sich einzufügen, und auch seine Bemühungen um eine Humanisierung des menschlichen Zusammenlebens blieben verschwommen und widerspruchsvoll.

Rahel kannte Marwitz in allen seinen „Fasern". Um ihm zur rechten Entscheidung zu verhelfen, grübelte sie sich „zu Tode" über ihn, bis sie ihn „fertig" hatte. Gewißheit über ihn hatte sie schon vor dem Dresdener Treffen erlangt, während und im Anschluß an ein mehrwöchiges Zusammensein im Frühjahr 1811 in Berlin. Noch im Jahre danach bedauerte sie, Marwitz, der aus Anlaß der Verhaftung des Bruders nach Friedersdorf berufen worden war, nicht wenigstens noch einige Tage zurückgehalten zu haben, und beschwor den Freund, aus diesen Erfahrungen fürderhin Weisheit zu fürchten, „die nicht aus dem Herzen scheint".

„Es wird mir immer klarer", hatte er ihr am 12. Mai 1811 aus Friedersdorf geschrieben, „daß ich die Tapferkeit nicht habe, die sich im Dulden bewährt, den ruhigen Gleichmut nicht, der bei großen Ansprüchen nötig ist, um sich durchs Leben hindurchzukämpfen." Sie kannte sein spekulativ-grüblerisches Wesen, bezeichnete seine denkerische Art der Welt- und Zeitbetrachtung, freilich durchaus nicht zutreffend, als ein „wissenschaftliches Bewußtsein" und stellte sich die Frage, was ein Mensch mit einem solchen Bewußtsein in der Gegenwart auszurichten vermöchte.

Entscheidend — und für den Wandel in Rahels Lebens- und Zeitbetrachtung aufschlußreich — war ihre Auffassung: „Sie *können* der Zeit nicht entfliehen. Es gibt nur Lokalwahrheiten, und die Zeit ist nichts als Bedingung, unter welcher sie sich bewegen, entwickeln, leben, wirken. Alle bekannten Wesen sind darin streng gebannt, jeder Mensch in seiner Zeit. Unsere ist die des sich selbst ins Unendliche, bis zum Schwindel, bespiegelnden Bewußtseins." Die beste Anlage zum Helden, die wirkungsreichste und fähigste Natur könne sich in dieser Zeit nicht auswirken, wenn ihr ein spekulativer sinnender Geist, ein scharfes intelligentes Verständnis, eine zu bewegliche Dichterphantasie, ein starkes, aber zartes Herz zugesellt sei. Einem solchen „Menschen ist in der zerstückelten *neuen* Welt, wo Griechen, Römer, Barbaren und Christen *ausgehaust* haben, nichts übrig als das Heldentum der Wissenschaft".

Ein Mann von verhaltener Energie, aber zielbewußtem Streben wie Alexander von Humboldt, der damals bereits seit Jahren wieder in Paris lebte, mochte ihr vor Augen geschwebt haben, als sie dieses „Heldentum der Wissenschaft" als eine Ausflucht aus den ihr unlösbar erscheinenden Spannungen ihrer Zeit dem Freund in Friedersdorf wies, wie sie Varnhagen auf den Weg des Chronisten drängte.

„Sie nun sind der Mensch mit den doppelten Gaben, mit dem zwiefachen Sinn", fand sie, „und wie geknebelt, erdrosselt stehen Sie mittendrin. Dies ist Ihr Unglück, Ihr Leid. Sie *scheinen* zu schwanken, und eine ausgesogene Welt ist es, die farb- und marklos um Sie her wogt. Ich spreche nicht, wie alle Menschen, von der armen französischen Revolution; die war schon da, eh' sie ausbrach." Die revolutionären Ereignisse waren für sie nur eine hervorstechende Begebenheit in einer allgemeinen, alle Phasen menschlichen Lebens umfassenden Umformung, wie denn Rahel, in der Sicht der sich emanzipierenden und weit mehr als irgendein anderer Zeitgenosse mit Goethe lebenden Frau nur zu verständlich, auch die preußischen

Reformen nicht als solche, sondern als einen Zug der sich neubildenden Umwelt angesehen und gewertet hat. Dabei erkannte sie nicht klar, daß die Reformpartei die überlebten Zustände beseitigen wollte und daß für Preußen auf diesem Wege Fortschritt und Humanität lagen.

Vorstellungen der Mystik und zeitgenössischer reformatorischer Erneuerungsbestrebungen, mit denen sich dann besonders die alternde Rahel beschäftigt hat, klingen bereits in ihren Äußerungen zu Marwitz an. Sie überdecken zu einem Teil Rahels zwar lebensgläubiges, aber von den Zeichen der Zeit und des Umweltgeschehens nicht unbeeinflußtes und von mutlosem Verzichten nicht freies Blicken auf die Welt und ihre Menschen. Rahel kannte wohl Resignation und übte sie — was anderes blieb ihr als Frau, als Jüdin. Von Männern forderte sie Tätigkeit.

Marwitz indessen war einer weit über das Zeitübliche hinausgehenden Resignation verfallen und dachte in jener Zeit, ein halbes Jahr vor Kleists freiwilligem Hingang, an Selbstmord, an eine Ausflucht, der Rahel nur dann meinte zustimmen zu können, wenn „einer sterbend die Welt, sein Land retten" könnte. Eine solche Möglichkeit sah sie in keiner Weise gegeben. „Das Grübeln über Rettung und die Zeit, die ambitiösen Versuche" betrachtete sie aber als „das Schlechteste". So riet sie dem Freund den Weg in das reale Leben, in tätige Wirksamkeit auch am geringsten Orte. „Leben, lieben, studieren, fleißig sein, heiraten, wenn's so kommt, jede Kleinigkeit recht und lebendig machen — dies ist immer gelebt, und dies wehrt niemand."

Das war mehr als ein billiger Rat. Es war eine frühe Folgerung aus der Hinwendung zur Gemeinschaft, die in dem Maße begann, in dem Rahel mit der mittelalterlichen Mystik vertraut wurde, und die mit ihrer Annäherung an den utopischen Sozialismus endete. „Und von einer großen, immer größern Vereinigung dieses wollender Menschen sollte nichts, gar nichts entstehen? Ein Wachstum solcher Vereinigung müßte alle rohen Anstalten sprengen, in sich aufnehmen. Aber dies hat keinen Namen, und es unterbleibt. Oder es geschieht auch nur unbewußt; denn es *geschieht allwährend.* Aber die Braven — Sie — tummeln sich elend. Auch ich sehe Sie so, wie Sie sich mir mit wenigen Worten schilderten. Ganz sehe ich das ganze Sein und

Tun Ihrer Seele, meine lehrt mich dies. Sie können ‚die Berührung des Gemeinen nicht dulden'. Das sind ja die Strohhalme, die auch mich dem Wahnsinn nah bringen, mir alles Blut umwenden und die Besinnung rauben. Auch den ‚faulen Fleck' kenne ich. Sie *müssen* ‚das Gemeine verachten lernen'. Sie müssen das können, Sie müssen es absolut lernen! Durch Zwang, durch Gewalt an sich selbst ausgeübt, erreichen Sie dies nie ... Durch Fleiß aber, durch unablässigen Fleiß und Anstrengungen können Sie das Gemeine verachten lernen. Durch unablässigen! Ich kenne auch diese Krankheit und wehre sie mir ewig ab. Ein ununterbrochenes Untersuchen dessen, was gemein ist, rettet allein davon. Denn so unsinnig ist unser Inneres nicht, daß wir das Gemeine als solches lieben könnten und halten wollten; aber wir unterscheiden's nicht schnell und lassen uns meist von andern und oft von uns übertölpeln und überschreien die ewige Stimme in uns ..."

Das war nun doch, ernstgemeint — und wir haben keinerlei Grund, an der Ernstlichkeit zu zweifeln —, eine Absage an den Subjektivismus, wenn auch nach wie vor der eigenen Persönlichkeit, die frei vom „Gemeinen" sein mußte, die bereits „klassisch" gewordenen individualistischen Rechte zuerkannt wurden. Marwitz folgte der Freundin nicht auf dem Wege, den sie zu beschreiten sich mühte, den sie ihm wies. „Goldene, göttliche Worte, liebe Rahel!" antwortete er am 19. Mai 1811 aus Friedersdorf. „Ja, ich weiß das. Fernab sind mir längst alle Träume von Heldengröße und äußerer Bedeutsamkeit gezogen. Führt mich das Schicksal dahin, wo ich in großen Kreisen zu wirken habe, so will ich auch das können; aber meine Hoffnungen, meine Pläne sind nicht darauf gestellt. Ich will nichts als das Rechte, Gute, Ewige, und das läßt sich in allen Formen darstellen, und also auch in der lieben, himmlisch einfachen, die jene Worte aussprechen. Ich klage auch nicht über die Zeit; ganz dumm ist, wer das tut."

Bei aller Dankbarkeit für die Hilfe der „Fasenkennerin" und ungeachtet der „Gespenster", die in seinem „Inneren herumwandelten", suchte Alexander von der Marwitz einen eigenen Ausweg aus seiner Verworrenheit. Sich zu bescheiden oder gar sich einzuordnen vermochte er nicht; insofern war er bei aller Tendenz zum Bildungsbürger doch Junker geblieben, war sein Selbstbewußtsein zu überheblich, sein Charakter zu herrisch-

Karl August Varnhagen van Ense
Holzschnitt von H. Bürkner, 1854

Auspeitschung von Müttern unehelicher Kinder
Kupferstich von Daniel Chodowiecki

Der Bergersche Tanzsaal
Kolorierter Stich eines unbekannten Berliner Künstlers, um 1795

August Wilhelm von Schlegel
Gemälde von Adolf Hohneck

Friedrich von Schlegel
Kohlezeichnung von Ph. Veit

Caroline von Humboldt
Gemälde von G. Schick

Germaine de Staël
Litho von Delpech nach Gerard

oben: Prinz Louis Ferdinand
Gemälde von Steuben

unten: Pauline Wiesel
Zeitgenössisches Ölgemälde

oben: Abendgesellschaft in einem Hause
am Doenhoffplatz um 1826
von Julius Schoppe

unten: Johann Gottlieb Fichte
Wandgemälde der Berliner Linden-
universität von Arthur Kampf
(im Kriege zerstört)

Friedrich von Gentz
Gemälde von Thomas Lawrence

Heinrich von Kleist
Kreidezeichnung von seiner
Braut Wilhelmine Zenge

Clemens Brentano
Zeichnung von Wilhelm von Schadow

Alexander von Humboldt
Nach einem Gemälde von Fr. Georg Weitsch, 1806

Heinrich Heine
Nach einem Gemälde von Moritz Oppenheim

Johann Wolfgang von Goethe
Gemälde von Heinrich Kolbe, 1822

aufbegehrend. Der Vierundzwanzigjährige wußte zwar, daß man in diesem Alter „tun und arbeiten“ müsse, „entweder studieren oder ein Amt suchen, wenn sich einem die Aussicht eröffnen soll auf eine müßige, verächtliche und verachtete Existenz“. Die Aussicht, „ein Heldentum der Wissenschaft“ in sich zu begründen, wäre ihm „ganz verdunkelt durch seine arge Krankheit“, die Melancholie, mehr noch, wie wir meinen, durch seinen anmaßenden Anspruch auf Geltung ohne Leistung. So lohnende Aufgaben es für den Bürger in diesem Vaterland auch geben mochte: das Ausland reizte ihn, wo er das Notwendige mit dem Nützlichen würde verbinden können. „Die Insel“ zog ihn an, England, das am meisten seinen Anschauungen entsprach. In Deutschland, zumal in Preußen, wäre seines Bleibens nicht. Denn sollte er sich an die „leibliche Seite seines Vaterlandes“ anschließen, mußte er sie erst begeistern, „einer großen spekulanten Ansicht unterwerfen“, wenn sie ihm nicht „ganz gebrechlich und tot erscheinen“ sollte.

Wenn er dennoch nach den gemeinsamen Tagen mit Rahel in Dresden Staatsdienste bei der Regierung in Potsdam genommen hatte, um nicht eine müßige und verachtete Existenz zu führen, so mag das zu einem guten Teil auf den Einfluß der Freundin zurückzuführen sein. Rahel war ihm mehr als ein „Orakel“ (wie Gentz) oder „Urheimat“ (wie Varnhagen). Er sang ihr mit dem Hohenlied der Individualität einen Schwanengesang auf die Frühromantik wie auf das klassische Bildungsideal, wenn er ihr im November 1811, als sie den Egoismus des Herzens für sich in Anspruch genommen hatte, schrieb: „Sie haben ein egoistisches Herz, aber ein solches, welches das Edle, Hohe, Kräftige, Wahre an sich ziehen und genießen will. Jeder Rechtliche hat einen *solchen* Egoismus, setzt sich als *Mittelpunkt* des Weltalls, aber wie wenigen Hochbegabten ward, seit die Erde steht, *die* Fülle des Herzens, ‚*die* Gerechtigkeit der Seele‘, die Penetration [die Eindringlichkeit] des Geistes verliehen, um ihn *so* zu befriedigen wie Sie? Lassen Sie Rahels Herz zu Asche gesunken sein, das menschliche Herz schlägt weiter in Ihnen mit freieren, höheren Pulsen, abgewandt von allem Irdischen und doch ihm ganz nahe, die scharfe Intelligenz denkt weiter und in größern Kreisen. Aus dem grünen, frischen, lebendigen Tal hat Sie der Schicksalssturm hinaufgehoben auf Bergeshöh, wo der Blick unendlich ist, der Mensch ferne, aber Gott nahe.“

Der Vierundzwanzigjährige verehrte, er vergötterte die Vierzigjährige. Die Jünglingsfreundschaft Marwitz' zu Varnhagen war zerbrochen. Er hielt sein Verhältnis zu ihm nunmehr für „ein wenig unsinnig“, vollends seit Varnhagen in einem seiner Briefe „ein mögliches Duell“ erwähnt hatte.

Rahel schmerzte der Bruch, der zwischen den Freunden eingetreten war, denen beiden sie sich verbunden wußte, unter denen sie den Lebensgefährten bereits gewählt hatte. Sie schrieb Anfang Januar 1812 an Marwitz: „Varnhagen ist also mein Freund, der mich am meisten liebt, für dessen ganze Lebenseinrichtung ich Bedingung bin. Und es ist nicht genug, daß ich ihn *ganz* kenne und fühle, nehme und ertrage; ich muß nun, Wog' auf, Wog' unter, Klippen an mit ihm durch, und all unsre Freunde legen die ganze Last *ganz* auf mich. ‚Sie trägt so viel, so gut, warum nicht auch dies!‘ Dies sagt sich niemand; aber so geschieht's, weil — ich Amboß bin.“

SPRUNG NACH VORN
PRAG UND WIEN

„Die Lage Deutschlands, die trübe Aussicht in eine drohende Zukunft mußten in jenen Jahren jeden ängstigen, der sein Vaterland liebte“, schrieb Ludwig Tieck aus dem Verständnis der Zeit heraus in dem Vorwort (1826), das er den von ihm herausgegebenen „Gesammelten Werken“ seines Freundes Heinrich von Kleist vorausschickte, „diese Empfindung und der Zorn über den Hochmut der Fremden, Sorge über die Uneinigkeit der Fürsten sowie die Schwäche, die aus dieser hervorging, bemächtigten sich völlig des Gemüts des Dichters, dessen glühender Haß gegen die Unterdrücker damals seinen Geist so stimmte, daß alle anderen Kräfte in ihm von diesen Gefühlen gleichsam verschüttet werden.“

Kleist hatte die letzten Monate seines Lebens in einem tiefen Zwiespalt durchlitten. Patriot und Menschenfreund bis auf den Grund seiner Seele, hatte er sich dennoch von restaurativen Gedanken nicht völlig befreien können. Er hatte sich zwar vom altpreußisch-konservativen Standpunkt weit entfernt, vermochte jedoch die Bedeutung der Maßnahmen der Reformer nicht zu erkennen. Würde und Gewissen hatten es ihm unmöglich gemacht, den Weg seines Busenfreundes Adam Müller zu gehen. Weder Sophie Sander noch Henriette Vogel waren Rahel im entferntesten vergleichbar in dem Bemühen, im Widerspruch, in Gewissensnot, in seelischen Konflikten lebenden Männern einen Rückhalt zu bieten oder gar einen Ausweg zu weisen; beide zählten zu den Frauen der Romantik, die das Wesen der Freiheit im triebhaften Sich-Ausleben mißverstanden Der Dichter, der Schillers Vermächtnis hätte vollstrecken sollen, war in jedem Sinne ohne Widerhall geblieben. Niemand fiel ihm in den Arm, als er die Waffe gegen sich selbst richtete.

Kleists Zeitschrift „Germania“, die niemals erschien, hatte

„der erste Atemzug der Freiheit“ sein sollen. Dieser deutsche Patriot war bereit gewesen, im österreichischen Aufstand gegen den Korsen sein Leben für Deutschland hinzugeben, weil es sein Vaterland war; sein Zorn sprühte gegen deutsche Zwietracht und rheinbündischen Fürstenverrat in der „Hermannsschlacht“. Schon vor Ernst Moritz Arndt schrieb er seinen geharnischten „Katechismus der Deutschen, abgefaßt nach dem Spanischen zum Gebrauch für Kinder und Alte“.

Die „Berliner Abendblätter“, die Kleist unter Mitarbeit von Adam Müller, von Arnim, Brentano und anderen herausgab, wirkten bei allem Freimut gegenüber der napoleonischen Fremdherrschaft in Fragen der nationalen Neuordnung restaurativ, im Sinne also der alten, zusammengebrochenen Ordnung. Sie redeten jener Sehnsucht in die Vergangenheit das Wort, die in Adam Müllers Vorlesungen laut wurde. Man begegnete ähnlichen Gedanken, als sich das Volk erhoben hatte, um Freiheit und Einheit zu erkämpfen, auch im „Preußischen Korrespondenten“, den Niebuhr gegründet hatte, Arnim und später Woltmann und Arndt leiteten, an dem Schleiermacher Mitarbeiter war. Der Bruch mit der gesellschaftlichen Vergangenheit wurde in diesen intellektuellen Kreisen nur zögernd und nicht radikal vollzogen.

Rahel verfolgte die patriotische Publizistik mit äußerster Skepsis. Sie erschrak vor gewissen restaurativen Tönen, aber sie hörte auch die revolutionären nicht gern und am allerwenigsten die Gesänge des Hasses und der Sucht nach Vergeltung.

In den staatlichen Reformen vermißte sie wie von der Marwitz den weitschauenden Blick über den Staat hinaus auf die Menschheit, wie ihr denn jeder geniale Wurf zur Verwirklichung der Humanität in dieser kriegerischen Epoche zu fehlen schien. Aber gehörte sie überhaupt zu jenen Zeitgenossen, die sich, nach Ludwig Tieck, ängstigen mußten, weil sie ihr Vaterland liebten? Liebte Rahel denn Preußen, in welcher Gestalt es ihr immer begegnete?

Rahel war sogar Niebuhrs Sprache zu nationalistisch. „Wie hart, wie verblindet, wie hetzend!“ ereiferte sie sich im Februar 1813 gegenüber Varnhagen über die Aufrufe des preußischen Staatsrates, der auf Steins Wunsch 1806 aus dänischen in preußische Dienste getreten war. Er hatte sich vor dem Befreiungskrieg auf Vorlesungen über römische Geschichte an der Universität Berlin beschränkt und stellte nun seine etwas spröde und trockene Schreibkunst in den Dienst des frei gewählten Vaterlandes. Rahel war das Weltbild der preußischen Patrioten zu eng. Sie sähen, meinte sie, einzig und allein das nächste Ziel, die Unabhängigkeit und Einheit der Deutschen, nicht aber das von ihr ersehnte Fernziel: den Fortschritt der Menschheit zu gleichberechtigter Brüderlichkeit, ohne nationalen, konfessionellen und ohne Rassenhaß. Niebuhr begreife als Historiker, so klagte sie beispielsweise, nur das soeben Geschichte Gewordene, das Gestern, das, was in den Ebenen Westrußlands und in den Widerstandszentren Spaniens blutig geschehen war. „Nur Saragossa und Moskau. Die *Welt* mag untergehen, wenn nur ein wichtiger-unwichtiger Geschichtsparagraph daraus entsteht."

So wandelnd und formend die Zeit auch auf Rahel wirkte — sie blieb Individualistin und blieb vor allem Idealistin. Nicht das Patriotische, sondern das Gemütsbewegende und das Menschliche, Hingabebereitschaft für eine große Sache gaben in Rahels Urteil den Ausschlag. Gewiß mag auch sie nun, da die Juden im Grundsatz den anderen Untertanen des Königs von Preußen gleichgestellt waren, wie Tausende von Juden den Wunsch gehabt haben, sich als gleichwertige Bürgerin zu erweisen — Hannah Arendt glaubt daraus ihre Anteilnahme an der Verwundetenfürsorge in Berlin und Prag erklären zu können —: das Grundmotiv ihres Urteils und Handelns in den Jahren der Freiheitskriege war nicht Patriotismus, sondern wie zuvor und danach Menschlichkeit im Sinne der bürgerlich-klassischen Epoche. Indem sie, unausgesetzt an sich selbst arbeitend, sich im Sinne jener von Goethe gelebten und von dem älteren Humboldt zum Ziel aller Erziehung bestimmten Humanität vervollkommnete, wollte sie fördernd einwirken auf das Sich-Entfalten ihr vertrauter Individualitäten *und* — mehr und mehr in den Vordergrund ihres Strebens tretend — auf die förderliche Entwicklung des menschlichen Geschlechtes.

Rahels erzieherische Hingabe hatte immer ein bestimmtes Objekt, einen bestimmten Menschen, eine Frau, ein Kind; sie war geboren aus „Liebe", aus persönlicher Verbundenheit, wobei die großen menschlichen Forderungen, für die sie wirkte, wie die Emanzipation der Frau, die Aufhebung der Sklaverei, die Verwirklichung der Menschenrechte, nicht für eine imaginäre Menschheit oder das gesellschaftliche Kollektiv Menschheit geltend gemacht wurden — Menschheit ist für Rahel kein Begriff, doch auch keine Wirklichkeit, sondern ein Lebensgefühl und Wirkensbedürfnis, ist Menschlichkeit schlechthin —, sondern für die Fülle lebendiger Einzelwesen, denen sich Rahel von Mensch zu Mensch in Mitfreude und Mitleiden verbunden fühlte. Rahels Individualismus wurde in diesen Jahren im tiefsten Sinne human; sie begann in jedem Menschen den Gegenstand ihrer tätigen Liebe zu sehen. So überhöhte sich der zeitübliche Patriotismus in dieser jüdischen Frau zum „Weltpatriotismus" (Rahel), einem humanen Bewußtsein, das dem Vaterland das Seine, der Menschheit das Ihre zu geben bestrebt war.

Rahel hatte sich im Sommer 1811 in Teplitz nach Jahren verhältnismäßiger Stille einiger Monate lebhaftesten Austausches mit Menschen unterschiedlichster Wirkungskreise in einer vom Krieg nicht berührten lieblichen Landschaft erfreuen können. Sie hatte den geistvoll-bissigen Fürsten Ligne wiedergesehen und die Gräfin Schlabrendorf getroffen. Sie hatte die Bekanntschaft von Vertretern des Hochadels gemacht, die sich sommers in den böhmischen Bädern ein Stelldichein zu geben pflegten. Darunter befanden sich Goethes Herzog Karl August von Weimar, Graf Eugen von Bentheim, ein Bruder des Kommandeurs und väterlichen Freundes Varnhagens, die Familie des preußischen Außenministers Grafen Goltz, deren Zuneigung der Karriere Varnhagens förderlich sein konnte.

Mehr als einmal mochte die heitere Atmosphäre durch Varnhagens Reizbarkeit getrübt worden sein; sein Zerwürfnis mit dem durchreisenden Brentano, das im Frühjahr 1812 zu offenem Bruch führte, begann damals. Varnhagens charakterliche Schwächen wurden um so spürbarer, je härter der Kampf ums Dasein wurde. Rahel genoß dennoch die sommerlichen Tage und die Freundschaft, die ihr Männer wie Fichte und Wolf, die gleichfalls als Badegäste in Böhmen weilten, entgegenbrachten. Ein unerwartetes Erlebnis war die Begegnung mit Beethoven, der, wiewohl durch seine Schwerhörigkeit menschenscheu geworden, Rahel eine Probe seiner Kunst hören ließ. Als Rahel wieder nach Berlin zurückgekehrt war, empfand sie das begegnungsarme, abwechslungslose Dasein in der alltäglichen Umgebung doppelt schwer. Nicht einmal das geliebte Theater vermochte sie zu bannen, wo zu ihrer Freude im November 1811

Goethes „Tasso“ mit Bethmann und der Unzelmann zum ersten Male in Berlin aufgeführt wurde und wo Carl Maria von Weber und Meyerbeer ersten Ruhm ernteten. Körners „Toni“ fand im Dezember 1812 nur ein gedämpftes Echo; die Dramatiker Contessa, Müller, Julius von Voß, heute längst vergessen, machten von sich reden. Sie erboste sich über Kotzebue, weil seine „Kora“ „den Sitten der Deutschen echte Schanden“ bereitete. „Daß es überhaupt gegeben wird, zeugt von der groben Roheit des größeren Publikums unserer Nation“, schrieb sie an Ludwig Robert im August 1812, „daß Kotzebue es machte, von der Stümperhaftigkeit seiner Begriffe und der völligen Plattheit seiner Gesinnungen.“ Ein erregenderes Werk hatte Iffland zur gleichen Zeit auf die Bühne gebracht. „Ich habe die ‚Räuber‘ gesehen“, seufzte Rahel; „ich habe mehr als meine Pflicht erfüllt.“ Damals schon mochte sie daran gedacht haben, vor dem nahenden Krieg nach Böhmen, nach Prag, auszuweichen.

Im Februar 1812 hatte Friedrich Wilhelm III. dem Durchmarsch französischer Truppen nach Rußland zugestimmt. Wiederum wurden preußische Festungen von Franzosen besetzt, erschienen Verbände Napoleons in der preußischen Hauptstadt. Schlimmer als das: Preußen hatte sich dazu verpflichten müssen, für des Korsen wahnwitziges Unternehmen ein Hilfsheer zu stellen.

Varnhagen eilte herbei. Er hatte auf dem Weg von Prag nach Berlin, von Willisen begleitet, in Böhmen abermals versucht, seine Anstellung im preußischen Staatsdienst zu fördern, und war wiederum mit halben Versprechungen und Vertröstungen weitergeschickt worden. Er war im geselligen Teplitz dem König vorgestellt worden, hatte dem Chef der Politischen Polizei und späteren Demagogenjäger Fürsten Ludwig Wittgenstein seine Aufwartung gemacht, ohne dann in Berlin trotz zahlreicher Besuche von ihm empfangen zu werden. Auch Hardenberg hielt den hartnäckigen Bewerber um eine Verwendung im Staatsdienst hin — trotz der Befürwortungen Metternichs und des österreichischen Gesandten, vielleicht wegen der Empfehlungen Humboldts und Gruners und der Prager Verbindungen Varnhagens zu Stein, die Napoleons Repräsentanten in Berlin zunächst zu einem förmlichen Einspruch gegen die Einstellung Varnhagens veranlaßt zu haben scheinen. Es bedurfte mancher hintergründigen Bemühungen des doch noch völlig unbedeutenden Varnhagen, um seine Kandidatur für eine Verwendung in Königsberg, Wien oder anderswo an maßgebender Stelle überhaupt im Gespräch zu halten. Die „Wendung der Dinge" (Varnhagen) zu seinen Gunsten, die im Februar 1813 eintrat, war vom Umschwung der preußischen Politik ausgelöst worden, der seinerseits eine Folge der vernichtenden Niederlage Napoleons in Rußland gewesen ist.

Erst Mitte November 1812 war in Berlin bekannt geworden, daß Napoleon die russische Hauptstadt am 18. Oktober hatte räumen müssen. Die Haltung der preußischen Patrioten wurde entschiedener. Jahn und seine Helfer Friesen und Harnisch ergänzten die militärischen Reformen der um Scharnhorst versammelten Getreuen, indem sie die Berliner Jugend körperlich ertüchtigten. Stimmen wurden laut, die den König bedrängten, sich auf die Seite der Russen zu stellen. Hervorragende Offiziere wie Clausewitz, Boyen und Chasot, Wegbereiter der deutschen Befreiung wie Stein und Arndt waren nach Rußland geeilt, um den Volksaufstand vom Osten her über die Weichsel, die Oder, die Elbe zum Rhein zu tragen.

Am 19. Januar 1813, fast drei Wochen, nachdem Yorck, der Kommandeur des preußischen Hilfskorps, in seines Monarchen Augen zum „Rebell" geworden war, weil er Napoleon die Waffenfolge aufgesagt hatte, ließ der König von Preußen verlauten: „Es ist Seiner Königlichen Majestät sehr schmerzhaft gewesen, daß ein Corps d'armes, welches während des ganzen Feldzuges so viele Beweise erprobter Treue und Tapferkeit gegeben hat, in einem so entscheidenden Moment untätig gemacht worden ist." Vier Tage danach verließ Friedrich Wilhelm III. seine Hauptstadt; die preußische Residenz wurde von Berlin nach Breslau verlegt. Schon Mitte Februar bildete sich das Lützowsche Freikorps.

Während Varnhagen, von Hardenberg nach Breslau gerufen, noch schwankte, wie und wo er sich der bevorstehenden Erhebung des Volkes anschließen sollte, brachte der Einmarsch russischer Verbände in die von den Franzosen geräumte Hauptstadt Anfang März 1813 die Entscheidung. Kommandeur russischer Kosaken war der aus österreichischen Diensten in die Armee des Zaren übergewechselte Oberst Tettenborn, Varnhagen aus gemeinsamer Pariser Zeit bekannt, wo Tettenborn als Major Adjutant des österreichischen Botschafters gewesen war.

Varnhagen trat dem Stab des Truppenführers bei, der bald durch seine verwegenen Handstreiche im Norden Deutschlands von sich reden machte.

„O teurer, schöner, verkannter Friede!“ rief Rahel aus, als mit der Befreiung Berlins auch in der preußischen Hauptstadt zur Gewißheit geworden war, daß es um Freiheit und Einheit der Deutschen zu kämpfen gelte. „O Gott, wie schön ist Friede! So schön wie Jugend, Unschuld, Gesundheit, die man auch nur kennt, wenn man sie beweint. Gott, schenke ihn uns! Unverhofft, als ein Wunder!“

Rahel leugnete keineswegs die Notwendigkeit des Befreiungskampfes, sie hatte Varnhagen im Entschluß bestärkt, sich in die Reihe der Kämpfenden einzugliedern, noch ehe der allgemeine Aufruf zu den Waffen erfolgt war. Doch ihr Blick richtete sich auf das, was kommen sollte, wenn die Schwelle des Sieges überschritten war, und ihr Herz umfaßte das menschliche Leid, das Freund und Feind im blutigen Ringen um dieses Ziel zu erdulden hatten. Da sie selbst nicht das Wort in der Öffentlichkeit ergreifen konnte, mahnte sie Varnhagen, der in Tettenborns Gefolge vornehmlich als Publizist und Chronist tätig war, der Gerechtigkeit und der Menschlichkeit die Stimme zu leihen. Des russischen Oberbefehlshabers Fürst Wittgenstein besonnene Proklamationen und Aufrufe gefielen ihr „über alle Maßen“. Mit Genugtuung rühmte sie gegenüber Varnhagen, daß Wittgenstein „seinen Feind zu ehren weiß, die [feindliche] Nation schont und nicht schimpft“.

Rahel war und blieb unerbittliche Gegnerin jedweder Unterdrückung, ob sie gegenüber dem Menschen als einzelnem oder gegenüber ganzen Völkern geübt wurde. Patriotismus und Menschenliebe entsprangen ihrer selbstbewußten Humanität, dem Wissen um die Würde des Menschen; auch die zornigste vaterländische Tat mußte menschlich sein, wenn sie nicht neues Unrecht an die Stelle von altem setzen sollte. So ist ihre Klage zu verstehen, daß sie sich um alle ihre Mitmenschen ängstige. „Nicht, daß ich patriotischer als persönlich wäre. Du weißt, ich verstehe nur den Gedanken: alle durch den — jeden. Aber da jeder geht und es jeden trifft, fasse ich nichts einzelnes mehr.“

Jede Ironie, jede Prahlerei sollte Varnhagen in seinen Berichten über das harte Geschehen vermeiden, beschwor sie ihn schon im März 1813, eingedenk der Eitelkeit und des überbetonten Selbstbewußtseins, die der Freund zu zeigen pflegte, wenn er sich beschwingt und vorwärtsgedrängt fühlte. „Sorge, was an Dir ist, mit dafür, daß auch das, was von Euren Heeren ausgeht, edel, einfach, gefaßt und ernst sei. Und nimm mir dies nicht übel: Ich bin so ganz durchdrungen und überzeugt davon, daß, wo Prahlerei, hohles Reden und Ironie sitzt, nichts anderes, Gutes, sitzen kann, daß ich mit Sichel und Harke den ganzen Tag ausrauten gehen möchte, da wir alles Gute, ganz gutgemeinte Wackere und Reine so sehr nötig haben!"

Schon im nächsten Brief greift sie den Gedanken noch einmal auf. „Wir Deutschen müssen uns nur mit dem echtesten Schmuck schmücken", warnte sie, „das ist: Gerechtigkeit, Mäßigung, Rechtlichkeit und Gesetzmäßigkeit... Feure nah und ferne, wie du nur kannst, zu dieser stärkenden, alleinheilbringenden Ordnungsmäßigkeit und Rechtsanerkennung und Übung an! Ich bin ein Nichts, und Kraft und Stimme spar' ich *dazu* keinen Tag, bei keinem Menschen, bei keiner Gelegenheit. Wenn ein jeder so tut und wirkt, so werden alle besser; und daß dies geschehe, dazu sei unser langes Elend und unser herbes Streiten uns gut!"

Während sie, wie wir hier vorgreifend anmerken dürfen, im Herbst 1813 in Prag täglich bis zu dreißig und mehr Verwundeten und Kranken half und Kämpfer beider Fronten in ihren menschlichen Nöten beriet, unterstrich sie diesen Gedanken der Menschlichkeit in der Kriegführung, der sich wie ein stetes Mahnen durch ihre Briefe an Varnhagen zieht, besonders nachdrücklich. Sie war darauf bedacht, daß die von der kämpfenden Truppe herausgegebenen Zeitungen in einer Sprache geschrieben würden, die das Volk verstehen könnte. „Oh, ich möchte es darin in gemeinen [gemeinverständlichen] Worten zum Guten, zum Wohltun, zur Geduld, zur Milde, zum hoffnungsvollen Harren, zur Verträglichkeit ermahnen, wie ich es wohl manchmal kann. Möchte ihm anempfehlen, nur immer das Allernächste recht zu tun, gleich, gut. Den Weibern besonders, dem überwundenen Feind zu helfen und ihm zu sagen: sie sollen es auch so machen und zu Hause erzählen und im Felde nicht vergessen!" (An Varnhagen, 14. Oktober 1813)

In Rahels Sicht wurde dieser Krieg, in dem die Deutschen gegen die Fremdherrschaft aufgestanden waren, nicht gegen das französische *Volk* geführt, sondern nur gegen die Machthaber, die fremdes wie eigenes Volk für ihre eigensüchtigen Zwecke mißbraucht hatten. Und er hatte nur Sinn und war nur gerechtfertigt, wenn er für eine gerechte Ordnung unter den Menschen durchgelitten würde. Der napoleonische Krieg war in ihren Augen „ein mißverstandenes und verkehrtes Streben im Menschen nach einer Universalmonarchie". Die zur Tatenlosigkeit verurteilte Frau wachte mit Argwohn und wachsendem Mißtrauen darüber, daß nicht auch die deutsche Erhebung in einen solchen Krieg mit Herrschaftsgelüsten über fremde Völker verfälscht würde. So vorsichtig sie auch in ihrem politischen Urteil war — wann immer Varnhagen ihr ihm erreichbare oder von ihm redigierte, der Propaganda dienende Veröffentlichungen und Feldzeitungen zuschickte, erhielt er ein beistimmendes, mahnendes, unwilliges, empörtes Wort. Rahel hat schon in jenen Jahren Varnhagens publizistische Tätigkeit mehr beeinflußt, als im allgemeinen angenommen wird, doch nicht, um den Freund zu gängeln, sondern um ihre menschliche Pflicht zu tun.

Bald bot sich Rahel eine Möglichkeit, ihre Menschlichkeit in helfender Tat zu erweisen. Schon im Frühjahr 1813 zeigte sich, daß die Berliner Lazarette, die für die Aufnahme verwundeter und kranker Soldaten bestimmt waren, sich „in einem schrecklichen Zustand" (Rahel) befanden und dem voraussichtlichen Andrang nicht gewachsen waren. Rahel Levin und Henriette Herz gehörten zu den Frauen, die entschlossen zur Selbsthilfe griffen und die private Wohltätigkeit in einem bis dahin noch nicht erlebten Maße anregten und organisierten. Einen „General-*Aufstand*" nannte Rahel diese Bewegung der Nächstenhilfe, die ganz Berlin ergriff und zu ungewöhnlichen Leistungen befähigte. Rahel wütete — es sei dahingestellt, inwieweit zu Recht — gegen den recht jungen Chirurgen Karl Ferdinand von Gräfe, dem die Leitung der Militärheilanstalten in Berlin übertragen worden war. Sie lobte den 1810 an die Universität Berlin berufenen erfahrenen Praktiker Johann Christian Reil, der Jahrzehnte hindurch Stadtphysikus in Halle gewesen war und große Erfahrungen auch auf dem Gebiet des Gesundheitswesens gesammelt hatte. Als die Frauen Berlins ihr Lazarett eröffnen wollten, forderte Reil, wie Rahel überliefert, daß sie auch „der ganzen Ökonomie und Pflege vorstehen" müßten; denn „in keinem Lazarett in der Welt bekämen die Kranken, was sie sollten".

Varnhagen mußte auf ihre nachdrückliche Verwendung auch diese Mißstände rügen, ohne Berlin zu nennen; denn (und sie sollte sich wenige Monate später in Prag durch eigene Erfahrungen davon überzeugen) auch „in den bestgesinnten und vornehmsten" Städten gingen, wie sie über die Versorgung Kranker und Verwundeter schrieb, „noch Greuel *darin* vor. Also muß ganz Deutschland, ja die *Welt* sich gefallen lassen, Ermahnungen darüber zu hören und durch die Tat sie beherzigen".

Die von Rahel und anderen Frauen veranlaßte Einrichtung von Anstalten zur Wartung und Verpflegung kranker und verwundeter Krieger löste einen Impuls zur privaten Wohltätigkeit aus, der auf dem Gebiet der Gesundheitspflege weit über die Zeit des Befreiungskrieges hinaus fortgewirkt hat. Rahel leistete diese tätige Hilfe nicht aus patriotischen Erwägungen oder gar aus Motiven religiöser Art, etwa im Sinne des Samariterdienstes der christlichen Religion, sondern aus der Verantwortung der ihrer Menschenwürde wie ihrer humanen Verpflichtung bewußten emanzipierten Frau.

In jenen Tagen nimmermüder Wirksamkeit Rahel Levins war der Landsturm aufgeboten worden. Auch Fichte und Schleiermacher, Reimer und Niebuhr, De Wette und Bernhardi —um nur wenige zu nennen — hatten sich ausrüsten lassen. Man witzelte, die in der Berliner Wilhelmstraße wohnenden Gelehrten hätten sich in Falstaffs Rekruten verkleidet, so komisch wandelten ehrsame Bürger in ihrer patriotischen Würde einher. Es wäre „molière'sch, lafontaine'sch", belustigte sich Rahel, als ihr Varnhagen aus Hamburg schrieb, „der alte Jacob Hertz", Fannys wesentlich älterer Gatte, hätte vor ihm, „Varnhagen von Ense, Russisch-Kaiserlicher Hauptmann, attachiert an den Obersten Freiherrn von Tettenborn", präsentiert.

Solche Heiterkeit war nur der Anflug eines Augenblicks, Reflex einer Stimmung, die Rahel für kurze Zeit von ihrer großen Sorge ablenken sollte. Schon vor Ausbruch des Krieges hatte sie Berlin verlassen wollen. Wenn „die ganze Welt drunter und drüber" ginge, so würde er das Gewehr ergreifen müssen, hatte sie Varnhagen im April 1812 auf eine Bitte um Rat, was er tun sollte, geantwortet und hinzugefügt: „Ich für mein Teil *möchte* gerne von hier weg, kann aber nicht, weil ich kein Geld habe. Sonst flöh' ich den Krieg. Und die elende Gegend."

Rahel hatte nicht nur eine sehr geschwächte Gesundheit, sie war eine überaus sensible Natur. Als es gegen Ende April 1813 zu Kämpfen um die von den Franzosen besetzte Festung Spandau kam, wurde sie wie viele Berliner von einer Panik ergriffen. Und da Varnhagen dank der reichlichen Einnahmen, die Tettenborns Feldzug zur Befreiung der Hansestädte auch ihm verschaffte, ihre finanziellen Nöte zu lindern vermochte, verwirklichte sie überstürzt den lange gehegten Plan. Am 9. Mai 1813 machte sie sich mit ihrer treuen Hausgehilfin Dore und Mujek, dem Bedienten, in einer Pferdedroschke auf den Weg nach Breslau. Sie fällte damit keine Entscheidung für oder gegen Napoleon. Sie suchte dem Entsetzen des Krieges zu entgehen und sehnte sich nach einer menschenwürdigen Ordnung irdischen Daseins. Die Reise in den Südosten der Monarchie glich einem fluchtartigen Sprung nach vorn, in eine wenn auch ungewisse Zukunft.

Die Begleitumstände des Unternehmens waren wenig erfreulich. Der Familiensinn der Brüder hat sich in der Schwester schwierigen Lage keineswegs bewährt; der Onkel, bei dem sie in Breslau unterschlüpfen wollte, erwarb ihr Silber mehr als wohlfeil für bloße hundert Taler. In Breslau, der Residenz des Königs, war die Ausrüstung der Freiwilligen in vollem Gange. Nach wenigen Tagen der Rast eilte sie verwirrt und verirrt ins Gebirge weiter. In Reinerz holte sie der Bruder Ludwig Robert ein, der ihr nachgereist war. Sie hatte seit Tagen nicht essen, nicht trinken, nicht schlafen können. Nun genoß sie die Einsiedlerruhe wie etwas traumhaft Unwirkliches, die Schlünde, Gebirgswässer, Blüten, Grasmatten. „Wie könnten wir uns hier von der verkehrten Lage, von der drückenden Sorge, von den leeren Gängen, vom verkehrten Dasein erholen! Der Frühling, die Stille, das Feld will mir die Gedanken an Preußens, an Berlins Zustand, an den unnatürlichen Krieg wegnehmen — und mein Gewissen drückt sie sich wieder ans Herz. Mit Vorwürfen zugleich, daß ich noch leben und genießen will.“

Die neuerliche, tiefe Enttäuschung über die Familie und das Erlebnis einer anderen Landschaft fanden in der verärgerten Ablehnung Ausdruck, in der sie in jenen Tagen von Berlin sprach. Nicht ohne neue „große“ Veranlassung wäre sie bereit gewesen, wieder dorthin zurückzukehren, obwohl niemand hätte sagen können, welche Richtung die in Bewegung geratenen Heere nehmen mochten. Rahels Blick richtete sich vom Sitz ihrer Sippe hinweg dorthin, wo Varnhagen heimisch geworden war, Freunde gefunden hatte, wo sie eine Oase der Menschlichkeit erhoffte. Sie wandte sich mit überraschendem Erfolg an Varnhagens Gönner, den Obersten Grafen Bentheim, und an dessen Geliebte, die Schauspielerin Auguste Brede in Prag. „Fürs erste bleib' ich im Schutze *deiner* Freunde. Alles dank' ich dir mit freudigem Stolz. Die Möglichkeit der Reise, die Aufnahme" in der mehr als überfüllten Stadt, die ihr von Varnhagens Freunden zuteil wurde. „Diese beiden waren für mich wie Geschwister."

Auguste Brede richtete der Braut Varnhagens in ihrer geräumigen Wohnung im zweiten Stock der Fleischhackergasse Nr. 681 in der Altstadt Prags das schönste Zimmer ein. Graf Bentheim ließ das Schlafsofa hinübertragen, das Varnhagen benutzt hatte, und Hauptmann Marais, Adjutant des Grafen und Freund Varnhagens, erkundigte sich so lange, ob Rahel das Kissen, auf dem sie ruhte, nicht sehr gut fände, bis sie erriet, daß es Varnhagen zu gleichem Zwecke gedient hatte. Ihre Hilferufe an alte, vieljährige Freunde wie die Gräfin Pachta und Gentz waren ohne Echo geblieben; um so nachdrücklicher wirkte auf die empfindsame Rahel die liebevolle Besorgtheit ihrer neuen Vertrauten.

Im gleichen Stockwerk, in einigen von der Brede abgemieteten Zimmern, entdeckte sie Carl Maria von Weber, dem sie in Berlin bis dahin weder in der Gesellschaft noch in einem seiner Werke begegnet war. Gentz tauchte auf, wovon noch gesondert zu berichten sein wird. Näher trat ihr in diesen Monaten ein Mann, der sich ihr in Berlin ferngehalten hatte. Das war Ludwig Tieck, der während seines Aufenthaltes in der böhmischen Hauptstadt wesentlichen Einfluß auf das Theater nahm, oft nach Anregungen und Vorstellungen, die er seinen Gesprächen mit Rahel verdankte. „Prag", schrieb Rahel darüber amüsiert an Varnhagen, „wird in seinem Theater eine Veränderung erleiden, ohne zu wissen, daß es von mir kommt."

Sie wollte nicht auffallen. Sie wollte „durchaus eine Privatperson bleiben, und sonst nichts". Wieder und wieder mahnte sie ihre Freunde, sich in den Briefen aller Beurteilungen des politischen Geschehens zu enthalten. Bis zu einem gewissen Grade war es einfach die Furcht, irgendwo „notiert" zu sein.

Man wisse nicht einen Tag, sorgte sie sich, wem die Städte gehören. Doch in dieser Unsicherheit zeigte sich anderes, was sie bedrängte. Auch das Edikt über die Rechtsstellung der Juden aus dem Jahre 1812 konnte, wie der über Preußen dahinziehende patriotische Sturm erneut deutlich machte, an der Tatsache nichts ändern, daß sie als Jüdin geboren war. Zudem war ihre Einsicht in das Treiben, Wirken, Handeln der Mächtigen wie der Ohnmächtigen zu groß, ihr Blick in die Hintergründe des Geschehens zu durchdringend, als daß sie die gesellschaftliche Stellung der Frau anders als im höchsten Maße beengend hätte empfinden können. Da sie selbst nicht fließende Quelle sein konnte, brauchte sie ein Gefäß, in das sie sich ergießen konnte. Stärker als je wurde die Sehnsucht, endlich mit Varnhagen vereint zu sein, der nun die Entwicklung nahm, die sie erhofft hatte: ihr Sprachrohr zu werden, ohne darob weniger zu sein, als er selbst nach seinen Fähigkeiten hätte sein können. „Mich interessiert ganz etwas anderes", bekannte sie dem fernen Freunde nach einem ihrer Berichte über das, was sie durch andere, in diesem Falle durch Tieck, vermochte: „Unser Zusammensein. Ruhe, Wohnung, Feld, Gesellschaft — Tätigkeit, Angemessenes für dich im Frieden! Meine geliebten *Freunde* wiederzuhaben, mit den Menschen zu sehen und Neues in einem Leben zu erleben und zu ergründen, das Unedle loszuwerden! *Mir,* weißt du, *da ich keinen Stand habe,* liegt an dem, was Gesellschaft genannt wird und sich, ansteckend und zusammenhängend, in Europas Städten wie Pocken umherzieht, mal in dieser, mal in jener herrscht und in allen zu finden ist — nichts. Dir aber soll sie noch etwas schaffen. Und da ich zu dir gehöre, so bin ich noch artig!"

So schaute sie aus, wie sie den künftigen Gemahl nach seinen kriegerischen Erfahrungen und publizistischen Erfolgen dort in das rechte Licht setzen könnte, wo Hilfe für eine Verwendung im diplomatischen Dienst zu erhoffen war. Sie knüpfte die abgerissenen Fäden zu Karoline von Humboldt an, schrieb ihr „acht große Seiten", „ein Meisterstück von Natur und Diplomatie, des Gemahls wegen", der Gesandter Preußens in Wien war und durch die Bündnisverhandlungen mit Österreich erneut Einfluß auf die deutsche Entwicklung zu gewinnen begann. Auch Gentz versuchte sie für die Zukunft Varnhagens zu interessieren, ohne Erfolg.

Was Rahel in Berlin an Not und Leid und Vernachlässigung verwundeter und kranker Krieger erlebt hatte, war nur ein Vorspiel zu dem Drama gewesen, dessen Zeuge sie nun in Prag wurde. Nach den Kämpfen um Dresden Ende August 1813 fluteten Versehrte aus allen beteiligten Heeren hilfe- und heilungsuchend bis in die böhmische Hauptstadt. „Diese Jammersöhne lagen ... auf Wagen in den engen Gassen gedrängt und teils in den Straßen selbst unter Platzregen da ... Ein Schuft wäre ich gewesen, hätte ich *nichts* davon leiden wollen", schrieb sie, als alles vorüber war, im Dezember 1813 an Varnhagen. Obwohl sie wußte, wie krank sie schon damals war, begann sie, eine Fremde in einer fremden Stadt, ein Hilfswerk zu organisieren, das seinesgleichen damals kaum gehabt haben dürfte.

Um Verbandstoffe und Lebensmittel zu beschaffen, opferte sie weit über ihre Möglichkeiten hinaus, ohne zu bedenken, daß sie selbst in Not geraten mußte. Reils Mahnung eingedenk, verschmähte sie es, amtliche österreichische Stellen mit ihrem Anliegen zu behelligen. Sie rief alle ihre Freunde zu tätiger Mitwirkung auf und versorgte die Kranken und Gebrechlichen und Verwundeten von ihrem eigenen Krankenlager her, als sie ermattet und ernstlich erkrankt zum Liegen genötigt war. Karoline von Humboldt schickte auf dringliche Mahnung Geld und Leinen von beträchtlichem Wert, Varnhagens Wiener Freundeskreis, meist wohlhabende jüdische Bankiers, halfen mit barem Geld, auch aus Berlin übergesiedelte jüdische Geschäftsleute spendeten auf Rahels Anruf. Den Bankier Abraham Mendelssohn, einen Sohn des großen Moses, rühmte sie wegen seiner Freigebigkeit als den „größten Weltpatrioten". Das war ein Wort, das nicht zufällig von Rahel geprägt wurde. Niemanden kennzeichnet es besser als sie selbst.

Zehntausende Gulden flossen durch ihre Hand, hunderte Menschen fanden dank ihrer Hilfe Heilung, Nahrung, Kleidung, Zehrung für den Weg zu den kämpfenden Brüdern. Offiziere boten ihr ihre Hilfe an, Ärzte stellten sich in ihren Dienst. Rahel wurde unter den Bürgern Prags eine bewunderte Frau. Sie achtete nicht darauf. Sie spürte nur einen Auftrag: helfen, solange Menschen der Hilfe bedürfen. Es war ihr gleichgültig, ob Freund, ob Feind an ihre Türe pochten. „Wie sehen die Armen aus!" klagte sie beim Anblick verwundeter Franzosen. „Sie haben Mütter *wie wir*, die sich totweinten, wenn sie

sie sähen!“ Wie jubelte sie, als ihr Beispiel zündete und unbekannte Frauen jedweden Standes zu ihr kamen, um sich die Verwundeten „auszubitten“.

Während die tapfere Heldin, selbst fast bis zu Tode erschöpft, für Wochen auf das Krankenlager sank, beschäftigte sie der Gedanke, es könnte andernorts noch größeres Elend, weit weniger Hilfsbereitschaft geben als in Prag. „Nun sind wir ruhig, aber in ganz Deutschland, in Holland, überall hiebt und schießt man in Menschen, in weiches, schmerzfähiges Fleisch, in Adern und Gebein. Man nimmt, darbt, mißhandelt...“ Könne sie auf französische Herzen rechnen, wenn ihr eigenes nichts tauge? fragte sie sich und andere. „Also doch *ein*mal eine *Fürstin!*“ rief sie befriedigt aus, als sie bekennen mußte, sie könnte die Zahl derer, denen sie hatte Gutes tun können, nicht mehr nennen. „Ich schäme mich, daß mir Gott das Glück zuschickt, helfen zu können! Und wenn ich mich schäme, daß ihr euch alle schlagt, so tröste ich mich wieder über meine Bequemlichkeit indes damit, daß ich auch tue in Helfen und Heilen.“

War es verwunderlich, daß der kühne Plan auftauchte, die europäischen Frauen der kämpfenden Völker zu einem Werk der Menschenliebe an den Verwundeten zu vereinen? „Ich habe *so* einen Plan im Herzen, alle europäischen Frauen aufzufordern, daß sie den Krieg *nie*mals mitmachen wollen und gemeinsam allen Leidenden helfen wollen. Dann könnten wir doch *ruhig* sein, von *einer* Seite, wir Frauen, mein' ich. Sollte so etwas nicht *gehen?*“ Erste Gedanken einer weit späteren bürgerlichen Friedensbewegung wurden hier vorweggenommen.

Rahel lebte nicht in Illusionen. Auch das Mitleiden konnte ihren klaren Blick für die Gegebenheiten der Zeit nicht trüben. Sie wußte, daß sie ein Ziel aufgerichtet hatte, das erst zu erfüllen war, wenn die Menschheit sich zur Menschlichkeit geläutert hätte. Während des Waffenstillstandes und der Monate, in denen Monarchen und Kanzler ihre Quartiere im Böhmischen aufgeschlagen hatten, sah und hörte sie viel, nicht nur aus dem Mund des allvertrauten Gentz. Sollte sie es nicht gewußt haben, so erfuhr sie, wie weit die Menschheit von der Menschlichkeit entfernt war.

„August, was erlebt' ich hier!“ las Varnhagen um die Weihnachtszeit 1813 in einem ihrer Briefe. Federzungen vermöchten es nicht auszusprechen, wären auch nicht geschwind genug, die

Fülle des Erlebten aufzuzeichnen. Auch sie hätte „die Lenkenden oft nah“ gehabt, sie kennte nun „dies ganze Wesen hier in allen seinen Ressorts wie bei uns. Nein! Und wie so gar Unwissenheit herrscht. Nicht Studienlosigkeit, sondern loses Nicht-Bekümmern, hornartiges Nicht-Ahnden. Verknöcherte Sicherheit, liederliche faule Nachlässigkeit und luxuriöse bequeme Gewöhnung. Dieses alles zusammen macht ein Bollwerk um sie her, hinter dem sie, was ganz nah auf sie zukommt, nicht einmal gewahr werden.“ Oft ginge das Kommende einen erträglichen Gang oder gar an den herrschenden Unwissenden und unwissenden Herrschern vorbei. „Aber die wahre Bewegung wird nicht ausbleiben, und dann kommt's auf gerichtete Kräfte, auf besonnene Bewegung an. Alter, dicker, zur Masse gewordener Bodenstaub einer vorigen Welt hält nicht mehr vor. Und mechanisch-tätige und gewitzigte Menschen treten an ihre Stelle.“

Wie vieles dunkel bleibt in Rahels Briefen, läßt sich auch hier der Grundzug ihrer Gedanken nur ahnen. Wie zuvor in Berlin, so spürte sie in Prag und später noch eindringlicher in Wien die Unfähigkeit der Herrschenden, die sich aufdrängende Entwicklung zur Humanität als Inbegriff menschlicher Lebens- und Daseinsordnung zu erkennen und ihr zum Durchbruch zu verhelfen. Nirgendwo sah sie Ansätze für eine menschliche Gemeinschaft, die sich zum Träger eines Fortschrittes hätte machen können, an dessen Ende jene Wirklichkeit stünde, die sie, auch hier übrigens in Gedankengängen Fichtes mitlebend, „Weltpatriotismus“ genannt hatte.

Eines Tages stand ein Verwundeter in der Tür ihres Zimmers, in einen zerrissenen Bauernkittel gekleidet, ein Stück Kommißbrot in ein grobes Schnupftuch gewickelt, einen Arm in der Binde, den Körper mit acht Wunden bedeckt: Marwitz. Er war in der Nähe von Wittenberg gefangengenommen worden, aber später wieder entkommen.

Rahel und ihre Freunde nahmen ihn wie einen Bruder auf. Er wohnte und aß mit ihnen, war „einfach, gut, wahr, still, mild wie immer, ohne *alles* Vorurteil über irgendein Vorgefallenes“. Rahel und „ein Stücker sechs bis acht weibliche Domestiken“ warteten ihm auf.

Die Erfahrungen des vertrauten Umgangs von Dresden und

des fruchtbaren Gesprächs von Berlin wiederholten sich nicht. Im täglichen Zusammensein zeigte sich der junge Adlige weniger bereichernd als in der seltenen Begegnung. „Er weiß nicht, wann er mir mißfällt, und denkt, ich liebe ihn unbedingt", klagte Rahel in einem Brief an Karoline von Humboldt. Sie hatten „manchen Strauß" miteinander auszufechten. Marwitz erwies sich unter den ungewöhnlichen Verhältnissen in einer fremden Stadt als kindisch nachlässig, vergeßlich, ungeschickt, wie es Rahel bezeichnet. Er vergaß, daß er Gast war und von einem Menschen beherbergt und beköstigt wurde, der sich in nicht minderer Not befand als er selbst.

Aber abgesehen von diesen Beschwernissen des Zusammenlebens lehrte er Rahel „eine ganz andere geistige Karte seiner Eigenschaften entwerfen". Sie hatte den Eindruck, er hätte sich aus den Tugenden, die ihr „voraussetzender ... freigebiger Geist ihm zugab, ganz herausentwickelt" und stünde „mit seinen wirklichen Eigenschaften, blank und bar, ohne es zu ahnden, da". Zwar schmeichelte sie ihm, eben weil sie ihn tadeln und manches Konto in ihrem Herzen ausstreichen mußte, „doppelt". Aber sie verglich ihn mit Varnhagen, und der wünschte nie, forderte nie, begehrte nie. Marwitz, der Anspruchsvolle, hatte anscheinend jedwedes Maß verloren.

Rahels Zusammensein mit Marwitz unterstrich, daß sie richtig gewählt hatte, als sie sich für Varnhagen entschied. Marwitz war Stein in ihrer Hand, Varnhagen prägsamer Ton. Nicht daß sie herrschsüchtig gewesen wäre. Wollte sie aber etwas schaffen, das über ihren engsten Lebenskreis hinauswirkte, bedurfte sie in einer Zeit, in der die Frau zumindest im öffentlichen Leben keine dem Manne gleichwertige Stellung einzunehmen vermochte, eines Mittlers, der ihr den Dienst leisten konnte und wollte, ihr Sprachrohr zu sein. Varnhagens Willigkeit, in seinen Beiträgen für Zeitungen und in seinen historisch-chronologischen Veröffentlichungen Rahels humane Gedanken, ihre Zeit und Ort aufhebende zukunftsgewisse Weltsicht durchscheinen zu lassen, beglückte sie und machte sie stolz.

Trotz aller Verdrießlichkeit, die sie über Marwitz empfand, obwohl er sie quälte, dann wieder erfreute und im ganzen doch den ganzen Tag störte, versetzte seine Abreise Rahel in das „ängstliche Gefühl der Leere". Er war „der letzte heimatliche Mensch hier, in diesem Winkel aller Ungeselligkeit und Unbequemlichkeit". Wie immer, wenn sie krank war, steigerte sich ihre Reizbarkeit. Kleinigkeiten vermochten sie gegen ihre Umwelt zu verstimmen.

Lastender war, daß sie nicht wußte, wie es in ihrem Leben weitergehen sollte, wenn Varnhagen nicht alsbald in den Stand gesetzt würde, mit ihr gemeinsam in der Richtung ihrer Gedanken auch öffentlich zu wirken. Während sich der Freund in überraschend schnellen Schritten zum kritischen Zeitchronisten fortschrittlichen Gepräges entwickelte und durch seine publizistische Tätigkeit im Gefolge Tettenborns bald von sich reden machte, litt Rahel mehr denn je unter der Untätigkeit, zu der sie seit dem Abebben des Stromes der Verwundeten nun auch in Prag verurteilt war. Nach der entscheidenden Schlacht bei Leipzig zog sich das Kampfgeschehen schnell nach dem Westen. Sie erwog, ob sie nach Berlin heimkehren sollte. „Aber wer kann sich entschließen, auf einer Seite den Müll vom Köpenicker Feld zur Grenze zu haben und von der anderen die Pulvermühlen jenseits der seichten, schmalen, mückenbesetzten Spree!!!" schrieb sie im Januar 1814 an Varnhagen. Wieder einmal richteten sich ihre Blicke auf Wien, wohin sie gehen wollte, „aber ohne besondere *Lust.* Ich reise gerne in *Frieden,* und mit dir, und Geld."

Rahel wurde vor eine sehr harte Probe gestellt.

Im Februar 1814 erhielt sie die letzte Nachricht von Varnhagen. Auch Marwitz verstummte. Rahels Briefe blieben ohne Antwort. Wohin sie sich auch wandte, niemand konnte ihr gewisse Kunde über des Verlobten Schicksal geben, dessen militärische Einheit in den Strudel des kriegerischen Geschehens im Zentrum Frankreichs geraten war. Rahel fieberte wochenlang nach einer Nachricht.

Varnhagen hatte ihr in patriotischer und liberaler Begeisterung aus Frankreich zugejubelt, die deutschen Fürsten sprächen wie Mitglieder der französischen Nationalversammlung vom Jahre 1790, Frankreich, Spanien, Holland, Sizilien hätten edle, freie Staatsverfassungen errungen, Preußen werde sie begehren, und in Rußland werde „der üppig-genährte Keim dazu künftiger Reife entgegenwachsen — der Himmel helfe uns Deutschen zu einem guten Zustande und reife uns durch seine Gnade wie bisher durch seinen Zorn!" Seither, seit zwei Monaten, bangte Rahel um das Leben des Freundes. In den Tagen, in denen Varnhagen ihr in einem gleichfalls sehr verspätet eingetroffenen Brief mitteilte, der Staatskanzler Hardenberg habe ihm eine Anstellung im auswärtigen Dienst verbindlich zugesagt, erfuhr Rahel aus einer Notiz in der Nürnberger Zeitung, die ihr im Prager Theater in die Hände geriet, General Tettenborn sei leicht, sein Adjutant am Kopf verwundet.

Vergeblich suchte sie bei Tettenborn, Gentz, Pfuel, Karoline von Humboldt und anderen Freunden Gewißheit zu erlangen. Am 17. April 1814 erreichte sie ein Brief der Marwitz sehr eng verbundenen Frau Schleiermachers aus Berlin. „Bin ich die erste, die Ihnen die Schreckenspost sagt?" lauten die ersten Worte. Rahel las nicht weiter, sie wollte nichts wissen. Auguste Brede bemächtigte sich des Briefes, las, schrie: „Es ist nur Marwitz!" — „*Nur!*" vertraute Rahel tags darauf der Schwägerin und dem nach Berlin zurückgekehrten Bruder Ludwig an, „denkt euch mein Unglück — *nur*!" Sie wußte von Marwitz' Verwundung, noch nicht von seinem Tode.

Tage später empfing sie einen Brief von Gentz. Ein Streifen Papier lag bei, aus einem Schreiben ausgeschnitten, das Gentz von seinem Freunde Pilat aus Paris erhalten hatte, datiert vom 12. April, mit den von Gentz unterstrichenen Worten: „Varnhagen war bei mir". Das war seit dem frühen Februar das erste Lebenszeichen ihres Verlobten. Wochen später, als sie wieder unmittelbaren Kontakt mit Varnhagen hatte, bekannte ihm Rahel über Marwitz' Tod, das „auch in den Gedanken todbringende Ereignis", die Welt habe ein Auge verloren. „Wer sieht so Gegend, Künste, Musik mit mir! Still. Mein Verlust ist der geringere. Ein Wesen ist *so* getroffen, daß ihm Arme, Beine und Herz amputiert sind. Und *welch* ein empfindendes Geschöpf! Und *er!* Er soll *nichts* mehr *sehen,* hören — weg sein? Stumm, taub für uns? Still. Man *kann nichts* sagen. Du lebst. Ich muß ganz zufrieden sein ... Wir wollen zeitlebens ihn mitleben lassen."

Hardenberg hatte Varnhagen in den ersten Junitagen schriftlich die Zusicherung gegeben, ihn „bei der nächsten Vakanz oder Einrichtung einer neuen Botschaft als Legationssekretär anzustellen". Zum Gesandten in Paris war Wilhelm von Humboldt vorgesehen; die Ernennung scheiterte vor allem an französischen Widerständen. Varnhagen hoffte es durchsetzen zu können, daß er dem ihm in seinen Auffassungen besonders nahestehenden Diplomaten zugeteilt würde. Stein verwandte sich für ihn, und Beyme nahm sich seiner an. Erreicht wurde vorerst nichts, weil sich keine „Vakanz“ bot und die Zurücksetzung der fortschrittlichen Kräfte, zu denen Varnhagen zumindest gesinnungsmäßig zu zählen war, bereits begonnen hatte. Varnhagen, schwankend und ehrgeizig, wie er war, fürchtete, er könnte als Mitarbeiter Humboldts in des Bedeutenderen Schatten stehen. Da man keine Gründe finden würde, Humboldt das Geleistete abzusprechen, werde alles „ewig nur auf seine Rechnung kommen, und man wird kaum erfahren können, ob ich tätig oder geschickt bin, was bei jedem anderen, auch noch so talentvollen Gesandten, der nur gerade nicht Gelehrter oder Schriftsteller ist, bald an den Tag kommen würde“. Mutig und zuversichtlich blickte er in die Zukunft. Er sympathisierte mit Ernst Moritz Arndt, der „geradezu ein allgemeines Gesetzbuch, allgemeine Volksbewaffnung, freie Stände“ forderte. Jeder Bauer am Rhein, versicherte er Rahel, lese Görres’ Zeitung. Adam Müller, der gegen ihn geschrieben habe, sei verloren, denn Görres werde grob. „Und es schlafen noch Fürsten, Staatsmänner, Feldherren? Wollen nicht begegnen durch weise und gerechte Verwaltung dem allgemeinen Verlangen? So ist denn Aufstand, Wut und Greuel unvermeidlich! Wer kann da halten, wo Gott die Völker in einem brausenden Strome nach ein und derselben Richtung wälzt!“ schrieb er am 24. August 1814 an Rahel.

Rahel war weniger zukunftsgewiß. Doch zunächst galt es zu verwirklichen, was seit Jahren geplant war. Sie reiste über Teplitz nach Berlin, um den Ehebund mit Varnhagen zu schließen, aus guten Gründen überzeugt, er werde ihr „namenloses Freiheitsstreben achten“. Wie die Reise nach Prag, war die Fahrt nach Berlin, wo sie am 27. September 1814 nach unmittelbar zuvor vollzogener Taufe ihre Liebe „auf dem bürgerlichen Amboß“ bereitete und die Ehe mit Varnhagen einging, ein Sprung nach vorn. Aus Rahel Levin, die sich bereits seit 1810 Rahel Robert nannte, wurde Friederike Varnhagen von Ense. In der Mitwelt und der Nachwelt blieb sie Rahel.

Eine Heimkehr war die Rückkehr nach Berlin nicht. Rahel graute sich nicht nur vor dem Müll vom Köpenicker Feld und vor den Pulvermühlen jenseits der Spree. Schon die Grenze, die sie lockte, schreckte sie. „Ich wollte den Postillon beschenken und fragte von Baruth an danach", schrieb sie an Varnhagen, der in Hamburg weilte. „‚Da ist sie!' schreit er, ‚der Pfahl!' Ich sehe hin, ein neuer Pfahl, ein weißes Schild mit den großen schwarzen Worten: *‚Etape de Prusse'*, Weg war alle *gute* Emotion. Ist *das* der prahlende Franzosenhaß? Und so ging's ferner in der gegendlosen Öde, im hemmenden Sande, unter den übergroben Leuten, Chikaneurs, den engsinnigsten, zwecklosesten, den Reisenden quälendsten Einrichtungen. Pfui! sie benahmen mir jede Liebe für den Moment."

In den wenigen Tagen schon, die sie auf Varnhagen warten mußte, war sie unglücklich in Berlin. „Gottlob, daß ich nicht hier bleibe. Es mißfällt mir *äußerst* nach den anderen gesegneten Gegenden. Und wie der Mensch nicht über seinen Körper oder nur wenig hinaus kann, so ein Land nicht über seine Gegend!"

Rahel mißbehagten die Dürre, der Sand, die Kiefern, nachdem sie schönere Landschaften kennengelernt hatte. Wichtiger: sie folgte in ihren persönlichen wie in ihren allgemeinmenschlichen Beziehungen einem „namenlosen Freiheitsstreben", sie hatte Preußens Enge erst aus der Ferne begriffen. Varnhagen war bereit, diesem Streben im persönlichen Leben unbeschränkt Rechnung zu tragen. Jenseits seiner Möglichkeiten lag das Geschehen in Gesellschaft und Politik. „Freilich lieb' ich unser Land auch wegen seiner Bildung", hatte sie dem Freunde noch aus Prag im Juni 1814 geschrieben, „die man in anderen Winkeln Deutschlands recht empfindet. Die urbane Sitte und leichten Gespräche meine ich vorzüglich, den schnellen Umlauf des Geistes und die Hilfe dazu als Bücher, Gesellschaft und dergleichen. Aber Berlins Gegend und ihre Mücken für den Sommer erdrosselt mir Seele, Körper, Herz, Gefühl, Ahndung, Freude! Alles, alles! Auch fürchte ich eine fesselnde Anstellung für dich, die dich in preußische Geheimratschaft setzt..." Nur zu gut wußte sie, daß Varnhagen kein fügsamer Beamter war.

Wie gern hätte sie Schicksal gespielt, auf Tettenborn hoffend, auf eine Wirkungsmöglichkeit in Österreich bedacht, ein Jahr ohne feste Tätigkeit Varnhagens den weiteren Gang der Dinge abwartend. Doch inzwischen war ein „schielendes Geschick" gekommen und hatte Varnhagen wie sie gezwungen, „*wieder* durch unselige Vernunft auf eine Zukunft zu denken und zu handeln, die auch nichts ist als solche Gegenwarten, die wir erleben mußten und von denen, durch die und an denen man *stirbt*".

Hardenberg löste die wiederholt gegebene Zusage schließlich doch ein und berief Varnhagen in den Stab preußischer Diplomaten, die dem Staatskanzler während des Wiener Kongresses zur Seite stehen sollten.

Der junge Ehemann reiste zu Beginn des Monats Oktober 1814 in die österreichische Hauptstadt, entschlossen, seine Rahel wie „eine Fürstin" zu empfangen und sie „zu dem Besten und Wohlbehagendsten aller Art" einzuführen. Während aber Rahel, die erst am 20. Oktober die Reise an die Donau antrat, zu den bedeutendsten Frauen gehörte, die aus Anlaß des Kongresses in Wien weilten, zählte ihr Ehemann zu den nachgeordneten Hilfsarbeitern der Herren der Politik. Da der gesellschaftliche Rang von ihrem Ehemann bestimmt wurde, blieb sie im Hintergrund des öffentlichen wie des politischen Geschehens.

Stein, der seinem Schüler aus der Zeit der Prager Emigration wohlwollte, regte an, man möge den gewandten Publizisten mit der Ausarbeitung einer Denkschrift betrauen, die vor der Öffentlichkeit Preußens Standpunkt in der sächsischen Frage darlege. Varnhagen erhielt einen entsprechenden Auftrag; seine Arbeit wurde zwar bei Cotta gedruckt, blieb jedoch auf die Regelung der strittigen Gebietsfragen ohne Einfluß. So unermüdlich und bisweilen unterwürfig der junge Mann auch antichambrierte, der ehrgeizig erstrebte Vorstoß in die erste Reihe der Handelnden gelang nicht, der erhoffte Titel eines Legationsrates blieb aus. Als publizistischer und diplomatischer Hilfsarbeiter wurde er zunächst nicht einmal fest besoldet, sondern erhielt 5 Taler täglich Diäten („das ist wenigstens etwas!"). Nicht eben viel, wenn man erfährt, daß die beiden zu ebener Erde gelegenen Zimmer des Ehepaares bei dem Haushofmeister Liesneck im Savoyischen Damenstift in der Johannesgasse Nr. 1035 — das nach vorn gelegene mit einem Alkoven, das andere, dem Hofe zu, eigentlich nur eine Kammer — 150 Gulden Papier im Monat gekostet haben.

Rahel, die Habsburgs Residenz an der Donau mit Prag verglich, „dem dickhäusrigen, edlen, großartigen", war enttäuscht. Sie fand Wien keineswegs „hübsch". In den Augen der Berlinerin war es „eine engstraßige Festungsstadt... so wenig zur Residenz oder Kapitale geschaffen". Sie entdeckte „sprechendste Ähnlichkeit" mit Leipzig, „bis auf die Nasen", die der Messestadt an der Pleiße so eigentümlichen Erker an der Straßenfront der Häuser. Die Läden, „ausgeputzt wie die schönsten Pariser", und noch mehr die Fülle der Fiaker, der Wiener Pferdedroschken, die einander den spärlichen Platz abjagten, erinnerten stündlich an das Ereignis, das auf Monate der Stadt das Gepräge gab: den Kongreß, der sich die Neuordnung Europas zur Aufgabe gesetzt hatte.

Rahel mag bedauert haben, daß Varnhagen nicht zu dem kleinen Kreis von Staatsmännern gehörte, die in jenen verhängnisvollen Tagen das Geschick der Völker für Jahrzehnte bestimmten. Ihre Wirkungsmöglichkeit war begrenzt. Sie beobachtete wachsam und kühl, war bald mit manchem Mächtigen vertraut. Aber sie lebte ein Dasein am Rande des geschichtlichen Geschehens, ohne je zu versuchen, auf die schwankende und widersprüchliche Haltung wenigstens der preußischen Staatsmänner Einfluß zu gewinnen, wie das so viele Frauen mit und ohne Rang getan haben. Sie war im Theater und im Konzertsaal heimischer als in den Bankettsälen und den Boudoirs, in denen manche Entscheidung fiel, zahlreiche andere vorbereitet wurden. Sie sah viele Deutsche und viele Ausländer um sich, traf alte Freunde wieder, gewann neue; sie vermied es aber, einen eigenen Salon zu bilden. Bald wußte sie, „was ein Kongreß ist: eine große Gesellschaft, die vor lauter Amüsement nicht scheiden kann. Das ist doch gewiß Neues. Und ohne Spaß: es muß recht schwer sein, einen Kongreß zu halten und zu enden! Eine Welt einzurichten! — das machte ja Hamlet schon melancholisch."

Schwermütig oder gar weltschmerzlich wurde Rahel unter den Wiener Einsichten am Rande des heiteren Wiener Waldes nicht. Doch mit Beklemmung sah sie, wie sich die Lösung der deutschen Frage, das Anliegen aller Deutschen guten Willens, nicht finden wollte. Und jene Wendung zum Humanen im Zusammenleben aller Menschen und aller Völker, die sie erhoffte und an der sie nach ihren gesellschaftlich so eng begrenzten Möglichkeiten mitwirkte, sah sie in unsichtbare Ferne rücken, den Traum ihres Lebens, den Traum von der Würde des freien Menschen einer unsichtigen Wirklichkeit weichen.

Zahlreicher als in den vorangegangenen Monaten sind Äußerungen Rahels gegenüber Varnhagen, dem nach Berlin eilenden, und gegenüber Freunden aus jenen Wochen im Frühjahr 1815, als der Tanz der Diplomaten in Wien jäh durch den Lärm der Waffen unterbrochen worden war, den Napoleons Landung in Frankreich mit Sturmeseile im europäischen Westen ausgelöst hatte. „Welche Zeit!" rief sie entsetzt (am 28. März 1815) aus, drei Wochen, nachdem die Nachricht von der Flucht Napoleons aus Elba Wien erreicht und beispiellos bestürzt hatte. Alle Menschen, die sonst Mut hätten, wären erschrockener als sie, nur die Schlaffen und Gemeinen wären guten Mutes und voller Torheit, die Umsichtigen gestünden freiheraus, daß sie nicht mehr sähen, was daraus werden könnte. „Hier, wo man ganz Deutschland beisammen sieht, sieht man recht, wie auseinander es ist!" schrieb sie nach Berlin, sich dagegen verwahrend, als Bonmot könnte mißverstanden werden, was sie als grausame Wirklichkeit erkannt hatte.

„Emigrantengespräche" würden geführt, daß man vor Ungeduld und Unwillen und aus Furcht vor den Folgen rasend werden möchte. Alles durcheinander müßte man hören: Behauptungen, Mutmaßungen, Lügengeschichten, Verheimlichungen, Verleugnungen, Pläne, Vorstellungen, kluge und erzdumme Anekdoten. „Man fürchtet alles", weil ein Usurpator, vernichtend geschlagen und auf eine Insel im Mittelmeer verbannt, ausgebrochen war und, Frauen und Männer, Kinder und Greise begeisternd, seiner ehemaligen Hauptstadt entgegenzog. Dabei wurde jene gewaltige Hoffnung der Menschheit ein anderes Mal erregt, die beim Sturm auf die Bastille vor einem knappen Menschenalter emporgeschossen und von ebendiesem Usurpator im Machtrausch des Erfolges, in einer gnadenlosen Verachtung des Menschen nur ein Dutzend Jahre danach schmählich verraten worden war. Jedermann in Wien fürchtete, der geschlagene, vereinsamte Korse könnte das französische Volk zur Vollstreckung jenes Menschheitswillens begeistern, unter dessen Verheißung er angetreten war. Niemand fand sich, der einem Amoklauf hätte zuvorkommen können, indem er seinerseits erfüllte, was den Völkern diesseits des Rheines bei ihrer Erhebung gegen Napoleon feierlich versprochen worden war: Bürgerrechte, Menschenrechte.

Von ungewöhnlich bissiger Ironie sind die Mitteilungen gewürzt, die Rahel Anfang April 1815 an einen ihrer Brüder nach Berlin richtete. Zweihundert Taler hinzugeben, war sie bereit, wenn sie Markus, den geschäftskundigen, in diesen Tagen an ihrer Seite gehabt hätte, um wenigstens materiellen Profit aus ihrer Einsicht in die hoffnungslose Verworfenheit und Gebrochenheit der sie umgebenden, angeblich so wissenden, für die Entscheidungen des Tages und der Epoche maßgebenden Menschen zu ziehen.

„So geht es *nicht*", war der Ausdruck ihrer „schärfsten Überzeugung" angesichts der beginnenden Reaktion; „das dissoluteste, auseinandergesprengteste, *falsch*fleißige und ohne Beispiel müßige Leben. Wo einem jeden der Gesichtspunkt fehlt, ja, und der vergeht, den er hatte. Dabei will sich keiner in der Tagesordnung seiner Vergnügungen und Liebschaften stören lassen, und *Importuns,* impertinente Fremdlinge, *können* sich zu Geschäften aufdringen. Jeder denkt von jeder Sache, der andere wird oder könne es ja wohl machen, und *was* auch mißlingt, schiebt es wirklich jeder auf alle und *alle* auf jeden. Das kann nicht dauern. Und wenn es nicht mehr so halten wird, wird man fragen: *warum?* Ich präveniere Dich mit dem größten Bedacht, damit Dir der Schlag *nicht* wie aus den Wolken kommt und Du auch nicht denkst, dieser oder jener oder dies oder jenes habe es hervorgelockt. Nein, es machen es *alle,* weil sie *nichts* machen und die unangewandten Kräfte und *Bedürfnisse* sich auf eine Seite hinneigen werden, hingepreßt werden, wo sie das Schiff werden umschlagen machen. Kein Warnen, kein Ermahnen, kein Zu-Verstehen-Geben hilft. Jeder sieht's *allenfalls* für den *andern* so an. Sich mag er aber doch nicht stören — in der dikasterischen Hoffnung, *sein* Tagesleben wird doch wenigstens so fortgehen." Sie schloß mit dem Bild, das sie auch gegenüber Varnhagen, der ihr zustimmte, gebraucht hatte: Bis zu den Füßen hänge ein menschlicher Körper aus dem Fenster hinaus, er sei noch nicht abgestürzt, müsse es aber, könne nicht zurück ...

Das „schielende Geschick" machte sich in einer neuartigen Weise bemerkbar. Rahel las, wie sie dem in Berlin weilenden Varnhagen anvertraute, „sehr Schönes von Saint-Martin. Gott, was kann der Mensch alles denken, in seinem beengten Kreise! ... Was hat der Mensch [der französische Mystiker Saint-Martin, dem wir noch des öfteren begegnen werden] für schöne, reiche Einfälle, die als Wunder in seine Seele fallen und in anderen Seelen auch leben, weiter leben und beleben. Was vermag man da alles zu denken, was fällt einem alles nicht ein! . . ."

Einige Wochen später — Rahel weilte als Gast einer Bekannten Varnhagens, der Wiener Bankiersgattin Frau von Arnstein, in Baden bei Wien — kam das Gespräch auf die französischen Bauern und Städter, die sich gegen die neuerliche siegreiche deutsche Besetzung verteidigten. Die Aristokratie des Namens und des Geldes, die sich im Salon der Fanny von Arnstein, einer geborenen Itzig, ein Stelldichein zu geben pflegte, hatte die Franzosen wegen ihres Patriotismus verunglimpft („nach *gewonnener* Schlacht") und die armen französischen Bauern nach dem im Absolutismus beliebten Schimpfwort als Canaillen, als Lumpenpack, verleumdet, nur weil sie sich gegen ihren Feind gewehrt hatten. Da erklärte Rahel, „daß die armen Landleute nur sehr natürlich gehandelt hätten und daß, wenn es unsere wären, wir sie brav nennten und aufmunterten. Ich zeigte ihnen, daß diese Leute weder Anteil an Napoleon noch an Ludwig dem Achtzehnten nähmen noch nehmen könnten, bloß für ihren Hof besorgt wären, den verteidigten und den Feind, den verzehrenden, fürchteten. Ich erließ ihnen [den Repräsentanten des Schwert- und Geldadels] noch die Demonstration, *warum* diese Klasse nicht national sein könnte: wie sie nur den Druck, die Last, die Arbeit für das bißchen Krem Menschen hat, die in Ambition — nicht Ehrgeiz — und Genuß wühlen und schwelgen und für welche allein nur noch die Landesgesetze geschaffen sind und leben. Aber ich erinnerte sie daran, wie wir. alle die einzelnen Völker Deutschlands, *mit* jenen fochten, also alle, aus diesem Gesichtspunkt genommen [jenem nämlich, der die Meinung der Kritiker am französischen Widerstand bestimmt hätte], *selbst* gefehlt hätten, also auch begreifen müßten, wie es bei ihnen *zuginge.*"

Man war sich in der Verurteilung des französischen Widerstandes gegen die deutsche Invasion einig gewesen. Jetzt, als Rahel gegen die allgemeine Stimmung anging, ertönte Beifall, wurde gelacht, herrschte Schweigen. „Aber um so etwas zu wagen, muß man den Augenblick sehr kennen", fügte Rahel ihrem Bericht hinzu, „den Rand mit dem Geiste sehen, an welchem die gelangweilten Gemüter stehen, und keines persönlichen

Interesses, nicht einmal der Rechthaberei, beschuldigt werden können. O! Warum bin ich kein Mensch im Amt! keine Fürstin!“

Als Jüdin, als Bürgerin, überhaupt als Weib geboren zu sein — das empfand Rahel mehr und mehr als „schielendes Geschick“. Die Möglichkeiten der Entwicklung und der Wirkung des Mannes, dem sie sich verbunden hatte, waren begrenzt; ihr eigenes Wissen reichte weiter und ging tiefer, als sie darzustellen und zum Leben zu verhelfen vermochte. Vor allem mangelte es ihr an allen Voraussetzungen für eine öffentliche Wirksamkeit. Als Frau war sie in den zeitgenössischen Salons zu einem Inseldasein verurteilt. Allenfalls konnte sie mittelbar, durch in der Öffentlichkeit staatsmännisch oder publizistisch wirkende Männer, die sie inspirierte, ihre Ideen zur Entfaltung bringen oder gar begeistern, konnte sie dem Geist der Zeit, ihren vorwärtsdrängenden Anschauungen Geltung verschaffen.

Diese ihr vertraute Art fruchtbringender Einflußnahme empfand sie indessen in Wien nicht mehr als ihren Auftrag, ihre Aufgabe, sondern als ein ihr durch die Zeitverhältnisse aufgezwungenes Sich-bescheiden-Müssen.

Wer ihr Freund war, gehörte nicht zu den Meistern der großen Politik. Die beiden einzigen, die man dazu rechnen könnte, Humboldt und Gentz, entzogen sich ihrem Einfluß, dieser gewiß von seinem schlechten Gewissen geplagt, jener auf einem Wege in die Vereinsamung, in die Resignation, der in mancher Hinsicht dem Rahels ähnelt; damals schon mußte Humboldt seine politischen Hoffnungen für Deutschland und seinen staatsmännischen Ehrgeiz im wesentlichen verloren geben.

Beide, der „mit der lispelnden Stimme“, der ihr „immer Nervenschwäche machte“ und den sich „zu Hand zu halten“ sie Varnhagen immer wieder empfahl, Humboldt also, und Rahel waren recht unzufrieden mit dem Lauf der Welt. Dennoch vereinigten sich ihre Ansichten nicht miteinander. Rahel fühlte sich für jedes Geschehen mitverantwortlich. Ihr mißfiel der letztlich selbstische, kühle Zynismus des Jugendfreundes, dessen öffentliche Wirkungsmöglichkeiten sich im Kampf mit den Mächten der Zeit bereits erschöpft hatten. Es bleibt eine der Merkwürdigkeiten jener so offenherzigen und mitteilungsfreudigen Zeit, daß Wilhelm von Humboldt und Rahel Varnhagen auch in den vielen Jahren, die Humboldt später wenn nicht in

Berlin, so doch im nahen Tegel weilte, ohne einen Austausch ihrer Meinungen nebeneinanderher lebten. Rahels kritischer Blick, ihr scharfes Urteil bleiben trotz aller Enttäuschungen Erkenntnismittel eines liebenden Herzens und eines Verstandes, den Schlabrendorf, der sie im wesentlichen nur vom Hörensagen kannte, schon damals „weit- und altsehend" genannt hat. Sie hat im Unterschied zu Humboldt niemals aufgehört, an die Menschheit zu glauben und für die Menschheit zu hoffen. Unmittelbar dafür zu wirken vermochte sie freilich nicht.

„Pfui, Christen!" rief Rahel aus, als nach der endgültigen Niederwerfung Napoleons gegen Ende des Wiener Kongresses erkennbar geworden war, daß, in einen christlichen Mantel gehüllt, das Patriarchat der Bevorrechtigten über die unmündig gehaltenen Untertanen erneut begründet werden sollte, um den Status quo ante, die Herrschaftsverhältnisse in der vorrevolutionären Epoche, wiederherzustellen. Sie hatte der Durchschlagskraft der laut geschäftigen Deutschtümler mißtraut und den vielzüngigen Versprechungen der vom Korsen vertriebenen Fürsten keinen Glauben geschenkt. Sie empfahl, beim Aufbau des Staates der Fabel und dem Mythos zu entraten und von der praktischen Vernunft des Menschen Gebrauch zu machen, die Unwissenheit zu überwinden, das menschliche Bewußtsein zu stärken. „Es muß eine neue Erfindung gemacht werden: es ist noch Phantasie im Menschen übrig für idealische Zustände, und die will Stoff, Nahrung."

„Pfui, Christen! Und sie schmieren wieder so etwas im Kongreß zusammen", was verdummen und nicht aufklären soll. Rahel hatte von jeher keine gute Meinung über die Diplomaten und die Staatsmänner. Sie glaubte nicht daran, daß die angemaßten Lenker der Geschicke der Menschen „Feste des Gutes-Tuns" feiern könnten, wie seinerzeit in Berlin und Prag Frauen solche hohen Feiern menschlicher Hingabe begangen hatten, als sie sich gedrängt fühlten, allen denen auf eine menschliche Weise zu helfen, die zu Opfern der Kriege geworden waren. Aber auch an die unwissenden, trotz aller Täuschungen noch vertrauensvollen Massen dachte sie noch nicht, wenn sie eine neue Staatsverfassung, eine neue „Regel zum Wohlsein aller in einem gegebenen Fall" herbeisehnte. Auch in politischen Fragen faßte sie „unschuldig" auf, hatte sie keine vorgefaßten Resultate im Auge. Nur unbestimmt war freilich die Vorstellung, die sie vom Gang der menschlichen Entwicklung hatte. „Alle Bewegung muß auf ein Menschliches bezogen werden können, das heißt hier: auf Allgemeines, alle Menschen Betreffendes, sonst wird alles Bewegen am Ende pagodisch, kinderhaft lächerlich, bedeutungslos. Das, woran nicht alle Menschen am Ende teilhaben können, ist nicht gut; das, woran sie nicht teilhaben sollen, ist schlecht."

Wie aber soll eine solche Ordnung des Zusammenlebens der Menschen geschaffen werden? Rahel war eine tief religiöse Natur. Je mehr die Menschen, die herrschenden und mächtigen, sie enttäuschten, um so hoffnungsvoller wandte sie sich mystischen und theosophischen Betrachtungen zu. Sie glaubte an die Begnadung des einzelnen und hoffte auf eine messianische Erscheinung, die „eine hohe allgemeingültige Ansicht des Lebens zu erfinden wüßte. Etwa ein neues religiöses Element, welches die Sittlichkeit schärfer zu verstehen, allen gebotenen Handlungen eine andere Richtung, einen neuen Ehrgeiz gäbe."

Sie hielt den Menschen für ein göttliches Wesen und glaubte daran, daß der Mensch die Einheit mit Gott schon im Diesseits zumindest zeitweilig vollziehen könnte. Mit Saint-Martin, der auf weite Strecken ihres Lebens zu ihrem Wegweiser wurde, wandte sie sich gegen mechanischen Materialismus und Sensualismus, sie leugnete also das Primat des Seins vor dem Bewußtsein, sie leugnete ferner, daß sich alle Erscheinungen des Seelenlebens aus sinnlichen Empfindungen ableiten ließen. Wie alle „Martinisten" betrachtete sie alles Forschen als unzulänglich und zweifelhaft, sah sie in der persönlichen Vervollkommnung des Menschen den ersten Schritt zu wachsender Vollkommenheit menschlicher Zustände, indem das Zusammenwirken vollkommener Individuen die Ungleichheit der Menschen und die daraus folgenden Übel nach und nach aufheben müßte.

Noch bevor Varnhagen über Berlin nach Paris aufgebrochen war, wo eine Konferenz seiner nachgeordneten Mitarbeit harrte, noch ehe der Wiener Kongreß, in seiner zweiten Phase reichlich überstürzt geführt, zu Ende gegangen war und Rahel, erneut einer Entscheidung über das berufliche Geschick ihres Mannes harrend, der Einladung der Frau von Arnstein folgend, in das liebliche Baden bei Wien übergesiedelt war, fand sie sich völlig vereinsamt. Während sich Varnhagen in Berlin bemühte,

Wilhelm von Humboldt und dessen Karoline sowie die Gehilfen Hardenbergs, Beyme und Stägemann, für sich zu gewinnen, erhielt sie im vertrauten Umgang mit Wiener Bankiers und unternehmenden Bürgern einen Einblick in die industrielle Entwicklung. Ihren religiös-mystischen und utopisch-sozialistischen Vorstellungen verbanden sich liberale Ideen, in all ihrer Unklarheit ein Ausdruck der Sehnsucht nach einer human-fortschrittlichen Entwicklung der menschlichen Gesellschaft. Zugleich waren sie eine Absage an die Wendung nach rückwärts, die damals die meisten Freunde ihrer Jugend, allen voran Gentz und Friedrich Schlegel, vollzogen. Rahel indessen lernte, „wie große Etablissements das Land hat; dachte mir viel, wie es sein könnte, wie weit prahlerische, echauffierte Schlegel und Adam Müller und andere neumodische Wiegler in der hohlen Parteilichkeit entfernt sind, an solchen Dingen den herzlichen Anteil zu nehmen, dem allein edleres Wissen und derber Wille zum Wohl der unteren Schichten des Volkes und der Nation geweiht sein sollten, damit es gesund von unten herauf, von der Wurzel her, Blüte und Überfluß anstatt des ruppigen Luxus erhält, anstatt des lumphaften Prahlerlobs! — Solches dacht' ich und will es dir [Varnhagen, im Juli 1815] gerne mitteilen. *Les peuples existent malgré les gouvernements* [Die Völker existieren trotz ihrer Regierungen. Mirabeau]. Ja, malgré erblüht, was einzelne tun, wenn man sie nur nicht *stört* durch Verbote! Gott! wenn dereinst *befördert würde!* Für alle Völker gäbe die schwere, dunkle geduldige Erde Fülle her; sie brauchten nicht zu kriegen, nicht zu lügen, und die Proklamationen zur Rechtfertigung!"

So verschwommen Rahels Gedankenwelt unter den widersprüchlichen Erlebnissen und Eindrücken ihrer Prager und Wiener Zeit auch sein mag, sie zeugt von einer Entwicklung vom Ich zum Wir. Diese Entwicklung vollzog sich unter Unklarheiten und Schmerzen, weithin noch unbewußt und daher von ihr nicht in einem bündigen Zusammenhang, sondern in sprunghaften Anmerkungen dargestellt. Indessen war es eine Gedankenfülle, die sich im Verlauf des nächsten Jahrzehntes zu einer Gedankenfolge mit bestimmten Vorstellungen von einer menschlicheren Weise des kollektiven Zusammenlebens klärte. Rahels Weg von der Romantik zum utopischen Sozialismus führte bezeichnenderweise über die Mystik.

OPFER DER RESTAURATION

Varnhagen war im Gefolge Hardenbergs Mitte Juli in Paris eingetroffen. Jordan und Stägemann, die beiden anderen Gehilfen des preußischen Staatskanzlers, riefen ihre Frauen an die Seine; man wohnte, Varnhagen als jüngster und noch immer nicht festbestallter Staatsdiener, in einem Seitenflügel, in einem Gebäude in der Rue de Varennes. Auch Graf Bentheim war eingetroffen, Pfuel war Kommandeur von Paris. Gruner, schon wegen seiner freiheitlich-demokratischen Gesinnung ein vertrauter und verläßlicher Freund, wartete wie Varnhagen auf die Einlösung einer vor langem gegebenen Zusage auf diplomatische Verwendung. Alte und neue Freunde drängten sich in den Kanzleien, den Palästen, den Salons. Varnhagens Ehrgeiz war fast gestillt.

Rahel sollte nach Paris kommen. Sie mißtraute der Ruhe im besetzten Land. Sie war furchtsam, kannte die Entbehrungen einer letztlich sinnlosen Flucht, wußte, was in verwirrten politischen Lagen Pferdemangel, was zerfahrene Straßen sind. Am liebsten wäre sie mit den Wiener Freunden nach Italien gegangen. Sie kam Varnhagens Wünschen nur halb entgegen. Anfang August 1815 verließ sie das Dreihaus im Arnsteinschen Garten in Baden, wo sie ihrer Gesundheit gelebt hatte, und nahm in Frankfurt am Main Wohnung. Dort wollte sich der Gesandte von Otterstedt ihrer annehmen. Sie faßte diesen Entschluß, noch bevor sich Varnhagen Hoffnungen machen konnte, als Legationssekretär („was übrigens bald zu mehr führen könnte") nach Stuttgart zu gehen, wohin zunächst Gruner als Gesandter geschickt werden sollte.

Die Kunde von einer solchen möglichen diplomatischen Verwendung erreichte Rahel, als sie dem Freunde nach Paris geschrieben hatte, Stuttgart wäre der schönste Ort gewesen, den sie kennengelernt. Nur um mit Varnhagen „das Fremde und

Kunstreiche" der französischen Hauptstadt zu sehen, würde sie sich entschließen können, nach Frankreich weiterzureisen. „*Sonst* — lebt nur Deutschland für mich, das Deutschland, welches ich jetzt sah! *Wir* sind wilde, arme Wenden, unselige Slaven. Württemberger sind Deutsche. Lustig aus Freundlichkeit und Landessegen, aber nicht aus Gedankenlosigkeit und wildem Blut wie die lateinischen Völker, wie die Staël sie nennt. In einem Paradiese reist man von Augsburg nach Stuttgart; und dieser Ort ist der schönste, den ich sah. In einem lustiglichen, ländlichen Friedenstal, zwischen Grünem die behagliche Stadt — alles ein Spaziergang. Was hat unser armer König? was ein unseliger Berliner? ... Als ich heute hier [nach Frankfurt] hereinfuhr, weint' ich, daß ich Goethes Wolken, Goethes Stadt sah." Mehr noch als von der Lieblichkeit der Landschaft fühlte sie sich von der Liberalität der Menschen und der Leichtigkeit ihres Wesens angezogen. Schnell, schneller, als man vermutet, wurde sie im Rhein-Mainischen heimisch. Da sich in Frankfurt zentrale Einrichtungen des Deutschen Bundes etablierten, gewann die Messe- und alte Kaiserstadt auch als diplomatisches Zentrum erneut an Bedeutung.

Rahel lebte, wie es der ungeklärten Stellung ihres Mannes entsprach, in einfachen Verhältnissen. Auch als Varnhagens Berufung als preußischer Geschäftsträger in Karlsruhe zwar entschieden, aber noch nicht vollzogen war, beschränkte sich das Ehepaar auf zwei Zimmer. In ihnen schickte man sich mit Mädchen und Bedienten mehr oder minder in eine Lage, die auch dann kaum weniger ungewiß gewesen wäre, wenn Varnhagen gewußt hätte, daß er zu dem Kreis von Politikern und Publizisten gehörte, denen man wegen ihrer betont gesamtdeutschen und fortschrittlichen Gesinnung bereits mit Zurückhaltung begegnete. Lange genug hatte Hardenberg, als gehorsamer Diener seines Königs in den restaurativen Kurs der europäischen Mächte einschwenkend, den begabten, aber nicht eben gefügigen Gatten der Rahel hingehalten, der von einem der Reaktion so unbequemen Mann wie dem Reichsfreiherrn vom Stein protegiert und einem so rückhaltlos offenen Demokraten wie dem Freiherrn von Humboldt nachsichtig begönnert worden war.

Noch Anfang Oktober 1815 hatte Hardenberg in Paris Varnhagen „die freundschaftlichsten, wohlwollendsten Versicherungen“ gemacht. Er sollte nur an die Wiener Gesandtschaft gehen, wenn er es selbst wünschte. Varnhagen glaubte hoffen zu können, der Staatskanzler werde ihn in seine unmittelbare Umgebung ziehen und ihm die Leitung jener „Ministerial-Zeitung“ übertragen, die er, Varnhagen, dem Lenker der preußischen Staatsgeschicke damals zunächst mündlich entworfen hatte. Der Plan einer staatlichen Lenkung der öffentlichen Meinung, wie er auch von anderen angeregt, von Varnhagen hartnäckig betrieben worden war, trat erst unter veränderten politischen Verhältnissen (1819) als „Preußische Staatszeitung“ ins Leben. Die Leitung des offiziellen Regierungsorgans wurde Stägemann übertragen, der sich, dem allgemeinen Zug der Zeit folgend, vom liberalen Demokraten zum gemäßigten Konservativen gewandelt hatte, sich jedoch bei allem literarischen Ehrgeiz vor eine höchst undankbare, für einen Ehrenmann kaum lösbare Aufgabe gestellt sah.

Stägemann, dem Varnhagen in seinen Diplomatenjahren viele vertrauliche, teils besorgte, teils höhnische Informationen über den Fortgang der Reaktion in Preußen verdankte, war in den Jahren des preußischen Zusammenbruches einer der engsten Mitarbeiter Steins und Hardenbergs gewesen und seit seiner Ernennung zum Staatsrat im Jahre 1809 auch unmittelbar an den Staatsgeschäften beteiligt. Seine „Historischen Erinnerungen in lyrischen Gedichten“, recht verspätet (1828) gesammelt zum Druck gelangt (und sehr zum Ärger des Verfassers von Varnhagen nicht eben liebevoll rezensiert), zeugen mehr von einer patriotisch-idealistischen Gesinnung als von poetischem Talent. Als der Staatsrat den Entwurf der nie verwirklichten „Verordnung über die zu bildende Repräsentation des Volkes“ vom 22. Mai 1815 verfaßte, sprach aus dem Munde dieses verantwortungsbewußten, aber eben nur dienenden, nicht gestaltenden Beamten die Stimme der öffentlichen Meinung. In seinem Berliner Haus an der Ecke Charlotten- und Behrenstraße, in dem später auch ein so freisinniger Geist wie Eduard Gans wohnte, trafen sich neben Repräsentanten der Reaktion Frauen wie Bettina. Männer wie Gruner und Gneisenau, wenngleich der Hausherr, ein verhinderter Poet und immer darum besorgt, daß ihm Ämter und Würden nach den Vorstellungen seines Ehrgeizes zufielen, zumindest nach außen hin seinen Frieden mit dem Geist der Heiligen Allianz gemacht hatte und es vermied, die einst hofierte Rahel unter seinen Gästen zu sehen.

Die Stägemannschen Briefe aus früheren Jahren, notierte Varnhagen Ende Januar 1841, „machen mir, indem ich sie jetzt wieder lese, einen größeren Eindruck als in der Zeit, da ich sie zuerst empfing. Alle sind voll Konstitution und Preßfreiheit, voll kühner Urteile. Wie groß waren damals die Erwartungen, wie stark der Mut und Geist des einzelnen! Wie sehr sind wir zurückgesunken! Wie niederschlagend ist die Vergleichung des damaligen Stägemann mit dem, der in den letzten Jahren sichtbar war!"

Wie wohl, ist man versucht zu fragen, wäre Varnhagens Entwicklung verlaufen, wenn er nicht, unbeschadet seiner eigenen Qualitäten, das Erzeugnis der Erziehung und das Sprachrohr Rahels gewesen wäre?

Man muß eine solche Anmerkung recht verstehen. Der Gang jener Zeit — wir werden ihm am Rande folgen — war nicht nur rückschrittlich, er war in dieser seiner Richtung entschieden und erbarmungslos. Wir sehen weit stärkere intellektuelle Potenzen, als es Stägemann und Varnhagen gewesen sind, wie Gentz und die Schlegel in die Richtung einschwenken, die von den Monarchen unter fast dämonisch anmutenden Umständen gewiesen worden war. Stägemann, gewiß ein guter Patriot, folgte im Grunde nur den Weisungen, die ein dereinst nicht schlechterer Patriot, der Staatskanzler Hardenberg, gab, unter dessen Helfern sich selbstsichere und weniger ehrgeizige Naturen wie Steins ehemaliger Vertrauter Eichhorn (der später doch zur Restauration konvertierte) und der staatsmännische Beyme auszeichneten. Den stolzen Entschluß Steins faßten nur wenige. Nur wenige, wie Beyme und Boyen, folgten dem Beispiel Wilhelm von Humboldts, der — wie wir heute sagen würden — sich für die innere Emigration entschied, oder nahmen gar die Last auf sich, die ein Ludwig Jahn und ein Ernst Moritz Arndt getragen haben, die wegen ihrer aufrechten Haltung verfolgt und gemaßregelt wurden. Karl August Varnhagen von Ense war kein starker Charakter, er gehörte zeit seines Lebens zu den gefährdeten Naturen. Auch in der nun anbrechenden Epoche wurde und blieb er, was ihn in der Sicht einer modernen Zeit allein bedeutungsvoll erscheinen läßt, der getreue Weggefährte Rahels.

Schon bevor sich Varnhagen nach dem Gespräch mit dem Kanzler entschlossen hatte, sich „ohne besonders günstige und unerwartete Wendung nicht von Berlin entfernen“ zu lassen, hatten sich, wie er am 13. Oktober 1815 aus Paris Rahel berichtete, im Lager zu Vertus die verbündeten Monarchen getroffen. Kaiser Alexander zog „eine eigenhändige Schrift aus der Tasche und legte sie den Herrschern persönlich vor; es betraf eine Art christlicher, herrscherlicher Konföderation zur Erhaltung des Friedens, um alle Kräfte gegen den armierten Jakobinismus (ein Ausdruck von Gentz) wenden zu können, zum Schutze der Regierung etc.“

Es gab einige Einwendungen der überraschten Kronenträger. Der Habsburger hatte „kein rechtes Herz zu der Sache, die Bourbons fürchteten, sich lächerlich zu machen, der Prinzregent von England dachte in anderer Richtung“ (und hielt sich dann auch unter verfassungsrechtlichen Vorwänden aus dem wahrlich bedenklichen Handel), wie Varnhagen aus den Erzählungen Eingeweihter mitzuteilen wußte; über den König von Preußen sagte er nichts.

Der Vorrang der inneren vor der äußeren Politik war verkündet, der rückwärts gerichtete Kurs der Staatsschiffe der verbündeten Monarchen sanktioniert, die Heilige Allianz am 26. September 1815 beschlossen. Der Fürstenbund, ohne Mitwirkung der Kabinette zustande gekommen, wollte dahin wirken, daß die Grundsätze des Christentums im Leben der Völker als höchstes Gesetz gelten sollten. In der Hand reaktionärer Staatsmänner wurde er alsbald zum Instrument volks- und freiheitsfeindlicher Politik. Die Widersprüchlichkeit christlich-mystischer Tendenzen, wie sie dem Zeitalter der Hochromantik eigentümlich sind, machte sich wie in den utopischen Plänen einer Verwirklichung menschlicher Glückseligkeit in dieser Welt so in der obrigkeitlich-feudalistischen Restauration geltend, die das kommende Menschenalter beherrschte.

Wir werden verfolgen, wie sich Rahel entschieden gegen die Reaktion und für den Fortschritt entschied, während sie sich aus ihren mystischen Schwärmereien vorwärts in den utopischen Sozialismus tastete. Politischen Einfluß gewann indessen jene romantisch-mystische Richtung, die der Wiederherstellung eines feudalistischen Obrigkeitsstaates das Wort redete und dessen Sanktionierung von Gottes Gnaden zumindest stimmungsmäßig vorwegnahm. So hat denn eine aus den russischen Ostseeprovinzen stammende Gutsbesitzerstochter das Zustandekommen der Heiligen Allianz sehr nachdrücklich gefördert. Diese Frau von Krüdener, nach wechselvollen Lebensschicksalen in den Kreis der Germaine de Staël geraten, hatte sich dem Pietismus zugeneigt und im Norden Deutschlands als Prophetin von sich reden gemacht, noch ehe sie im Jahre 1806 in Potsdam Alexander I. begegnete und auf den Selbstherrscher des osteuropäischen Reiches einen bedenklichen Einfluß gewann. Der Zar stand seither völlig im Bann dieser gefährlichen Schwärmerin, ihrer Geisterbeschwörung, Bußpredigten, pietistischen Konventikel.

Rahel kannte Frau von Krüdener aus den böhmischen Bädern, wo sie nach Rahels Beobachtungen schon damals „petite maitresse" gewesen wäre, „mit achtzig neuen Kleidern — vierzig aus Paris und vierzig aus London —, mit Pelzen im Sommer, einem emigrierten Abbé, Nervenzuständen, Einsamkeit, Korrespondenzen, Bizarrerien, aber in einer sehr angenehmen Art hübsch".

„Es geht ja herrlich in Paris!" entsetzte sich Rahel über Varnhagens Neuigkeiten zum Thema Heilige Allianz. Sie neigte zwar noch immer selbst sehr zu mystischen Betrachtungen. Von jeglicher Schwärmerei aber wurde sie durch ein sehr vorurteilsloses, gegenständliches Betrachten der Dinge, durch ihren Drang zur Wahrhaftigkeit und ihr hohes Verantwortungsbewußtsein für alles, was durch Menschen beeinflußbar war, bewahrt. Sie verfolgte daher den Lauf der großen Politik mit wachsendem Unbehagen.

Allenthalben sah sie, wie sich die Gruppen formierten, auch unter den Männern, die sich einstweilen noch als Sprecher des Volkes oder von Königs Gnaden als Sachwalter der öffentlichen Angelegenheiten betrachteten. Schon Ende Oktober 1815 berichtete Varnhagen seiner Frau von den „zwei Gattungen Menschen, die bisher vielfach miteinander verflößt waren", jetzt aber „scharf auseinandertreten und sich zum Kampfe stellen". Den Kanzler rechnete er, ohne daß er eine solche Stellungnahme Hardenbergs für vertretbar erachtete, unter die Neutralen. Auf die „gute Seite" setzte er Namen wie Stein, Gneisenau, Gruner, Stägemann, Beyme, Pfuel, Eichhorn, Göres, Jahn, Arndt, Grolman, Niebuhr, Schleiermacher, wobei man anmerken muß, daß mancher gute Name, so vor allem und überraschenderweise der Wilhelm von Humboldts, fehlte und Varnhagen sich alsbald gezwungen gesehen haben dürfte, seine Listen zu überprüfen. Auf der anderen Seite standen „nur", wie er kampfesgewiß und siegessicher unterstrich. Schuckmann, Kircheisen, die Bülows, Schmalz, Küster und Goltz.

In diesen Tagen erfuhr Varnhagen, daß aus seiner Verwendung in Berlin „aus triftigen Gründen nichts" würde; man schickte ihn auch nicht nach Wien, sondern attachierte ihn dem Gesandten Oelßen in Stuttgart, der auch die preußische diplomatische Vertretung in Baden leitete; Varnhagen wurde mit einem Gehalt von 3000 Reichstalern zum Geschäftsträger in Karlsruhe ernannt. Er war zwar dem Gesandten in Stuttgart formal unterstellt, gab aber Berichte nach Berlin und empfing Weisungen von dort. Diese Zwitterstellung hätte einem weniger ehrgeizigen diplomatischen Anfänger Schwierigkeiten bereiten müssen; für Varnhagen, den selbstbewußten Gatten einer bedeutenden Frau, war sie verhängnisvoll.

Einstweilen, von November 1815 bis Juli 1816, wartete das Ehepaar in Frankfurt auf die in Aussicht gestellten näheren Weisungen des Staatskanzlers. Varnhagen am Main wie an der Spree Humboldt, Gruner, Beyme und andere bekamen es zu spüren, daß Hardenberg auch dringend gewordenen Entscheidungen auszuweichen wußte. Um die Jahreswende erfuhren Varnhagens in Stägemanns Briefen aus Berlin „allerlei Skandale", die den Gang der Dinge blitzartig beleuchteten. „Die Schmalziaden in vollen Flammen", was besagen wollte, daß Scharnhorsts unwürdiger Schwager, der Professor Schmalz, den Feldzug gegen die „Volksaufwiegler", die „Demagogen", in skrupelloser Heftigkeit begonnen hatte; er wurde vom König zum Mahle eingeladen. Ein Gedicht, das Brentano zu Ehren Blüchers verfaßt hatte, durfte nicht gedruckt werden, weil es nach der Hymne gesungen werden sollte, deren Melodie „nur für den König und das Königl. Haus bestimmt sei". Görres' Rheinischer Merkur war verboten worden. Für Gruner, den wagemutigen Gehilfen Steins in schwerster Zeit, fand sich kein Tätigkeitsfeld im Umkreis der ungelösten deutschen Frage; er wurde als Gesandter in der Schweiz gleichsam „neutralisiert". Varnhagens Jugendfreund Koreff, magnetisch heilend und zudem schwärmerisch wie die Krüdener, Hausarzt und Vertrauter

Hardenbergs, wurde öffentlich ausgezeichnet. Heinrich Theodor von Schön, einer der Wegbereiter der Volkserhebung in Ostpreußen, ohne Ehrgeiz, aber von tadelfreiem Wesen, lehnte eine Stellungnahme gegen Schmalz, der nach Fichte Rektor der Universität Berlin geworden war, mit der Begründung ab, er möchte „sich mit einer Schmeißfliege und einem Gewürm, das er zerquetschen könne, nicht besudeln".

Rahel vernahm das alles mit Sorge. Sie ordnete die Fülle der Eindrücke in das Gesamtbild, das sie in den Wanderjahren seit Berlin über Prag und Wien nach Frankfurt, in ihrer Begegnung mit der großen Welt gewonnen hatte. Sie suchte nach dem Wahren auf dem Grunde der Erscheinungen und — nach dem Weg, der zu vollkommeneren Verhältnissen führen könnte, nicht nur für den einzelnen und das Volk, dem sie zugehörte, ob man sie, die Juden bereits wieder schmähend, als Landsmännin wünschte oder nicht, sondern für alle Menschen. Wie immer bei krisenhaften Entwicklungssprüngen ihres Bewußtseins, in schmerzhaften Auseinandersetzungen mit der Welt fühlte sie sich krank, so krank, daß sie im April 1816 Verfügungen für den Fall ihres Todes niederschrieb und dabei in ergreifend menschlicher, man muß sagen rahelhafter Weise der Line Brack aus Wusterhausen, der treuen Hausgehilfin der Levins, gedachte: „*Wer mich liebt,* sorgt für Line — Line Brack aus Wusterhausen — die hat hundert und hundert Nächte bei mir sich gequält und gewacht; und allen meinen Jugendzorn und ungewitztes Wesen zu ertragen gehabt! Ihre Gesundheit und Jugend an uns verloren. Papa gedient wie ein Pudel, in harten Winternächten, unverdrossen; Mamachen; und Dir, Markus, in Krankheiten, Bäder getragen, alles. Ihre Fehler seien ihr, *wie allen, verziehen!* — August und Markus, Ihr sorgt, solange *sie* lebt, für sie ..."

Kennzeichnend für den mystischen Zug der Zeit und die Kraft, die mißtrauische Kraft des Auferstehungsglaubens, der auch Rahel beseelte, war die Weisung, ihr Sarg dürfe nicht zugenagelt, müsse mindestens leicht zu öffnen sein, der Deckel von Glas, wenn irgend möglich aus kleinsten grünen Scheiben, sie dürfe nicht in „die Erde gegraben", sondern wünsche „in ein wenn auch noch so kleines Häuschen gesetzt" zu werden. „Mein größter, wichtigster Wunsch ist der: sollte ich nach Varnhagen sterben, so ist der von meinen Geschwistern, der dafür nicht sorgt, mein ewiger, bitterer Feind!!!" Der Tod wäre nur ein tieferes Schlafen, äußerte sie, als sie Anfang August 1817 die Nachricht vom Hinscheiden der Germaine de Staël erhielt, und man sei nicht gleich „rein hinüber, von einem Schlaf in den anderen ..."

Einige Wochen früher, am 5. Februar 1816, hatte sie in einem Brief an ihren Bruder Ludwig vor sich selbst Rechenschaft vom Standort gegeben, an dem sie in ihrer Auseinandersetzung mit Welt und Menschheit, Staat und Volk verhielt. Dies pflegte sie ab und an zu tun, da sie nun einmal zu den Menschen gehörte, die in der Begegnung mit anderen, dem Gespräch oder dem Brief, Klarheit über sich selbst gewinnen. Was sie dem Bruder anvertraute, gewiß in ungezählten Gesprächen unfreiwilliger Muße mit Varnhagen erörterte, gehört zu den bedeutsamsten Offenbarungen, die wir von Rahel besitzen. Sie schrieb: „Danieder liegen die Menschen aus allen Ecken Europas; aus allen Ecken *habe* ich sie abgehört und *höre* sie sich beklagen, sehe sie sich unbehaglich fühlen, rücken und klimmen; alle, die nur nicht ganz gemein, ganz roh, ganz plump steigen und gewinnen, ohne Zweck, aus Prahlsucht und Lüge, ganz nach außen. Meiner Natur Spinnen ist nun, das, was mich quält, bis zu seinem Ursprunge hin zu verfolgen; das heißt, bis an die Grenze seines Verständnisses. Ich verstehe nun der Welt Gewirre und ihren jetzigen Zustand so: Es fehlen zu den bedeutenden vielen kleinern — Detail-Erfindungen möcht' ich es nennen — Entdeckungen des Menschenwitzes, wodurch er nun seit den neuern Jahrhunderten seine Sinnorgane glücklich genug ergänzt, sich die Außenwelt dienstbarer, die ganze Erde bekannter und kleiner gemacht hat, einige große Erfindungen und Annahmen, wie sonst es einmal müssen Ehe, Menschengemeinden mit Gesetzerfindung, die zehn Gebote und dergleichen gewesen sein. Das Alte, Einfache, damals groß Erfundene reicht durchaus nicht hin. Der einzelne ist mächtiger in seinem Sinn und Geist, reicher vorgebildet als das Gesamte, das ihn regieren soll und es, ohne Respekt, Bewunderung, Meditation einzuflößen, nie kann. Hiermit meine ich bei weitem nicht die Regierenden; sondern das Regierende, welches höher, in Intelligenz, Erhabenheit und Erfindung, sein muß als die, welche regiert werden, wenn soll regiert werden können. Ich bin gewiß, wo viele Menschen als Völker zusammen waren, fanden sie sich ungefähr, aber nur sehr ungefähr, in solchem Zustande wie wir, kurz vor einer der großen Erfindungen, die man auch Offenbarungen nennt. Nicht aber, was wir aus den Büchern und Sagen kennen, kommt, dünkt mich, dem jetzigen Zustande der Erde gleich! Alte gebildete Völker hatten Säulen zu Grenzen der Welt, Höhlen zur Hölle, schöne Inseln und Berge zum Olymp; nannten andere Völker Barbaren, wollten dies und nahmen sie zu Sklaven. Jetzt aber, wo die ganze Erde bereiset, gekannt, Kompaß, Teleskop, Druckerei, Menschenrechte und wer weiß alles was erfunden ist, in vierzehn Tagen allenthalben gewußt ist, was allenthalben geschehen ist, und doch die Urbedürfnisse, Nahrung, Vermehrung, das höhere und höhere Wollen fortexistieren; wie sollen die alten Sittenerfindungen noch vorhalten (nicht das Bedürfnis nach Sitte, für welches erfunden oder entdeckt werden muß)? Daran, glaube ich, krankt die jetzige Welt; so mannigfaltig ausgebildet, groß und allgemein war diese Krankheit noch in keinem uns bekannt gewordenen Zeitpunkt, obgleich sie nur nach und nach diese Ausbreitung gewinnen konnte, wozu eine ewige Anlage da war. So denk' ich mir das ganze Dasein progressiv, in intensivem Anschauungsgewinn, zu dessen sensiblem Wissen nach beiden Richtungen, nach der uns lieben und nicht lieben: so steigert sich das Leben, das auf der Erde abzuleben ist, und ein anderes, das außerhalb ihres Reiches fällt. Je mehr Einsicht, je mehr Ein- und Zustimmung wird das Leben uns abgewinnen, wenn auch *noch* mehr Arbeit; jede vollbrachte gleicht *unendlich* aus; jede neue steigt unendlich. Darum denk' ich auch wahr und wirklich, daß das Erdenleben nicht eine steife, tote Wiederholung ist, sondern ein schreitendes Ändern und Entwickeln wie alles; für die Einsicht und durch die Einsicht; und nenne unsere Zeit wirklich neu und bin auf Großes, Neues gefaßt, mit *einem* Wort, auf Wunder der Erfindung, der Gemütskraft, der Entdeckung, Offenbarung, Entwickelung. Mit Gefaßtsein meine ich nicht, daß ich es zu sehen erwarte; aber ich bin dessen Kommen gewiß, und alle Verwirrung ist Gärung dazu. ‚Erfrischend' ist sie wahrscheinlich nicht, die man sich mit allem Geistesnachdenken erst zu Gutem zu erklären vermag! . . . Mir wirst du ohne Schwur glauben, daß ich alles zu Hause kenne, als ob ich dort wäre, kenne, wie Margaretha von Parma Madrid auf ihren *Tapeten* in Brüssel vor sich sieht, in

Goethens Egmont. Niederdrücken konnte mich unser Fall, unser Leid: rühren unser Erheben, durchbeben der glückliche Sieg. Gefreut aber habe ich mich nie mit jenen. Weil ich sie insgesamt kannte und sie nicht um ein Jota verändert wußte. Mir entgingen sie, der treuen, miterzogenen Landsmännin, nie. *Andern* hielt ich sie wohl lobend *entgegen;* mir nie getrost ans Herz! Wessen Herz ist Dünkel, Lüge, Prahlerei mehr verhaßt als meinem! Prahlerei in Gebieten, wo sie nicht hin kann! Mut, Frömmigkeit, Menschenliebe. Da schlagen sie in stattlichen Schwelgerzelten der Lüge breites Verheerungslager auf. Ekel ist es nur, was es erregt, aber wenn man davon spricht, so muß es empören. So scheinen wir mehr zornig, als wir's sind, oder zu anderer Zeit, als wir's sind; wegwenden tu' ich mich meist davon, zum Untermenschen mag ich nicht einmal hinsehen, weil ich's doch schon kenne: aber dies Wegwenden, Vergessen, ist der wahre Zorn ... Nie wird man sich ganz abwenden können von den Landsleuten, den Erdnachbarn — alle Menschen —, also laß uns sprechen, klagen, schimpfen, klügeln, wenn wir es nötig haben: dies ist auch ein menschlich Tun und Fortkommen."

Als Varnhagen, der preußische Ministerresident in Baden, und Rahel in Karlsruhe ihren recht bescheidenen Wohnsitz nahmen, mochte die Hauptstadt des Großherzogtums von Napoleons Gnaden fünfzehntausend Einwohner zählen. Wenn also Rahel von der lebhaft emporstrebenden Stadt als von einer „elenden, kleinen, verhedderten Hofresidenz" sprach, so mußte man mit den Maßen von Berlin und Prag, Wien und Frankfurt messen, und man mußte die drangvolle Enge des geselligen Lebens der badischen Hauptstadt kennen, wenn man ein solches Urteil als angemessen empfinden wollte.

Das Markgrafentum am oberen Rhein war von den französischen Revolutionskriegen stark in Mitleidenschaft gezogen worden. Gebiete links des Stromes waren verlorengegangen, aber die Bodenfläche des Landes hatte sich nach dem Reichsdeputationshauptschluß (1803) nahezu verdoppelt; denn weite rechtsrheinische Ländereien säkularisierter Bistümer, Ämter und freie Reichsstädte waren dem Markgrafen zugefallen.

Im Krieg Napoleons gegen Österreich im Jahre 1805 kämpften Badenser zum ersten Male an der Seite der Franzosen.

Neben dem Breisgau, Konstanz und anderen Landerwerbungen im Süden gehörten nach des Markgrafen Beitritt zum Rheinbund (1811) der Titel Großherzog und die Souveränität über die zahllosen, in sein Land eingesprengten reichsunmittelbaren Reichsstände und Reichsritter zum Sold für Dienste, die dieser deutsche Fürst dem französischen Usurpator geleistet hatte, indem er badische Truppen für dessen Kampf gegen Spanien und Österreich stellte. Söhne Badens fanden sich in den deutschen Kontingenten, die nach Rußland marschierten, Söhne Badens mußten gegen die deutschen Brüder kämpfen, die sich im Jahre 1813 gegen den Gewaltherrscher erhoben.

Erst nach der Schlacht von Leipzig trat Großherzog Karl, der im Jahre 1811 seinem verstorbenen Großvater auf dem Thron gefolgt war, auf die Seite der Verbündeten über. Im Jahre 1815 wurde das Großherzogtum Baden Mitglied des Deutschen Bundes, nachdem ihm versichert worden war, daß der im Dienste des Korsen erworbene Gebietsstand nicht angetastet werden würde.

Großherzog Karl hatte sich davon überzeugen müssen, daß Badens betont verfassungsfeindliche Haltung, wie sie auf dem Wiener Kongreß kundgeworden war, unter den besonderen Verhältnissen, denen sich das Herrscherhaus gegenübersah, unklug gewesen war. Der Freiheitswind, der aus dem Westen wehte, hatte am Rhein nicht haltgemacht. Badens Bürger und Bauern schauten hinüber nach dem Land am anderen Ufer des Stromes, wo sich der Untertan zum Staatsbürger erhoben hatte. Keine Dynastie in Deutschland hatte sich in ihrem territorialen Bestand so bereichert wie die zu Großherzögen avancierten Markgrafen von Baden; das war im wesentlichen auf Kosten der Kirche und des reichsunmittelbaren Adels geschehen, so daß es nur eine schmale und brüchige Schicht feudaler Thronstützen gab. Aufsässigen Bauern stand ein verarmter, unwilliger Adel gegenüber. Und endlich waren die dynastischen Verhältnisse am badischen Fürstenhof außerordentlich verworren. Die bayrischen Wittelsbacher nahmen badische Erbfolgestreitigkeiten zum Anlaß, um bestimmte Gebietsansprüche an Baden zu stellen in der Absicht, sich selbst einen zusammenhängenden Landbesitz zu schaffen. Rußland und England hingegen, aber auch Österreich und Preußen hatten sich indessen auf dem Aachener Kongreß auf die Seite Badens gestellt und den Gebietsstand des Vetters in Karlsruhe ausdrücklich garantiert. Der Vertrag, in dem diese Regelung niedergelegt wurde, trug das Datum vom 10. Juli 1819; zwölf Tage später — wir werden uns daran erinnern müssen — wurde Varnhagen von seinem Posten als preußischer Ministerresident in Karlsruhe abberufen.

Im gleichen Maße, in dem sich die dynastischen und die äußeren Verhältnisse Badens im Zeichen der Herrschaft der Heiligen Allianz konsolidierten, versuchte der regierende Großherzog, die dem Volk von seinem Vorgänger in der Verfassung vom 22. August 1818 gewährten Rechte wieder rückgängig zu machen. Der bürgerliche Freisinn hatte sich in der zweiten Kammer ein wirksames Organ geschaffen. Als der Landtag im April 1819 zusammentrat, wurden eine Reihe liberaler Reformen beschlossen. Nach den Karlsbader Konferenzen (6.—31. August 1819) scherte das bis dahin vorwärts segelnde badische Staatsschiff folgsam in Metternichs reaktionären Kurs ein. Varnhagen hatte Karlsruhe bereits verlassen, als freisinnige Abgeordnete unter Polizeiaufsicht gestellt, liberale Beamte strafversetzt, die Grundrechte der Stände wesentlich beschnitten wurden. Als die Zweite Kammer unter Führung Rottecks und Itzsteins ihre verfassungsmäßigen Rechte beharrlich verteidigte, wurde der Landtag schließlich im Jahre 1824 aufgelöst.

Man begegnete Varnhagen, wie es Wilhelm von Humboldt nicht anders erwartet hatte, in Baden zurückhaltend. Das lag an seinem Amt, einer Vertretung zweiten Ranges, an seinem Ruf als übermäßig eifriger Publizist liberalen Zuschnitts und an der den Durchschnittsmenschen rätselhaften Frau. Rahel fand niemanden, der ihr aufgeschlossen und mit jenem Verständnis für ihre Besonderheit entgegengekommen wäre, an das sie sich, im Umgange mit Menschen anspruchsvoll geworden, inzwischen gewöhnt hatte. Nur eine Frau durchbrach die Schranken, die das Hofzeremoniell errichtet hatte, und näherte sich, ein wenig neugierig wohl zunächst, dann vertrauensvoll und bald freundschaftlich der Gattin des preußischen Ministerresidenten. Das war Amalie von Baden, eine Schwester des regierenden Fürsten. Auch des hannöverschen Gesandtenehepaars von Reden wird in Briefen und Berichten häufiger gedacht. Sonst gab es keinen „aufkeimenden“ Menschen, „nicht eine intime noch familiäre [vertraute] Frau" im Umkreis des Ehepaares.

Besuche, die in der Berliner Epoche zu den Alltäglichkeiten gehört hatten und auch in der Prager und Wiener Zeit nicht als etwas Besonderes empfunden wurden, zählten als Ereignisse, die aus dem quälenden Alltag hervorragten. Nie ist Rahel so oft unterwegs gewesen wie in den drei Karlsruher Jahren. Sie reiste nach Mannheim und Baden-Baden, wohin der bald hier, bald dort wohnende, zum Freund gewordene Tettenborn gezogen haben mag, in den Schwarzwald, immer wieder nach Frankfurt, wo bis zum Jahre 1817 Wilhelm und Karoline von Humboldt ansässig waren und wo Friedrich von Schlegel, seit 1818 österreichischer Legationsrat, mit seiner gleichfalls katholisch gewordenen Dorothea residierte. Selbst bis nach Brüssel zur Schwester Rosa Asser fuhr Rahel in jener Zeit.

Der Lieblingsbruder Ludwig, der in Süddeutschland lebte, war häufig zu Gast, Markus und Moritz stellten sich mit ihren Frauen ein. Pauline Wiesel verbrachte den Winter 1818 bei den Freunden, Gentz unterbrach seine Rückreise vom Aachener Kongreß in Karlsruhe, um nach der Jugendfreundin zu sehen. Friedrich Rückert lernte man kennen, und Ludwig Uhland, Varnhagen von der Tübinger Studentenzeit her bekannt, kam im Dezember 1818 aus Stuttgart zu den Varnhagens und las dort aus seinem „Ludwig der Bayer". Trotz aller Sorgfalt, die Rahel dem Dichter zuteil werden ließ, gelang es, wie Varnhagen berichtet, nicht, den von Natur aus schweigsamen Gast „aus einer Einsilbigkeit in offenes Gespräch überzuführen... Er war in seiner Weise höchst anteilvoll, aufmerksam, sogar vergnügt; was er sagte, hatte guten Sinn, Geist und Witz, aber es war wenig, blutwenig. Ich darf behaupten, daß er in dreien Tagen kaum hundert Worte gesprochen hat."

Auch wenn man von den Besonderheiten des stillen Schwaben Uhland absieht, der doch im Politischen ein rechter liberaler Feuerkopf gewesen ist und beharrlich seinen Weg des Fortschritts ging: diese Begegnung mit dem Repräsentanten württembergischen Freisinns war für die Karlsruher Jahre kennzeichnend. Nichts wollte zünden und dem so sehnsüchtig erstrebten Zusammenleben mit Varnhagen jenen geistigen Schwung verleihen, der in etwa zum Glanz der Berliner Jugendjahre hätte zurückführen können. Die Umstände waren nicht dazu angetan, Rahel jener leisen Resignation zu entziehen, die sich ihrer schon damals bemächtigt hatte. Weder die Nachrichten, die aus Berlin und der großen Welt kamen, noch Varnhagens diplomatische und publizistische Tätigkeit waren von der Art, daß sie Rahel hätten begeistern können. Mehr und mehr beschränkte sie sich auf eine passive, allenfalls auf eine analysierende Anteilnahme am Leben und an den Geschicken der Menschen. Hatte nur der Lauf der Zeit, hatte nicht auch Varnhagen sie enttäuscht?

Notjahre waren den Kriegen gefolgt. Im Frühjahr 1817 gruben die Menschen im badischen Oberland tote Pferde aus; sie aßen Brot aus Baumrinde, um den quälenden Hunger zu betäuben. Das Vieh starb aus Mangel an Futter dahin. Rahel wollte „vor Mitleidsjammer das Herz springen". Sie erschrak, wenn ihr bewußt wurde, daß sie es war, die aß und doch erst vor wenigen Stunden gegessen hatte, während andere, Kinder, Greise, Männer, Frauen, Tag um Tag hungerten.

Varnhagen reiste im Herbst 1817 nach Berlin, um — ohne Erfolg — über eine Verbesserung seiner Bezüge zu verhandeln. Nicht nur hinsichtlich der persönlichen Verhältnisse hatte ihn die Unterredung mit dem Staatskanzler „sehr tief betrübt". Brieflich wünschte er sich Rahel zunächst nicht zu eröffnen, überzeugt zudem, daß das, was er zu sagen hätte, ihr „wohl weniger unerwartet sein" würde, als es ihm gewesen. Von dem, was mitzuteilen wäre, heißt es drei Tage später (am 3. November 1817) in einem Brief nach Karlsruhe, könnte er „fast gar nichts schreiben. Die Sachen stehen sonderbar, in bewußtloser Spannung, den toten Gesetzen der Natur überliefert, jedem Lebensprinzip entsunken. Es gibt Leute, die behaupten, der Zustand Preußens vor der Schlacht von Jena könnte wiederkehren und nur eine neue Schlacht von Jena könnte ihn aufdecken."

Man ist angesichts solcher einsichtigen Urteile, ob aus Varnhagens oder aus Rahels Mund, immer wieder überrascht, wenn man beim Studium der Briefe und der Aufzeichnungen feststellen muß, wie eingeschränkt doch die Folgerungen waren, die daraus gezogen wurden, mehr noch: wie inkonsequent das Verhältnis zu einzelnen Fürsprechern des Rückschrittes bleibt, sofern sie zum Freundeskreis gehörten. Man denke an Gentz, in gewissem Sinne auch an Friedrich Schlegel. Es lag im Wesen des Subjektivismus, den anderen auch dann zu schätzen, wenn er ein entgegengesetztes Prinzip verfocht. Dabei setzte Rahel voraus, daß Gesinnung und Haltung übereinstimmten und jener inneren Wahrhaftigkeit entsprachen, die in ihren Augen das sittliche Fundament der Persönlichkeit bildete.

Damals machte David Ferdinand Koreff viel von sich reden. Er stammte aus Schlesien, war jüdischer Herkunft und gehörte zu den Jugendfreunden Varnhagens, die sich im Cohenschen Hause im Anblick der knospenden blauen Blume der Romantik begeistert hatten. Koreff war inzwischen einer der Modeärzte Berlins geworden; er hatte sich dem Mesmerismus verschrieben, auf die Humboldts Einfluß gewonnen und glänzte nun, in manchem der Wirkung der Krüdener auf Alexander I. vergleichbar, in der Gnadensonne des preußischen Staatskanzlers, dessen Leibarzt er geworden war. „Unser Freund Koreff ist, invito Schuckmannio [gegen den Willen Schuckmanns, des Ministers des Innern], Professor geworden ... Er ist ganz dem Magnetismus beflissen. Glauben Sie aber nicht, was man in Rücksicht auf unseren Staatskanzler deshalb verbreitet", hatte Stägemann schon im Februar 1817 gelästert. „Dessen Vernunft wird nicht sogleich ge- und befangen." Varnhagen war mit Koreff zerfallen und hätte allen Anlaß gehabt, sich von einem so schillernden Parteigänger politischer Macht fernzuhalten. Preußens Ministerresident in Karlsruhe war hingegen freudig überrascht, als Koreff während seines Berliner Aufenthaltes auf eine Besuchskarte hin zu ihm eilte, um ihn zeitüblich zu umarmen. „Keine Spur von stattgehabten Zwischensachen, die Freundschaft in altem Walten. Was sagst du dazu?"

Ja, was sagte Rahel dazu? Die Frau, die dem Frankfurter Freundeskreise nicht mehr recht traute, weder den Humboldts noch gar den Schlegels ohne Einschränkung zugetan war, freute es „unendlich", daß das Verhältnis zwischen Varnhagen und Koreff wiederhergestellt war. Es bewegte sie „ganz überaus, daß in einer Seele so schönes, sanftes, gereinigtes Gemütswetter ist", versicherte sie in ihrer wahrlich romantischen Toleranz. „Dies ist *wahrhaft* weitergekommen zu sein, wenn unter gewissen Menschen gar kein Entzweien haften kann und sie nur immer bei den höchsten und geistigsten Punkten sich gewiß wiederfinden, wo alles Zufällige und *Geschehene,* was geschehen kann, zurückbleibt."

Das Widersprüchliche in Varnhagens Haltung erklärt sich

aus seinem Charakter. Ihm war der Leibarzt des Staatskanzlers als Freund willkommen, da er möglicherweise Fürsprecher in seiner Sache werden konnte. Rahels Meinung über Koreff gehört zu den Besonderheiten ihrer wachsenden Vereinsamung in einer Welt, an deren Wandlung sie zwar glaubte, deren neues Gesicht nicht mehr zu schauen sie indessen überzeugt war.

Am 18. Oktober 1817 gedachte man des vor vier Jahren errungenen entscheidenden Sieges über Napoleon. Rahel erlebte den Tag in Frankfurt, blickte vom Fenster her, während sie „unendliche Gedanken und Empfindungen" bewegten, dem geputzten festlichen Volk nach, das vor und hinter den Stadttruppen durch das Gallentor hinaus zum Festplatz zog.

„Es waren musikalische Messen, kurz alles!" schrieb sie dem in Berlin weilenden Varnhagen. „Wie wird es erst bei uns sein!, das Herz voller Selbstermutigung, aller Demütigung, Verstutztheit, Langmut und Lang-Grimms; fester, schneller, närrischen und erfolgreichen Ermannung; der Treibpunkt schneller Auffassungen, und auch schnellen Wechsels der Meinungen, Gedanken und Ansichten." Sie war von dem Schauspiel erschüttert, etwas ängstlich, wie bei allen starken Gemütsbewegungen. „Große Freude ängstigt mich, Festesfreude, Stolz macht mich nachdenklich und vorsorglich. Wem werden diese geputzten, sich bravstimmenden Bürgertruppen zuerst folgen? Wer sie zuerst führen?"

Dieser Gedanke erregte sie bis zu körperlichen Qualen, noch als die Feiernden vom Felde vor der Stadt zurückkehrten. Sie weinte der mit Eichenlaub schön geschmückten Fahne nach, die vor ihr vorübergetragen wurde. „Oh! Hätten wir alle *eine* Fahne, alle nur Eichenlaub. Und edle Könige, hohe Bildung. Wohltun. Freiheit, *nur so viel,* daß alle sie *gleich* haben! *Dann* will ich auch eine Patriotin sein; dann *kann* einem ja nur das Leben unter den Seinigen lieb sein und Wert haben. Aber, wie roh und eingebildet sehe ich alles, die Gesichter sogar ..."

In Berlin wurde in diesem Jahre das Gedenken an die Schlacht bei Leipzig in den Schatten gestellt durch die Vereinigung der reformierten und der lutherischen Kirche, die sich unter lebhafter Anteilnahme des Monarchen im Zeichen der 300. Wiederkehr des Tages der Reformation vollzog. Die reformatorische Geistlichkeit unter Schleiermachers Führung und die Lutheraner mit Marheineke an der Spitze fanden sich zur Kirche der Union zusammen, nachdem offenbar geworden war, daß weder die aufgeklärten Gläubigen noch die herzensfrommen Pietisten den Theologenstreit über Lehraussagen weiterhin als Fundament ihres christlichen Bekenntnisses anzusehen wünschten. Varnhagen urteilte richtig, als er meinte, „die ganze Sache an sich, so wünschenswert und folgenreich, ist aber selbst mehr eine Folge religiösen Indifferentismus als eine Wirkung religiösen Eifers".

Schleiermacher, der aufrechte, der für De Wette und E. T. A. Hoffmann unerschrocken öffentlich Partei nahm, stand als Haupt der Reform wieder einmal im Vordergrund des kirchlichen Lebens. Recht bald kam es zum Streit über eine allgemeine Liturgie und ein einheitliches Bekenntnis der beiden vereinigten Kirchen. Diese theologische Angelegenheit und die Auseinandersetzung über den Führungsanspruch des Königs in der uniierten Landeskirche, ein politisches Problem ersten Ranges, griffen ineinander und verwirrten die Fronten. Schleiermacher sah sich ein Jahrzehnt nach der Vereinigung genötigt. in einer Schrift dagegen Stellung zu nehmen, daß der Landesherr „von seinem Hoflager her" die Kirche verwaltete und die hohe Geistlichkeit „mit Großwürdenträgern und Ordensobern aus ihrer Mitte" prunkte. Die vereinigte Kirche ordnete sich als Landeskirche der staatlichen Gewalt, also dem Landesherrn, unter; und der König, der sich die Spitze der politischen Reaktion stellte, bediente sich der Kirche als eines Mittels im Kampf gegen den Fortschritt. Die obere, vom Monarchen abhängige Geistlichkeit machte sich überwiegend die staatsphilosophische Lehre vom Gottesgnadentum zu eigen und ließ sich als ein geistliches Sprachrohr des erneuerten absoluten Herrschaftswillens der Krone mißbrauchen.

Rahel, die wahrlich nur am Rande der christlichen Kirche stand, hatte mit lebhafter Anteilnahme Schleiermachers Bericht für die Unionssynode gelesen und dem Freunde der Jugend ein Bravo zugerufen, weil er sich, für den Ungelehrten erschöpfend, für den Gelehrten unwiderlegbar, als „gelehrtester Kompetent zwischen diesem nichtigen Gewebe von Streitpunkten" erwiesen hatte. Sie entdeckte in seiner begeisternden Überzeugungsfähigkeit etwas Herrscherhaftes und in sich selbst einmal mehr einen „Funken von einem Regenten". Ein richtiger Gedanke, richtig angewandt, so rief sie aus, wäre „ein Tag der Sonne für ganze Weltteile. Diesen Ausruf pressen mir die Glaubensliebhaber aus — und Novalis, der mich dagegen stärken muß"; die Sorge des früh Vollendeten um die Erneuerung der Christenheit hat sie zeitlebens beschäftigt.

Der kühnste Gedanke begeisterte sie, eine befreiende Tat, wenn sie mit Macht getan war, erschreckte sie.

An jenem 18. Oktober 1817 hatten einige hundert Studenten deutscher Universitäten und mit ihnen die Jenenser Professoren Fries und Oken, Kieser und Schweitzer auf der Wartburg der aufrüttelnden Rede des Theologiestudenten Riemann gelauscht, „fest und unverrückbar vor den Augen als Ziel das Gemeinwohl, tief und unvertilgbar im Herzen die Liebe zum eigenen deutschen Vaterlande". Noch mehr Studenten kehrten am Abend auf den Wartberg zurück, um mit Sinnbildern des feudalen Untertanenstaates Schriften von Feinden der Einheit und des Volkes zu verbrennen. „*Ein* Deutschland ist, soll sein und bleiben", so begann die Entschließung, die von den „an der Wartburg versammelten Jünglingen aus vielen Gegenden Deutschlands" gefaßt wurde. Sie gipfelte in der Verfemung des Brudermordes und im Gelöbnis: „Wir versprechen uns gegenseitig, daß wir nie uns mit den Waffen im Felde gegenüberstehen wollen. Wir versprechen, daß wir nie gegen unsere deutschen Brüder im Felde fechten wollen, und machen uns anheischig, allenthalben, soweit wir vermögen, die Lehre zu verbreiten und zu verstärken, daß Kampf deutscher Krieger gegen deutsche Krieger fluchwürdiger Brudermord sei." Die Wartburg-Beschlüsse von 1817, die Grundlage für das spätere Programm der Deutschen Burschenschaft, klangen in die Sätze aus: „Die Lehre von der Spaltung Deutschlands in Norddeutschland und Süddeutschland ist irrig und falsch, ist Lehre aus dem Munde eines bösen Feindes. Wir versprechen uns gegenseitig, diese Lehre zu bekämpfen und das Unsrige zu tun, um die falsche Lehre und alles, was künstlicherweise die Teilung Deutschlands noch mehr fördern könnte, zu bekämpfen und zu unterdrücken."

„Was sagst du zu den Studenten auf der Wartburg?" fragte Varnhagen Rahel am 26. Oktober aus Berlin, wobei er berichtete: „Ihr Betragen soll sehr sittig gewesen, kein Betrunkener gesehen worden sein, kein Zank stattgefunden haben. Reden,

Umzüge, Tafeln sind gehalten worden, gegen sechsunddreißig Bücher öffentlich verbrannt, worunter Ancillon, Kamptz, Haller etc., ferner ein hessischer Zopf, ein preußischer Offiziersschnürleib und ein österreichischer Korporalstock ebenfalls dem Feuer übergeben. Baden, Hannover, Preußen, wie man sagt, sollen den Großherzog von Weimar ersucht haben, die Zusammenkunft nicht zu gestatten. Dieser jedoch, anderen Sinnes, hat die Studenten bekomplimentieren lassen und ihnen das Holz zu den Feuern geschenkt. Ein Vivat wurde ihm gebracht, als einem deutschen Fürsten, der seinem Volke Wort gehalten, und dergleichen mehr. Was man auch davon denken mag, unbedeutend kann man die Sache nicht finden."

Einige Wochen später schrieb er an Rahel, daß „die Sache wegen der Studenten auf der Wartburg" in Berlin immer größeres Aufsehen verursache. Eiferer möchten Studenten wie Gelehrten zu Leibe, nur wisse man nicht, wie man die Sache angreifen solle. Die Universität habe sich ihrer Studenten in der Presse angenommen. „Manche träumen nur mit Entsetzen von Beschlüssen und Komplotten und merken nicht, daß dies bei weitem das Geringere wäre, denn die lassen sich fassen und vernichten, aber was will man beginnen, wenn die Sache sich als Stimmung auswiese, die nirgend zu greifen, sondern nur überall zu finden ist?"

Mit diplomatischer Vorsicht gab er der Meinung Ausdruck, die Regierung wäre schlecht beraten, wenn sie die Ordnung, die sie ja erhalten wollte, durch Aufreizung aller jugendlichen Gemüter gefährde. Er betrachtete es als notwendig, „begangenen Unfug zu bestrafen", aber keineswegs als ersprießlich, „über zweifelhaften zu schreien". Er hielt es – wenigstens in dieser schriftlichen, nicht vor jeder unerwünschten Einsicht geschützten brieflichen Äußerung – für lächerlich, wenn Jünglinge Gesetzgeber spielen wollen. Wahrhaft politische Leidenschaft und Gefährlichkeit schlage, wie die Geschichte zeige, nur in älteren Gemütern Wurzel. „Die Deutschheit, wie unsere Jugend sie treibt und will, wird keine Umgestaltung des Vaterlandes bewirken. Ich bin aber begierig zu sehen, in welche Wege diese Angelegenheit durch die Hitze der Parteien noch geraten wird."

Es ist müßig zu fragen, ob Varnhagen eine gleiche Meinung geäußert hätte, wenn er nicht preußischer Diplomat, sondern unabhängiger Publizist gewesen wäre, wenn er mit Rahel gesprochen und ihr nicht geschrieben hätte. Was in unserer Betrachtung interessiert, ist die Tatsache, daß man die Ansichten Varnhagens als etwa übereinstimmend mit denen Rahels werten kann.

Rahel wünschte, daß ihre Mitlebenden die „Wahrheit" sähen und daß die für den Gang des Geschehens Verantwortlichen im Sinne einer solchen Erkenntnis handelten. Der beiden Varnhagens Sorge wurde mehr und mehr, daß die Mächtigen, die Regierenden, nicht die Notwendigkeit erkannten, im Sinne der Natur zu handeln und das Neue sorgsam zu entbinden. Rahel und Varnhagen waren Gegner jedweder Restauration, aber sie wünschten weder jugendlichen Übereifer noch gar revolutionänäre Gewalt zu Geburtshelfern einer neuen Zeit. Es ist nicht nur ihr, es ist der tragische Irrtum ihrer Epoche, an die Möglichkeit einer Veredelung des menschlichen Geschlechtes ausschließlich durch Vernunft und Einsicht geglaubt zu haben.

Mit ihrem Drang zur Aufrichtigkeit und Offenheit kam Rahel in mannigfache Konflikte. Naturen wie Louis Ferdinand und Alexander von der Marwitz waren selten geworden in einer Zeit, in der subjektivistischer Überschwang weithin von bedächtiger Vorsicht und nachgiebiger Anpassung an den Lauf der Dinge, wenn nicht von zynischer Berechnung abgelöst worden war. Als Rahel in jener Zeit ihr Verhältnis zu Friedrich Schlegel überprüfte, kam sie zu der allgemeinen Einsicht, daß ein Wahrhaftiger fast so verhaßt wäre wie Wahrheiten. „Solange ich mit meinem Generalisieren ihnen Belege für ihre Wünsche, kleine Leidenschaften und Geschichten gebe, ist es ihnen recht; und sie meinen, *sie* hätten die Gründe der Rechtsmäßigkeit dazu mit den Begierden so obenein *gefunden.* Widersprechen ihnen einmal diese Gründe, so bin ich ihnen fatal, als unbequemer Rebell, der ungebeten *auch da ist.*"

Dachstubenwahrheiten waren nicht mehr zeitgemäß. Nur einer hörte sie widerspruchslos, wie wir vernehmen werden: Gentz. Und das lag wohl daran, daß in jenen Zeitläuften wie in der fortgeschrittenen Welteinsicht Rahels und ihres Umganges persönliche Wahrheiten, wie in der subjektivistischen Frühzeit der Romantik und der Vervollkommnungssehnsucht schwärmerischer Tugendbündler, nicht mehr ausreichten, um dem einzelnen wenigstens für Tage oder Wochen Halt und Sicherheit in einem Leben voller Widersprüchlichkeiten zu geben. Allgemeine Wahrheiten drängten sich auf und wollten erkannt werden, im Falle Rahels subjektiv erkannt nach den individuellen Erkenntnismöglichkeiten eines Menschen, der ohne Vorurteil zu eigener Einsicht in das Geschehen und zu Schlüssen auf das, was zu tun notwendig war, gelangen wollte.

„Gott helfen in seinen Kreaturen“, war nach wie vor das Ziel, das ihr vorschwebte; eine „gerechte, fromme, reinselige, wahrhaft innere Gleichstellung des Menschen“ ersehnte sie. Die Zeit, in der sie lebte, erschien ihr als „Durchgangspunkt zu besseren Zuständen“. So nachdrücklich sie immer wieder erfahren und erlitten hatte, wie beschränkt die Möglichkeiten einer Frau waren, den Fortschritt zu befördern — sie verließ sich weder auf Gott noch auf das Schicksal, sie mißtraute der Einsicht der Oberen und verachtete die Gleichgültigkeit der Wirklichkeitsflüchtigen. Auch wenn sie nicht wußte, *wie* in der Richtung auf Verbesserung der allgemeinen Zustände zu wirken wäre, wieder und wieder bekannte sie: „*Wir* sollen es anders machen ...“

In jenen Zeiten, als Deutschlands Jugend, auf der Wartburg mahnend und fordernd, für eine kurze Wegstrecke an die Spitze der Nation trat, suchte Rahel besorgt nach einer Antwort auf die Frage, wohin eine solche Entwicklung treibe. Der Art ihres Meisters Goethe folgend, gelangte sie auch hier vom Besonderen zum Allgemeinen. Wieder hatte sie einen Mann sich wandeln sehen, der Varnhagen in der Jugend nahegestanden hatte, den späteren Hofprediger und Universitätsprofessor Theremin. Das Bedürfnis der Vernunft und der Sinn für das, was *da ist,* der Wahrheitssinn, wären bei ihm nicht scharf genug gewesen. Und ebendas wäre ganz allgemein „der faule Punkt im Geschlecht, woraus sich alle Geistesepedemien, Schwächen und Erhitzungen bilden, alle jene Krankheiten! in all ihren ekelhaften und merkwürdigen Nuancen ... Dieses ganze Gelichter von epidemischen Geisteskrankheiten wurde in der verschrieenen Aufklärungsepoche von den braven Aufklärern heilsam und unschädlich durch Lächerlichmachen gehemmt. Man sieht: nicht auskuriert. Doch hoffe ich, eine Stufe tiefer im Volke.“

In diese besondere Betrachtung drängte sich ihr „neuester Gedanke“ ein. „Jeden großen Irrtum“, bekannte sie dem in Berlin weilenden Varnhagen in einem Brief vom 28. Oktober

1817, „nämlich der in seinen Folgen so groß werden kann, werden Nationen nur durch Blutvergießen los. Je mehr in Massen gehandelt wird und geschieht, je schwerer wirken *menschliche* Gedanken ... So sieht mein Geist ein reelles Unheil voraus, wenn die Narren noch länger fortarbeiten; und gelingt ihnen ihr läppisches Schulknabenwerk oder auch nur etwas davon, so werden Schwerter geschwungen werden, Knüppel, Hacken und beide Parteien an Wunden leiden. Aber an den Wunden wird's genug sein, wie am Blitz, wenn er auch trifft; die Luft wird für eine Zeit gereinigt. Gelehrte Männer, Gesetzgeber, Männer der Regierung, können nur wie große Ärzte, naturkundige Geburtshelfer, die Entbindungen des Menschengeschlechtes sanft begünstigen; ihm seine großen Schmerzen erleichtern, vorschreiben, wie es sich betragen darf. Aber die Art der Geistesgeburt können sie so wenig vorschreiben noch bestimmen wie jene. Natur, Klima, *alles* wirkt dort wie hier. Und Theremin und Konsorten wollen Religionen, Überzeugungen usw., alles nur so herbeiempfindlen! Der Handel z. B., der den ganzen Weltverkehr mit all seinen Entdeckungen und Bedürfnissen zum Grund und zur Folge hat, ist schlechtweg sündhaft, und mehr dergleichen Dictons [Redensarten]; ich kenne sie alle. Oh! armer Novalis, armer Friedrich Schlegel, der gar noch leben bleiben mußte; *das* dachtet ihr nicht von euren seichten Jüngern. Großer, lieber, *ganz blind* gelesener Goethe, feuriger ehrlicher Lessing, und all ihr Großen, Heiteren, das dachtet ihr nicht, konntet ihr nicht denken. Eine *schöne* Säuerei! Aber auch wir sehen sie zu befangen, weil sie uns grad ärgert. Welche kleine Biegungen im ewigen Strom des Seins, das *heißt,* des Werdens!"

Als Stägemann in einem Brief an Varnhagen vom 1. August bemerkte, es scheine, als ob auch die letzten Lämpchen ausgebrannt wären, bezog sich dieser Vergleich im besonderen auf die Gunst, deren sich der preußische Ministerresident in Karlsruhe einige Zeit bei seinen Berliner Vorgesetzten erfreut hatte. Er meinte und traf aber auch die allgemeine Entwicklung.

Von der dem Volke zugesagten Verfassung war bei der letzten halbjährlichen Zusammenkunft des Staatsrates überhaupt nicht mehr die Rede gewesen. Die Minister von Altenstein und von Klewitz hatten noch nicht einmal über die Reisen berichtet, die sie im abgelaufenen Jahr in die preußischen Provinzen mit dem

Auftrag unternommen hatten, zur Vorbereitung der Verfassung historische Nachrichten einzusammeln. Lediglich Beyme, der in Pommern und im östlichen Preußen gewesen war, hatte seine Erfahrungen zur Kenntnis gegeben.

Stägemann, bereits zum Leiter der amtlichen Staatszeitung ernannt, bezeichnete einige Monate später „das dermalige Element“ als „rein- und hocharistokratisch. Dieser Geist der Urzeit wird uns in großes Verderben führen. Wer sein Vaterland liebt, muß ihm aus allen Kräften entgegenarbeiten.“ Noch Anfang März 1819 ermutigte er Varnhagen, nach seinen Möglichkeiten dafür zu sorgen, daß aus der badischen Ständeversammlung ein Vorbild für die anderen werde; denn man müsse einräumen, daß man „bis jetzt von allen Seiten nicht viel Erwartungen erregt“ sehe. Zwei Wochen danach, am 23. März 1819, erschoß der Student Karl Ludwig Sand in Mannheim den vormaligen russischen Staatsrat von Kotzebue, der in seinem „Literarischen Wochenblatt“ die patriotischen Bestrebungen der deutschen Jugend mit Hohn und Spott begleitet hatte und zum Inbegriff der Todfeindschaft jeglicher Freiheit geworden war.

Die große Zeit der von Kamptz und Schmalz begann. Was und wer nur irgend demagogischer Betätigung verdächtig war, wurde verfolgt. Die Turnplätze in der Berliner Hasenheide wurden polizeilich geschlossen, sinnlose Verhaftungen durchgeführt, in allen Ländern des Deutschen Bundes die Burschenschaft verfolgt. Der Theologe De Wette, der in einem Brief an Sands Mutter des Jünglings Tat um ihrer Motive willen gerechtfertigt hatte, wurde amtsenthoben. Im Juli wurde Jahn verhaftet und in Bonn Arndt auf Befehl des Polizeidirektors Kamptz festgenommen und „der Teilnahme an revolutionären Umtrieben und der Mitwirkung zur Erregung der Unzufriedenheit mit den Regierenden und der Unruhe im Volke im allgemeinen und speziell gewaltsamen Revolutionen“ beschuldigt. In diesen aufregenden Wochen ereilte mit vielen anderen auch Varnhagen der Arm der Reaktion. Er wurde am 22. Juli ohne Angabe von Gründen abberufen.

Im August faßten Minister der Bundesstaaten die berüchtigten Karlsbader Beschlüsse. Die Universitätslehrer und Studierenden sollten durch besondere Organe überwacht, alle Professoren von „verderblichem“ Einfluß entfernt, alle nicht über 20 Bogen starken Schriften unter strenge Zensur gestellt und solche „staatsgefährlichen“ Inhalts unterdrückt werden; jeder freisinnigen Auslegung des Artikels 13 der Bundesverfassung, der das Versprechen landständischer Verfassungen enthielt, war schärfstens entgegenzutreten.

Zur Unterdrückung „des Ursprungs und der mannigfachen Verzweigungen der gegen die bestehende Verfassung und innere Ruhe sowohl des ganzen Bundes als einzelner Bundesstaaten gerichteten revolutionären Umtriebe und demagogischen Verbindungen“ wurde in Mainz eine „Bundes-Zentral-Untersuchungskommission“ geschaffen. Da es weder „revolutionäre Umtriebe“ noch „demagogische Verbindungen“ zu entdecken gab, war das eigentliche Ziel der Kommission, alle demokratischen Regungen im Volk und das im Freiheitskrieg geborene politische und Einheitsbewußtsein durch Polizeimaßnahmen zu unterdrücken.

Die Burschenschaften wurden aufgelöst, ihre Anhänger und Fürsprecher verfolgt, die großen Patrioten und Volkshelden des Befreiungskrieges verdächtigt, selbst Stein und Gneisenau bespitzelt. Am 31. Dezember 1819 schließlich wurde Wilhelm von Humboldt, der im August in Berlin seine Dienstgeschäfte als Minister für ständische Angelegenheiten — wozu er bereits im Januar ernannt worden war — übernommen hatte, aus dem Staatsdienst entlassen, sein Ministerium aufgelöst. Er hatte die Karlsbader Beschlüsse als schändlich, unnational, ein denkendes Volk aufregend bezeichnet und zunächst das ganze Ministerium zu einer Stellungnahme gegen die Haltung des preußischen Unterhändlers, des Ministers von Bernstorff, bewegen können. Nach des Königs „ungnädigem Bescheid“ unterstützten nur noch Beyme und Boyen Humboldts Antrag auf Rücktritt Preußens von den Karlsbader Beschlüssen. Sie teilten das Schicksal Humboldts, der sich — vier Jahre nach dem Reichsfreiherrn vom Stein — in die innere Emigration zurückzog.

Die letzten Lämpchen waren ausgebrannt.

Varnhagen war angezeigt worden, der König habe beschlossen, den Posten in Karlsruhe einzuziehen. Der Überbringer der Nachricht gab der Meinung Ausdruck, man halte Varnhagen für zu liberal, beteuerte aber, nichts Näheres zu wissen. Rahel, die sich in Baden aufhielt, kam die Nachricht nicht unerwartet. „Ich weiß, was sie vertragen können, was nicht, und ermahnte oft. Doch mußte kommen, was da kam ... *Du mußtest* allen *denen* mißfallen."

Rahel bestimmte Varnhagen, in der Frage seiner Abberufung (die nach Stägemanns Behauptung zunächst als Entlassung angekündigt worden war) nichts zu unternehmen, sondern weitere Weisungen abzuwarten.

Man darf bezweifeln, ob Varnhagen als Diplomat den Aufgaben gewachsen gewesen war, die ihm am badischen Hof gestellt waren, und ob er sich — Repräsentant des Königs von Preußen beim Großherzog von Baden — in „inneren" Angelegenheiten dieses freilich gleichfalls deutschen Landes als liberaler Demokrat die Zurückhaltung aufzuerlegen vermochte, die seine Mission von ihm verlangte. Er hat amtliche Korrespondenz durch die Presse der Öffentlichkeit zur Kenntnis gebracht, ohne dazu autorisiert gewesen zu sein, und damit gewiß die Gesetze der Verschwiegenheit verletzt, an die er als Diplomat gebunden war. Im bayerisch-badischen Territorialstreit hat er, unbeschadet seines amtlichen Auftrages, auch persönlich Stellung genommen; er hat sich wiederum im Gegensatz zur restaurativen Haltung der preußischen Regierung, aber in Übereinstimmung mit allen gesamtdeutsch denkenden Patrioten gegen die Ansprüche der durch den Reichsdeputationshauptschluß ihrer Souveränität beraubten badischen Herren auf Wiederherstellung ihres Besitzstandes gewandt; und er hat, vor allem, aus ehrlichem Herzen die parlamentarische Initiative der badischen Freisinnigen begrüßt und Freundschaft mit Männern gehalten, die auf jeder Demagogenliste verzeichnet waren.

Aber diese Eigenschaften teilte Varnhagen mit manchem anderen Diplomaten jener Zeit. Nicht ihretwegen, sondern wegen seiner liberalen Gesinnung war Varnhagen in jener Epoche allgemeiner politischer Verdüsterung untragbar geworden. Er wäre nicht der „Varnhagen unter den Menschen", nicht der Gefährte Rahels gewesen, wenn er nicht gemaßregelt worden wäre. „So hat denn Rühl mit seiner Deutung recht behalten", unterstreicht Carl Misch das Ergebnis seiner sehr eingehenden Untersuchungen. „Innerbadische Angelegenheiten hatten Varnhagens Sturz veranlaßt. Aber das ist nur der äußere Anlaß. Das persönliche Motiv schlüpft in die Maske der allgemeinen Erwägung und rückt doch gerade damit den wahren Kern ins Licht: Varnhagens demokratische Gesinnung. Mit ihr hatte

Varnhagen während der Liquidation des Krieges Preußen dienen können, das Preußen der ersten Friedensjahre konnte sie tolerieren, die süddeutschen Staaten konnten ihn damit bei ihrem inneren Neuaufbau heranziehen: das Preußen, das Deutschland von 1819, das mit Demagogenverfolgungen und Karlsbader Beschlüssen die folgenschwere Wendung vollzieht, kann ihn nicht mehr brauchen. Äußerlich gesehen stellt sich sein Sturz als rein persönlicher Unfall dar, abseits vom Hauptlauf des Geschehens, in Wahrheit ist auch Varnhagen ein Opfer des großen Umschwunges." Es ist eine andere Frage, ob nicht auch er in jener Zeit voller Gefahren für jedermann, der in der Öffentlichkeit oder gar als Staatsmann tätig war, gleich Stägemann den Weg des geringeren Widerstandes gewählt und sich von den „Ultra-Liberalen" abgewandt hätte — wäre er nicht Rahels „Gefäß" gewesen.

Bis zum Herbst mußten die Varnhagens warten, ehe weitere Weisung über ihr künftiges Schicksal aus Berlin in Mannheim eintraf. Varnhagen war zum Ministerresidenten in Washington ernannt worden. Er betrachtete, abermals von Rahel in seiner Haltung bestärkt, diese Berufung als eine Verbannung und lehnte sie ab. Beide hatten nur mehr ein Ziel: Heimkehr nach Berlin.

Als das Treffen der Minister der Bundesländer in Karlsbad beschlossen worden war, hatte Varnhagen Rahel gefragt: „Was werden diese Leute dort anspinnen, was daher mitbringen? Arzeneien nicht, Zaubertränke zur Beschwörung von Geistern, deren sie von Natur nie Herr sein können."

Rahel hatte am 10. Juli, vor Varnhagens Abberufung, geantwortet: „Wie Hamlet wollen sie gern etwas Entsetzliches tun, wissen aber nur noch nicht, was. Dann kommen sie immer zusammen, und wie sie sich imponieren, erwarten sie diese Wirkung auch auf die Welt; auch erwarten die größeren Höfe etwa Einfälle, Witz, Gelehrsamkeit von den kleineren Ministern, und die kleineren Gewicht und Exekution von den großen. Fürs erste gibt's Apparat, Aufschub, Diners, Orden und Reisekosten für die Bäder. Das in Wien gegebene Versprechen der Verfassungen ist ihnen wie ein Kind entwachsen, mit Ansprüchen, Talenten, Kräften und Rechten, an welche die meisten Eltern bei Taufe und ihren Festen, und wenn das Kind noch lockige

Härchen und Phantasiekleider trägt und ihrer Eitelkeit schmeicheln muß, gar nicht denken. Nun wollen sie sich in Karlsbad noch nachträglich ausdenken, welche Macht und Kraft der Bundestag haben soll, sie wollen erfinden, was man gegen die Landtage, gegen die Stände für Gesamtmaßregeln zu nehmen hat. All dergleichen will einer von anderen erfahren. Sonst, bin ich überzeugt, führt die *Deutschen* nichts Bestimmtes; die Ausländer haben bestimmten, positiven Vorteil und Absichten, die sie dort mit hinbringen; und diese ihrem Ziele näher zu bringen, wird das einzige sein, was dort ausgerichtet wird: außer Bestärkung in der alten Gesinnung und *neuen Furcht.* Das sieht mein Geist: laß Dir das bißchen Lesen seines Gesichtes gefallen! Höchstens hab' ich unrecht."

GENTZ, RAHELS „GEHÄTSCHELTER LIEBLING“

Die Jahre zwischen der preußischen Katastrophe und dem Wiedererstarken des Feudalismus im Zeitalter der Restauration waren für die Menschen, die sie bewußt durchlebten, in einem mehrfachen Sinne Jahre der Wandlung, der Entscheidung. Im großen Zeitgeschehen sammelten sich in Deutschland die fortschrittlichen Kräfte, um die napoleonische Fremdherrschaft zu überwinden und zugleich einen verfrühten Versuch zu unternehmen, das befreite Deutschland in einem nationalen und demokratischen Einheitsstaat zusammenzufassen. Diese Bewegung wurde von Intellektuellen in Kunst und Wissenschaft, Staat und Armee und vom gebildeten Bürgertum getragen. Weite Kreise des Volkes und namentlich der Jugend setzten begeistert ihr Leben für die nationale Befreiungsbewegung ein und wurden bitter enttäuscht. Noch während der Befreiungskriege hatten sich die feudalen Kräfte wieder gesammelt und ihre Machtpositionen im Staat mit Unterstützung des Königs wieder gefestigt. Sobald der Kampf gegen Napoleon entschieden war, begann in Europa die Restauration der überkommenen Gewalten; der Rückschritt organisierte und vervielfachte seine Kräfte, um in Preußen, in Österreich, in Rußland und anderswo jedwede freiheitliche und fortschrittliche Regung zu unterdrükken. Zumal Metternich unternahm den Versuch, ganz Europa im Zeichen der alten Machtverhältnisse wieder zusammenzuschließen. Sein bester Gehilfe im Kampf für die Reaktion war der preußische Renegat Friedrich Gentz.

Rahel hatte in diesen Jahren einen fast fluchtartigen Schritt nach vorn getan. Aber sie hatte erleben müssen, daß nur wenige aus ihrem Freundeskreis ihr so gefolgt waren, wie das Varnhagen getan hatte und weiterhin tat. Wie vielen aus ihrer Generation und der ihres Mannes sind wir begegnet, die sich im

Zuge der Zeit von Parteigängern der Französischen Revolution und des politischen Liberalismus zu Mitläufern, wenn nicht Wortführern der Restauration wandelten: Theremin und Koreff und Wilhelm August von Schlegel. Unter den Dichtern wandten sich Brentano und Arnim im Zuge der Hochromantik mittelalternden Idealen zu, und unter den Staatsdienern standen Stägemann und Eichhorn im Begriff, sich — wie Hardenberg — in die Richtung der Politik zu fügen, wie sie von Feudalherren und wieder installierten Fürsten den Völkern aufgezwungen wurde. Das Lebensgefühl der Romantik, das Ichbewußtsein ihrer Wortführer und Adepten war nur einer der Gründe, welche die Wendung vom Ideal der Jugend zum Macht- und Genußstreben späterer Jahrzehnte verursachten. Entscheidend war, daß sich die Hitzköpfe von gestern in ihren Erwartungen getäuscht sahen und sich den Mächten der Zeit beugten, die jedwedem idealen Höhenflug zum Trotz dem Leben der Völker wie der einzelnen ihr Gesetz aufprägten. Aber weil es sich um den Wandlungsprozeß ausgesprochener Individualitäten handelte, an denen die Romantik ihrem Wesen nach überaus reich gewesen ist, variierten auch die Entscheidungen und deren Ursachen in einer Mannigfaltigkeit, die keine Verallgemeinerung zuläßt.

Rahel hat den Frontwechsel so vieler überlebender Jugendgefährten — ihr so nahe Freunde wie die von der Marwitz und Louis Ferdinand lebten nicht mehr, andere wie Brinkmann und Burgsdorff waren im Zuge des Zeitgeschehens ihrem Gesichtskreis entschwunden — mit Gleichmut, ja mit anteilnehmender Aufmerksamkeit hingenommen und sogar dort zu verstehen versucht, wo ein Verständnis gemeinhin kaum noch möglich war. Sie achtete jede Individualität und fühlte sich nicht befugt, über Entscheidungen von Menschen zu richten, die nach ihrer Meinung ihr Recht auf Persönlichkeit und damit ihre Lebensentschlüsse allein zu verantworten und vor niemandem zu rechtfertigen hatten. Wir wissen um diese durchaus zeitübliche Weite Rahelscher Toleranz; sie gab sie auch nicht auf, als sie sich selbst vom Subjektivismus löste und unter dem Eindruck ihres Blickes in die Wirklichkeit geschichtlichen Geschehens in ihrem Humanitätsstreben nicht mehr dem einzelnen, sondern der Menschheit in ihrer Gesamtheit höchste Anteilnahme schenkte. „Dachstubenwahrheiten“ sagte sie nach wie vor, indessen als Ratschläge nur mehr denen, die sie darum angingen. Erst aus späteren Jahren, denen der resignierenden Beurteilung des Ganges der öffentlichen Dinge, sind uns, wie wir sehen werden, sehr starke, sehr menschliche, sehr fortschrittliche Urteile aus Rahels Munde über Menschen und deren Stellung in der Zeit überliefert, die sie um ihre Meinung nicht gefragt hatten. Die für Rahel trotz ihrer vielschichtigen und tiefgehenden Wirkung auf Menschen ihrer Zeit so bezeichnende Zurückhaltung wich erst in der Epoche der Reaktion — man darf wohl sagen, aus menschheitlicher Verpflichtung heraus — einer ungefragten offenen Bekundung ihres Standpunktes, wenn sich diese auch nicht unmittelbar in der großen Öffentlichkeit, sondern in ihrem zweiten Salon und durch den Mund Varnhagens vollzog.

Keinem Menschen hat Rahel zeit ihres Lebens so viel Anteilnahme und so viel menschliches Verstehen entgegengebracht wie Friedrich Gentz. Das mag auf den ersten Blick befremden; denn kein Name wird mit jeder Epoche auch der Charakterlosigkeit und des skrupellosen Egoismus so unmittelbar verbunden wie der des „gehätschelten Lieblings" (Emma Graf) Rahels, des Mannes, den Rahel selbst als „den vortrefflichsten schlechten Menschen" bezeichnet hat. Er ist neben ihr her gegangen, bald vertrauter, bald reservierter, bald in der Nähe, bald in der Ferne. Er war begabter und klüger als die anderen Männer und Frauen ihres Kreises, gleich ihr von erstaunlicher Ehrlichkeit vor sich selbst und dennoch in der ihm eigenen selbstsüchtigen Konsequenz skrupelloser als irgendein anderer, der damals bewußt und vorbehaltlos auf die Seite der Mächtigen trat.

In der Begegnung Rahels mit Friedrich Gentz spiegelt sich weit mehr als der Gang einer persönlichen Bekanntschaft. Wer Rahel in ihren Höhen wie in ihren Tiefen (und das Zeitalter, in dem sich diese Begegnung vollzog) kennenlernen will, muß der Freundschaft dieser außerordentlich gegensätzlichen Naturen in ihren Höhen und Tiefen folgen. Das heißt freilich, er muß sich zugleich mit Gentz und seiner Rolle im Zeitalter der bürgerlichen Revolution und feudalen Restauration wenigstens in großen Zügen vertraut machen. Gentz' Gang durch die zeitgenössische Geschichte ist zudem typisch für den manches einflußreichen Intellektuellen.

Gentz war 1764 in Breslau geboren worden, also sieben Jahre älter als Rahel. Er stammte aus kleinbürgerlichen Verhältnissen. In seiner Jugend hatte er für Rousseau geschwärmt. Bei Kant in Königsberg, der ihn tief beeindruckte, studierte er Philosophie und Staatswissenschaften, lernte er auch die Lehren von Montesquieu und Adam Smith kennen. Er orientierte sich vornehmlich am rationalistischen Staatsdenken, wie es damals — nach den Lehren Christian Wolffs wie der französischen und englischen Aufklärer — vor allem der in Breslau lebende Christian Garve vertrat.

Berlin war um die Zeit des Ausbruches der Französischen Revolution das rechte geistige Klima für den jungen, dem Herrschaftsprinzip menschlicher Vernunft verschworenen Sekretär beim preußischen Generaldirektorium. „Nennen Sie es Schwärmerei oder Übertreibung oder wie Sie wollen", prahlte er selbstbewußt. „Der Geist des Zeitalters weht stark und lebendig in mir: es ist wirklich Zeit, daß die Menschheit aus einem langen Schlaf erwache!" Er verfaßte ganz im Sinne Kants einen „Versuch einer Grundlegung der obersten Prinzipien des Rechtes" und präsentierte sich als ein pathetischer Wortführer des Rechtsgedankens im gesellschaftlichen Leben der Menschen. In die Berliner Salons wurde er Ende der achtziger Jahre durch Brinkmann und den Rittmeister von Schack eingeführt.

Gentz war ein geistreicher Plauderer. Taktisch höchst geschickt, pflegte er sich fast scheu zurückzuhalten, bis sich das Gespräch entfaltet hatte; fast unmerklich griff er ein, um bald das erste und oft das einzige Wort zu führen, nicht immer mit diplomatischer Eleganz, bisweilen rechthaberisch und mit bissiger Schärfe. Die Zunge hat er nicht so in der Gewalt gehabt wie die Feder, mit der er schon in jungen Jahren meisterlich umzugehen wußte. Selbstliebe, Ehrgeiz, Geltungsdrang paarten sich mit hoher Begabung, vielseitigem, wenn auch nicht gründlichem Wissen, kühlem Verstand, diplomatischer Gewiegtheit. In literarischen wie in politischen Fragen vertrat er entschiedene Meinungen. Wilhelm von Humboldt, ein Vertrauter seiner Berliner Jahre, rühmte ihn Schiller gegenüber als den „denkendsten Kopf Berlins".

Gentz hatte sich zu einem leidenschaftlichen Fürsprecher der Französischen Revolution gemacht. Ihr Scheitern, schrieb er im Dezember 1790 an Garve, würde einer der härtesten Unfälle sein, die das menschliche Geschlecht betroffen hätten. Er rühmte sie als einen ersten praktischen Triumph der Philosophie, als erstes Beispiel einer Regierungsform, die auf Prinzipien, auf einem zusammenhängenden konsequenten System begründet werde. Sie sei Hoffnung und Trost für viele alte Übel, unter denen die Menschheit seufze.

Des rationalistischen Rechtstheoretikers schwerstwiegendes Argument für die Französische Revolution war das der Rechtmäßigkeit der Erhebung gegen den Feudalismus. Aber angesichts der Jakobinerherrschaft wechselte der preußische Kriegsrat sein Angriffsziel; er verurteilte das bis dahin laut gepriesene Geschehen als „eine ununterbrochene Folge von Schritten ..., deren Rechtswidrigkeit sich nach strengen Grundsätzen nicht einmal bezweifeln ließ“. Auf dem Recht begründete Gentz sein Für, auf dem Recht sein Wider. Das war die theoretische Vernünftelei eines Rationalisten, es war aber auch die illusionistische Folgerung eines aufklärerischen Optimisten, der da glaubte und wohl gar überzeugt war, die Menschenrechte bedürfen zu ihrer Verwirklichung lediglich des guten Willens und durchaus nicht eines gewaltmäßigen Sturzes der herrschenden Klasse.

Gentz war zunächst in Preußen zu den fortschrittlichen Intellektuellen zu rechnen. Er bejahte die Ablösung des menschenfeindlichen Feudalismus durch ein bürgerliches Industriesystem, er hatte einen sehr hohen Begriff vom Menschen. Aber er meinte, die Vernunft werde durch Aufklärung zur Herrin obrigkeitlicher Entschlüsse zum Wohle der Gesamtheit werden und klagte die Revolution in ihrer zweiten Phase der gleichen Intoleranz, der gleichen Rechtsfeindlichkeit, des gleichen Machtwahns an, deren inhumanem Willkürregiment ein Ende zu bereiten sie den hoffnungsfreudigen Menschen wortreich versprochen hatte. Gentz entwickelte sich aus einem Anhänger der Revolution sehr bald zu deren Feind.

In England tat sich in jenen Jahren Edmund Burke als unversöhnlicher Gegner der Französischen Revolution hervor. Er war einer der einflußreichen Sprecher der liberalen Whigs (der großbürgerlichen Partei), er hatte Warren Hastings, den Generalgouverneur von Ostindien, tyrannischer Willkür und korrupter Verwaltung angeklagt und erreicht, daß ihm das Unterhaus den Prozeß machte. Burkes Stimme wurde besonders von den Freisinnigen in aller Welt und besonders in Berlin gehört. In seinen „Reflections on the revolution in France" (1790) vertrat er die dem Gentzschen Denken verwandte These, die Französische Revolution stürze alle Grundlagen eines geordneten liberalen Staatswesens um. Gentz übersetzte die aufsehenerregende Schrift ins Deutsche und machte sich Burkes Standpunkt zu eigen. Ein weiterer Schritt nach „rechts" war getan. Schon seine Zeitgenossen haben bezweifelt, daß dieser Wechsel seines Urteils über das fundamentale Ereignis der Epoche aus Überzeugung erfolgte, daß es das leidvoll errungene Ergebnis solcher Beweggründe wäre, wie sie führende deutsche Geister aus Kunst und Literatur zu einem ähnlichen Wandel ihres Enthusiasmus für die Französische Revolution bestimmt hatten.

Es lag nicht an Gentz' Gesinnung, sondern an seiner Gesittung, wenn seine Argumente bereits damals wenig Glauben fanden.

Der Kriegsrat frönte mancherlei Lastern, er schwelgte in seiner „Glückseligkeit", die besser Freibeuterei der Leidenschaft zu nennen gewesen wäre. Seine Anziehungskraft auf Frauen war geradezu sagenhaft. Eine frühzeitig geschlossene Ehe zerbrach, Gentz' Lebensaufwand stand in keinem Verhältnis zu den mäßigen Bezügen eines preußischen Beamten. Verschuldung war die unausbleibliche Folge seiner unmäßigen Verschwendungssucht. Er zog, was seinen Lebenswandel angeht, die letzten Folgerungen aus dem romantischen Subjektivismus.

Nicht der Lebenswandel, nicht die Schulden ließen die doch freisinnigen Menschen seiner Umwelt stutzig werden, sondern die skrupellosen Methoden, die Gentz anwandte, um sich vorwärtszubringen und seinen sprunghaft steigenden Geldbedarf zu decken. Er wußte immer, sich einem Mächtigen nützlich, wenn nicht unentbehrlich zu machen. War es ein glücklicher Zufall, daß sich seine politischen Meinungen jeweils mit denen seines Gönners deckten?

Gentz nahm das Geld, woher immer er es bekam. Noch während er preußischer Beamter war, bezog er erhebliche Summen von ausländischen Mächten. Es handelte sich zunächst um ungeforderte Entgelte für eine diesen Ländern wohlwollende publizistische Wirksamkeit, bald aber um die Bezahlung freiwilliger, schließlich erbetener vertraulicher und geheimer Informationen und aus solchem Wissen resultierender Ratschläge. Solcherlei Agententätigkeit war damals gang und gäbe; ihr Aufsprießen ging von Frankreich und England aus und wurde bald auch von den übrigen europäischen Mächten gepflegt. Die Grenzen zwischen öffentlichem, von den Interessenten honoriertem Gesinnungswechsel und offensichtlichem Verrat waren — man denke nur an Fouché und Talleyrand — durchaus flüssig.

Henriette Herz hat behauptet, der Grund der Sinnesänderung Gentz' wäre ihr mit Gewißheit bekannt. Sie wüßte den Moment, in welchem er eintrat, und hätte die Gleichzeitigkeit von Ursache und Wirkung genau beobachten können: „Eine österreichische Pension hätte beide Wunder bewirkt"; die Minderung seiner Geldnot und das Entschwinden seiner politischen Freisinnigkeit.

Noch vor den österreichischen waren indessen die britischen Diplomaten in Berlin und Dresden auf den geldbedürftigen preußischen Publizisten aufmerksam geworden, der sich als wortgewandtester Schüler Adam Smith' auf dem europäischen Festland erwies und so etwas wie einer englischen Lebensweise das Wort redete. Von seinem auf vier Bände berechneten Werk über die Französische Revolution wußte niemand, der bedenklich gewordene Autor ließ es aus guten Gründen unveröffentlicht. Sein offener Brief an den König von Preußen hatte Aufmerksamkeit und Nachdenklichkeit erregt; unbekannt blieb wiederum, daß der Autor die Forderung auf alle in England zumindest formal verwirklichten Freiheiten im stillen Kämmerlein aus dem gleichen Opportunismus bereits wieder für übereilt hielt, aus dem heraus er nicht versäumt hatte, sie so nachdrücklich geltend zu machen.

Gentz wußte die Ratio zur Rechtfertigung jeweils derjenigen politischen Macht zu nutzen, die seinen eigenen materiellen Interessen zumindest nicht im Wege stand. Er gewöhnte sich daran, das Recht bei dem Mächtigen zu sehen. Weder von vernunftrechtlichem noch von naturrechtlichem Denken kann freilich da die Rede sein, wo nur noch der Agitator des Rückschritts, der er mehr und mehr wurde, gegen „die neueste politische Büberei" das Wort ergriff. Er mißbrauchte seine Beredsamkeit, um etwa die Menschenrechte, „wovon die großsprecherischen Gesetzgeber Frankreichs prahlten, welche die leidende Menschheit mit einem Traum von Gesundheit äfften, um sie gleich darauf verdoppeltem Elend zu überantworten", für „hochtönende und nichtssagende Deklamationen" zu erklären. Im übrigen war Gentz kein schöpferischer, nicht einmal ein origineller Denker; seine staatstheoretischen Grundsätze sind nicht Kinder seines Geistes. Einem so schlichten Mann wie Markus Herz fiel bereits am Sendschreiben an Friedrich Wilhelm III. auf, daß es nicht einen einzigen neuen Gedanken enthielt.

Wesentlich ist, daß schon damals, vor Gentz' Übertritt in österreichische Dienste, die Lauterkeit seiner Gesinnung bezweifelt worden ist, weil an der mangelnden Lauterkeit seiner Gesittung kein Zweifel mehr bestanden hat. Es war eine seiner Tugenden, wenn man so will (und Rahel beispielsweise dachte so), seine Laster vor seinen Freunden nicht zu verbergen.

Gentz hatte sich schon um die Jahrhundertwende für seine publizistische Tätigkeit bezahlen lassen. Für sein „Historisches Journal", das im Jahre 1799 seine wenig erfolgreiche „Neue deutsche Monatsschrift" ablöste, wurde er vom preußischen Staat besoldet. Der Staatsminister von der Schulenburg-Kehnert sorgte dafür, daß der Kriegsrat zugunsten seiner schriftstellerischen Tätigkeit von seinen Dienstgeschäften weitgehend entbunden und nach Varnhagens Zeugnis mit ansehnlicher Geldhilfe unterstützt wurde. Auch wenn der preußische Staatsdiener für die Propagierung englischer Verfassungszustände auf dem Kontinent und die Vertretung österreichischer Argumente im Kampf gegen Napoleon damals noch kein Geld genommen haben sollte, so wußte er sich doch dadurch im Ausland bekannt zu machen und für einträglichere Aufgaben zu empfehlen.

Man weiß heute, daß Gentz' Darlegungen über die britische Staatsverfassung und die Quellen des englischen Nationalreichtums den englischen Premierminister Pitt auf den Verfasser aufmerksam machten. Die britische Diplomatie nahm mit dem preußischen Kriegsrat Kontakt auf mit dem Ergebnis, daß Großbritanniens Außenminister Lord Grenville im Frühjahr 1800 Gentz zum erstenmal einen Betrag von 500 Pfund Sterling anwies, die der hochverschuldete Beamte zur Regelung bereits publik gewordener finanzieller Schwierigkeiten dringend brauchte. Gentz' erste geheime Denkschrift über die in der Tat empörende Unzulänglichkeit der maßgebenden Kräfte am Berliner Hof erreichte London über einen Agenten in Hannover. Bald danach zählte der preußische Kriegsrat zum vertrauten Umgang des britischen Botschafters in Berlin. Lord Grenville sorgte für die Deckung der Bedürfnisse seines wohl schon damals besten festländischen Agenten, bis Pitt nach dem Frieden von Amiens 1801 aus dem Dienst schied und Albions preußischer Ratgeber (denn als solchen muß man Gentz bereits werten) für einige Zeit ohne den gewohnten britischen Sold blieb. „Die englischen Gewalthaber", wußte schon Varnhagen zu berichten, „gaben ihm, was ihm fehlte und er bedurfte: Gold. Erst eine runde Summe für den Anfang im allgemeinen, dann auch die Zusicherung eines bestimmten Jahrgeldes."

Gentz' Kalamität dauerte nur kurze Zeit. Er hatte sich in London persönlich vorgestellt und es verstanden, die aus dem liberalen England fließende Subvention auf 800 Pfund im Jahre zu erhöhen. Er nahm sie unbedenklich neben dem Fixum, das ihm inzwischen vom legitimistisch-restaurativen Österreich ausgesetzt worden war.

Denn während der am preußischen Hof verständlicherweise nicht sehr geschätzte Publizist mit England liebäugelte, unterhielt er längst Kontakte mit dem österreichischen Gesandten Graf Stadion, der sich um seine Berufung nach Wien bemühte. Gentz ließ sich gewinnen und verließ, aus den preußischen Diensten keineswegs ausgeschieden, sondern lediglich beurlaubt, Berlin zusammen mit seinem Freund Adam Müller völlig mittellos im Juni 1802, von Stadion, dessen Bestrebungen noch zu keinem greifbaren Erfolg geführt hatten, mit Empfehlungsbriefen versehen. In Dresden machte Gentz die folgenreiche Bekanntschaft mit Österreichs Gesandtem Metternich. Die Fürsprache der beiden österreichischen Diplomaten für den preußischen Renegaten muß ungewöhnlich nachdrücklich gewesen sein; denn obwohl der Kaiser den des Jakobinismus noch immer verdächtigen preußischen Protestanten mit seiner „geschnauften, geschwollenen Rederei" in keiner seiner Kanzleien wünschte, wurde Gentz, ohne in ein bestimmtes Amt eingewiesen zu werden, mit 4000 Gulden jährlicher Vergütung zum kaiserlichen Rat sozusagen zur besonderen Verwendung bestallt.

Gentz hat im österreichischen Staatsdienst niemals eine leitende Tätigkeit ausgeübt. Das entsprach seinem Wunsch und seiner Lebensart durchaus. Nur zu gern hat er sich damit begnügt, „den Ereignissen einen Stil gegeben zu haben" (Gentz). Er stellte seine von keinem seiner Kritiker bezweifelten hervorragenden intellektuellen Gaben dem jeweiligen Leiter der österreichischen Politik zur Verfügung, zunächst dem Grafen Stadion, danach dem Grafen und späteren Fürsten Metternich. Auf diese Weise hat er einen ganz ungewöhnlichen Einfluß auf die europäische Politik ausgeübt.

Es war nicht zuletzt Gentz' Werk, wenn so heterogene Kräfte wie England und Rußland, Österreich und Preußen wiederholt im Kampf gegen den Bonapartismus zusammenfanden. Es lag nicht an ihm, wenn im ersten Gang der kontinentalen Auseinandersetzung zunächst eine Festlandsmacht nach der anderen von Napoleon zu Boden geworfen wurde, bis sich der Korse in der Hartnäckigkeit Englands und der Stärke Rußlands verfing. Gentz hatte die Genugtuung, das alles vorausgesehen und gegen bare Münze vorausgesagt zu haben. Das Land seiner Neigung, das Land, in dem er hätte leben wollen, blieb England. Hier sah er das Bürgertum der feudalen Klasse die Macht mehr und mehr entwinden, ohne daß es zu gewaltsamen Auseinandersetzungen kam. Wenn er sich dennoch schon damals zum publizistischen Verfechter des „erhaltenden Prinzips" auf dem europäischen Festland (mit Einschluß Frankreichs) machte, so lag das weniger daran, daß er im andern Falle im katholisch-legitimistischen Österreich in den Verdacht der „Anglomanie", der Englandhörigkeit, wenn nicht gar des verkappten Jakobinismus geraten wäre. Gentz mag in der Tat zunächst davon überzeugt gewesen sein, daß seine rationalistischen Vorstellungen eines Rechtsstaates auf dem europäischen Festland nur auf dem evolutionären „Rechtsweg", sozusagen von „oben", keinesfalls durch eine Wendung der liberalen deutschen Einheitsbewegung zum Demokratisch-Revolutionären verwirklicht werden könnten. Er glaubte auch, daß eine schrittweise gemäßigte Liberalisierung des gesellschaftlichen Lebens durch eine etwaige Vormachtstellung des zaristischen Rußlands nicht minder gefährdet wäre als durch den Herrschaftsanspruch des napoleonischen Frankreichs.

Aus Gentz' Feder flossen zündende Haßreden gegen Napoleon, stammten die freiheitlich-patriotischen Denkschriften Stadions, lösten sich, meisterlich stilisiert, die Kriegserklärung Wiens und das wohltemperierte österreichische Manifest aus dem Jahre 1813. Rahel nannte es „eine Erscheinung, die in der Geschichte diplomatischer Beredsamkeit ebensosehr Epoche macht als das darin dargestellte Verfahren in der Geschichte der Diplomatie", nachzulesen in einem Brief aus dem August 1813 an Gentz' Busenfreund Joseph von Pilat. Karoline von Humboldt beschwor schon wenige Monate später die Freundin, ihm, Gentz, der echte Liebe nicht kenne, der für Rahels „glänzendes Himmelsbild" gar keine Augen habe, nie mehr zu schreiben. „Er liebt die Unsren nicht, unsre Preußen, verstehst du", klagte Karoline aus der Kenntnis des intimen Umgangs, den Humboldt während der Verhandlungen über den Kriegseintritt Österreichs mit dem Schatten Metternichs gehabt hatte. „Der eigentliche Geist, der die Nation begeistert hat, der sich klar in Tat und Wort bei Tausenden ausgesprochen hat, die hat er nicht erkannt." Schlimmer als das: „Nach dem Glück der Massen, der gewöhnlichen Menschen, fragten die Whigs und Tories so wenig, wie Gentz danach fragte. Hier paßte er gut zu der Generation Pitts und seiner Freunde. Wie sie, dachte er in politischen und staats-ökonomischen, nicht sozialen Begriffen. Wenn er von dem ‚Ganzen' sprach, so meinte er die Public Schools, die Universitäten, die Banken, die East India Company, die Presse, die Flotte, die Klubs, das Parlament, den Hof — all das und den Zusammenhang zwischen alledem, aber nicht die Arbeiter in Blakes ‚dark satanic mills'" (Golo Mann).

Österreichischer als Metternich gesinnt, hatte ihn nach eigenen Worten nichts so gekränkt, „als zu sehen, wie vier der entscheidenden Kriegsapostel, Graf Stadion, Nesselrode, Lebzeltern und Humboldt, miteinander wetteiferten, um die Form herauszufinden, die Österreich am festesten binden und am stärksten kompromittieren könnte". Die Volkserhebung im Norden Deutschlands war dem Soldschreiber des Legitimitätsprinzips längst revolutionärer Wirkstoffe verdächtig. Er erstrebte einen Ausgleich mit dem noch gestern gehaßten, heute legitimen Napoleon. Er hatte sich bereits zum dienstwilligen „Verfechter der Restaurationstendenzen" (wie er sich selbst bezeichnete) gewandelt. Aus dem Gehilfen war er ein Werkzeug Metternichs, der Protokollant aller Kongresse und Konferenzen geworden, die in Wien begannen und in Paris fortgeführt wurden und im Zeichen der Heiligen Allianz über Aachen, Karlsbad und Wien nach Troppau, Laibach und Verona führten.

Noch immer bezog die graue Exzellenz der Reaktion nur 4000 Gulden im Jahr, eine Bagatelle für die Geldbedürfnisse eines Verschwenders, der sich schon im Jahre 1803 rühmen durfte, daß ihm die Häuser des gesamten hohen Adels offenstünden. Als die englischen Geldquellen des kaiserlichen Rates abermals vorübergehend versiegt waren — seit dem Wiener Kongreß erhielt er laufend eine hohe englische „Pension" —, verschaffte ihm Metternich 1813 das mühelose, aber einträgliche Amt eines politischen Korrespondenten der Fürsten der Moldau und Walachei, „ein Verhältnis, welches die größten und mannigfaltigsten Vorteile gewährte" (Varnhagen). Nachdem diese Pfründe von zuletzt 4000 Dukaten jährlich 1828 hinfällig geworden war, sorgte Metternich für einen Ausgleich. Er erreichte bei seinem Monarchen, daß für seinen Schützling, der trotz eingestandener jährlicher Einkünfte von etwa 22 000 Talern abermals hoch verschuldet war, einmalig 6000 Gulden aufgewendet und darüber hinaus des Hofrats laufende Bezüge aus der Staatskasse von 4000 auf 8800 Gulden erhöht wurden. Gentz scheute sich nicht, sich auch an anderen Höfen um Subvention für sein Lasterleben umzusehen. Sogar in Berlin legte der Minister Graf Bernstorff dem König nahe, dem für die preußische Gesandschaft doch ganz nützlichen, „sehr vornehmen, vielfach verwöhnten und bedürfnisreichen Bettler", einem preußischen Renegaten, vier- bis achttausend Taler zu gewähren.

Man wußte darum schon zu Gentz' Lebzeiten. Kein Wunder also, daß Varnhagen in einige Verlegenheit geriet, als er in seinem „Freundeskreis" Friedrich Gentz' Charakterbild zeichnen wollte. Der kurz nach Goethe und ein Jahr vor Rahel gestorbene Hofrat war bis in seine letzten Lebensjahre Rahels „gehätschelter Liebling" geblieben. Er hatte in der Tat keinen Wert darauf gelegt, „furchtlos und tadelfrei zu erscheinen; er gab sich willig als der, der er wirklich war, mit allen Schwächen und Fehlern", „das Erzeugnis seiner Zeit, seiner Eigenschaften, seiner Persönlichkeit". Varnhagen räumte ein: „Er ließ sich seine Dienste bezahlen, und ungeheuer bezahlen; aber käuflich war er nicht, und gegen seine Pflichten hat er nie gehandelt." Eine nähere Erläuterung, wie Gentz es fertiggebracht haben könnte, gleichzeitig dem autokratischen Österreich und dem liberalen England zu dienen, ohne in Konflikte mit der „Pflicht" gegenüber seinen Geldgebern zu gelangen, ist uns Varnhagen schuldig geblieben.

An der Frage, ob Gentz „Verrat" geübt habe, hat sich ein literarischer Streit entzündet, der — auch wenn dieser Begriff nicht schon damals geschillert hätte — nicht hat ausgetragen werden können, weil eine juristische Beweisführung nicht möglich ist.

Nun läßt sich ganz gewiß nicht leugnen (und nicht einmal er selbst hat es getan), daß Gentz einen „völligen Sinneswandel" vom Revolutionär des Wortes zum Reaktionär der Tat vollzogen hat — aus welchen Motiven immer. Man kann allenfalls zugestehen, daß sich die Motivierung seiner jeweiligen Ansichten nicht geändert hat, wobei es eine ganz andere Frage ist, inwieweit er am vernunftrechtlichen Denken aus Überzeugung, inwieweit aus taktischen Gründen festgehalten hat. Gentz war skrupellos genug, um eine solche Fragestellung zu rechtfertigen. Er hat weder romantisch-mystischem noch historisch-politischem Staatsdenken gehuldigt und ging in allen Fragen der theoretischen Politik von einem Rechtsbegriff aus, der „aus reinen Vernunftgründen" gezogen war, einer bei Gentz' extremem Subjektivismus in Gesinnung und Gesittung freilich höchst bedenklichen Erkenntnisquelle. Höchster Richterstuhl in seinem Denken war die Vernunft, was aber doch bei Gentz kaum mehr bedeuten kann als die subjektive Einsicht in die Wahrheit der Dinge und die Richtung der eigenen Interessen. Vielleicht erklärt sich hieraus mancher Widerspruch, wie der, der sich ähnlich bei Metternich findet, daß er den Lyriker Heine liebte und gewiß nicht nur vorgab, ihn zu lieben, während er sich jedoch veranlaßt sah und sich auch legitimiert fand, den gleichen Heine wegen der Parteinahme seiner Kunst gegen die Reaktion mit allen zu Gebote stehenden polizeilichen Mitteln verfolgen zu lassen. Zum Wesen des Persönlichkeitskultes, wie ihn Gentz bis zur Selbstvergötterung und ihrem Spiegelbild, dem Selbstüberdruß, betrieben hat, gehörte im übrigen ein Tätigkeitsdrang, der Erfüllung und das heißt bei Gentz im Unterschied etwa zu dem ironischen Humboldt Teilnahme an der Macht heischte.

Indessen: das Urteil über Friedrich Gentz ist keine Frage des Rechtes. Es ist eine Frage der Sittlichkeit und seines wenn auch versteckten Einflusses auf das Geschehen der Zeit. Ernst Heilborn meint (und Karl August Varnhagen hätte zu dieser Bemerkung zwar schweigend, aber beistimmend gelächelt), sehr wahrscheinlich hätte Gentz mit dem Grafen Mirabeau von sich sagen können: „On m'achete, mais je ne me vends pas." (Man kauft mich, aber ich verkaufe mich nicht.") Den dazu erforderlichen Zynismus habe er besessen. Gewiß, doch wer ihn näher kannte, hätte gewußt, daß Gentz unterstellt haben würde, sein Partner werde einer solchen Aussage kaum etwas anderes als das Gegenteil entnehmen.

Rahel hat ihn einmal, gegenüber Stägemann, „den vortrefflichsten schlechten Menschen" genannt, und in ihrem Epitaph auf den Freund, gerichtet an den jungen Historiker Leopold Ranke, finden sich die vorerst etwas rätselhaften Worte: „Er ergriff das Unwahre mit Wahrheitsleidenschaft." In diesem, aber nur in diesem Sinne hätte Gentz von sich behaupten dürfen, nicht käuflich gewesen zu sein. Der Verlogene nämlich kokettierte sogar mit seiner Lügenhaftigkeit, was in den Augen seiner Zeit und in fast unbegreiflichem Maße in Rahels Augen auch eine Abart der Wahrhaftigkeit, der Ehrlichkeit vor sich selbst, gewesen ist.

Rahel und Gentz — man mußte das alles zunächst vorausschicken, will man das Dunkel um das Rätsel dieses freundschaftlichen Umganges, wenn man das Rätsel schon nicht lösen kann, so weit wie möglich aufhellen.

Gentz war um die Jahrhundertwende in Rahels Salon schnell ein Wortführer gegen jegliche Erstarrung (auch der des Salongespräches) geworden. Er war ein Libertin, der Freiheit nicht nur forderte, sondern in allen Lebensbezügen für sich in Anspruch nahm. Wilhelm von Humboldt, damals auch in seinem persönlichen Lebenswandel von einer Freimütigkeit, die Witzleben noch einige Jahrzehnte später zu der Anmerkung veranlaßte, man habe nicht vorteilhaft von seiner Sittlichkeit gesprochen, gehörte ebenso zu seinem vertrauten Umgang wie Louis Ferdinand. Er soll ebenso wie auch Hardenberg nach mancher, freilich unverbürgten Meinung durch Gentz für freiheitliche Gedankengänge gewonnen worden sein. Gewiß ist, daß Gentz eine der Berühmtheiten und eine Zugkraft der Berliner Salons vor der Jahrhundertwende gewesen ist. Er war nicht nur der Geistreichste und Wortgewaltigste – unter den Eitlen wohl auch der Eitelste –, er war einer der erstaunlich wenigen, die über Politik im Sinne des wenn auch noch hintergründigen, so doch nicht minder gewaltigen Zeitgeschehens im geselligen Kreise diskutierten. Weil er es verstand, eine intellektuelle Wüste, als die Berlin gemeinhin angesehen wurde, in eine fruchtbare Landschaft zu verwandeln, nannten ihn seine Freunde „Nil", den Schlauch der Wüste. Nur einer stellte ihn an geselligem Glanz in den Schatten: sein enger und geliebter Freund Louis Ferdinand.

Nächst Louis Ferdinand dürfte Gentz, solange er in Berlin lebte, von Rahel die derbsten „Dachstubenwahrheiten" gehört haben. Er brachte ihr die Briefe der Geliebten, sprach von seinen seelischen wie von seinen materiellen Nöten, zeigte schamlos ein so weites Gewissen, daß schon nicht mehr von Gewissensfreiheit, sondern nur noch von Gewissenlosigkeit die Rede sein kann. Bei Rahel suchte er vor seinen Gläubigern und vor seinen Geliebten Zuflucht. Linkische Scheu und herausfordernder Geltungsdrang wetteiferten miteinander, wenn er sich Rahels Gästen zur Schau stellte.

Mit zaghafter Unsicherheit, so berichtet Graf S., ein gelegentlicher Besucher des Salons, prüfte Gentz gleichsam Gesichter und Plätze und war nicht ruhig, bis er sie alle untersucht hatte, um dann den Friedrich Schlegel entferntesten Sitz zu wählen. Er „sprach von dem Glück und dem Unglück der Liebe, von ihren Gründen und Bedingnissen, ihren Wirkungen und Ausgängen; erst nur in kleineren Sätzen, die er noch konversationsartig an seine Nachbarn richtete, frageweise, problematisch, allmählich entwand er sich diesem Brauch und Ton, nahm einen freieren Schwung, wagte kühnere und festere Behauptungen, und als er sich der Gesinnung und Beistimmung seiner Zuhörer völlig versichert halten durfte, öffnete er gleichsam alle Schleusen seiner Beredsamkeit, deren gewaltiger Fluß nun unwiderstehlich einherströmte und uns mit staunender Bewunderung erfüllte".

Rahel, „immer bereit, unschuldig aufzufassen", ohne Vorurteil „in Auge und Geist", begegnete dem mitteilungssüchtigen, viel liebenden und vielgeliebten preußischen Kriegsrat in der ihr eigentümlichen, höchst empfindsamen Aufgeschlossenheit. Sie verliebte sich in seine Schwächen, fand seine Laster tugendsam, weil er sie nicht leugnete, weil sie „wahr", seiner Natur entsprechend waren und sich ungehemmt entfalteten. Gentz, wie sie gern „mit der Seele vor dem Spiegel" stehend, war ihr Gegenpol.

Wenn das Wort Liebe in den Beziehungen zwischen Rahel und Gentz gebraucht wird, ist es nicht im sinnlichen, im geschlechtlichen Sinne zu verstehen; es bedeutet, zeitbedingt überschwenglich verwendet, nicht mehr als Freundschaft und herzliches Einvernehmen.

Gentz hatte zahlreiche Liebschaften des Tages und der Nacht. Stadtbekannte Verhältnisse wechselten mit leidenschaftlichen Bindungen, angefangen von der unerfüllten Sehnsucht zur Weimarer Hofdame Amalie von Imhoff und der erfüllten Leidenschaft zur Berliner Schauspielerin Christel Eigensatz, über deren Phasen Rahel genau unterrichtet wurde, bis zu des Fünfundsechszigjährigen „Fülle von Glückseligkeit", seinem Verhältnis zu der neunzehnjährigen Tänzerin Fanny Elßler. Von ihr berichtete er in „ungetrübter blumenreicher Wahrhaftigkeit" (Rahel) nach Berlin, nicht ohne sehr egoistische, eifersüchtige Nebengedanken, wie sich zeigen wird. Rahel gehörte nicht in den Kreis seiner Geliebten, unter denen die Gräfin Eleonore Fuchs, sein „klarer Engel", hervorragte und unter denen wir Pauline Wiesel wiederbegegnen; möglich, sogar wahrscheinlich, daß zwischen Gentz und Pauline schon in Berlin engere Beziehungen bestanden haben. In Paris näherte sich der „graue Atzelträger", so genannt, weil zur grauen Hautfarbe des Perückenträgers (denn Atzel heißt Perücke) graues Haar getreten war, der inzwischen üppig gewordenen Schönheit mit verschwenderischer Großzügigkeit.

Zu den Merkwürdigkeiten seines Frauenumganges gehörte Gentz' Verhältnis zu Frau von Staël, die er 1808 in ihrem zweiundvierzigsten Lebensjahr in Teplitz traf. Er ließ sich, wenn wir seinem Tagebuch Glauben schenken dürfen, von ihren geistreichen Schmeicheleien betören, „die zuletzt einen wirklichen leidenschaftlichen Charakter annahmen" und die Eifersucht ihrer damaligen ständigen Begleiter erregten, August Wilhelm Schlegels und Simonde de Sismondis. Nur aus purer Eitelkeit, so behauptete er später prahlerisch gegenüber Rahel, habe er sich dazu gezwungen, die ihm angetragene Liebe zu erwidern.

Warum ist es nicht zu einer ähnlichen Beziehung mit Rahel gekommen?

„Es ist eigentlich ein unendlicher Mißgriff gewesen“, lesen wir in einem Brief von Gentz an Rahel aus Teplitz vom September 1810 einigermaßen erstaunt, wie hier über Fragen des Gefühls vernünftelt wird, „daß wir nicht zur Liebe gegeneinander — ich meine, zur ordentlichen, vollständigen — gelangt sind . . .! Es wäre zwischen uns ein Verhältnis ausgebrochen. dessengleichen die Welt vielleicht nicht viele gehabt. Anstatt dessen haben wir beide unser Bestes an *Leute* (wie Sie diese Klasse ganz vortrefflich bezeichnen) verschwendet und sind — ein jedes auf seine Weise — verarmt.“

Rahel war Gentz, was sie Louis Ferdinand war: „sage femme“, Entbindungshelferin von seelischen Verwicklungen jeglicher Art; sie war ihm Beichtigerin, er pries sie als sein Orakel, sie half ihm, sich selbst zu begreifen, wozu er Anlaß und Bedürfnis genug hatte. In der Art, wie er zu ihr kommen durfte, um seine Sorgen abzuladen und seine Sünden zu bekennen, liegt viel vom idealen Verhältnis des Sohnes zur Mutter, wie denn bezeichnenderweise das Kindliche und Kindische an Gentz Rahel besonders anzog und sogar zur Rechtfertigung seiner kindisch-prahlerischen Lügenhaftigkeit herhalten mußte. Wie Rahel Gentz verstanden und verziehen hat, versteht und verzeiht nur eine Mutter, freilich wohl doch nur einem verzärtelten, krankhaften und hilfsbedürftigen, einem unglücklichen Kind, und auch das nur eine Mutter der romantisch-schwärmerischen Epoche.

Aber alle diese Seiten ihres Verhältnisses zu Gentz überstrahlt eine selbstlos gebende Freundschaft, wie sie, jenseits eines Liebesverhältnisses im gewöhnlichen Sinne, zwischen Frau und Mann nur sehr selten beobachtet werden kann. Merkwürdig ist sie vor allem deshalb, weil sich der weibliche Partner doch schon verhältnismäßig früh darüber klargeworden sein muß, daß die Freundschaft nur von einer Seite geübt wurde, während sie von der anderen nur hingenommen, geduldet, egoistisch genutzt, nicht aber in Aufrichtigkeit und Hingabe erwidert wurde.

Wenn Gentz meinte, es habe an Rahel gelegen, daß sie nicht

zu einer „ordentlichen, vollständigen“ Liebe miteinander gelangt wären, so kokettierte er mit einem Zuge seines Wesens, den Rahel für naiv-kindlich, „zum Lächeln und zum Lieben“ hielt, der aber eher etwas Weibisches hatte, wie denn auch manche seiner anderen Schwächen femininer Art sind. Niemand wäre „so schmeichelbar als er“, rühmte er von sich. Metternich schien von seinem engsten Mitarbeiter einen ähnlichen weibischen Eindruck zu haben. Am 3. August 1830 — die beiden hatten soeben die Nachricht vom Ausbruch der Julirevolution in Paris erörtert — neckte der Fürst den Hofrat, zwar freundlich und zart, aber doch recht beharrlich, Gentz würde eines der liebenswürdigsten Weiber geworden sein bei seinen vielen femininen Eigenschaften, dem zarten Nervensystem, der empfindlichen Haut, dem weibischen Gemüt, der sanften Stimme, der unbegrenzten Koketterie.

Schon im Jahre 1803, nachdem er Berlin verlassen hatte, verglich sich Gentz mit Rahel: „Sie sind ein *unendlich produzierendes,* ich bin ein *unendlich empfangendes* Wesen. Sie sind ein großer *Mann,* ich bin das erste aller Weiber, die je gelebt haben. Das weiß ich: wäre ich ein physisches Weib geworden, ich hätte den Erdkreis vor meine Füße gebracht.“ Überblickt man sein Leben und Wirken — man glaubt es.

Es war die Zeit, in der Gentz, am Kohlmarkt Nr. 1215 in Wien „rasend gut“ lebend und kräftig-sinnlich liebend, Rahel in seinem Zimmer einen Altar hatte errichten wollen, wenn er katholisch wäre, „unter dem Vorwande, er sei einer Heiligen gewidmet, und triebe allen Frevel mit Ihrem Bilde“.

Rahel hatte den „lieben alten dicken Gentz“ sechs Jahre nicht gesehen, als sie dem „geliebten teuren Freund“ im September 1808 einen sehr überschwenglichen Brief schrieb. Varnhagen, mit dem in diesen Tagen der Bund geschlossen worden war, stand eben im Begriff, aus Berlin abzureisen. Man muß sich der Vereinsamung erinnern, in der die gesellige Frau nach dem Zusammenbruch Preußens im besetzten Berlin lebte, wenn man die anschmeichelnd-werbenden Töne nicht mißverstehen will, die sie dem im friedlichen Prag schmarotzenden „Taubensträßler“ mit dem gelblichen Überrock widmete, ihrerseits bereit, die preußische Hauptstadt, „dies breitstraßige Nest“, mit dem Bettelsack zu verlassen.

Daß sie dem Freunde nicht mehr gegenwärtig wäre, täte nichts — „das ist nur eine Tournüre [eine Richtung, ein Zug, eine Anwandlung] Ihres Gemütes“ —: daß sie sich von ihm getrennt hätte, wäre ihr „Mittelpunkt von Verdruß, über alles Weltunglück“, das ja nun wirklich nicht unerheblich war, gewesen. „Nie werden Sie mich los, solange uns eine Erde trägt!“ Es war ein Freundschaftswerben aus der Einsamkeit, wie es bei Rahel, der stolzen, nicht ein zweitesmal bemerkt werden dürfte.

Und Gentz? Er befand sich auf der Flucht vor der Rache Napoleons, lebte bald in Dresden, wo er im „Goldenen Engel“ erstmalig Stein begegnete, Metternich traf und „unter Qualen das Schauspiel der großen Auflösung“ verfolgte, bald in Böhmen, wo er sich in die Bäder oder nach Prag zurückzog, wie es der Gang des kriegerischen Geschehens gerade erforderte und der Geldbeutel ermöglichte. Allein aus London flossen dem Unsteten zwischen 1806 und 1809 4500 Pfund Sterling zu. Im Februar 1809 rief der Ministerpräsident Graf Stadion den anscheinend Unentbehrlichen nach Wien, von wo aus sich Gentz nach der gescheiterten österreichsichen Erhebung abermals nach Böhmen in Sicherheit brachte. Stets mit Plänen beschäftigt, wie Europa zu befrieden, das heißt nunmehr, wie Napoleons Herrschaft durch eine Art Gleichgewicht der Kräfte ohne eine neue Ordnungsmacht zu ersetzen wäre, tauchte in seinen Gedanken zum erstenmal die Konzeption des Wiener Kongresses auf.

Rahels erinnerte er sich kaum. Er hatte „kein Gedächtnis für sie im Herzen“. Er begnügte sich damit, „einander von Zeit zu Zeit zuzurufen, daß man noch atmet“ (an Brinkmann). An Rahel schrieb er, sich „wie vertrocknet, ausgesaugt und vernichtet“ fühlend: „Mit der Vergangenheit beschäftigte ich mich ungern, weil ich allenthalben dem Gespenst meiner eigenen Irrtümer und Fehler begegne. Diese Gegenwart ist natürlich ohne allen Reiz; von der Zukunft kenne ich nur das einzige demütigende Datum, daß sie sich in jedem Fall ganz anders gestalten wird und muß, als ich es mir in meiner kurzsichtigen Weisheit vorgestellt habe... Die sogenannte Sozietät ist mir so zuwider geworden, daß sie mich durch ihre Gewöhnlichkeit, ihre Einerleiheit erdrückt und verjagt.“

Während sich Gentz, in der Tat verarmt, im Napoleonhaß verzehrte, reifte die Stunde, in der Metternich, im Herbst 1809

Außenminister und für fast vier Jahrzehnte Lenker der Geschicke der Habsburger Monarchie geworden, Stadions Berater in seine Nähe zog und bald so an sich fesselte, daß Gentz schließlich zum Werkzeug seines Brotgebers wurde.

Gentz drängte auf ein Treffen mit Rahel 1811 in Teplitz; der Plan zerschlug sich, denn „Gott und sein Würgeengel sind über uns" (Gentz). Sie trafen sich erst 1813 in Prag, wohin Rahel vor dem drohenden Kriege ausgewichen war.

Gentz saß in Ratiborzitz, einem Lustschloß der Herzogin von Sagan, der Geliebten Metternichs, das während der Bündnisverhandlungen zwischen den Monarchen Rußlands, Preußens und Österreichs wie Reichenbach, Gitschin und Opotschna zum Ort weltweiter Entscheidungen und nicht minder bedeutsamer Intrigen geworden war.

Napoleons Kraft war in den Weiten Rußlands gebrochen worden, in Preußen hatten die Führer der nationalen Bewegung das Zeichen zum Aufstand gegen den Willen ihres Königs gegeben. Gentz dachte nicht daran, wie Arndt und andere die Massen zur Erhebung aufzurufen. Ihm ging es allenfalls um einen Kompromiß, um eine Art Gleichgewicht in Europa, wo er keine französische, aber auch keine russische Vorherrschaft wünschte.

„Ich weiß *alles*", spreizte sich der Vertraute Metternichs pfauenartig vor der Freundin, „kein Mensch auf Erden weiß von der Zeitgeschichte, was *ich* davon weiß." Eitel und anmaßend blähte er sich im Zwielicht der geschichtlichen Stunde mit seinem Wissen, seiner Verschlossenheit, seiner Staatsweisheit, seiner Faulheit, seiner Blasiertheit, seiner Bosheit, um sich dann vor der Freundin auch menschlich wichtig zu machen: „Ich wiederhole Ihnen heute, was ich Ihnen schon vor einigen Jahren schrieb: ich weiß nicht, ob wir einander noch verstehen, noch für einander passen werden. Ich bin unendlich alt und schlecht geworden", schrieb er an Rahel am 23. Juni 1813. Sie lebe, er wäre tot. Alles wäre — vielleicht — anders, wenn er immer in ihrer Atmosphäre gelebt hätte, räumte er später ein, nachdem Rahel, die sich doch bereits Varnhagen versprochen hatte und um Marwitz bangte, ihm offenbarte: keine Sonne, keine Hellung des Geistes habe in ihr Herz hinableuchten wollen, seit sie ihn sah. Wie eine Irrende wäre sie unter wohlbekannten, ihr freundlichen Menschen umhergegangen, in dem namenlos schmerzlichen Bewußtsein, sie hätte die vergangenen zwölf Jahre unter seinen Augen leben müssen. „Ich scherzte nicht gestern, als ich in der Menschen Gegenwart sagte: Gott müsse eine große Ursache zu unserer Trennung haben“, die ein Unglück für sie beide gewesen wäre. — Zwei Jahre zuvor hatte Rahel von ihrer Epoche als der „des sich selbst ins Unendliche, bis zum Schwindel bespiegelnden Bewußtseins“ gesprochen.

Doch selbst in diesem Übermaß unbeherrschter, kaum glaubhafter, kaum echter Gefühle verließ sie die Gewißheit nicht, er fühle „dies alles nicht so“, sei „davon nicht so überzeugt“. Vermochte Gentz überhaupt zu „fühlen“? War er nicht ein eiskalt berechnender egoistischer Rationalist unter all den gefühlsselig-romantischen Subjektivisten, triebhaft in seiner Sinnlichkeit? „Ziehen Sie nur die Hand nicht immer weg, wenn ich Sie anfasse“, beklagte er sich. „Diese Bewegung kommt mir vor wie ein schauerhaftes Sinnbild der Getrenntheit unserer Seelen.“

Rahel warb um Gentz, sie bot sich ihm an. Man vermag diese Briefe, die ja nur den Gehalt der persönlichen Begegnungen summierten, nicht anders zu begreifen. Sie übersteigerte sich maßlos in ihrer Einsamkeit, während der Hofrat nicht verstehen wollte. Er flüchtete sich in die Lüge, er hätte „die größte Erscheinung seines Lebens“ nicht begriffen. „Eine Person wie Sie ist nur einmal geboren; und ein schwerer Kummer, daß Sie, wie ich nun ganz klar erkenne, eigentlich für *mich* in die Welt kamen. Dies Verderben, diese Verzweiflung — nämlich, ein solches Glück verscherzt zu haben — danke ich meiner verfluchten innern Poltronnerie — die Menschen nennen es Bescheidenheit —, die mich stets abhielt zu glauben, es sei Ihnen *so* ernst, wie ich es jetzt weiß.“

Ungeheuer geschmeichelt ob des „überschwenglichen Wertes einer solchen Zuneigung“ litte er (der fast Fünfzigjährige), indem er fühlte, wie solche „Süßigkeiten“ (einer Zweiundvierzigjährigen) den Weg in sein vertrocknetes Herz suchten. Zwischen dieser Phrase und der anderen, ihr Brief hätte eine Revolution in ihm hervorbringen müssen, wenn er nicht jede Beweglichkeit verloren hätte, steht die lapidare, das Zeitgeschehen grell beleuchtende und Rahels merkwürdige, ihrer fast unwürdige Annäherung an Gentz verzerrt widerspiegelnde Feststellung: „In zwei, drei Tagen wird sich aufklären, wo eigentlich der Hauptschauplatz des Krieges zuerst etabliert wird.“

„Ich bin ja“, jammerte scheinheilig der Hofrat, „in den Ketten der Welt so schmählich befangen, daß nicht bloß Freiheit, sondern Mut, nach ihr zu streben, mir abgeht.“ Wollte er Rahel mit dem Geständnis imponieren, daß er, der Lügenhafte, nicht den Mut zur Liebe fand zu ihr, der Wahrhaften, der der Mut zur „Sünde“, den er einst von ihr gefordert, abging? Ein gutes Haar wäre noch an ihm, schmeichelte er sich (und ihr). Sprach er wenigstens hier die Wahrheit? Während er das schrieb, verleugnete er seine Freundin, die er als eine der bedeutendsten Frauen ihrer Zeit erkannt hatte, vor seinem hocharistokratischen Umgang, versteckte er sie schamhaft vor seinen feudalen Gönnern. Das war nur eine jener „Perfidien“, unter denen Rahel schmerzlich litt, die sie aber dem „Kind“ verzieh.

Nachdem der Waffenstillstand abgelaufen und Österreich an der Seite der Verbündeten in den Krieg eingetreten war, übertrug Metternich seinem Ratgeber Gentz die publizistische Beeinflussung der kämpfenden Truppe, der österreichischen wie der europäischen Öffentlichkeit. Gentz tat das von Prag aus durch Flugblätter und Zeitungen. Er gehörte zu den bestinformierten Leuten seiner Zeit. Nur sehr wenig spürt man davon in seinem Prager Umgang mit Rahel, einer persönlich-intimen Seite seiner Prager Existenz.

Alle acht, vierzehn Tage fuhr Gentz von der Prager Kleinseite zu ihr in die Altstadt hinüber, sagte ihr Artigkeiten, wie (so meinte Rahel) Graf Metternich, der ihr Fremde, sie ihr erwiesen haben würde, hätte sie ihn fünfzehnmal gesehen; er entlastete sein Gewissen, frönte seinem Sprechbedürfnis, redete von sich, und nur von sich, fragte Rahel — und das empfand sie wiederum als eine „Perfidie“ — nach nichts, denn nichts, was mit ihr und um sie geschah, berührte ihn. Er erkundigte sich weder nach Varnhagen noch nach Alexander von der Marwitz. Er verstand nicht oder wollte nicht verstehen, was sie sagte, was sie schrieb; er nannte sie rätselhaft, ohne Milde, zweideutig, „pikant“. Germaine de Staël scheint nicht einmal zuletzt in Gentz den Mann gesehen und begehrt zu haben. Rahel — pikant? Was verbarg sich hinter diesem vieldeutigen Wort, wenn Gentz es gebraucht hat (und nicht nur Rahel, in Abwehr gegen Eifersüchteleien Varnhagens)? Sie, die „wahre“ — prickelnd, reizvoll, anzüglich, in einem Wort: zweideutig?

Rahel hat unsere Frage im September 1813 in einem Brief an Varnhagen selbst beantwortet. Gentz nenne sie so, „weil ihm die elf Jahre hindurch, die ich ihn im liebenden Herzen hätschelte und verwahrte, die Grundbewegungen, Äußerungen und Gesichtspunkte der Menschheit abhanden gekommen sind! Du kannst Dir meinen dumpfen, stumpfen, namenlosen Schmerz darüber ... gar nicht denken!" Warum? Weil sie ihn wirklich liebgehabt hätte und — noch habe. „Mündlich alles im größten Detail", eine Verheißung an den Verlobten, von der wir nicht wissen, ob sie erfüllt wurde. Doch wir werden nicht fehlgehen in der Annahme, daß Rahels Wiedersehen mit Gentz sie zutiefst erschüttert hat, so daß sie so schnell damit nicht fertig werden konnte. Sie mußte ja erkennen, daß dem im Zeitsinne „Vielgeliebten" „die Grundbewegungen, Äußerungen und Gesichtspunkte" der Menschlichkeit (denn das bedeutete Menschheit damals), daß ihm auf seinen zwielichtigen Erfolgswegen auf dem Parkett der Politik das einst so lärmend verkündete Bekenntnis zur Humanität „abhanden gekommen" war. Was später auch immer die gealterte Rahel, zumal nach seinem Tode, für Gentz ins Feld zu führen vermochte — ihr geschichtlich beachtliches Urteil hat sie bereits im Spätsommer 1813 Varnhagen anvertraut, ohne es später abermals in dieser Eindeutigkeit zu bekennen.

Varnhagen reagierte auf dieses Urteil, wie es Rahel damals nicht anders von ihm erwarten mochte. Als er „dem kleinen Atzelträger" in Paris begegnete, erschien ihm der Hofrat „ganz erbärmlich, ein elender Prahler, untergegangen im vornehmen Wuste ..., strafwürdig und verächtlich! Du hast Recht gegen ihn, liebe Rahel, aber auch ich habe eines gegen ihn, unabhängig von dem Deinen, als Preuße, was sag' ich, als Preuße? — als Deutscher und als ich selbst!"

Aus welchen Gründen immer Varnhagen Gentz verwarf — sein Urteil traf zu. Rahel war nur bedingte Patriotin; es finden sich daher in der Krise ihrer Beziehungen zu Gentz keine Urteile über sein Verhalten. Es hätte auch ihrer Aufrichtigkeit und inneren Sauberkeit widersprochen, wenn sie ihre menschliche Enttäuschung, ihre Erschütterung mit vorgeschobenen Gründen motiviert hätte. Was sie in jenem Septemberbrief an Varnhagen über den Stand der Diplomaten, den „gräßlichsten in der menschlichen Gesellschaft", sagte, traf — unabhängig von der allgemeinen Bedeutung dieses Urteils — Gentz als handelnden Politiker. Im Umgang mit ihm hatte sie ihre Einsichten gewonnen und mit den Erfahrungen verglichen, die sie aus der vielfältigen direkten und indirekten Berührung mit der Berliner Hofkamarilla gesammelt hatte.

Diplomaten ihrer Zeit, so urteilte sie, würden, was nicht einmal dem Henker geschehe, hart durch Weichlichkeit. „Visiten werden Pflichten; Anzüge, Kartenspiel, das müßigste Klatschen — Geschäfte, wichtige. *Keine* Meinung haben und sie nur dadurch nicht äußern, welches die ausgebreiteste, sündhafteste Krankheit des Pöbels (*Du* weißt, *welchen* Pöbels) ist — wird Klugheit, Betragen genannt und wird eine wahre Verhärtung der Seelenorgane. So haben sie eine eigne Phraseologie im Reden wie in den Depeschen — (in Deutschland ein Diplomaten-Französisch, welches sich forterbt und ich vor sechzehn Jahren schon hörte, aber kein Franzose mehr spricht). Das hält so äußerlich wie die Equipagen und Manschetten zusammen; und *ein* Willen in der Welt oder *aufgehäufte* Not trümmert all den Lug zusammen; der Greuel spricht sich aus gräßlichen, wirklichen *Wunden* hervor. Krieg überschüttet Europa. Aber wer ist gesichert? — Diese Kerle mit Manschetten! Und *dies* wissen sie, sonst nichts. Glaube es, es ist nicht zu grell, was ich sage, der lebendige Satan sollt' es ihnen zeigen. Denn sie verletzen *alles:* die Gesellschaft im großen und jedes Herz im einzelnen! Dies wird einmal von der Welt gewußt werden!"

Zwei Monate zuvor, als während der Kleinseitener Besuche Gentz' Österreich in den Krieg eintrat, hatte Rahel Kriegserklärung und Manifest, von Gentz verfaßt, als eine Erscheinung bezeichnet, die in der politischen wie in der Geschichte der Diplomatie Epoche machen würde. Während dieser zwei Monate entzog sich Gentz der ihm angetragenen Zuneigung. Rahel hielt sich, ernüchtert, enttäuscht, zurück.

Im Herbst 1813 sahen sie einander sehr selten. Er kam, um zu beichten, seine Leidenschaften, seine Schulden, seine Lügen. An der Freundin menschlichen und materiellen Sorgen — und sie waren nicht gering — nahm er keinen Anteil, aus Dummheit, aus Stumpfheit, meinte sie, aus gedankenloser Ichbezogenheit, aus purem Egoismus, meinen wir. Trotz seines weitreichenden Einflusses half er der Freundin nicht, im Gegenteil: seine Gläubiger holten sich bei Rahel Rat, wie sie zu ihrem Gelde kommen könnten. Er tat weiter so, als ob er weder Rahels gesprochene noch ihre geschriebenen Worte verstünde.

In den ersten Dezembertagen 1813 folgte er dem diplomatischen Troß der Monarchen nach Frankfurt am Main. Er kam zu Rahel, vermied jedes persönliche Gespräch, erst, als er sich verabschiedete, bat er: „Verzeihen Sie mir alles, was ich Ihnen hier getan habe."

Rahel lächelte, ja, fast lachte sie, sagte: „Ja." Worauf er seine Bitte wiederholte und, ihr die Hand küssend, hinzufügte: „Und bleiben Sie mir auch etwas gut?" — „Daraus machen Sie sich ja gar nichts?" antwortete Rahel, fragend, ganz unbefangen, frei, äußerst mild, ja liebevoll und freundlich, wie sie Karoline von Humboldt versicherte. „O ja! O ja!" erwiderte er, indem er ihr abermals die Hand küßte und ging.

„Hast du *da*von eine Idee?" fragte Rahel die Freundin in Wien. „Zu *wissen,* daß man einen schlecht behandelt hat, und hoffen, er wird es vergeben? Doch ich werde nie eine Vorstellung einer Seele haben, die ihre Lebenserscheinungen nicht in ihrem Herzen niederlegt... Wie sie bestehen und nur weiterleben, zusammenhalten, ist mir ebensolch Rätsel... Mein Herz ist anders, und so verstehe ich auch, immer von neuem, diese Sorte nicht trotz des Wissens und Erkennens. Darin aber, daß ich ihm vergebe, hat er sich geirrt."

Ein Brief aus Rahels Hand begleitete den Hofrat, ihm vom Kammerdiener am ersten Abend der Reise übergeben: „Lieber, Kluger! Sie wissen selbst, daß man nicht vergeben kann. Wohl aber weiterlieben muß, wo man einmal lieben konnte."

Ihr wäre es Bedürfnis, Liebe zu gestehen, wenn sie Liebe fühle, teilte sie Karoline mit, noch ehe sie ihr Gefühl bedacht, gezähmt, geordnet hatte. Unerträglich aber wäre ihr, wenn ein Freund sein Herz ihr gegenüber mit Gewalt ändere, unerträglich wie die größte Lüge, der größte Betrug; sie müßte eine solche Enttäuschung den Freund wissen lassen. Dann aber habe sie sich bereits gerächt, einer anderen Rache bedürfe sie nicht.

Welcher Art gentzscher „Perfidie" es war, ob die gewiß sträflich arrogante Vernachlässigung seiner Freundin während der gemeinsamen Prager Zeit, ob das doch nicht überhörbare „Nein!", das er ihrer verwirrten Werbung entgegensetzte, ob die tiefe Enttäuschung darüber, daß gerade ihm die Grundsätze der

Menschheit „abhanden gekommen“ waren — der liebevolle Ton in der Begegnung zwischen Rahel und Gentz ist seit dem Herbst 1813 verklungen. Dennoch hat Rahel niemals aufgehört, sich mit dem „Rätsel“ Gentz zu beschäftigen, immer bereit, ihn zu „lieben“, freundschaftlich, mütterlich; nicht mehr, wie sie es im böhmischen Sommer trotz Varnhagen, trotz Marwitz in der fremden Beziehungslosigkeit zu ihrer Umwelt wohl getan hätte, weiblich, auf einen Lebensbund, wohl kaum aber auf einen „ordentlichen, vollständigen“ Liebesbund bedacht.

Während des Wiener Kongresses lebten Rahel und Gentz einige Monate nebeneinander unter Hunderten von Männern und Frauen, die, aus welchen Gründen immer, dem Zug der Fremden in die Kaiserstadt an der Donau gefolgt waren.

Dem kaiserlichen Rat mochte seine vielgeschäftige Emsigkeit als Vorwand dienen, um sich der in den diplomatischen Kreisen unbedeutenden Freundin zu entziehen. Varnhagens Anwesenheit dürfte dazu beigetragen haben, daß sich Gentz gegenüber Rahel weit reservierter verhielt als je zuvor. Hier, wo sich die Trennung der Geister in Restaurative und Liberale vollzog, zeigte sich eindeutig, daß sie in entgegengesetzten politischen Lagern standen, eine Tatsache, die offenkundiger geworden wäre, wenn sich die beiden aus offiziellem oder privatem Anlaß häufiger getroffen hätten. Damals begann Gentz jedwede fortschrittlich-soziale und gesamtdeutsche Tendenz mit schnell gefährlich werdenden Attributen wie „jakobinisch“ und „teutomanisch“ zu belegen, die Träger der demokratischen Einigungsbewegung als „Germanomanen“ und „Teutodemagogen“ zu diffamieren.

Schon als sich Gentz im Frühjahr 1814 neuerlich um ein Zusammensein für den Sommer bemüht hatte, war Rahel ausgewichen. Wo Varnhagen lebte, lebe sie auch, und sie deutete an, worauf er — ichbezogen, wie er dachte — nie einging: er könne dazu beitragen, sie in seinem Lande zu sehen, wenn er dafür sorge, daß Varnhagen in Österreich eine Anstellung finde. Nur seinem eigenen Wohlergehen schenkte der mächtiger gewordene Hofrat Aufmerksamkeit, als er im Herbst 1815 in Paris mit Varnhagen, dem um seine gemeinsame Zukunft mit Rahel besorgten, bei Pauline Wiesel, Henriette Mendelssohn und anderswo zusammentraf. Rahels, prahlte er, wäre er ganz sicher, auch wenn sie bisweilen exaltiert und heftig wäre: träte sie jetzt ins Zimmer, wäre alles sogleich wieder gut. „In mir hat sich der Affe doch geirrt", empörte sie sich darüber, „weil kein Affe ein menschliches Herz beurteilen kann, und dies gehört mit zum Verstande."

Varnhagen wurde bedenklich, als sie ihm vorschlug, den Freund von gestern ganz auf der Seite liegenzulassen, *„außer* wo wir ihm schaden können". Und dann ging sie hin und wehrte seinen Gläubigern, die sich gegen ihn verschworen hatten, um ihn, wenn er nicht zahlte, moralisch zu vernichten. „Ich habe genug von ihm", erfuhr Varnhagen in Paris, „wenn er's *nicht* weiß, wodurch, so ist er taub auf dem Herzen, oder er lügt; und beides ist mir nun gleich. Wenn ich ihm dienen kann, tue ich's doch." Sie verhinderte, daß ein Pamphlet gedruckt wurde, daß dem Hofrat unübersehbaren Schaden zugefügt hätte. Sie wußte, daß er sie mit seinen verhöhnenden Beschwörungen zum Narren hielt, und verhinderte dennoch, daß der Schmutz eines Schmutzigen aller Welt offenbar würde. „Zum *Narren* hat man mich nur, wenn ich *will.* Nämlich: ich bin gegen ihn gut, glaube *ihm* aber nicht."

Tieck hatte sie einst gelehrt: zur Unvernunft gehörte ein Entschluß, und Unvernunft sei schlecht, weil sie mit Willkür anhebe. „Grau", wie Gentz in der Korrespondenz mit Varnhagen verdeckt genannt wurde, schien dieser Schlechtigkeit schuldig, und sie hatte sich vorgenommen, Recht zu üben, zu loben und dort, wo das Herz hintangesetzt worden war, zu strafen. Gentz ärgerte sie nicht, wiewohl die Wunden schmerzten und sie nicht ein zweites Mal Jugend geschenkt erhielte, wo sie einen „in sich aufnehmen könnte"; aber: „Gehiebt, gestoßen, gewalkt, verdorben soll er von mir werden, wo es nur geht, mit der größten Verstellung."

Nichts tat sie, um ihm zu schaden, alles, um ihm zu nützen. „Was diese heftigen und strengen Äußerungen Rahels, diese Drohungen und Vorsätze bedeuten", merkte Varnhagen, zu Recht darum besorgt, daß Rahel mißdeutet würde, bei der Herausgabe beider Briefwechsel an, „das zeigt der Zusammenhang ihrer Gesinnungen deutlich genug, noch mehr aber der fernere Verlauf ihres Benehmens. Nie kamen solche Willensversuche, die von scharfer Einsicht und richtigem Gefühl ihr aufgenötigt wurden, zur geringsten Ausführung. Je weniger sie zu täuschen war, je leiser und schmerzlicher sie empfand, desto mehr gab sie praktisch jedem Unrecht und jedem Schmerze nach; ihr ganzer Widerstand beschränkte sich darauf, dergleichen auszusprechen, wie sie hier tut. Ein edler, gerechter Zorn, aber ganz ohne Folge und wie der eines Kindes in sich selbst erschöpft, bevor er wirken kann."

Gerechter Zorn? Worüber? War irgendeine der Erfahrungen neu, die Rahel im Umgang mit Gentz während der Prager Zeit gesammelt hatte? Es gibt nur eine Deutung ihres Harmes, den sie als vertraute mütterliche Freundin empfand: daß es ihr nicht gelungen war, Gentz zu wandeln, die in ihm liegenden Anlagen zu einer höchstmöglich nützlichen Entfaltung zu bringen, wie ihr das bei Varnhagen, dem weitaus weniger bedeutend veranlagten, gelungen ist. Mag sein, daß in der Fluchtsituation, in der die alternde Berlinerin fern der Heimat und fast mittellos in der böhmischen Fremde lebte, der Wunsch entstanden war, den vielgeliebten und vielumsorgten Gentz für einen Lebensbund zu gewinnen — ein Irrtum, wenn auch ein menschlich verständlicher —, in ihren Beziehungen zu dem „Perfiden" überwiegt die sorgende Liebe, wie sie die Mutter für den verlorenen Sohn, den trotz, ja wegen seiner Verfehlungen geliebten, empfindet. Auch das ist romantisch.

Rahels Blick auf die menschlichen Unzulänglichkeiten und die politische Verworfenheit Gentz' war, weil unpersönlicher und sachlicher, kühler und schärfer geworden. In einer Pressefehde, die im Frühsommer aus Anlaß des Aachener Kongresses entbrannte, erkannte sie in Gentz' Replik auf einen Angriff „betrügliche Böswilligkeit", den „Felone", den Falschspieler, der — „wie überaus elend" — sich auf Unwiderlegbarkeiten verläßt und diese als Überzeugung vortäuscht. Gentz wollte seine Olympier (die Potentaten der Heiligen Allianz) nicht widersprochen, widerlegt und in der Taschenspielergebärdung ertappt und entdeckt wissen, „wie platt und leer!" „Nun weiß ich aber evident, er hat gar keine Einbildungskraft, kann sich nichts vorstellen, was nicht ist. Und deswegen imponiert ihm das Bestehende und die, die *herrschen,* nicht aus sittlichem Grund. *Sind* sie einmal weggestoßen, so sind's ihm andere." Und sie fügte „die scharfe Einsicht und das richtige Gefühl" hinzu, ohne daß — um mit Varnhagen zu sprechen — dieser Willensversuch zur geringsten Ausführung gekommen wäre:

„wie er mir's, hin und her, bewies, an mir bewies ... So sehe ich ihn": den „body Gentz", den Leib, den seelenlosen und vernunftlosen Leib Gentz, der der Geschichte nur einen aufkommenden und einen abgelebten Weltteil glaube, einer Geschichte, die ihn nicht berühre, weil sie ihm gleichgültig sei und er die Zukunft ja nicht „sehe". Alle auf die Zukunft Bedachten halte er für „schädlich" und will sie austilgen, weil sie ihn „inkommodierten". Er wolle um das Kommende Besorgten „vorderhand ... unsinnigen frühreifen Studenten gleichsetzen" (Karl Ludwig Sand hatte einige Monate zuvor mit den Worten: „Hier, du Verräter des Vaterlandes!" den Schriftsteller und russischen Agenten Kotzebue ermordet), Studenten, „die schon das Leben züchtigen und bändigen wird ... So sehe ich ihn, in inneren Gaben borniert!"

„Die Diplomatie der Landstraße", wie Gentz die Folge der in verschiedenen Teilen Europas stattfindenden Kongresse der Heiligen Allianz bezeichnet hat, nahm ihm die letzten Hemmungen. Rasch alternd und ruhebedürftig lebte der Protokollführer der europäischen Kabinette unstet; ruhelos reiste er, verwirrt machte er Politik, den Repräsentanten der miteinander rivalisierenden Regierungen unentbehrlich geworden. Er war „das Band von fünf hier versammelten Kabinetten", wie er sich rechtens nennen durfte, und das heißt vaterlandslos, die graue Eminenz der Heiligen Allianz, von der der Zyniker zum andern verächtlich schrieb, sie wäre „eine politische Nullität ..., ohne realen Gegenstand, ohne wirklichen Sinn, eine Theaterdekoration ..." Immer nachdrücklicher offenbarte sich die Verworfenheit eines Mannes, dem es nun eine teuflische Freude zu bereiten schien, wenn er seine Gesinnung an Politiker und Bankiers verkaufte, um den Erlös des Handels mit Ratschlägen und Informationen sinnlos zu vergeuden und zu verschenken.

Die Doppelbödigkeit seiner Existenz wie seiner Politik war endlich auch bei den alten Freunden allenthalben ruchbar geworden; sie begannen zu begreifen, daß er seinen Einfluß vor allem der Mediokrität der Regierenden verdankte. Gentz litt unter dem „lieblosen Urteil" der Vertrauten und fühlte sich, gegen die ihn Durchschauenden aufbegehrend, mißverstanden — hatte er sich doch, und das gewiß nicht zu seinem Vorteil, geweigert, katholisch zu werden, wie es in der Zeit lag. Sehr bittere Vorstellungen gegen seinen unseligen politischen Einfluß erhob 1827 Amalie Imhoff, die unvergessene Geliebte, die insonderheit über seine Haltung im griechischen Freiheitskampf bestürzt war und ihn das wissen ließ.

Gentz warf sich in der Antwort an Amalie Imhoff zu der Behauptung auf, seine „Bestimmung", der er seit seinem fünfundzwanzigsten Lebensjahr gefolgt wäre, wäre von Natur aus, „zu einem Verteidiger des Alten und zu einem Gegner der Neuerungen berufen" zu sein. Seit 1812, dem Beginn seiner „eigentlichen politischen Tätigkeit", wäre er „durch bestimmte Pflichten an die Sache geknüpft" worden, für die er „bis dahin nur aus innerem Antriebe gearbeitet hätte". Glaubte er wirklich, nach eigener Ansicht als „eines der rüstigsten Werkzeuge des Despotismus" bekannt. Amalie Imhoff und wer immer ihn näher kannte würden ihn „von dieser Anklage freisprechen", sie würden ihm „auch das Zeugnis nicht versagen", daß seine „Denkungsart und ... Charakter sich immer gleichgeblieben" wären?

Den „Perfiden" empörte Amalie Imhoffs Anklage. Noch tiefer wohl verletzte ihn Rahels Verständnis, weil es ihr Wissen um seine Haltlosigkeit verriet. Als „verderberisch" scheute er den „Umgang mit einem so mächtig entfesselten, so durchaus desorganisierenden Genie wie das der Levi". Nachdem er abermals fast ein Jahrzehnt geschwiegen hatte, brachte er sich im Spätherbst 1828 der Freundin in Erinnerung, nicht unmittelbar, sondern in einem Brief an Varnhagen mit einer förmlichen Bitte um Empfehlung und dem Hinweis auf die Gewißheit, daß Rahel ihn nicht aufgegeben habe, auch wenn sie einander durch Briefe nicht mehr hätten verständigen können. Einige melancholische Zeilen aus Hallers Gedicht über die Ewigkeit, Rahels, der Lebensbejahenden, Widerspruch diplomatisch herauszufordern, waren auf einem besonderen Bogen beigefügt, endend: „Ich fühle meinen Geist in jeder Zeile ermatten. Und keinen Trieb als nach der Ruh'."

Rahel wurde durch dieses berechnende Gedenken empfindlichst berührt. Sie wehrte der düsteren Stimmung des Alternden, hatte sie doch noch wenige Jahre zuvor Brinkmann gegenüber versichert, sie liebe Gentz „als größten Publizisten" noch immer.

Man weiß, daß Gentz wie Metternich, einer so ichbezogen

und verwerflich wie der andere, sich bei der Aufzählung der Motive für ihre restaurative, lebensfeindliche Politik auch zu dem der „Ruhe“ bekannt und darunter sowohl ein allgemeines Sich-Fügen in ihre Staatsweisheit und Polizeiordnung wie den störungslosen und lärmfreien Ablauf ihres persönlichen Lebensabends verstanden haben. Lebensgenuß und Lebenserhaltung gehörten zu den Grundprinzipien subjektivistischer Lebenshaltung, wieviel mehr zu der Haltung solch ausgesprochen selbstsüchtig denkender und handelnder Machtmenschen, wie Metternich und sein Schatten es waren.

Des Hofrats sich mehrenden Klagen, er wäre „alt und böse“ geworden, besagen nichts anderes, als daß er dem Ende seiner Tage besorgt entgegenblickte. Inwieweit in solchen Einsichten die Stimme des Gewissens vernehmbar wird, mag dahingestellt bleiben. Von all den täglichen Sorgen, die sich unter seine Genüsse gemischt hatten, war „der Gedanke an die Kürze des Lebens“ die ihn am stärksten beunruhigende. Der vernünftelnde Rationalist hatte es nicht über sich gebracht, Katholik zu werden, wiewohl er katholisch-legitimistischer Politik diente und unter seinen katholisch gewordenen Freunden vor allem Adam Müller alle Künste der Überredsamkeit hatte spielen lassen. Sollte Gentz ausgerechnet im religiösen Bekenntnis beständig geblieben sein, allen lockenden Anfechtungen vom Wiener Kaiserhof zum Trotz? Man darf vermuten, daß dem Vernunftmenschen die Zugehörigkeit zu einer Konfession nie mehr als eine Frage der Konvention gewesen ist.

In den Jahren prächtiger Lebensentfaltung, nach 1813, waren „aller Glaube, alle Hoffnung“ von ihm gewichen, nachdem er der „vermutlich sehr heidnisch gebliebenen“ Freundin in Berlin vier Jahre zuvor gewichtig gestanden hatte, er wäre in den letzten zehn Jahren durchaus christlich geworden und betrachte das Christentum als den eigentlichen Mittelpunkt der Welt; alles, was in ihm noch jugendlich wäre, hätte er „dieser wohltätigen Revolution zu danken“. Dies Gefühl gab sich in den Jahren des Lebenshochgenusses.

Indessen, wir wissen: Gentz war feige. Man ist versucht zu sagen, der Lobredner der Individualität wäre aus Furcht vor dem Tode und dem Gericht Protestant geblieben, aus einer metaphysischen Furcht. Diese Furcht mag in den Jahrzehnten betont zur Schau getragener Herrschaft über das Leben und das, was es dem Wohlhabenden zu bieten hatte, dann und wann gemahnt haben. Sie dürfte aber dem Furchtsamen nicht so gegenwärtig gewesen sein wie im fortschreitenden Alter, als der Körper erste Zeichen des Verfalls zeigte, die Lebenskraft erschöpft, das Leben ausgekostet, die Gier nach neuen und reizvollen Genüssen erschlafft waren. Mit allem Eigensinn und allen ihm zu Gebote stehenden Mitteln strebte der Hofrat danach, den Verfall aufzuhalten. Er versuchte sich in den österreichischen Bädern zu verjüngen, jeder Störung seines geruhsamen Wohllebens durch politische Ereignisse mit diplomatischen und polizeilichen Mitteln entgegenzutreten, die Furcht vor dem Ende durch eine Flucht in die Vergangenheit zum Schweigen zu bringen.

Für eine gewisse Zeitspanne ist es ihm gelungen. Sein körperlicher Zustand besserte sich, er begann sich seiner Jugendlichkeit und Manneskraft zu rühmen. Wesentlicher noch: Gentz hatte ein Lebenselixier entdeckt, ein Zaubermittel, das Jugendfrische und neue Lebenserwartung vortäuschte. Das war die neunzehnjährige, trotz ihrer Jugend in den Fragen der Liebe durchaus nicht mehr unerfahrene Tänzerin Fanny Elßler, des alten Hofrats „phantastische Geliebte“, das „Erhaltungsprinzip“ seiner Gemütsheiterkeit, seiner Gesundheit, seines Lebens.

Die politischen Katastrophen des Jahres 1830 hätten ihn übermannt, schrieb er der Freundin in Berlin. Er suchte und fand weitere Gründe, um ihr zu erklären, warum er wieder einmal lange Zeit geschwiegen hätte, und schmeichelte sich dann an den Sinn dieses Briefes heran: Rahel möchte sich Fannys, die sich aus Anlaß eines Gastspieles in Berlin befand, annehmen. Er empfinde eine Leidenschaft für die Tänzerin von größerer Stärke als irgendeine seines (daran gewiß nicht armen) früheren Lebens. „Ich muß nicht allein auf Ihre Gutmütigkeit, sondern auch auf Liberalität (im alten edelsten Sinne des Worts), auf Ihren über alle gemeine Ansichten erhabenen Blick, auf Ihre Vielseitigkeit, auf Ihre Toleranz rechnen, um nicht zu besorgen, daß Sie mich auf mein Geständnis dieser Art ohne Gnade und Barmherzigkeit verdammen werden.“

Es ist der gleiche Brief vom 22. September 1830, in dem er der Fülle seiner „gewiß höchst unerwarteten Bekenntnisse“ – daß er sich verjüngt fühle (nach der Sterbensmelancholie des Jahres 1828), daß er liebe, daß er seine Tänzerin anbete –

auch dies noch, gewiß nicht ohne wohlgezielte Absicht anreihte: daß er „mit Heine sympathisiert".

Höchst erstaunlich die ihn „berauschende" Antwort, in der er „köstlicher reiner Freund" genannt wurde, nachdem er sich wieder und wieder der Freundschaft versagt und als „Felone" erwiesen hatte. Rahel mißverstand die Offenbarungen des doch in erster Linie um Fannys Umgang besorgten Hofrates als unverfälschten Ausdruck subjektivistischen Lebensgefühls und subjektivistischer Lebenshaltung. Die Übereinstimmung mit Gentz, die sie empfinde, sei tiefer gegründet, beziehe sich auf Höheres, Unerschütterlicheres als auf den „Weltenwirrwarr" — nur eine unserer irdischen Strebungen sei rein, „die freie, von uns selbst nicht zu bändigende Liebe zu Gegenständen, die sie ins Leben zu reizen vermögen. Dieses Leben des Herzens ist allein wahr, reell." So verführte des „gehätschelten Lieblings" Gentz Flucht vor dem Alter in die „Liebe" zur jugendlichen Fanny Elßler Rahel zu einem letzten Bekenntnis zur unabdingbaren Freiheit individueller Lebensgestaltung.

Damit gab sie Gentz zugleich eine Antwort auf seine in beider Begegnung berührten „Urfragen", in denen er sie bis dahin nicht „verstanden", richtiger wohl: nicht mit ihr übereingestimmt hatte. Der Mensch könne nur so viel Gottheit erkennen, als ihm im Busen mitgegeben ist; des Menschen Vernunft, der Durst danach, ist der einzige „Bürge für Unvernunft überhaupt". Die Philosophie könne nur den Zustand und die Fähigkeiten unseres Geistes darlegen, die Religion sich nur am Ende dieser Untersuchung einfinden („und mit uns selbst geschöpftem Vertrauen gnädigst, gütigst und durch inneres Gefühl zuversichtlich weiter verweisen") — zu einem anderen als dem erlebten, erlittenen Ergebnis könne — typisches Bekenntnis des Individualismus — kein System der Philosophen, kein Urpunkt der Religion hingelangen.

Und ein Drittes. Rahel wußte und leugnete nicht, daß es keinen zweiten Menschen gäbe, dem Gentz einen solchen Brief in der Annahme hätte schreiben können, „verstanden", will sagen bestätigt zu werden. Warum, so fragte sie, genieße sie dies Vertrauen, das ihr nicht nur Gentz, der zwielichtige, das ihr Louis Ferdinand und Heinrich Heine, Pauline Wiesel und Bettina von Arnim und nahezu alle entgegenbrachten, die in ihren Umkreis gerieten? Sie gab eine ganz schlichte Antwort. „Jeder könnte so sein; einzig sein.“ Er müßte nur den Mut haben, „original“, er selbst zu sein. An fremder Zustimmung dürfte ihm nicht mehr liegen als an seiner eigenen. Er müßte sein „*tiefstes* Wollen“ abfragen.

Verharren wir einen Augenblick reflektierend vor dem letzten Akt in Rahels tragischer Lebensbegegnung, einer der noch immer nicht bis ins letzte durchleuchteten und dennoch in so vielem typischen Freundschaften der romantischen Epoche. Wenn man sich nicht eingestehen müßte, daß es auch Rahel weniger auf Auswirken als auf Selbstdarstellung oder gar Selbstverständnis angekommen wäre, müßte man von einer tragischen Vereinsamung der Frau sprechen, die Unbegreifliches noch zu rechtfertigen wußte, sofern es nur „original“ war. Gentz sagte ihr, eine Freundin wie sie gäbe es in der Welt nicht, war beglückt, daß seine Scheu, sich völlig zu erschließen, von ihr als „kindisch“ beiseite geschoben worden war, antwortete auf Rahels Geständnis, auch sie liebe mit neuer, nie gekannter Zärtlichkeit „ein sechsjähriges Nichtenkind“, mit keiner Silbe, keiner Schmeichelei, keinem Zeichen des Verstehens.

Abermals hatte er Nöte, bedurfte er des Zuspruchs, der Auslösung aus einer Verwirrung seiner Verhältnisse. Körperlich befand er sich wohl, aber „im Zustand einer wirklichen Gemütskrankheit“, die „empfindliche Fortschritte“ machte. Die Hauptelemente dieses Zustandes, wie er sie im Januar 1831 nach Berlin berichtete, waren „stets erneuerte Unruhe und tiefer Gram über die Begebenheiten, die uns immer mehr und mehr in die Enge treiben — das bittre Bewußtsein, daß ich nichts dabei wirken kann, daß ich der neuen Gestaltung der Dinge täglich fremder werde, daß meine Rolle ausgespielt und die Frucht vierzigjähriger Arbeit wie verloren ist — mannigfaltige Sorgen, unersetzliche Verluste in meinen Einnahmen, durch die politischen Katastrophen herbeigeführt — meine Stellung in der Gesellschaft, die ich durch einige Jahre *zuviel* kultiviert habe und von der ich mich jetzt, da sie mir zum Ekel geworden ist und mich überdies in dem einzigen Genusse, an dem ich noch hänge, stört, nicht loszumachen weiß — Unzufriedenheit mit mir selbst und der Welt — das Gefühl zunehmenden Alters und die Ihnen bekannte Furcht vor dem Tode — sind das Krankheitsstoffe genug?“

Er bastelte bereits an der letzten politischen Intrige seines Lebens, dem Vergleich zwischen dem großbürgerlichen Frankreich Louis Philippes und den feudalistischen Mächten der Restauration. „Er stützte sich dabei besonders auf das Haus Rothschild, dem man einen Börsenverlust von 17 Millionen Gulden nachsagt und das mehr durchaus nicht verlieren wollte“ (Golo Mann).

Die französische Revolution vom Juli 1830 hatte auch Gentz erkennen lassen, daß dem revolutionären Drang nach vorn mit Mitteln der „Bewahrung“ auf die Dauer nicht zu begegnen war. Gab es keinen Weg, im Sinne seines Strebens Altes und Neues zu versöhnen, damit die Menschheit, damit vor allem er, der alte Gentz, „Ruhe“ (vor der Menschheit) habe?

Das Polizeiregime der Heiligen Allianz, von Metternich dirigiert und von Gentz mit Argumenten versehen, hatte zwar über Österreich und die Staaten des Deutschen Bundes eine Friedhofsstille verbreitet. Es konnte aber nicht verhindern, daß das Feuer der Erhebung gegen Willkür unterirdisch fortschwelte und in Frankreich, in Belgien, in Polen, in Griechenland in hellen Bränden aufgelodert war. Man würde Gentz zu viel Ehre antun, räumte man ihm ein, er wäre entschlossen gewesen, die europäische Ordnung, wie er sie verstand, nach bestem Wissen und Gewissen als die beste aller denkbaren Ordnungen zu verantworten. Er hatte gedient, für Geld. Er wußte, daß er die Ausbrüche der drohenden Entladung im Herzen Europas, in Wien, in Berlin, in Dresden, nicht mehr erleben würde, er fürchtete sie nicht. Aber er fürchtete den Tod und — für den Rest seiner Tage (auf Grund des Wegfalles der Subsidien aus der Moldau und der Walachei) — „Unruhe und Mangel an jenem ausschweifenden Überfluß“, in dem zu leben er gewohnt war. Warum sollte er 1831 weniger als 1814, sobald er die Feder weggeworfen hatte, darauf gesonnen haben, wie er sich „nur immer mehr Geld zu Meubles, Parfüms und jedem Raffinement des sogenannten Luxus verschaffen“ (an Rahel 1824) könnte?

„Drang und Plan zum Helfen, Staunen, Betroffenheit“ bewegten Rahel im Brief vom 7. Februar 1831.

Sie wußte, daß Gentz der Prototyp des „Karrieristen“ war, des Menschen, der aus reinem Eigennutz immer auf der Seite der Gewinner zu sein bestrebt war. Sie warf ihm das nicht vor, im Gegenteil, sie riet ihm: „Der Geist der Zeit ist nichts als die jedesmal allgemein gewordene Überzeugung. Horchen Sie *dahin:* agieren Sie mit der, durch *die!*"

Das war, gegenüber Gentz, Wahrhaftigkeit in einer Folgerichtigkeit, die erschauern lassen kann, liest man sie heute. Sollte sich das Werkzeug Metternichs zum Fürsprecher der Stillen im Lande machen, die, zum Schweigen verurteilt, in der Freiheit des Gedankens hofften? Es war nicht der Rat eines Augenblicks, es war das Ergebnis der Erwägung einer Nacht. Zwar erschien es ihr nach nächtlichem Durchdenken unglaubhaft, daß sie, die „Unpolitische", ihm, dem Sprachrohr Metternichs — *„Ich Ihnen Politik!"* — in Fragen der Staatsweisheit raten sollte. Aber nur ein Gedankenstrich trennt dieses Bedenken vor der dringlichen Begründung des am Vortag erteilten Rates: „Sie, die allgemeine Überzeugung, muß Ihnen dienen, sie sei Ihnen ein Instrument. Überwinden Sie den Abscheu, kommen Sie ihr zuvor: Lenker bedarf eine jede."

Man vergegenwärtige sich: Rahel, die wahrhaftige, will Gentz' Furcht vor der Bedrohung des Lebensabends vom Leben und Weben der aufbegehrenden Unterdrückten her wehren, indem sie ihm rät, ihn beschwört, sich derer führend zu bedienen, die zu unterdrücken er bestellt und bezahlt war. Sie, die Gewissenhafte, versuchte ihm, dem Gewissenlosen, die Rückkehr in die Gedankenwelt seiner Jugendjahre zu versüßen, indem sie — man liest es in einem Briefe dieser Vorkämpferin der Humanität nur mit Schmerz — von sich selbst behauptet, ein Brustkrampf habe sie befallen, zu sterben habe sie geglaubt, als sie „aus blauem Himmel Warschaus Revolution erfuhr".

Gewiß, die betonte Selbstdenkerin und Individualistin empörte sich über die Unwissenheit der verdummten (weil von den Herrschenden dumm gehaltenen) Masse, auch sie wünschte *„nichts mehr* als Ruhe". Sie schmeichelte dem ideologischen Wortführer der Restauration, nichts in der Welt fürchte sie so „als Pöbel, Hornvieh, Unvernunft, bis zur Besinnungslosigkeit, und Krämpfen" — aber doch nur, weil dieser „Pöbel" sein Ziel nicht kenne, unwissend und unfähig sei, den Kampf um die Würde und die Rechte des Menschen zu führen. Begriff doch Rahel in der Staatsverfassung nichts anderes als eine Regel zum Wohlsein aller in einem gegebenen Fall. „Und dieses Wohlsein aller", bemerkte Emma Graf durchaus zu

Recht, „sah sie nicht in einer starren Organisation von oben herab, sondern in der Erstarkung der unteren Volksschichten durch Hebung ihres materiellen Wohlstandes, durch Freiheit und Gleichheit."

Und so wiederholte sie, drängender noch als am Vortage: „Machen Sie *face,* lassen Sie das Heft nicht aus den Händen, senken Sie Kopf, Feder — wie Krieger das Schwert — nicht als überwunden: sprechen Sie das *besonders* nicht selbst aus! Und sehen Sie nicht nur die Unordnung, sondern — eben nach den ‚vierzig Jahren Arbeit' —, was die *in der Zeit sich folgenden Menschen* nun jetzt zu wollen haben. Denken Sie nicht an das, was Menschen ewig wollen sollten, sondern fassen Sie ins Auge, was Weltwirrwarr, *alte* Sünden, *längst* Verfehltes nun *erlaubt* und wohin ebendies *drängt.* Im ganzen gewiß auch nach dem, was der *Mensch soll,* aber maskiert." Und noch einmal: „Behalten Sie das Heft in Händen! Sei'n Sie *großartig!*"

Sollte das heißen: Wandeln Sie sich, bekehren Sie sich zu dem, was zukunftsträchtig, fortschrittlich, lebendig, „wahr" ist?

Nur wenige Wochen später, am 10. März, notierte Rahel ein „Gedicht an G", das niemand anderem als Gentz zugedacht gewesen sein kann:

> „Wo nimmst du den Mut zu so viel Feigheit,
> Solch verbrecherischer Schlaffheit her? —
> Könnte eine Freundin fragen,
> Wäre Freundin sie dir noch.
> Dein zerronnen Herze liebte niemand als dich selbst.
> Und so hast du *niemand* denn geliebt."

Rahel hat um Gentz' „ungetrübte blumenreiche Wahrhaftigkeit", um seine „ewige Naivität", seine Kindlichkeit, das heißt seine ursprüngliche Veranlagung, gerungen trotz aller „Perfidien", Enttäuschungen, Ablehnungen. Bei jedem neuen Ansatz einer Verbindung hoffte sie, der verlorene Sohn fände heim, wenn er nur recht mit Liebe und Aufrichtigkeit und Verständnisfülle umhegt würde. Nun hatte sie es aufgegeben, sie hatte vor sich selbst eingestanden, daß er feig, schlaff, selbstisch wäre.

Und doch hatte sie ihn im Monat zuvor nicht nur in seinen

menschlichen, sondern auch in seinen öffentlichen, seinen politischen Nöten erkannt, wie nur Rahel, wahrlich orakelhaft, Menschen zu durchschauen vermochte. Was sie ihm riet, das galt es nur noch zu heben, weil es ihn in seiner Unruhe zuinnerst längst beschäftigt hatte. Mehr noch: Rahel sprach aus, was er wußte, ohne den Mut zu haben, es sich einzugestehen. Jetzt, nachdem sie es gesagt, schrieb er es nieder, in seinen Betrachtungen zur orientalischen Frage, in seinem „Von der Donau" bezeichneten Beitrag in Cottas Allgemeiner Zeitung vom 27. und 28. September 1831, einem Beitrag, der seine letzte öffentliche Stellungnahme sein sollte. Friedrich von Gentz, seit zwei Jahrzehnten Protokollführer einer unnachgiebigen, auf Polizeimacht gestützten restaurativen Politik, gestand ein, er hielte den Kampf gegen Liberalismus und Konstitutionalismus für aussichtslos. Er riet zu Duldung und zu einer Politik des Nebeneinanders von Legitimität und Volkssouveränität und empfahl, „der Welt zu beweisen, daß das System regelmäßigen Fortschreitens mit dem System der Erhaltung nicht notwendig in Widerspruch stehen müsse, daß vielmehr eine harmonische Verbindung zwischen ihnen möglich sei, daß gerade in solcher Verbindung die eigentliche Stärke dieser (speziell der mittleren) Staaten bestehe und daß dieselbe, als Feindliches versöhnend, ihnen einen hohen Rang in der europäischen Politik erwerben müsse".

Wollte der alternde Hofrat mit solchen Gedanken mehr, als das Echo abhören, das sie hüben wie drüben auslösen würden?

Sein Biograph Eugen Guglia und mit ihm andere nehmen bei aller Merkwürdigkeit des Phänomens, der sich kein Kenner des Charakterbildes Gentz' zu entziehen vermag, eine echte Wandlung in seiner Gesinnung an. Guglia sieht die Ursache dafür nicht in einem einzigen Motiv. Neben sehr realistischen Schlüssen aus der großen Politik wie der Abneigung gegen die wachsende Bedeutung Rußlands (und einer dadurch bedingten begrenzten Sympathie für den Rußland schwächenden polnischen Aufstand) hätten sich persönliche Gründe ausgewirkt, sein Ruhebedürfnis, seine Indifferenz gegen alles, was nicht mit Fanny zusammenhing.

Man wird die Dinge nüchterner sehen müssen. Gentz war nicht zufällig mehr und mehr in den Dienst der Rothschilds getreten. Deren Interessen waren in Wien wie in Frankfurt, in

Paris wie in London gleich stark auf eine allgemeine Befriedung, und das hieß unter den gegebenen Umständen eine allgemeine Liberalisierung, gerichtet, weil nur so der Aufschwung des Kapitalismus und die ökonomische Entwicklung des Bürgertums nicht immer wieder durch kriegerische oder revolutionäre Verwicklungen gestört wurden. Auch in Frankreich war die Großbourgeoisie zur Herrschaft gelangt, und an Rhein und Ruhr trat das Bürgertum als neuer politischer Faktor in Erscheinung. Gentz dürfte auch nicht die Kapitalkraft der sich allenthalben regenden großbürgerlichen Kräfte außer Betracht gelassen haben.

Zumindest 1812, als er erstmalig nicht nur bezahlte, sondern auch bestellte und seinen eigenen Ansichten zumindest widerstrebende politische Ratschläge erteilte, wenn nicht schon seit dem Beginn seines politischen Doppelspieles um 1800, kann nicht mehr von einer „Wahrhaftigkeit", einer inneren Übereinstimmung von theoretisch-politischer Gesinnung und praktisch-politischer Tätigkeit gesprochen werden. Der kaiserliche Rat hatte im geheimen nur Hohn für die Heilige Allianz, deren Sprachrohr er war, und Spott für die Mächtigen der Welt, die er umschmeichelte und hofierte und von denen er sich aushalten ließ. Der romantische Individualismus entartete bei dem Renegaten Gentz zu einem ungehemmten und machthungrigen Sich-Ausleben auf allen Gebieten des privaten wie des öffentlichen Lebens. Seine Eitelkeit kannte und anerkannte nur sich selbst, Ziel seines Ehrgeizes war die Macht über Menschen und Mittel. Dabei war er zu feige, vor der Weltöffentlichkeit irgendeine Verantwortung zu übernehmen. Er war der Typ des romantischen Intriganten.

Was Gentz in der betont rationalistischen Epoche seiner Berliner Zeit veröffentlicht hatte, war weithin Ausfluß eitler Wichtigtuerei. Trotz seiner großen und vielseitigen Begabung hat er die säkulare Bedeutung der Französischen Revolution nicht erkannt. Und wenn er später gelegentlich die „Möglichkeit eines Aufstandes der unteren Volksklassen gegen die oberen, der Armen gegen die Reichen" für möglich hielt, war er dennoch überzeugt, daß es sich nicht um eine gesetzmäßige Erscheinung handle, sondern um ein zufälliges menschliches Geschehen, dessen man Herr werden, das man in obrigkeitlich zu kontrollierende Bahnen lenken könne und werde. Bei alledem behauptete er, er wisse: „Die von uns verteidigte Sache wird untergehen, und ich weiß es wohl, ich weiß auch, warum.“ Die graue Eminenz der Heiligen Allianz wollte gut und ruhig leben, und sie wollte jede Krise, jede Revolution ungeschoren *über*leben. Indem er sich am Abend seines Lebens kompromißfreudig in die Öffentlichkeit flüchtete, empfahl sich der Ideologe von gestern versuchsweise den Mächtigen von morgen.

Eines muß man Gentz lassen: er gestand die Mängel seines Charakters, um nicht zu sagen seine Charakterlosigkeit, offen ein. Er kokettierte geradezu damit, und seine Epoche war dazu angetan, im zur Schau getragenen Laster Individualität, wenn auch nicht Größe zu sehen. Gentz war Vertrauten gegenüber, und nur mit solchen wünschte er zu leben, offen bis zur Selbstverleugnung, bis zur Schamlosigkeit. Kaum jemandem erschloß er sich so rückhaltlos wie Rahel. Mußte sie — so, wie sie war — ihn nicht gerade darum „lieben“?

Jenen Entschluß, einen Kompromiß mit den Gewalten einer neuen Zeit zu schließen, hat Gentz, wie jede Entscheidung seines Lebens, selbst gefaßt. Rahels erinnerte er sich, um von ihr abermals bestätigt zu werden. So haben Rahels Zuruf und mütterliche Vermahnung an das „Kind“ allenfalls zum Bewußtsein gehoben, was als tiefere Einsicht in der Zeiten Lauf bereits präformiert war, und sie haben dem eitlen Feigling an der Donau Mut gemacht, einen letzten politischen Gang zu wagen. Gewiß — und für unsere Betrachtungen bedeutsam — ist, daß Rahel die hintergründigen, ihr nicht offenbarten Ursachen der fortschreitenden „Gemütskrankheit“ erkannte und ein letztes Mal im Leben des „vortrefflichsten schlechten Menschen“ aus ihrem Freundeskreis „Orakel“ spielte, „wahr“ sah.

Wenige Tage nach seinem Tode — er starb am 9. Juni 1832 — hatte man in Rahels Salon über den umstrittenen grauen Aztelträger gesprochen. Leopold Ranke war dabei. Rahel mochte das Gefühl haben, der kühle junge Historiker habe ihr Haus mit einem falschen Eindruck vom Wesen ihres Freundes verlassen. Sie konnte den Tag nicht schwinden sehen, ohne an Ranke zu schreiben:

„Wie falsch, wie schief sagen wir alles, was wir ausdrücken wollen; nichts kann auch verstanden werden, wenn es der andre nicht vorher weiß. So können Sie nicht wissen, daß ich meinen verschwundenen Freund nur dann, nur deshalb *liebte,* wenn er recht etwas Kindisches sagte oder tat. *Da* liebt' ich ihn. Deshalb wiederholte ich es, daß er sagte: er sei so glücklich, in Prag der erste zu sein, daß alle oberste Behörden, große Damen und Herren zu *ihm* schicken müßten! usw. mit entzücktem Lächeln und In-die-Augen-Sehn! *So* klug, dies zu verschweigen, ist jedes erzogene, verlogne *Vieh* — aber wer hat die hingebungsvolle Seele, das liebe Kinderherz, es zu *sagen? Seine* Perfidien — er übte sie reichlich *gegen mich* — sind anders als der andern ihre; er gleitete wie in einem Glücksschlitten *fliegend* auf einer Bahn, auf der er allein war. Und niemand darf sich ihm vergleichen. Auf diesem Wege dann sah er, nicht mehr wie auf der Erde, weder rechts noch links. Hatte er Schmerz, litt er Widerspruch, dann *war* er nicht mehr auf dieser Bahn, und dann verlangte er Hilfe und Trost — die er nie gab. Keiner aber *darf* dies wagen und doch liebenswürdig und liebenswert sein. Ungestraft ließ ich's, solange er lebte, nicht hingehn. Nun aber, beim Fazit, bleibt mir nur reine, lebendige Liebe. Dies sei sein Epitaph! Er reizte mich immer zur Liebe, er war *immer* zu dem aufgelegt, was er als wahr fassen konnte. Er ergriff das Unwahre mit Wahrheitsleidenschaft.

Viele Menschen muß man Stück vor Stück loben, und sie gehn nicht in unser Herz mit Liebe ein; andre, *wenige,* kann man viel tadeln, aber sie öffnen immer unser Herz, bewegen es zur Liebe. Das tat Gentz für mich: und nie wird er bei mir sterben."

„PRIESTERIN GOETHES"
DER „KÜNSTLERISCHSTE DEUTSCHE"

Goethe starb am 22. März 1832. Wenige Wochen später, am 15. Mai, folgte ihm sein Altersfreund Karl Friedrich Zelter, der einzige, dem der Dichter nach seinem fünfunddreißigsten Lebensjahre das Du angeboten hatte. Am 28. August, des Dichters 83. Geburtstag, versammelten sich die Mitglieder der „Berliner Mittwochsgesellschaft", um des großen Verewigten zu gedenken. Eichendorff und Fouqué waren erschienen, Chamisso und Varnhagen, Hitzig und Simrock. Wilhelm Neumann hatte einen poetischen Nachruf verfaßt, in dem es hieß:

„So hast du, Goethe, Glücklichster der Toten,
Der Freunde reiche Schar um dich vereint;
Schon grüßt auch Zelter dich, doch nicht durch Boten;
Der stirbt dir lieber nach, als daß er weint."

Goethe ist nur einmal, im Mai 1778, in Berlin gewesen; er hatte damals den Herzog Karl August zu einem militärischen Schauspiel begleitet und keinerlei Kontakte in der preußischen Residenz gesucht. Er traf den Maler Anton Graff und den Kupferstecher Daniel Nikolaus Chodowiecki, wohnte einer Predigt Spaldings bei und besuchte Anna Luise Karsch. Am Vortag der Abreise aus Berlin war er mit Moses Mendelssohn zusammengetroffen.

Sanders Behauptung in einem Brief an Böttiger aus dem Jahre 1797, Henriette Herz habe „vor zwölf Jahren, als Goethe sich einmal in Berlin aufhielt", Besuch von ihm empfangen und sei „seitdem seine geschworene Verehrerin", trifft nicht zu. Goethe hat die damals dreizehnjährige Henriette de Lemos weder 1778 gesehen noch war er 1785 oder zu einer anderen Zeit abermals in Berlin. Henriette hat Goethe erst im Jahre

1810 kennengelernt, aber schon in ihres Mannes Kreis lebhaften Anteil an dem Widerstreit der Meinungen um Goethe gehabt, wie denn unter den Berliner Goethe-Verehrern nur die Humboldts, Moritz, Zelter und Bettina von Arnim Goethe persönlich nähergestanden haben. Weder Henriette noch Rahel, „eine beinahe zu groß, eine beinahe zu klein", wie in dem „Mücken-Almanach", einer der längst vergessenen „Anti-Xenien", gehöhnt wurde, haben zu Goethes Vertrauten gehört.

„Als einst Karl Philipp Moritz eben bei mir war", erzählt Henriette Herz, „trat Herz, Goethes Gedicht ‚Der Fischer' in der Hand, zu mir ein. ‚Kühl bis ans Herz hinan!' rief er. ‚Erklär mir doch gefälligst einer, was das hier sagen will!' — ‚Aber wer wird das Gedicht auch da versteh'n wollen!' erwiderte Moritz, den Zeigefinger auf die Stirne legend. — Herz sah ihn groß an."

Diese kleine Episode kennzeichnet die erste Phase des Echos, das Goethe in Berlin fand. Die Meinungen waren geteilt. Aufklärer und Naturforscher, in engem Austausch miteinander lebend, waren zumindest skeptisch, wenn nicht ablehnend; ihre Widersacher, die jungen Romantiker, doch auch die Frauen und die höchst vereinzelten Stürmer und Dränger ergriffen von vornherein mit höchster Leidenschaft die Partei des neuaufgegangenen, helleuchtenden poetischen Sterns.

Nach Lessings Meinung fehlte den „Leiden des jungen Werthers" (1774), deren poetischen Wert er nicht verkannte, die überzeugende Motivierung. „Glauben Sie wohl", schrieb er an Eschenburg, „daß je ein römischer oder griechischer Jüngling sich *so* und darum das Leben genommen? Gewiß nicht." Wie jedoch Sara Meyer, die spätere Frau von Grotthus, mitteilt, hat ihr Lessing später, als ihr Mendelssohn ein Exemplar des „Werther" fortgenommen hatte, über des Freundes Haltung „indigniert", ein anderes mit den Worten übergeben: „Du wirst einst erst fühlen, was für ein Genie Goethe ist, das weiß ich."

Mendelssohn blieb moralisierend kühl. „Was wollen die Leute, die nichts als Glut erregen und der erhitzten Phantasie keinen Führer lassen, um sicher hindurchzukommen?" Nicolai griff kleinlich verärgert zur Feder und schrieb die „Freuden des jungen Werthers". Er eröffnete einen regelrechten Feldzug gegen Goethe, als sich Schiller zu diesem gefunden hatte. Reichardt gesellte sich zeitweilig zu den Feinden der beiden Dioskuren, Kotzebue intrigierte, Garlieb Merkel haßte.

Der „Xenien"-Kampf leitete die Aufspaltung der deutschen Literatur in klassische und romantische Ströme ein. Eine neue Front von Goethe-Gegnern, die nach den verflachten Spätaufklärern aufkam, sammelte sich um einige Wortführer der Romantik, die eben noch Goethes „Meister" als eine der drei größten Tendenzen des Jahrhunderts gefeiert hatten, nun aber das „sächsisch-weimarische Heidentum" (Dorothea Schlegel) bekämpften. Auch die evangelische Orthodoxie, vom poetisierenden Pastor Pustkuchen bis zum dogmatischen Theologen Hengstenberg, warf sich kampfeswütig auf den „Heiden". Der Teutschtümler Wolfgang Menzel nahm sich den „Fürstenknecht" in Weimar zum Ziel. Endlich standen, Börne voran, die Jungen gegen den Heros einer vergangenen Zeit auf, unter ihnen Heinrich Heine, der den Kampf um Goethe in seiner „Romantischen Schule" geschildert hat, zur Ordnung gerufen und, wir dürfen dieses Wort wagen, bekehrt von Rahel, die alle diese Phasen des Kampfes gegen ihren Abgott erlebt und erlitten hat, ohne auch nur eine Stunde an ihm zu zweifeln.

Es mag sein, daß Karl Philipp Moritz Rahel auf Goethe hingewiesen hat. Manche Anregung wird sie den Gesprächen im Salon der Henriette Herz zu verdanken haben. Wir wissen, daß sie dem Dichter unmittelbar in seinem Werk begegnete. Da, wo sie gelebt, geliebt, gelitten, sich empört hatte, im „Mausoleum", dem Dachstübchen in ihrem Elternhaus, hat sie Goethe kennengelernt. „Bin mit ihm aufgewachsen, hab' ihn unendlich vergöttert." Rahel lebte lange in Goethe, sagt Ellen Key, bevor sie anfing, von ihm zu sprechen. Hatte sie bei anderen großen Geistern, so bei Lessing und Fichte und Schleiermacher, Wahrheiten empfangen, bei ihm empfing sie *die* „Wahrheit".

Man möchte Karl Philipp Moritz, der kein kritischer Kopf war, sondern ein intuitiv urteilender Künstler, den Anreger jenes Berliner Goethekultes nennen, wie er besonders in den Salons und zuerst bei Henriette Herz betrieben worden ist; Moritz war von der Persönlichkeit und dem Werk des Dichters ergriffen und machte sich um so mehr zum begeisterten Fürsprecher goethescher Menschlichkeit, als er sich von dem Olympier bestätigt fand. Wilhelm von Humboldt hatten wir als den Botschafter der Klassik in Berlin vorgestellt. Er gab sich auch in jenen ersten Jahren schon überlegen reserviert. Vorerst war er Schillers in Berlin wenig respektiertem idealistischem Höhenschwung tiefer verbunden als Goethes natur- und wirklichkeitsnaher skeptischer Weltsicht; später flüchtete sich seine Enttäuschung über Menschen und Ideale und Zeitläufe in Vereinsamung und Zynismus.

Geiger, der Zelter als „den Apostel Goethes in Berlin" bezeichnet hat — „er predigte sein Evangelium auf den Gassen, in Gesellschaften, im Theater", bisweilen laut, unkritisch und aufdringlich —, fand auch einige treffende Anmerkungen über die Eigenart, in der Dorothea Veit-Schlegel (freilich nur in der frühromantischen Epoche), Henriette Herz und Rahel Levin Goethe verehrten und für ihn warben. „Dorothea brachte das Neue, Henriette reichte es zierlich, mit einschmeichelnder Liebenswürdigkeit den Willigen dar, Rahel Levin zwang es auf."

Rahel zwang auf, was sie als wahr erkannt hatte, mit der beharrlichen Besessenheit eines Bekehrten. Wie sich der Mensch, der meint, ihm sei eine Offenbarung des Ewigen zuteil geworden, mit missionarischem Eifer die Bekehrung anderer zum Ziel setzt, so kündete Rahel, wahrlich „die Priesterin Goethes" (Varnhagen), mit weihevoller Inbrunst und angriffsfreudiger Gläubigkeit vom Werk und Wirken des Dichters, dem sie mehr als einmal das Beiwort „Gott" zuerkannt hat. Rahel ist Goethe völlig unkritisch begegnet; sie hat keinerlei Einwand gegen ihn, von welcher Seite er auch kommen mochte, gelten lassen. Sie hat das Verhältnis zu Goethe in die Waagschale ihres Urteils über Menschen geworfen, Dichter nur an der Größe Goethes gemessen, Zuflucht bei ihm, dem Allverehrten, gesucht und gefunden, wenn sie auch in besinnlicher Einkehr auf die zaghaft gestellte Frage nach dem Woher und Wohin ohne Antwort gelassen worden war. Die Subjektivistin sah sich in dem lebensnahen, aber den Abstand zum Profanen und Banalen sehr selbstbewußt wahrenden Beobachter der schwankenden Weltzustände bestätigt; sie fühlte sich eins mit Goethe, sah mit seinen Augen und dachte in seinen Gedanken; sich ihm zu nähern oder gar sich ihm aufzudrängen, scheute sie sich. Ihr Verhältnis zu Goethe entbehrte jeglichen erotischen Moments, es sei denn, man gesteht jenem schwärmerischen Zeitalter eine „Erotik der Seele" (Heilborn) zu; ihre Beziehung unterschied sich grundlegend von der gefühlvoll-schwärmerischen der jungen Bettina, die, als Arnim sich ihr näherte, von dem künftigen Verlobten forderte, „nie eifersüchtig auf Goethe zu sein".

Gewiß trifft es zu, wenn Varnhagen sagt, daß Rahel „schon sehr früh ... von Goethes Außerordentlichkeit getroffen, von der Macht eines Genius eingenommen und bezaubert worden" war und „ihn über jede Vergleichung hinausgestellt, ihn für den höchsten, den einzigsten Dichter erklärt, ihn als ihren Gewährsmann und Bestätiger in allen Einsichten und Urteilen des Lebens enthusiastisch angepriesen" hatte, doch keineswegs — wir vermerkten es — „weit früher, als irgendeine literarische Meinung der Art sich gebildet hatte". Varnhagen übertreibt und mißachtet den zeitlichen Gang der Ereignisse, wenn er in seinen „Denkwürdigkeiten" behauptet, die Liebe und Verehrung für Goethe wäre „durch Rahel im Kreise ihrer Freunde längst zu einer Art Kultus gediehen" gewesen, „nach allen Seiten sein leuchtendes, kräftiges Wort eingeschlagen, sein Name zur höchsten Beglaubigung geweiht, ehe die beiden Schlegel und ihre Anhänger, schon berühmt und ergriffen von jenem Kultus, diese Richtung in der Literatur festzustellen unternahmen".

Rahel hatte von Goethe Besitz ergriffen, bevor sie begann, von ihm zu sprechen; als sie sich aber in den Salons zu ihm bekannte, griff sie in ein Gespräch ein, das seit Jahren in vollem Gange war. Sie vertiefte sich in seine Werke, „so, wie andere die Bibel lesen", lange, sehr lange bevor sie einem Verzagten den Rat erteilte, es zu tun. Goethe war schon dem auf sich selbst gestellten, bildungsdurstigen, sich vervollkommenden jungen Mädchen „der Vereinigungspunkt für alles, was Mensch heißen kann und will" (1795) geworden, und das ist er für sie bis in die letzte Stunde ihres Lebens geblieben. Die gereifte Frau begriff in ihm den „künstlerischsten Deutschen", einen Menschen, der kraft seines Geistes das Volk umbilde und der in seiner gesellschaftlichen Mächtigkeit nicht erkannt werde, gegen den „das Rohe im Volke" murre wie gegen Moses und Sokrates.

Es bedurfte ihres langen Weges von der Mansardenstube bis in die Alterseinsamkeit in der Französischen Straße, bis sie in der Erkenntnis, daß sie ihre Sache „nicht mehr auf nichts gestellt" habe, niederschreiben durfte: „Daß dieser Mann erlebe von seinen Zeitgenossen, daß er vergöttert, anerkannt, studiert, begriffen, mit dem einsichtigsten Herzen geliebt würde, war der Gipfel all meiner Erdenwünsche und Kommission" (1822).

Der Gefährte frühester Begegnung mit Goethe war David Veit. Aus dem gemeinsamen Bildungserlebnis, das die Lektüre zeitgenössischer wie antiker Dichter und Philosophen vermittelt hatte, entwickelte sich beider Gespräch über Goethe. Es ist uns erst von dem Augenblick an überliefert, als der zweiundzwanzigjährige Veit im Frühjahr 1793 nach Jena kam, wo er Medizin studieren wollte. Einige Wochen vor des Dichters Abreise an den westlichen Kriegsschauplatz — das von Revolutionstruppen besetzte Mainz wurde belagert —, während seiner neuerlichen Arbeiten am „Meister"-Manuskript gelangte der Studiosus mit seinem Onkel, einem Schwiegersohn Moses Mendelssohns, in Weimar vor die Augen seines und Rahels Abgotts.

Veit schilderte der Freundin trefflich das Aussehen des Dreiundvierzigjährigen, der, wie man damals in Weimar allgemein behauptete, während seines Aufenthaltes in Italien merklich gealtert war. „Alles zusammengenommen", schrieb Veit, „kann er ein Minister, ein Kriegsrat, ein Geheimrat, allenfalls ein Amtmann sein, nur kein Gelehrter und gewiß kein Virtuose. In Berlin würde ihn jeder einheimisch glauben." Das Verhältnis des Dichters zum Theater wird dargestellt und hervorgehoben, daß Goethe „unter vielen Volksklassen (ich habe in den sechs Stunden viel Leute gesprochen) als sehr freundlich, gutmütig bekannt" sei und die „allgemeine Achtung und Liebe" besitze. „Die mittlern Stände nennen ihn den Genius des Ortes." Auch über Christiane Vulpius erfuhr Rahel aus diesem Brief Veits wohl zum erstenmal genauere, nicht in jedem Bezug zutreffende Kunde. „Seine nähere Bekanntschaft erhält man sehr schwer", wußte endlich der Reisende zu berichten. „Die Menschen, welche ich gesprochen, wissen alle keinen, mit dem er sehr genau umgehet." Es war die Zeit, in der sich Goethe, aus dem „formenreichen" Italien in das „gestaltlose" Deutschland und in die „unwiderrufliche Verbannung nach Weimar" zurückgekehrt, unverstanden fühlte, das Jahr vor jenem zufälligen Zusamentreffen mit Friedrich Schiller in der Jenaer Naturforschenden Gesellschaft, das den „Bund des Ernstes und der Liebe" (Goethe) zwischen den beiden so unterschiedlichen Naturen einleitete.

Jedes nur irgend auf Goethe bezügliche Ereignis, jede Beobachtung über den Umgang, jeder Einblick in sein Schaffen wurde der Freundin in Berlin mitgeteilt. Veit berichtete ihr auch von einem zweiten Treffen mit dem Dichter im Oktober 1794 in Jena, bei welcher Gelegenheit sich Veit erstaunlich freundlich aufgenommen fühlte und von dem „göttlichen Kind" schwärmte, dem kleinen August mit den kohlschwarzen Augen, der sprechenden Physiognomie und dem wahren Goldhaar, das gar keine Lust zum Dunkelwerden habe.

Im November sah der eifrige Berichterstatter zum ersten Male auch den Professor Schiller, zur gleichen Zeit, als der in Jena studierende junge Hölderlin seinem bewunderten schwäbischen Landsmann nähertrat. Im Juni 1795 wußte Veit mitzuteilen, er habe Goethe wiedergesehen und gegrüßt und sei „eine Stunde hindurch in einem Zimmer mit ihm" gewesen. Goethe war, was er des öfteren zu tun pflegte, in der „Kranken-Anstalt" der Universität erschienen, aus allgemeinem wissenschaftlichem Interesse, wohl aber auch, um als Kurator der Universität wieder einmal nach dem Rechten zu sehen.

Rahel hatte die Absicht, mit der Schauspielerin Friederike Unzelmann in die böhmischen Bäder zu reisen. Schon lange hegte sie, wie Brinkmann zu bezeugen wußte, die „alte glühende Sehnsucht", von Goethe gekannt zu werden. Veit, der seiner Freundin eine solche Begegnung von Herzen wünschte, gab ihr in jenen ersten Junitagen davon Kunde, daß sich Goethe, wenn er nicht schon in Karlsbad weile, auf dem Wege dorthin befinde. „In beiden Fällen ist es gut, wenn Sie wissen, daß er nicht in Gesellschaft mit irgendeinem Vornehmen kömmt . . ., daß er jetzt besser gelaunt ist als jemals, wiewohl er steifer aussieht als jemals und äußerst gern in völliger und fröhlicher Ungezwungenheit lebt. Ich denke, Sie kommen gewiß mit ihm zusammen, besonders da er ohne Zweifel begierig ist, die Unzelmann kennenzulernen. Berlin haßt er ziemlichermaßen. Das fürs Gespräch! Sollte die Vulpius mit ihm sein? Die Bekanntschaft mit ihr dürfte wohl von ihm ganz entfernen. Doch hierüber weiß ich nichts Gewisses."

Man spürt die besorgte Hast, in der diese Nachricht der Freundin zugedacht wurde, freut sich der kleinen diplomatischen Mittel, die der Student anwandte, um Rahel nach bestem Können zu Diensten zu sein, und empfindet die Erregung, mit der Veit in Thüringen dem erhofften Begebnis in Böhmen in Gedanken beiwohnte.

Veits Ankündigungen eilten den Ereignissen voraus. Goethe war im Frühjahr einige Wochen in Jena gewesen, um in Schillers Nähe zu leben und zu schaffen; beider Freundschaft hatte es bereits vollbracht, daß sich Goethe in erneuerter Fruchtbarkeit wieder der Dichtkunst zuwandte. Der Gedanke der „Xenien", jener bissigen „Gastgeschenke" (denn das bedeutet das Wort), mit denen die Freunde die Flachheit und Halbheit der zeitgenössischen Literatur bedenken wollten, war bei jenem Zusammensein aufgeblitzt. Goethe hatte in Jena die Bekanntschaft Alexander von Humboldts gemacht, im Mai in Weimar den einwöchigen Besuch Friedrich August Wolfs empfangen und auch Wilhelm von Humboldt am Frauenplan begrüßen können. Erst Ende Juni war er erneut nach Jena gereist und von dort am 2. Juli nach Karlsbad aufgebrochen, wo er bis Anfang August blieb.

Goethe traf, wie Schiller alsbald in einem Brief des Freundes las, nach überstandenen leidlichen und bösen Wegen am 4. Juli abends in Karlsbad ein. „Als berühmter Dichter bin ich übrigens gut aufgenommen worden, wobei es doch nicht an Demütigungen gefehlt hat." So lobte ihn ein allerliebstes Weibchen als den Verfasser der „Geschichte Giafars des Barmeciden", die von seinem längst nach Rußland verschlagenen Jugendfreund Friedrich Maximilian Klinger verfaßt worden war. „Die Gesellschaft ist zahlreich und gut, man beklagt sich wie immer über den Mangel an Harmonie, und jeder lebt auf seine Weise. Ich habe nur gesehen und geschwätzt, was sonst werden und gedeihen wird, muß abgewartet werden. Auf alle Fälle habe ich gleich einen kleinen Roman aus dem Stegreife angeknüpft, der höchst nötig ist, um einen morgens um fünf Uhr aus dem Bette zu locken. Hoffentlich werden wir die *Gesinnungen* dergestalt mäßigen und die *Begebenheiten* so zu leiten wissen, daß er vierzehn Tage aushalten kann."

Weibliche Hauptfigur in dem „kleinen Roman" war Marianne Meyer, des Berliner Bankiers Meyer Tochter, die mit ihrer Schwester Sara in Karlsbad weilte. In Berlin gingen, wie Wilhelm von Humboldt im Oktober seinem Freunde Schiller anvertraute, alsbald „allerlei possierliche Geschichten" um, „die von zwei getauften Jüdinnen, die mit in Karlsbad waren, herkommen. Außer dem, daß er [Goethe] ihnen soll erstaunlich viel vorgelesen, in Stammbücher und auf Fächer geschrieben und ihre Produktion korrigiert haben, erzählt auch die eine, die sonst ein sehr schönes Mädchen war, daß er ihnen die einzelnen Gelegenheiten erzählt habe, die ihn zu den ‚Elegien' veranlaßt." Goethes sinnenfrohe lyrische Bekenntnisse, von denen Schiller die derbsten beim Abdruck in den „Horen" weggelassen hatte, standen nächst dem „Wilhelm Meister" damals im Mittelpunkt des Interesses des lesenden Publikums. Selbst Karl August, der Goethe weit mehr nachsah als dem ihm zu aufrührerischen Schiller, war von der Veröffentlichung der nach Schiller „vielleicht in einem zu freien Tone" geschriebenen „Elegien" beunruhigt; es wäre ihm lieber gewesen, der Autor hätte „einige zu rüstige Gedanken, die er wörtlich ausgedrückt hat, bloß erraten" lassen, andere unter geschmeidigeren Wendungen mitgeteilt, noch andere ganz unterdrückt. Marianne Meyer war nur eine Episode in jener Epoche, in der Christiane Vulpius Goethes sinnenfreudige Muse gewesen ist, wenn auch der kleine Roman länger als vierzehn Tage spielte. Der geschwätzige Sander wollte (nach einem Brief an den geschwätzigen Böttiger vom 28. März 1797) wissen, die schöne Marianne Meyer und der Herr von Goethe hätten sich in Dresden ein Rendezvous gegeben und würden „von da an zusammen weitergehen".

Goethes Bekanntschaft mit den Geschwistern Meyer wurde unmittelbar nach der Ankunft in Karlsbad geschlossen; auch Friederike Brun, der in Kopenhagen lebenden Dichterin aus dem Kreis um Klopstock, einer Freundin Matthissons, begegnete er alsbald. Sie berichtete darüber in ihrem Tagebuch unter dem 9. Juli, dem Tage, an dem sie mit dem Schöpfer des „Tasso", des „Egmont", der „Iphigenie", des „Werther", des „Götz" und des „Faust" vertraut geworden war und doch nur den Dichter des „Wilhelm Meister" gesehen hatte: „Das Glück hat ihn verzogen und die Weiber. Er hat geschwelgt, ohne zu genießen; genommen, ohne zu geben. Ob je in seinem Leben der reine Ton der Liebe wieder aufklingen wird?" Die dreißigjährige, glücklich verheiratete Friederike Brun weilte auf der Reise nach Italien mit ihren Kindern in den bömischen Bädern.

Am Nachmittag des 12. Juli waren Goethe und Friederike gemeinsam bei den Geschwistern. „Bei Meyers war er gar hold“, notierte sie, „und Marianne, die holde Seele, geht ihm ans Herz.“ Abends habe er sich „wieder etwas faustinisch-wild“ gegeben, „wie er es leider Frauen, die ihm *nur schön* sind, gegenüber leicht wird. Doch sagte er herrliche Sachen.“ Zuweilen sah er leibhaftig aus wie Faust. Friederike glaubte ihn mit den Zechkumpanen in Auerbachs Keller auf dem Faß zu sehen; dann wieder meinte sie, „der Gottseibeiuns würde ihn auf der Stelle holen ...“

Am Abend dieses Tages war er noch bei Friederike „mit der kleinen Levin und der Unzelmann, die sehr verständig tut und etwas Treuherziges in ihrem Blick hat“. Über den Eindruck, den Rahel auf Friederike Brun machte, erfahren wir nichts.

Rahel und die Unzelmann waren von Teplitz her, wo sie weilten, herübergekommen. Rahel hatte plötzlich starkes Hüftweh verspürt und sich unvermittelt entschlossen, nach Karlsbad zu gehen. „Goethe, der in elf Jahren nicht in Karlsbad war, mußt' auch denken und hinreisen in diesen kleinen Bergeinschuß, wo ich gerade bin, und die Welt ist so breit, so groß. Und das ist nicht Wunder? Das ist nicht Glück?“

Wunder und Glück – das waren in Rahels Augen, wie wir in ihrem Bericht an Brinkmann lesen, die beiden Bedingungen, welche für sie, die, wie sie meinte, „einzige *alles* verunglükkende Natur“, zusammentreffen mußten, damit die Begegnung in Karlsbad zustande kommen konnte. Eine dritte fiel ihr beim Schreiben ein: wenn alles eine Wirkung habe, so auch der Wunsch, ein so beharrlicher Wunsch wie der, Goethe zu sehen. „Oder war *das* nicht eigentlich das *größte Recht,* daß ich Goethe sah, Wer soll ihn dann sehen, immer seine Wäscherin und Hausknechte und vornehme Leute und Menschen, die über den Ursprung der Steine und über Recht schreiben ...?“

Über Einzelheiten ihres Zusamenseins mit Goethe hat die mitteilsame Rahel geschwiegen. Wir wissen, daß sie schüchtern, verwirrt, gehemmt war, wenn sie Menschen begegnete, die sie sich überlegen wußte. Ihr wenig vorteilhaftes Äußere mag, kam sie mit Männern dieser Art zusammen, die Zurückhaltung gesteigert haben. Rahel versuchte nicht, für sich zu interessieren, und bei aller Weite ihres Verständnisspielraumes für weibliche Libertins – wir denken an ihr Verhältnis zu Pauline Wiesel und Auguste Brede — war sie selbst höchst schamhaft und unsicher, wo immer in den Salons Reize des weiblichen Körpers mit weiblichem Intellekt und weiblicher Eingebung wetteiferten. Noch war, zur Zeit der Karlsbader Episode, ihr Wissen zu lückenhaft. Ihre Kunsturteile waren zeitlebens, wie ihre besten Gedanken, allzusehr Eingebungen des Augenblicks und nicht Ergebnis gründlicher Analyse, als daß sie Partner oder gar Widerpart eines Goethe hätte sein können, der sich nach den uns überkommenen Nachrichten während seines Aufenthaltes in Karlsbad dem großen Erleben wie dem kleinen Erlebnis sehr zugeneigt zeigte.

Marianne Meyer, die nur schön war, und Friederike Brun, die kühl beobachtende, beschäftigten ihn weit mehr als Rahel Levin, die sich ganz rezeptiv gegeben haben dürfte, das Wunder anschauend und das Glück genießend, das ihr zuteil geworden war. Rahel studierte nicht, sie erlebte mit einer nur wenigen Menschen vergönnten Erlebnisfähigkeit.

Die Wucht der Begegnung, so unbedeutend sie für den Partner sein mochte, hieß sie schweigen; sie war davon so ergriffen, daß sie zu ihrer Erklärung ein Wunder, das Glück, die Notwendigkeit bemühte, wo der Zufall hingereicht hätte. War sie nicht doch ein wenig enttäuscht?

Suchen wir nicht zu ergründen, was sie, die Mitteilsame und Wahrhaftige, verschwiegen und demütig machte. Noch in späten Lebensjahren, als sie zum ersten Male „Tasso" von der Bühne hörte, vermerkte sie über die Wirkung von „Goethes Götterworten": „Gott, wie vergötterte ich den immer von neuem. Wie weint' ich im ‚Tasso' wie der Souffleur im ‚Meister' aus Schönheit."

Wenn auch Goethe in jenen Karlsbader Wochen Augen vorzüglich für Marianne Meyer hatte und den vielleicht mäßigenden Umgang mit Friederike Brun suchte, so hat er das Bild Rahels doch sehr getreu in seinem Gedächtnis bewahrt.

Anfang September traf Goethe in Jena auf einem Ball mit Veit und einem anderen Rahel bekannten Studenten zusammen. Der Dichter sprach mit dem jungen Mediziner, der davon erzählte, daß er eine Woche in Teplitz gewesen wäre, wo er Rahel besucht hätte. „Ja, da haben Sie wohl recht getan", antwortete er nach Veits Mitteilung an Rahel, „wenn Sie sie längere

Zeit nicht gesehen hatten, freilich. Ja, es ist ein Mädchen von außerordentlichem Verstand, die immer denkt, und von Empfindungen — wo findet man das? Es ist etwas Seltenes. Oh, wir waren auch beständig zusammen, wir haben sehr freundschaftlich und vertraulich miteinander gelebt.“

Auch Horn, Veits Studienfreund, kam im Gespräch mit Goethe auf Rahel. „Ja, es ist ein liebevolles Mädchen“, gab er Goethes Meinung wieder. „Sie ist stark in jeder ihrer Empfindungen und doch leicht in ihrer Äußerung. Jenes gibt ihr eine hohe Bedeutung, dies macht sie angenehm. Jenes macht, daß wir an ihr die große Originalität bewundern, und dies, daß diese Originalität liebenswürdig wird, daß sie uns gefällt. Es ist nicht zu leugnen, es gibt viele wenigstens original scheinende Menschen in der Welt. Aber was sichert uns dafür, daß es nicht bloßer Schein ist, daß das, was wir für Eingebungen eines höheren Geistes zu halten geneigt sind, nicht bloß Wirkung einer vorübergehenden Laune ist? — Nicht so ist es bei ihr. Sie ist, soweit ich sie kenne, in jedem Augenblick sich gleich, immer in einer eigenen Art bewegt und doch ruhig — kurz, sie ist, was ich eine schöne Seele nennen möchte. Man fühlt sich, je näher man sie kennenlernt, desto mehr angezogen und lieblich gehalten.“

Und Goethe fügte, wenn wir dem schwärmenden, erst von Rahel für den Dichter gewonnenen Jüngling Glauben schenken dürfen, Rahels Art der Goetheverehrung deutend, hinzu, diese Liebe Rahels wäre ihm doppelt lieb, denn es wäre „bei ihr keine allgemeine Idee. Sie hat sich jedes Einzelne deutlich gemacht. Eine allgemeine Idee beweist größtenteils, daß wir unsere Würdigung des Dichters aus der Meinung anderer nehmen; haben wir uns aber jedes Einzelne deutlich gemacht, so zeigt das natürlich, daß wir *selbst* rein empfinden und deutlich gedacht haben.“

Rahel war beglückt, als sie dies erfuhr. Niemandem habe sie sich in ihrem Leben in irgendeiner Art weniger zeigen können als ihm — woher könne er wissen, daß sie Empfindung habe? Er sei Goethe. Und was ihm scheine und er sage, sei wahr. „Von mir selbst glaub’ ich ihm.“ Zeitumstände und „Menschen, liebe Menschen“ hätten sie daran gehindert, sich dem Meister zu offenbaren, deutete sie in ihrer Antwort an, die Freunde bittend, Goethe von dem Menschen zu grüßen, „der ihn *immer* angebetet, vergöttert hätte, auch wenn ihn *niemand* rühmte, verstünde, bewunderte. Und wenn er sich wunderte, daß ein gemäßigtes Mädchen ihm eine anscheinende Extravagance sagen ließe, so sollte er's nicht tun und lieber bewundern, daß sie ihn so respektierte, daß es *einen Respekt gäbe,* der sie allein zurückhielte, es ihm nicht zu *sagen.* Sagen Sie ihm, es wäre nicht Affektion, sondern Pflaumenweichheit! Überhaupt könnt' ich nicht dafür, daß die anderen alles affektierten, was ich im Ernst meine. *Hab'* ich recht? Ja, ja, ich bet' ihn an."

Selbst schrieb sie ihm nicht. Aber Goethe stand nun vollends in ihrem Leben. Wieder und wieder las sie alle seine ihr erreichbaren Werke. Der Bruder brachte Neuerscheinungen noch ungebunden aus Leipzig mit, den Musenalmanach lieh sie, noch ehe er im Handel erhältlich war, von Humboldt aus. Monat für Monat beschäftigte sie sich mit dem „Wilhelm Meister", in Teplitz, auf dem Geiersberg, in Dresden, während ihrer Reisen in den Wirtshäusern, in Berlin.

„Goethe und das Leben ist mir noch immer eins; ich arbeite mich in beide hinein", las David Veit in einem Brief vom 15. November 1798, den er in Paris erhielt. Im September 1796 hatte sie bekannt, Goethe und sie wären in ihr so „konfundiert", daß sie mit seinen Worten empfinde und, so falsch es sei, nicht einmal denke. „Er ist ein Gott!" Die Gespräche in ihrem Salon kreisten wieder und wieder um ihn.

So auch, in dieser unbedingten Goethe-Ergebenheit, teilte sich Rahel den Freunden mit, drängte sie ihnen Goethe auf. Als sich Preußens Truppen im Herbst 1805 in Erwartung des Kriegsausbruches gegen Napoleon nach Sachsen bewegten, traf Louis Ferdinand bei den vom Herzog von Weimar geführten Einheiten eines Abends auf Goethe. Der Dichter begleitete den Prinzen in dessen Quartier. Bei Punsch und Champagner entwikkelte sich ein nächtliches Gespräch, über das Louis Ferdinand seiner Geliebten Pauline Wiesel mit der Weisung berichtete, sie möge der „Kleinen" (die übrigens nie zuvor mit dem Prinzen über den Dichter gesprochen haben wollte) davon erzählen. Dann wäre er „ihr gewiß unter Brüdern dreitausend Taler mehr wert".

Rahels Goetheverehrung war auch im Berliner Kreis von eigener Art. Die „Priesterin Goethes" verkündete ihres Abgotts

Lehre wie eine göttliche Offenbarung, sie, die tolerante, unduldsam, wie es nur religiöse Eiferer zu sein pflegen, dabei demütig und selbstlos gegenüber dem Meister, dem sie sich auch nach ihrer Bekanntschaft nicht zu nähern wagte. Sie verhielt sich völlig rezeptiv, bezog nichts auf sich, hütete sich, im vollen Schein seiner Sonne zu stehen. Rahel ging in Goethe auf und sog aus dieses Dichters Wesen und Werk letzte Lebenskraft.

Lange bevor Bettina durch die Berliner Salons wirbelte und sich als Goethes „wunderliches Kind" empfahl, machte Moses Mendelssohns Tochter Dorothea Veit viel von Schlegels und ihrem Umgang mit Goethe reden. Sie war im Herbst 1799, sechsunddreißig Jahre alt, in die Hochburg der jungen Romantik nach Jena gekommen, wo die Schlegel Goethe heftig hofierten.

„Ungeheuer aber ist es", schrieb sie im Oktober an Schleiermacher, „daß Goethe hier ist und ich ihn wohl *nicht* sehen werde. Denn man scheut sich, ihn einzuladen, weil er, wie billig, das Besehen haßt. Und er geht zu niemandem als zu Schiller, obgleich Schlegels und Schelling ihn täglich auf seiner alten Burg besuchen, in der er haust... Zu Schiller geht man nicht; also ich werde in Rom gewesen sein, ohne dem Papst den Pantoffel geküßt zu haben. Es ist unrecht und, was noch mehr ist, dumm, und was noch mehr ist, lächerlich." Noch Ende Oktober klagte sie, daß „sie den Papst nicht gesehen". Mitte November ging Dorothea mit den Brüdern und Karoline Schlegel, mit Schelling und dem jungen Novalis nach einer Paradies genannten Sehenswürdigkeit spazieren, als Goethe daherkam, ohne der Gesellschaft, wie ihm wohl lieb gewesen wäre, ausweichen zu können.

„Wilhelm stellte mich vor", las Schleiermacher in einem Brief Dorotheas vom 15. November, „er machte mir ein auszeichnendes Kompliment, dreht ordentlicherweise mit uns um und geht wieder zurück und noch einmal herauf mit uns und ist freundlich und lieblich und ungezwungen und aufmerksam gegen Ihre gehorsame Dienerin... Sie müßten sich totlachen, wenn Sie hätten sehen können, wie mir zumute war, zwischen Goethe und Schlegel zu gehen."

Auch Rahel erfuhr in einem drei Tage später datierten Brief von der Freundin die Neuigkeit. „Er hat einen großen und unauslöschlichen Eindruck auf mich gemacht. Diesen Gott so sichtbar und in Menschengestalt neben mir, mit mir unmittelbar beschäftigt zu wissen: es war für mich ein großer, ein ewig dauernder Moment. Von dem zurückschreckenden Wesen, das man so allenthalben von ihm sich erzählt, habe ich wenig gemerkt. Im Gegenteil, obgleich meine Schüchternheit und Angst groß war, so nahm sie doch sehr bald ab, und ich gewann vielmehr ein gewisses schwesterliches Vertrauen in ihn. Ewig schade ist es, daß er korpulent wird; das verdirbt einem ein wenig die Imagination!"

Goethe ist nicht der einzige Gott im Himmel dieser Muse der Romantik. Von ihrem Geliebten schwärmte Dorothea gegenüber der Freundin in Berlin in einem Brief vom 28. April 1800: „Friedrich, der Göttliche, ist diesen Morgen zu Vater Goethe oder Gott dem Vater nach Weimar gewandert . . ."

Solcherlei Auslassungen waren nach Rahels Empfinden mißbräuchliche Entweihungen eines erhebenden Erlebnisses, das man ganz für sich selbst hätte behalten und bewahren müssen. Beschämt schwieg sie, als Bettina im Jahre 1809, während sie miteinander in dem stillen, von der Herbstsonne durchglänzten Monbijou lustwandelten, wort- und bewegungsreich von ihrer großen Leidenschaft für Goethe schwärmte. Sie tat, als kennte sie ihn gar nicht, und ertrug es doch nur schwer, ihre liebende Bewunderung schweigend zu verhehlen.

Ein „großartigeres, reichstbegabtes, einfachstes, krausestes Geschöpf" hat Clemens Brentano die geliebte Schwester Bettina genannt, freilich schon zu einer Zeit, als sie einander entfremdet waren. Goethe wußte nicht recht, ob er sie mehr wunderlich als wunderbar nennen sollte. Sie selbst behauptete von sich, sie wäre, als sie, zweiundzwanzig Jahre alt, im Jahre 1807 den achtundfünfzigjährigen Goethe zum erstenmal besuchte, in seinem Schoße sitzend eingeschlafen. Voll Unruhe schwirrte sie noch ein Vierteljahrhundert später durch die Berliner Salons, diesen verwirrend, jenen aufrüttelnd, manchen mitreißend.

Der Weg von Bettina zu Goethe hatte über des Dichters Mutter, die Frau Rat in Frankfurt, geführt, in deren Hause sich die Tochter der schönen „Maxe", wie Goethe das Kind von Wielands Freundin Sophie La Roche genannt, heimisch gemacht hatte. Bettina wußte damals nichts von des Dichters Wesen und Werken; ihr Widerspruchsgeist machte sie zu einem leidenschaftlichen Fürsprecher Goethes, als (und weil) er in ihrer Großmutter Haus verächtlich beurteilt worden war.

Goethe hat die irrlichternde Freundschaft des „Kindes“ mit Nachsicht und Verwunderung ertragen. Bettina regte ihn an. Ihrer Plauderfreudigkeit verdanken wir manche Erinnerung des Dichters an seine Kindheit in „Dichtung und Wahrheit“, ihm selbst durch Gespräche zwischen Bettina und seiner Mutter wieder ins Gedächtnis gerufen, ihrem vermittelnden Geschick die so berühmt gewordene einzige Begegnung zwischen Goethe und Beethoven in Teplitz.

Ein peinlicher Wortstreit, den Bettina anläßlich einer Ausstellung in Weimar im Herbst 1811 mit Christiane von Goethe hatte, verschloß ihr das Haus am Frauenplan. Erst dreizehn Jahre später durfte sie wieder vor Goethe erscheinen, um ihm das Gipsmodell eines Monumentes zu zeigen, das sie von ihm gefertigt hatte; Goethe blieb kühl und reserviert. Zwei Jahre später nahm sie an einer Geburtstagstafel teil; obwohl sie zwei Wochen in der Residenz Karl Augusts weilte, wurde sie von Goethe nicht ein weiteres Mal eingeladen.

Erst im Todesjahr Goethes durfte Bettinas Sohn, dem von der Mutter aufgetragen worden war, auf dem Wege nach Paris in Weimar Goethe seine Aufwartung zu machen, nach wiederholtem freundschaftlichem Empfang eine Eintragung ins Stammbuch entgegennehmen, die auch der Mutter Versöhnung verheißen mochte. „Vergesse, vergesse und umfasse mich neu in diesem Kinde“, hatte Bettina den greisen Goethe gebeten. „Fromme Wünsche, Freundes Wort, Waltet in dem Büchlein fort!“ schrieb er am 7. März 1832. Es waren nach Eckermanns Zeugnis die letzten Verse aus seiner Hand.

Bettinas drei Bände „Goethes Briefwechsel mit einem Kinde“ erschienen im Jahre 1835, lange von vielen als Veröffentlichung eines authentischen Meinungsaustausches angesehen und mißdeutet. Natürlich lagen diesem Briefroman schriftliche und mündliche Früchte ihres Umganges mit Goethe und seiner Mutter zugrunde, aber diese Erlebnisse sind romantisch-schwärmerisch, bisweilen mit sprühender Phantasie verdichtet worden. Wenn auch Berdrows Urteil, Bettinas Briefe hinterließen den „peinlichen Eindruck einer Prostitution der zartesten und süßesten Empfindungen des Frauenherzens“, zu hart ist, so trifft doch seine Feststellung zu, daß Rahels Verehrung für Goethe im Vergleich damit „einen so ganz andern, wahrhaft keuschen, unentweihten Charakter“ getragen habe.

Für Rahel war Goethe allerpersönlichstes Erleben. Wie sie das erste Treffen mit dem zutiefst bewunderten Dichter den Freunden zwar meldete, ohne aber Tatsächliches zu berichten oder gar davon zu schwärmen, obwohl dies doch der Zug der Zeit gewesen ist, der auch sie ihren Tribut zollte, so verschwiegen war zunächst ihre stille Zuflucht zu dem großen Menschen, der ihr half, sich Leben, Natur, Welt zu erschließen und für die eigene menschliche Vervollkommnung nutzbar zu machen. Noch um die Jahrhundertwende scheint sie, so wenigstens versichert sie des öfteren, in ihrem Salon von ihrer Liebe zu Goethe selten gesprochen zu haben. Als sie Fouqué im November 1811 von jener von uns erwähnten merkwürdigen Begegnung zwischen dem Prinzen Louis Ferdinand und Goethe Kenntnis gab, fand sie es besonders mitteilenswert, daß sie zuvor dem Prinzen nie von Goethe gesprochen habe, obwohl der Prinz sie „zur marterndsten Langeweile“ mit heftigen kritischen Bemerkungen über Goethes seiner Meinung nach unzulängliche Schilderung „eines Helden“ — gemeint war Egmont — geplagt habe. Später rang sie mit Marwitz, mit Heine um Goethe. Rahels Gespräche mit dem märkischen Landjunker fingen mit Goethe an, hörten mit ihm auf, wie sie selbst bekannte.

Am liebsten war Rahel mit Goethe allein; zu jeder Zeit und in jeder Gemütslage vermochte sie sich mit dem „Meister“, dem „Faust“, einem Gedicht, mit jeder Zeile, die Goethe geschrieben hatte, fruchtbringend auseinanderzusetzen. Ein neuer Band Goethe gar war ihr ein „Fest“, „ein lieblicher, herrlicher, geliebter, geehrter Gast, der mir neue Lebenspforten zu neuem, unbekanntem, hellem Leben gewiß erschloß“, wie sie Varnhagen anvertraute, als er ihr Lebenskamerad geworden war. „Durch all mein Leben begleitete der Dichter mich unfehlbar, und kräftig und gesund brachte der mir zusammen, was ich, Unglück und Glück zersplitterten und ich nicht sichtlich zusammenzuhalten vermochte. Mit seinem Reichtum machte ich Kompagnie. Er war ewig mein einziger, gewissester Freund . . ., von dem ich wußte, welche Höllen er kannte! Kurz, mit ihm bin ich erwachsen, und nach tausend Trennungen fand ich ihn immer wieder, er war mir unfehlbar. Und ich, da ich kein Dichter bin, werde es nie aussprechen, was er mir war!“

Von Goethe war wieder und wieder in den Briefen die Rede, die Rahel und Varnhagen in den Jahren wechselten, in denen der Verlobte in Tübingen studierte und in österreichischen Diensten bei der Armee oder in Böhmen weilte. Varnhagen kam auf den Gedanken, auf Goethe bezügliche Stellen zu sammeln und Cotta zum Druck anzubieten. Rahels Äußerungen wurden dabei mit der Chiffre G., seine eigenen mit dem Buchstaben E. gezeichnet, so daß dem Leser unbekannt blieb, wer die Verfasser der Briefe gewesen sind.

Cotta war geneigt, das Manuskript zu veröffentlichen, wünschte jedoch, daß Goethe gefragt würde, ob er gegen eine solche Absicht Einwendungen zu erheben habe. Der Herausgeber Varnhagen schickte die handschriftlichen Blätter im November 1811 an Goethe, wobei er sich dafür, daß „diese abgerissenen Stellen wirklichen Briefen angehören“, mit seinem Ehrenwort verbürgte. Rahel nannte er nicht, und man kann auch nicht annehmen, daß Goethe von Rahels Verlöbnis mit Varnhagen, der ihm bis dahin unbekannt war, gewußt hat. Der Dichter antwortete am 10. Dezember, ihm könne zu einer Zeit, da er im Begriffe stehe, sich und anderen von seinem Leben und seinen Werken Rechenschaft zu geben, nichts erwünschter sein, als zu vernehmen, „wie so bedeutende Personen als jene Korrespondenten“ über ihn und seine Produktion dächten. In überraschend treffender Weise kennzeichnet er in seiner Antwort in G. (Rahel) und E. (Varnhagen) zwei ihm unbekannte Personen: „Diese beiden Wohlwollenden machen ein recht interessantes Paar, indem sie teils übereinstimmen, teils differieren. G. ist eine merkwürdige, auffassende, vereinende, nachhelfende, supplierende Natur, wogegen E. zu den sondernden, suchenden, trennenden und urteilenden gehört. Jene [also Rahel] urteilt eigentlich nicht, sie *hat* den Gegenstand, und insofern sie ihn nicht besitzt, geht er sie nichts an. Dieser aber möchte durch Betrachtungen, Scheiden, Ordnen der Sache und ihrem Wert erst beikommen und sich von allem Rechenschaft geben. Merkwürdig ist es mir, daß zuletzt E. mehr an G. herangezogen wird, eine Wirkung, welche die letztere Natur notwendig gegen denjenigen ausüben muß, der sie liebt und schätzt ...“

Goethe billigte trotz einiger Bedenken die Drucklegung des

Manuskriptes, das unter dem Titel „Über Goethe, Bruchstücke aus Briefen" in Cottas „Morgenblatt für gebildete Stände" Jahrgang 1812, Nr. 161, 162, 168, 169, 178) veröffentlicht wurde und Varnhagen acht Louisdor einbrachte, die als Reisegeld für ein Zusammensein mit Rahel bestimmt waren.

Varnhagen hatte Rahels Namen verschwiegen, weil er nach Cottas Wunsch Goethes Urteil ohne Verzug erbitten wollte. Als Rahel davon erfuhr, trug sie keine Bedenken, daß sie als einer der Verfasser der Briefe genannt würde, falls es Goethe wissen wollte. „Mir liegt (außer des Pekuniären für dich) gar nichts daran, ob es gedruckt wird; wenn Goethe es nur *gesehen* hat, er nur weiß, welche bewußte Liebe für ihn schon mit ihm zugleich lebt. Wie vergöttert er in Deutschland, in *Berlin* wird."

Triumphierend sandte Varnhagen der Freundin, wohl bewußt, daß er sie, wenn auch ungenannt, als „unbezwingliche Waffe" geführt, des Dichters huldigende Zeilen. „Wie eine Überschwemmung" kam diese Gewißheit, von Goethe verstanden zu werden, über Rahel: „Ein Meer ist alles! Und es muß sich erst jetzt nach und nach daraus bilden. Ob ich dir danke — du weißt es, du wirst es erfahren. Du weißt, ob ich eitel nach Beifall strebe, den ich mir nicht selbst gebe; ob ich große Bemühungen anstelle, um gelobt zu werden. Aber meine wirklich namenlose Liebe und bewundernde Verehrung dem herrlichen Mann und Menschen einmal zu Füßen legen zu können war der geheime, stille Wunsch meines ganzen Lebens."

Überglücklich war sie, in dieser einen Sache ihrem tiefsten Innersten gefolgt, sich „vor Goethe scheu zurückgehalten" zu haben. „Gott, wie recht war es! Wie keusch, wie unentweiht, wie durch ein ganzes, unseliges Leben durchbewahrt, könnt' ich ihm nun die Adoration in meinem Herzen zeigen ... Und auch er nur wird es mir anrechnen können, wie schwer es ist, solche liebende Bewunderung schweigend ein ganzes Leben hindurch in sich zu verhehlen ... Nenne mich nur, wenn du willst. Er wird sich zwar, doch unangenehm, wundern, daß es eine so nichtsbedeutende Person ist in Welt und Literatur. Aber mein ganzes menschliches Sein ihm darzulegen scheue ich mich nicht. Und bin daher nur halb verlegen, daß ich es nur bin."

Varnhagen gab Goethe im Februar 1812 davon Kenntnis, daß die mit dem Buchstaben G. unterzeichneten Briefauszüge von der Hand „seiner hochverehrten Freundin" Rahel Robert stammten. Eine Stellungnahme Goethes zu dieser Eröffnung ist nicht überliefert, doch scheint er in seinem Weimarer Kreis gelegentlich von den Briefschreibern gesprochen zu haben.

Im Herbst 1813 nämlich weilte Karoline von Wolzogen, Schillers Schwägerin, in Prag. Im Gespräch mit Rahel, die sie damals kennenlernte, erwähnte sie, sehr schöne Briefe von ihr gelesen zu haben, „über Goethe; es hat ihn unendlich gefreut, es ist ihm so nötig, er wird so häufig mißverstanden, so vielfältig nicht gut berührt". Man habe ihr vertraut, die Briefe seien von Rahel. „Das kann in Weimar nur Goethe sein", fügte Rahel ihrem Bericht an Varnhagen hinzu. Sie antwortete der Wolzogen, die in Goethes Nähe lebte und zu Schillers Zeiten nahen Umgang mit ihm gehabt hatte, daß sie Goethe „vergöttere", bei jedem Schmerz, bei jedem Ereignis in Gedanken ihn um Rat frage, „den großen Gedichtsmann . . ., diesen *König* der Deutschen, der blinden, unglücklichen, die ein Jahrhundert nach seinem Tode erwachen werden". Wieder einmal lesen wir einen der schwärmerischen Ergüsse ihrer Goethe-Anbetung, ausgelöst von dem „inneren stillen Glück", ihren „Herren", ihren „größten Liebling" erfreut zu haben, in der Versicherung endend: „Marwitz, mit dem ich hier überall die knetendsten, herrlichssten Gespräche führte, sagt auch: kein *Mensch* liebe ihn mehr als ich . . ."

Es mag dahingestellt bleiben, ob Rahels Annahme, Frau von Wolzogen habe von Goethe erfahren, wer sich hinter dem Buchstaben G. verberge, zu Recht besteht. Quelle ihres Wissens kann auch beider Freundin Karoline von Humboldt gewesen sein; Karoline von Wolzogen hatte sie in Wien besucht. Denn mit der Schwägerin Schillers reiste auch die Nachricht von einer Begebenheit um Goethe durch die Lande, von der Wilhelm von Humboldt, nach der Schlacht bei Leipzig im Gefolge des Königs vorübergehend in Weimar weilend, Ende Oktober seiner Frau Kenntnis gegeben hatte.

Feldzeugmeister Graf Hieronymus Colloredo, der Kommandeur des ersten österreichischen Korps, war während des Durchzuges der verbündeten Truppen mit großem Gefolge in Goethes Haus einquartiert worden. Goethe hatte ihn begrüßt, den Orden der französischen Ehrenlegion, der ihm von Napoleon verliehen worden war, am Rock. Nach Humboldts Darstellung hatte Colloredo gewettert: „Pfui Teufel, wie kann man so etwas tragen!“ Goethes Antwort an seinen als Franzosenhasser bekannten Gast ist nicht überliefert, wohl aber ein Gespräch, das Goethe, statt des französischen nun einen russischen, den Annenorden, tragend, über diesen Zwischenfall mit Humboldt gehabt hat. Man könnte doch einen Orden, durch den einen ein Kaiser ausgezeichnet habe, nicht ablegen, weil dieser eine Schlacht verloren habe, soll Goethe, über das Auftreten des Österreichers noch immer empört, zu Humboldt gesagt haben, der es in seinem Bericht an Karoline als „schlimm“ bezeichnete, wenn „man für das Ablegen der Legion keine besseren Gründe hat“.

Die Kunde von dem kleinen Geschehen am Frauenplan verbreitete sich recht schnell; auch Karl August und Charlotte von Stein hatten Dritten darüber berichtet. Karoline von Wolzogen brachte sie, vermutlich in Humboldts Darstellung, nach Prag. Rahel gab sie an Varnhagen weiter, aber — und das ist für ihre Goetheverehrung bezeichnend — zutiefst darüber empört, daß einem Manne wie Goethe eine solche Kränkung hatte widerfahren können. Sie fragte nicht danach, ob Goethe nicht eine menschliche Schwäche gezeigt hätte, von der man ihn besser frei gewünscht, und sie rügte auch nicht die Indiskretion seiner Freunde, die ein solches Begebnis nicht für sich behalten hatten, „Goethen *der*gleichen!“ entsetzte sie sich, von der Wolzogen übertriebener Besorgnis erschreckt, so, wie sie Goethe kenne, werde es ihm Weimar verbittern und er es verlassen. Varnhagen las in Rahels Brief: „August, welch ein Schmerz in seinem Alter, bei seiner Zartheit! Wie er sich alles denkt und alles in seiner Seele zu stehen hat, mischt ein wütender Krieger sich ein! Ach, nähm’ er’s als einen Stoß, einen Schlag, im Gedränge auf ihn gefallen. Und Deutschlands Pöbel! Wie wird er sich freuen!“

Rahels Goethekult war kritiklos, vorbehaltlos. Sie gab es uneingeschränkt zu, daß sie Goethe vergöttere, und ebendeshalb nahm sie seine kleinen menschlichen Schwächen überhaupt nicht zur Kenntnis. Goethe war ihr über alles Menschliche erhaben, nur er, kein Sterblicher sonst. „Diesen *Gott* lassen sie nicht ungeschoren!“ erregte sie sich in einem Brief an Karoline von Humboldt, Gentz wegen seines, wie nicht anders zu erwarten, abschätzigen Urteils einen „Maulwurf, blinden, wühlenden, anderthalbsinnigen" schimpfend. Das Gezeter des gebildeten „Pöbels" war freilich so groß, daß sich Karoline von Humboldt schließlich entschloß, „die ärgerliche Geschichte mit Goethen ... jedem Menschen ins Gesicht abzuleugnen." – „Sehr weise", glossierte Rahel bissig der Freundin Verhalten. „Weise und witzig, wenn sich ein Feiner, wenn es angewandt ist, auf etwas Rohes besinnt. *Leugnen* sollte man den Eseln öfter etwas ..."

Rahel wünschte ihrem Abgott Genugtuung zu verschaffen. Nur wenige Monate später, im Juni 1814, bot sich eine Gelegenheit. Der Prager Schauspieldirektor Liebich trug der aus Berlin nach Prag Geflüchteten den Gedanken vor, Goethe möchte für alle deutschen Bühnen ein Stück schreiben, das in allen deutschen Theatern am 18. Oktober 1814, dem ersten Jahrestag des kriegsentscheidenden Sieges von Leipzig, als dem Ausgang einer neuen gesamtdeutschen Hoffnung und jedes Jahr zur Wiederkehr dieses Tages gespielt werden sollte.

Rahel „zitterte das Herz diesen Augenblick in Tränen". Vor ihr erstand die Vision, daß man „in *ganz* Deutschland, in derselben Stunde Goethes Worte, seine Meinungen, *seine* Gedanken spricht, alle Besseren unserer ganzen Völkerschaft versammelt sind, *ihm* zuzuhören, von ihm zu lernen, was sie zu denken haben; und er uns zur Tat schafft, was Ereignis war! Die Welt ist nicht mehr so roh, daß die Taten sie gestalten und sie denken lehrte. Dies müssen unsere besten Dichter und Denker tun, die Besten der Nation ..." Die Vorstellung überwältigte sie, dieses in Dutzende Staaten und Staatchen zerspaltene, veruneinigte Deutschland, „ganz Deutschland", könnte Goethes Stimme hören, würde schaudern, leben, horchen, klatschen, jubeln, weinen. „Ich falle auf die Erde und weine! Wir haben ja keine Forums, keine Märkte, keine Rednerbühnen, nichts Öffentliches. Nichts Unzerstückeltes ist uns überkommen, wir schaffen es ja nur ab, und nichts! Aber als Naturnotwendigkeit für alle in Völkern versammelte Menschen steigt den Regierungen selbst unbewußt die Schauspielbühne als ein solcher Mittelpunkt unbemerkt und ungelockert empor ..."

Lessings Erbe aufzugreifen und Schillers Vermächtnis zu vollstrecken und von der Bühne her, jener Kanzel des mitreißenden Fortschrittes, die Deutschen wenigstens eine Stunde im Jahr zusammenzuführen und für ihr nationales und menschliches Anliegen zu läutern und zu begeistern — mußte das nicht die Aufgabe sein, die eine Rahel dem „künstlerischsten Deutschen“ stellen durfte?

Sie befeuerte Liebich, an Goethe zu schreiben, und beschwor Sara von Grotthus — aus dem an sie gerichteten Brief zitierten wir —, Liebichs Anliegen mit ihren, Rahels, Argumenten Goethe in aller Eindringlichkeit vorzutragen. Obwohl sie nun Goethe zu einer lebendigen Vorstellung geworden war und damit rechnen konnte, daß er ihren Ausführungen mit Aufmerksamkeit und Anteilnahme folgen würde, hielt sie selbst sich abermals in fast übermenschlicher Scheu zurück. Auch Varnhagen, den Vertrauten, der sich eines solchen Auftrages mit geschäftigem Eifer bemächtigt hätte, wünschte sie ebendeshalb nicht im kleinen Kreis der Handelnden. Liebichs Brief, bis zum nächsten Posttag zurückgehalten, sollte nicht vor dem der Freundin Sara, der Goethe nach Rahels Meinung „sehr hold und zugetan“ war, in Weimar eintreffen, „damit Goethe nicht in der Geschwindigkeit, ehe deiner [Saras] kommt, ein Nein schreibt“.

Goethe schrieb kein Nein. Aber er verwies Liebich, für den sehr ehrenvollen Auftrag lebhaften Dank abstattend, auf das Festspiel, das er auf Ifflands Wunsch aus Anlaß der Rückkehr des Königs nach Berlin für das Berliner Theater geschrieben hatte (und das nicht zu seinen stärksten Arbeiten gehört). Der Kapellmeister Bernhard Anselm Weber komponierte bereits die Bühnenmusik zu Goethes Schöpfung „Des Epimenides Erwachen“. Goethe meinte, er habe in diesem Stück alles zur Sprache und Darstellung gebracht, was in den Gemütern seit vielen Jahren vorgegangen war und sich in diesen letzten Zeiten, wie er glaubte, so glücklich entfaltet hatte.

Sein stiller Wunsch, diese Arbeit nicht nur für Berlin, sondern für das ganze Vaterland, nicht nur für den Augenblick, sondern für die Zukunft unternommen zu haben, erfüllte sich nicht.

Treffen in Frankfurt

Goethe verlebte den 18. Oktober 1814 als Gast seines Freundes Willemer in dessen Weinberghäuschen auf dem Mühlberg. Während er die Freudenfeuer zum Jahrestag der Schlacht bei

Leipzig auflohen sah, mochte sein Blick den Menschen umfangen halten, der zum großen Erlebnis dieser Reise in die Rhein- und Maingegenden geworden war. Das war Willemers Hausgenossin Marianne Jung, seit wenigen Wochen Willemers dritte Frau.

Von Marianne, der Suleika des „Diwan", muß man sprechen, wenn man jenes fast tragikomische Begebnis werten will, als das sich Rahels zweites Treffen mit Goethe dem Unbeteiligten darstellt. Des Dichters Reisen in den Jahren 1814 und 1815 in die heimisch vertrauten Landschaften an Rhein und Main, die er seit siebzehn Jahren nicht besucht hatte, erinnern in manchem an die italienische Reise, wenn nun auch ein Fünfundsechzigjähriger, um einen Titel im „Buch des Sängers" aufzugreifen, „Im Gegenwärtigen Vergangenes" erlebte, noch einmal Erfüllung lebenslänglicher Sehnsucht suchend. Nicht zuletzt Bettina hatte diese Fahrt in die Kindheit und Jugend angeregt, die der Dichter, mit der Niederschrift von „Dichtung und Wahrheit" befaßt, unternahm, produktiv genug, wie er erfreut anmerkte, „oft in einem Tage zwei bis drei Gedichte zu machen, auf freiem Felde, im Wagen, im Gasthof".

Am 28. Juli 1814, gegen Ende der viertägigen Fahrt, war er in Frankfurt am väterlichen Haus am Hirschgraben vorübergegangen, während drinnen die vertraute Standuhr schlug. Tags darauf war er in Wiesbaden eingetroffen. Einen Monat erfreute er sich des Umgangs mit dem Altersfreund Zelter. Der Reichsfreiherr vom Stein gehörte zu den hervorragenden Besuchern des Kurgastes. Zehn Tage vorher, am 4. August, hatte dem schon damals berühmtesten Sohn der Reichs- und Kaiserstadt am Main ein älterer Freund, der Frankfurter Bankier und Senator Jakob Willemer, einen huldigenden Besuch abgestattet. In seiner Begleitung hatte sich seine liebreizende Hausgenossin und alsbaldige Gattin, die Tochter des Linzer Instrumentenmachers Jung, Marianne, befunden.

Mitte September war Goethe zum ersten Male in Willemers Landbesitzung am Main, der Gerbermühle, zu Gast. Nachdem er Heidelberg und Mannheim besucht hatte, kehrte er am 12. Oktober in seine Vaterstadt zurück. Wieder und wieder fand er sich bei den Willemers ein. Und nun entspann sich jene höchst fruchtbare Neigung zu der jungen Gattin des alten Freundes, eine Neigung, die weit mehr war als der „kleine

Roman aus dem Stegreife", den er während des ersten Treffens mit Rahel in den böhmischen Bädern mit jener anderen Marianne, der Tochter des Berliner Bankiers Meyer, angeknüpft hatte.

Marianne Willemer, der Muse des „Westöstlichen Diwans", vor allem galt die Wallfahrt, die Goethe im Jahre 1815, bereits Ende Mai aufbrechend und bis Anfang Oktober in den rheinischen Landschaften verweilend, in die so lange vernachlässigte Heimat antrat. Von Ende Mai bis Mitte Juli verweilte er zur Kur in Wiesbaden. Von Biebrich aus meldete er am 6. August den Freunden in der Gerbermühle seine Ankunft, schon am 12. des Monats nahm er als Gast Willemers seinen Aufenthalt in dem schönen Anwesen am Main, wo

„Goldner glänzen stille Fluten
In der Abendsonne Gluten".

Jeder Abend wurde zu einem Fest. Der sechsundsechzigte Geburtstag, zu dem sich auch Sulpiz Boisserée aus Heidelberg eingefunden hatte, steigerte sich zu einer wohltuend empfundenen Huldigung der Freunde. Der Umgang mit der seelenverwandten Marianne schenkte dem Dichter das wohl letzte große schöpferische Erlebnis seines an menschlichen Begegnungen überreichen Lebens. Vorübergehend, vom 8. bis 15. September, nahm Goethe in Willemers Stadthaus Wohnung, dann kehrte er noch einmal für wenige Tage in die Gerbermühle zurück, um nach Heidelberg weiterzureisen, wo er sich ein letztes Mal mit Marianne traf.

Er überwand die Leidenschaft, der er sich gestellt hatte, „allein dadurch beruhigt, daß ich ohne Willkür und Widerstreben den vorgezeichneten Weg wandle und nun desto reiner meine Selbstsucht nach denen richten kann, die ich verlasse", wie Marianne in einem Abschiedsbrief las. Als die Lieder des „Westöstlichen Diwans" (1819) erschienen waren, schrieb Goethe seiner Muse: „Sie sind Suleikas, sind die *Deinen.*" Erst lange nach seinem Tode wurde bekannt, wie wörtlich diese Huldigung an die einzige Frau gemeint war, die Goethe nicht nur zu unvergänglicher poetischer Ergießung angeregt, sondern — im Buche Suleika — Lieder eigener Schöpfung unter die seinen gemischt hatte.

In diese so überaus anregende und doch zugleich schmerzvolle und entsagungsreiche Begegnung mit Marianne Willemer fiel Goethes zweites Zusammentreffen mit Rahel Varnhagen wie eine unbedeutende Episode mitten in ein epochales Ereignis.

Rahel war am 18. August 1815 in Frankfurt eingetroffen. „Goethens Wolken, Goethens Stadt" sah und erlebte sie, und sie erfuhr, daß der so demütig Vergötterte in der alten Reichsstadt weilte. Die Kunde versetzte sie in höchste Erregung. Friedrich und Dorothea Schlegel, Otterstedt, andere Freunde rieten ihr, sich im Hause des Schöffen Christian Heinrich Schlosser einführen zu lassen, wo Goethe „liebevollste Gastfreundschaft" gefunden hatte. Jede Anstalt, ihm zu begegnen, widerstrebte ihr.

Sie hatte sich während ihres Aufenthaltes in Baden bei Wien neuerlich mit seinen Werken beschäftigt und abermals bestätigt gefunden, daß er Natur, Welt, Geschichte in der gleichen Weise sah wie sie (genauer gesagt: sie wie er). Sie hatte sich darüber empört, daß man sein Verhalten „jetzt so eilig patriotisch, kleingesehen, feig und selbstisch tadelte". Man schriebe nicht von ungefähr einen „Egmont", um sich danach zu ändern, wie jene Leute, „die immer einem Zeitalter *nach,* aber nie *vor* sprechen. Geschichte *sieht* man, konstruiert sie selbst. Die geistige Entwicklung der Völker ist ihre Geschichte, und die bringen Sterbliche, wie Goethe, her*vor,* indem sie sie sehen, verkünden, prophezeien (auch rückwärts, wie Friedrich Schlegel in der guten Zeit wußte), und sie sind es, die ihr Volk umbilden. Aber aus ebendiesen Ursachen murrt immer das Rohe im Volke gegen ihre Moses, Sokrates, Goethen! Soll ich an Christus erinnern?"

Gerade diese Übereinstimmung mochte den ehrgeizigen Varnhagen in Paris bestimmt haben, Rahel in aller Endringlichkeit zu beschwören, sie möge die Gelegenheit, ihre Bekanntschaft mit Goethe zu erneuern, nicht versäumen und das, was sie tun müsse, ihm zu begegnen, nicht anderen Leuten oder dem Zufall überlassen. Sie müßte doch gestehen, daß ihm, Goethe, wenn er sie „ganz erkannte", „kein größeres Glück widerfahren könnte ... Sei entschieden und ordne Dich nicht unter, wo Du von den Göttern begabt und berufen bist, als die gleiche dazustehen. Erweise Du ihm die Ehre! Gönne Du ihm die Freude auch und lasse ihn wissen: er könne sich in Deiner erneuerten Bekanntschaft Größe und Bedeutendes aufschließen."

Varnhagen trieb mit seiner Frau bereits einen Kult; sein sonst so kritischer Blick verlor jegliche Schärfe, wenn er auf die geliebte Lebensgefährtin gerichtet war. Sein heißer Wunsch, sie möchte mit Goethe in Verbindung treten — „sehe Goethen, mit Gewalt!" —, dürfte die Übersteigerung gefördert haben. Rahel, eine der bedeutendsten Anregerinnen ihres Jahrhunderts, hatte sich Goethe gegenüber zeitlebens auf Bewunderung beschränkt. Konnte sie Goethe überhaupt etwas bedeuten? Würde sie dem Manne, der in Marianne Willemer für die letzte Wegstrecke seines Schaffens eine Gefährtin gefunden hatte, die ihn befeuerte, wie seit langem keine Frau, mehr sein können als eine der vielen Verehrerinnen, deren Umgang er sich nicht immer entziehen konnte, mehr als Bettina, „das Kind", das ihm zum schöpferischen Nacherleben von Kindheit und Jugend verholfen hatte?

Es kam zu keiner schöpferischen Begegnung zwischen Rahel und ihrem Abgott, es kam lediglich zu einem Treffen ohne jedes fördernde Gespräch. Für Goethe war die knappe Stunde des Zusammenseins etwas so Alltägliches, daß er sie nirgendwo erwähnt hat.

Am 20. August, einem Sonntag, machte Rahel mit einem Frankfurter Ehepaar und einem Pianisten einen Ausflug im Wagen durch Gärten und Weingehege nach einer Försterei, von der aus man nach dem Kaffee einen Spaziergang durch den schattigen Wald unternahm. Jenseits einer Wiese lockte ein anmutig gelegenes Dorf. Rahel scheute die auf den Weg dorthin grell einfallende Sonne. Als jedoch einer ihrer Begleiter darauf hinwies, man habe Niederrad vor sich, „das Dorf, wovon Goethe soviel schreibt, wo er immer mit seinen jungen Freunden hinging", entschied Rahel: „Dann wollen wir durch die Sonne!" („und Schauder grieselt mir über die Backen").

Ein Wagen fuhr langsam die Straße entlang. Rahel blickte hinüber und erkannte im hinteren Sitz Goethe, der mit Willemer, Marianne und anderen eine Spazierfahrt in eine vertraute Jugendlandschaft unternahm. „Der Schreck, die Freude", berichtete sie an Varnhagen, „machen mich zum Wilden! Ich schrei mit der größten Kraft und Eile: ‚Da *ist* Goethe!'"

Goethe lachte. Rahel aber lief mit ihrer Begleiterin dem langsam fahrenden Wagen voraus, um den Anblick des vergötterten

Dichters noch einmal zu erleben. „Er lächelte sehr wohlgefällig, beschaute uns sehr und hielt sich Kräuter vor der Nase, mit denen er das Gesicht fächelte, das Lächeln und das Wohlwollen uns, aber besonders seiner Gesellschaft, die eigentlich kikerte, zu verbergen ... Also auch Goethe ging heute in seiner Jugend wallfahrten! Und *ich, deine* Rahel, trifft ihn, macht ihm eine Art Szene, greift ein in sein Leben! *Dies* ist mir ja lieber als alles Vorstellen, alles Kennenlernen."

Der Dichter wurde ihr unverzüglich zum „Mainherr", dessen Anwesenheit am Main und dessen Anblick sie mit der Landschaft so verband, daß sie in ihr „Deutschland" sah, die Gegend des Vaterlandes, in der sie leben möchte, wo sie gesund werden könnte. Frankfurt hatte von Stund an ein anderes Gesicht. Ordnung und Wohlhabenheit, Aufblühen und Heiterkeit und rüstiger Fleiß begeisterten die Berlinerin. Die Stadt war ihr unvermittelt behaglich, vertraut, von freien Bürgern bewohnt. „Man sieht's an allem. Die Gegend, die Nachbarschaft, die Kultur, der Wohlstand." Wie eine Familie wäre das Ganze, die häuslich und glücklich lebe, notwendigerweise aber ohne „großartigen, bezugreichen Verkehr", ohne eine „exempelgebende Anstalt, die um sich griffe, weit und allgemein wirkte, Dies kann nur ein großer Staat; bis jetzt, mit allen seinen Mißbräuchen und Häßlichkeiten."

In allem, was sie sah und dachte, spiegelte sich das Erlebnis mit Goethe.

Freunde rieten ihr, der ferne Varnhagen beschwor sie, Goethe aufzusuchen. Otterstedt unternahm es, Goethe über Willemer wissen zu lassen, „wer es war, der ihm in Niederrad nachschrie". Rahel fand nun zwar den Weg zu Schlossers, wohl in der geheimen, aber vergeblichen Hoffnung, Goethe dort zu treffen. Man erwog, Marianne Willemer und der im Hause lebenden Tochter Willemers aus erster Ehe einen Besuch abzustatten. „Das fehlte mir!" rügte Rahel. Sie wollte Goethe „anders, natürlich" begegnen.

Allein der Gedanke, sie könnte ihn wiedersehen, erschreckte sie. „Was sollt' ich Goethen sagen?" lautete die bezeichnende Frage, die sie sich und in Briefen Varnhagen stellte. Sie habe Unendliches von Goethe gehabt, er nicht von ihr. Was sollte sie ihm geben? „Und so lass' ich es denn. Getrost. Mich *dünkt* sogar, es muß Wichtiges im Leben zurückbleiben, Wichtiges, worauf wir einen größeren Wert setzen." Ihr mangelte — bekannte sie — die Stärke, wie sie bedeutenden Menschen eigen sei, sich großen Begebenheiten im Leben zu stellen.

Tage später, von Varnhagen wieder und wieder gemahnt, gestand sie sich ein, daß Goethe viel an ihr hätte, „eine Sorte, die er noch nicht hatte". Lebte er in einem Walde, einsam und auf sich gestellt, würde sie zu ihm gehen. Sie könnte aber nicht in den Kreis einbrechen, in den er sich begeben habe, um auszuruhen und unbehelligt zu sein. In Weimar, meinte sie, würde sie vielleicht sogar Mut haben, ein Treffen mit ihm zu fordern. Und doch: abermals mußte sich Varnhagen fragen lassen, was sie Goethe denn sagen solle. „Mit Goethe mag ich nichts wagen; dem will ich wirklich nicht häßlich erscheinen."

Und doch wagte sie etwas, freilich nur eine Halbheit, erzeugt von Scheu und Unsicherheit. Dabei rechtfertigte sie sich mehr vor sich selbst als vor Varnhagen damit, sie habe nur ihm zuliebe, nur um ihm zu willfahren und zu folgen, sich und ihre heimliche Leidenschaft aufgeopfert: Sie schrieb Goethe am 5. September einen Brief. Sie erkundigte sich, ob Goethe Varnhagens Schrift „General Tettenborns Feldzüge" und einige Manuskripte, die der damalige Hauptmann dem Dichter durch einen Kommissionär aus Leipzig hatte schicken lassen, erhalten habe. Sie gab den Brief persönlich in der Gerbermühle ab, ohne sich den Damen des Hauses oder deren Gast melden zu lassen, und ließ, da sie ohne Antwort geblieben war, nach einiger Zeit nachfragen, ob Goethe in den Besitz des Schreibens gelangt wäre.

Einen oder zwei Tage danach, am 8. September 1815, gegen ein Viertel vor zehn, erhielt Rahel ihr „Adelsdiplom".

Goethe hatte sich aus der Stadtwohnung der Willemers aufgemacht, um ihr einen Besuch abzustatten. Er kam unangemeldet, fand Rahel unvorbereitet; sie hatte sich nicht wohl gefühlt und war am Morgen im Bett geblieben und eben im Aufstehen begriffen. Als ihr durch den aufgeregten Wirt der Besuch eines Herrn gemeldet wurde, schickte sie ihr Mädchen hinunter, das mit der Besuchskarte Goethes und der Mitteilung zurückkam, er wolle ein wenig warten. Scheu, Verwirrung, Erschütterung bemächtigten sich alsbald der überglücklichen Rahel.

„Ich lasse ihn eintreten", berichtete Rahel an Varnhagen nach Paris, „und nur so lange warten, als man Zeit braucht, einen Überrock überzuknöpfen. Es war ein schwarzer Wattenrock, und so trete ich vor ihn hin, *mich* opfernd, um ihn nicht einen Moment warten zu lassen. Dies nur blieb mir von Besinnung. Auch entschuldigte ich mich nicht, sondern danke ihm. ‚Ich dank' Ihnen!' sagte ich und meinte, er müsse wissen, wofür. Daß er kam. Entschuldige mich nicht, denn ich meine, er muß wissen, daß ich *ganz* schwinde und nur er berücksichtigt wird. Dies — leider!! — war die *erste* Bewegung meines Herzens. Nun denk' ich in heftigster, ja komischer, quälender Reue *anders!* Er sagte mir, mit einer etwas sächsischen, sehr aiséen-[gemächlichen] Sprache, er bedaure, nicht gewußt zu haben, daß ich *bei* ihm war. ‚Wir wollten *nur* wissen, ob Sie das Paket erhalten hätten. Wir hatten es einem Wiener Kaufmann gegeben, der es mit bis nach Leipzig nahm.' — ‚Ich danke Ihrem Herrn Gemahl sehr, grüßen Sie ihn von mir; ich habe auch gleich antworten wollen und legte es deshalb zurück, aber mit den interessantesten Sachen geht's einem am meisten so, man kommt nicht dazu. Ich danke Ihnen sehr.' — ‚Oh, das glaub' ich wohl. Es geht *mir* ja sogar so. Ich wollte auch nur wissen, ob es in Ihren Händen sei.' Er ließ dich wieder grüßen, wohl dreimal, fragte, wo du bist. Ich sagte ihm meinen Fall mit dem Nachkommen [nach Paris]; wie der Kongreß auf mich gewirkt habe. Dessen war er, *ganz weise* und abgetan und zweihundert Jahr alt, einverstanden. Und meinte auch, es sei nicht zum Nacherzählen, *weil* es keine Gestalt habe. Ich sagte ihm, ich hätte erfahren, daß der Krieg umbringe, aber nicht zerstöre, und gestand *ihm* zu, daß man dies an Frankfurt sähe, dessen Umgebungen wir um die Wette lobten, und er meinte, es würde ja dort [mit den Verhandlungen in Paris] bald aussein und wir auch noch etwas Gutes davon erfahren. So glimpf-, so hoffnungsreich auf die Natur; so gelassen, freundlich und unsicher, so vage und fest. Daß es *mir* eine Lust war! Er überredete mich, zu Biebrich, Wiesbaden und dieser Reise. Gestand, wo er wohne, sei die bessere Seite von hier. Er lobte Heidelberg und daß man noch sähe, daß es eine Residenz war. Und als ich von Lokal und seinem unbesiegbaren Einfluß sprach, bejahte er's: ‚Darin müssen wir ja einmal leben, das tut sehr viel.' Er fragte mich, wo wir immer wohnen. Im ganzen war er wie der vornehmste Fürst, aber wie ein äußerst guter Mann, voller *Aisance*, aber Persönlichkeiten ablehnend, *auch* vornehm."

Es kam kein Gespräch zustande. Rahel war hilflos-befangen, Goethe blieb reserviert kühl, übte belanglose Konversation, war wohl auch über die ungewöhnliche Form des Empfanges ein wenig ungehalten. Man hatte sich nichts zu sagen, tauschte höfliche Förmlichkeiten aus. Rahel vermochte sich nicht zu fassen, blieb verwirrt und ungeschickt. Goethe tat nichts, um der scheu Verlegenen zu helfen. Recht bald empfahl er sich. Was sie befürchtet hatte, war eingetreten: sie hatte sich ihrem Abgott „häßlich gezeigt".

Als sie Varnhagen noch am gleichen Tag von dem Begebnis Kenntnis gab, verglich sie ihr Verhalten mit dem Lehnsmann, dem sein geehrter, über alles verehrter, tapferer und weiser König vor der ganzen Welt den Ritterschlag erteilt. Sie wußte, daß sie, sich peinlichsten Geschmackes rühmend, in ihrem Morgenkleid geschmacklos, ungraziös gewirkt haben mußte, ohne daß sie eine Möglichkeit gesehen hätte, anders zu handeln, als sie in ihrer Verwirrung gehandelt hatte. „Mein Negligé, mein Gefühl von Ungrazie brachte mich ganz darnieder, und sein schnelles Weggehen." Dennoch: kein Olympier hätte sie mehr ehren können, sie fühlte sich in ihrer Erniedrigung über alle Maßen geehrt. Goethe habe ihr für ewig den Ritterschlag gegeben. Jenes kecken Wortes Louis Ferdinands von den dreitausend Talern mehr Wert erinnerte sie sich, das der Prinz ihr nach seinem nächtlichen Zusammensein mit Goethe hatte zukommen lassen. Aufjubelnd wandelte sie es ab: „Nun bin ich ihnen unter *Brüdern* zehntausend Taler mehr wert. Goethe war bei mir!"

Kaum daß Goethe sie verlassen hatte, zog sie, als wollte sie Versäumtes nachholen, ihr schönstes weißes Kleid mit hochgestelltem Kragen an, setzte eine Spitzenhaube auf, verhüllte das Gesicht durch einen Kantenschleier, legte einen Moskauer Schal um. Eilends schrieb sie einer Bekannten, ob sie sie sehen möchte — „und wollte doch einem anderen würdig erscheinen!!"

Rahel faßte Mut, sich Goethe nun ihrerseits zu nähern. Einige Tage nach seinem Besuch sprach sie in der Gerbermühle vor; Bediente sagten ihr, daß Goethe zur Zeit in des Geheimrats Stadtwohnung lebe. Als sie dann am 19. September gemeinsam mit Otterstedt erneut vor dem Landsitz der Willemers vorfuhr und den dorthin zurückgekehrten Dichter zu sprechen wünschte, mußte sie erfahren, daß Goethe tags zuvor Frankfurt verlassen hatte. Willemers empfingen den Besuch nicht, noch erwiderten sie ihn.

„Dir zuliebe", las Varnhagen in einem Brief vom gleichen Tage, „fuhr ich heute hin. Gott will es nicht."

Zwischen der Episode von Niederrad und seinem Besuch bei Rahel traf Goethe am 22. August 1815 im Hause Christian Heinrich Schlossers den Marquis Astolphe de Custine, der später als Reiseschriftsteller einen Namen erlangt hat.

Rahel kannte den jungen Franzosen von Wien her, wo er sich aus Anlaß des Kongresses eine Zeitlang aufgehalten hatte. Zwischen beiden entwickelte sich eine lebenslange Freundschaft, die freilich nach der Frankfurter Zeit nur in Briefen gepflegt werden konnte. Das recht vertraute Verhältnis, in das auch Varnhagen einbezogen wurde, begann mit einer kämpferischen Auseinandersetzung, in deren Mittelpunkt Goethe gestanden hat.

Der damals fünfundzwanzigjährige Astolphe de Custine war als diplomatischer Zögling Talleyrands in Wien gewesen und hatte seinen Meister bis Frankfurt begleitet, um sich einer Kur im Schlangenbad zu unterziehen, da er unter einer Nervenkrankheit litt, die sich später zu geistiger Umnachtung verschlimmerte. Varnhagen wies darauf hin, daß sich der des Deutschen in seltenem Grade kundige junge Franzose weniger der „glänzenden Seite unserer Literatur, sondern ... mehr der stillen mystischen" zuwandte, „welche seinem streng katholischen Sinn entsprach". Custine gehörte zu den Verehrern des (katholisch gewordenen) Friedrich von Schlegel, begeisterte sich für Tauler und Angelus Silesius, den Schlegel damals der Vergessenheit entriß und „über dessen alles überfliegende Kühnheit er und die Freunde gewiß erschauert wären, hätte sie nicht das für sich selbst wieder staunenerregende Zeugnis beruhigt, daß der Inhalt dieser frommen Freigeisterei von der katholischen Kirche gebilligt und unter ihrem Schutz verbreitet worden", wie Varnhagen, nicht nur diese Episode, sondern einen Zug der Zeit kennzeichnend, angemerkt hat.

Ein Buch Saint-Martins, das Varnhagen in Paris bei einem

Trödler erworben und mit nach Frankfurt gebracht hatte, knüpfte „ein neues Band“ zwischen de Custine und den Varnhagens, bei denen er in Frankfurt ein und aus ging. Custine beurteilte alle Erscheinungen der Zeit aus einer betont katholischen Blickrichtung. Mit seinem Freunde Zacharias Werner, dem er in Rom, ein Jahr, nachdem dieser katholisch geworden (1811), nähergetreten war, verglich er „das Haupt Gottes mit einer riesenhaften Kuppel ohne Haube, so daß das Licht nur von unten eindringen kann“.

Dieser Satz stand, gleichsam als Schlußfolgerung, in einem Brief[1], in dem Custine Rahel die Eindrücke seines wahrscheinlich nicht einzigen Zusammenseins mit Goethe geschildert hat. Wesentlich später (1831) hat er der Meinung Ausdruck gegeben, Goethe wäre zwar nicht gottlos gewesen, aber er hätte sich in dem Gegenstand seines Gottesdienstes getäuscht und nach Art der Heiden die Natur angebetet, „und da das Beste in der Natur unstreitig er selbst war, so hatte er einen Gott aus seinem Geiste gemacht“. Im Brief an Rahel, der nach der Episode von Niederrad, aber vor Goethes Besuch in Rahels an der Allee gelegenen Mietwohnung geschrieben worden ist, bezeichnet es der fromme Katholik de Custine als „eine ungewöhnliche Erscheinung, daß ein Mensch, der zu solcher Weite, solcher Erhabenheit des Denkens gediehen ist, sich nicht zum Christentum bekennt“. Der junge Franzose meinte, zum „Unglück für Goethe“ wäre das Christentum eine göttliche Offenbarung. Vielleicht würde er sie erfunden haben; aber da er sie vor sich in die Welt gekommen fand und mit ihr allerhand Zutaten, die er nicht hinzugefügt hätte, da er in ihren Priestern sah, was er nicht sehen mochte, und an ihr nicht das, was er in ihr zu sehen wünschte, darum verwarf er sie. „Und man muß gestehen, daß dieser ungeheure Geist ebenso erstaunlich ist durch das, was ihm abgeht, wie durch das, was ihm eigen ist.“

Die tolerante Rahel hätte diese Analyse aus katholisch-christlicher Sicht womöglich hingenommen, wäre sie nicht lediglich der Schlüssel für ein Urteil gewesen, das die „Priesterin

---

[1] Dieser Brief findet sich weder in den von Varnhagens Nichte *Ludmilla Assing* 1870 in Brüssel herausgegebenen „Lettres du Marquis *A. de Custine à Varnhagen d'Ense* et Rahel Varnhagen d'Ense“ noch, nach seiner Veröffentlichung im Jahre 1837 in der Revue de Paris, in den Sammlungen zeitgenössischer Aufzeichnungen. Wir folgen der Übersetzung *Alfred Bergmanns* („Goethe in Frankfurt am Main 1815“, Goethe-Kalender auf das Jahr 1933).

Goethes“ zutiefst empören mußte. Custine richtete über den Menschen Goethe, weniger über den Dichter — wobei es dahingestellt bleiben mag, ob eine solche Scheidung zulässig ist —, und er richtete in Rahels Abgott, um ein späteres Wort von ihm zu gebrauchen, über das blinde und einseitige Vorurteil einiger Schöngeister für Goethe. Der junge Franzose lehnte sich gegen einen geradezu Mode gewordenen Goethekult auf. Er blickte mit scharfen Augen auf den großen Mann und schilderte ihn in seinem Brief mit einer kritischen Eindringlichkeit, die menschliche Züge Goethes nachzeichnete, wie sie nur selten in zeitgenössischen Zeugnissen überliefert sind.

Rahel war empört. Als Varnhagen sein Büchlein „Goethe in den Zeugnissen der Mitlebenden“ (1823)[1] erscheinen ließ, sprach Goethe ironisch von den „wohlwollenden“ Zeugnissen und regte, bei allem Selbstbewußtsein des Schwärmers überdrüssig, an, man möchte nun auch einen Band „mißwollender“ Zeugnisse herausgeben. Es ist zu vermuten, daß er de Custines Brief an Rahel ohne der Empfängerin Empörung mit wacher Aufmerksamkeit und verständnisvollem Lächeln gelesen hätte.

„Endlich habe ich Ihren Goethe gesehen!“ schrieb Custine an Rahel, „und zum ersten Male in meinem Leben habe ich erfahren, daß man vor einem Menschen wie vor einem Standbilde stillstehen kann, ohne ihn anzusprechen. Ich muß ihm wohl lächerlich vorgekommen sein; denn ich betrachtete ihn wie eine Naturerscheinung. Das liegt an Ihnen. Warum haben Sie mit mir so viel von ihm geredet? Im ersten Augenblick seines Erscheinens fühlte ich mehr das Bedürfnis nachzusinnen als das zu sprechen. Er machte mich nicht verlegen, er ist zu groß, um einzuschüchtern; ich glaube nicht, daß je ein Mensch im Angesichte des Vatikanischen Jupiter mit seiner eigenen Person beschäftigt gewesen ist und mit dem Eindruck, den sie machen könne; so konnte auch ich Goethe gegenüber nicht an mich selbst denken. Dieser Mensch, dessen Wesen sich durchaus von dem aller anderen Menschen unterscheidet, denen ich begegnet bin, machte auf mich den Eindruck einer Wüste. Ich war von

[1] Nach den Bruchstücken aus Briefen „Über *Goethe*“ in *Cottas* „Morgenblatt“ und vor „*Goethe* in den Zeugnissen der Mitlebenden“ veröffentlichte *Varnhagen* aus Rahels Niederschriften im Jahre 1816 im „Schweizerischen Museum“ auf *Goethe* bezügliche „Bruchstücke aus Briefen und Gedenkblättern“ und fünf Jahre später im „Gesellschafter“ Äußerungen Rahels „Über Wilhelm Meisters Wanderjahre“.

Ehrfurcht ergriffen. Ich empfand Wohlbehagen und Angst, ohne zu wissen, warum. Es war mir, als blickte ich über den Rand eines Abgrundes, aus dem die Stimme eines Orakels herauftönte."

Man sieht Rahels zitternde Hand mit dem Brief niedersinken, ihren Blick noch einmal nach dem Wort „Wüste" fahnden, das, hätte sie selbst versucht, den Wesenszügen ihres Abgottes nachzusinnen, gewiß „Paradies" gelautet hätte, wenngleich es ihr, an jenem 8. September, wenige Tage nach dem Zusammentreffen Custines mit Goethe, kaum anders erging als dem frömmlich voreingenommenen, doch kritischen Beobachter aus Frankreich. Auch sie stand vor Goethe wie vor einem Standbild, mochte ihm, nicht nur wegen ihres „Negligés", lächerlich vorkommen, „häßlich", wie sie es nannte, ohne Kraft und Fähigkeit, diesen unzutreffenden, erniedrigenden, täuschenden Eindruck im Anblick des Vatikanischen Jupiter zu berichtigen. Während Custine, männlich beherrscht, geschwiegen hatte, wußte sie nichts anderes, als verlegen über Nichtigkeiten zu schwätzen. Warum aber, wenn schon die Grundstimmung beider so ähnlich war, gewann Custine den „Eindruck einer Wüste"? Warum war es ihm, zu Rahels tiefstem Entsetzen, als blickte er statt in eine erhebende und erschütternde, doch hoffnungsvolle Ferne, „über den Rand eines Abgrundes, aus dem die Stimme eines Orakels herauftönte"?

Custine ging in der weiteren Wiedergabe seines Eindrucks von der äußeren Wirkung der Persönlichkeit des Dichters aus: „Noch ist sein Antlitz prachtvoll. Es ist, wie Sie sagen, das Haupt Jupiters oder eher Homers. Wenn seine Züge nicht belebt sind, so drücken sie eine edle Trauer aus; man glaubt, einen Helden der Antike zu sehen, der unter der Wucht unseres Elends erliegt. Dieses Jahrhundert, in dem das Burleske vorherrscht, lastet auf ihm; auf seiner Stirn und in seinem Blick liegt etwas Tieftragisches. Wenn er lebhaft wird, so sprüht er von Geist; und wenn er ein Lächeln aufkommen läßt, ist er voll Anmut. Was mir an seinen Zügen besonders auffällt, ist die Harmonie des Ganzen. Nirgend habe ich noch so viel Einklang im Verein mit solcher Mannigfaltigkeit erlebt; alle menschlichen Empfindungen und alle menschlichen Gedanken sind auf seinem Gesicht ausgeprägt; seine Physiognomie, voll von Leben, ist der Spiegel der Welt und zugleich der Ausdruck eines Charakters. Vom ‚Werther' zum ‚Faust' und selbst den ‚Beiträgen zur Optik', alles kann man dort lesen. Es ist ein universeller Geist; die Wissenschaft und die Poesie thronen auf dieser Stirn, welche alles umspannt. Und man könnte glauben, daß auf ihn das Wort gemünzt sei: Der Mensch ist der Inbegriff des Alls.

Sein Benehmen ist kalt. Und doch fühlt man sich zu ihm wie zu einem übernatürlichen Wesen hingezogen. Aber sofort fühlt man auch, daß man nicht seinesgleichen ist. Wenn er die Augen aufhebt, so ist es, als weine er über die Menschheit. Wenn er sie auf jemand heftet, scheint sein Blick zu durchbohren. Aber dieses Durchdringende des Blicks tut einem wohl. Was einen Menschen gewöhnlichen Schlags langweilig macht, ist, daß er einen andern Menschen nie völlig verstehen kann. Goethe versteht die Natur. Wie sollte er nicht ein armes menschliches Atom begreifen? Ich hätte zu ihm hingehen und ihm sagen mögen: Lehre mich, was ich bin. Verkünde mir, Orakel, was über mein Leben entscheiden soll, was aus mir hervorgehen soll.

Obgleich seine beständige Würde ein wenig steif erscheinen mag, ist etwas Schlichtes an ihm, und man könnte ihn für kindisch halten. Er ist gleichwohl unendlich weit von aller Naivität entfernt. Alles an ihm ist Wille und Bewußtsein seines Willens. Wenn man zu Goethe sagen würde: ‚Warum sind Sie, wie Sie sind?', so würde er nicht antworten: ‚Weil ich ich bin', sondern: ‚Weil ich sein *will*'. Durch diese Antwort wird eine unüberschreitbare Kluft zwischen ihm und der Naivität aufgetan, aber sein Geist verleiht ihm den Zauber naiver Menschen. Nur dem Vergnügen, das man im Gespräch mit ihm empfindet, darf man nicht trauen. Man täusche sich nicht, er ist mehr als ein Mensch. Nichts Anmutigeres als seine Art, sich mit Personen zu unterhalten, die ihm vorgestellt wurden. Für Augenblicke hat er dann eine so feine und so schonende Ironie, daß sie unmöglich verletzen kann. Er verfügt im höchsten Maße über das Talent oder besser die Gabe, für das, was er sagt, zu interessieren; seine Persönlichkeit, seine bloße Gegenwart, ja sein Schweigen fordern zum Nachdenken auf und erregen den Wunsch, ihn sprechen zu hören. Er vereint Wärme mit Ruhe, er mäßigt sich, wie wenn er wenig Leben in sich hätte, und bleibt doch nicht unempfänglich, wenn andere leidenschaftlich werden. Es ist ein Mensch, erhaben über das Gemeine und über sich selbst. Er ist Herr seiner selbst; er ist gefaßt, die Widerwärtigkeiten seines Schicksals zu ertragen; er ist der erste große Mensch, den ich entschlossen gefunden habe, ohne Klagen alles Unglück des Genies auf sich zu nehmen. Er ist unglücklich, weil er allein ist. Aber er will allein sein, weil er erkannt hat, daß er es sein muß.

Ich habe gesagt, daß man alles in seiner Physiognomie fand, und doch fehlte eines, etwas Unentbehrliches: die Liebe. Ich glaube nicht, daß ihm gegeben ist, in einem anderen zu leben. Er hat alles in sich, nur das nicht, was uns allem entsagen läßt. Der Reichtum seiner Natur täuscht ihn, er bestärkt ihn in seiner Selbstheit. Er steht allein in dieser Welt, und vielleicht bereitet er sich schon darauf vor, auch in der anderen allein zu bleiben. Wer einmal dahin gekommen ist, für den ist die Selbstsucht die einzige Zuflucht ..."

Allein das scharfsichtige Sezieren, wie es Custine übte, mochte für Rahels Empfinden einem Sakrileg an ihrem „Gott" Goethe gleichkommen. Für sie war Goethe ein Ganzes und ein Universelles, Natur und Geist. Daß auch Custine, der gläubige Katholik, ihm mehr als nur menschliche Züge gab, verwirrte sie. Die Vorstellung, ihr Goethe stünde unter Last und Gebot einer Zeit, der er nach ihrer Meinung „*vor*lebte", enttäuschte sie. Das Bild eines selbstischen Goethe ohne Liebe mußte sie empören, und die selbstsichere ketzerische Konfrontierung des großen Heiden mit dem Christentum *konnte* sie nur als ein Sakrileg, begangen an Goethe, empfinden. Zu alledem erinnerte solch ein Urteil, so human es in seiner Eigenwilligkeit auch sein mochte, an Schlegels Anmaßung und Gentz' Zynismus.

Sie wünschte die „Schmähschrift", wie sie den Brief nannte, nicht in ihren Händen zu behalten und gab ihn nach einiger Zeit (wir müssen annehmen, nach ihrem mißglückten Zusammensein mit Goethe) dem Grafen zurück. Dennoch rührte sie Custines Aufrichtigkeit, die sich nicht scheute, auch da wahrhaftig zu bleiben, wo sie verletzen mußte. An ihrem Umgang mit dem jungen Franzosen änderte sich nichts.

Custine wußte ja (um sein Wort zu wiederholen) um das blinde und einseitige Vorurteil einiger Schöngeister für Goethe. Er wunderte sich nicht, daß eine der Wahrhaftigkeit und Gerechtigkeit so verschworene Subjektivistin wie Rahel Varnhagen ihm seine Offenheit nur mit Mühe verzeihen konnte. Der vielseitig Gebildete blieb mit der Selbstdenkerin im Gespräch; dankbar nahm er, der Kranke, den Zuspruch der Seelentrösterin entgegen. Seine Verehrung war von besonderer Art. Für das, was er empfing, war er bemüht zu geben.

Wenige Jahre vor ihrem Tode versuchte Rahel dem Wesen dieser eigenartigen Freundschaft Worte zu verleihen. Sie schrieb Custine, der inzwischen als Reisender und Schriftsteller weit über Frankreich hinaus berühmt geworden war, im Oktober 1829: „Wissen Sie, was unter uns beiden so schön ist? Daß wir gar kein Verhältnis zueinander haben, keine Forderung einer an den andern. Daß ich alt bin und Sie jung; Sie doch ein Mann und ich eine Frau; Sie ein Franzose, ich eine Deutsche . . . Alles ist gut. Alles ein Bürge, daß wir es selbst sind, die sich einander konvenieren. Nicht unser Alter, unser Geschlecht, unser Land."

Wenige Zeitgenossen haben Rahels epochale Bedeutung so begriffen wie dieser französische Marquis, der nach ihrem Tode in der Revue de Paris bekannte: „In einer höher organisierten Gesellschaft würde Rahel für die Völker das gewesen sein, was sie hier für einen kleinen Kreis vertrauter Freunde war: eine Leuchte der Geister, eine Führerin der Seelen."

„Er fließt wahr und wahrhaftig in mein Blut"

Sollte Rahel, je ferner das Frankfurter Erlebnis rückte, von ihrem nach „so langjähriger Liebe und Leben und Beten" so plötzlich über sie gekommenen Gespräch mit Goethe doch enttäuscht gewesen sein, was nur zu verständlich gewesen wäre, so hat sie es sich niemals anmerken lassen. Sie blieb „Priesterin Goethes", sie bekehrte, wenn wir dieses Wort wegen seines bildhaften Charakters, freilich mit Vorbehalt, gebrauchen wollen, zu ihrem Teil Custine und Cousin, unter den Deutschen (wie an anderer Stelle darzustellen sein wird) Heine und Mundt.

Ihr selbst blieb Goethe ein unversiegbarer Lebensquell. Wie fromme Seelen in der Bibel, so las sie im „Meister", der für sie zu einer Art Lebensbrevier geworden war und den sie, nach dem Erscheinen der „Wanderjahre", als ein „Résumé aller Goetheschen Werke" bezeichnet hat.

Es ist mit Goethe, so heißt es in dieser Aufzeichnung aus dem Jahre 1821, „wie mit der Welt selbst: sie besteht aus unabzählbaren Schöpfungsweisen. Je mehr wir aber daran erkennen, je reicher und vollkommener wird das Konzert und als Neuganzes immer wieder einfach. Ein kunstbegabter Geist ist Nachschöpfer des Urschöpfers. Ein großer Dichter nimmt die Welt selbst mit ihren Begebenheiten als Stoff zu seinen Werken ... Er ist frei in der Wahl; aber er bleibt wahr, weil er nur Wahres aussucht und nicht willkürlich, d. h. grundlos vorzeigt, was in der Natur falsch, d. h. nur krankhaft erscheine. Das tut Goethe nie, ohne es anzuzeigen, nämlich, ohne es selbst als Krankhaftes zu zeigen. Dies verfehlen so viel Neuere. Ich sehe in ihm nur einen gewaltigen Historiker. Es *muß* geschehen, was er schildert; denn er schildert nur, was geschieht ... Alle seine Werke ruft mir dies Buch herbei: die Welt, wie sie langsam und schnell — wie alles organische Wachstum — seit den ältesten Nachrichten von ihr sich entwickelt ... Bei jedem Schritt im Leben, bei jeder neuen Ecke, wo man in seiner eigenen Seele herumkommt, wird einem etwas anderes von Goethe merkwürdig und klar."

Rahel suchte und fand in Goethe die in sich ruhende, ausgeglichene Persönlichkeit, den vollkommenen Menschen, von dem sie träumte, die Harmonie von Geist und Natur, von Mensch und Welt. Sie fand in ihm verwirklicht, was sie ersehnte und erstrebte. Er gab ihr Antwort auf Fragen, die ihr das Leben stellte, ohne daß sie selbst noch sonst jemand sie zu beantworten vermochte. Sie sah Goethe, den bedeutsam tätigen, im Leben stehen, alles Kleine und Kleinliche von sich haltend, während sie, zur Untätigkeit verurteilt, unstet dahinflatterte.

Als der Dichter sich zu der bereits erwähnten von Varnhagen besorgten Sammlung „Goethe in den Zeugnissen der Mitlebenden" beifällig äußerte, war ihr dies „der schwarze Adlerorden, der ihr belohntes Herz bedeckte".

Rahel traf Goethe ein drittes und letztes Mal im Sommer 1825 in Weimar. Sie befand sich mit Varnhagen und einem ihrer Brüder auf der Reise nach Baden-Baden. Man wählte den Weg über Weimar und ließ sich bei Goethe ansagen. Der Dichter lud das Ehepaar für den Abend des 8. Juli in sein Haus. Eckermann erinnerte sich, „mit Varnhagen und Rahel bei Goethe ein gemütliches Diner gehabt zu haben, wo er mir nachher über beide viel Gutes sagte und besonders von letzterer rühmte, daß sie in Deutschland eine der ersten gewesen, die ihn verstanden und erkannt haben und die mit treuer Neigung fortfahren, an ihm zu halten".

Erst einen Monat später berichtete Rahel von Baden aus dem in Paris weilenden Juristen und Philosophen Eduard Gans, einem Hegelianer, der viel in ihrem zweiten Berliner Salon verkehrte, über die Zusammenkunft. Gans stand dem französischen Philosophen Victor Cousin nahe, der anläßlich eines ersten Besuches in Deutschland im Jahre 1817 Hegel und Schelling kennen- und schätzengelernt, eben längere Zeit in Berlin verbracht und Ende April 1825 auch Goethe besucht hatte. Cousin wurde, durch Gans eingeführt und von Rahel angeregt, zum beredten Interpreten deutscher idealistischer Philosophie und goethescher Weltanschauung im französischen Geistesleben. Rahel schätzte den schnell berühmt gewordenen Franzosen als einen Mittler zwischen Deutschen und Franzosen, die, wie sie meinte, „eigentlich zusammengehören wie zwei Hälften". Sie rühmte Cousins aufgeschlossenen Sinn und die Unbefangenheit seines Urteils, jenen Geist, den alle Wissenschaft brauche. „Die Wissenschaft ist's, die ein Kommen, *Sehen* und Siegen bedarf. Es weiche der *rohe* Kampf der armen Völker!"

Cousins wissenschaftliche Anliegen standen im Mittelpunkt des Gespräches mit den Varnhagens, das Goethe in seinen Aufzeichnungen erwähnt hat. Im übrigen wirken die Mitteilungen der Vierundfünfzigjährigen so biedermeierlich-jungmädchenhaft, das man sie heute nur mit verlegenem Lächeln zu lesen vermag. „Mir hat Goethe eine Feder schenken müssen", heißt es in dem Brief, der den Besuch bei Goethe erst in zweiter Linie behandelt, „und gerne geschenkt, womit er den Morgen des 8. Juli geschrieben hatte. ‚Ich kann darauf schwören, daß ich noch diesen Morgen damit schrieb', waren seine Worte. Nun muß ich noch ein Halstuch von ihm haben!" — Und dann folgt unvermittelt das Bekenntnis: „Übrigens fließt er wahr und wahrhaftig in mein Blut."

Abermals dürften Verlegenheit und Scheu vor dem abgöttisch Geliebten den Umgang der im allgemeinen so sicheren Rahel mit Goethe beeinträchtigt haben. Dennoch war sich Goethe, mehr wohl aus den ihm zu Gesicht und zu Gehör gekommenen Äußerungen und Verhaltensweisen Rahels als aus unmittelbar persönlichen Eindrücken, ihres seltenen Ranges bewußt. „Da werdet Ihr Bedeutendes kennenlernen!“ verhieß er, wie Jenny von Gustedt überliefert hat, als er erfuhr, daß Rahel auch seiner Schwiegertochter und deren Freundinnen einen Besuch abstatten würde.

Diesen jungen Frauen trat Rahel unbefangen und nach ihrer Art teilnehmend gegenüber. Jenny von Gustedt, eine natürliche Tochter Jérôme Bonapartes, hatte mit ihrer verfemten Mutter in Weimar bei deren älterer Schwester, der Gräfin Egloffstein, Unterschlupf gefunden. Es bedurfte nur weniger Stunden Bekanntschaft mit Rahel, und der Vielgeprüften lag „in der reinen Luft“ von Rahels Sein das Herz „auf der Zunge“. Rahel „erreichte, was sie wollte; denn ausgebreitet, wie der Entwurf eines Gemäldes, lag meine Seele vor ihr“. Jenny von Gustedt widerfuhr, was ungezählte bedrängte Menschen vor und nach ihr in der Begegnung mit Rahel erlebten.

Jenny von Gustedt hat in ihren uns von ihrer Enkelin Lily Braun erschlossenen Erinnerungen ein überaus lebendiges Bild Rahels überliefert. Es stützt sich freilich nicht nur auf die persönliche Bekanntschaft, die auf jenes Zusammentreffen im Jahre 1825 beschränkt blieb, sondern auch auf das von Varnhagen nach dem Tode seiner Gattin herausgegebene Gedenkwerk „Rahel, ein Buch des Andenkens an ihre Freunde“, das ihr Varnhagen geschenkt hatte. Jenny von Gustedt blieb es übrigens unbegreiflich, „wie dieser Mann der Welt, der Reklame, des Egoismus zu dieser Frau nach dem Herzen des Höchsten passen konnte“. In dem Jahrhundert der Berechnung und eines oft kleinlichen Nützlichkeitsprinzips, wie sie das Zeitalter des beginnenden Hochkapitalismus umschreibt, trete Rahels „große Seele ... an das Licht der Welt, mit dem Prinzip des allgemeinen Großartigen, des ewig Rechten, mit der einzigen Berücksichtigung des Wahren, mit der enthusiastischen Liebe des Schönen und Guten“.

Erkennen wir in diesen Merkmalen noch die typischen Kennzeichen der schönen Seele und der sich emanzipierenden Frau der frühen Romantik, so begegnet uns in der weiteren Charakteristik das Bild jener Rahel, die weit über ihre Zeit hinaus gewirkt hat. „Sie geht umher in Ländern, in Verhältnissen, in

Charakteren mit der gigantischen Fackel, die sie am Altar der Wahrheit entzündete; sie beleuchtet das Kleinliche, Lügenhafte und Elende vor der ganzen Welt, und manches Johanniswürmchen, das uns ein Edelstein schien, stellt sie auf die Füße, und es wird dunkel, und manchen Edelstein, den wir für einen Kiesel hielten, schleift sie zurecht, und er wird leuchtend. Sie selbst greift mit ihrer Philosophie in das Leben ein, ihr Denken wird zur Tat, und wie sie mit ihrem Geiste in anderen Seelen unermüdlich Geistesfunken weckt, wie sie das kleinste Interesse in allen Seelen abzustreifen sucht, wie sie im Kreise ihrer Pflichten beglückt und wirkt, wie sie, ohne aus ihrem weiblichen Beruf herauszutreten, das Große in den Männern fördert und die kleinen Räder der Staatsmaschine, die ihrer Sorgfalt anvertraut sind, fleißig von jedem Stäubchen reinigt, ohne die schwache Frauenhand in die großen Räderwerke zu wagen, bei einem doch so richtigen Blick in die großen Verhältnisse, so steht sie in dem praktischen häuslichen Kreise mit voller Berufskenntnis da, in schweren Kriegszeiten die Trösterin und Pflegerin der Verwundeten, die Retterin der Elenden, Arzt, Näherin, Wartfrau, Bittende bei Reichen, Ermunternde bei Armen, ohne Ruhe und Rast, voll Einsicht und ununterbrochener Aufopferung, unbekümmert um ihre eigenen Körperleiden, unbekümmert um Dank und Undank, die Gutes Tuende um des Guten willen."

Lily Braun hat, in den Gedankengängen ihrer Ahnin Jenny von Gustedt fortdenkend, Rahel als eine der letzten Repräsentantinnen der Romantik, zugleich aber, von der fernen Warte einer neueren Zeit aus betrachtet, neben Bettina mit Recht als die Frauengestalt aus dem Zeitalter des Subjektivismus gewürdigt, die „als Führerinnen in die neue Welt der Frau angesehen werden müssen".

Hätte man Rahel nach dem wegweisenden Erlebnis einer solchen Entwicklung gefragt, so hätte sie ohne Zögern auf Goethe und einzig auf ihn verwiesen, obwohl er, vielleicht ebendeshalb, der einzige Mensch gewesen ist, vor dessen Angesicht sie nicht anders als demütig und verwirrt verstummen oder nur belanglose Worte sprechen konnte.

Nur dann und wann noch gelangte nach jenem letzten Treffen in Weimar eine persönliche Nachricht Goethes zu Rahel.

Eduard Gans durfte sich am Neujahrstag 1826, von Varnhagen eingeführt, zum erstenmal am Frauenplan einfinden und Goethe vom Gang des philosophischen Gespräches in Berlin und Paris berichten, woher er eben zurückgekehrt war.

In Berlin war es Sitte geworden, Hegels Geburtstag, den 27. August, so ausgiebig zu feiern, daß die Huldigung für den großen Philosophen um Mitternacht in eine Huldigung für den greisen Dichter im fernen Weimar überging. Am 27. August 1827 hatte Gans seines Lehrers Ehrentag in Jena begangen, wo Hegel unter des Universitätskurators Goethe Hand seine akademische Laufbahn begonnen hatte. Am Morgen des 28. eilte er nach Weimar, um Goethe an dessen in ganz Thüringen festlich begangenem Geburtstag seine und seiner Freunde Glückwünsche zu entbieten.

Der greise Dichter zog den noch jugendlichen Philosophen in ein Gespräch über Hegel, seine Philosophie, den Begriff des Dialektischen — das berühmte Gespräch zwischen Goethe und Hegel selbst über „den methodisch ausgebildeten Widerspruchsgeist" fand erst im Oktober dieses Jahres statt —, über die Jahrbücher für wissenschaftliche Kritik, zu deren Gründern und Mitarbeitern auch Varnhagen gehörte. Gans wurde eingeladen, sich für die Dauer seines Aufenthaltes in Weimar im Haus am Frauenplan zur Mittagstafel einzufinden, wovon er am nächsten Tage Gebrauch machte.

An diesem 78. Geburtstag Goethes war überraschend König Ludwig von Bayern erschienen, um dem Dichter das Großkreuz seines Zivilverdienstordens zu überreichen, das bis dahin höchsten bayrischen Hof- und Staatsbeamten vorbehalten war. Rahel erfuhr von alldem mittelbar von Gans und unmittelbar von Varnhagen, der sich auf einer Reise in Süddeutschland befand. Wie ein Kind freute sie sich über Ehrungen und Anteilnahme an Goethes Geburtstag. Eine „Virtuosin im Teilnehmen, im Gönnen", nannte Varnhagen seine Frau, indem er hinzufügte, daß sie ebendeshalb der „Menschenmagnet" sei, dem das „Pünktchen Mensch" zufliege, nicht zuletzt er selbst. Rahel urteilte über Ludwigs Besuch in Weimar: „Ich bin stolz darauf. Gegen England und Frankreich, daß sie sehen, was bei *uns* vorgeht! Bald wird man das von einem Könige *verlangen!*"

Einige Wochen später, am 19. September, vier Wochen vor Hegel, machte Varnhagen auf der Rückreise nach Berlin in Weimar Goethe zum letzten Male seine Aufwartung. Er fand ihn kräftiger, frischer regsamer als vor zwei Jahren. Über das Gespräch, das zwischen beiden geführt worden war, eilten dem Heimkehrenden nur die Worte voraus, die Goethe von Rahel gesagt hatte. Auf die Frage nach dem Befinden der kränklichen Sechsundfünfzigjährigen hatte Varnhagen geantwortet, sie fühle sich selten ganz wohl. Goethe erwiderte: „Nun, ihre geistige Lebhaftigkeit und frische Teilnahme leiden doch nicht. Bei solchen großen und schönen Gaben ist der Mensch immer hinlänglich versorgt.“ Rahel fühlte sich abermals unmeßbar erhöht.

Sie war durch Goethe zur Harmonie gelangt, zu sich selbst, zur Menschenliebe und zur Lebensliebe, zum Einverständnis mit der Natur, zu einem fast gewißheitsmächtigen Glauben an die Vervollkommnung des menschlichen Geschlechtes. Ihr Individualismus läuterte sich in der Begegnung mit Goethes Werk und Persönlichkeit. In zunehmendem Maße wurde sie vom Bewußtsein menschlicher Verantwortung für das Ganze durchdrungen und zur Hingabe an ihre Mitmenschen gedrängt.

„Er fließt wahr und wahrhaftig in mein Blut“ — dieser Schlußsatz in einem an sich belanglosen Brief über ihr letztes Treffen mit Goethe war eine der Wahrheiten, die Rahel weniger erkannt als erfahren hatte. Es gibt einige wenige, sehr wenige Menschen, die Goethe so tief, so erschöpfend, so nachschöpferisch erlebt haben wie Rahel. Weil es so ist, hatte Rahels Goethekult, unbeschadet seines subjektivistisch-romantischen Ursprungs, etwas Weihevolles, Priesterliches, so daß Varnhagens kühnes Wort von der „Priesterin Goethes“ durchaus seine Berechtigung hat. Dabei ist es gleichgültig, ob Rahel Goethe viel, wenig, nichts bedeutet hat.

In den letzten Monaten ihres Lebens las Rahel in den Werken derer, von denen sie ausgegangen war und zu denen sie hinstrebte. Fichte und Angelus Silesius waren Tröster in Schmerzen und Leid, in Enttäuschung und Entsagung. Vor allem aber forschte sie abermals in den tiefen Wahrheiten des „Meisters“.

Im zweiten Buch der „Wanderjahre“ geriet sie an Wilhelms „Geist des Widerspruches“, den sie als solchen, absolut gesehen und Hegel zum Trotz, nie, es sei denn als Tollheit, hatte erkennen können. Ihre Gedanken verfingen sich an der Vorstellung einer „halben", eben nur zusammengebauten und unorganisch zusammengefügten „Überzeugung", die unseren Widerspruch begründe. „Wir können es aber aus dem festgefügten, auch wohl wohlgefügten Gebäude nicht gleich hervorkriegen, besonders nicht, ohne dies ganz einzureißen. Und da bleibt uns dann sogar eine Art Schmerz übrig, ein Lebendiges, ganz mit uns *Lebendes,* zu uns Gehöriges, als Totes, Getötetes, ohne baldige Rettung mit eingekittet zu finden. Und sehr ungern lassen wir es da ersticken. Aber nicht aus Widerspruch sind wir unwillig, sondern bloß, den nicht auch als ein System hervortreten lassen zu können. Je mehr Leben aber einer Überzeugung inwohnt, je tiefere und reichere Beziehungen sie hat, je mehr sie all unsern Anlagen zusagt und entspricht, je schwerer ist das grad als eine Maschine zusammenzufassen und so darzustellen. Jedes System aber will zur Maschine werden. Nur ein großes und lebendig Organisiertes gibt es: die erschaffene, sich noch erschaffende Welt."

Dieses Blatt der Verehrung für Goethe ist das letzte in Varnhagens Gedenkwerk an Rahel. Es ist, soweit wir wissen, auch die letzte Aufzeichnung von ihrer Hand. Als sie die Nachricht von Goethes Tod erhielt, lag sie seit langem krank. Sie war nicht nur hinfällig, sie war lebensmüde, nahm auch keinen Anteil an den Ereignissen des Tages, den Einschnitten der Zeit. Erst im späten Frühjahr des Jahres 1832, als sie teilnehmend den heraufkommenden Sommer begrüßte, äußerte sie im Mai oder im Juni: „Milder als Mairegen sind Kinderküsse, Rosenduft, Nachtigallton, Lerchenwirbel — Goethe hört's nicht mehr. Ein großer Zeuge fehlt . . ."

IM ZEITALTER DER RESTAURATION

RAHELS ZWEITER SALON

VERÄNDERTES BERLIN
BLICK IN DIE ZEIT

An der nationalen Erneuerungsbewegung hatten große Teile des Bürgertums in Deutschland lebhaften Anteil genommen. Nach dem Ende der Befreiungskriege begannen die restaurativen Kräfte das Volk wieder vom politischen Leben auszuschalten, konnten indessen nicht verhindern, daß die ökonomische Entwicklung vom Manufaktur- zum Fabrikwesen Fortschritte machte und dem Bürgertum in steigendem Maße zu den geistigen auch wirtschaftliche Machtmittel gegen die Junker in die Hand gab. Mehr und mehr wurde offenbar, wie sehr, zumal in Preußen, die politische Entwicklung hinter der wirtschaftlichen zurückgeblieben war.

Die industrielle Fabrikation machte vor allem in den westlichen Landesteilen Preußens an Rhein und Ruhr rasche Fortschritte. Während 1824 in ganz Deutschland zwei Dampfmaschinen liefen, zählte man 1847 allein in Preußen rund 1000. Der Anspruch der Kaufleute und Fabrikanten auf Mitbestimmung in Fragen der Staatsführung wurde immer stärker, während die feudalen Kräfte bemüht blieben, ihre Alleinherrschaft über den Staat aufrechtzuerhalten. Die Widersprüche führten aber auch zu wachsenden Spannungen in den noch überwiegend agrarischen Gebieten des Ostens, wo der feudale Druck am stärksten war.

In Sachsen, Schlesien und Berlin schwelte unter der Oberfläche bereits das Feuer der Revolution. Das war besonders dort der Fall, wo sich der Übergang zur kapitalistischen Produktion über die Hausindustrie vollzog; der Heimarbeiter war der Willkür der Unternehmer und Zwischenmeister am stärksten ausgeliefert. Doch auch die Lage des städtischen Proletariats verschlechterte sich fast überall, wo die Unternehmer vom Manufakturbetrieb zum mechanischen Fabrikbetrieb übergingen. Neben den bestehenden Widersprüchen zwischen Feudalismus und Bürgertum entwickelten sich also die Widersprüche zwischen Bürgertum und Proletariat.

Förderer und Nutznießer der ökonomischen Entwicklung waren Handel- und Gewerbetreibende, Kaufleute und Produzenten. Mit dem aufkommenden Kapitalismus vollzog sich auch im Handwerk ein gesellschaftlicher Differenzierungsprozeß. Während es manchem Meister gelang, zum Fabrikanten „aufzusteigen" und sich die Vorteile der maschinellen Produktion zunutze zu machen, erlagen andere Handwerker der Konkurrenz neugegründeter kapitalkräftiger Großbetriebe. Obwohl sich dieser ökonomische und gesellschaftliche Prozeß vor aller Augen vollzog, kam seine revolutionäre Bedeutung in Deutschland nur wenigen zum Bewußtsein. Man begnügte sich damit, die Freiheit der wirtschaftlichen Entwicklung von staatlichen Hemmungen zu fordern, und drängte nach der Abschaffung der Binnenzölle in und zwischen den einzelnen deutschen Staaten und nach einer Verbesserung der Verkehrswege, der Straßen, Flüsse und Kanäle. Die Eröffnung der ersten Eisenbahn in Deutschland hat Rahel nicht mehr erlebt, wohl aber die entscheidenden Schritte zum Deutschen Zollverein, der 1834 unter preußischer Führung Wirklichkeit wurde, nachdem bereits 1818 innerhalb des preußischen Staatsgebietes die verschiedenen Zoll- und Akzisetarife — siebenundfünfzig an der Zahl — abgeschafft worden waren.

In Rahels zweitem Berliner Salon wurde die ökonomisch-gesellschaftliche Entwicklung mit ähnlicher Aufmerksamkeit verfolgt wie der wachsende Druck der Reaktion auf die fortschrittlichen Kräfte. Varnhagen zumal sympathisierte offen mit allen liberalen Bestrebungen. In Rahels Kreis hatten die Gedanken des Freiburger freisinnigen Staatswissenschaftlers und Historikers Karl Wenzeslaus von Rotteck, einer der Wortführer des Liberalismus im deutschen Süden und Westen, eine ihrer wenigen Heimstätten im östlichen Deutschland. Dagegen wurden Propagandisten der Reaktion, wie Adam Müller, Karl Ludwig von Haller und Joseph de Maistre, heftig abgelehnt. Im liberalen Bürgertum Berlins wirkte der Geist der Aufklärung fort, während viele Vertreter der Spätromantik auf dem bereits gekennzeichneten mittelalternden Weg die bürgerlich-kapitalistischen Kräfte wenn nicht bekämpft, so doch verleugnet haben, und, von wenigen Ausnahmen abgesehen, zu einer ideologischen Hilfstruppe des Feudalismus wurden. Wir werden sehen, wie Rahel zu den romantischen Weggenossen in Widerspruch geriet; sie entschied sich in allen diesen Fällen für den bürgerlichen Fortschritt gegen die feudale Reaktion. Sie nahm in ihrer allmählichen Hinwendung zum utopischen Sozialismus schließlich auch Partei für die Massen der werktätigen Bevölkerung, für deren Elend sich das Bürgertum im allgemeinen nicht verantwortlich fühlte; die liberalen Politiker benutzten die Misere des Proletariats allenfalls als Waffe gegen die den Staat beherrschenden reaktionären Kräfte. Rahel wurde die Not der „Vielen und Armen" zu einer Frage höchst persönlicher Verantwortung des gebildeten Menschen für die Menschheit und die Besserung ihrer Lebensbedingungen. Sie gehört zu den wenigen bedeutenden Persönlichkeiten ihres Zeitalters, denen es gelang, sich von der betont individualistischen Sicht, die den demokratischen wie den Einheitsbestrebungen nicht wenig geschadet hat, zu befreien und dem Wohl der „Menschheit", der Gesellschaft, zuzuwenden. Als Frau und Jüdin mußte es ihr aber auch im letzten Abschnitt ihres Lebens versagt bleiben, unmittelbar tätig in das Zeitgeschehen einzugreifen. Um so anerkennenswerter bleibt ihr nimmermüdes, trotz aller Enttäuschungen und persönlicher Resignation niemals erlahmendes Bestreben, durch andere auf und für die Menschheit wohltätig zu wirken.

Mit ihrer Heimkehr nach Berlin trat Rahel in eine neue, die letzte Epoche ihres Lebens ein. Wo und wie immer sie in Erscheinung trat: neben ihr stand Varnhagen, der in jenen Jahren zum Chronisten seiner Zeit wurde und eine eigene liberale Note in den Salon seiner Frau brachte. Die Politik wurde zu einem Hauptthema der Gespräche.

Man war wieder im „großen, alten, weiten, vielfältig guten Neste Berlin" und machte es sich allmählich in der Französischen Straße 20, Ecke Friedrichstraße, bequem, wo man eigentlich nur eine weitere Entscheidung über Varnhagens diplomatische Verwendung hatte abwarten wollen. Man blieb dort zunächst auch, als es zur Gewißheit wurde, daß sich der König seines allzu liberalen Legationsrates nicht mehr zu bedienen gedachte, und siedelte erst im Jahre 1827 in die Mauerstraße 36 über, in die letzte Wohnung, die Rahel in Berlin, zeitlebens im engsten Bezirk der Innenstadt lebend, bezogen hat.

Zunächst galt es, sich zu orientieren, da nun der „Fluch", man werde sie auf dem Gendarmenmarkt oder in Zehlendorf wiederfinden, wahr geworden war. „An jeder Ecke in unserem Viertel, wo sonst Unsrige wohnten, sitzen Fremde", schrieb Rahel an Brinkmann, der jetzt in Stockholm lebte. „Es sind Grabstätten. Die ganze Konstellation von Schönheit, Grazie, Neigung, Witz, Eleganz, Drang, die Ideen zu entwickeln, redlichem Ernst, unbefangenem Aufsuchen und Zusammentreffen ist zerstiebt."

Das war mehr als nur die Klage um verlorene Freunde, um Fichte, Marwitz, Louis Ferdinand und die anderen Toten wie um die weit in der Welt zerstreuten. „Lauter traurige Revenants", lauter Gespenster, die sie „wie sonst haben und gebrauchen und ansehen" wollten, wären übriggeblieben, klagte sie, weit herber noch, der Freundin Pauline Wiesel. Alles sei anders geworden, sie allein fremd, ihr alles fremd, wiewohl sie doch an vertrautem Orte lebe.

Im Vergleich mit dem Berlin ihres ersten Salons spürte die Heimgekehrte eine tiefgehende Veränderung im Leben und Wesen der preußischen Hauptstadt, eine Veränderung, die auch ihrem Umgang mit Menschen einen anderen Charakter und ein anderes Ziel geben mußte. Rahel war nach dem treffenden Wort Theodor Mundts viel zu sehr „mitempfindender Nerv der Zeit", als daß sie abseits der allgemeinen Entwicklung hätte ein biedermeierlich-beschauliches Leben führen können. Sie litt unter der preußischen Reaktion, auch wenn sie selbst von ihr nur mittelbar, im vorzeitigen Abschluß der Karriere Varnhagens, berührt wurde, der im Jahre 1825 als Geheimer Rat zur Disposition gestellt wurde. Sie litt unter der allgemeinen Unfreiheit und der Hemmung jedweden Fortschrittes, und sie litt unter der Bedrängung und der Not der auf Lohnarbeit angewiesenen Menschen, „weil es die meisten sind und die ärmsten".

Was aber konnte Rahel, die Selbstdenkerin und Lebensverbreiterin, nach ihren Möglichkeiten zu ihrer Zeit in der preußischen Hauptstadt tun, die im Zeichen der Karlsbader Beschlüsse, der Demagogenverfolgung, der erzwungenen Abwendung Wilhelm von Humboldts vom politischen Leben stand?

Zehn Tage, nachdem die Varnhagens, unbehaglich und gedrückten Gefühls, ihr vorerst nur möbliertes Quartier in der Französischen Straße bezogen hatten, wurde (am 18. Oktober 1819) das Zensuredikt verkündet. Nicht einmal die Akademie der Wissenschaften und die Universitäten blieben von einer Zensur verschont, die wieder nach den Bräuchen des nachfriderizianischen Militärstaates tätig wurde. Die periodische Presse unterlag einer beispiellosen Kontrolle, sogar die Theaterkritik wurde nie gekannten Beschränkungen unterworfen, die Berichterstattung über Verhandlungen in den Provinziallandtagen kurzerhand untersagt, um jegliche Erinnerung an das Verfassungsversprechen zu ersticken. Während Schinkels Bauten errichtet und Rauchs Denkmäler aufgestellt wurden, legte sich ein lastendes Schweigen über die Stadt. „Die öffentliche Meinung“, schrieb Varnhagen im Jahre 1822, „ist ganz die geheime geworden, die geheime Polizei dagegen die öffentliche; nämlich jene geniert sich, und diese geniert sich nicht.“

Dabei muß man freilich anmerken, daß nur ein Teil des Bürgertums überhaupt am politischen Geschehen Anteil nahm. Von den Gesinnungsschnüffeleien und politischen Verfolgungen der Reaktion wurde unmittelbar nur ein kleiner Kreis betroffen, der überwiegend zu den akademischen Berufen gehörte. Aber in ebendiesen Schichten wurde auch das Spitzelsystem in einem bis dahin ungekannten Ausmaß entwickelt. So fiel E. T. A. Hoffmann der Spürnase jenes Herrn von Otterstedt zum Opfer, der als preußischer Gesandter in Darmstadt und Nassau Rahels Argwohn schon während ihres Frankfurter Aufenthaltes erregte.

Die junge Fanny Lewald kam aus Ostpreußen nach Berlin. In ihrer Heimat dachte man seit den Tagen der Volkserhebung liberaler als anderswo in altpreußischen Gebieten. Ihr fiel auf, wie gering noch die Teilnahme der Bewohner der preußischen Hauptstadt am Gang der Ereignisse war. Man konnte nach ihrem Zeugnis Wochen hindurch in Berliner Bürgerhäusern verkehren, ohne daß dort über Vorgänge und Tatsachen gesprochen wurde, die in ihrer Heimat so sehr Gegenstand der Unterhaltung der Männer gewesen waren, daß sich Frauen gezwungen sahen, sie kennenzulernen und sich, wenn auch nicht dafür zu interessieren, so doch mindestens bis zu einem gewissen Grade darüber zu unterrichten. Die Anteilnahme des Berliner Publikums war, zu Fanny Lewalds Verwunderung, auf Theater, Konzert und Ballett beschränkt.

Ein anderer Zeitgenosse, Alexander von Sternberg, hat uns geschildert, wie die freie Berliner Geselligkeit unter dem Druck der Demagogenverfolgungen und des Spitzelwesens dahinstarb. Man sprach nicht weiter, wenn ein Unbekannter oder Beargwöhnter das Zimmer betrat; das allgemeine Gespräch wurde vom Flüsterdialog in der Fensternische verdrängt, das ungezwungen laute, auch einmal heftige Wort war verpönt: der gebildete, das heißt der vorsichtige Mann wisperte nur noch. Das allgemeine Interesse wurde aus der Öffentlichkeit verbannt und flüchtete sich aus dem Kaffeehaus und dem Hörsaal in den Salon, aus der Politik in Kunst und Wissenschaft. Kennzeichnend für die Berliner Geselligkeit jener Zeit wurden „ästhetische Tees" und musikalische Veranstaltungen.

Besonders berühmt waren die „Sonntagskonzerte" im Gartenhaus des Stadtrates Mendelssohn in der Leipziger Straße; sie fanden unter der Stabführung des jugendlichen Felix Mendelssohn-Bartholdy statt. Andernorts sprach man Gedichte, las ein Bühnenstück oder eine Novelle. Das Klavier, das damals die Harfe unter den häuslichen Instrumenten entthronte, wurde zum Wegbereiter bürgerlicher Hausmusik. Daß das gesungene Lied dem gesprochenen Vers, der gespielte Ton dem gelesenen Wort mehr und mehr den Vorrang streitig machten, war nicht zuletzt eine Folge davon, daß der poetische Boden Berlins, verglichen mit den Früchten der späten Aufklärung und der frühen Romantik, zeitweilig verdorrt schien.

Berlin war zwar noch immer eine Hochburg der Romantik. Doch Rahel hatte sich innerlich von den Gefährten der Jugend abgewandt, sobald und soweit sie begonnen hatten, weltflüchtig das Mittelalter zu idealisieren und sich katholisierenden Schwärmereien hinzugeben, auch wenn sie, selbst zur Mystik neigend, Verständnis dafür hatte, wenn etwa ein Brentano das Bedürfnis spürte, beim Katholizismus „auszuruhen"; auch die militanten Auseinandersetzungen unter den evangelischen Theologen behagten ihrer undogmatischen Lebensfrömmigkeit nicht. Ihr mißfiel die wachsende Abneigung der Romantiker gegen Goethe. Sie fühlte sich von einer Kritik abgestoßen, die „stumpf und krank" war und „nichts von Liebe" wußte, die so ganz ohne Begriff für Lessings immerwährenden harten Kampf um Wahrheit war. Wofür Lessing Freiheit und Existenz in die Waagschale hatte werfen müssen, das durfte „jetzt platt in jeder Zeitung stehen“.

Im übrigen wechselte der ältere Schlegel in jener Zeit aus dem Gefolge der Madame de Staël, in das er sich abermals eingefügt hatte, nach Bonn über, um an der neugeschaffenen rheinischen Friedrich-Wilhelms-Universität eine Professur für Literatur zu übernehmen. Sein Bruder Friedrich, der österreichische Legationsrat, aus Frankfurt an die Donau zurückgekehrt, begleitete Metternich nach Italien, bevor er sich in Wien ausschließlich literarischen Arbeiten widmete. Ludwig Tieck, der gebürtige Berliner, lebte seit dem Jahre 1819 ständig in Dresden und kehrte erst lange nach Rahels Tod, im Jahre 1841, in die preußische Hauptstadt zurück. Brentano, Varnhagens Jugendfreund, hielt sich in Dülmen im Münsterschen auf, der religiösen Schwärmerin Katharina Emmerich verhaftet, um erst nach deren Tode (1824) seine unstete Wanderschaft am Rhein wieder aufzunehmen. Nur Achim von Arnim, seit 1811 mit Bettina verheiratet, wohnte in Rahels Nachbarschaft, zeitweilig in Berlin, zeitweilig auf dem Familiengut Wiepersdorf in der Mark, vorerst und auf lange Jahre, wie in anderem Zusammenhang darzustellen sein wird, ohne engeren Kontakt mit der nach Berlin heimgekehrten Rahel. Eichendorff kam erst im Jahre 1831 nach Berlin, und Chamisso, der nach Beendigung seiner Weltreise Kustos am Botanischen Garten in Berlin geworden war, mied die Salons, wie ihnen E. T. A. Hoffmann ferngeblieben war.

So blieb unter den älteren Dichtern, die man zur „Romantischen Schule“ gerechnet hatte, nur Fouqué Rahel enger verbunden. Er erschien in der Französischen Straße, wenn er sein Gut Nennhausen verließ und für einige Zeit nach Berlin kam. Man saß beieinander, Rahel hörte sich seine ritterlichen Höflichkeiten an; ein Einverständnis zwischem dem vereinsamten Paladin der Romantik und der auch in Fragen der Poesie recht scharfsichtig-realistisch gewordenen Rahel wollte sich nicht einstellen.

Rahel hatte den Bearbeiter des Nibelungenstoffes im „Sigurd“ schätzengelernt, noch ehe sie ihn kannte. Die persönliche Begegnung im März 1809 hielt nicht, was des Dichters Schaffen versprochen hatte. Rahel wurde zur Beichtigerin des verträumten Edelmannes, der sein mittelalterliches Ritterideal auch selbst zu verkörpern bestrebt war. Sie mißbilligte seine Weltflucht in die Trösteinsamkeit von Nennhausen. Ihm fehle „das Leben innerhalb der fünf Sinne", rügte sie, um ihn ein andermal, zutiefst entsetzt von der Weltfremdheit seiner Dichtung, zu beschwören: „Sie sollten kein Eremit sein! Ich habe keinen Sinn dafür!"

Sie mußte den Propheten romantischer Reaktion bald ganz verloren geben. „Er veralbert sich ganz", schrieb sie schon 1812 an Varnhagen. Es war ihr bewußt, daß „eine unverständliche Welt" zwischen ihr und dem romantischen Poeten lag, der ihren Abgott Goethe für religionslos hielt, selbst ein Christentum bekannte, das „ihm Herr Jesu verzeihen" müsse, und mehr und mehr in eine frömmelnde Verdammung jedweder fortschrittlichen Regsamkeit verfiel. „Bei Fouqué", urteilte später Eichendorff ganz im Sinne Rahels, „überwältigte die reiche, auf einen Punkt gespannte Phantasie, verbunden mit einer ehrlichen ritterlichen Intention, alle anderen Geisteskräfte und machte ihn so zum Don Quixote der Romantik, denn wie Don Quixote hielt auch er seine mittelalterlichen Illusionen für bare Wirklichkeit und schrieb die Niederlagen, die er zuletzt im Beifall des Publikums erlitten, sehr gelassen den unbekannten ultraliberalen Zauberern zu."

Dennoch duldete Rahel ihren oft beredten, oft stummen Verehrer Fouqué gern in ihrem Hause. Sie wußte, daß er, wie ein Jahrzehnt zuvor, „nicht leicht beruhigendere und bessere Stunden" kannte, um „sein ganzes Herz" auszuströmen, so gewiß sie war, daß jedes Wort, das sie ihm sagte, huldvoll und huldigend angehört, ohne jede Wirkung auf den poetischen Ritter von der traurigen Gestalt bleiben würde. Fouqué schloß sich bewußt von der Wirklichkeit des Lebens ab. Er gehörte, insofern Gentz vergleichbar, zu den ersten und zu den letzten ihres Kreises, die sie mit „Dachstubenwahrheiten" bedachte, immer bestrebt, ihnen in ihrer menschlichen Entwicklung nach menschlichem Vermögen beizustehen. Fouqué dankte ihr diese ihm wohltuende Treue, indem er im Jahre 1829 in seinen „Berlinischen Blättern" eine Sammlung Rahelscher Aussprüche veröffentlichte, die Varnhagen auf seinen Wunsch zusammengestellt hatte.

Unter den jüngeren Berliner Romantikern machte nur ein einziger für einige Zeit von sich reden, der Dramatiker Michael Beer. Er war ein Bruder des Meisters der französischen großen Oper Giacomo Meyerbeer und des Astronomen Wilhelm Beer, der eigentlich Kaufmann war, aber eine kleine Sternwarte unterhielt und sich durch seine exakten Arbeiten auszeichnete. Die drei Brüder entstammten einem reichen jüdischen Hause, in dem, freilich weit exklusiver, als es vor dem Kriege in Berlin Brauch gewesen war, die besondere Form Berliner Geselligkeit gepflegt wurde. Auch im Hause des Buchhändlers Reimer versammelte man sich noch zu geselligem Verkehr; die Empfänge des Geheimen Staatsrates Stägemann und seiner Frau waren bekannt. Man traf sich im Hause des Juristen von Savigny, eines Schwagers Bettinas, und im Salon der Amalie von Helvig, einer in Weimar aufgewachsenen Nichte der Frau von Stein. Mit dem Salon der Varnhagens wetteiferte nur der der Arnims.

Eine besondere Anziehungskraft übte das Haus des Stadtrates Abraham Mendelssohn-Bartholdy aus, eines Sohnes Moses Mendelssohns, der mit seinem älteren Bruder das Bankhaus Mendelssohn u. Komp. gegründet hatte. Er liebte es, um seine hochbegabten Kinder, den Komponisten Felix Mendelssohn-Bartholdy und die mit dem Malerdichter Wilhelm Hensel verheiratete Fanny, besonders junge Menschen zu versammeln. Aber auch den Humboldts und den Grimms, den Arnims und den Varnhagens, Schinke, Zelter, Carl Maria von Weber und dem königlichen Kapellmeister Spontini begegnete man in dem von Reckschen Palais in der Leipziger Straße Nr. 3, das damals noch am Rande der Stadt und des Tiergartens lag.

Felix Mendelssohn-Bartholdy gab sein erstes öffentliches Konzert im Frühjahr 1822. Sieben Jahre später erweckte er in seines Lehrers Zelter Berliner Singakademie die Matthäuspassion des Thomaskontors Johann Sebastian Bach zu neuem Leben. Rahel war eine Verehrerin Bachs, Händels und Mozarts, ihr Musikunterricht hatte, wie sie gestand, „in lauter Musik von Sebastian und der ganzen Schule“ bestanden, „also *wir* von *der* Zeit kennen das alles genau“. So schätzte sie auch die alten Meister weit mehr als etwa Carl Maria von Weber, dessen „Freischütz“ im Juni 1821 zum ersten und am 26. Dezember 1826, ein halbes Jahr nach dem Tod des Komponisten, bereits zum hundertsten Male aufgeführt wurde.

Im übrigen hatte Rahel sehr persönlich gefärbte Vorurteile für italienische Opern. Ihre Neigung zu den Großen der Bühne in Oper und Schauspiel wurde bei unverkennbarer Vorliebe für eine realistische Darstellung nicht nur von künstlerischen, sondern auch von menschlichen Gesichtspunkten bestimmt. Sie bewunderte Ludwig Devrient. Ihr „Herzblatt“ unter den Schauspielerinnen blieb Friederike Unzelmann-Bethmann, sie verehrte von den Sängerinnen vor allem Pauline Anna Milder-Hauptmann, während der so gefeierten Henriette Sontag nach ihren Eindrücken „der tiefbelebende Herzpuls“ fehlte.

In dem von Schinkel erbauten, am 26. Mai 1821 eingeweihten Schauspielhaus war sie bis zur Verschlimmerung ihrer Leiden ein oft gesehener und sehr kritischer Gast. Allerdings war ihre persönliche Anteilnahme an der dramatischen Kunst während der Generalintendanz des Grafen Brühl bei weitem nicht mehr so lebhaft wie zu August Ifflands Zeiten. Sie hielt an ihrem dem Schauspieler und dem Theaterleiter gewiß nicht gerecht werdenden Urteil fest, Iffland habe „nicht durch sein Besseres, durch sein Schlechtestes“ geherrscht und das Theater „zu einer Zwangsanstalt für Schauspieler und Publikum in allen Rücksichten“ gemacht. Dennoch konnte sie Ifflands Verdienste um das klassische Schauspiel wie um die realistische Schauspielkunst um so weniger leugnen, als sich in der ihm folgenden, von Rahel schon wegen der Unterwürfigkeit unter die Launen des Hofes sehr kritisch beurteilten Epoche der „Staatsdirektoren“ bloße „Nachbeller“ Schillers und Shakespeares auf der staatlichen Bühne breitmachten. Allein Ernst Raupach, der im Jahre 1822 aus Petersburg nach Deutschland zurückgekehrt war und sich 1824 in Berlin niederließ, lieferte dem königlichen Schauspielhaus als fest verpflichteter Theaterdichter in zwei Jahrzehnten fünfundsiebzig Stücke; aus dem Epigonen Schillers wurde in kürzester Zeit ein Routinier des flachen Publikumsgeschmacks.

Der bildenden Kunst stand Rahel fern. Weder Schadow oder Schinkel noch Rauch oder Rietschel gehörten zu ihrem vertrauten Umgang. Heinrich Heine ging, wie wir sehen werden, in Berlin wie ein Meteor auf und wieder unter. Theodor Mundt und Gustav Kühne blieben in Rahels Salon ohne sonderlichen Nachhall und Einfluß; Varnhagens Schützlinge wurden sie recht eigentlich erst nach Rahels Tode. Das Schwergewicht des geistigen Lebens der preußischen Hauptstadt lag nicht mehr wie ehedem in der Literatur, sondern in der Wissenschaft. In ihrer Bedeutung so unterschiedliche Persönlichkeiten wie Gubitz und Streckfuß, Langbein und Wackernagel, Rellstab und Heun, selbst der Name des lange volkstümlichen Willibald Alexis, des deutschen Nachfahren Walther Scotts, verblassen, wenn man sich des Einflusses und des Ranges der Männer erinnert, die damals an der Berliner Universität lehrten oder, ohne ein öffentliches Lehramt zu bekleiden, sich mit Fragen der Wissenschaft beschäftigten.

Als die Berliner Universität eröffnet worden war, hatte es Skeptiker gegeben, die für die Lebensfähigkeit der in Notzeiten entstandenen wissenschaftlichen Anstalt fürchteten. Die Entwicklung der jungen Hochschule übertraf alle Erwartungen. Die Universität Berlin hatte nach zwei Jahrzehnten mit etwa zweitausend immatrikulierten Studierenden die höchste Frequenz aller deutschen wissenschaftlichen Hochschulen, sie war überhaupt zur bedeutendsten Stätte für Lehre und Forschung in Deutschland geworden.

Wenn auch Universität und Akademie ohne Verbindung mit dem Bürgertum eine rein akademische Existenz führten, so war doch der Drang nach dem Wissen in der preußischen Hauptstadt von vornherein nicht auf die studierende Jugend beschränkt geblieben. Markus Herz' Beispiel hatte Schule gemacht. In manchem Berliner Salon wurden wissenschaftliche Themen erörtert. Es entstanden Bildungsvereine und wissenschaftliche Vereinigungen, um dem starken Interesse Berliner Bürger besonders für die sich rasch entwickelnde Naturforschung zu genügen.

Alexander von Humboldts berühmt gewordenen Kosmos-Vorlesungen, die er im Winter 1827/28 im größten Hörsaal der Universität und, als auch der nicht mehr ausreichte, zusätzlich in der Berliner Singakademie hielt, können als die Geburtsstunde der zielbewußten Popularisierung der Wissenschaft in Wort und Schrift bezeichnet werden. Das Fernhalten der Bürger von der Politik und der rasche Aufschwung der Naturwissenschaften wirkten in die gleiche Richtung einer weite Schichten der städtischen Bevölkerung ergreifenden Bildungsbewegung. „Mit dem Wissen kommt das Denken und mit dem

Denken der Ernst und die Kraft in die Menge", schrieb Alexander von Humboldt dem Historiker und Staatswissenschaftler von Raumer, der sich um die Förderung der Volksbildung beträchtliche Verdienste erworben hat.

Alexander von Humboldt, nach jahrzehntelanger Abwesenheit im Frühjahr 1827 endgültig in die Heimat zurückgekehrt, und sein Bruder Wilhelm standen im Mittelpunkt des geistigen Lebens Berlins. Die Tagung der deutschen Naturforscher und Ärzte, die im September 1828 zum erstenmal in Berlin und unter dem Vorsitz Alexander von Humboldts stattfand, wurde zu einer Ehrung der deutschen Gelehrtenschaft für den Nestor der deutschen Naturforschung. Wilhelm von Humboldt, aus der Politik verdrängt, widmete sich sprachwissenschaftlichen Arbeiten, insonderheit der vergleichenden Sprachforschung. Sein Berliner Haus in der Behren-, Ecke Charlottenstraße und später in der Französischen Straße 42 war ein Treffpunkt der gelehrten Welt. Freilich zog sich der ältere Humboldt mit der zunehmenden Unpäßlichkeit Karolines (sie starb am 26. März 1829) in das von Schinkel erneuerte Schlößchen Tegel zurück.

Die beiden Humboldts gehörten nicht dem Lehrkörper der Universität an. Auch Friedrich August Wolf, der Vater der Philologie, bewahrte sich weithin seine Unabhängigkeit als Forscher. Er ist in Berlin nie recht heimisch geworden und starb im Sommer 1824 in Marseille, wo er Heilung gesucht hatte. Des älteren Humboldt engere Fachkollegen an der Universität waren Franz Bopp, Philipp August Boeckh und Karl Lachmann. Bopp, der Begründer der vergleichenden Sprachforschung, war im Jahre 1821 auf Humboldts Veranlassung nach Berlin geholt worden. Wolfs Schüler Boeckh, wegen seiner ausgezeichneten Eigenschaften vom Lehrkörper fünfmal zum Rektor gewählt, wirkte seit 1811 als klassischer Philologe von bestem Ruf an der Universität. Lachmann war Germanist; im Jahre 1825 war er an die Berliner Universität berufen worden. Neben Alexander von Humboldt erstrahlte der Ruhm des Geographen Karl Ritter, der im Jahre 1820 auf Alexanders Veranlassung einen Lehrstuhl erhalten hatte und die Geographische Gesellschaft gründete. Er unternahm es, die Erde als „Wiege, Erziehungs- und Wohnhaus fürs Menschengeschlecht" wissenschaftlich darzustellen, und entfaltete sich schnell zu einer der großen Gelehrtengestalten des 19. Jahrhunderts.

Die beiden großen Antipoden der Berliner Universität waren die Professoren Schleiermacher und Hegel. Neben Schleiermacher waren in der protestantischen Theologie, von dem weniger bedeutenden Hegelianer Marheineke abgesehen, zwei neue einflußreiche Männer tätig geworden. August Neander, einst Mitschüler Varnhagens am Johanneum in Hamburg, getaufter Jude, alsbald einer der namhaftesten Kirchenhistoriker und Vertreter der historischen Auffassung des Christentums, war ein unversöhnlicher Gegner Hegels und der theologischen Orthodoxie, die seit 1824 in dem ehemaligen Orientalisten Ernst Wilhelm Hengstenberg in Berlin ihren führenden Vertreter sah. Hengstenberg gründete die Evangelische Kirchenzeitung, mit deren Hilfe er großen Einfluß auf die Landpfarrer gewann. Er war ein erklärter Widersacher Schleiermachers wie jeglichen fortschrittlichen Denkens und kämpfte besonders gegen die materialistische Weltsicht der Naturforschung.

Was Hegel von Schleiermacher trennte, war nicht nur der prinzipielle Gegensatz, der zwischen dem Repräsentanten des objektiven Idealismus und dem Reformator der protestantischen Theologie bestehen mußte. Hegel hatte sich bereits zum Beherrscher der Philosophie erhoben, bevor er im Jahre 1818 nach Berlin gekommen war. Er war unduldsam und tyrannisch, und Schleiermacher, um seinen Einfluß besorgt, hatte sich bemüht, Hegel aus der philosophischen Klasse der Akademie der Wissenschaften fernzuhalten. Die beiden führenden Gelehrten mieden einander. Die Gründung der Jahrbücher für wissenschaftliche Kritik drohte zu scheitern, als ihr Initiator, Eduard Gans, auch Schleiermacher im Kreis der Mitarbeiter zu sehen wünschte. Erst kurz vor Hegels Tod sah Gans die beiden großen Widersacher versöhnt „im freundschaftlichen Gespräch den Rutschberg von Tivoli herunterfahren".

Während sich der herrschende Philosoph und der maßgebende Theologe in jenen späten Jahren der Geselligkeit in den Berliner Salons mehr und mehr fernhielten, nahmen zwei jüngere Gelehrte, die sich gleichfalls zu ausgesprochenen Antipoden entwickeln sollten, sehr lebhaften Anteil an den zwanglosen Zusammenkünften bei Rahel und Bettina. Das waren der noch jugendliche, von kühnen Ideen sprühende Rechtsphilosoph Eduard Gans, ein hochbegabter Schüler Hegels, und der nur drei Jahre ältere Historiker Leopold Ranke. Ranke wirkte seit 1825 in Berlin, trat jedoch erst nach Rahels Tod als Meister der quellenkritischen Methode und als konservativ gesinnter Gegner eines fortschrittlichen Geschichtsbildes in Erscheinung.

Die Brücke von der Wissenschaft zum Haus in der Französischen Straße, in dem Rahel „die Dachstube, im größeren fortgesponnen", zu neuem Leben erweckte, bildete Varnhagens umfangreiche publizistische Tätigkeit. Das Ehepaar war versucht gewesen, Berlin zu verlassen, als gewiß geworden war, daß der Geheime Legationsrat unter den obwaltenden politischen Verhältnissen mit einer dauernden Verwendung im diplomatischen Dienst Preußens nicht mehr rechnen könne. Die vielseitigen Verbindungen, die sich der fleißige Schriftsteller inzwischen geschaffen hatte, und die Besonderheiten seines Arbeitsgebiets, die einen engen Kontakt mit Politik, Diplomatie und Wissenschaft erforderlich machten, gaben den Ausschlag dafür, daß sich das Ehepaar entschloß, in Berlin zu bleiben. Rahels Wünsche waren dabei nicht maßgebend gewesen. Der Salon war ihr nicht mehr Lebensbedürfnis, sondern eine, wenn auch liebgewordene, doch manchmal bereits als Last empfundene Gewohnheit. Damals begann Varnhagen mit der vielbändigen Veröffentlichung seiner „Biographischen Denkmale", einer Reihe von Lebensbeschreibungen, in denen deutlich wurde, wie erfolgreich er sich am Stil Goethes gebildet hatte.

Solange Rahel lebte, beruhte Varnhagens literarischer Ruf indessen mehr auf seiner erstaunlichen journalistischen Fruchtbarkeit. Er war ein entschiedenerer Demokrat als Rahel. Die „Obersamkeit", wie er die Souveränität nannte, lag nach seiner Überzeugung beim Volk. Der Fortschritt war in seinen Augen unaufhaltsam. Ihm war, „ganz hegelisch, die Geschichte die dialektische Entwicklung der Weltvernunft" (Carl Misch). Auf die Kraft des menschlichen Willens und der Vernunft vertrauend, meinte er, seine Zeit würde vom Feudalismus zur Demokratie führen, wenn nur die öffentliche Meinung, der er umwälzende Kräfte zutraute, ihre Macht erkennte. Aber er war auch Realist, wenn nicht gar Fatalist im Blick auf die Grenzen des damals politisch Möglichen. So verkündete er als eine Art unerfüllbaren Wunschbildes, es solle vorgezogen werden:

„Deutschlands Einheit seiner Zerstückelung, Deutschlands Bundesinteresse seinem vereinzelten Staateninteresse, Konstitution der unbeschränkten Herrschaft, Volksvertretung dem Ständewesen, Bürgertum dem Adel, deutsche Kirche der römischen, protestantische der katholischen, die natürliche Religion der positiven". Man darf dieses gesamtdeutsche und liberaldemokratische Programm zugleich als die politische Meinung Rahels ansehen, wenn sich auch zeigen wird, daß sie über die Möglichkeiten ihrer Epoche hinaus in eine humanere gesellschaftliche Wirklichkeit drängte.

Varnhagen schrieb, teils unter seinem Namen, teils anonym, für die seinerzeit von Goethe angeregte Jenaische Allgemeine Literatur-Zeitung wie für Cottas Presseerzeugnisse, vor allem die Augsburger Allgemeine Zeitung. Er war Mitarbeiter des Hamburgischen Correspondenten wie der Bremer Zeitung, des Schweizerischen Museums wie der Aarauer Zeitung. Man fand Buchkritiken und wissenschaftliche Besprechungen Varnhagens in Leipziger und Wiener Blättern, natürlich auch in Berliner Organen, soweit sie für die Bildung einer öffentlichen Meinung in der preußischen Hauptstadt in jenen Jahren von Einfluß gewesen sind.

Er schrieb weniger für die drei Tageszeitungen, von denen die auf eine Idee Varnhagens zurückgreifende und zunächst von Stägemann geleitete Allgemeine Preußische Staatszeitung ausgesprochen amtlichen Charakter trug, während die Vossische Zeitung und die Haude- und Spenersche Zeitung notgedrungen aus der politischen Stellungnahme in eine unverbindliche Berichterstattung flüchteten. Im Jahre 1826 wurde ihm die Leitung der Staatszeitung angeboten. Er lehnte ab, um in seinen Veröffentlichungen nicht noch mehr Zugeständnisse an die Mächte der Zeit machen zu müssen, als für einen Publizisten ohnehin unausweichlich waren. Er lebte, seit 1824 im Ruhestand und seit 1825 Geheimer Legationsrat, im wesentlichen von dem Ruhegeld und einem fortlaufenden Zuschuß aus der Königlichen Legationskasse von je 1500 Talern im Jahr.

So beschränkte sich Varnhagens publizistische Tätigkeit in Preußen vornehmlich auf die Zeitschriften, sofern sie sich gegenüber der Zensur behaupten konnten. Er gehörte zu den engeren Mitarbeitern Gubitz', dessen Zeitschrift Der Gesellschafter sich von 1817 bis in das Revolutionsjahr 1848 erhalten hat, weil sich der Herausgeber auf einen von namhaften Autoren getragenen literarischen und kritischen Teil stützen konnte; jede individuelle politische Meinungsäußerung verbot sich durch die Zeitverhältnisse. Varnhagen löste seine Beziehungen zu Gubitz und zum Gesellschafter, als die Zeitschrift im Jahre 1835 dem durch Varnhagens „Buch des Andenkens" übersteigerten Rahelkult entgegentrat.

Von 1826 bis 1829 machte der aus Wien zugewanderte und dann nach München verdrängte Moritz Saphir in der preußischen Hauptstadt viel von sich reden. In seiner Berliner Schnellpost für Literatur, Theater und Geselligkeit wie im Berliner Courier schlug er einen neuartigen Ton an; er war witzig, frech, polemisch, aber einseitig und voreingenommen in seinem Urteil, ein gefürchteter und bald von vielen gehaßter Rezensent aller künstlerischen Ereignisse. Saphirs Tätigkeit wirkte zunächst durchaus belebend auf die bereits reichlich biedermeierliche Berliner Atmosphäre. Der unbeherrschte Zyniker mußte aber endlich der Verärgerung und Empörung der Berliner Künstler, zumal der Dramatiker, weichen, die unter Führung von Rahels Bruder Ludwig Robert einen erbarmungslosen Feldzug gegen den unbeliebten Mann mit dem diabolischen Lächeln führten.

In jenen Jahren unterdrückter Meinungsäußerung kam vor allem der auswärtigen Presse eine große Bedeutung zu. Man las neben deutschen Zeitungen wie der Augsburger Allgemeinen, dem Hamburgischen Correspondenten, der Königsbergischen und der Kölnischen Zeitung, die teils einer weniger strengen Zensur unterlagen, teils ausgezeichnet geleitet wurden, ausländische Organe wie den Pariser Constitutionel und das Journal des Débats sowie die Londoner Times. Diese Zeitungen lagen in den Konditoreien aus, die, meist von Schweizern gegründet, allenthalben entstanden, nachdem Giovanoly im Jahre 1818 den ersten geglückten Versuch unternommen hatte. Courtin eröffnete ein solches Unternehmen an der Post, und Spargnapani siedelte sich in der Straße Unter den Linden an. Sammelpunkte von Zeitungslesern wie von Literaten und Beamten, die im Flüsterton die Meinung austauschten, wurden die Konditoreien von Stehely am Gendarmenmarkt und von Josty, dem Schlosse schräg gegenüber, an der Stechbahn gelegen.

Auch Varnhagens hielten und studierten eifrig auswärtige und ausländische Zeitungen, so daß man in der Französischen Straße über die inneren und äußeren Angelegenheiten Preußens sowie über alle Europa bewegenden Fragen ausgezeichnet unterrichtet war. Was der fremden Presse nicht zu entnehmen war, hörte man im Gespräch mit Frauen und Männern von Rang und Einfluß, erfuhr man aus der umfangreichen Korrespondenz mit Freunden und Gleichgesinnten im In- und Ausland. Damals begann Varnhagen sorgfältig aufzuzeichnen, was ihm in vertrauter Unterhaltung zugetragen wurde.

Auswärtige Zeitungen und Zeitschriften schätzten sich glücklich, wenn es ihnen gelang, den verabschiedeten Diplomaten zum Mitarbeiter zu gewinnen. Sein literarisches Urteil wurde viel beachtet, der kühle, kunstvolle Stil fand zahlreiche Freunde, zumal es der vielerfahrene Mann verstand, seine liberalen Ansichten auch in Veröffentlichungen durchscheinen zu lassen, die sich der besonderen Aufmerksamkeit der Zensur erfreuten.

So war auch Hegel durchaus damit einverstanden, daß Eduard Gans Varnhagen schon zu den Vorarbeiten für die Jahrbücher für wissenschaftliche Kritik hinzuzog, die im Jahre 1826 in Hegels Haus von einer zu diesem Zweck geschaffenen Sozietät für wissenschaftliche Kritik ins Leben gerufen wurden. Den Gründern schwebten Schillers „Horen" und die Jenaer Literatur-Zeitung als Beispiele umfassender helfender Kritik vor. Cotta nahm das neue Organ in Verlag. „Wiederhergestellte Würde der Literatur, Freiheit der Ansicht und des Mitwirkens, Unparteilichkeit in der Sache, mit gewahrtem Anstande der Form nach, Verbannung der Anonymität, die wir damals noch mit unschonendem Ausdruck das Banditenwesen nannten, das waren", wie Gans berichtete, „ungefähr die Grundsätze, wie sie im Hinundherreden über die Sache hervortraten. Frau von Varnhagen, die geistreiche, rhapsodische und inzisive Frau, belebte bei unseren Abendgesprächen die Hoffnungen, die sich kundgaben, und schickte uns, wie eine Spartanerin oder Römerin ihre Kinder in die Schlacht gesendet haben würde, dem kritischen Feuer entgegen, das wir anzünden wollten."

Auch Boeckh und Bopp, Hufeland und Marheineke, Ritter und von Raumer setzten mit anderen ihren Namen unter das Zirkularschreiben, das im Juli 1826 zur Mitarbeit an der Zeitschrift aufrief, in der alle wissenschaftlichen Neuerscheinungen systematisch gewürdigt werden sollten. Man sprach bald von der „Hegelzeitung“, um der sehr wirkungsvollen Veröffentlichung eine bestimmte Färbung zu unterstellen, obwohl keineswegs nur Hegelianer in ihr zu Worte kamen. Neben vielen anderen gehörten Goethe und Wilhelm von Humboldt, der ältere Schlegel und Rückert, Boisserée und Carus, Stägemann und Welcker, Creuzer und Ewald zu dem bedeutenden Stab ausgezeichneter Mitarbeiter, unter denen Varnhagen an Eifer allenfalls von Gans übertroffen worden ist.

„FREUNDE, GLEICHGESINNTE, NUR HEREIN!“

Bettinas Tochter Maximiliane hat erzählt, im Stadthaus der Arnims habe es in späteren Jahren — Achim von Arnim war 1831 gestorben — zwei Salons gegeben, „einen demokratischen und einen aristokratischen. Links vom Saal in unseren Räumen empfingen wir [Töchter] unsere Freunde [von Hof und Adel], rechts in ihren Zimmern Bettine ihre ‚edlen Weltverbesserer‘ “. Bei den Varnhagens gab es einen solchen Unterschied nicht. Jedermann war willkommen, wenn er ein offenes Wort vertrug und die Vertraulichkeit von Rede und Gegenrede nicht mißbrauchte. Rahel verwahrte sich Gentz gegenüber in einem Brief vom Oktober 1830 gegen den Gedanken, sie unterhalte ein „bureau d'esprit“ oder kultiviere „ewige Kunstgespräche oder irgend etwas Feststehendes“. Das Gespräch wurde nicht mehr um seiner selbst willen geführt, die Begegnung von Mensch zu Mensch nicht um der menschlichen Vervollkommnung gesucht. Rahels zweiter Salon war der Zeit um ein Wesentliches näher gerückt.

Rahel hatte schon in Wien versucht, sich, wie es ihre Art war, über ihren Standort in einer veränderten Welt, in einer erweiterten Lebens- und Weltsicht zu orientieren. Sie hatte mit einer kritischen Überprüfung ihres Wesens und Wirkens begonnen (für Varnhagen, aufgezeichnet am 28. März 1814). Man habe, analysierte sie, ihre Art sich darzustellen mit hinlänglichem Recht für ihren Charakter genommen. Ihre vermeintliche Unerschütterlichkeit verberge nur zu oft, daß sie sich aus Schamhaftigkeit aufopfere „und ganze Hiebe im Herzen bluten läßt, ohne nur sich hinzuwenden oder einen Wehlaut daraus hervorzulassen. O Maske, Maske ... ! Wer kann dich loswerden, wenn du eine Mitgift bist ...“

Durch menschliche Masken hindurchzusehen wäre eine

„wahre Wohltat für das Menschengeschlecht“, die sie „im höchsten Sinn und viel in der Welt“ übe. Wir dürfen hinzufügen, daß diese ihre Eigenschaft vor allem anziehend gewirkt und um Selbsterkenntnis und Klarheit ringende Menschen in ihren Kreis geführt hat. Es war der Weg, auf dem sie zur Lebenswirklichkeit gelangte. Dennoch, so meinte sie, habe sie „zwei unaussprechliche Fehler“: „Die beiden Eigenschaften aber sind bei mir: eine große Dankbarkeit und zu viel Rücksicht für menschlich Angesicht ... Dies alles kommt daher: weil die holde, freigebige, sorglose Natur mir eins der feinsten und starkorganisiertesten Herzen gegeben hat, die auf der Erde sind; weil ich keine persönliche Liebenswürdigkeit habe und man es also nicht sieht; weil auch mein rauher, strenger, heftiger, launenhafter, genialischer, fast toller Vater es übersah und es brach, *brach.* Mir jedes Talent zur Tat zerbrach, ohne solchen Charakter schwächen zu können ... Ich wäre ein sehr, für aller Augen verkrüppeltes Geschöpf geworden, läge nicht großartige Betrachtung der Natur aller Dinge in mir und jenes Vergessen der Persönlichkeit, ohne welches die genialischsten Menschen auf der Erde und in jeder Wissenschaft keine wären. Dies ist der einzige Leichtsinn, den mir der doch gütige Gott mitgegeben, und die *einzige* Grazie in meiner ganzen Natur.“

Vergessen der Persönlichkeit — Rahel meinte damit die Hintanstellung, die Überwindung der eigenen Individualität zugunsten einer fremden oder einer auf das Ganze, die Menschheit gerichteten Aufgabe. Das war nun eine wesentliche Veränderung ihrer Betrachtungsweise. Zeitgeschehen und Umwelt hatten sich gegenüber der romantischen Selbstbespiegelung und der Sucht nach Selbstverständnis durchgesetzt. Ihr Umgang mit Menschen soll nach ihrer Einsicht nicht Selbstzweck sein, er ist nicht mehr geselliges Spiel im Sinne des klassischen Vervollkommnungsstrebens. Er erhält mehr und mehr, wie die Unruhe des Bürgertums in der feudalen Restauration es erfordert, eine echte gesellschaftliche Funktion, er wird zum Forum des weltanschaulichen Meinungsstreites, ohne freilich unmittelbar in das gesellschaftliche Geschehen eingreifen zu können.

Wie Rahel erkannt hatte, daß sich ihre Gaben unter den gegebenen gesellschaftlichen Verhältnissen nur durch ein Medium, durch Varnhagen, auswirken könnten (wie die der Karoline Michaelis einst durch August Wilhelm Schlegel), so sah sie bereits 1814 im Rückblick die gesellschaftliche bedeutung ihres Salons, die dort von ihr geübte, von ihr nach dem Zeitbrauch als Gesellschaft bezeichnete besondere Form der Geselligkeit nunmehr in einem allgemeineren Licht. „Die Gesellschaft", heißt es in ihren Aufzeichnungen vom 28. März 1814, „war mir von je die Hälfte des *Lebens.* Weil ich richtig fühlte, was sie sein sollte: der sich bewußte, behagliche Verein im Genuß und Weiterbringen alles menschlich schon Geleisteten ... Sonst gab es Sklaven und Freie. Noch jetzt sehe *ich* Adel und Bürger so an. Jetzt mag sich's ändern; genug, die Rede ist noch davon! — *Aber* wär' ich ein Freier geboren, ich glaube, ich miede den Kreis der Ebenbürtigen; keine Beschreibung von dem, was man in der nun schon zum hundertsten Male zerstückelten Welt davon finden kann ... Wir sind alle wie Frühlingsgebirgswasser, welches erst ablaufen muß. Kein Meer, kein Strom, kein Quell. Leben genug ist in einem solchen Wasser auch, das weiß ich. Wenn ich oder du nicht mitwirken können, das heißt Gutes vom Tag für den Tag — eine Einrichtung dazu ist beinah nicht vorhanden —, so ergötzt mich die große Welt gar nicht so! Noch dazu jetzt, in ihrer Armut und Zerstörung. Was hab' ich an getäfelten Zimmern voll Menschen, für welche die Natur, die Natur keines Dinges, keine innere Erhellung, kein Wunder der Nerven noch des Geistes, noch des Herzens existiert, die dies nicht haben, die sie nicht sehen, mit denen ich nicht davon sprechen kann! Und zu dem Ennui [der Langeweile], welches mir nur der Ehrgeiz — Mittel zu einem Zwecke — erträglich machen kann, und sein Spiel und seine Spannungen, zu dem sollt' ich mich noch ohne Zwecke hin*arbeiten* wollen? — Das kann ich nicht mehr, August."

Die Prager Umwelt war gewiß nicht dazu angetan gewesen, aus einer kleinen Zelle in einen größeren Raum zu wirken, zündende Worte von einem zum andern zu tragen, zu heben, was in noch unfertigen Menschen verborgen lag, durch das eigene Sein einer breiten Öffentlichkeit und zumal den Herrschenden davon Kenntnis zu geben, daß sich in dieser selbstvollzogenen bürgerlichen Gleichstellung einer Frau, einer Jüdin zudem, eine neue Zeit ankündigte, noch erfüllt von Unklarem, unbeirrt aber im fortschrittlichen Grundzug ihres bürgerlich-liberalen Humanismus. In Prag, Wien, Frankfurt, Karlsruhe war Rahels Entwicklung zu einer in sich ruhenden Persönlichkeit vervollständigt worden. Rahel hatte sich eine umfassende literarische und vielseitige philosophische Bildung erworben und war, was schwerer wog, in mancherlei persönliche Berührung mit dem Geschehen der Zeit geraten. An ihrer Seite stand, ihr ergeben und sie verehrend, ihr „Varnhagen unter den Menschen“, ein Mann eigenen Zuschnitts. Er wurzelte im klassischen Humanismus und war dem Neuen mit seltener Aufgeschlossenheit zugewandt. Er war nach seinem diplomatischen Mißerfolg in eine neue Aufgabe hineingewachsen und stand im Begriff, einer der namhaftesten Literaten seiner Epoche und ein Förderer der vorwärtsdrängenden Jugend zu werden. Er entwickelte sich, wie ihn Max Ring treffend genannt hat, zum „letzten Repräsentanten einer höheren Geselligkeit in Berlin“. Das Gesicht ihres zweiten Salons wurde nicht mehr nur von Rahel, es wurde auch von Varnhagen bestimmt.

Rahel und Varnhagen zogen unabhängig voneinander Menschen in ihr gemeinsames Haus; aber die Freunde des einen wurden die des anderen und waren, welcher weltanschaulichen Herkunft sie auch sein mochten, Gleichgesinnte, von einem gleichen Humanitätsstreben beseelte Individualitäten. Rahel wußte sie zusammenzuführen, damit sich in ihnen, wenn schon eine große gemeinsame Tat nicht möglich war, eine Bereitschaft zu lebendiger Humanität entfalte. Ihr zweiter Salon hatte sowohl ein geistig-literarisches als auch ein politisches Gesicht. Mehr als einmal stellte sie ihn bewußt unter Goethes Wort: „Freunde, Gleichgesinnte, nur herein!“ Sie war entschlossen, die „Dachstube ... im größeren fortzuspinnen“.

Man irrt freilich, wenn man annimmt, die Varnhagens hätten inmitten von Gästen ständig in einer gesteigerten geistigen Atmosphäre gelebt. Wirklich fruchtbare Gespräche und schöpferische Begegnungen waren nicht die Regel, sondern die Ausnahme. Man besuchte einander schon in den späten Vormittagsstunden; dieser oder jener hervorragende Gast oder gern gesehene Freund wurde gelegentlich gebeten, zum sehr späten Mittagessen zu bleiben. Erst am Abend, womöglich sogar erst nach dem Theater fand sich ein größerer Zirkel zusammen. „Fein organisierte Menschen müssen Zerstreuung haben“, war ein von Rahel gern gebrauchtes Wort, und sie pflegte zu sagen, ihre Geselligkeit wäre nichts als Güte.

Bis zu einem gewissen Grade wurde das Zusammensein zu einer Routine, der auch Rahel erlag, je mehr ihr mit fortschreitendem Alter ihr anfälliger und gebrechlicher Körper zu schaffen machte. Ihre nervöse Reizbarkeit nahm zu. Doch sie glaubte es sich, Varnhagen, ihren Freunden schuldig zu sein, nur im Falle ernster Erkrankung niemanden zu empfangen. Wiederholt fragte sie Freunde und sich selbst (so in einer Aufzeichnung aus dem Jahre 1825), ob es wirklich erst eine Beobachtung der letzten Zeit wäre, daß sie es so schlecht ertrüge, „in Gesellschaft zu sitzen und das Nichts zu hören und zu behandeln“. Sie meinte, der Ertrag wäre kleiner geworden, während die körperliche und geistige Anstrengung zunehme. Zu lange habe sie ihr „eigentliches Interesse, ihr wahres Ich beiseite“ gelegt.

Dennoch blieb Rahel nach ihren eigenen Worten ein „Menschenmagnet“ von ganz ungewöhnlicher Anziehungskraft. Charakteristisch für diese Eigenschaft ist ein Bericht Franz Grillparzers. Der menschenscheue, verdrossene Dichter hatte während seines Aufenthaltes in Berlin im Jahre 1827 eines Abends Karl August Varnhagen von Ense getroffen und sich zu später Stunde überreden lassen, seinem wortgewandten neuen Bekannten in den vielgerühmten Salon seiner Frau zu folgen. „Ich hatte mich den ganzen Tag herumgetrieben“, erzählte Grillparzer in seiner Selbstbiographie, „und fühlte mich müde bis zum Sterben, war daher herzlich froh, als man uns an der Haustür sagte, die Frau Legationsrätin sei nicht daheim. Als wir aber die Treppe hinuntergingen, kam uns die Frau entgegen, und ich fügte mich in mein Schicksal. Nun fing aber die alternde, vielleicht nie hübsche, von Krankheit zusammengekrümmte, etwas einer Fee, um nicht zu sagen einer Hexe ähnliche Frau zu sprechen an, und ich war bezaubert. Meine Müdigkeit verflog oder machte vielmehr einer Trunkenheit Platz. Sie sprach bis gegen Mitternacht, und ich weiß nicht mehr, haben sie mich fortgetrieben, oder ging ich von selbst fort. Ich habe nie in meinem Leben interessanter und besser reden gehört.“

Grillparzer war erst gegen Ende seines Berliner Besuches mit Varnhagen bekannt geworden, so daß er seinen Besuch bei Rahel nicht hat wiederholen können. Wie tief er indessen von dieser einzigen Begegnung beeindruckt war, wissen wir auch aus den Erinnerungen Jenny von Gustedts. Der Verehrerin Goethes und Rahels erzählte Grillparzer, er wäre zunächst „vor dem Unlieblichen ihrer [Rahels] Erscheinung" zurückgeschreckt und hätte „wenig Trieb zu näherer Bekanntschaft" gefühlt. „Als ich zur Tür hinausging, griff ich bewegt in die Haare und rief: Auf der ganzen Welt hätte mich nur eine Frau glücklich machen können, und das ist Rahel." Eine solche Aussage, nach Ellen Key auch von Bauernfeld bestätigt, gewinnt an Gewicht, wenn man vorwegnehmend hinzufügt, daß Heinrich Heine, Rahel zeitlebens mit einer merkwürdig scheuen Verehrung verbunden, das Haus in der Französischen Straße sein „Vaterland" genannt hat, obwohl der junge Dichter dort außer ersten poetischen Triumphen schroffste Zurechtweisung erfahren hat.

Die Schauspielerin Karoline Bauer, die siebzehnjährig im Jahre 1824 an das Berliner Schauspielhaus kam und dort ein halbes Jahrzehnt blieb, hat uns die alternde Rahel als „klein, ziemlich stark, von Taille keine Spur" geschildert. „Ein graues Kleid hing wie ein Sack um ihre Gestalt, nur von einer Gürtelschnur lose gehalten, deren Enden nachschleiften. Die dunklen braunen Haare schienen nur so in aller Eile hinaufgewirbelt zu sein, von einem Kamm gehalten, der immer herabzustürzen drohte. Einige wilde kleine Locken schmückten ihre schöne Stirn, und freundlich blickende tiefblaue Augen, von langen Wimpern beschattet, milderten die scharfen jüdischen Züge; die ganze Physiognomie atmete Wohlwollen und hohe Intelligenz", unbeschadet des Augenglases, mit dem Rahel während des lebhaften Gespräches zu spielen pflegte, um es des öfteren blitzschnell an die Augen zu führen und den Gesprächspartner zu fixieren.

Karoline Bauers Schilderung darf als kritisch gewertet werden. Die Schauspielerin machte von ihrer Abneigung gegen Rahels Gatten kein Hehl und bedauerte es, bei den traulichen Teestunden, zu denen sie eingeladen wurde, „die unschmackhafte Milchsuppe von Mann ... mit in den Kauf nehmen" zu müssen. Nach ihrer Meinung hatte Varnhagen „nicht die Spur von ernster, würdiger, imponierender Männlichkeit"; er machte auf sie „von vornherein einen recht unbedeutenden, ja unangenehmen Eindruck". Nicht nur bei Karoline Bauer stand Varnhagen im Ansehen „einer Klatschbase prima Sorte". Er sprach „mit leiser, beinahe flüsternder, gereizter Stimme“, und der feinfühligen Künstlerin war vor allem der servile Kult lästig, den Varnhagen mit seiner Frau trieb. „Herr von Varnhagen scheint seine Gattin über alle Maßen zu verehren“, liest man in Karoline Bauers „Aus meinem Bühnenleben“. „Er lauscht mit fast komischer Bewunderung jedem Worte Rahels und beobachtet ihr Gesicht, ihre Bewegung fortwährend aufmerksam und mit Selbstgefälligkeit, und auf seinem verschwommenen, eitlen Semmelgesichte triumphiert es: Ah!, seht doch — ich bin der Mann dieser geistreichen, berühmten Frau!“

Karoline Bauer begriff zwar nicht, warum Varnhagen verehrungsvoll zu seiner Frau emporsah. Für die junge Künstlerin war „die jammervollste Rolle, die ein Mann spielen kann: der Mann seiner Frau zu sein“. Aber sie erkannte einen Zug an Varnhagen, der alsbald auch dem Salon Rahels anhaftete: Wie Rahel einen Kult mit Goethe trieb, so übte Varnhagen einen Kult mit Rahel. Seine Betriebsamkeit um den Nachruhm der Lebenden förderte ihre Geltung keineswegs. Man mußte, an Varnhagen vorüber, unmittelbar bis zu Rahel vorgedrungen sein, um ihr selbst zu begegnen und nicht einer aufdringlichen Anpreisung zu verfallen, wie sie Varnhagen schon zu Lebzeiten seiner Frau mit der ihm eignen eitlen Geschäftigkeit betrieb.

Therese Devrient, des Schauspielers und Theaterhistorikers Eduard Devrient Gattin, überlieferte eine in der Memoirenliteratur jener Zeit durchaus nicht vereinzelte Schilderung dieser Verirrung Varnhagens. „An Rahel“, schrieb sie, „liebte ich den tiefen, ausdrucksvollen Blick ihrer Augen und den wohltuenden Ton ihrer Stimme. Die Wirtschaft aber, die ihr Mann mit ihr machte, widerte mich an. Oft wenn wir im großen Gartensaal bei Mendelssohns munter plaudernd mit der Arbeit saßen, meldete der Diener Herrn und Frau Varnhagen. Dann tat sich die Tür auf, und Herr von Varnhagen trat groß und vornehm herein, die kleine, breite, mühsam gehende Frau feierlich am Arm führend. Zwischen den Fingerspitzen trug er zierlich ein buntgesticktes Kissen. Der Diener mit zwei anderen lief voraus und schob einen Lehnstuhl zurecht. Herr von Varnhagen ließ seine Gattin, die auf dem Wege dahin freundlich grüßte, in den Sessel nieder, nahm dem Diener die Kissen ab, schob eines unter ihre Füße und legte das andere hinter ihren Rücken. Ein liebevoller Blick von ihr lohnte seine Bemühung. Dann trat der verehrerische Gatte hinter ihren Stuhl und zog leise sein Taschenbuch hervor, um jede ihrer Reden gleich niederzuschreiben. Als das Gespräch mit anderen ihn einmal von der Stelle fortgelockt hatte und er in ihrer Nähe sprechen und lachen hörte, stürmte er eiligst herzu mit dem Ruf: ‚Was hat sie gesagt? Was hat Rahel gesagt?‘ “[1]

Solcherlei Aufzüge waren damals freilich nichts Ungewöhnliches. Weit feierlicher vollzogen sich gelegentlich die Entrees Alexander von Humboldts, die etwas bühnenhaft Effektvolles an sich hatten, wenn es der redselige Kammerherr, die bedeutendste Erscheinung in den Berliner Salons, nicht vorzog, plötzlich dazusein und nach mehr oder minder bissigen Beiträgen zur Unterhaltung ebenso unversehens wieder zu verschwinden. Bettina von Arnim liebte ihre Auftritte nach ihrer Art zu inszenieren. „Sie hüpfte trällernd durchs Zimmer“, erzählte Karoline Bauer von ihrem ersten Zusammensein mit der damals bereits vierzigjährigen Bettina in Rahels Salon, „spielte mit einem Apfel Fangball, voltigierte künstlich über einen Sessel, versteckte meiner Mutter das Strickzeug, warf mich beim Tee mit Brotkügelchen und machte einen Heidenlärm. Der ganze Eindruck war fremdartig, halb Puck, halb Sylphe“, durchaus vorstellbar, zumal Bettina von kleiner, zierlicher, knabenhafter Figur und beispiellos wirbelnder Beweglichkeit war.

In Rahels Salon wurde eines späten Abends Fürst Pückler gemeldet. Als man mit einiger Spannung dem Eintritt des fern von Berlin vermuteten Gartenkünstlers und Reiseschriftstellers

---

[1] Es darf an dieser Stelle angemerkt werden, daß auf eine kritische Bewertung der Bemühungen *Varnhagens*, Rahel nach ihrem Ableben ein Monument im Gedächtnis der Lebenden und ein Denkmal in der Erinnerung der Nachkommenden zu errichten, verzichtet worden ist. Briefe und Aufzeichnungen der Verstorbenen, die Varnhagen bald nach ihrem Tode unter dem Titel „Rahel. Ein Buch des Andenkens für ihre Freunde“ zunächst für einen weiteren Freundeskreis, dann aber doch für eine breitere Öffentlichkeit herausgab, haben ein recht unterschiedliches Echo gefunden. Im Urteil der Lebenden vermischten sich persönliche Eindrücke mit nicht jedem willkommenen Lesefrüchten. Vor allem aber beeinträchtigten die Vorbehalte, die manche Zeitgenossen an den menschlichen Qualitäten Varnhagens machten, nun das Bild Rahels, wie ehedem die hohe menschliche Wertschätzung für Rahel auf ihren Lebensgefährten übertragen worden war. Der heutige Leser dieser Gedenkblätter dürfte geneigt sein, *Immermann* zuzustimmen, der da meint: „Ein sehr gesundes substantielles Lebensmittel, woran zum Unglück aus Versehen zu viel Pfeffer getan worden ist“, zumal wir, nicht zuletzt durch *Hannah Arendts* Untersuchungen, wissen, daß uns Varnhagen manches verschwiegen hat, was dem Kult, den er mit seiner Frau betrieb, hätte abträglich sein können.

entgegensah, bog sich, wie ein Augenzeuge berichtete, „ein artiger Kopf ... durch die Spalte schalkhaft hervor, gleichsam nur das Terrain prüfend". Bettina hatte sich die kleine Szene ausgedacht; sie hatte wissen wollen, welche Gesichter Rahels Gäste machten, wenn der stets zu Späßen aufgelegte Feudalherr erschien, der durch seine mutwilligen Streiche und seine spitze Zunge viel von sich reden machte.

Bei Gneisenau, der damals Gouverneur von Berlin war, erschien Bettina in einer Gesellschaft, um sich sogleich zu seinen Füßen zu legen, den Kopf zwischen seine Knie gelehnt und dort, ohne Anteil am Gespräch zu nehmen, zu verweilen, bis der letzte Gast den General verlassen hatte. Kein Wunder, daß Gneisenau ihr in einem Brief vom 26. April 1820 versicherte, er habe, nachdem er jedes Vorurteil abgelegt habe, seine Freude an ihr gehabt, „wie ein Vater an seiner geistreichen Tochter", wenn er „auch nicht immer ihre Vernachlässigung der konventionellen Formen zu verteidigen vermochte".

Die Pose war ein Charakteristikum jener Zeit, wie die Geselligkeit in den Bürgerhäusern eines gewissen theatralischen, dem höfischen zwar nicht nachgebildeten, ihm aber doch abgesehenen Zeremoniells nicht entbehrte. Das beginnende Biedermeier kannte die formlose Ungezwungenheit der frühen Romantik nicht mehr. Auch das ist ein Kennzeichen dafür, daß das Berliner Bürgertum der kurzen aufrührerischen Epoche um die Jahrhundertwende entsagt hatte und teils resignierte, teils wirtschaftlich saturiert war. Während sich in Rahels Dachstübchen eingefunden hatte, wer das Bedürfnis nach ihrem Umgang verspürte, mußte man bei Mendelssohn in der Leipziger Straße eingeführt sein, bevor man erscheinen durfte. Man schloß sich bereits wieder ab.

Rahel hat dem Kult, den Varnhagen mit ihr trieb, nicht Einhalt geboten. Sie nahm es hin, daß ihr Salon zu einer Institution geworden war wie das Opernhaus oder die Konditorei von Stehely, die in der gesellschaftlichen Ordnung des zeitgenössischen Berlins ihren bestimmten Platz einnahmen. Sie beschränkte sich nicht mehr darauf, sie selbst zu sein, sondern glaubte, die ihr durch ihren ersten Salon in der Berliner Geselligkeit zugefallene Rolle zu Ende spielen zu müssen. Dabei wurde sie, krank und gebrechlich, immer einsamer, zumal als der Tod im Kreis der Vertrauten schnell hintereinander Lücken riß, die sich in ihrem aushauchenden Leben nicht mehr schließen konnten. Neue menschliche Begegnungen, die sich lohnten, waren selten geworden.

Rahel wußte um diesen Lauf der Dinge. Sie widersetzte sich ihm nicht. Sie fügte sich in die Aufgabe, die ihr Ruf, Varnhagens Stellung und die Zeitumstände ihr zuwiesen, und löste sie nach ihrer besten Kraft. Sie nahm es hin, daß sie viele Menschen sehen, bewirten, erdulden und wieder besuchen mußte, die bedeutungsvoll waren und ihr die kostbar werdende Zeit stahlen. Wir wollen über die Unzahl von Höflingen und Kunstbeflissenen aller Art, die Rahels Salon füllten, hinweggehen, da ihre Namen uns heute nichts mehr zu sagen haben. Schweigend ertrug sie die „falsche Geselligkeit", auch wenn sie wieder und wieder schwor, es nicht mehr zu tun. Sie wußte, daß sie ein Opfer der Verhältnisse geworden war. „Nichts bleibt uns, als uns immer klarer und klarer zu machen, über jedes, weil *alles* Zusammenhang hat. Und es ist wahrscheinlich auch jedes gut genug. Dies ist aus dem *großen* Bankrott des Lebens das gerettete Vermögen."

Dieser Ausbruch von Gedanken und Gefühlen findet sich in einem Brief vom 14. Oktober 1829 an die ihrer Ungebundenheit nun auch beraubte Pauline Wiesel, und er war durch Erlebnisse ausgelöst, die Louis Ferdinands Freundin tief beeindruckt hatten. Doch dieser Brief kennzeichnet Rahels widersprüchliche und zwiespältige Lage ebenso wie die begeisterten Schilderungen, die sie zu gleicher Zeit von Begegnungen mit Menschen zu geben wußte. Es gehört zu Rahels überpersönlichen, zu ihren geschichtlich gewordenen Leistungen, vielen Menschen in ihrer Entwicklung förderlich gewesen zu sein und ihnen die rechte Richtung im Gewirr der Zeit gewiesen zu haben. Er kennzeichnet auch ihr nimmer ruhendes Mühen, in einer Zeit, in der die Freiheit des Wortes und die Kühnheit des Gedankens unter Strafe gestellt waren, den Glauben an die fortschreitende Entwicklung der Menschheit durch Wort und Tat, in die kommenden Jahrzehnte fortzeugend, genährt und in vielen ihrer jungen Verehrer zur Gewißheit gesteigert zu haben.

Es begab sich wohl gelegentlich, daß Wilhelm von Humboldt bei einem seiner Aufenthalte in der Stadt in Rahels Salon, vier Jahrzehnte nach ihrer ersten Begegnung, Henriette Herz zu Tisch führte. Sie folgte, noch immer eine auffallende Erscheinung, dem Gespräch im allgemeinen schweigend, „der stärkste Kontrast zu der sprudelnden Rahel und dem närrischen Zaunkönig Bettina. Aber was Henriette Herz sagte, hatte Charakter, Geist, Klarheit und war immer wohltuend“ (Karoline Bauer).

Henriettes Besuche wurden seltener, und Wilhelm von Humboldt verbrachte nur die Wintermonate in seinem Hause am Gendarmenmarkt, und auch das nur bis zum Tode Karolines. Selbst ungern ausgehend, liebte er es, hier oder in Tegel von Zeit zu Zeit Freunde um sich zu sammeln: Schleiermacher, Hegel, Wolf, Schinkel und Rauch, die alten Kampfgefährten Boyen, Grolman, Gneisenau und natürlich Henriette, Rahel, Bettina. Es ging bei diesen Zusammenkünften meist förmlich und kühl zu. Humboldt war nicht mehr Rahels „Intimer“, der „alte Jugendfreund“, dem sie Varnhagens Karriere anvertrauen zu können glaubte.

Völlig anderer Art war das Verhältnis der Varnhagens zu Alexander von Humboldt, dessen regelmäßige Besuche in der Französischen und später in der Mauerstraße dem Hausherrn nicht weniger galten als der Hausherrin, seiner „vieljährigen, gütigen Freundin“. Jenes Bild vom Gefäß, daß Rahel für ihr Verhältnis zu Varnhagen gebraucht hatte, traf, wenngleich in einem veränderten Sinn, auch für die Beziehungen zu, die sich zwischen dem bestunterrichteten Kammerherrn zweier Könige und dem Chronisten der Zeit entwickelten. Der „Hofdemokrat“ entäußerte sich allzugern seiner bissigen, durchaus nicht hoffähigen Bemerkungen über den König und seine reaktionären Paladine in Rahels Salon oder in Varnhagens Arbeitszimmer. Es fiel ihm schwer, eine spitze, politisch gewagte Bemerkung zu unterdrücken; wenn er sie schon der Gegenwart vorenthalten mußte, so wollte er sie der Nachwelt überliefern. Er wußte, daß keine seiner wohlberechneten Pointen verlorengehen, sondern in Varnhagens Tagebüchern aufbewahrt und einer späteren Zeit übermittelt werden würde. Alexander von Humboldt sah in dem zum Freund gewordenen erfolgreichen Verfasser zeitgenössischer Charakterbilder seinen eigenen späteren Biographen. Und gewiß hätte sich Varnhagen einer so bedeutenden wie ehrenvollen Aufgabe nur allzugern unterzogen, wäre er nicht früher als der vertraute Altersfreund gestorben.

Alexander von Humboldt hat manchen Gelehrten, dem er durch sein Verhältnis zum König und seinen Einfluß in Wissenschaft und Verwaltung hat förderlich sein können, in Rahels Salon kennengelernt; er schätzte das Urteil des befreundeten Ehepaares. Nach Rahels Tod suchte er Varnhagens Meinung in Fragen der Politik wie der Publizistik um so mehr, als er wohl viele Neider, manchen offenen und manchen verkappten Gegner, aber nur wenige Freunde hatte, denen er sich anvertrauen konnte. So dürfte auch der immer gutunterrichtete Varnhagen einigen Anteil an den großen Verdiensten haben, die sich Alexander von Humboldt in den Jahrzehnten der preußischen Reaktion um den Fortgang der Forschung und den Anbruch des naturwissenschaftlichen Zeitalters erworben hat.

Humboldts Kosmos-Vorlesungen bereiteten nicht nur den orthodoxen Theologen Kummer; auch in Schleiermachers, des Freundes, Augen war der Naturforscher ein „Erzliberaler", zumal er keinen Hehl daraus machte, daß er nicht an ein Jenseits glaube. Aber Schleiermacher war tolerant genug, einem Manne zuzuhören, der nicht nur glauben, sondern wissen wollte. Hengstenberg und der noch unduldsamere evangelische Bischof Eylert verbündeten sich mit den Wortführern der politischen Reaktion am Hofe des Königs, den Generalen von Radowitz und von Gerlach, gegen den Jakobiner und „Atheisten". Kamptz, im Jahre 1832 Justizminister geworden, nannte Humboldt den „Revolutionär in Hofgunst" Friedrich Wilhelms IV. Erzieher Ancillon warnte vor dem Einfluß der „enzyklopädischen Katze". Auch den Philosophen, Hegel wie Schelling, bereitete Humboldts Anblick keine reine Freude; seine anschauende Weltsicht, die erregenden Einblicke in den Haushalt der Natur, das Aufschließen neuer, nicht auf Spekulation, sondern auf Erfahrung beruhender Wissensgebiete kündeten eine neue Epoche nüchtern-sachlicher Forschung an. Humboldt machte, ohne je zu polemisieren, durch seine universale Gelehrsamkeit in allen Fragen der Natur offenkundig, daß die idealistische Philosophie den Gipfelpunkt ihres Aufstieges hinter sich gelassen hatte.

Humboldt spürte die Kälte, die ihn umgab. Wieder und wieder zog es ihn nach Paris, in „die große französische Welt", die er frei wußte von kleinlicher Nachrede und spöttischer Tadelsucht. „Eine kleine, unliterarische und dazu überhämische Stadt", hat er im April 1837 die preußische Hauptstadt genannt, zu einem Zeitpunkt, als er selbst, wenn man will in

Selbstwehr, zum bissigsten Spötter geworden war. Er teilte seine Zeit zwischen seinen Pflichten als Kammerherr, seinen Aufgaben als Forscher und seiner Leidenschaft für die Geselligkeit. Seit seiner Heimkehr nach Berlin galt Alexander von Humboldt als der bedeutendste und umfassendste Gelehrte seiner Zeit, in Rahels Salon war er heimisch. Hier wußte er sich unter Gleichgesinnten, unter Freunden; hier fand er auch, für viele Jüngere ein Magnet, die verehrende Achtung, für die er nicht unempfindlich gewesen ist.

„Alexander von Humboldt, hoch und schlank, elegant und beweglich wie ein Franzose", berichtete Karoline Bauer, „tauchte oft plötzlich blitzartig, ein aufregendes Irrlicht, an Rahels Teetisch auf, knusperte ein paar geröstete Kastanien oder Biskuite, sagte Rahel, Henriette Herz und Bettina im Fluge die niedlichsten Schmeicheleien, plätscherte wie ein Salonspringbrunnen von Kölnischwasser die zierlichsten und pikantesten Hof- und Stadtneuigkeiten in das Tassenklirren hinein, plauderte mit Herrn von Varnhagen noch zwei Minuten in der Fensternische — Stoff für die Tagebücher — und war verschwunden, wieder wie ein Irrlicht."

Humboldts geistreicher Witz, sein Spiel mit einer Pointe, aber auch der Umstand, daß er überall, wo er erschien, sogleich Mittelpunkt war, wurden von zahlreichen zeitgenössischen Beobachtern bezeugt. Ein anonym gebliebener Besucher im Haus in der Mauerstraße, dessen Aufzeichnungen Varnhagen mitgeteilt hat, rühmte Humboldts Gabe, „den tiefsten Ernst in ein anmutiges Gewand zu kleiden und bald als beißende Anekdote, bald als wissenschaftliche Erkenntnis, bald auch als erheiternden Witz vorzutragen". Freilich kannte er seine Gaben und wußte um ihre Wirkung; er nutzte sie auch da, wo man von den kleinen Schwächen des berühmten Mannes nicht durchaus begeistert war.

Sogar in Rahels Salon gab es ketzerische Stimmen, die des Kammerherrn allzu glitzernde Gesprächigkeit unwillig anmerkten. Rahel duldete eine solche Kritik nicht. Sie sang das Lob seiner besseren Eigenschaften und den Ruhm seiner einmaligen Leistung. Sie stellte ihn in der Rangstufe der von ihr vergötterten Zeitgenossen durchaus zu Recht unmittelbar unter Goethe und verbot geradezu, wie der Anonymus zu erzählen wußte, sich bei bedeutenden Menschen an Schwächen oder

Fehler zu halten, „die man jedem anderen zu verzeihen bereit sei, nur gerade einem großen Manne nicht, dem doch allein sie zu verzeihen wären".

Rahel hat dem jüngeren Humboldt gegenüber eine scheue, verehrende Zurückhaltung gewahrt; man wird an die Verlegenheit erinnert, die sie befiel, wenn sie mit Goethe zusammentraf. Die so sichere Frau hatte vor der säkularen Größe, die sie frühzeitig in Humboldt erkannte, eine fast kindliche Ehrfurcht. Ebendeshalb litt sie keinerlei Kritik am Wesen oder Charakter ihrer Abgötter; sie beseitigte ein Fehl, indem sie es leugnete.

Eines der letzten Billette von ihrer Hand, durch das die schwer Leidende den „Jugendgenossen" um einer Gefälligkeit willen zu sich bittet, zeugt von einem rührenden Zutrauen zu dem „mit alter und noch immer steigender Verehrung und Ergebenheit" bedachten Mann. Varnhagens begeistertes Lob über das vielbändige Reisewerk, das Humboldt in Paris über seinen Aufenthalt in Süd- und Mittelamerika hatte erscheinen lassen, erfreute sie wie ein eigener Genuß. Ein Held, ein Menschenfreund und dazu noch „ein Wisser", wie sich Varnhagen ausdrückte, das war auch in Rahels Augen eine Häufung menschlicher Größe, wie sie ihr in jener Zeit nur noch einmal in Goethe verkörpert schien.

Über Hegels Umgang in Rahels Salon wissen wir wenig. Der Nachfolger Fichtes auf dem Lehrstuhl für Philosophie war im Jahre 1818 nach Berlin gekommen und hatte sehr bald manchen gelehrten jungen Kopf für seine Lehre begeistert. In ihr wurde nach Friedrich Engels „zum erstenmal ... die ganze natürliche, geschichtliche und geistige Welt als ein Prozeß, d. h. als in steter Bewegung, Veränderung, Umbildung und Entwicklung begriffen, dargestellt und der Versuch gemacht, den inneren Zusammenhang in dieser Bewegung und Entwicklung nachzuweisen".

Hegel inthronisierte die Herrschaft der Idee, er verkörperte die Selbstherrlichkeit des denkenden Geistes, indem er behauptete, daß Denken und Sein identisch seien. Rahel begriff seine Lehre als eine Bekräftigung ihrer Auffassung, daß sich der Mensch in der Welt frei und tapfer zu behaupten habe. Im übrigen ging es ihr weniger um Philosophie als um Verständnis des Lebensprozesses und um Einsicht in den Sinn menschlichen

Daseins. Wenn in ihrem Salon um Begriffe gerungen wurde, dachte sie an die Wirklichkeit des Lebens. Rahels „Wahrheiten“ sind immer menschliche, sind moralische Verhaltensweisen gewesen.

Der jugendliche Heinrich Heine setzte sich in Rahels Salon mit der Hegelschen Dialektik auseinander; ihr kompromißloser kämpferischer Vertreter in der Französischen Straße war Eduard Gans, der sich im Jahre 1820, zweiundzwanzig Jahre alt, als Privatdozent habilitiert hatte und wegen seiner angriffsfreudigen Natur und seiner mutigen liberalen Bekenntnisse die Studenten in Scharen an sich zog.

Gans stammte aus Berlin. Er war der Sohn eines jüdischen Bankiers, der zu den Gläubigern des Prinzen Louis Ferdinand gehört und durch dessen Tod einige fünfzigtausend Taler verloren hatte. Er war ganz ungewöhnlich begabt; er hatte sich während seiner Studien in Heidelberg Hegel angeschlossen und den Versuch unternommen, die Hegelsche Philosophie auf das Gebiet des Rechtes anzuwenden. Er lehrte, das römische Recht wäre zeitlich bedingt und mithin der Fortbildung fähig, Recht als solches eine Funktion der Entwicklung der Menschheit, die Gesetzgebung der Gegenwart müßte dem Ideengehalt der modernen Zeit, dem der Französischen Revolution also, angepaßt werden. Thesen solcher Art waren eine Kampfansage an die historische Rechtsschule, deren bedeutendster Vertreter, Friedrich Karl von Savigny, in Wissenschaft und Politik Preußens eine hervorragende Rolle spielte.

Savigny hatte zu den Mitgliedern der Kommission zur Errichtung der Universität Berlin gehört, er war auf den Lehrstuhl für römisches Recht und alsbald in die Akademie der Wissenschaften berufen worden. Sein politischer Ehrgeiz verschaffte ihm im Jahre 1817 die Mitgliedschaft in der Justizabteilung des Preußischen Staatsrates und neun Jahre später einen Sitz in der Kommission, die sich mit der Revision der preußischen Gesetzgebung befassen sollte. 1842, drei Jahre nach dem allzu frühen Tod seines Widersachers Eduard Gans, wurde Sagivny Minister für Gesetzgebung, ein Amt, das er bis zu dessen unrühmlichem Ende im Jahre 1848 innegehabt hat, ohne der Widerstände Herr zu werden, die sich seinem Reformwerk in den Weg stellten.

Es gehörte viel Mut dazu, sich diesem Mann in den Weg zu

stellen, besonders für einen jungen Juden, der erst hatte zum Christentum übertreten müssen, um, siebenundzwanzigjährig, Professor an der Universität Berlin werden zu können. Eduard Gans war ein fanatischer Bekenner seines Wissens und seiner Gesinnung. Er verfügte über die Waffen, die zu einem wissenschaftlichen Streitgespräch wie zu einer scharfzüngigen Debatte im kleinsten Zirkel erforderlich waren.

Gans hatte sich mit ungewöhnlicher Intensität seiner Ausbildung gewidmet; er hatte sich die Welt angesehen. Er hatte Frankreich und England, die am weitesten fortgeschrittenen Länder, bereist und sich in Italien und der Schweiz umgeschaut, selbstverständlich auch in Deutschland. Als er in den Jahren 1824 und 1825 die beiden ersten Bände seines Werkes „Das Erbrecht in weltgeschichtlicher Entwicklung“ veröffentlichte, wurde zunächst nur ein enger Kreis von Fachgelehrten und Interessierten, unter ihnen Varnhagen, auf den revolutionären Freigeist aufmerksam. Der Wissenschaft erstanden damals der Begründer der vergleichenden Rechtsgeschichte und Hegels Repräsentant in der Jurisprudenz. Einer breiten Öffentlichkeit ist Gans erst durch seine „Rückblicke auf Personen und Zustände“ bekannt geworden; die Aufenthalte in Frankreich in den Jahren 1825, 1830, 1835 weiteten den Blick und stärkten die Wirkung, die Gans unter den Studierenden ausgeübt hat. Heinrich Laube bestätigt, daß Gans „von großem Einfluß auf die politische Bildung Berlins“ gewesen ist und durch seine aufrührerische Sprache „die Machthaber in Harnisch“ gebracht habe. Im Jahre 1834 ist ihm denn auch untersagt worden, seine historisch-politischen Vorlesungen fortzusetzen.

Rahel hat sich niemals gegen Gans' Ansichten und Gesinnung gewandt; sie freute sich über seine fortschrittlichen Bestrebungen. Sie hat ihm uneingeschränkte Freiheit gewährt, in ihrem Salon zu sprechen und, was sie im allgemeinen nicht schätzte, zu „dozieren“; kein Gegenstand war aus diesen Gesprächen ausgeschlossen. Der junge Heine hat im Wortstreit mit Gans in Rahels Salon mehr als im unmittelbaren Umgang mit Hegel vom Wesen der Dialektik profitiert, auch wenn er den Partner manches kämpferischen Gespräches später eine „Klatschliese“ geschimpft hat. Sänger und Schauspieler hörten in der Französischen Straße aus Gans' Munde ungeschminkte Urteile über ihre künstlerische Leistung, die Gans, ein unbestechlicher Kritiker auch in Fragen des Theaters und der Literatur, in den zensierten Gazetten öffentlich nicht aussprechen konnte. Es gab nichts im gesellschaftlichen Geschehen, was seiner aufmerksamen Beachtung nicht wert gewesen wäre. Freilich: er verausgabte sich. In seinem Eifer, helfen, vorwärtsdrängen, revolutionieren zu wollen, redete er „allabendlich sich und etliche Salons zu Tode ... Dabei konnte der Atem der gedrungenen starken Figur kaum mitkommen, das runde Gesicht wurde beängstigend rot, die orientalischen Augen starrten weit offen, und das krause schwarze Haar erhob sich förmlich vor unseren Augen“ (Karoline Bauer).

Gans konnte sich im Gespräch bisweilen ungewöhnlich erregen und sich unbeherrscht gehen lassen; Rahel hat viel Kummer mit diesem Disputanten gehabt, der sich gelegentlich zum Tyrannen der anderen machte. Sie ließ ihn gewähren, bemühte sich indessen, ihm zur größeren Selbstzucht zu verhelfen. Die Varnhagens förderten den jungen Feuerkopf, der nach Karoline Bauer, „die beweglichste und schneidigste Zunge“ hatte, die ihr je vorgekommen war; auch Ludwig Robert machte sich zu seinem Fürsprecher.

Der Anonymus, dessen Bericht uns Varnhagen überlieferte, erzählte von einem Zusamensein, in dessen Mittelpunkt zunächst Alexander von Humboldt gestanden hatte. „Gans warf sich mehr und mehr zum Beherrscher desselben auf, aber auch Frau von Varnhagen ließ ihren Anteil nicht vermissen. Ich betrachtete mit Wohlgefallen ihre Art einzuwirken und zu beleben, erkannte darin ein wahrhaftes Talent und fragte mich im stillen, auf welchen Kräften der Seele wohl vorzugsweise dieses Talent sich gründe. Einigen Aufschluß gab mir die Wahrnehmung, die sich mir plötzlich darbot: ich glaubte nämlich zu entdecken, daß ein großer Teil der geselligen Stärke dieser Frau darin liege, daß die Menschen, welche sie sah, ihr nicht wesenlose Schatten waren, sondern daß jeder, wenigstens für den Augenblick, ihr ein wirkliches Interesse darbot, und nicht nur ein allgemein menschliches, sondern ein individuelles, was freilich nur durch Einsicht und Eingehen in das Wesen jedes einzelnen möglich war.“

Hegels hochbegabter Schüler war wenig mehr als einundvierzig Jahre alt, als seinem Leben bereits ein Ende gesetzt war. Varnhagen verlor in ihm einen Mitstreiter, hinter dem er, der

Vorsichtige und Bedächtige, sich gelegentlich hatte verbergen können. Gans war eines der Sorgenkinder Rahels gewesen. Mehr als einmal glaubte sie den Formlosen und Unbeherrschten „aufgeben“ zu müssen. Da er „wahr“ war, kühn und in die Zeit drängte, hatte sie ihm Verständnis, Forderung, Zuneigung bewahrt. Rahel hatte sich um so mehr nach Gesprächen mit dem jungen deutschen Gelehrten gesehnt, als er wie kein anderer in Berlin mit dem Gedanken der Saint-Simonisten und des utopischen Sozialismus vertraut war.

Gans' dialektischer Gegenpol war Leopold Ranke. Der junge Historiker war, in Thüringen geboren und in Schulpforta erzogen, vor seiner Berufung an die Universität Berlin (1825) in Frankfurt an der Oder im Schuldienst tätig gewesen. Damals bereits hatte er sich mit der Geschichte der germanischen und romanischen Völker beschäftigt. Die Regierung ermöglichte ihm Archivstudien in Wien und Venedig, Rom und Florenz; Ergebnisse dieser Forschungen waren epochemachende Untersuchungen über südosteuropäische und orientalische Themen. Weniger die objektiven Ergebnisse dieser Arbeiten als die Forschungsmethode, die kritische Benutzung zeitgenössischer Quellen und Urkunden, begründeten den frühen Ruhm des fleißigen und scharfsinnigen Gelehrten. Noch bevor er die von ihm aufgefundenen venezianischen Gesandtschaftsberichte in seinen Forschungen über „Fürsten und Völker von Südeuropa im 16. und 17. Jahrhundert“ (der erste Band erschien im Jahre 1827) in beispielhafter Weise ausgewertet hatte, war er von Varnhagen als einer der neuen Sterne der Universität entdeckt worden. Der Geheime Legationsrat scheute sich nicht, in einer der Bänke des Rankeschen Auditoriums Platz zu nehmen. Er suchte die Bekanntschaft des jugendlichen Lehrers, den er als „einen neuen Geschichtsschreiber von erstem Rang“ begrüßte, und führte ihn in Rahels Salon ein.

Gans und Ranke bildeten die denkbar schroffsten Gegensätze, wenngleich der Historiker dem Rechtsphilosophen schweigend zuzuhören pflegte, wie er Diskussionen, sei es bei Rahel, sei es bei Bettina, zwar mit aufmerksamem Interesse, aber zurückhaltendem Urteil beiwohnte. Hier wie dort kam er, wie er in seiner biographischen Schrift „Zur eigenen Lebensgeschichte“ erzählt, in eine Umwelt, „in der man die Zeitschrift

‚Globe' und alle Denkwürdigkeiten, die auf die Revolution Bezug hatten, eifrig studierte". Er versperrte sich weder der Auseinandersetzung mit dem politischen Gehalt der Französischen Revolution von 1789 noch später der leidenschaftlichen Interpretation des Geschehens, wie sie Gans nach seinem Besuch in Frankreich von der Revolution des Jahres 1830 gab. „Das Ergebnis war", lesen wir in Rankes Lebensüberblick, „daß ich im Jahre 1827 die vornehmsten echten Denkwürdigkeiten dieser Epoche selbst in die Hand nahm. Aber nicht genug; ich vertiefte mich in den ‚Moniteur', so daß ich mit den Urhebern der revolutionären Bewegung gleichsam persönlich bekannt wurde. Ich lernte nicht allein die Motive, die sie kundgaben, sondern auch die Tendenzen, die ihnen vorschwebten, besser kennen, als wenn ich mich erst an Autoritäten zweiter Hand gewandt hätte."

Gefolgt ist Ranke diesen Tendenzen nicht. Weder seine Studien noch sein Umgang in den Häusern Rahels und Bettinas, noch gar das Erlebnis der zeitgenössischen Wirklichkeit machten ihn zum Liberalen; er wich politischen Gesprächen aus; man weiß, daß er in den Salons poetische, religiöse, historische Themen bevorzugte, Ranke wandte sich vielmehr vom politischen Fortschritt ab und glaubte auch in der Geschichte den konservativen Mächten den Vorrang zusprechen zu sollen. Er hat sich von 1828 bis 1831 studierend und forschend in Italien aufgehalten und distanzierte sich nach seiner Heimkehr von den Kräften, die nach Varnhagens und seiner Freunde, insonderheit wiederum Gans' Meinung im Juli des Jahres 1830 jenseits des Rheines geschichtsbildend in Erscheinung getreten waren.

Die Beziehungen zwischen Varnhagen und Ranke erkalteten. Rahels Gatte hat den sich konservativ orientierenden Historiker in späteren Jahren gemieden. Er teilte seines Freundes Alexander von Humboldt „tiefste Verachtung" gegenüber einer Reaktion, in der im Jahre 1854 sogar der im Revolutionsjahr entschlummerte Staatsrat neu belebt wurde, mit Ranke als Repräsentanten der Gelehrsamkeit neben dem Professor Friedrich Julius Stahl, der den Versuch unternahm, das Gottesgnadentum der Könige philosophisch zu rechtfertigen. Ranke war zu einem Wortführer des preußischen Konservativismus geworden.

Rahel hat diese Entwicklung des jungen Gelehrten in ihren

ersten Stadien mit wacher Aufmerksamkeit verfolgt. Sie schätzte ihn, weil er Menschen und Dinge „gehörig" sah, anregend und von bestechender Aufrichtigkeit war. Sie sah nicht gern, daß er Bettinas Salon bevorzugte, vielleicht, weil er dort Gans' dialektischer Schärfe entging und zu Arnims Lebzeiten Menschen begegnete, die seinem Hang zum Bewahrenden mehr entsprachen als die liberalen Gesinnungsgenossen der Varnhagens. Und sie entdeckte auch, daß er nur kam, „wenn er etwas wollte oder brauchte". Er gab nicht, um zu empfangen, wie es unter Rahels Freunden üblich war. Sie erkannte, daß sein ganzes Wesen rein intellektueller Art war, daß er den Geist liebte und des Geistes bedurfte, Gedanken und nur Gedanken suchte und in sich aufnahm. „Bei allem Guten, Menschlichen, wirklich Geistreichen", was er habe, merkte Rahel treffend an, fehle ihm der Sinn für lebenswirkliche Wahrheit. Und er existiere nur für den, „der ihn einsieht", klagte sie in einem Brief an den abwesenden Varnhagen.

Wenige Monate vor Rahels Tod gestand Varnhagen, seiner Frau Urteil vorausgreifend, in einem Brief an Bettina von Arnim, er gebe Ranke auf und glaube, er werde sich nie mehr mit ihm finden. Napoleon würde sagen, er wäre einer der Irrtümer seines Lebens gewesen. „Sein Brief aus Italien über die Frömmler in Halle", schrieb Varnhagen am 18. Dezember 1832 an Bettina, „die Lauigkeit, mit der er meinen Erwiderungen auswich, die Entschließung, die daraus hervorleuchtete, mit dem bestehenden Mächtigen und Vornehmen, sei es auch noch so schlecht, guten Frieden zu halten, waren mir äußerst mißfällig. Den eigentlichen Stoß aber gab ihm bei seiner hiesigen Wiederkehr die Faselei über Goethe, die er mündlich gegen mich mit vollem Selbstbehagen entwickelte [Ranke bestritt, Goethe habe Italien in seiner geschichtlichen und sozialen Wirklichkeit kennengelernt] und die mich in ein so ungestümes Lachen versetzte, daß es für uns beide eine wahre Verlegenheit wurde. Nun sah ich, daß ihm aller Blick ins Leben fehlte, daß die geschichtliche Wahrheit bei ihm einem willkürlichen Dünkel, einer wahnvollen Einbildung unterliege. Für mich hat er seitdem als Geschichtsforscher alle Treu und Glauben eingebüßt."

Was Ranke Rahels Salon und Rahel selbst entfremdete, war nicht so sehr sein Urteil über Goethes italienische Reise. Zwischen dem konservativen Historiker und den liberalen Varnhagens, von Gans zu schweigen, stand die fortschrittliche Entwicklung in Frankreich, an der die beiden Varnhagens lebhaften Anteil nahmen, in der sie ein Richtmaß für die deutsche Entwicklung sahen.

Mittler zum politischen und geistigen Leben in Frankreich war neben Astolphe de Custine, mit dem Frau von Varnhagen in einem regen Briefwechsel stand, ihr „im Lesen und Leben ganz durchgearbeiteter und gereifter gallisch-deutscher Mensch" Konrad Engelbert Oelsner. Eben weil sich dieses Mittlers zwischen Frankreich und Deutschland, dieses im Jahre 1828 verstorbenen Vorkämpfers deutsch-französischer Verständigung, kaum noch jemand erinnert, sei seiner stillen Wirksamkeit gedacht, auch wenn er, in Paris lebend, weit mehr zu Rahels Korrespondenten als zu den Gästen ihres Salons gehört hat.

Oelsner hatte als Publizist die Französische Revolution zum Teil an der Seine miterlebt, war dann aber vor einer drohenden Verhaftung nach Deutschland geflüchtet. Die Freie Reichsstadt Frankfurt beauftragte ihn mit der Wahrnehmung ihrer Geschäfte in der französischen Hauptstadt; einige kleinere Potentaten deutscher Ländchen schlossen sich dem an. In jene Zeit mochten Gerüchte zurückgehen, nach denen Oelsner verdächtigt wurde, in französischen Diensten zu stehen. Rahel und Varnhagen sind solcher Nachrede nachdrücklich entgegengetreten. Oelsner selbst hat versichert, französische Angebote zur Dienstleistung abgelehnt zu haben.

Nach der Landung Napoleons in Südfrankreich im Jahre 1815 über den Rhein zurückgekehrt, wurde Oelsner zunächst in Preußen inhaftiert, dann aber in den diplomatischen Dienst übernommen und der preußischen Botschaft in Paris zugeteilt. Der ungemein gut unterrichtete und vielgebildete Mann kam aber in seiner nachgeordneten Stellung keineswegs zur Geltung, so daß er im Jahre 1825, nur drei Jahre vor seinem Tod, den Dienst quittierte und sich in Paris ganz der leidenschaftlich geliebten Aufgabe hingab: für Deutschland ein Mittler zum politischen und geistigen Leben Frankreichs zu sein.

Rahel hatte Oelsner im Jahre 1816 in Frankfurt kennengelernt und unterhielt seither mit ihm einen lebhaften Briefwechsel; auch Stägemann und Varnhagen gehörten zu seinen Korrespondenten. Die beiden Männer mögen für ihre politische und publizistische Tätigkeit weit mehr von dem ungewöhnlichen Wissen des dem Gang der Dinge offenen Deutschen an der Seine gehabt haben als Rahel, die sehr regen Anteil an dem Lebensgang des fernen Freundes genommen hat, ihm selbst aber doch eine eigenartig-widersprüchliche Erscheinung geblieben ist. Er nannte sie die „unabhängigste und bisweilen drolligste Intelligenz auf Erden". Dem skeptisch gewordenen Vielbewegten erschien im nachdenklichen Blick aus der Ferne eine Individualität wie Rahel bisweilen wie eine unwirkliche Märchenfigur. „Ein herrliches Kind", schrieb er im Dezember 1821, „plätschert in den Wogen der Zeit oder spielt an ihren Ufern mit Muscheln. Es kennt keine Regel als seine Laune. Sagen Sie, wie es zugeht, das Kind weiß es vielleicht selbst nicht: die plätschernde Hand bringt jedesmal harmonische Töne und das Geratewohl des Wurfes kaleidoskopische Figuren zum Vorschein. Hinter dem Kinde steckt seltener Geist."

Um so zu sehen, mußte man wohl in Paris leben, wo die gesellschaftliche Entwicklung weiter gediehen war als in Berlin, wenngleich die alternde Rahel das Spielerische und Unverbindliche des Salons wie der ihr durch die Zeit und Umstände zugefallenen Lebensweise erkannt hat.

Oft und öfter wurde sie einer in der Mehrzahl der Tage doch schalen, nur dann und wann anregenden oder gar schöpferischen Geselligkeit überdrüssig. In den Jahren 1821 und 1822 war Teplitz, in den Jahren 1825 und 1829 Baden-Baden für Wochen und Monate das Ziel Rahels, die körperliche Gesundung, aber auch entspannende Stille suchte. Sie liebte den Umgang mit Kindern, und da ihre Ehe ohne Nachkommen geblieben war, zog sie die Enkel ihres älteren Bruders in ihr Haus. Besonders das kindliche Zutrauen und die Liebe, die ihr Elise Casper, die Tochter ihrer Nichte Fanny, entgegenbrachte, waren ihr „Seelenarzenei".

Berlins Geselligkeit verflachte mehr und mehr zu einer bloßen Gewohnheit, wurde zu einer Art gutbürgerlichen Brauches. Weil Rahel ein solches Salondasein als leer empfand, genoß sie die unverfälschte Lebensfrische der Kinder, erfreute sie sich an den selten gewordenen Reisen in die Natur und an den Ausflügen in Berlins weitere Umgebung. Im gesellschaftlichen Leben der Residenz der Hohenzollern gab es kaum etwas, was sie hätte erregen oder gar begeistern können. So lauschte sie, bisweilen begierig, auf die Kunde, die von Paris zu ihr kam; so vertiefte sie sich mit stiller Freude in ihren vertrauten Goethe; so blätterte sie suchend in den Schriften von Mystikern und Utopisten.

Doch immer wieder nahm sie der Kreis von Menschen gefangen, der sich bei ihr versammelte, dem sie, wie sie überrascht und erfreut erfuhr, noch immer weit mehr war als eine anregende, heitere und kluge Gastgeberin. Die Brüder nahmen lebhafteren Anteil an den Geselligkeiten im Hause der Schwester als früher. Ludwig Robert hatte im Jahre 1822 geheiratet; er führte seine Frau Friederike ein, nach Rahels Worten „ein schönes, kluges, redendes Bild". Man kannte die Frau des zeitweiligen Hauspoeten des im Jahre 1824 eröffneten Königstädtischen Theaters alsbald allgemein als „die schöne Robert". An der leitenden Hand ihres Gatten wuchs sie in die musische Rolle hinein, wie sie ihr die literarischen Huldigungen eines Heine, Fouqué, Arnim zuwiesen.

Zu den Gelehrten und Poeten gesellten sich alte Freunde wie Willisen, jetzt dem Großen Generalstab zugeteilt und Lehrer der Kriegskunst an der Kriegsakademie, und Pfuel, aus russischen Diensten bei Tettenborn in die preußische Armee zurückgekehrt und seit 1825 Generalmajor; beide, jetzt wie ehemals, aufrechte Gesinnungsfreunde der Varnhagens, sollten sich in den stürmischen Monaten der Jahre 1848 und 1849 als zu „nachgiebig" erweisen, so daß sie ihren Abschied forderten und erhielten. Pfuel, 1858 in das Abgeordnetenhaus gewählt, schloß sich der liberalen Partei an.

Der Kriminalrat Hitzig erschien seit seines Freundes E. T. A. Hoffmann Tode mit einer gewissen Regelmäßigkeit; seine biographischen Arbeiten über E. T. A. Hoffmann und Zacharias Werner wie seine publizistische Tätigkeit verbanden ihn mit Varnhagen von einer neuen Seite. Mit dem Schriftsteller-Kriminalisten erschien Koreff, inzwischen Professor geworden und auch von Rahel zum Hausarzt bestellt, und Varnhagens Jugendfreund Wilhelm Neumann; er hatte allem poetischen Ehrgeiz entsagt und war Intendantur-Rat geworden. Auch Stägemann fand sich ein, nicht von jedermann gern gesehen, da seine Wandlung zu konservativen Auffassungen bedenkliche Fortschritte machte. Im Jahre 1831 wurde Heinrich

Steffens von Breslau nach Berlin berufen; sein Weg hatte ihn schon früher, wenn er in der preußischen Hauptstadt weilte, zu Varnhagens geführt. Zu den immer gern gesehenen Gästen aus der Ferne zählten der französische Hegelinterpret Victor Cousin, dem wir schon in anderem Zusammenhang begegneten, und der Verleger Johann Friedrich Cotta. Der höchst tätige Mann hielt in seinen Zeitungen und Zeitschriften mit dem weitverzweigten Netz seiner Korrespondenten nach Heines treffendem Wort in der Tat „die Hand über die ganze Welt". In Berlin erschien er zu Beginn des Jahres 1829, um als württembergischer und bayrischer Verhandlungsführer einen Vertrag zwischen dem süddeutschen und dem preußisch-hessischen Zollverein zustande zu bringen, damit im gesamten deutschen Bundesgebiet kein Binnenzoll mehr erhoben würde. Er schätzte ein förderliches Gespräch in Rahels Salon.

Alexander von Sternberg hat, Jahre nach Rahels Tod, in seinen „Erinnerungen aus der Biedermeierzeit" von dem Nachhall der Varnhagenschen Geselligkeit berichtet als von einer Erscheinung, die bereits in blasser Ferne stand, als er nach Berlin kam. Bei den Intellektuellen, bei denen er eingeführt wurde und „gleichsam eine geistige Heimat fand, lebten die Erinnerungen besonders frisch und unangetastet, und zwar aus dem Grunde, weil Varnhagen als Repräsentant des ehemaligen glänzenden Berlin, als Kenner der Geschicke, der Erfolge, der Liebes- und Streithändel der Berühmtheiten zweier Generationen als Mittelpunkt dieses Kreises diente. Man konnte keinen besseren Berichterstatter für jene entschwundenen Tage sich denken."

Varnhagen zog in dem Vierteljahrhundert, das er Rahel überlebt hat, die Summe der Erlebnisse und Erfahrungen, die er an der Seite seiner Frau seit 1819 gesammelt und nach ihrem Tode weniger vermehrt und erneuert als ausgeschöpft hat. Sternberg rühmt den vereinsamten Geheimen Rat in der Mauerstraße als „ein kostbares Kleinod in den ‚gesprochenen Memoiren' der Salonunterhaltung" und vermerkt „eine seltsame Gabe der Rede, eine Lebendigkeit des Vortrages, jene unschätzbare Gabe, witzig ohne Längen, anregend ohne Anmaßung, belehrend, ohne pedantisch zu sein, und vor allen Dingen immer mit guter Laune Dinge zu erzählen, die anderen die gute Laune verdorben haben".

Der scharfzüngige Plauderer mag bei dieser Charakteristik zu kurz kommen. Gewiß aber trifft es zu, wenn Sternberg Rahels Gatten als einen Ritter ohne Furcht und Tadel jenes „galanten geistreichen Berlin“ kennzeichnet, „das mit dem Prinzen Louis Ferdinand begann und mit dem dicken Professor Gans schloß“. Hegels hochbegabter Schüler starb nur sechs Jahre nach Rahel. Als sie tot war, hatte der Berliner Salon, sieht man von Bettina von Arnim ab, jenen fortschrittlichen Sinn verloren, an dem Rahel in den letzten Jahren ihres Lebens oft genug gezweifelt hat. Der Berliner Salon war ein Treffpunkt von Menschen geworden, die zum größeren Teil kamen, weil diese Art der Geselligkeit Brauch geworden war. Nur wenige empfanden jenes Bedürfnis nach kämpferischer Auseinandersetzung, das in der Öffentlichkeit ohne Gefahr für Leib und Leben nirgendwo befriedigt werden konnte. Die Gans und Ranke, die Schleiermacher und Alexander von Humboldt waren in der Minderheit. Weit größer war die Zahl der Beamten und Diplomaten, Künstler und Literaten, die in Rahels Räumen einander Informationen zuraunten oder Urteile über Ereignisse auf Bühne und Konzertpodium, in der Literatur und der Tagespublizistik austauschten. Viele kamen, weil es zum guten Ton gehörte, nicht wenige, weil sie die Neugier plagte.

Einer, auf den fast alle diese Eigenschaften zutreffen und der fast alle Tugenden und Laster seiner Zeit in sich vereinigte, war Hermann Fürst von Pückler-Muskau, eine der widerspruchsvollsten, aber auch aufschlußreichsten Erscheinungen seiner Epoche. Immermann hat sein Spottbild im „Münchhausen“ literarisch gestaltet, freilich nur die vom Beifall des Publikums noch gesteigerte, übrigens durchaus geistreiche Blasiertheit des dem Worte nach freisinnigen, auf seinem Grund und Boden indessen durchaus konservativen Feudalherrn getroffen.

Pückler war in seiner Jugend durch ungebändigte Wildheit in Taten und Anschauungen aufgefallen. Schon in jungen Jahren hatte er Frankreich und Italien bereist. Nach dem Befreiungskrieg, an dem der sächsische Gardeoffizier in russischen Diensten teilnahm, besuchte er, im Jahre 1811 Standesherr von Muskau geworden, die englischen Inseln. Unstet lebte er bald in Berlin, bald in Dresden, bald in Muskau. Er heiratete die verwitwete Reichsgräfin Pappenheim, eine Tochter des Staatskanzlers Hardenberg. Die Eheleute trennten sich nach wenigen Jahren im gütlichen Einvernehmen, als Pückler auf den Gedanken gekommen war, seine zerrütteten Finanzen durch eine sterlingschwere Heirat in England zu ordnen. Der Plan schlug fehl, man lebte wieder, obwohl geschieden, durchaus harmonisch miteinander.

Eine neuerliche Reise nach England und Frankreich (der nach Rahels Tode ähnliche, ausgedehnte und bisweilen abenteuerliche Expeditionen nach Nordafrika, Ägypten, Kleinasien, Griechenland folgten) regte den tatendurstigen Edelmann zu recht unterschiedlichen Unternehmungen an. Er begann auf seiner Standesherrschaft in Muskau einen Park anzulegen, der sich, englischen Vorbildern angeglichen, in die Landschaft einfügte. Spätere Gartenschöpfungen ähnlicher Art, vor allem in Branitz bei Cottbus, verschafften dem verschwenderischen Fürsten den Ruf eines unvergleichlichen deutschen Gartenkünstlers. Rahel war Pücklers Gast in Muskau und hat die von sorgsamer Hand in ihrer Schönheit gesteigerte Natur dankbar genossen und die, wie sie schmeichelte, für sie „gebraute, erquickende Luft“ als heilsam empfunden. Auch Bettina von Arnim ist des Freundes Einladungen an die Ufer der Neiße gefolgt.

Heinrich Heines „Reisebilder“ haben den vielgereisten Weltmann auf den Gedanken gebracht, sich als Reiseschriftsteller zu versuchen. Damals, um 1828, war er in Rahels Salon heimisch geworden; Varnhagen bestärkte ihn in dem Vorhaben, seiner Reise nach England, Wales, Irland, Frankreich in den „Briefen eines Verstorbenen“ ein literarisches Denkmal zu setzen. Goethe hatte Freude an den vier Bänden; er hat den anonym gebliebenen Verfasser einen „freisinnigen Deutschen, umsichtig in Literatur und Kunst“, genannt, wie denn die Zeitgenossen dieses und manches folgende Reisewerk des feudalen Verfassers mit großem Beifall aufgenommen haben. Ein so kritischer Kulturhistoriker wie Berdrow sprach von Pückler als „dem ersten Welttouristen von eigenartiger Physiognomie in der deutschen Literatur“, der „der philiströsen Faulheit und Stagnation des deutschen sozialen Lebens“ entgegengetreten ist.

Pückler hatte — und auch das ist typisch für diese Zeit — zwei Gesichter. Daheim in Muskau und später in Branitz war er der Feudalherr, der nur sein Interesse kannte; in Berlin und in seinen Verlautbarungen an das literarisch interessierte Publikum war er, um ein Wort Proelß' zu gebrauchen, ein „Apostel des Freisinns". Seine scharfen Ausfälle gegen Standesgenossen und hohenzollersche Prinzen in den Berliner Salons wurden ähnlich wie Alexander von Humboldts treffsichere Bosheiten nur deshalb nicht so gewichtig genommen, weil sie von Hermann Pückler stammten. Der Fürst wußte scharf zu beobachten und ansprechend zu schildern, was er gesehen und — ein Vorzug seiner Bücher — im wesentlichen erlebt hatte. Er glänzte durch Anmut und Ritterlichkeit und war dennoch hochmütig und leichtfertig wie ein Aristokrat des 18. Jahrhunderts. Sein Stil war glänzend und wurde nur von wenigen Literaten seiner Zeit erreicht, aber sein Urteil war oberflächlich und auf den Effekt bedacht. In Rahels Sicht wäre er nicht „wahr" gewesen, hätte sie die Flut seiner literarischen Erzeugnisse noch erlebt. Er war ein aufrichtiger Verehrer Heines und bot dem zu Gefängnis verurteilten Laube in Muskau ein Unterkommen, und doch verachtete er die Mittelschichten. Er war, wie Goethe und andere bezeugten, freisinnig; aber er liebäugelte mit dem Liberalismus mehr aus Geltungsdrang und Originalitätssucht als aus echter Anteilnahme. Er tollte in seiner Jugend gegen Zucht und Sitte und höhnte im Alter gegen seine spießigen, weltfremden, reaktionären Standesgenossen, um der Einfältigkeit der Mächtigen zu widersprechen und sich auf die Seite derer zu stellen, denen der Beifall des Publikums sicher war.

Rahel weilte gern in Muskau. Die harmonische Verschmelzung von Naturlandschaft und Kunstgarten, wie sie Pückler in Muskau gelungen war, drängte sie, „es dem Schöpfer zu bezeigen", daß sie „in großem Maße genieße und bewundere". — „Ein Erdbändiger sind Sie und tun es in Muskau zur größten Evidenz dar", heißt es an anderer Stelle eines Briefes aus ihrem letzten Lebensjahr. „Welcher Geist der Einsicht und Kraft, der Ordnung und Ausführung webt und lebt da in den lieblichsten Bildern und Erschaffnissen!"

Die auf Anregung und Anteilnahme verwiesene, von Natur aus nach Werteschaffen und Kulturleistungen jedoch geradezu süchtige Frau bewunderte die Originalität des Freundes, die sich wenigstens auf dem Gebiet der Landschaftsgärtnerei nicht im Schein, sondern im Sein bewährt hatte. Sie lobte ihn aber auch als einen „klugen Fürsten", weil er im Gegensatz zu denen, die nur für klug gehalten würden, „alles Neue als solches“ erkenne und „in sich zurecht“stelle. Gewiß hat Rahel mehr die Anlage im Menschen und weniger das gesehen, was aus dieser Anlage unter den Einflüssen von Umwelt und individueller Selbstherrlichkeit geworden war; doch sie hat sich nur selten in der Beurteilung des Wesens eines Menschen geirrt. Sie ließ Pückler an ihrer letzten Huldigung für einen lebenden Dichter teilnehmen, an ihrer hoffnungsvollen Bewunderung Victor Hugos.

Rahel hat nur die Werke des jungen Hugo kennengelernt. Doch sie atmeten bereits Geist und Kraft des kommenden poetischen Revolutionärs, des Bannerträgers der französischen romantischen Bewegung. Im Februar 1830 erlebte des achtundzwanzigjährigen Dichters Schauspiel „Hernani“ in Paris seine Uraufführung. Dabei kam es zu einer handgreiflichen Auseinandersetzung zwischen Romantikern, die damals in Frankreich der Vortrupp des literarischen Fortschritts waren, und Klassizisten, der intellektuellen Leibgarde des Ancien régime. Es war eine Premiere, die zum dramatischen Vorspiel des großen politischen Geschehens vom Juli des gleichen Jahres wurde.

Rahel las im Jahr danach des Dichters Roman „Notre Dame de Paris“, jenes zwar erschauerliche, aber realistische Kulturbild des mittelalterlichen Paris, ein Meisterwerk revolutionärer Schreibkunst. „Alle, welche noch die Unschuld des Geistes besitzen, alle, welche mit ihrem Urteil frei einem Buch gegenüberstehen, werden ‚Notre Dame‘ und seinen Autor lieben“, schrieb sie in einem Brief an Hugo, der allerdings nicht abgeschickt worden ist. Sie wies Pückler auf das Werk hin und freute sich des „klugen Fürsten, der ‚Notre Dame‘ würdigt“.

An den Freund in Muskau richtete sich ihre begeisterte Zustimmung zu Hugos Roman in Worten, in denen wenige Monate vor ihrem Tode noch einmal ihre Hoffnung, ja ihre Gewißheit vom Fortschritt des Menschengeschlechtes ausgesprochen wurden. „Gründlicheres, Rechtschaffeneres, Klareres, Einfacheres, Unwidersprechlicheres ist wohl nicht gedruckt. Sie geht, die Welt. Wie die Erde. Wir Menschen merken's nicht. Nur die Denker, die Gelehrten erspähen es. Wir lassen's uns beweisen und glauben's. Ginge sie doch sichtbar, schneller! Unser Leben ist mir nicht lang genug, ich zu alt schon — und möchte noch gerne mitschmausen.“

„ICH GEHÖRE MADAME VARNHAGEN!"
RAHEL UND HEINE

Rahel hat noch mitgeschmaust, wenn auch das Mahl, das der Alternden und Kränkelnden bereitet werden konnte, nicht allzu üppig gewesen ist. Sie hat Heines Aufstieg teilnehmend erlebt, sie hat einige der als „Junges Deutschland" bezeichneten Schriftsteller fördern können und schöpfte Hoffnung für die Zukunft der Menschheit aus den politischen Ereignissen und den sozialen Bewegungen jenseits des Rheines.

Ellen Key zählt Heine zu den „heidnischen Figuren, für die Rahel große Zärtlichkeit empfand ... Er besaß einige von den Fehlern, die Rahel besonders liebte, einige von den Vorzügen, die sie hochschätzte, aber auch jene rücksichtslose ‚Ich-Moral', die sie nur dann verzieh, wenn sie, wie bei Pauline Wiesel und Gentz, mit voller Naivität verbunden war. Diese fehlte Heine, denn er litt an der ‚Ruhmsucht', in der Rahel die Ursache seiner Haltlosigkeit, seiner mangelnden Aufrichtigkeit, seiner Eitelkeit und Unberechenbarkeit sah. Rahel faßte ihr eigenes höchstes ethisches Gebot — das Gebot des Individualismus — in einem Satz zusammen: ‚Heine muß wesentlich werden'."

Der in der verhältnismäßig freiheitlichen rheinischen Luft aufgewachsene junge Düsseldorfer hatte in Bonn und Göttingen studiert, bevor er, vierundzwanzig Jahre alt, im Frühjahr 1821 nach Berlin kam. Er hatte in Bonn August Wilhelm Schlegel gehört und sich auch bereits publizistisch mit der Romantik auseinandergesetzt. Der Subjektivismus der Romantik sagte seiner eigenwilligen Individualität zu, ihre mittelalternden und frömmelnden Tendenzen betrachtete er nicht als Wesenszug, sondern als Wirkungsmittel. Seine frühe Liebeslyrik trägt romantische Züge, seine volksliedhafte Poesie und seine einzigartigen Naturbilder lassen ihren Ursprung in den volkstümlichen Kräften der Romantik erkennen.

In weltanschaulich-politischer Hinsicht hat die Romantik den jungen Heine nicht beeinflußt. Sein Freiheitssinn wehrte sich gegen jede Form der Unterdrückung. Sein Umgang in Berlin, sein Besuch in Polen, sein Aufenthalt in der weltzugewandten Handelsmetropole Hamburg, seine erste englische Reise schärften seinen kritischen Blick für die sozialen Nöte der Volksmassen. Heine war satirisch ungewöhnlich begabt; er wußte diese Waffe mit meisterlichem Geschick zu führen, er bahnte sich sehr früh den Weg zu einem kritischen Realismus.

Als er nach Berlin kam, befand er sich noch mitten in dieser Entwicklung. Zu jener Zeit förderte Gubitz, der Herausgeber des „Gesellschafter“, mit Vorliebe junge Talente. Heine begab sich zu ihm und bot ihm einige Gedichte zum Abdruck an. Gubitz wünschte nach seiner Manier Änderungen; „reinigen“ nannte er das, wofür der scharfzüngige Heine alsbald den Ausdruck „gubitzen“ prägte. Die ersten Gedichte des noch unbekannten Poeten erschienen im Gesellschafter und fanden weithin Beifall. Gubitz vermittelte die Verbindung zur Mauerschen Buchhandlung, in der noch Ende des Jahres 1821 die „Gedichte von H. Heine“ verlegt wurden, von Varnhagen im Gesellschafter und von Immermann als bedeutende Erscheinung begrüßt.

Eine Empfehlung des rührigen und einflußreichen Gubitz hatte den jungen Poeten schon lange zuvor in das Haus in der Französischen Straße geführt. Heine war damals nach Gubitz „eine von schlottriger Kleidung umhüllte, krankhaft schlanke Gestalt mit blassem, abgemagertem Antlitz, dem Spuren zu frühzeitiger Genüsse nicht mangelten“. Rahel erschien der Jüngling „fein und absonderlich“. Ebendeshalb, gestand sie im Brief vom 9. Oktober 1830 an Gentz, „verstand ich ihn oft und er mich, wo ihn andere nicht vernahmen. Das gewann ihn mir, und er nahm mich als Patronin“.

Schutzherrin, Gönnerin, Förderin — wie immer man das Fremdwort übersetzen will: nur in seinem ursprünglichen, umfassenderen Sinn fast mütterlicher Umhegung trifft es Rahels Verhältnis zu dem jungen Heine und zugleich ihre immer wieder erstaunliche Sicherheit im Erfassen und Benennen des Wesentlichen. Wie „fein“ der zynische Heine sein konnte, erwies sich in der Beziehung zu dieser Frau. Seine Verehrung war verhalten, seine Bewunderung scheu, nur selten gewann er es über sich, ihr unmittelbar zu schreiben; im allgemeinen eröffnete er sich ihr aus der Ferne nur indirekt, indem er an Varnhagen schrieb oder die Roberts zu Übermittlern seiner Gefühle und Gesinnungen machte. Zum andern brachte ein leicht ironischer Unterton etwas typisch Heinesches in sein Verhältnis zu der „lieben, guten, kleinen Frau mit der großen Seele“.

Während seiner häufigen Besuche in Rahels Salon — er wohnte auch vorübergehend bei den Varnhagens — bekam Heine „Dachstubenwahrheiten“ zu hören. Rahel wehrte der Zügellosigkeit und der Überheblichkeit, sosehr ihr andererseits seine freche Offenheit und sein kühnes Selbstbewußtsein behagten. Sie fürchtete für ihn und suchte seine gelegentlich verletzende Schärfe zu mildern und den Blick vom aufreizenden Besonderen auf das wesentlichere Allgemeine zu lenken. Rahel schätzte ihn wie keinen unter den Jüngeren, und ebendeshalb bemühten sich Varnhagen und sie, zu verhindern, daß er sich nicht bis zu schwindelnder Höhe verklettere und dann allzu gefährlich niederfalle“. „Sie sollen kein Brentano werden, ich leid' es nicht!“ rief sie ihm wieder und wieder zu.

Dieser mildernde Einfluß bedeutete weder Hemmung noch Widerspruch. Die Varnhagens stimmten mit Heines revolutionärer wie mit seiner sozialen Tendenz durchaus überein. Doch sie fürchteten, daß es Heine in seinem Geltungsdrang und in seiner Freude an der Satire mehr auf den äußeren Effekt ankommen könnte als auf die gesellschaftliche Wirkung und daß dies der Substanz seines Schaffens schaden müßte. Das meinte Rahel, wenn sie wünschte, ihr junger Freund möchte „wesentlich“ werden.

Um Heines Entwicklung in diesem Sinne zu fördern, stritt man sich um den gesellschaftlichen Wert seiner ersten Gedichte und nahm manches „Gubitzen“ vorweg. Streitgespräche mit dem ihm geistesverwandten Gans zügelten und schärften Heines Sinn für die Hegelsche Dialektik. Diskussionen über das Zeitgeschehen formten die politischen Anschauungen des jugendlichen Heißsporns. Zum ersten- und wohl zum letztenmal geriet Heine in einen Kreis von Menschen, in dem er sich entfalten konnte, ohne schroff zurückgewiesen oder nachsichtig hingenommen zu werden. Bei Varnhagens wurde um Heine leidenschaftlich gerungen.

Man vermag die Bedeutung dieser zwei Jahre währenden

Einflußnahme der Varnhagens auf Heines künstlerisches Schaffen nicht zu messen; doch unzweifelhaft war dieser Einfluß groß. Des Dichters politische Anschauungen haben sich in Rahels Salon in fortschrittlicher Richtung entwickelt; es gab nur wenige private Plätze, an denen so rückhaltlos offen gesprochen wurde und an denen so viele Informationen aus Preußen, Deutschland, Westeuropa wenigstens einer kleinen Schicht von Intellektuellen zugänglich gemacht wurden. Heines Wort vom „Vaterland", das ihm Rahels Haus gewesen ist, und seine Huldigung an Rahel als der „geistreichsten Frau des Universums" waren durchaus nicht Früchte einer flüchtigen Laune; sie gehören zu den vielen Zeugnissen lebenslanger Verbundenheit Heines mit den beiden Varnhagens.

Das Ehepaar hat Heine gefördert und ihn bestätigt, ohne es ihm leicht zu machen. Der höchst empfindsame Dichter hat unter Rahels unbestechlicher Ehrlichkeit bisweilen schmerzhaft gelitten, aber er hat die helfende, heilende Pein sogar gesucht und dankbar ertragen. Rahel vermißte bei dem jungen Poeten „die Tiefe, den Ernst" in der Schau des Daseins. Sie hätte gewünscht, ihm das Wissen um das Leben vermitteln zu können, das sie erworben und erlitten hatte; für sein Schicksal empfand sie eine „vorahnende Unruhe". Doch dieses Sorgenkind der alternden Rahel, an dessen Lebensgang und Individualität sie Anteil nahm wie sonst nur noch an dem von Friedrich Gentz, war und blieb bis zu ihrem Tode „ihr zärtlich verhätschelter Liebling" (Ellen Key).

Heine verließ Berlin im Frühjahr 1823.

Von Varnhagen ermuntert, hatte Gubitz Heines auf eigenen Beobachtungen beruhende Studie „Über Polen" im Gesellschafter veröffentlicht. Wie nicht anders zu erwarten war, erhob der Verfasser seine Stimme mutig für die Freiheit des unterdrückten Nachbarvolkes. Dennoch hatte er keine reine Freude an der polnischen Freiheitsbewegung, denn mit scharfem Blick erkannte er, daß sich der Adel der allgemeinen Erregung des Volkes bediente, ohne auch nur im entferntesten daran zu denken, die kämpfenden Bauernmassen aus der feudalen Knechtschaft zu entlassen.

Der Dichter ließ im gleichen Jahr die beiden einzigen dramatischen Versuche, die er je unternommen hat, drucken und vermehrte sie um ein „Lyrisches Intermezzo“. Rahel erhielt am 12. April 1823 ein Exemplar dieser „Tragödien“. Darin waren von Heines Hand, gleichsam als Abschiedsbitte, die Worte geschrieben: „Werfen Sie mein Bild nicht ganz und gar in die Polterkammer der Vergessenheit. Ich könnte wahrhaftig keine Repressalien anwenden, und wenn ich mir auch hundertmal des Tages vorsagte: ‚Du willst Frau von Varnhagen vergessen!‘, es ginge doch nicht. Vergessen Sie mich nicht!“ Und weiter las Rahel: „Sie dürfen sich nicht mit einem schlechten Gedächtnis entschuldigen. Ihr Geist hat einen Kontrakt geschlossen mit der Zeit; und wenn ich vielleicht nach einigen Jahrhunderten das Vergnügen habe, Sie als die schönste und herrlichste aller Blumen im schönsten und herrlichsten aller Himmelstäler wiederzusehen, so haben Sie wieder die Güte, mich arme Stechpalme (oder werde ich noch etwas Schlimmeres sein?) mit Ihrem freundlichen Glanze und lieblichen Hauche wie einen alten Bekannten zu begrüßen. Sie tun es gewiß; haben Sie ja schon Anno 1822 und 1823 ähnliches getan, als Sie mich kranken, bitteren, mürrischen, poetischen und unausstehlichen Menschen mit einer Artigkeit und Güte behandelt, die ich gewiß in *diesem* Leben nicht verdient und nur wohlwollenden Erinnerungen einer früheren Konnaissanz verdanken muß.“

Eines der Themen, über die man heftig gestritten hatte, war Goethe. Heine empfand noch immer wenig Freude an der „Kunstbehaglichkeit des großen Zeitablehnungsgenies“. Er stand zu unmittelbar im Geschehen und am Anfang einer neuen, stürmischen Epoche, als daß er sich der Erfahrungsweisheit und kühlen Abgeklärtheit des Dichters hätte verbunden fühlen können. Rahel lehrte ihren jungen Gast, Goethe zu lesen. Und wenn auch Heine Goethe im Dezember 1821 aus Berlin nach Weimar schrieb, August Wilhelm Schlegel habe ihm, nach dem Wesen der Poesie befragt, geantwortet: lies Goethe, und er, Heine, habe es ehrlich getan und wisse, wem er es verdanke, falls einmal etwas aus ihm werde, so hat ihn doch erst Rahel zu Goethe bekehrt, während Varnhagen den jungen Poeten mit diplomatischem Geschick auf die fördernde Erkenntnisfülle hinwies, die der universale Greis in Weimar auch dem kritischen Nachfahren zu schenken vermochte. „Statthalter Goethes auf Erden“ hat der dankbare gelehrige Heine den besorgten Mentor in Berlin genannt.

Bald nach der Abreise aus der preußischen Hauptstadt schickte er den Freunden einen Aufsatz über Goethe, abermals mit der Versicherung, daß er den größten Teil des Tages an sie denke, wie sie ihn, den „mürrischen, kranken Mann, aufgeheitert und gestärkt und gehobelt und durch Rat und Tat unterstützt und mit Makkaroni und Geistesspeise erquickt. Ich habe so wenig wahre Güte im Leben gefunden und bin so viel schon mystifiziert worden und habe erst von Ihnen und Ihrer großherzigen Frau eine menschliche Behandlung erfahren."

Empfänger dieser Briefe war Varnhagen. Einige Monate später erhielt Ludwig Robert aus Lüneburg die für Rahel bestimmte Versicherung Heines, er habe Germaine de Staëls „Corinna" gelesen und sei gewiß, daß er sie vor „jener großen Lebensepoche", in der er Roberts Schwester kennengelernt, nicht verstanden haben würde. „Und, lieber Robert, Sie können mir glauben, wie artig ich mich jetzt gegen Frau von Varnhagen betrage — ich habe jetzt, bis auf eine Kleinigkeit, den ganzen Goethe gelesen!!! Ich bin jetzt kein blinder Heine mehr, sondern ein sehender. Goethe gefällt mir sehr gut."

Heine hätte dieses Rahel erfreuende Bekenntnis seine Patronin gern unmittelbar wissen lassen. Aber Varnhagen war in Hamburg gewesen, und man hatte sich, wegen einer kleinen Unredlichkeit des Dichters, überworfen. In einem Brief an Rahel, so meinte Heine, hätte auch ein Wort über Varnhagen stehen müssen, dem er gewiß lebenslänglich dankbar sein würde, aber nicht vergeben könnte (er tat es recht bald), daß er ihn gerügt habe. „Ich kann viel vertragen und hätte auch das wie gewöhnlich abgeschüttelt — aber dieses ereignete sich just vor einer Stunde, wo ich gar nichts vertragen konnte und wo jedes Unsänftigliche, sei es nur ein Wort, ein Blick, eine Bewegung, mir eine unheilbare Wunde verursachen mußte." Ungerechtfertigter Zorn, schnelle Vergebung, freimütiges Geständnis — alles das waren Züge, die Rahel zugleich lächeln und um Heine besorgt sein ließen.

Heine schrieb damals an den ersten Bänden der „Reisebilder". Realistik der Darstellung und Satire vereinten sich zu einer höchst wirksamen Form gesellschaftskritischer Publizistik. Ein romantischer Revolutionär meldete sich zu Wort. Mit überlegenem Witz geißelte er Mißstände, mit beispielloser Plastik erzählte er von Menschen des Hier und Heute, mit poetischer Meisterschaft zeichnete er Bilder der Natur und der Gesellschaft. Die Varnhagens zollten ihm Beifall. „Entzückt, wahrhaft entzückt, fast berauscht hat mich Frau von Varnhagens Brief", gestand Heine Varnhagen Ende Juli 1826 aus Norderney. Als er Rahels Brief gelesen habe, sei es ihm gewesen, als sei er traumhaft im Schlafe aufgestanden und habe sich vor den Spiegel gestellt und mit sich selbst gesprochen und mitunter etwas geprahlt. „Das Beste ist, ich brauche Frau von Varnhagen keine langen Briefe zu schreiben. Wenn sie nur weiß, daß ich lebe, so weiß sie auch, was ich fühle und denke."

Wir kennen jenes so aufmunternde Schreiben Rahels nicht; es ist wie alle ihre Briefe an Heine, bis auf einen in der Hamburger Wohnung der Mutter des Dichters, wo der unstet umherreisende Sohn die ihm wichtigen Schriftstücke aufbewahrt hatte, einem Brande zum Opfer gefallen. Doch wissen wir, daß Rahel den jungen Freund nicht nur gelobt hatte. Sein „Buch der Lieder" war erschienen; einen Abschnitt, „Die Heimkehr", hatte er Rahel „als eine heitere Huldigung" zugeeignet, ohne daß sich der Dichter ihrer Zustimmung versichert hatte. Frau von Varnhagen hat diese Eigenmächtigkeit nicht gern gesehen und Heine nach ihrer Art ihre Verstimmung wissen lassen. „Mir schien es", rechtfertigte sich Heine wiederum nicht ihr, sondern Varnhagen gegenüber, „als wollte ich dadurch aussprechen, daß ich jemandem zugehöre. Ich lauf' so wild in der Welt herum, manchmal kommen Leute, die mich wohl gern zu ihrem Eigentum machen möchten, aber das sind immer solche gewesen, die mir nicht sonderlich gefielen, und solange dergleichen der Fall ist, soll immer auf meinem Halsbande stehen: j'appartiens à Madame Varnhagen" — ich gehöre Frau von Varnhagen.

Von Halbjahr zu Halbjahr kam Kunde von Heine in Rahels Hand. Nie waren die Briefe an sie selbst gerichtet, meist an Varnhagen, der wohl begriff, daß er als Mittler für eine seltsam verschüchterte Ehrfurcht und eine nicht eingestandene Unsicherheit zu dienen erwählt war. Mit Behagen mag er genossen haben, daß Heine einer der ersten Priester war, die sich zu dem von ihm, Varnhagen, gestifteten Rahelkult bekannt haben.

Privatverdruß beklemme ihm das Herz, daß es nicht rätlich wäre, Frau von Varnhagen zu schreiben, klagte Heine im Oktober 1826 aus Lüneburg, versichernd, er denke immer an sie —

also *sei* er. In einem Brief vom 1. Mai 1827 aus London hieß es: „An Frau von Varnhagen brauche ich aber nicht zu schreiben, sie weiß alles, was ich ihr sagen könnte, sie weiß, was ich fühle, sie weiß, was ich denke und nicht denke." Im Oktober des gleichen Jahres berichtete er aus Hamburg von seinen literarischen Plänen. „Noch bin ich jung, noch hab' ich keine hungernde Frau und Kinder — ich werde daher noch frei sprechen. Frau von Varnhagen soll zufrieden sein. Ich möchte der lieben Freundin einen langen Brief schreiben, lang wie die Welt, weitschweifig und unerträglich wie mein eigenes Leben. Aber — ich bin im Begriff, diesen Morgen eine Frau zu besuchen, die ich in elf Jahren nicht gesehen habe und der man nachsagt, ich sei einst verliebt in sie gewesen."

Rahels Wiedersehen mit Heine, es war das letzte, verlief nicht ohne Verstimmungen und Enttäuschungen. Der Dichter war vom Norden nach dem Süden gezogen, auf der Reise hatte er in Frankfurt Börne kennengelernt. „Er ist viel, viel besser als ich, viel größer — aber nicht so großartig", las Varnhagen in einem Brief Heines aus München, wo sich der Dichter damals als Redakteur von Cottas „Politischen Annalen" versuchte. Auch die oberitalienische Reise lag hinter ihm; er hatte mit kritischer Schärfe die Zustände betrachtet und nach seiner Art darüber berichtet. Einsichten und Ansichten waren revolutionärer, aber auch selbstherrlicher geworden. „Jede Zeit hat ihre Aufgabe, und durch die Lösung derselben rückt die Menschheit weiter", verkündete er in der „Reise von München nach Genua".

In den sechs Jahren, seit er Berlin verlassen hatte, war Heine berühmt geworden. Seine Anschauungen hatten sich geklärt, sein Urteil war unerbittlich geworden, sein Selbstbewußtsein hatte sich bis zur Eitelkeit gesteigert.

Ende Februar 1829 traf er am frühen Nachmittag in Berlin ein. Noch ehe er sich in das Hotel Stadt Rom begab, wo er abstieg und sein Bruder ihn erwartete, eilte er, Rahel zu begrüßen, in die Mauerstraße. Mit Verwunderung hatte er noch in München gehört, „daß wir ausgezogen sind; ich habe noch immer geglaubt, mein Vaterland sei Französische Straße Nr. 20".

Varnhagen weilte in Bonn. So wissen wir aus Rahels Briefen Einzelheiten aus den ersten Wochen des Berliner Aufenthaltes.

Der Dichter, noch nicht erwartet, stürzte, während Rahel schlummernd lag, ins Zimmer und umarmte sie. „Ich freute mich sehr“, schrieb sie an Varnhagen. Ludwig Robert war mit dem Gast gekommen, auch Bruder Moritz erschien alsbald, um „das Original von dem Bilde draußen“ kennenzulernen. „Er soll hübsch auf dich hören und dir folgen ... zu seinem Besten!“ ließ sich Varnhagen aus Bonn vernehmen. Es gab eine Reihe angeregter Tage in Rahels Salon. Die Brüder kamen mit ihren Frauen, Willisen stellte sich ein, Cotta erneuerte die Bekanntschaft seines Mitarbeiters, Arnims waren zugegen, alle waren voller Dank, „Bettine dreimal mit Phrasen wie Reden“.

Nach einer Woche schon berichtete Rahel nach Bonn: „Heine sehe ich fast nicht. Er wälzt sich so in sich herum. Sagt, er muß viel arbeiten. Ist fast erstaunt, daß ihn so etwas Reelles als des Vaters Tod, der Mutter Leid darüber betraf.“ Heine hatte jenseits der Weidendammer Brücke in der oberen Friedrichstraße Wohnung genommen, „viel zu weit“. Waren literarisches Schaffen, familiäres Leid und entferntes Wohnen wirklich Gründe, um den vertrauten Gang in die Mauerstraße zu meiden?

Die Patronin von ehedem hatte ihren „verhätschelten Liebling“ recht kritisch betrachtet. Er sah gesünder aus als je. Aber eine „vorüberfliegende Miene ... zwischen seinen Zügen“, „im Munde ein Zerren, wenn er spricht“, fielen ihr auf; das Zerren hatte sie auch schon früher bemerkt, damals „fast als eine kleine Grazie“. „Glaube nicht“, beruhigte sie den fernen Gemahl, „daß ich persönlich zu klagen habe; die Wahrnehmungen gewinnen nur, wenn sie zur Mitteilung gestaltet werden müssen, eine festere Form, als all dergleichen haben kann und soll: Im Leben selbst fließt alles, wie sein *großer* Strom ...“

Heine kam. „Er wollte gegen Goethe sprechen; ich mußte lächeln, es ging nicht. Er wollte Gans tadeln; es ging nicht.“ Dinge fielen Rahel auf, die sie ehedem nicht gestört hatten. Des Besuchers Stiefel rochen nach Schuster, seine Kleider stockig. Sie nahm einen Brief Varnhagens zur Hand und las daraus, was ihr, für Heine bestimmt, aufgetragen: „Grüße ihn herzlichst von mir. Wenn er einmal glauben sollte, ich meinte es nicht als Freund, als echter, anteilvoller, mit ihm, so soll er sich nur die Stirn schlagen und seinen Blödsinn bejammern.“ Ein solcher Gruß „machte ihn betreten: er dachte, es hätte dir jemand etwas von ihm gesagt“.

Es kann kein Zweifel daran bestehen: Heine war über jene Epoche seiner Entwicklung hinausgewachsen, in der ihm ein Salon etwas hatte bedeuten können. Er spürte, daß auch in der gepflegten Berliner Geselligkeit, und vielleicht gerade in ihr, das Gespräch bis zu einem gewissen Grade Selbstzweck geworden war. Ihn dürstete nach tätiger, das Ganze bewegender Anteilnahme am gesellschaftlichen Geschehen. Er hatte sich allmählich vom liberalen Bürgertum gelöst und suchte seine künstlerische Bestimmung darin, mit seinen kampflustig-satirischen Mitteln auf einen Wandel der Lage der Massen hinzuwirken, „Schwert und Flamme" der revolutionären Kräfte in Deutschland zu werden. Heines sozial-revolutionäre Tendenz, anklingend schon 1823 in der Schrift „Über Polen", offenbar geworden in den „Englischen Fragmenten", war durch seine italienische Reise genährt und gefestigt worden. Die Freisinnigen varnhagenscher Prägung, sosehr sie seine literarische Entwicklung begrüßten, hatten ihm politisch nichts Förderliches mehr zu sagen. Er hatte sie, ohne sich dessen bewußt zu sein, hinter sich gelassen. Es ist menschlich verständlich, daß sie seine Überlegenheit, seine Selbstsicherheit, das zur Schau getragene Bewußtsein, eine Aufgabe zu haben, als Überheblichkeit, Anmaßung, ja als Größenwahn empfanden.

Eine solche Stufe menschlicher Entwicklung, ein solches Hinauswachsen über den bürgerlichen Freisinn ihres Kreises begriff auch Rahel nicht mehr. Gewiß war ihr Subjektivismus von einem humanen Verantwortungsbewußtsein für die Gesamtheit getragen; aber sie glaubte im Sinne der Klassik wie der idealistischen Philosophie an eine Vervollkommnung des einzelnen, zumal des schöpferischen Menschen durch moralische Veredelung und Bildung. In ihr Lebens- und Menschenbild paßte der ungebärdige, tatendurstige, aggressive, gewiß auch bis zur Arroganz selbstherrliche Heine nicht mehr. Sie glaubte an einen evolutionären Weg der Entwicklung, Heine war ein revolutionärer Demokrat. Und dennoch, obwohl sie ihn im Letzten nicht verstand, obwohl sie für ihn fürchtete, liebte sie ihn.

Es kam, wie es kommen mußte.

Heine gab Anlaß zu Ärgernis. Er war nicht wählerisch in seinen Bekanntschaften und in der Wahl seiner Mittel. Zu seinem Umgang gehörte ein unstet durch die Lande ziehender ehemaliger Burschenschafter, Wit-Dörring, der im Jahre 1818 von der Universität Jena verwiesen worden, nach England gegangen war und später in Frankreich, Italien, der Schweiz von sich reden machte, bald als Polizeispitzel, bald als Mitglied geheimer revolutionärer Gruppen verdächtigt. Er war aus der Zitadelle in Mailand entkommen, in Bayreuth erneut aufgegriffen worden und in der dänischen Festung Friedrichsort interniert gewesen. In jener Zeit reiste er, von der Polizei verfolgt, durch die deutschen Bundesstaaten, nachdem er sich als Verfasser von Erlebnisberichten einen gewissen Namen gemacht hatte.

Heine nahm sich mehr aus Protest gegen die Gesellschaft als aus persönlicher Sympathie des Verfemten an, den Rahel einen „fliegenden, stechenden, tollen Mistkäfer", einen Lumpen, Spitzbuben und Bösewicht schimpfte. Frau von Cotta bestätigte ihr, daß Wit-Dörring Heine „durch seinen Umgang ... offenbarsten Schaden" getan habe. Man beschuldigte Heine, er habe dem politischen Abenteurer bei der Abfassung eines seiner Bücher unzulässige literarische Hilfe geleistet. Heine widersprach und verstieg sich dazu, Wit-Dörring in Rahels Salon „zum besten deutschen politischen Schriftsteller hinaufzutreiben" und ihn, wie Rahel empört nach Bonn berichtete, in der publizistischen Bedeutung mit Varnhagen und Gentz gleichzustellen. „Heine, sag' ich, wird sich immer von neuem besudeln; denn auch dem ist's genug, ein Ärgernis zu geben, sollte er auch selbst als kotiger Harlekin oder Henker umherlaufen müssen. Glaube ja nicht, daß ich minütlich auf ihn aufgebracht bin. Auf meine Ehre nicht! Ich sehe ihn nur."

Rahel, die Patronin, empfand echte, fast mütterliche Sorge um Heine. Die tieferen Beweggründe seiner Aufsässigkeit erkannte sie nicht. Sie suchte sie in Heines Charakter, und der zeigte Schwächen genug, um einen besorgten Freund um den weiteren Gang dieses Lebens fürchten zu lassen. Heine wiederum verehrte Rahel — wir wagen das Wort, das so wenig zu ihm zu passen scheint — abgöttisch, er wollte nicht gegen den Menschen aufbegehren, dem er sich zugehörig, verbunden, verantwortlich fühlte. Um so mehr litt er darunter, daß er in seiner Not nicht besser verstanden wurde. Er hatte nur ein Mittel, sich für dieses Nichtverstehen zu „rächen": Trotz. Und dieser Trotz schlug in Taktlosigkeit um.

Aus nichtigem Anlaß ergab sich eines Abends, daß sich Rahel darauf versteifte, Kunst müsse sich in eine menschliche Schranke engen, und ihre ohnehin höchst unklare These mit absonderlichen Beispielen, so der steifen Haltung ägyptischer Bildwerke und der Gelöstheit des Wiener Walzers, stützte. „Heine", berichtete sie an Varnhagen, „schlug über die Fauteuil-Lehne, blutrot, ganz weg vor Lachen; er brach *wider Willen* aus. ‚Tollheit', schrie er, ‚toll, ganz toll! Oh, wie toll! Tollheit, nein, das ist rasend. Solcher Unsinn ward noch nicht gesagt.' Und so blieb er lachend. So wie er wieder zu sich war, war es reinster, lichter Neid. Ich sagte ihm auch: ‚*Den* Unsinn möchten Sie gemacht haben.' Ich lachte auch." Rahel mußte dem Freund diese und jene ihrer Ausführungen erklären, wofür er ernsthaft Interesse zeigte und dem er zustimmte. „Aber dies Lachen! So natürlich sah ich ihn nie."

Heftige, bisweilen auch unbeherrschte Streitgespräche wußte Rahel zu zügeln; sie waren nicht selten in ihrem Salon. Heine beängstigte sie. Szenen der geschilderten Art wiederholten sich, auch als Varnhagen heimgekehrt war und durch das Gleichmaß seines Wesens zu glätten suchte. Heine, zum äußersten Widerspruch gereizt, ließ sein Gefühl der Überlegenheit nicht nur deutlich werden, er sprach unbeherrscht aus, es sei eine Auszeichnung, von ihm besucht zu werden. Man konnte Rahel nicht schmerzlicher treffen.

Kurz darauf, am 1. April 1829, schrieb er der tief Verletzten diesen Brief: „Frau von Varnhagen! ‚Wenn ich so gar großen Wert darauf legte, daß ich zu Ihnen komme, so wollten Sie mich gar nicht haben' — dies sagten Sie mir gestern, wenigstens dem Sinne nach, wenn auch nicht mit denselben Worten. Indem ich noch heute morgen darüber nachdachte, mußte ich mir leider gestehen, daß ich seit zwei Jahren von anderen Freundinnen sehr verwöhnt worden bin, indem diese immer froh waren, wenn sie mich nur haben konnten, gleichviel unter welchen Bedingungen, gleichviel wie überhoch ich mich selbst schätzte. Es wird gewiß eine geraume Zeit dauern, bis ich besser gewöhnt werde und so tief in meiner Selbstschätzung herabsinke, wie Sie mich brauchen können. Bis dahin werden Sie sich wohl mit eben so hochgeschätztem Federvolk, das so schnattern kann, wie man es eben braucht und in jeden beliebigen Käfig paßt, behelfen müssen. Sie werden mich für einen eitlen Narren erklären. Immerhin! Die Folge mag ausweisen, daß ich für ein edleres Interesse meine Privateitelkeit und allen äußeren Schein zum Opfer bringen kann. – Ich verharre, in der Wahrheit meines Herzens, Frau von Varnhagen, Ihr Freund H. Heine."

Der private Konflikt überdeckte tiefe Widersprüche, wie sie ein Jahr vor der französischen Julirevolution im Wesen der Berliner Salons lagen und hier zum Ausbruch kamen. Zwei Generationen standen einander gegenüber, vom freisinnigen Bürgertum schied sich, nach dem Neuen tastend, ein revolutionärer Demokrat. Aber er löste sich in einer Weise, die seiner nicht würdig war und den Menschen zutiefst verwunden mußte, bei dem er sein „Vaterland", zumindest einen Zipfel jener geistigen Heimat, von der er ausgegangen, und ein menschliches Verstehenwollen wußte, wie es einem Heinrich Heine nicht noch einmal zuteil geworden ist.

„Fein und absonderlich", war Heine Rahel erschienen. Und ebendeshalb hatte sie ihn oft und er sie verstanden, wo ihn andere nicht vernahmen. Das hatte ihn ihr gewonnen, und es beließ ihn ihr. So trotzig-frech und anmaßend er sich aufgeführt hatte, sie erwartete und verlangte nicht von ihm, sie wünschte nicht einmal, daß er sich ihr unterwarf. Auch wo sie ihn nicht verstand, wußte sie, die Alternde und psychisch wie physisch Leidende, daß ihm, dem Jungen, die neue Zeit gehörte, deren Hauch, deren erste Stürme auch sie noch verspürte.

Verständlicherweise hatte Rahel Heine nicht sehen wollen. Anfällig, wie sie war, sehr empfindlich auch für seelische Kümmernisse, erkrankte sie ernstlich. Eines Tages wurde ein Korb erlesener Rosen an ihr Schmerzenslager gestellt.

> „Rosen wurden Brücken, sie führten mich ins Leben,
> Rosen waren Wunder, Heine hat sie mir gegeben",

reimte sie „in großer Krankheit, wo die unaufhörliche Erfrischung des Geistes und der Hände mit befeuchteten Rosen, welche der Genannte in schönster Pracht und Fülle gesendet hatte, die ersten Empfindungen eines heilvollen Überganges bewirkte".

Heine verließ Berlin und schied, wieder versöhnt, für immer

aus Rahels Salon. In ihrem Blickfeld ist er auch die vier Jahre, die sie noch lebte, als der Freund geblieben, den sie am bangsten umsorgte, der ihr schmerzlichsten Kummer bereitete, dessen Aufstieg sie sichtlich hat fördern können.

Unentschlossen, wohin er sich wenden solle, hatte sich Heine vorerst nach Potsdam begeben. Grüße an die Varnhagens vermittelte Friederike Robert, deren Schönheit auch Heine huldigte. Dann kam an Varnhagen, für Rahel bestimmt, Anfang April 1830 ein Brief aus Wandsbek. Heine wollte bemerkt haben, daß seine Handschrift mit ihrer große Ähnlichkeit bekomme. „Im Grunde ist es auch Unnatur, wenn ich anders schreibe. Sind doch unsere Gedanken ähnlich wie ein Stern dem anderen. Besonders meine ich hier Sterne, die so recht viele Millionen Meilen von der Erde entfernt sind.“ Ihm war noch immer nicht bewußt, wie schnell er sich mit seinen revolutionär-demokratischen Tendenzen vom liberalen Bürgertum entfernte, als dessen Haupt man ihn sogar in Paris ansah.

In dieser Entwicklung lag die tiefere Ursache seines Streites mit Platen, aber auch der Hinwendung nach Paris, wo das Volk auf die Straße gegangen war und siegreich gekämpft hatte. Während er im Winter den Berliner Freunden aus Hamburg klagte, wie isoliert er wäre — „erhalten Sie mir Ihre Freundschaft, die mir täglich im Werte steigt, je mehr Freunde ich aufgeben muß“ —, hatte sich bei Rahel ein Verehrer Heinescher Lyrik gemeldet, den der Dichter in jedem Sinne im Lager seiner Todfeinde vermutet hätte. Das war Gentz.

Wir erinnern uns jenes Briefes voller „höchst unerwarteter Bekenntnisse“ vom 22. September 1830; durch die politischen Ereignisse in Frankreich, Belgien, Polen aufgeschreckt und durch seine Leidenschaft für Fanny Elßler verjüngt, hatte sich der bekenntnissüchtige Hofrat der alten Freundin in Berlin ein letztes Mal genähert. Eines seiner gewiß überraschenden Geständnisse war das, daß er „mit Heine sympathisiere“. Die „Reisebilder“ waren ihm in die Hand gefallen. „Sie können sich leicht vorstellen“, vertraute er Rahel in der Gewißheit an, daß sein Brief nicht durch die Post, sondern durch einen österreichischen Kurier nach Berlin befördert würde, „daß ich in der *politischen* Gesinnung des Verfassers die meinige nicht wiederfand; und daß mir überdies manches Inkorrekte, Ultraoriginelle in dieser Schrift zuwider sein mußte. Nichtsdestoweniger las ich die drei Bände mit vielem Vergnügen, weil ein großer Teil der eingestreuten *Gedichte* (nicht alle!) mich in höchstem Grade anzogen." Gentz hatte auch das „Buch der Lieder" entdeckt und sich aus Anlaß der Widmung vor dem Abschnitt „Heimkehr" daran erinnert, daß man ihm berichtet hatte, Heine stehe bei Rahel „in besonderer Gnade".

Einige der Gedichte Heines wirkten auf den Hofrat „mit einem unbeschreiblichen Zauber"; sie blieben für einige Zeit seine tägliche Lektüre. Stundenlang badete er „in diesen melancholischen süßen Gewässern". Sogar Dichtungen, „welche an wirkliche Gotteslästerung streiften", lese er nicht „ohne die tiefste Emotion", sich selbst vergeblich anklagend, daß er sie so oft und so gern genieße.

Rahel erschien Gentz' Lob für Heine „als ein unerwartetes, nie erhofftes Benefiz". Sie unterstrich in ihrer Antwort die Übereinstimmung ihres Urteils, rühmte unter Heines Gaben insonderheit die, „ein Sieb im Ohr [zu] haben, welches nichts Schlechtes durchläßt". Sie erzählte die uns bekannte Entwicklung ihres Umgangs mit dem jungen Dichter, den sie verstanden habe, „da er fein und absonderlich ist". „Ich lobte ihn, wie alle, gern; und ließ ihm nichts durch, sah ich's vor dem Druck: doch das geschah kaum, und ich tadelte dann scharf... Wir blieben uns aber hold, nach wie vor. Und Sie haben mir jetzt durch ihn ein großes Kompliment gemacht."

Während der sechsundsechzigjährige Hofrat von Wien her die Freundin beschwor: „Wir beide dürfen uns nicht trennen, solange wir atmen", versicherte ihr aus Hamburg der dreiunddreißigjährige Dichter, er werde ihr „kein verhülltes Herz zeigen", bat er, ihm, dem Isolierten, die so leidvoll erworbene Freundschaft zu bewahren. So weit also war Rahels Verständnisspielraum über Zeit und Raum, über Gesinnung und Mächte hinweg, daß sie einem der bekanntesten und berüchtigsten Exponenten der klerikal-feudalen Reaktion wie dem entschiedensten unter den kämpferischen Demokraten verbunden bleiben konnte. Und so widersprüchlich waren Wesen und Leben in dieser Epoche von 1848, daß sich ein Metternich und sein Schatten Gentz an den Gedichten jenes Heinrich Heine labten, den ihre Schergen bereits jagten, bis er nur noch in der Fremde wirken konnte.

„Ich habe zuletzt in Hamburg ein unerquickliches Leben geführt", heißt es in Heines erstem Brief aus Paris vom 27. Juni 1831, den Varnhagen erhielt. „Ich fühlte mich nicht sicher, und da mir eine Reise nach Paris schon längst im Gemüte dämmerte, so war ich leicht beredet, als mir eine große Hand gar besorglich winkte. Indessen: Fliehen wäre leicht, wenn man *nicht* das Vaterland an den Schuhsohlen mit sich schleppte...! Es kann mir hier nicht schlechter gehen wie in der Heimat, wo ich nichts als Kampf und Not habe, wo ich nicht sicher schlafen kann, wo man mir alle Lebensquellen vergiftet. Hier freilich ertrinke ich im Strudel der Begebenheiten, der Tageswellen, der brausenden Revolution — obendrein bestehe ich jetzt ganz aus Phosphor, und während ich in einem wilden Menschenmeer ertrinke — verbrenne ich auch durch meine eigene Natur. Leben Sie und Fr[au] v[on] V[arnhagen] recht lieb und wohl, vergessen Sie mich *nicht*. Trübe Ahnungen beklemmen mich."

Die Varnhagens haben trotz aller Anfechtungen Heine die Treue gehalten, Rahel in banger Ahnung um sein menschliches Schicksal und in lebhafter Anteilnahme an seinen Studien des utopischen Sozialismus, wie ihn Saint-Simon und dessen Schüler lehrten, Varnhagen als literarischer Schildknappe des verfemten und verfolgten Dichters.

Als ihn die Nachricht von Rahels Tod erreichte, wußte Heine lange Zeit kein Wort des Trostes für Varnhagen zu finden. Sowie er die Feder ergriff, war ihm „der Kopf wie betäubt und die Brust in der schmerzlichen Bewegung... Ach, lieber Varnhagen, ich fühle jetzt die Bedeutung jener römischen Worte: Leben ist Kriegsführen. So stehe ich nun auf der Bresche und sehe, wie die Freunde rings um mich her fallen. Unsere Freundin hat immer wacker gestritten und hat wohl einen Lorbeer verdient. Ich kann in diesem Augenblick vor Weinen nicht schreiben — ach! wir armen Menschen, mit Tränen in den Augen müssen wir kämpfen. Welch ein Schlachtfeld diese Erde!"

Das Verhältnis der beiden Männer zueinander blieb ungetrübt. Heine gab im Januar 1846 einem Freunde einen Brief aus Paris mit, in dem er, frei von Besorgnissen vor der Zensur, auch die Bilanz seiner Beziehungen zu Karl August Varnhagen zog. „Wir beugten uns demütig vor dem Unsichtbaren", schrieb er, „haschten nach Schattenküssen und blauen Blumengerüchen, entsagten und flennten und waren doch vielleicht glücklicher als jene harten Gladiatoren, die so stolz dem Kampftode entgegengehen. Das tausendjährige Reich der Romantik hat ein Ende, und ich war sein letzter und abgedankter Fabelkönig. Hätte ich nicht die Krone vom Haupte fortgeschmissen und den Kittel angezogen, sie hätten mich richtig geköpft. Vor vier Jahren hatte ich, ehe ich abtrünnig wurde von mir selber, noch ein Gelüste, mit den alten Traugenossen herumzutummeln im Mondschein — und ich schrieb den ‚Atta Troll', den Schwanengesang der untergehenden Periode, auch Ihnen habe ich ihn gewidmet. Das gebührte Ihnen, denn Sie sind immer mein wahlverwandter Waffenbruder gewesen, in Spiel und Ernst. Sie haben gleich mir die alte Zeit begraben helfen und bei der neuen Hebammendienst geleistet ..."

Der verstorbenen Rahel hatte Heine schon ein Jahrzehnt früher in der Öffentlichkeit ein Denkmal gesetzt, indem er Varnhagens Gedenkband „Rahel. Ein Buch des Andenkens für ihre Freunde" zum Anlaß nahm, um im Vorwort der zweiten Auflage seines „Buches der Lieder" (1837) zu bekennen: „Es war eine große Tat von August Varnhagen, daß er, alles kleinliche Bedenken abweisend, jene Briefe veröffentlichte, worin sich Rahel mit ihrer ganzen Persönlichkeit offenbarte. Dieses Buch kam zur rechten Zeit, wo es eben am besten wirken, stärken und trösten konnte. Das Buch kam zur trostbedürftig rechten Zeit. Es ist, als ob Rahel wußte, welche posthume Sendung ihr beschieden war. Sie glaubte freilich, es würde besser werden, und wartete. Doch als das Warten kein Ende nahm, schüttelte sie ungeduldig den Kopf, sah Varnhagen an und starb schnell — um desto schneller auferstehen zu können. Sie mahnt mich an die Sage jener anderen Rahel, die aus dem Grabe hervorstieg und an der Landstraße stand und weinte, als ihre Kinder in die Gefangenschaft zogen."

Kein Dichter der jungen Generation ist Rahel so nahegetreten, keiner hat ihr menschlich, künstlerisch, gesellschaftlich so viel bedeutet wie Heinrich Heine. Demgegenüber ist ihr Einfluß auf die Schriftsteller, die unter der Bezeichnung „Junges Deutschland" zusamengefaßt werden, überschätzt worden. Nur Theodor Mundt kann zu den Teilnehmern ihres Salons gerechnet werden; Gustav Kühne hat sie ein einziges Mal gesehen, Gutzkow und Laube und Wienbarg sind ihr, soweit wir wissen, nicht persönlich begegnet.

Wohl aber hat Rahels Nachruhm, von Varnhagen mit Hingabe gefördert, nachhaltig auf die liberalen Schriftsteller des Vormärz gewirkt. Aus den Veröffentlichungen nachgelassener Briefe und Aufzeichnungen wurde die Verstorbene allgemein als „Priesterin Goethes“ bekannt. Die jungen Schriftsteller, die verehrend zu ihr aufsahen, waren abermals veranlaßt, sich mit dem Werke des ein Jahr vor Rahel hingegangenen Genius auseinanderzusetzen. Wie es der Lebenden noch gelungen war, Heines allenfalls widerwillige Anerkennung Goethes in aufrichtige Verehrung zu läutern, so trug ihr Goethekult wesentlich dazu bei, die verständliche Reaktion der Jungen gegen den „Gott“ in Weimar in die gebotenen Schranken zu weisen. Wesentlicher für uns Nachgeborene ist, daß Rahels Forderung nach einer wirklichkeitsnahen Dichtkunst und ihr politischer Freisinn die jüngere Generation in der Suche nach neuen Zielen und neuen Wegen beflügelt haben. War sie doch im letzten, von der klerikal-feudalen Reaktion gezeichneten Jahrzehnt ihres Lebens zumindest in Berlin zu einer Art Patronin des Fortschritts, zu einem Sinnbild des Durchhaltens, zu einem Quell der Hoffnung auf ein besseres Zeitalter geworden. Dabei stand ihr Varnhagen als huldigender Helfer und als Sprachrohr in eine weitere Öffentlichkeit zur Seite, schon bereit, nach dem Tode der Leidenden ihre Aussage wie eine Heilsbotschaft zu verkünden. Und als solche wurde sie von Laube, Mundt, Kühne vernommen und weitergetragen, so daß man später in Rahel „die Lehrerin Jungdeutschlands“ zu erkennen glaubte und ihre literarische Bedeutung hauptsächlich darin sah, „daß sie die Vermittlerin gewesen ist zwischen Romantik und Jungdeutschland“ (Emma Graf).

Hier wurde denn doch weithin Rahel zugerechnet, was Varnhagen zuerkannt werden muß. Er war, weit über Rahels Tod hinaus, der Mentor und Beschützer der von der Reaktion bedrohten liberalen Talente. Gutzkow, eigensinnig eigene Wege gehend, behauptete, wenn er sich hätte überwinden können, „dem geheimen Förderer und Berater der jüngeren Literaten. Varnhagen von Ense, ebenso wie Laube, Mundt, Kühne und die anderen jungen Autoren zu huldigen“, so hätte er sich eines festeren Untergrundes für seinen künstlerischen Ruf erfreuen dürfen. Theodor Mundt, der als einziger dieses Kreises zu Rahels Gästen gehört hat, hatte wohl in Berlin studiert, lebte indessen seit 1832 als Mitredakteur der „Blätter für literarische Unterhaltung“ in Leipzig, wo er in Beziehungen zu Charlotte Stieglitz trat, und wurde erst 1839 fest in Berlin ansässig. Die Verbindung zu Varnhagen beschränkte sich bis dahin auf eine literarische Zusammenarbeit. Es spricht nur für Varnhagen, wenn Gutzkow meinte, die Mundt „eröffnete Aussicht einer Anlehnung an Varnhagen von Ense erschien ihm wie der Eintritt in die Vorhallen des Elysiums“. Varnhagen hat sich der Sache der Jungdeutschen, die wie Heine im Dezember 1835 von jenem österreichischen, vom Bundestag zum Beschluß erhobenen Antrag auf Verbot ihrer bisherigen Werke betroffen worden waren, gewiß ganz im Sinne Rahels auch nach dieser Maßregelung tatkräftig angenommen. Als Laube wegen seiner Zugehörigkeit zur Burschenschaft zu einer Haftstrafe verurteilt worden war, haben Pückler und Varnhagen bewirkt, daß der Dichter die ihm zudiktierte Strafe im Amt- und Jagdhaus zu Muskau verbüßen durfte. Wie nachhaltig Varnhagens Einfluß war, davon zeugt auch Engels Bemerkung, Laube und Mundt ahmten den „Goetheaner Varnhagen“ in seinem Stil nach.

Das „Junge Deutschland“ hat in Rahel die Verkörperung des Fortschritts gefeiert. Kühne sah in ihr die Emanzipation des denkenden Weibes und rühmte vor allem, daß die einsame Denkerin „die weiblichste Seele“ besaß, daß sie nicht nur anzuspornen, sondern, was in dieser dunklen Zeit als eine Wohltat empfunden werden mußte, auch zu trösten wußte. Laube nannte sie in der Widmung seiner Novelle „Liebesbriefe“ (1835) an den Fürsten Pückler „eine gewaltige Frau, welche von allen gelesen, studiert werden sollte, die sich unsres sittlichen und geselligen Zustandes bewußt werden wollen“. Er bezeichnete die von Varnhagen aus Rahels Nachlaß veröffentlichten Briefe und Aufzeichnungen als ein „offenherziges Buch“, wie es kein zweites in der deutschen Literatur gebe, und erinnerte Pückler an die Frau, die er, Pückler, „oft gesehen in jenem lichten Hause in der Mauerstraße, wo sie waltete und sprach, wo sie die Freunde mit immergleicher Liebe, mit Unterordnung aller eigenen Interessen empfing, jedem Menschen, auch dem unbedeutenden, auch dem unangenehmen, zugänglich, bereitwillig. Ich meine Rahel, die wahrhaftige, welche bei allen äußeren und inneren Stürmen sich frei erhielt von dem verhüllten Firnis, den Herkommen, Gewohnheiten über das Herz und den Geist der Menschen breiten. Wenn auf jemand appelliert werden kann bei Besprechungen menschlicher Zustände, bei Untersuchungen über echte, gesittete Existenzen, so ist es Rahel."

Theodor Mundt, Varnhagens besonderer Schützling, dem Treitschke vorwarf, er habe in Rahels Salon die neuen Gedanken eingeheimst, hat Rahel im ersten Teil seiner „Charaktere und Situationen" (1837) ein Denkmal gesetzt. Darin unternahm er einen ersten Versuch, Rahel aus ihrer Zeit zu begreifen, wie es denn überhaupt für das Fortschreiten der liberalen Literatur bemerkenswert ist, daß das „Junge Deutschland" Rahel nicht mehr nur im Sinne des frühromantischen Subjektivismus als Individualistin und als Persönlichkeit, sondern vor allem auch in ihrer Wirkung auf die Zeitgenossen, in ihrer gesellschaftlichen Bedeutung gewertet hat. Auch Mundt würdigte ihre beispiellose, manchen erschreckende, ja entsetzende innere Aufrichtigkeit. Doch hebt er hervor, daß diese Aufrichtigkeit aufschreckend und läuternd auf die Umwelt, ja auf die Epoche wirkte, indem in diesen Geständnissen rücksichtsloser Ehrlichkeit „sogleich das Allgemeinste an das Individuelle geknüpft würde", das persönliche Leid sich als notwendige Folge der gesellschaftlichen Zustände offenbarte. Mundt hat zwar nicht ausgesprochen, aber doch wohl geahnt, daß Rahels Subjektivismus die einzige Lebenshaltung gewesen ist, die sie unter den besonderen Bedingungen ihrer Zeit hatte einnehmen können, wenn sie die ihr von den herrschenden Mächten gesetzten Grenzen wenigstens in ihrem persönlichen Lebenskreis sprengen wollte. Es sei, so schrieb er, „die Zeitbedeutung des Buches Rahel", und wir dürfen hinzufügen, des Lebens und Wirkens Rahels überhaupt, „daß sich an einer unendlich bewegungsvollen Persönlichkeit jenes Ziehen, Zucken und Wetterändern in Reflexion, Gesinnung und Gestaltung einer ganzen Menschheitsepoche, mit einem Wort, die bangen Wehen einer Übergangsperiode teils schildern, teils vorherverkündigen und mit dunkler Prophetie in die Zukunft hineinweisen ... Rahel war, wie wenige, durchaus ein mitempfindender Nerv der Zeit; alles zitterte in ihr an und nach und erlebte in ihr, wie der Griff auf der Saite, tausend Schwingungen ... Sie gehörte der großen Weltentwicklung an, in der sie mitlebte, und in diesem höchsten Sinne ist der Ertrag ihres Geistes, obwohl durch keine bleibende Form unter den Menschen verherrlicht, doch dauernd und unverlierbar."

Gutzkow, der Einsicht in seine Epoche nicht verschlossener als Mundt, urteilte skeptischer. In seinem satirischen Märchen „Die literarischen Elfen" bezweifelte er die Theodor Mundt in den Mund gelegte Feststellung, in Rahels Briefen wären „Andeutungen enthalten, die eine Veränderung unserer sozialen Zustände voraussagten, und sie wäre in so vielem eine hellsehende Prophetin gewesen". Was er seine Elfe Spekulantia dagegen anführen läßt, will, keineswegs überzeugend, Rahels Aussagen eher dem Zufall und besonderen Umständen als einem kritischen Blick für die Entwicklungsbedingungen der Epoche zuschreiben. Gutzkow war nicht frei von antisemitischen Ressentiments. Sein Urteil war wohl auch getrübt durch sein Zerwürfnis mit den freisinnigen Weggenossen und durch den furchtsamen Widerwillen, den er seit der ihm von Wolfgang Menzel bereiteten bitteren Enttäuschung gegen noch so wohlmeinende Förderer seines Schaffens hegte. Gewiß aber trifft seine Beobachtung zu, daß wie andere Erscheinungen so auch der Widerhall auf Rahels „unbefangene Lebensauffassung" nicht vermocht hätten, „die Berliner Welt aus ihrer anmaßenden, kalten Selbstgenüge aufzurütteln".

Rahels Wirkung war groß, auch auf das „Junge Deutschland". Aber sie war begrenzter, als die Jünger eines unbedingten Rahelkultes wahrhaben wollten. Ihr Nachruhm war vorwiegend ein literarisches und erst als solches auch ein gesellschaftlich-politisches Faktum.

„Börne kann nicht schreiben, ebensowenig wie ich oder Jean Paul", hat Rahel, wie Heine in „Ludwig Börne" (1840) mitteilt, einmal gesagt. Unter Schreiben, erläutert Heine, habe sie die ruhige Anordnung, sozusagen die Redaktion der Gedanken, die logische Zusammenfassung der Redeteile, kurz jene Kunst des Periodenbaues verstanden, den sie bei Goethe und Varnhagen so enthusiastisch bewundert hat und worüber damals in ihrem Salon fast täglich debattiert worden sei. „Rahel liebte vielleicht

Börne um so mehr, da sie ebenfalls zu jenen Autoren gehörte, die, wenn sie gut schreiben sollen, sich immer in einer leidenschaftlichen Anregung, in einem gewissen Geistesrausch befinden müssen: Bacchanten des Gedankens, die dem Gotte mit heiliger Trunkenheit nachtaumeln." Ein solches Urteil trifft eher auf Rahel als auf Börne zu, es überbewertet die Intensität und Dauer ihres Verhältnisses.

Kein anderer als Gentz hatte im Frühjahr 1819 die Aufmerksamkeit der Berliner Freundin auf den Frankfurter Publizisten gelenkt, der damals in seiner „Waage" ästhetische und politische Aufsätze veröffentlichte. Diese erregten weithin Aufsehen und verwiesen ihren Verfasser bald in die erste Reihe der liberalen Schriftsteller Deutschlands. Der Hofrat empfahl ihr Börnes Zeitschrift „als das Geistreichste, Witzigste, was jetzt geschrieben würde", wenngleich er des Verfassers politische Meinungen nach Rahel zwar begreiflich fand, aber stark tadelte. Rahel beschaffte sich Börnes Theaterkritiken. Gentz' Urteil wurde von ihren eigenen Eindrücken bei weitem übertroffen. Sie machte sich zum Fürsprecher des sie an Lessing erinnernden Kritikers. „Er ist scharf, tief, gründlich-wahr, mutvoll, nicht neumodisch, ganz neu, gelassen wie einer der guten Alten; empört, wie man soll, über Schlechtes in der Kunst."

Als Varnhagens im Oktober 1819 von Karlsruhe nach Berlin reisten, trafen sie in Frankfurt am Main im Gasthof mit Börne zusammen. Näheres über diese vermutlich einzige Begegnung wissen wir nicht, wie es auch nicht gewiß ist, ob Börne während seines Berliner Aufenthaltes im Frühjahr 1828 Rahel aufgesucht hat. Er war ein Gegner Goethes; das mag dazu beigetragen haben, daß Rahel die Beziehungen zu ihm nicht gepflegt hat.

RAHELS „PAIRS“: BETTINA VON ARNIM UND GERMAINE DE STAËL

Rahel hatte nur eine ernstliche Rivalin in Berlin. Das war Bettina. Mit dem Rahelkult wetteiferte Bettinas Geltung im gesellschaftlichen Leben der preußischen Hauptstadt.

Die Arnims lebten zwar nur einen Teil des Jahres in Berlin, und Bettinas schriftstellerische Tätigkeit und damit ihr Ruhm begannen erst nach ihres Mannes und nach Rahels Tod. Aber der Salon der Arnims gehörte zu den geistigen Mittelpunkten Berlins wie der der Varnhagens, und Bettina war eine der bemerkenswertesten Erscheinungen ihrer Zeit. Rahel erkannte sie in einem Brief an Pauline Wiesel vom Oktober 1829 als die einzige Frau Berlins an, die sie für ihren „Pair“, für ebenbürtig, hielt; sie rühmte ihren regsamen Geist und die menschliche Wärme ihres Urteils. Die wechselvollen Beziehungen zwischen den beiden Frauen wurden, zumindest in ihrer ersten Epoche, von dem Verhältnis beeinflußt, das zwischen Bettinas Bruder Clemens Brentano sowie ihrem Ehemann Achim von Arnim und Rahel bestanden hat. Sie wurden weiter von beider Beziehungen zu Varnhagen überschattet.

Brentano war nach dem Tode seines Vaters, eines aus der Lombardei eingewanderten Frankfurter Kaufmanns, gegen Ende des Jahrhunderts nach Jena gekommen, wo er sich den Schlegel und Tieck anschloß. Bevor er sich im Jahre 1805 für einige Zeit in Heidelberg niederließ, war er viel auf Reisen und für kürzere oder längere Dauer bald hier, bald dort anssäsig. Daran änderte sich zunächst nichts, als er Sophie Mereau, eine der schriftstellernden Frauen des Jenaer Kreises, geheiratet hatte. Die für ihn so kennzeichnende Unruhe wich nicht von ihm. Als er gelegentlich eines Aufenthaltes in Berlin im Spätsommer 1804 in Rahels Salon eingeführt wurde, fand er es dort „langweilig“; er meinte in einem Brief an Sophie Mereau, mit dieser summarischen Feststellung wäre sein Bericht über den Besuch bei „Mademoiselle Levi“ bereits erschöpft. Wenn er das sagte, fügte er hinzu, dann würde Sophie ihm wie gewöhnlich vorwerfen, er suche etwas, was es nicht gebe. Auf einer solchen Suche, im Zwiespalt zwischen Vorstellung und Wirklichkeit, ist Brentano zeitlebens geblieben.

Die epochale, bereits von Goethe wegen ihrer nationalen Bedeutung gefeierte Leistung der „Liederbrüder“ Brentano und Arnim war „Des Knaben Wunderhorn“. Brentano versuchte sich auch in anderen naturnahen, volksliedhaften Dichtungen. Doch er zweifelte daran, wie er in dem Jahr, in dem er Rahel kennenlernte, an Arnim schrieb, daß man in diesen Zeiten überhaupt dichten könne; er meinte, man müsse sich darauf beschränken, für die Poesie etwas zu tun. In dieser Zeit allein stehen zu können hieße ein Riese sein. Das ist er gewiß nicht gewesen. Er ist mit den Widersprüchen seiner Zeit nicht fertig geworden und im Sommer 1842, wie es Eichendorff ausdrückte, „nach unversöhnlichem Kampf mit dem eigenen Dämon“ gestorben.

Rahel hatte ein sehr feines Empfinden für den Zwiespalt in Wesen und Dichtung dieses hochbegabten, sprühend witzigen Mannes. Er war ihr „zu wenig schreitend, zu wenig Herr seiner eigenen Manier“, doch sie hoffte zunächst, er würde im Klärungsprozeß der Zeit die Nachfolge des früh vollendeten Novalis antreten. Dem Menschen Brentano kam sie vorerst nur durch Briefe näher, die dieser an Varnhagen geschrieben hatte. Sie entdeckte darin eine „außerordentliche Ähnlichkeit“ mit sich selber und fühlte sich ihm so verbunden, daß sie von Varnhagen zu wissen wünschte, womit dieser den sensiblen Poeten so gekränkt habe, „daß es ihm das Herz zerschnitt“.

Es ist nicht möglich, die Ursachen des Zerwürfnisses zwischen Varnhagen und Brentano im einzelnen zu klären. Eine sehr wesentliche Rolle hat ein nicht erhaltener, zumindest im Ton beleidigender Brief Brentanos an Rahel gespielt. Andere Briefe, die Brentanos und Arnims Ressentiment gegen Rahel aufklären könnten, sind zwar nach Rahels Tod von Bettina an Varnhagen übergeben worden; doch Varnhagen hat sie vor der Veröffentlichung gereinigt. Er hat insbesondere Ausbrüche einer antijüdischen Gesinnung der Briefschreiber entfernt. In Brentanos (und Arnims) Vorurteil gegen Juden, Franzosen und

Philister, in denen sie die Repräsentanten der Aufklärung sahen, dürfte zumindest ein wesentlicher Grund für beider unübersehbare Reserve gegenüber Rahel zu suchen sein. Varnhagen blieb bemüht, diese Tatsache zu vertuschen, wie er andererseits ganz allgemein bestrebt war, Rahels jüdische Herkunft nach Möglichkeit mit Stillschweigen zu übergehen.

Varnhagens Verhalten gegenüber Brentano war fragwürdig. Er hat den bewußten Brief seines Freundes — sie trafen sich damals, 1811, der eine als österreichischer Offizier, der andere als Verwalter des verwaisten böhmischen Familienbesitzes, in Prag — gekannt und erst verwerflich gefunden, als er Rahels Zorn erregt hatte. Es kam zu heftigen Auseinandersetzungen. Die Verbindung mit Varnhagen rügte Brentano gegenüber Arnim als einzigen Fehler im klugen gutmütigen Wesen Rahels, der er sich vorübergehend genähert hatte, als er sie im Jahre 1813 gleichfalls in Prag durch Vermittlung Tiecks getroffen hatte.

Nach dem, was Rahel ihrem im Felde weilenden Verlobten über ihre Gespräche mit Brentano berichtet hat (man traf sich in der Regel zu Spaziergängen, weil die damals besonders sensible Rahel sich ihres Partners wortreicher Gesprächigkeit nur im Freien gewachsen fühlte), erörterte man immer wieder dessen „Katastrophe" mit Varnhagen. Brentano versuchte, seine eigenen Ausfälle als unbedeutende Kleinigkeit abzutun, so daß ihm die gereizte Rahel endlich recht schroff erwiderte, dann wisse er nicht, was in seinem Brief stehe. Sie habe das aus Zorn und Scham verleugnen wollen, denn „es ist, als ob einem einer aus dem zweiten Rang auf den Kopf speit". Die Prügel, die er in dem Streit mit Varnhagen bezogen habe, seinen gerechtfertigt gewesen. Mit erneuter Empörung fügte sie hinzu: „Mein Freund hätte Ihnen sagen sollen: ‚Wenn Sie sich unterstehen, den Brief abzuschicken, so schlag' ich Ihnen ein paar Arme und Beine entzwei.' "

Uns ist kein zweiter so temperamentvoll-zorniger Ausbruch Rahels überliefert. Dennoch — und ebendas kennzeichnet sie — kam es zu einer Aussöhnung und zu neuerlicher Anteilnahme Rahels an Brentano und seiner Schwester. „Du weißt", las Varnhagen in einem Brief vom 10. Juli 1813, „daß ich sie kenne, beide, Clemens und Bettinen: aber die Natur hat einen Reiz für meine [Natur] in diese Geschwister gelegt."

Rahel nahm Brentanos Freundschaftsbeteuerungen aufgeschlossen entgegen. Seine bisweilen verletzende Aufrichtigkeit gefiel ihr, und sie glaubte ihm zu einer versöhnlicheren Einstellung zu Umwelt und Menschen verhelfen zu können. In einem Briefwechsel, der sich dem Zusammensein in Prag anschloß, offenbarte sie sich ihm mit der ihr eigenen Offenheit, um auch sein Vertrauen zu gewinnen.

Doch Brentano reagierte, unberechenbar und launisch, wie er in seiner Unausgeglichenheit war, mit seltener Kälte und bissiger Ironie. Ihr Brief sei ein „wunderliches, wohlgemeintes Feuerwerk, in dem sie sich gütig vor ihm" abbrenne. Ihre Seele habe kein Fleisch, sie sei eine „Übergestaltete" und sei es geworden, weil sie nur „von sich selbst lebe und von der Natur".

Das war eine heftige Absage an Rahels Wesensart. In Brentanos Augen verbarg sich hinter schwärmerischen Selbstgeständnissen ein Ichkult, in seinen Ohren klangen Rahels Worte wie ein Bekehrungsversuch. Daß er sich gegen solche Einflüsse wehren wollte, war sein gutes Recht. Wäre seine Antwort nur mit Ironie gewürzt gewesen, hätte man sie als einen Ausdruck tieferen Zeitverständnisses werten können. Doch auch Brentano krankte bereits an der religiösen Weltflüchtigkeit der Romantik. Nur der Heiland, so lautete seine Heilsbotschaft an Rahel, könne sie erlösen, denn ihr fehle „die innere Heiligkeit, der lebendige Glaube, die Versöhnung mit dem ganzen Leben". Er wünsche ihr „einen innigen, großen und heiligenden Beruf, ein Verschmähen der Sünde ohne Sophisterei und der Welt ohne Hypochondrie, eine Entzückung zu Visionen ohne Hysterie, den Verlust des Talentes, alles verstehen und dulden zu können, einen inneren Abscheu gegen alles, was, und wäre es auch auf eine graziöse Weise, außer dem Gesetze des Herrn lebt, eine innere Buße aller Schuld und ein Ausschließen des zierlichen Teufelsadvokaten, aus der Rechtfertigung Ihres eigenen Lebens".

Rahel wurde durch den schroffen Brief veranlaßt, den Gedankenaustausch mit dem eben erst gewonnenen Freund abzubrechen. Ihm fehle es an „einer gewissen sittlichen Sicherheit und geselligen Artigkeit", beklagte sie sich gegenüber Friederike Robert.

Brentano verlor sich völlig in religiöser Schwärmerei, als er im Jahre 1816 die Dichterin Luise Hensel kennenlernte. Sie war zwar Protestantin und lehnte eine eheliche Verbindung mit dem um sie werbenden Katholiken ab, aber sie förderte des Freundes wachsende Hinneigung zu katholischer Religiosität, ja, sie trat schließlich selbst zur katholischen Kirche über. Brentano entdeckte ein anderes Ziel für seine mystische Sehnsucht, indem er sich zu der visionären Nonne Anna Katharina Emmerich hingezogen fühlte, der ersten stigmatisierten Jungfrau des neunzehnten Jahrhunderts. Er verehrte sie als heilig und lebte während ihrer letzten sechs Lebensjahre, von 1818 bis 1824, in ihrer unmittelbaren Nähe in Dülmen in Westfalen. Rahel sprach von einem „Sichausruhen bei dem Katholizismus“, einer Weltflucht, die sie trotz ihrer eigenen Neigungen zur Mystik weder begreifen noch billigen konnte.

Als Varnhagen im Frühjahr 1829 in Koblenz Brentano zum letzten Male sah, war auch das freundschaftliche Verhältnis der „Liederbrüder“, wie Brentano und Arnim in Anlehnung an die „Märchenbrüder“ Grimm genannt wurden, längst erkaltet. Brentano hatte im Gespräch mit dem Berliner Besucher erklärt, der Schwager „sei einseitig und beschränkt geworden, gut preußisch gesinnt und protestantisch, sie könnten beide nicht viel mehr aneinander haben“. Auch zur Schwester unterhielt Clemens keine Beziehungen mehr. Nach einem Besuch in Berlin im Jahre 1825 hatte er Görres in Straßburg geklagt, man habe sich nichts zu sagen gehabt, sie habe ihn scheu gemieden oder überhäuft „mit abschnurrenden Erzählungen von nichts, über nichts, mit und durch nichts“. Schon die Ehe mit Sophie Mereau hatte die Geschwister entfremdet, Clemens' katholische Schwärmereien fanden weder bei der religiös toleranten Schwester noch bei dem protestantischen Schwager rechtes Verständnis. Brentano war „sehr traurig in der Nähe dieses großartigen, reichstbegabten, einfachsten, krausesten Geschöpfes“ Bettina.

Clemens Brentano hatte bis in die Sprache hinein das Reichsstädtisch-Frankfurtische nie verleugnen können und wollen; Achim von Arnim, in Berlin als Sohn eines Theaterdirektors Friedrichs II. geboren, war sehr bewußter Preuße. Der rheinische Kaufmannssohn wandelte sich von einer gewissen Weltläufigkeit zum frommen Katholiken, der märkische Adelssproß gab sich zwar gut ritterlich, doch er war ein Romantiker, der den mittelalterlichen Tendenzen nicht in dem gleichen Maße erlag wie Brentano. Obwohl er während eines ersten Berliner Aufenthaltes im Jahre 1804 in Rahels Nähe wohnte und den Umgang mit manchem ihrer Freunde pflegte, ist er ihr nicht nähergetreten. Später lebte Arnim nach den Grundsätzen seiner Christlich-Deutschen Tischgesellschaft, in der sich zumeist standesbewußte Feudalherren mit reaktionären Repräsentanten der Romantik zusammenfanden. Die gegen das Fortwirken der Aufklärung gerichtete antibürgerliche und antijüdische Tendenz dieser Vereinigung mochten ihm einen engeren Kontakt mit Rahel untunlich erscheinen lassen. Man kann allenfalls sagen, daß Arnim im Unterschied zu seinem bürgerlichen Schwager während seines gelegentlichen Umganges mit Rahel höflich die Formen gewahrt hat. Erst seine Heirat mit der sehr viel weltoffeneren und menschenhungrigen, stets unternehmungslustigen Bettina Brentano brachte auch ihn allmählich in eine gewisse Beziehung zu Rahel und ihrem Salon. Ein freundschaftliches oder auch nur vertrautes Verhältnis hat zwischen beiden nie bestanden.

Bettinas Begegnung mit Rahel entsprach ihren uns bereits bekannten Eigenheiten; beider Kontakt war daher nicht frei von Spannungen und Verstimmungen. Es gibt mehrere Episoden, die Rahels und Bettinas Umgang kennzeichnen, Episoden, die wir noch drastischer aus zeitgenössischen Berichten kennen.

Im Dezember 1810, bald nach dem Kennenlernen, blieb Bettina, auf dem Kirchgang begriffen, unter Rahels Fenster stehen. Ein Gespräch entspann sich, wobei Bettina merkte, daß sie vergessen hatte, Geld für den Opferstock mitzunehmen. Sie lieh sich ein Achtgroschenstück, verharrte indessen im Gespräch, um sich endlich ärgerlich mit dem Vorwurf zu entfernen, durch Rahels Schuld den Gottesdienst versäumt zu haben. Sagte es, um sich nach einigen Schritten umzuwenden, der verstört Zurückbleibenden freundlich zuzunicken, zuzulachen und sie wiederholt mit der Hand winkend zu grüßen, „in aller Launenhaftigkeit und Schroffheit“, wie Rahel urteilte, „eine reizende Erscheinung, ein eigentümliches, anmutiges Menschenkind“. Rahel sagte das, obwohl sie inzwischen erfahren hatte, Bettina, die nicht nur launenhaft, sondern auch redselig wie ihr Bruder war, habe gegen Schleiermachers Frau mißfällig geäußert, Rahel habe sich „ihr so aufgedrungen“.

Karoline Bauer hatte, wie wir uns erinnern, in ihrem Bericht über Rahels Salon Frau von Arnim einen „närrischen Zaunkönig“ genannt und angemerkt, der ganze Eindruck ihrer Erscheinung wäre fremdartig gewesen, „halb Puck, halb Sylphe“. Wilhelm von Humboldt war der seinerzeit Dreiundzwanzigjährigen zum ersten Male in München begegnet. Das junge Mädchen hatte ihn „in das größte Erstaunen versetzt. Solche Lebhaftigkeit, solche Gedanken- und Körpersprünge (denn sie sitzt bald auf der Erde, bald auf dem Ofen), so viel Geist und so viel Narrheit ist unerhört“. Bettinas Stiefbruder Franz, in dessen Haus die weit jüngere Schwester für einige Zeit lebte, damit sie sich den Gepflogenheiten des großbürgerlichen Umganges anpasse, hielt sie für herzensgut, aber unbesonnen und „leichtfertig bis ins Unbegreifliche“; sie haßte nach seinen Beobachtungen schon als junges Mädchen alles, was auch nur eine entfernte Ähnlichkeit mit sittlichem Zwang hatte.

Clemens Brentano charakterisiert die nun bereits vierzigjährige Schwester in dem erwähnten Brief an Görres aus dem Jahre 1825 so: „In stetem Reden, Singen, Urteilen, Scherzen, Fühlen, Helfen, Bilden, Zeichnen, Modellieren, Alles-in-Beschlag-Nehmen und mit Taschenspielerfertigkeit sich alle und jede platte Umgebung Zurecht-Gewalttätigen, um das Gemeine als Modell zum Höchsten in irgendeinen Akt zu stellen und das Ungemeine sich gesellig bequem zu setzen, in diesem ohne Ruhe und doch mit geheimem, nur befreundetem Aug' zu entdeckenden Hintergrund des Nichtgenügenden in allem, aber zu hoch gestellt und zu allgegenwärtig im menschlichen Kreis, um diese eingemauerte bessere Sehnsucht zu befreien ..., ach, es ist dies ein ganz vernichtendes Gefühl. Sie tut mir unaussprechlich leid.“

Merkwürdig ist die große Zahl ähnlicher, aus der Jugend wie aus der späteren Zeit stammender Zeugnisse, die das Spielerisch-Unernste eines Menschen verzeichnen, dessen tätige, höchst förderliche Anteilnahme am Einzelschicksal wie am Zeitgeschehen nicht minder häufig verbürgt ist. Die uns nicht nur bei Bettina, sondern, wie wir sahen, bei vielen Frauen der Romantik begegnende Originalitätssucht ist eine eigentümliche Erscheinungsform des Protestes der selbstbewußten Frau gegen die Verkrüppelung, zu der die weibliche Persönlichkeit in der feudalen Gesellschaft verurteilt war.

Karoline Schelling behauptete, Bettina wäre, „unter dem Tisch ... öfter zu finden wie darauf, auf einem Stuhl niemals". Sie sähe aus „wie eine kleine Berliner Jüdin, die sich auf den Kopf stellt, um witzig zu sein, nicht ohne Geist, tout au contraire [ganz im Gegenteil], aber es ist ein Jammer, daß sie sich so verkehrt und verreckt und gespannt damit hat, alle die Brentanos sind höchst unnatürliche Naturen". Sie sei ein wunderliches Wesen, innerlich verständig, aber äußerlich ganz töricht, anständig und doch über allen Anstand hinaus. „Alles aber, was sie ist und tut, ist nicht rein natürlich, und doch ist es ihr unmöglich, anders zu sein. Sie leidet an dem Brentanoschen Familienübel: einer zur Natur gewordenen Verschrobenheit, ist mir indessen lieber wie die andern." Goethe ärgerte, wie er seinem Tagebuch im August 1830 anvertraute und wie wir in anderem Zusammenhang bereits anmerkten, „Frau von Arnims Zudringlichkeit".

Wir berichten das nicht aus Freude am Skurrilen einer Erscheinung, die dennoch wegen ihres Geistes und in ihren späteren Jahren wegen ihres politischen Mutes die besten Köpfe ihrer Zeit beschäftigte. Nur indem wir diese Absonderlichkeiten einer überaus tätigen und regsamen Frau in Betracht ziehen, begreifen wir jene Mischung von regem Interesse und zurückhaltender Ablehnung, die Rahels Einstellung zu Bettina kennzeichnet.

Auch hierbei müssen wir uns bewußt bleiben, daß Bettina wie Bruder und Schwager keine vorbehaltlose Freundin des wachsenden jüdischen Einflusses im geselligen Leben der preußischen Hauptstadt gewesen ist. Zudem war sie nicht von jener unbedingten Aufrichtigkeit, die Rahels Wesenszug und menschliches Kriterium war. Brentano nannte die Schwester „offen, aber nicht wahr". Rahel reizte es, zu wissen, „wie das in ihr vorgeht, wie es in ihr zusammenhängt".

Man trat erst in nähere Berührung, nachdem die Varnhagens in Berlin ansässig geworden waren. Die Arnims hatten während Rahels sechsjähriger Abwesenheit bedeutenden Einfluß gewonnen, so daß eine gewisse Rivalität der beiden Salons unvermeidbar war. Rahel ist diese Nebenbuhlerschaft nicht angenehm gewesen, zumal kein Salon einen geschlossenen Zirkel darstellte; man ging den einen Tag hierhin, den anderen dorthin, wobei mit einer gewissen Eifersucht darauf geachtet wurde, ob ein besonders gern gesehener Besucher nicht doch einen anderen Salon vorzog. So litt Rahel beispielsweise darunter, daß sich der junge Ranke, wie es seiner Geistesrichtung entsprach, zu den Arnims hingezogen fühlte. Dennoch bemühte sie sich schon wegen ihres Interesses an der Persönlichkeit der Rivalin um ein spannungsfreies, wenn möglich vertrauensvolles Verhältnis.

Rahel hat dabei entmutigende Erfahrungen machen müssen, die vornehmlich in der Launenhaftigkeit und Sprunghaftigkeit im Wesen Bettinas begründet waren. Sie hat es hinnehmen müssen, daß sich die Besuchte verleugnen ließ, aber sie hat trotz wiederholter und nachhaltiger Verstimmung in ihrem Bemühen um ein ihrer aufrichtigen Art entsprechendes klares und offenes Verhältnis nicht nachgelassen. In diesem stillen Ringen hat sie die Widerstrebende endlich doch überwunden; Bettina wäre sonst die einzige eigenwillige Natur gewesen, zu der Rahel keinen Zugang gefunden hätte.

Bettina kam, während Varnhagen am Rhein weilte, Anfang Februar 1829 in die Mauerstraße. Rahel war hocherfreut. Man fand einander, nicht zuletzt in der Liebe zu Kindern. „So müssen Menschen sein", schrieb Rahel, „so ist Freundschaft, Menschenliebe, Einsicht, geöffneter Sinn", eine schöne und treffende Kennzeichnung einer Begegnung, die nun doch von Dauer blieb und Vorurteil wie Harm eines Jahrzehnts in die Vergessenheit verwies. Rahels Leben währte nicht mehr lange genug, als daß das neue Verhältnis noch in einem weiteren Sinne gesellschaftlich hätte fruchtbar werden können. Wenn nach dieser Begegnung beider Verbindung aus äußeren Gründen für einige Zeit unterbrochen war, so litt auch Bettina. Sie gestand im August 1831 der ehemaligen Rivalin, in ihrer Nähe zu tieferem Eingehen in die, wie sie sagt, noch unmündigen Anlagen und Bestimmungen ihres Wesens gereizt worden zu sein und im wechselseitigen Umgang Genuß und Vorteil gehabt zu haben, die ihr nicht leicht zu ersetzen wären.

Gewiß haben die beiden bedeutendsten Berliner Frauen jener Epoche viele Züge gemeinsam gehabt, so ihre große und reiche Begabung, ihre Selbstsicherheit, das Bewußtsein, nicht nur für sich, sondern für ihr Geschlecht wenigstens in ihren Schichten die Gleichberechtigung der Frau erkämpft zu haben, ihre geistige Beweglichkeit, ihre Humanität und, was beide vor so vielen auszeichnete, ihre Anteilnahme am Elend der Massen und den Wunsch, zu dessen Überwindung beizutragen. Zum anderen waren sie doch so grundverschiedene Naturen, daß sie einander in glücklicher Weise zu ergänzen vermochten, nachdem erst ein Einvernehmen zwischen ihnen hergestellt war.

Das haben bereits Zeitgenossen empfunden, die sich von der einen wie der anderen angezogen fühlten. „Bettina war ganz ewig gärende Poesie", versuchte Karoline Bauer zu charakterisieren, „die mit dem Klärungsprozeß nie völlig fertig wird und immer am Gefäß haftet — Rahel ganz ewig gärende klärende Philosophie voll größter Selbständigkeit im Leben und Denken." Bei der einen überwog die gefühlsmäßige impulsive Reaktion, bei der anderen herrschte eine lebensweise Einsicht vor, die immer zum Ausgleich, zur Versöhnung drängte. Es war ein schöner, menschlich ergreifender Abschluß des Zueinanderfindens dieser beiden Frauen, daß Bettina, die einst so widerstrebende und zeitweilig gemiedene, zu den wenigen Menschen gehört hat, die Rahel in ihren letzten schweren Leidenstagen gern an ihrem Krankenbett gesehen hat.

Rahel hatte bereits im März 1828 in ihr Tagebuch notiert, Bettina sei von allen, die sie kannte, die geistreichste Frau. Ihr Geist sei am wendigsten, aber sie beherrsche ihn nicht. „Was wir *ich* nennen können, ist nur der Zusammenhang unserer Gaben und die Regierung derselben, die Direktion darüber." Immer empfinde Bettina sogleich Mißvergnügen mit dem, was sie gefunden habe, und dieses Mißvergnügen sporne sie an, um jeden Preis Neues hervorzufinden; „dies Verfahren aber kann nicht immer ohne Störung vorgehen".

Bettina andererseits erkannte, je mehr sie in die zweite, der tätigen Sorge um das allgemeine Wohl zugewandte Epoche ihres Lebens eintrat, das lehrreich Besondere in Rahels Natur. Noch im August 1833 vermochte sie Varnhagen aus Anlaß des „Buches des Andenkens" lediglich den kapriolenhaften „Tanz" ihrer Gedanken mitzuteilen. Das änderte sich, als Varnhagen ihr Ratgeber und Vertrauter geworden war. Sein guter Wille gemahnte sie an die Vergangenheit, wo, wie sie ihm im Herbst 1835 schrieb, seine „liebe Frau, der es natürlich war, Anerkenntnis mit Großmut gepaart in vollem Maße zu gewähren", sie oft beschämt habe. „Gern' hätt' ich von ihr gelernt, vollkommen gütig zu sein, wenn die Kunst des Lernens mir nicht versagt wär'." Und weitere drei Jahre danach gestand sie ihm: „Das Schöne an Rahels Geist war eben dies Eingehen in das Individuelle, nach welchem sie urteilte, und so war sie nachsichtig, wo andere verdammten, und sie schenkte wohl gar das Salz in dem, was andere als die Asche eines verbrannten Lebens verwarfen — Gerechtsein ist göttliche Kunst."

Bettina hatte 1831 den Lebensgefährten, Varnhagen zwei Jahre darauf die Lebensgefährtin verloren. Das wechselseitige Verständnis, das die beiden Frauen zuletzt verbunden hatte, schloß auch Varnhagen ein; Bettinas Zuneigung übertrug sich auf ihn, zumal sie der Chronist seiner Zeit um so mehr interessierte, als auch sie sich schriftstellerisch zu betätigen begann. Varnhagen beriet sie dabei. Der bereits erwähnte Briefroman „Goethes Briefwechsel mit einem Kinde" erschien 1835, ein ähnliches Buch, „Die Günderode", folgte. Bettina näherte sich bereits dem sechzigsten Lebensjahr, als sie „Dies Buch gehört dem König" veröffentlichte. Die Rivalin sei „beseelt von der rührendsten Menschenliebe", hatte Rahel geurteilt. In diesem Buch hielt Bettina dem Staat seine „Sündenschuld" am Massenelend vor. Sie suchte das Gewissen der Herrschenden wachzurütteln und sie zu umfassenden sozialen Reformen anzuregen.

Gewiß war es ein Irrtum, anzunehmen, den frömmelnd-absolutistischen, auf die Herrschaft des Adels gestützten Monarchen zu einer durchgreifenden Änderung der gesellschaftlichen Struktur seines Landes veranlassen zu können. Doch allein ihr Mut erregte Aufsehen, und ihre Gedanken gaben Gesinnungsgleichen ein öffentliches Zeichen, daß man sich regen müsse. Wenn sie später in ihrem „demokratischen Salon" ihre „edlen Weltverbesserer", gewiß nur zu erregtem Gespräch, nicht zur Vorbereitung einer befreienden Tat, versammeln konnte, so hatte vor allem ihr soziales Bekenntnisbuch dazu die Anregung gegeben.

Bettina beließ es nicht bei Worten. Ihrer nachdrücklichen Fürsprache ist es neben den Bemühungen Alexander von Humboldts zu verdanken, wenn die in Göttingen wegen ihrer liberalen Gesinnung gemaßregelten Brüder Grimm endlich doch nach Berlin berufen wurden. Sie verfiel auf den Gedanken, unter wohlhabenden Freunden eine Lotterie aufzulegen, um den von ihr tätig unterstützten dahinsiechenden Maler Carl Blechen „von seiner jammervollen Existenz zu befreien". Sie verwandte sich für polnische Revolutionäre. Wortführern des schlesischen Weberaufstandes lieh sie ihr Ohr, um sich ihrer Nöte anzunehmen. Durch Humboldt ließ sie den König wissen, er möge „den hier beabsichtigten Dom in tausend Hütten in Schlesien bauen". Der damalige Innenminister von Arnim-Boitzenburg beschuldigte sie der Ermunterung der Aufständischen; sie habe „die Leute gehetzt, ihnen Hoffnungen erweckt durch ihre Reden und Briefe und schon durch ihr Königsbuch".

Die tapfere Frau ließ sich weder abschrecken noch entmutigen. Auch die Vorhaltungen ihres Schwagers, des Justizministers Savigny, blieben fruchtlos. Als sie, in einer Gesellschaft wegen ihres Buches angegriffen, trotzig erwiderte, es würden weitere Bände folgen, worauf Savigny meinte, es wäre an einem schon viel zuviel, höhnte sie grimmig, sie müsse dem König vollkommen klarmachen, daß er Esel zu Ministern habe, und das könne sie nicht in aller Kürze.

Varnhagen notierte solche Informationen mit schmunzelndem Behagen. Auch wenn er der Meinung blieb, Bettina täte alles nur aus Eitelkeit, ließ er ihr in ihrem Eifer für soziale Reformen und Behebung menschlicher Not mit warmer Anerkennung Gerechtigkeit widerfahren. Als die Cholera 1831 in Berlin wütete, Adel und reiches Bürgertum die Stadt nach Möglichkeit verließen, begab sich Bettina wieder und wieder vor das Hamburger Tor in die Acker-, Berg- und Gartenstraße, eine der Elendssiedlungen am Stadtrand der preußischen Hauptstadt, einst von Friedrich II. für die aus dem Vogtland berufenen Maurer und Zimmerleute angelegt und deshalb im Volksmund „Vogtland" genannt. Hunderte von Familien waren hier nach dem letzten Kriege in rasch errichteten Mietskasernen zusammengepfercht worden; es war die Brutstätte des Elends, die Bettina später in ihrem Königsbuch so erregend-anschaulich geschildert hat. Furchtlos brachte sie den Kranken Nahrung und Kleider, sorgte sie für Arznei und ärztlichen Beistand.

„Ich las in diesen Tagen viele Zeugnisse von Bettinas vielfacher, eifriger und segensvoller Wirksamkeit für die Armen", vertraute Varnhagen seinem Tagebuch an. „Was sie alles erstrebt und vollbracht, ist zum Erstaunen." Obwohl er seine Zurückhaltung gegen die Rivalin seiner Frau damals noch nicht überwunden hatte und manches Vorurteil gegen sie hegte, würdigte er sie als „Held in ihrer Zeit". Ihr Verhalten in der „himmelschreienden Sache der Weber in Schlesien" mußte er denn doch, ihre „bewundernswerte Standhaftigkeit" und ihren „unerschütterlichen Mut" rühmend, als „selbstvergessen" bezeichnen.

Bettina mag insoweit Romantikerin geblieben sein, als sie nicht, wie ihr Vertrauter Varnhagen, einsah, der Erfolg eines noch so großen und schönen Eifers hänge „nicht von der Herzensglut und Geisteskraft solch einzelner Bemühungen ab". Auch ein Goethe, hätte er es erlebt, würde verehrend sein Haupt vor der „leidigen Bremse" gebeugt haben. Bettina war aus dem Selbstzweck gewordenen Berliner Salon herausgetreten und gesellschaftlich tätig geworden. Sie sah Aufgabe und Bestimmung der Persönlichkeit in ihrer sozialen Verantwortung. Sie hat Hilfsmaßnahmen für die Elenden und Unterdrückten nicht nur gefordert, sie hat dem Wort die Tat folgen lassen und ihren Zeitgenossen beispielhaft vorgelebt, wie sie sich eine in die Wirklichkeit umgesetzte Humanität vorstellte. Da sie nun einmal eine Brentano war, tat sie auch das bisweilen spielerisch, aber immer mit einer sich selbst nicht achtenden, sogar Alexander von Humboldt beschämenden Entschiedenheit. Bettina hat die gesellschaftliche Entwicklung des Berliner Salons vorangetrieben, indem sie Gedanken, die im Kreise der Freunde erörtert wurden, in die Öffentlichkeit hinaustrug. Ihr Salon war nicht mehr Refugium sich selbst betrachtender und einander austauschender Individualisten und nicht mehr romantische Oase in einer intellektuellen Wüste. Er war, wie schon Rahels zweiter Salon, Forum des förderlichen und fördernden, nach gesellschaftlicher Wirkungsmöglichkeit suchenden Gespräches. Bettina ließ, was Rahel nicht vermochte, dem fortschrittlichen Wort im Salon den öffentlichen Appell an das Gewissen und die Tat folgen.

Und so wurde sie, was sie sich so sehnlich gewünscht hatte: „Beschützer der Unterdrückten, das wollt' ich so gerne sein — und wo ich ging und stand, sann ich auf diesen Juwel, ihn an der Stirne zu tragen."

Bettina, aus großbürgerlichem Haus und mit einem märkischen Adligen verheiratet, konnte den Schritt aus dem Salon in die Öffentlichkeit vollziehen. Aber auch ihr war das erst möglich geworden, seitdem die revolutionären Ereignisse von 1830 den freiheitlichen und demokratischen Kräften auch in Preußen erneuten Auftrieb gegeben hatten. Außerdem war man an ihre menschlichen Sonderheiten gewöhnt und rechnete ihre Worte und Taten weit mehr einer romantischen Phantasterei zu als echtem gesellschaftlichem Verantwortungsbewußtstein, mehr einem sprudelnden Geltungsdrang als zielbewußter politischer Erwägung. Zumindest in den letzten Jahren des Vormärz und vollends um und nach 1848 hatten ihr Salon, ihre soziale Tätigkeit als „Rettungsmaschine" gegenüber Menschen in Not und Elend, ihre bewußt agitatorische, die Mächtigen vorsätzlich beunruhigende und herausfordernde Publizistik eine betont politische Note. Dabei darf man, wie Karl-Heinz Hahn im einzelnen dargelegt hat, „mit vollem Recht behaupten, daß die seit dem 18. Jahrhundert (Wieland, Goethe in Weimar, Jean Paul usw.) immer wieder aufgelebte Idee einer Reform der öffentlichen Verhältnisse auf dem Wege der Humanisierung bzw. Erziehung der Fürsten auch in Bettinas Denken lebendig war". Ihr humanitäres Wunschbild war eine politische Illusion.

Der Haß der Reaktion vermochte nicht, Bettina von Arnim in dem Versuch zu beirren, den König die Wahrheit über die sozialen Zustände in seinem Lande wissen zu lassen. Sie wirkte für die Befreiung der Unterdrückten und Entrechteten, welcher Klasse und Nation sie auch angehören mochten. Ihrem mutigen Eintreten und ihrer tätigen Hilfe für die Ausgebeuteten im Berliner „Vogtland" entsprachen ihre öffentliche Stellungnahme für den nationalen Freiheitskampf der Polen, für die Unterstützung des gemaßregelten Hoffmann von Fallersleben, für die Befreiung Gottfried Kinkels. „Trotz ihrer oppositionellen Haltung und ihres mutigen Kampfes gegen nationale Unterdrükkung gingen jedoch Bettinas politische Ideale nicht über die Gedanken eines ‚sozialen Königtums', der ‚Verständigung von Herrscher und Volk' hinaus" (Paul Reimann).

Notwendigerweise sind Bettinas große und unermüdliche Anstrengungen, die Mächtigen zur Einsicht in die Notwendigkeit der Humanisierung des Daseins der Machtlosen zu bewegen, im ganzen gesehen, ohne Erfolg geblieben, obwohl ihr Salon im

Zuge der dreißiger und vierziger Jahre noch weit mehr als Rahels zweiter Salon zum Treffpunkt fortschrittlicher Geister und darüber hinaus zu einer Freistätte der Opposition geworden war. Es lag vornehmlich an den gesellschaftlichen Zuständen in Deutschland, wenn Rahel und Bettina in Berlin keine ähnliche Einwirkung auf das nationale und gesellschaftliche Geschehen vergönnt gewesen ist wie in Paris Germaine de Staël.

Zwischen Rahel und Germaine de Staël haben nur sehr lokkere Beziehungen bestanden; von einem unmittelbaren Einfluß der liberalen französischen Schriftstellerin und ihres für das damalige Frankreich typischen politischen Salons auf Rahel und ihre gesellschaftlichen Bestrebungen kann nicht die Rede sein. In Frankreich war die Aufklärung nicht auf den philosophisch-literarischen Bereich beschränkt geblieben; die Französische Revolution hatte auch den weltabgewandten Intellektuellen zu einer politischen Stellungnahme gezwungen. Infolgedessen kam dem Salon eine weit wichtigere gesellschaftliche Funktion zu. Germaine de Staël hatte vor Rahel und Bettina wesentliche Wirkungsmöglichkeiten voraus, ohne daß ihr Pariser Salon den entsprechenden Berliner Einrichtungen hätte zum Vorbild dienen können. Indessen kann man an seiner Besonderheit nicht vorübergehen, wenn man Rahels von so ganz anderen gesellschaftlichen Verhältnissen bestimmtes Wirken gerecht werden will. Germaine de Staël versuchte in der Epoche der Revolution in Wort und Wirken dafür zu sorgen, daß im Zusammenprall gesellschaftlicher Gegensätze das erstrebte Wohl der Menschheit nicht in Vergessenheit geriete. In der Epoche der Restauration war es das vornehmste Anliegen der „ersten Frau Europas“, die Freiheit vor der Reaktion zu retten, jene Freiheit, „von allen erkämpft, die den Geist lieben und die Gewalt verabscheuen“ (Germaine de Staël).

Brinkmann hatte wohl als erster in Briefen aus Paris Rahels Aufmerksamkeit auf Germaine de Staël gelenkt, deren überschwengliches Lob für Rousseau (besonders in den „Lettres sur les écrits et le caractère de J. J. Rousseau“, 1788) in Berlin nicht unbekannt geblieben war. Im Jahr darauf (1800) trafen sich die beiden Frauen im Pariser Salon der Humboldts, ohne daß dieses Zusammensein zu einer Begegnung im eigentlichen Sinne geführt hätte, möglicherweise, weil sich Rahel damals in einem höchst depressiven Zustand befand.

Rahel fand die Französin „sehr gut und sehr gesprächig", eine Charakterisierung, die eher abschätzig als rühmend verstanden werden könnte. Germaine dagegen schien die Deutsche vergessen zu haben, als sie vier Jahre später in Berlin den Prinzen Louis Ferdinand in Tönen so hohen Lobes von seiner „Ralle" sprechen hörte, daß sie sich, in ihrer Eigenliebe verletzt, an Brinkmann wandte, um sein Urteil über die „kleine Berlinerin" zu hören. Der wagte es sogar, von einem Genie zu sprechen, das selbst in Athen Aufsehen machen würde, wenn Hellas noch existierte, und nannte Rahel im gleichen Atemzug mit Frau von Staël.

„Auch Sie vergleichen sie also mit mir? Das ist nicht schlecht. Hat sie etwas geschrieben?"

„Nein. Ich glaube sogar, daß sie es nie tun wird. Aber es wäre zu wünschen, daß sie ihr Genie zwanzig Schriftstellern einflößen könnte, denen es daran fehlt."

Brinkmann, dessen Bericht wir wiedergeben, lud Gäste zu sich, um der neugierig gewordenen Verfasserin des vielgelesenen autobiographischen, in Briefform gehaltenen Romans „Delphine" (1802) Gelegenheit zu geben, das „Wunder" Rahel kennenzulernen. Alles war anwesend, was der berühmten und anspruchsvollen Frau — wir folgen weiterhin Brinkmanns Mitteilungen — „mehr oder weniger Teilnahme einflößen konnte: königliche Prinzen, Gelehrte jeder Farbe, Frauenzimmer vom Hofe, Fichte, die Unzelmann, Iffland, mit anderen. Aber kaum war Rahel der Frau von Staël vorgestellt worden, als sie sich mit dieser in die Ecke eines Sofas setzte, wo sie sich über anderthalb Stunden mit ihr ganz allein unterhielt, ohne sich um die ganze übrige Gesellschaft zu kümmern. Später kam sie ganz ernsthaft zu mir und sagte: ‚Ich tue Ihnen Abbitte, Sie haben nichts übertrieben, sie ist erstaunlich! Ich kann nur wiederholen, was ich tausendmal während dieser Reise gesagt habe, daß Deutschland eine Fundgrube des Genies ist, von der man weder die Schätze noch die Tiefe kennt. Sie sind sehr glücklich, hier eine derartige Freundin zu besitzen!" Zu Rahel aber sagte sie: ‚Wenn ich hier bliebe, so glaube ich, ich würde auf Ihre Überlegenheit eifersüchtig werden.' — ‚Sie, gnädige Frau?' entgegnete Rahel mit feiner Schmeichelei. ‚O nein. Ich würde Sie so sehr lieben, und das würde mich so sehr glücklich machen, daß Sie nur auf mein Glück eifersüchtig werden könnten. Denn wer könnte jemals Ihnen ein ähnliches einflößen?' "

Der Unterschied der Naturen ließ keine Annäherung zu. Rahels Wirken ähnelte in all seiner Lebensverbreitung einer Hingabe, einer Passion. Germaine de Staël war höchst sensibel und dabei berechnende Aktivität. „Es ist nichts Stilles in ihr", empfand Rahel nach Aufzeichnungen von Alexander von der Marwitz aus dem März 1812. Sie habe nichts als einen Rahel „inkommodierenden Sturmwind". Goethe mißfiel es, daß die Französin nie hörte, was andere sagten, sondern nur immer sich selbst, daß sie, wie auch immer, Bewegung hervorrufen mußte. Und Rahel notierte: „Verstand hat sie genug, aber keine horchende Seele; nie ist es still in ihr, nie, als ob sie allein nachdächte, immer, als ob sie's schon vielen sagte."

Rahel war, weitgehend mit Recht, der Meinung, die Ursache für die Unausgeglichenheit Germaines wäre in ihrer Jugend, in der Atmosphäre zu suchen, die von den Prachtsälen ihres Vaters, des Finanzministers Necker, ausgegangen war. „Schade", wiederholte sie, „wegen der vielen Gaben, denen eine fehlte: eine stille, unschuldige Seelenatmosphäre."

Schärfer wurde ihr Urteil, als Germaine de Staëls lange geplantes Werk „De l'Allemagne" 1813 erschienen war. Die liebevolle Schilderung deutscher Kunst, aber auch die Fehlurteile und Unrichtigkeiten über die deutschen Verhältnisse haben, nach 1814 fast ein Jahrhundert fortwirkend, das französische Deutschlandbild entscheidend prägen helfen. Rahel spürte den unseligen Einfluß, den August Wilhelm Schlegel auf Germaine de Staëls Ansichten ausgeübt hatte. Der ältere Schlegel hatte sich der Französin während ihres Berliner Aufenthaltes angeschlossen und war bis zu ihrem Tode ihr Gefolgsmann geblieben.

Im Jahre 1814, während der Besetzung von Paris durch die Verbündeten, verkehrte Varnhagen im Salon der Staël. Die Schilderungen des Mannes, der Rahel abgöttisch zugetan war und weder dem Temperament noch der geistigen Beweglichkeit einer Germaine de Staël gewachsen war, sind nicht dazu angetan gewesen, Rahels Urteil über das Buch und seine Verfasserin zu mildern. Varnhagen schilderte die Französin in häßlicher Weise und schmähte Schlegel, der gewiß eine zwiespältige Rolle spielte. Rahel räumte ein, daß Madame de Staëls Buch viele schöne Züge hätte. Aber Unruhe des Verstandes und Einbildungskraft („Wort-Imagination") hätten ihr die Feder geführt. „Wie solche Menschen reisen: solche reichen Leute aus der Gesellschaft; solche Literatorinnen, die nur Französisch wissen und denen man's allenthalben entgegenspricht. Die Arme! Nichts hat sie gesehen und gehört und vernommen. Außer was Messieurs Schlegel und Ancillon, Madame la Princesse *die* und Madame la générale *die* und dumme Wirtinnen ihr halb verstanden, halb furchtsam sagten."

Als sich einige Jahre nach Germaines Tod durch eine Pressefehde um A. W. Schlegel ein Anlaß bot, entlud sich Rahels Zorn noch einmal, die Quelle ihres Mißvergnügens an der Französin Urteilen offenbarend. „Von *unserer* Literatur hätte sie nie ohne diesen Freund faseln können!" (an Auguste Brede, 1820) „Ich kann ordentlich literarisch *leiden.* Es gilt [geht] in *allen Fächern,* Handlungs- und Gedankenkreisen um dieselbe Sittlichkeit. Wahrheit oder nicht Wahrheit — *die* lieben, ist sittlich sein!"

Dennoch rief Rahel den Grafen Custine (1818) zum Zeugen dafür an, daß sie Germaine de Staël, die im Jahre 1817 gestorben war, mehr und aufrichtiger geliebt und besser verstanden hätte als die Menge kritikloser Anbeter, „herzdumm und urteilsfaul", die sogar „die ihrem Wesen widersprechendsten Dinge willig" glaubten. Noch einmal ging sie den Widersprüchen nach, die sie in der anderen Wesen und Charakter entdeckt zu haben glaubte: „Keine Mischung, die das Geniale herausbrächte; nicht weich beim Feuer, nicht still beim Urteil und Denken, oft brennend, nicht warm; weit von künstlerischer spontaner Auffassung in allem, wo sie vergleicht, kurz: ein Mißverhältnis in den Gaben." Was ihr hauptsächlich gefehlt habe, waren als „letzter Schlußstein der Künstlernatur", in unseren Worten ausgedrückt, Gefühl und Urteil für die Grenzen, die ihr gesteckt waren.

Rahels Urteil beruhte auf fragmentarischen Eindrücken, die sie zudem nur zum Teil unmittelbar gewonnen hatte. Es traf nicht das Wesentliche an Germaine de Staël, der im Unterschied zu Rahel in allen Lagen ihres reichbewegten Lebens bei aller Leidenschaftlichkeit eine äußere und innere Lebenssicherheit gegeben war. Noch weniger wurde es in seiner spezifischdeutschen und literarischen Sicht der Bedeutung dieser Frau für das geistige Leben ihres Landes gerecht. Gerade in Germaine de Staëls Wirkungsmöglichkeiten und in der Art, wie sie diese genutzt hat, äußerte sich der Unterschied zwischen dem französischen und dem deutschen Salon der Epoche Rahels. Mehr noch als Bettina war Germaine Rahels „Pair". Sie hätte der Deutschen Vorbild und Kampfgefährtin sein können, hätten es nur die unterschiedlichen gesellschaftlichen Verhältnisse diesseits und jenseits des Rheines und die Verschiedenheit ihrer Naturen erlaubt.

Germaine de Staël wuchs in die Ideenwelt der Französischen Revolution hinein. Ihr Vater Jacques Necker war zeitweilig unter Ludwig XVI. Generaldirektor der Finanzen. Er bemühte sich, von der Tochter abgöttisch verehrt und bewundert, als Staatsmann und christlich-moralisierender Staatstheoretiker um eine Reform des französischen Absolutismus in der Richtung des englischen Zweikammersystems. Die Mutter unterhielt einen berühmten Salon, der sich von ähnlichen Zirkeln im Ancien régime durch eine Fülle geistreicher Neuerer abhob. Auf die hochbegabte, im Geiste der französischen Aufklärung erzogene, Rousseau-begeisterte jugendliche Germaine wirkten unter ihrer Mutter Freunden vor allem der dem Kreis der Enzyklopädisten entstammende Melchior von Grimm und der Abbé Raynal ein, ein beredter Propagandist so namhafter Vertreter des französischen mechanischen Materialismus wie Holbach und Helvétius.

Dieser Geistesrichtung entsprach eine lebhafte Anteilnahme am Zeitgeschehen. Und so finden wir denn auch Germaine, die, zwanzigjährig (1786), den schwedischen Gesandten in Paris geheiratet und zwei Jahre danach in ihrer ersten bedeutenden Veröffentlichung „Briefe über Jean Jacques Rousseau" dem großen ideologischen Wegbereiter ihrer Epoche schwärmerisch gehuldigt hatte, bei Ausbruch der Französischen Revolution auf der Seite des vorwärtsdrängenden Bürgertums. Der radikal-republikanischen Richtung der Jakobiner vermochte sie sich freilich nicht anzuschließen; ihrer Herkunft und Erziehung entsprechend huldigte sie „der Sache der Philosophie, der Vervollkommnungsfähigkeit des Menschengeschlechtes, der gemäßigten freien Republik" (Sainte-Beuve). Es sind weithin die gleichen Gedanken, denen wir bei Rahel und Bettina, im Zeitalter der Aufklärung, der Klassik, der jungen Romantik auch in Deutschland in intellektuellen Kreisen ganz allgemein begegnet sind, aber sie wurden von Germaine de Staël inmitten turbulenten Geschehens beherzt in Wort und Schrift in einem Salon zur öffentlichen Erörterung gestellt, in dem sich Vertreter aller politischen Anschauungen trafen und wo sich im Schutze der Liberalität und der Toleranz der Madame de Staël späterhin auch die aus der Verbannung zurückgekehrten Hochfeudalen wieder einfanden.

Schon damals erwies sich Germaine als gelehrige Schülerin ihres Vaters: ihre fortschrittliche Gesinnung ging in die Richtung einer konstitutionellen Monarchie. Dabei wurde das englische Beispiel, ohne daß Germaine de Staël in der monarchischen oder republikanischen Staatsform eine Prinzipienfrage gesehen hätte, mehr und mehr zum Vorbild für eine Frankreich und seinen damaligen Bedürfnissen angemessene Staatsverfassung. Selbst höchst empfindsam und erregbar, meinte sie im Voranjagen der Entwicklung eine Folge entfesselter menschlicher Leidenschaften erkennen zu müssen, denen zu wehren wäre. Ihr Buch „Vom Einfluß der Leidenschaften“ suchte solchen Befürchtungen nachzugehen. Es ließ Goethe auf die junge Französin aufmerksam werden; er übersetzte es im Jahre 1795, und Schiller nahm diese Arbeit in seine „Horen“ auf. Melchior von Grimm, ein Bewunderer Goethes, hat weit früher erste Brücken zwischen Germaine und der deutschen Literatur geschlagen.[1]

In der kurzen Periode der radikalen Jakobinerherrschaft zog sich Germaine de Staël auf den Familiensitz Coppet am Genfer See zurück, in eine landschaftlich bezaubernde, zur Weltflucht verlockende Landschaft. Erst nach dem 9. Thermidor (Robespierres Tod) brach sie ihr Schweigen, um, „den Fanatismus als furchtbarste menschliche Kraft“ zurückweisend, in ihren „Betrachtungen über den äußeren und inneren Frieden“ alle Franzosen guten Willens aufzurufen, sich „ehrlichen Sinnes in diesem neuen Raum“ der Republik zusammenzuschließen. Dieses bis zum Ende des Kaiserreiches andauernde Eintreten für die Republik (zugleich eine fast zwei Jahrzehnte währende Abkehr vom englischen monarchisch-konstitutionellen Vorbild),

[1] Der hochbedeutsamen Rolle, die *Germaine de Staël* in der geistigen Begegnung zwischen Frankreich und Deutschland gespielt hat, kann hier leider nicht nachgegangen werden.

dem der Kampf für die Emanzipation der Frau parallel ging, und ihre mutige Toleranz gegenüber allen Männern und Frauen selbstbewußter eigener Prägung zogen ihr die Mißgunst der erstarkenden Reaktion und die Abneigung, ja den Haß des die Alleinherrschaft anstrebenden Ersten Konsuls Napoleon Bonaparte zu.

Im Jahre 1795 war Germaine de Staël nach Paris zurückgekehrt. Ihr wiedereröffneter Salon übte eine einzigartige Anziehungskraft aus, er wurde zu einem weithin berühmten Forum von Politik und Literatur. Hier trafen sich Revolutionäre und Reaktionäre, Repräsentanten des neuen wie des alten Regimes. Der engere Kreis ihrer Freunde freilich war mit ihr „in der aufgeklärten, gemäßigten Gruppe zu suchen" (Sainte-Beuve), wie besonders auch das Echo ihres eminent politischen Buches „Über die Literatur" (1800) deutlich macht. „Was Madame de Staël in dieser Schrift nie aus den Augen verliert, ist der Gedanke vom neuen Geist an sich, wenn immer er voranschreitet, sich durchsetzt, ist die unbegrenzte Vervollkommnungsfähigkeit des Menschengeschlechtes" (Sainte-Beuve). Ihr utopischer Aufklärungsoptimismus findet in dem Bekenntnis einen geradezu klassischen Ausdruck: „Beim Studium der Geschichte scheint man mir die Überzeugung zu gewinnen, daß alle Hauptbegebenheiten auf die eine hinauslaufen: auf die Weltkultur" (de Staël). Ihr großer und politisch wirksamer ideologischer Gegenspieler wurde schon damals François René de Chateaubriand, der statt der Philosophie die katholische Religion ins politische Spiel brachte und weit über Frankreich hinaus der Restauration geistiges Rüstzeug lieferte. August Wilhelm Schlegel ist nicht zuletzt der Wirkung des Mannes erlegen, der trotz seiner gegensätzlichen Anschauungen Germaines Freund wurde.

Seit der Jahrhundertwende strebte Germaine de Staël nicht nur Einfluß an. Sie suchte Nachruhm zu gewinnen, wobei besonders ihre autobiographischen Romane „Delphine" (1802) und „Corinne" (1807) weit über die literarischen Kreise hinaus Aufsehen erregten. Was Rahel niemals und Bettina erst in den letzten Jahren ihres Lebens gelang, unmittelbare Wirkung auf das öffentliche Leben auszustrahlen, erreichte Germaine de Staël unter den besonderen Bedingungen der französischen Entwicklung vor Ende ihres vierten Lebensjahrzehntes. Napoleon

Bonaparte, der sie seit 1797 kannte, hielt die liberale Konstitutionalistin und ihren Salon seinen Zielen für so abträglich, daß er sie Ende des Jahres 1803 aus Paris verbannte. Die Wanderjahre durch Deutschland, Österreich, Italien begannen.

Engste Beziehungen verbanden die Staël seit 1794 mit Benjamin Constant, dem entschiedenen Feind Napoleons und jedweder Restauration. Bald nach ihrer Rückkehr aus Berlin folgte ihr August Wilhelm Schlegel nach Coppet, der Französin bis zum Ende ihres Lebens in einem fast romantisch zu nennenden Verhältnis treu verbunden. Der Kreis, der die außergewöhnliche Frau in diesen Jahren am Genfer See umgab, spannte sich von dem utopischen Sozialisten Simonde de Sismondi bis zu dem extremen Ultramontanen de Montmorency (der nächst Chateaubriand auf den älteren Schlegel einen bedenklichen Einfluß ausgeübt hat). Bis zu dreißig Gäste versammelten sich um die ständigen Hausgenossen, unter jenen so entgegengesetzte Naturen wie der romantische englische Freiheitsfreund Lord Byron und der konvertierte deutsche Schicksalstragöde Zacharias Werner.

So weit auch der Verständnisspielraum Germaine de Staëls sein mochte — Kopf und Herz ihres Salons war und blieb sie selbst, stets für neue Eindrücke aufgeschlossen und zur Erweiterung ihres Wissens wie ihrer Erfahrungen bereit, duldsam gegenüber jeder wohlbegründeten Meinung, aber beharrlich in der Richtung ihrer eigenen Gedanken. Sie war Konstitutionalistin in dem Sinne, daß sie den Staat, sei es in der Republik, sei es in der aufgeklärten Monarchie, in der uneingeschränkten Anerkennung der Menschenrechte gesetzmäßig verankert und, wie sie meinte, gesichert wissen wollte.

Napoleons Sturz und die Restauration der Bourbonen erlebte sie in England, wohin sie vor dem Haß Napoleons über Rußland und Schweden hatte fliehen müssen. Hier kehrte sie endgültig zu den von ihrem Vater vertretenen Gedanken zurück, indem sie sich „vorbehaltlos zu den englischen politischen Ideen“ (Sainte-Beuve) bekannte. Sie vermochte sich nach den Ereignissen in Frankreich und ihren Beobachtungen in Schweden und England einen bürgerlichen Verfassungsstaat nur mehr als „Monarchie nach dem Verfassungsgrundgesetz“ vorzustellen. Das will besagen, daß sie sich für die Restauration der Bourbonen auf der Grundlage einer liberalen Verfassung zur Sicherung der vom Bürgertum in der Revolution erkämpften Rechte entschied. „Man sah sie von dort [aus England] beruhigt und weise geworden zurückkehren“, merkte der kritische Charles Augustin de Sainte-Beuve zusammenfassend an, „zwar bis zu ihrer letzten Stunde sicher voll hochherzigen Dranges, aber doch halbaristokratischen Ansichten verhaftet, zu denen sie sich von 1795 bis 1802 mit keinem Wort bekannt hatte.“

Germaine de Staël hat Napoleons Sturz nur um zwei Jahre überlebt (sie starb am 14. Juli 1817). Daher darf ihre Entscheidung für die Restauration des Königshauses, für die „Monarchie nach dem Verfassungsgrundgesetz“, nicht als Bekenntnis zum alsbald einsetzenden reaktionären Kurs der Bourbonen mißverstanden werden. Sie hatte die Revolution als Mittel zur Vervollkommnung des Menschengeschlechtes bejaht. Als Staatsform wünschte sie, bald zur Republik, bald zur Monarchie neigend, eine die Menschenrechte verwirklichende, verfassungsmäßig gesicherte Ordnung des Zusammenlebens der in einem Staat miteinander verbundenen Individuen. Wenn sie am Abend ihres Lebens in einem König und nicht in der Souveränität des Volkes den Garanten eines solchen freiheitlichen Staatsverbandes sah, so erwies sich darin, wie sehr sie trotz ihres Bekenntnisses zu den Ideen der französischen Aufklärung und der großen Revolution den durch Herkunft und Umgang bestimmten konservativen Kräften verbunden geblieben war.

Germaine de Staël erinnert in ihrer optimistischen Aufklärungstendenz und in ihren Hoffnungen auf ein humanes Königtum weit mehr an Bettina von Arnim als an Rahel Varnhagen, von der wir so eindeutige Zeugnisse staats- und gesellschaftsreformatorischer Gedanken und Handlungen nicht besitzen. Freilich lebte und wirkte Germaine jenes Menschenalter vor den beiden deutschen Frauen, um welches die französische ökonomisch-politische Entwicklung der deutschen vorauseilte. Sowohl Germaines wie Bettinas schriftstellerisches Schaffen und beider Auftreten in der Öffentlichkeit waren maßgeblich von ihrer Herkunft, ihrer Umwelt wie von den besonderen nationalen Bedingungen bestimmt, unter denen das Bürgertum jenseits und diesseits des Rheines verfassungsmäßige Rechte und politischen Einfluß errungen hat. Diese grundsätzliche Übereinstimmung ihrer Tendenzen wird von den Besonderen derheiten ihrer Individualitäten variiert, wie es in jenem Zeitalter des Kultes der Persönlichkeit nicht anders hat sein können.

Rahels Leben und Geltung in ihrer Zeit und für ihre Zeit unterschieden sich vom zeitgenössischen Einfluß Germaine de Staëls und Bettina von Arnims vornehmlich dadurch, daß sie nach Herkunft, Veranlagung und Werdegang im wesentlichen nur mittelbar zu wirken vermochte. Auch sie war eine Persönlichkeit seltenen und eigenen Ranges, und die Zahl der Menschen, durch welche sie Einfluß auf den Gang der politisch-gesellschaftlichen Entwicklung nahm, war beachtlich. Darüber hinaus war Rahel völlig frei von persönlicher Ruhmsucht. Ebendiese Uneigennützigkeit eines Sich-Auslebens, das eher ein Sich-Ausgeben war, gab Rahel unter den großen Frauen der romantischen Epoche eine ganz besondere Note. Selbst der Kult, den sie mit der Freiheit der Persönlichkeit trieb, hatte altruistische Züge; sie hat niemals für sich begehrt, was sie nicht anderen in gleichem Maße zugestanden hätte. In Germaine de Staëls und Bettina von Arnims Salon wehte auch aristokratische Luft; Rahel war, ohne daß sie es wußte, Demokratin geworden und in dieser Gesinnung ihren beiden „Pairs“ voraus.

Rahel war auch nicht von jener ein wenig gedankenlosen Fortschrittsgläubigkeit beseelt, wie sie für Germaines und Bettinas politisch-gesellschaftliche Wunschbilder charakteristisch ist. Sie vertraute zwar auf den unaufhaltsamen Fortgang der Geschichte zu einer humaneren Ordnung des menschlichen Zusammenlebens, zweifelte aber, ob die Menschheit aus eigener Kraft und durch die Einsicht der Mächtigen zu ihrem eigenen Wohle gelangen würde. Von jenem Glauben an ein naturgesetzliches Fortschreiten der menschlichen Entwicklung, von dem Alexander von Humboldt erfüllt war, wurde sie nicht beeindruckt. Deshalb suchte sie zeitweilig Zuflucht bei den Mystikern und bei jenen gottgläubigen Männern, die da meinten, nur durch eines Schöpfers Gnade werde der Menschheit zu einer ihrer würdigen Organisation menschlicher Gemeinschaft verholfen werden. Doch war ihr Glaube an den Wert, an die Würde, an die Bildungsfähigkeit des Menschen viel zu stark, als daß sie sich für die Dauer auf einen Gott hätte verlassen können, der sich ihr selbst niemals geoffenbart hat. So lauschte sie am Abend ihres Lebens auf alle irdischen Stimmen zur

Frage der Reform des gesellschaftlichen Zusammenlebens der Klassen und Stände. Wahrlich „mitempfindender Nerv der Zeit“, war Rahel diesseits des Rheines eine der aufmerksamsten und hoffnungsvollsten Anhängerinnen des utopischen Sozialismus. In diesem absichtslosen, ihrer Natur entsprechenden Drang nach einem besseren irdischen Dasein der Armen und der vielen, in ihrer selbstlosen Humanität weist Rahel über den unmittelbaren Einfluß ihrer beiden großen „Pairs“, Germaine de Staël und Bettina von Arnim, auf ihre eigene Zeit hinaus in eine fernere und lichtere Zukunft des menschlichen Geschlechtes.

„MITEMPFINDENDER NERV DER ZEIT“
BEKENNTNIS ZUM FORTSCHRITT

Die Zeit forderte, den Salon zu verlassen und wenn schon nicht handelnd, so doch bekennend vor die Öffentlichkeit zu treten. Der weltzugewandte Intellektuelle der klassisch-romantischen Epoche hatte sich, von der politischen Mitbestimmung ausgeschlossen, der Vervollkommnung seiner Bildung und seiner sittlichen Persönlichkeit gewidmet; im Grunde also hatte er sich selbst gelebt. Jetzt, um 1830, sah er sich vor die Entscheidung gestellt, ob er den Kampf um freiheitliche und demokratische Rechte erneut aufnehmen oder sich ihm versagen sollte.

Das Volk von Paris – Kleinbürger, Studenten, zum erstenmal auch Arbeiter – hatte in der Julirevolution 1830 die Herrschaft der Bourbonen gestürzt. Wenn der Nutznießer des heldenhaften Kampfes auch die Bourgeoisie war, so hatte sich in diesem bewegenden Ereignis doch die elementare Kraft der Volksmassen bewiesen. Abermals war jenseits des Rheines ein gewichtiger Schritt vorwärts getan worden.

Deutschland war noch immer in Dutzende von Staaten und Staatchen zerspalten, in der wirtschaftlichen Entwicklung lag es noch immer weit hinter England zurück. Dennoch rüttelte der Aufbruch der Pariser in der Revolution von 1830 auch an das Gewissen und die Einsicht all derer, die in Deutschland liberal, demokratisch, human gesinnt waren.

Wo immer sich Freisinn und Fortschritt eine Freistätte bewahrt hatten, kreisten die Gespräche erregter um die Nachrichten, die vom Pariser Volksaufstand und den utopisch-sozialistischen Ideen aus Frankreich kamen. Ein Zentrum solcher Auseinandersetzungen, zeitweilig wohl das bedeutendste in Berlin, war der Salon der Varnhagens. Rahel, siech und gebrechlich, war in jenen Wochen und Monaten von sensibler Wachheit und teilnehmender Aufmerksamkeit. Selbst noch wirksam zu werden war ihr freilich versagt, weniger durch ihre nun doch resignierende Natur als durch das Hinschwinden ihrer physischen Kräfte, das ihr vor dem vorzeitigen Abscheiden auferlegt war. „Eins ist gewiß", schrieb Rahel zur Julirevolution. „Erobern will Europa nicht mehr Stücke Erde; aber ernster: Stücke *Gleichheit!*" Die Rede wäre „vom Rechte, und nicht mehr von Herkommen", merkte sie an.

Die französische Julistaat fiel bei den freiheitlichen Intellektuellen in einen wohlvorbereiteten Boden. Die preußische Hauptstadt gehörte, wie Gutzkow anmerkte, „dem Militär, den Beamten, den Geistlichen". Er hätte, auf das geistige Leben bezüglich, noch hinzufügen können: den Zensoren. Demokraten und Liberale wurden weiterhin verfolgt. Das Los E. T. A. Hoffmanns und De Wettes, die Überwachung Schleiermachers und Gneisenaus waren nicht vergessen. Vertrauliche Gespräche wurden nach wie vor nur flüsternd in den Fensternischen der Salons und Konditoreien geführt.

Wenn schon nicht mit den Nöten des eigenen Volkes, so konnte man sich doch mit denen der Griechen an die Öffentlichkeit wagen. Die Nachkommen der Hellenen, durch die klassische deutsche Dichtung verklärt, kämpften um die Befreiung vom muselmanischen Joch. Der revolutionäre englische Romantiker Lord Byron, freilich ein weltschmerzlerischer Individualist, hatte diesen Kampf nicht nur besungen, er war den Aufständischen zu Hilfe geeilt und, noch ehe er in das Ringen eingreifen konnte, in Missolunghi (1824) gestorben. Sein Tun und Leiden erregte die Gemüter. Bettina jubelte dem romantisch-heldischen Lord zu, Rahel war von einer solchen Tatbereitschaft erschüttert. Des Königs Leibarzt Christoph Wilhelm Hufeland, ein Wohltäter der Unbemittelten und charakterfester Volksmann — er lehnte die Erhebung in den erblichen Adelsstand ab —, erließ mit anderen einen Aufruf zur Unterstützung der Griechen. Bei dieser Unternehmung, die, wie er schrieb, ihn noch auf seinem Sterbebette erfreuen werde, war er ganz unverdient dennoch „ein recht wirksames Werkzeug zur Hilfe und Rettung" geworden. Auch Neanders Name stand unter der Aufforderung zu finanzieller Hilfe. Das Blatt wurde von Haus zu Haus getragen, der Buchhändler Reimer veranstaltete ein Konzert zugunsten der Griechenspende, auf dem Henriette

Sontag sang. Selbst der König konnte sich dem Druck der öffentlichen Meinung nicht entziehen und spendete einen Betrag. Griechenlieder, ihre Vorbilder allerdings nicht erreichend, entstanden auch in Berlin.

Das Echo, das die Unruhe im Osten auslöste, war wesentlich gedämpfter als der Widerhall vom Kampf auf der Balkanhalbinsel. Polen hatte im Länderschacher auf dem Wiener Kongreß seine Selbständigkeit verloren. Wie Rußland und Österreich war auch Preußen an diesem Länderraub beteiligt gewesen. Dennoch fand der polnische Freiheitswille unter vielen Preußen herzliche Sympathie. Die Konditorei von Stehely am Gendarmenmarkt galt als ein Sammelpunkt der Polenfreunde, ein anderer war Rahels Salon. In Bettinas Nachlaß fand man leidenschaftliche Bekenntnisse von fast seherischer Kraft: „Einmal muß die Wahrheit siegen — warum nicht heute mit feurigem Schwert ihr vorausschreiten?“ Treitschke vermochte nicht zu leugnen, daß die polenfreundlichen Stimmungen der gelehrten Welt im stillen eine starke Wirkung ausübten, und bemerkte, daß in Berlin „die Polenfreunde den ersten schwachen Stamm einer liberalen Oppositionspartei“ gebildet haben. „Außer Eduard Gans schürte namentlich Varnhagen mit seiner Rahel das Feuer der polnischen Begeisterung.“

Eduard Gans war der beredteste und entschiedenste Fürsprecher der Pariser Ereignisse. Er hatte auf seinen Reisen einen tiefen Einblick in die ökonomische und geistige Entwicklung des modernen Frankreich gewonnen. Laube hob hervor, der junge Jurist, täglicher Gast in Rahels Salon, sei „von großem Einfluß auf die politische Bildung Berlins“ gewesen und habe durch seine Vorlesungen „die Machthaber in Harnisch“ gebracht. Man erwartete nicht nur mit gespanntem Interesse die französischen Zeitungen, man vertiefte sich besonders in Börnes „Briefe aus Paris“ und erörterte die Nachrichten, die Oelsner den Freunden zukommen ließ. Alexander von Humboldt, der Vielerfahrene und Gutunterrichtete, von seiner asiatischen Reise zurückgekehrt, dämpfte Gans' zukunftsfreudigen Optimismus. Noch immer „die Ideen von 1789“ weniger im Kopf als im Herzen, weilte der preußische Kammerherr in besonderer Mission im Herbst und Winter 1830 in der französischen Hauptstadt. „Glauben Sie mir, lieber Freund“, versicherte er Gans, „meine Wünsche stimmen mit den Ihren überein, aber meine Hoffnungen sind schwach. Seit vierzig Jahren seh' ich in Paris die Gewalthaber wechseln, immer fallen sie durch eigene Untüchtigkeit, immer treten neue Versprechungen an die Stelle, aber sie erfüllen sich nicht ... Keine Regierung hat bis jetzt dem Volke Wort gehalten, keine ihre Selbstsucht dem Gemeinwohl untergeordnet. Solange das nicht geschieht, wird keine Macht in Frankreich dauernd bestehen. Die Nation ist noch immer betrogen worden, und sie wird weiter betrogen." Ranke, der während der aufgeregtesten Monate in Italien weilte, wurde, als er wieder in Berlin war, immer mehr zu einem Verfechter des preußischen Konservativismus. Er rief seine „Historisch-politische Zeitschrift" ins Leben, an der nach dem Wunsche des Herausgebers auch Varnhagen und Humboldt teilnehmen sollten. Beide kamen der Aufforderung nicht nach, denn sie sahen „das Heil in der Welt in dem Fortschritt der Revolution" (Ranke).

Natürlich hatte die von der Julirevolution auch in Preußen ausgelöste unruhige Bewegung neue Beschränkungen durch Polizei und Zensur zur Folge. In Berlin wurde jede freiheitliche Regung schärfer als je überwacht. Trotz der Choleraepidemie, die vom frühen Herbst bis zum Ende des Jahres 1831 wütete und die in der Hauptstadt fast fünfzehnhundert Opfer forderte, unter denen sich auch Hegel befand, beschäftigte man sich in den Reihen des Berliner Freisinns mit brieflichen Nachrichten, Zeitungen und Büchern aus Frankreich. Man übertreibt nicht, wenn man sagt, daß Rahel in den letzten drei Jahren ihres Lebens ganz wesentlich in dieser Lektüre und den von ihr ausgelösten Gesprächen gelebt hat.

Während die Cholera wütete, hatten zahlreiche wohlhabende Bürger die Stadt verlassen. Wenn Rahel während der Cholerazeit zwar nach Wegen suchte, eine geregelte Armenpflege und einen Gesundheitsdienst einzurichten, nicht aber wie Bettina in die Elendsquartiere wanderte und dort zugriff, so muß man wissen, daß sie fast ununterbrochen an das Bett, zumindest an das Haus gefesselt war. Sie litt seit dem Frühjahr 1829 chronisch unter dem Brustleiden, das sie seit ihrer Jugendzeit quälte. Zu Beginn des nächsten Jahres erkrankte sie neuerlich. Die Atemnot wurde so bedrängend, daß sie von Besuchen im Theater und in Wohnungen absehen mußte, die nicht im Parterre gelegen waren. Zeitweilig konnte sie, sensibler als je zuvor, nicht einmal vertraute Freunde um sich ertragen. Das Frühjahr 1831 brachte ihr eine schwere Erkältung. Von der Cholera blieb sie verschont, doch sie litt unter choleraverdächtigem Fieber mit schwächendem Erbrechen. Im Winter 1832 war sie manchmal bis zum Lebensüberdrusse hinfällig.

Krankheit und mangelnde Beweglichkeit förderten die Neigung zum Grübeln. Rahel las viel, dabei immer wieder zu Goethe greifend, und suchte, Selbstdenkerin, die sie war, den Dingen auf eigenem Wege auf den Grund zu kommen. Sie hatte sich zwar durch vielseitige und anhaltende Lektüre besonders zeitgenössischer Werke der Literatur und Philosophie umfassend gebildet, aber das war ohne zielbewußte Leitung von sachkundiger Hand geschehen. Und sie war von früh an viel zu eigenständig und eigenwillig in Auffassung und Urteil, und ihr Gefühlsleben war viel zu ausgeprägt, als daß sie im eigentlichen Sinne eines bestimmten Denkers Schülerin hatte werden können. Fichte und Schleiermacher verdankte sie Wegweisungen, nicht aber eine Weltanschauung. Und frühzeitig hatte sie vom jüdischen Glauben über das Christentum zu diesem oder jenem Mystiker gefunden und sich einer Heilssehnsucht um so tiefer hingegeben, als ihr keine Religion vollauf zusagen wollte.

Alle diese Züge hatten Teil an der Herausbildung ihrer intellektuellen wie menschlichen Originalität, und sie wirkten sich bis in die der alternden Rahel eigentümliche Verknüpfung liberaler und utopisch-sozialistischer Gedanken aus. Ihre Gedankenwelt war und blieb voller Widersprüche. Rahels Lebensbogen spannt sich von der Aufklärung und frühen Romantik bis zum bürgerlichen Freisinn und zum Saint-Simonismus. Goethe nachspürend, suchte sie vom Besonderen zum Allgemeinen vorzudringen, aus der Anschauung die Idee zu gewinnen. So beschränkt ihr Erlebnisbereich gewesen sein mag, so eindringlich bemühte sie sich, aus Erlebtem zu lernen, am Erlebten das Erlesene zu überprüfen. Dabei konnte es nicht anders sein, als daß der Stoff, den ihr die Lebenswirklichkeit in Menschen und Ereignissen in den Lebensweg führte, mehr zum Ergründen des Seins als zum Gestalten des Werdens anregte.

So hat denn Rahel, die große Emanzipierte, die Selbstdenkerin und Anregerin, kein „System" hinterlassen, wie sich aus ihren Äußerungen und Vermächtnissen keine geschlossene

Weltanschauung oder Lebenslehre filtrieren ließe. Doch wie wir gewisse Grundtendenzen durch ihr Leben verfolgen und in der Begegnung mit Menschen und Epochen wirksam sehen konnten, so hat sie sehr bestimmte Vorstellungen von den gesellschaftlichen Nöten ihrer Zeit und nicht minder klare Wünsche und Hoffnungen für die Entwicklung des menschlichen Geschlechtes gehabt.

Rahel hat in den letzten Jahren ihres Lebens kaum mehr von der Emanzipation der Frau gesprochen. In den Schichten der Gesellschaft, in denen sie lebte, war der Anspruch auf Gleichberechtigung von vielen Frauen ihrer Generation erkämpft worden, nicht als ein allgemeiner, doch als ein individueller Erfolg. Sie hat überhaupt von dem, was ihr eigenes Leben erfüllt hatte, nur mehr wenig geäußert. Ihr Blick hatte sich im Laufe des Berliner Jahrzehnts vom Individuellen auf das Allgemeine und von dem notvollen Geschehen der Gegenwart auf Möglichkeiten einer lichtvolleren Zukunft gerichtet. Auch hierbei ist sie nicht zu einer einheitlichen, in sich geschlossenen Weltanschauung gelangt.

Sucht man nach einem Prinzip ihrer Betrachtungsweise, so könnte man formulieren: die Gegenwart erkennen, um für die Zukunft zu wirken. Es ist gewiß übertrieben, wenn Berdrow meint, die gebürtige Berlinerin wäre weit mehr preußische Patriotin gewesen als der Rheinländer Varnhagen. Die Bedingtheiten ihres Patriotismus in der Zeit der Befreiungskriege hatten wir hervorgehoben. In der Periode der Reaktion neigte sie mit überraschender Pietät dazu, dem Monarchen vieles nachzusehen und seinen Ministern und Beamten den Vorwurf zu machen, sie versäumten, dafür zu sorgen, daß sich die Krone den Bedürfnissen und Ansprüchen einer neuen Zeit füge. Es gibt eine ganze Anzahl kritischer, immer nach einer Lösung suchender Hinweise aus Rahels Mund, denen bei liberaler Grundtendenz und unverkennbarer Neigung zur Republik die Meinung gemeinsam ist, die Herrschenden und Regierenden würden einsichtig werden und das Staatswesen in einem demokratischen Sinne umgestalten. Der Revolution in Preußen hat Rahel nicht das Wort geredet; abgesehen davon, daß sie die Voraussetzungen für eine Änderung der gesellschaftlichen Ordnung im Preußen der Restauration nicht als gegeben ansah, fürchtete sie jegliche Art von Gewalt.

Sie glaubte fest an das Fortschreiten der gesellschaftlichen Entwicklung. Obwohl dieser Glaube überwiegend aus religiösen Quellen gespeist wurde, nährte er sich auch aus Einsichten in den Gang der Geschichte und in die Entwicklung der Natur.

Wir kennen ihre ablehnende Haltung gegen Vorrechte der Geburt, ob sie nun vom Adel oder vom wohlhabenden Bürgertum geltend gemacht wurden. Sie begehrte gegen die anmaßende Gelehrsamkeit der Studierten auf; die Welt schreite wirklich fort, und ein sicheres Zeichen dafür sei, daß Kenntnisse und Bildung Allgemeingut würden. Es sei „zu bekannt, daß eine Menge Leute gelehrter sind als viele Doktoren“.

Wir erinnern uns der zentralen Stellung der Individualität in der Lebenssicht Rahels. Es ist daher nicht verwunderlich, daß sie wiederholt darauf hinwies, daß „die Menschen im einzelnen weiter sind als die Gesamtheiten, die Staaten, die uns regieren sollten und wirklich beherrschen! Wenn sich zwei schlagen, so werden sie schon ganz allgemein für roh, unmenschlich, sittenlos und dem Gesetz verfallen gehalten: und derselbe Staat, der Heere aussendet, bringt sie zur Ruhe und Haft. Und diesen Zustand lassen wir uns gefallen, und nur wenigen fällt er auf“ (1832).

Sie sah: „Das ganze Dasein ist progressiv, gewinnt unaufhörlich an intensiver Anschauung; auf diese Art vervollkommnet sich das Erdenleben und jedes Leben, das nicht in seine Grenze fällt. Je mehr Einsicht wir erlangen, desto mehr werden wir mit dem Leben übereinstimmen ... Das Leben ist keine tote Wiederholung, sondern eine Entwicklung zu Erkenntnis und durch Erkenntnis.“ Man könnte meinen, solche Gedanken wären nach einem Gespräch mit Alexander von Humboldt aufgezeichnet worden, wüßte man nicht, daß Rahel, sehr im Unterschied zu Varnhagen, auf ihre eigene Weise weitergedacht und gewandelt hat, was ihr durch Gespräch oder Lektüre zugefallen war.

Doch aus dem Leben gewann sie, die Gedankenfreundin Goethes, nur Anschauungen, nicht Gesetze. Was zu tun wäre, um die Entwicklung voranzutreiben, wäre Sache des vernunftbegabten Menschen. Wie sie sich das Fortschreiten dachte, versuchte sie in einer Niederschrift aus dem Jahre 1820 deutlich zu machen: „Es muß eine neue Erfindung gemacht werden. Priester, Regierungen waren sonst ihrer Zeit vor, brachten Gesetze von Bergen, aus Wolken, von nicht bekannten Ländern.

Diese Gesetze sind durchdemonstriert, jeder Mietwohner des Erdenrundes weiß ihren Grund. Nun will keiner sie mehr als einseitiges Gebot halten, sondern sie machen helfen. Und eine gesetzliche Weise in diesen Zustand zu bringen wird allein noch gar nicht helfen. – Es ist noch Phantasie im Menschen übrig für idealistische Zustände, und die will Stoff, Nahrung... Darum denk' ich mir einen Gesetzgeber, einen Regenten jetzt als einen solchen, der eine hohe, allgemein gültige Ansicht des Lebens zu erfinden wüßte. Etwa ein neues religiöses Element, welches die Sittlichkeit schärfer zu verstehen gäbe, allen gebotenen Handlungen eine andere Richtung, einen neuen Ehrgeiz. Aber aller Menschen Geist, der Zufall, die Zeit, Gott wird so etwas schicken, das bin ich gewiß."

Sicher war sich Rahel nur des Fortschreitens an sich, nicht der es bewegenden Kraft. Sie wartete geradezu auf die Wandlung der gesellschaftlichen Zustände. Sie sah die Julirevolution in Paris in Erscheinung treten „wie jemanden, den man an seinem Fenster die Straße heraufkommen sieht". Aber wie kam es, daß es so war? Welche Kraft trieb das Geschehen an?

Man wußte noch viel zuwenig von den Gesetzen der Natur oder gar denen der Gesellschaft. Vor die Zeit und den Zufall als zwei ungelöste Unbekannte setzte die Grüblerin „aller Menschen Geist", ihre trotz ungezählter Enttäuschungen nie verlorene Überzeugung, die intellektuelle Einsicht des Menschen werde zunehmen und seine sittliche Reife sich mehren. An das Ende des sorgenden Suchens schrieb sie das Wort Gott. Es wäre abwegig, an eine romantisch-religiöse Ausflucht zu denken, und es genügt nicht, sich ihres qualenreichen Alterns, des erwarteten, mitunter ersehnten Ablebens zu erinnern. Rahel hat an einen Schöpfer und Erhalter der Welt geglaubt, aber sie ist der Meinung gewesen, daß er sein Geschöpf, den Menschen, mit Vernunft begabt habe, damit es dem Lauf der Dinge in dieser Welt aus eigener sittlicher Verantwortung Ziel und Richtung setze.

Eine solche Fortschritt-Gläubigkeit war auch unter den Freisinnigen durchaus nicht die Regel. Rahel hat für ihre Ansichten manches harte Wortgefecht führen müssen; sie konnte dabei wie im Widerspruch zu ihr absurd erscheinenden Behauptungen verletzend scharf werden. Einem Freunde, der die Masse des Unglücks in der Welt durch die Zeiten hindurch sich immer gleichbleiben sah, „schrie sie“ (nach ihrem eigenen Bericht aus dem Februar 1829) eine Häufung von Untaten und Verbrechen, wie sie im Frankreich des Kardinals Richelieu gang und gäbe gewesen sind, in der Absicht ins Gesicht, dem Ungläubigen zu beweisen, daß *„jetzt,* geliebtes, geehrtes *Jetzt!,* Europa in Aufruhr“ gerate, wenn nur „in irgendeinem Winkel Unrecht“ geschehe. Beschwörend im Versuch zu überzeugen, fügte sie hinzu: „Alle müssen besser werden, besser leben; Monarchen, die die größte Gewalt haben, tugendhaft! Nein, so dumm bin ich nicht, daß ich das nicht täglich sähe und einsähe und einläse.“

Landstraßen, Schnellposten, Erfindungen, Sanitätsanstalten, Pflaster, Beleuchtung, Kanäle — alle Fortschritte der Zivilisation, von denen sie las, die sie bei ihren Ausgängen in die Straßen der Stadt bemerkte, stärkten sie in ihrer Gewißheit fortschreitender Entwicklung. „Ja, es freut mich, jetzt zu leben“, rief sie dem Zweifler zu, „weil wirklich reell die Zeit schreitet, weil Ideen, gute Träume ins Leben treten, weil Technik, Industrie, Erfindungen und Assoziationen diese Träume verwirklichen. Die Erkenntnis, wie es sein soll, wird schließlich siegen, wenn diese Erkenntnis auch tausend Jahre auf den Sonnenschein warten muß, der die Pflanze wachsen lassen wird!“

Das frohgemute „sie geht, die Welt!“ vermochte nicht darüber hinwegzutäuschen, daß sie ihr zu langsam ging und mancherorts sogar stillstand. Der Wunsch, am reichlicheren Mahle noch mitzuschmausen, schien unerfüllbar geworden. Zu wenige Menschen waren vom Gang der Welt bewegt, noch weniger suchten in die Speichen des Rades zu greifen, um die Fahrt zu beschleunigen. Rahel hatte unermüdlich nach Ideen und Kräften Ausschau gehalten, von denen sie erwarten konnte, sie würden den Weg der Menschheit zu einem besseren Leben bahnen helfen. Zuversicht war ihr aus Frankreich gekommen. Ein Jahr vor dem Tode bekannte sie: „Ich bin die tiefste St-Simonistin. Nämlich mein ganzer Glaube ist die Überzeugung des Fortschrittes und des Fortschreitens, der Perfektibilität, der Ausbildung des Universums zu immer mehr Verständnis und Wohlstand im höchsten Sinn — Glück und Glückbereitung.“

Rahel bekannte sich als eine der ersten in Deutschland zum utopischen Sozialismus. Ihr Salon war eine der ersten Zellen, aus denen sich die neue, aus Frankreich stammende Lehre unter den Intellektuellen Berlins verbreitete. Fortschrittsgläubigkeit und Hoffnung auf eine Verwirklichung christlicher Jenseitshoffnungen im Diesseits schlossen Rahel für die neue Heilsbotschaft auf, die aus dem Westen über den Rhein nach Deutschland gekommen war.

Die Brücke, auf der Rahel zum utopischen Sozialismus gelangte, war die Mystik.

Ihrer Goethe verwandten, im wesentlichen pantheistischen Religiosität, ihrer verhaltenen Offenbarungssehnsucht hatten wir gedacht. Sowenig ihr Askese oder Ekstase als Mittel zur unmittelbaren Verbindung mit einer übersinnlichen Macht lagen, so sehr suchte sie, wie es einer so gefühlsbetonten Epoche wie der Romantik eigentümlich war, kontemplativ, in religiös-weltverbesserische Gedanken versunken, die Immanenz, das Innewohnen, des Unendlichen im Endlichen zu erfahren.

Merkwürdig, mit welcher Tiefgründigkeit sie lebenslang Aphorismen von Novalis nachsann, dem religiösen, spekulativen, dem einzigen, der, hätte er länger gelebt, ihrem Goethekult hätte gefährlich werden können. Die alternde Rahel hielt Einkehr bei den Mystikern. Sie, die Dogmenfeindliche und nach übersinnlichen Lebensquellen Ausspähende, schöpfte bei Jakob Böhme und Angelus Silesius, bei so „großartigen Seelen“ wie Lavater und Saint-Martin, die „wie aus einem religiösen Meer mit ihren Gedanken hervor“kommen, „ohne zu ihren Beweisen ein Stück Religion vor sich zu nehmen und daraus eine strenge Mosaik von strengen Folgerungen und Axiomen einer *bestimmten Religion* zu machen, wodurch mir dann diese bestimmte Religion bewiesen werden soll. Mein Urteil nimmt das nicht an, mein Geist sträubt sich, meine Seele empört sich gegen solche Zumutungen“ (an Ludwig Robert, 1816).

Die „innere Erleuchtung“ des Görlitzer Philosophen und Schuhmachermeisters Jakob Böhme vom Wesen der Welt als dem Ergebnis ständigen Kampfes zwischen Gut und Böse hatte Rahel tief beeindruckt: ähnliche Gedanken wähnte sie im dialektischen Denken Schellings und Hegels wirksam. Näher stand der weniger spekulativen als kontemplativen Rahel der schwärmerische, auf Jakob Böhme zurückgehende und in dessen Todesjahr (1624) geborene Johannes Scheffler, der sich Angelus Silesius genannt hatte. Er war, was viele seiner romantischen Wiedererwecker nachahmten, zum Katholizismus übergetreten. Rahel rühmte (bezeichnenderweise gegenüber dem Konvertiten Adam Müller, Dezember 1820) „Angelus' tiefste, erhabenste, schönste, kühnste Sprüche", sie waren und blieben ihr „wie unschuldige Fragen und demütiges Verzichten". „Und ich möchte sagen, was ist am Ende der Mensch anders als eine Frage! Zum Fragen, nur zum Fragen, zum ehrlich kühnen Fragen und zum demütigen Warten auf Antwort ist er hier."

Aber wie Gott, nach dem sie sich sehnte, sich ihr nicht offenbarte, blieben trotz aller Versenkung in die Mystik des Barocks die quälenden Fragen ohne Antwort. Nur so viel glaubte sie erfahren zu haben, des Menschen „große Mitgift" sei „Persönlichkeit". Eine ähnliche Antwort hatte aus ganz anderen Quellen die Aufklärung gegeben. Sie hatte Rahel nicht genügt, wenn und wo immer es um die Stellung des Individuums in der Gesellschaft ging. Mehr, so schien es ihr, vermochte ihr der französische Theosoph Louis-Claude Marquis de Saint-Martin zu sagen, der Gott gleichfalls kontemplativ zu erfahren suchte. Ihm war der Mensch Gepräge, Typus der Schöpfung, zugleich aber Gedanke und Abbild Gottes.

Saint-Martin wurde Rahels „größter Révélateur", er verhalf ihr zu den hilfreichsten Einsichten, tiefsinnig, geheimnisvoll, willkürlich („und sehr schön"), wie er war. Er lehrte sie, daß in allem zu Ergründenden nur zweierlei zu finden wäre: der Wille und das Wissen, „in Millionen Weisen ausgedrückt" (1821). „Er macht mich nicht besser, als ich bin, aber so gut, als ich sein kann" (1825). Im letzten Lebensjahr lobte sie ihn als den Autor, der von allen, die sie kenne, den reichsten und inhaltsvollsten Gedanken ausgesprochen habe, indem er sagte: „Unsere künftige Glückseligkeit wird darin bestehen, daß wir jeden Augenblick etwas Neues erfahren werden." Sehnsüchtig hoffend fügte sie hinzu: „Dann auch nur werden wir befreit sein und am Erschaffen teilhaben. Jetzt müssen wir nur wiederholen, in Variationen auf derselben Beschränkung; gewiß Folge einer Wahl; und Bedingung; diese aber schließt Vollkommenheit, also wirkliches, notwendiges Glück aus."

Astolphe de Custine, dem jungen hochbegabten französischen Schriftsteller, hatte sie, wie oft auch anderen, bekannt: „Innere

Erleuchtungen, Wunder, alles ist möglich; mir sind sie nicht fremd, ich erwarte sie immer und glaube sie ehrlichen Menschen." Der sehr scharfe Beobachter Custine rühmte Rahel „den Geist eines Philosophen und das Herz eines Apostels" nach; „dessenungeachtet war sie Kind und Frau, so sehr man es nur sein kann ... Ihre Wahrnehmungen waren immer doppelt; sie gelangte zu den erhabensten Wahrheiten durch zwei Fähigkeiten, die bei gewöhnlichen Sterblichen einander ausschließen: durch das Gefühl und durch das Nachdenken."

Vergeblich harrte sie der Offenbarung, die diesen Widerspruch allein hätte aufheben können. Das Wunder geschah nicht. Es war auch nicht zu erwarten. Rahel war keine Seherin, sondern eine Sucherin. Ihr Gefühl wollte glauben, ihr Verstand wollte wissen. Frucht dieses Dualismus war bald Resignation, bald fragende Hinwendung zur Wirklichkeit.

In den letzten Lebensjahren bäumte sich Rahel nicht mehr auf wie damals, als von der Erbsünde die Rede war und sie in das Gespräch warf: „Der Mensch ist ein Geist! Der soll nicht vom Baum der Erkenntnis fressen sollen?! Wovon soll er denn fressen?! Das wäre noch schöner!"

Quelle ihres Religionsgefühls wie ihres Nachsinnens war ihre eigene, die menschliche Individualität. Wir selbst, so meinte sie, „finden" uns „mit einem persönlichen Bewußtsein; erstlich begrenzt in dieser Persönlichkeit selbst, dann in den Bewegungen unseres Geistes, sosehr dieser auch das Weitestreichende in uns ist; die Persönlichkeit ist die schärfste Bedingung und der für uns zu erreichende Grund unseres Bewußtseins. Durch sie wird allein Sittlichkeit möglich: *unser* Höchstes jetzt, einzig sicheres, einzig mögliches Handeln, mögliches Schaffen. Nur in der Persönlichkeit können wir Glückseligkeit und Unglückseligkeit finden."

Das wäre, bekannte sie dem Bruder im Dezember 1818, das Höchste, was sie wisse. Und es sollte für die wenigen Menschen, mit denen sie „eigentlich" rede, kein Geheimnis sein. Unter allen philosophischen Systemen wäre ihr keines „haltbarer, natürlicher, wahrhafter, einfacher in der Voraussetzung".

Warum aber hat es Gott so eingerichtet, wie es ist, fragte die Sucherin wieder und wieder, um sich selbst zu antworten: „Daß uns der größte, also auch gütigste Geist diese Persönlichkeit nur unter so harten Bedingungen verleihen mochte oder konnte — hier gleichviel! — ist *sein* Geheimnis, die Ergebung in dieses Geheimnis meine Religion, meine Demut, meine Weisheit, meine Ruhe!"

Eine solche Resignation mochte, während sie das schrieb, durchaus der Gewißheit eines Augenblicks entspringen. Eine Stunde danach, abermals überdacht, neuerlich durchlitten, im Blick auf das, was in der Welt geschah, genügte Entsagung einer Rahel nicht mehr. Wenn auch ihr Einblick in das Weltgeschehen begrenzter geworden war als in den Jahren ihrer Wanderschaft, so ahnte sie doch mehr, als daß sie wußte, in welcher Richtung sich die Weltgeschichte bewegte, auch wenn sie noch nicht zu hoffen wagte, die Menschen würden sich dereinst selbst und aus eigener Kraft zum Herrn der Entwicklung aufwerfen.

Das aber wußte Rahel: Eine neue Zeit kündigte sich an, in der nicht mehr der einzelne Mensch, sondern die Gesamtheit der Menschen Mittelpunkt des Denkens und darüber hinaus des Handelns sein würde. Rahel lebte zu weltzugewandt und zu weltoffen, ihre Anteilnahme am Gang der Weltgeschichte war zu mitleidend und miterlebend, als daß auch sie, wie mancher ihrer Zeitgenossen, sich durch die Einkehr bei der Mystik von der Wirklichkeit hätte abkehren und in Ergebung bangen Herzens nur mehr hätte hoffen können. Sie wußte von Jugend auf, daß die Persönlichkeit der Allgemeinheit verpflichtet war, und hatte erfahren, daß diese Persönlichkeit nicht nur für sich existieren könne, daß sie für die anderen zu denken, zu leben, zu sorgen habe.

So geriet Rahel im Zuge der politischen und gesellschaftlichen Entwicklung, der sie sich suchend und bewußt aufschloß, in den Bannkreis vormarxistischer Strömungen, wie sie in England und vor allem in Frankreich zunehmend an Boden gewannen. Daß Saint-Simon der letzte wurde, der wegweisend in Rahels Leben trat, hatte eine zwiefache Ursache. Er kam unter allen utopischen Sozialisten, von denen sie erfuhr, ihrer religiösen Grundstimmung am nächsten, und er hatte in Eduard Gans wenn nicht gerade einen begeisterten Anhänger, so doch einen beredten Dolmetscher in Rahels Salon.

Die Verschärfung der Klassengegensätze, wie sie die allenthalben einsetzende Industrialisierung mit sich brachte, führte im zweiten Jahrzehnt des vorigen Jahrhunderts zu scharfen Kritiken an den sozialen Auswirkungen des Kapitalismus. Das geschah zunächst in England, wo das Maschinenwesen früher als auf dem europäischen Kontinent eingezogen war, und in Frankreich, dem Land der klassischen politischen Ideologien, wo seit Jahrzehnten am heftigsten um die Erneuerung der Gesellschaft gekämpft worden war. Vereinzelte mutige Stimmen forderten eine durchgreifende Veränderung der sozialen Verhältnisse, teils aus christlicher Verantwortung, teils aus humanistischem Bewußtsein, teils aus nüchterner Einsicht in die Ungerechtigkeit, mit der der Produktionserlös verteilt wurde. Alle diese Reformer huldigten dem Optimismus der Aufklärungszeit. Man glaubte, es werde gelingen, Öffentlichkeit und Staatsführung von der Unhaltbarkeit der sozialen Verhältnisse zu überzeugen und eine „gerechte" Ordnung ohne gewaltsamen Umsturz zu schaffen.

Diese Bestrebungen warben für Gemeinschaftseigentum im Glauben, den Wohlstand für alle ohne Klassenkampf verwirklichen zu können, so daß man diese etwa gleichzeitig in Frankreich und England ausgelösten vormarxistischen Bewegungen als utopischen Sozialismus bezeichnet hat. „Durch die noch unentwickelte Warenwirtschaft und den noch nicht scharf ausgeprägten Klassengegensatz zwischen Proletariat und Bourgeoisie sind die Anschauungen der Utopisten sehr widerspruchsvoll" (Winfried Schröder[1]). Sie interessieren hier in ihren Grundzügen nur, soweit sie noch für Rahels spätes Welt- und Lebensbild wirksam geworden sind.

In England hatte sich Robert Owen, der Sohn eines Handwerkers, vom Lehrling in einer Tuchhandlung bis zum Leiter und Teilhaber einer Baumwollspinnerei in New Lanark emporgearbeitet. Er dachte an eine Gemeinschaftserziehung und an eine wirtschaftliche Ordnung, in der die Schaffenden, in kleine Gemeinschaften zusammengefaßt, in genossenschaftlicher Weise tätig werden und am Produktionserfolg beteiligt sein sollten. Er verkündete seine Lehre mit messianischer Leidenschaft. Die englischen Unternehmer versagten ihm die Gefolgschaft, und die puritanische Geistlichkeit zieh ihn des Atheismus. Owens Versuch, in den Vereinigten Staaten im Jahre

[1] Im Vorwort zu *Roger Garaudy:* Die französischen Quellen des wissenschaftlichen Sozialismus, Berlin 1954.

1825 einen genossenschaftlichen Musterbetrieb ins Leben zu rufen, scheiterte, wie es unter den gegebenen Umständen nicht anders zu erwarten war. Owen kehrte nach England zurück und widmete sich in Wort und Schrift dem Kampf um sozial-politische Reformen. Er hat sich um die Einschränkung der Kinderarbeit und die Einführung einer allgemeinen Schulpflicht, um die gesetzliche Regelung der Arbeitszeit wie die Fabrikgesetzgebung in England überhaupt sowie auch um die Gründung von Arbeitergenossenschaften verdient gemacht.

Ging der Engländer Owen von seiner individuellen Erfahrung aus, vom Beispiel eine Anteilnahme der Allgemeinheit erhoffend, soll den Franzosen Fourier ein sehr kennzeichnendes Erlebnis zum Nachdenken angeregt haben. Er mußte im Jahre 1799 als Angestellter eines Handelshauses in Marseille dafür sorgen, daß eine Schiffsladung Reis aus Gründen kaufmännischen Eigennutzes ins Meer geschüttet wurde. Während der napoleonischen Ära hat er jede freie Stunde genutzt, um über eine Gesellschaftsordnung nachzugrübeln, die allen Menschen Freude an der Arbeit gebe und sie in den materiellen Genuß ihrer Produktionsleistungen setze. Er hat sich dabei in psychologische Engen verirrt und in phantastische Prophezeiungen verloren, wodurch er den zunächst ohnehin geringen Erfolg seiner öffentlichen Wirksamkeit selbst bei gleich oder ähnlich Gesinnten noch beeinträchtigte. Aber er hat entscheidende Gebrechen der zeitgenössischen Gesellschaft gebrandmarkt und, teils mit späterer Hilfe von Schülern, eine Art neuen Wirtschaftssystems entwickelt. Mit Empörung stellte er fest, wie sich wenige Starke an der Arbeitskraft der zahllosen Schwachen bereicherten, wie die eigentlichen Schöpfer des Reichtums der wenigen in Not und Elend lebten, wie menschenunwürdig die Existenz der Massen war. Fourier rief nach einer Gesellschaftsordnung, in der ein arbeitender Mensch Freude am Leben haben könnte, weil er selbst in gebührendem Maße am Erfolg seiner Arbeit beteiligt würde. Auch in seinen sozialen Vorstellungen erschien die gesellschaftliche Erziehung als Allheilmittel, der Begriff des Klassenkampfes war ihm fremd. Er appellierte, wie es im Manifest der Kommunistischen Partei heißt, „an die Philanthropie der bürgerlichen Herzen und Geldsäcke".

Von Owens Experimenten und Fouriers Zukunftsbildern

wußte man in Berlin und bei den Varnhagens weniger als von der Wirksamkeit des Grafen Claude-Henri de Saint-Simon. Der Fourierismus hat selbst in Frankreich erst nach seines Begründers Tod (1837), vor allem durch seinen Schüler Victor Considérant und im Zusammenhang mit der breiteren Wirkung des Saint-Simonismus größere Beachtung gefunden. Nach England waren die Verbindungen der Varnhagens weit spärlicher als nach Frankreich.

Saint-Simon war der philosophische Kopf unter den utopischen Sozialisten. Er „hatte eine geniale Weite des Blicks, vermöge deren fast alle nicht strengen ökonomischen Gedanken der späteren Sozialisten bei ihm im Keime enthalten sind" (Friedrich Engels). Er darf als einer der bedeutendsten Vorläufer des wissenschaftlichen Sozialismus bezeichnet werden. Saint-Simon stammte aus einer alten feudalen Familie und verlor in der Revolution sein beträchtliches Vermögen. Nichtsdestoweniger war er, Zögling des Aufklärers und Enzyklopädisten d'Alembert, von Jugend an ein fortschrittlicher und aufgeschlossener Mann. Er hatte in den Vereinigten Staaten für die Freiheit gekämpft und sich in großen Projekten wie der Durchstechung der mittelamerikanischen Meerenge und dem Bau eines Kanals von Madrid zum Meer versucht, bevor er sich, gegen Ende des vierten Lebensjahrzehntes, zur Klärung seiner Gedanken über die politischen und sozialen Zustände dem Studium der Naturwissenschaften und der Geschichte hingab. Damals schon wie auf den Studienreisen, die ihn nach England und Deutschland führten, beherrschte ihn aus einer ähnlichen Entschiedenheit des Leistungswillens, wie Varnhagen sie Bettina von Arnim als Eitelkeit vorwarf, der Gedanke, für die Menschheit etwas Bedeutendes und Ruhmvolles leisten zu müssen. Dieses Streben lag im Wesen des subjektivistischen Lebensgefühls und ließ verständlicherweise in Rahel eine gleichgestimmte Saite anklingen.

Wohin er auch gekommen war, hatte Saint-Simon im Zuge der industriellen Entwicklung wachsendes Massenelend beobachten müssen. Seine freiheitlich-fortschrittliche Gesinnung bäumte sich gegen die Ungerechtigkeit einer Gesellschaftsordnung auf, die trotz des wirtschaftlich-technischen Aufschwungs und trotz des anwachsenden Nationaleinkommens die eigentlich Schaffenden in beispiellose Armut absinken ließ. Für ihn war die soziale Not nicht nur eine Frage sentimentaler Nächstenliebe, sondern Grundproblem der Zeit, das von der moralischen wie der religiösen, von der wirtschaftlichen wie von der politischen Seite her zu untersuchen und zu bewältigen war. Ihm schwebte vor, eine besondere physiko-politische Wissenschaft zur Lösung dieser Schicksalsfrage der menschlichen Gesellschaft ins Leben zu rufen. (Nicht zufällig ist sein Schüler Auguste Comte, der Begründer des philosophischen Positivismus, einer der Schöpfer der Soziologie.)

Auch Saint-Simons frühe Versuche, die bürgerlichen Kreise Frankreichs zur Einsicht zu mahnen — seine erste Schrift erschien im Jahre 1802 —, blieben ohne Echo. Während der napoleonischen Epoche verarmte der in der Revolution enteignete ehemalige Feudalherr. Ein früherer Bedienter nahm ihn in sein Haus. Dieses Pariser Elendsleben schärfte seinen Blick. In jenen Jahren reiften seine Anschauungen.

Saint-Simons grundlegende Schriften erschienen zu Beginn des dritten Jahrzehnts des 19. Jahrhunderts. Er erkannte und geißelte den klaffenden Gegensatz zwischen Arbeitgebern und Arbeitnehmern, zwischen Kapital und Arbeit; er brandmarkte die ungerechtfertigte Verteilung von Einkommen und Eigentum und forderte eine Neuordnung der Produktion, deren Erlös auch den Arbeitern als den Produzenten in gerechter Weise zugute kommen sollte. Saint-Simon hat indessen die Widersinnigkeit und Verderblichkeit der geltenden Gesellschaftsordnung nicht nur als soziales und ökonomisches Phänomen untersucht. Ihn beschäftigte bereits der Gedanke, ob nicht die politische Macht in die Hände der Werktätigen gelegt werden müßte, wenn eine allen Menschen wohltätige Sozialordnung geschaffen werden sollte. So wünschte er einen Staat, der „allen Menschen die freieste Entfaltung ihrer Fähigkeiten“ sichere; er forderte an Stelle einer feudalen eine „industrielle“ Organisation der Gesellschaft, in der nicht Besitzende und „légistes“ (Beamte und Intellektuelle), sondern die werteschaffenden Menschen die führende Rolle spielen sollten.

Saint-Simons Schriften hatten ihm zwar eine kleine Anzahl sehr rühriger Schüler zugeführt, aber es war ihm nicht gelungen, die führenden Köpfe des intellektuellen Frankreich für seine Ziele zu begeistern. Es zeigte sich ein weiteres Mal, daß es zwecklos ist, an die Einsicht der Mächtigen zu appellieren.

Saint-Simon begann am Sinn seines Strebens zu verzweifeln und unternahm einen Selbstmordversuch. Dem Leben für kurze Zeit zurückgegeben — er starb im Mai 1825 —, faßte er die Fülle seiner Gedanken und Forderungen in zwei Werken zusammen, deren eines noch einmal die Lage des Arbeiters als das entscheidende Problem der zeitgenössischen Gesellschaft in einem „Catéchism des industriels“ (1823) abhandelte, während er in dem anderen, „Nouveau Christianism“ (1825) betitelt, die letztlich entscheidende Kraftquelle für die Wandlung der menschlichen Gesellschaft mit messianischer Inbrunst, aber eben utopisch in einem erneuerten Christentum werktätiger Bruderliebe gefunden zu haben meinte.

Die Dualität der saint-simonistischen Schule, nach des Gründers Tode alsbald offenbar geworden und auch bei den Varnhagens lebhaft diskutiert, machte sich hier bereits geltend. Einer der namhaftesten Schüler, Bazard, ein auch aktiv tätiger Gegner der Restauration, entwickelte bestimmte politische und ökonomische Grundforderungen des Meisters folgerichtig weiter, indem er die Aufhebung des privaten Erbrechtes und die Abschaffung des privaten Eigentums verlangte. Dagegen trug der andere, Enfantin, im Volksmund bezeichnenderweise Père [Vater] Enfantin genannt, ganz wesentlich zur Betonung des religiösen Elements und der christlich-humanistischen Wurzeln des Saint-Simonismus bei.

Wie immer man über Wege und Grenzen des Saint-Simonismus als eines nach Marx „halb bürgerlichen, halb proletarischen sozialistischen Systems“ seinerzeit gedacht haben mag, gemeinsam war allen Anhängern Saint-Simons das Ziel: „Fortwährende Verbesserung des moralischen, intellektuellen und physischen Daseins der zahlreichsten und ärmsten Klasse.“

In der Julirevolution in Paris war die Kraft der arbeitenden Klasse offenbar geworden. Arbeiter waren die Vorkämpfer für Freiheit und Fortschritt gewesen. Und wenn auch der skeptische Alexander von Humboldt recht behielt und das Volk abermals um seinen Sieg betrogen wurde, so war doch vielen denkenden Menschen innerhalb und außerhalb Frankreichs bewußt geworden, daß eine Änderung der gesellschaftlichen Verhältnisse unvermeidbar war. Die Gedanken Saint-Simons standen überall dort zur Diskussion, wo man diese Einsicht gewonnen hatte, besonders unter den deutschen Dichtern, die aus ihrem Vaterland vertrieben oder verdrängt worden waren und in Paris, dem Mekka der Liberalen, wie man die französische Hauptstadt nannte, Zuflucht gesucht hatten oder suchten, nachdem eine neue Welle polizeilicher Maßnahmen gegen den Fortschritt in den deutschen Bundesländern eingesetzt hatte. Die beiden bedeutendsten im Exil lebenden deutschen Publizisten, auf deren Meinung man in Deutschland hörte, waren Ludwig Börne und Heinrich Heine. Beider Stimmen fanden in Rahels Salon ein wenn auch unterschiedliches, so doch lebhaftes Echo.

Börne hatte sich bald nach den Juliereignissen in Paris niedergelassen. Er berichtete in seinen „Briefen aus Paris" von den Vorgängen in der französischen Hauptstadt und von der Notwendigkeit, endlich statt gegen die aufständischen Armen gegen die Armut zu Felde zu ziehen. Er glaubte, daß sich dieses Ziel durch einen entsprechenden Anteil der Arbeiter am politischen Leben eines bürgerlich-demokratischen Staates werde erreichen lassen. Er tat den utopischen Sozialismus als „Irrlehre der Simonisten" ab und bezeichnete die ihm zugrunde liegende Idee der Gütergemeinschaft als eine „Lehre der verderblichsten Art, weil sie den Menschen nicht allein in der bürgerlichen Gesellschaft, sondern auch in seinen rein menschlichen Verhältnissen zugrunde" richte. Börnes Auffassung vom Menschen war noch betont individualistisch, der einzelne sollte in seiner eigenen Lebenssphäre uneingeschränkt und nach seiner Willkür er selbst sein dürfen.

Heine löste sich damals bereits vom bürgerlichen Liberalismus. Er war tiefer in das Wesen der gesellschaftlichen Vorgänge eingedrungen und studierte mit großem Interesse die Lehre Saint-Simons. Und wenn er auch den Saint-Simonismus mehr von seiner religiösen Seite her begriff, so war ihm doch der Gedanke einer gewaltsamen Veränderung der sozialen Verhältnisse durchaus nicht fremd. Seine weitere Entwicklung zum Sozialismus hin, dem er nicht ohne Vorbehalte entgegensah, vollzog sich erst in den vierziger Jahren vor allem unter dem Einfluß seiner Begegnung mit Marx, so daß sie für die hier interessierende Orientierung Rahels nicht mehr wirksam werden konnte.

Varnhagens wurden durch ihre Freunde in Paris über die politischen Vorgänge und geistigen Bewegungen jenseits des Rheines auf dem laufenden gehalten. Sie lasen die wichtigsten Bücher, periodischen Schriften und Zeitungen, darunter auch den „Globe“, eine im Jahre 1824 gegründete, zunächst besonders die französische Romantik propagierende Zeitschrift, die im Herbst 1830 das Organ der Saint-Simonisten geworden war.

Doch das geschriebene Wort hat auf Rahel niemals eine annähernd so tiefe Wirkung ausgeübt wie der Meinungsstreit in der persönlichen Begegnung in ihrem Salon. Von eigenen, sehr gründlichen Beobachtungen konnte Eduard Gans berichten, nachdem er im Jahre 1830 abermals einige Zeit in Paris verbracht hatte. Gespräche mit ihm dürften am nachhaltigsten zu Rahels Urteilsbildung beigetragen haben.

„Die Erde verschönern: mein altes Thema. Freiheit zu jeder menschlichen Entwicklung: ebenso.“ Diese beiden Feststellungen Rahels über das, was ihr am Saint-Simonismus wesentlich war und sie begeisterte, enthüllen zugleich die dualistischen Ursachen ihres Bekenntnisses zur neuen Lehre.

Ihr Lebensgang war der einer Individualistin, einer nach Vervollkommnung strebenden Persönlichkeit. Die Hingabe an den Nächsten gehörte zu ihrer Vorstellung von der sittlichen Pflicht des freien Menschen. Sie hat tätige Hilfe gegenüber ihren Hausgenossen, gegen Arme, Kranke, Verwundete unter persönlichen Opfern geübt, wo immer sie konnte. In Elend geratene oder von Krankheit befallene Menschen, die in ihrer Nähe wohnten, hat sie stets selbst versorgt. Gott habe ihr gelächelt, pflegte sie zu sagen, wenn sie zu helfen vermochte.

Darüber hinaus bewegte die im Leben gereifte und geprüfte Rahel wieder und wieder und mit zunehmender Gewissensnot die Frage, ob wohl „das höchste Entzücken edler, reichbegabter Menschen aneinander und jeder andere erhellte, erhabene Moment im Leben das Placken und den Jammer aller wert ist, den es zum Dünger jahrhundertelang erforderte“. Sie grübelte darüber nach, als sie „arbeitende Karrende“ in ihrem mühsamen und unergiebigen Tagewerk beobachtet hatte, ob ein verantwortbares Verhältnis zwischen dem Lebens- und Kulturgenuß weniger ökonomisch Unabhängiger und der dazu erforderlichen Vorleistung ungezählter Generationen darbender Menschen bestünde. Sie zweifelte, ob sie, die Freisinnige und Freiheitsdurstige, wirklich ein Recht habe, ihrer Bildung, ihrer Entfaltung, ihrer Persönlichkeit zu leben, während in der gleichen Welt hart arbeitende Massen in Armut und Elend verkümmerten. Lebenslangem Nachsinnen und nächtlichem Grübeln, immer neuem Hoffen und immer neuem Verzagen über die Möglichkeit menschlichen Daseins in ihrer Zeit entsprangen 1825 die Frage und die Antwort: „Was ist das innerste Streben aller Kunst und dieses Strebens Grund? Dem hiesigen beschränkt- und bedrängten Zustand zu entgehen durch die Tat. Wir würden eine andere Welt schaffen, wenn wir es könnten."

Auch wenn Rahel „sprunghaft" war, solche Überlegungen waren nicht die Reaktion des Augenblicks auf ein einzelnes Erlebnis. Sie entsprangen einer Gewissensnot, die sie plagte, sobald sie sich des Widerspruchs zwischen ihrer und ihrer Freunde Lebensweise und dem freudlosen Dasein der Massen bewußt geworden war. Immer wieder quälte sie der Gedanke an die Not der schaffenden Menschen in den unteren Ständen, wie man damals zu sagen pflegte, und das um so mehr, „weil es die meisten sind und die ärmsten". Diese Sorge wurde der alternden Rahel zum Angelpunkt ihres Denkens. Auch ohne daß sie es ausdrücklich aussprach, ja vielleicht sogar, ohne daß es ihr bewußt wurde, trat das soziale Problem beherrschend in den Kreis der Gedanken, die sie sich über die weitere Entwicklung des Zusammenlebens der Menschen gemacht hat. Es ging ihr nicht mehr um die einzelnen, es ging ihr um die Gesamtheit.

„Alle Bewegung", schrieb sie im Jahre 1830, „muß auf ein Menschliches bezogen werden können; das heißt hier: auf Allgemeines, alle Menschen Betreffendes. Sonst wird alles Bewegen am Ende pagodisch, kinderhaft, lächerlich, bedeutungslos. Das, woran nicht alle Menschen am Ende teilhaben *können,* ist nicht gut; das, woran sie nicht teilhaben *sollen*, schlecht." Lange stand sie den Gebrechen ihrer Zeit ohnmächtig gegenüber; sie wußte keinen Ausweg aus dem, was sie einmal als „die unendliche Tiefe der Leere" bezeichnet hat.

Freudig und — man muß es wohl so nennen — aufatmend vernahm sie daher die Botschaft des französischen Grafen Saint-Simon. Denn diese Kunde verhieß Freiheit der individuellen Entwicklung und Verbesserung der Lebensumstände aller Menschen, sie schien also das liberale mit dem sozialen Prinzip zu verbinden und die Kluft zu schließen, die zwischen dem bevorrechtigten Leben einiger weniger und der drangvollen Not der Massen bestand. Rahel erhoffte vom Saint-Simonismus jene „Einheit des Lebens, in welcher Beruf und Trieb ineinander aufgehen".

Wie ihr junger Freund Gans verwarf Rahel das Bestreben einiger Jünger Saint-Simons, aus einer Lehre über die Neuordnung des Zusammenlebens der Menschen eine pseudochristliche Heilsbotschaft zu machen. Sie verwarf nicht die religiösen Züge des Saint-Simonismus, doch sie trennte sehr scharf zwischen der Offenbarung göttlicher Allgewalt und der Erkenntnis des Notwendigen durch den seiner humanen Verantwortung bewußten Menschen. Es bedurfte nach ihrer Einsicht nicht göttlicher Gnade und göttlicher Hilfe, um eine Aufgabe zu lösen, der sich menschliche Vernunft und menschliche Sittlichkeit bemächtigt hatten. „WIR sollen es anders machen!" hatte sie vor Jahren ausgerufen.

Für Rahel Varnhagen war der Saint-Simonismus „das neue, großerfundene Instrument, welches die große, alte Wunde, die Geschichte der Menschen auf der Erde endlich berührt. Er operiert und säet, und unumstößliche Wahrheit hat er ans Licht gebracht, die wahren Fragen in Reih' und Glied gestellt, viele wichtige beantwortet." Er bestätigte manche Frucht ihrer Grübeleien und traf in ihr „einen ganz lebendigen, geordneten Vorrat" an Sorgen und Hoffnungen, Wünschen und Gedanken an.

Ein lebenslang gehegter Traum schien sich zu verwirklichen, auch wenn ihr nicht mehr beschieden sein sollte, mit zu schauen und zu genießen, worum auch sie sich gesorgt, was auch sie erstrebt hatte. Die Erde sollte voranschreiten, die Menschheit sich eine gerechtere Ordnung schaffen, von jedermann die materielle Not genommen und dem einzelnen die Freiheit zur individuellen Entwicklung gegeben werden — und diese Umwälzung sollte sich ohne Gewalt, durch die Einsicht, die Erkenntnis und den guten Willen der Herrschenden wie der Beherrschten vollziehen. Daß diese Sehnsucht nach allumfassender Humanität auf dem Wege des utopischen Sozialismus erfüllt werden könnte, war ein Irrtum, den Rahel und ihre Freunde mit den Schöpfern der neuen Lehre, mit Saint-Simon, Fourier, Owen, geteilt haben. Der entscheidende Schritt vom utopischen zum wissenschaftlichen Sozialismus wurde erst anderthalb Jahrzehnte nach ihrem Tode getan.

Rahel war nur bis an die Schwelle einer neuen Zeit gelangt. Betreten hat sie diese nicht mehr.

Es war still geworden in der Mauerstraße 36. Brustkrämpfe und Atemnot und rheumatische Schmerzen ließen der Leidenden Kraft mehr und mehr dahinschwinden. Nur selten waren Besucher willkommen, noch seltener zu ertragen. Varnhagen und die treue Hausbesorgerin Dore waren um die Kranke bemüht.

Seit dem Winter, an dessen Ausgang Goethe starb, war Rahel nicht wieder recht zu Kräften gekommen. Hegel und Arnim waren dahingegangen, Gentz folgte ihnen im Tode nach; aus Baden kam im Juli die Nachricht, daß Ludwig Robert, der verständnisvollste unter ihren Brüdern, gestorben war, nur Wochen später lebte auch Friederike Robert nicht mehr. Rahel hatte eben, in den ersten Julitagen des Jahres 1832, eine lebensbedrohende Krise überstanden, nachdem ihre Lebenshoffnung mit dem Frühling noch einmal aufgeflackert war.

Im Sommer und Herbst 1832 traf man sich hin und wieder, wenn auch in kleinen Gruppen, in Rahels Salon. Als sie sich dann im Winter für immer an das Krankenbett gefesselt sah, griff sie in Stunden erträglichen Schmerzes am liebsten zu Büchern solcher Autoren, die ihr zu Weghelfern durch das Leben geworden waren: Fichte, Silesius, Goethe.

Nach hartem Todeskampf erlosch Rahel Varnhagens Leben in den frühen Morgenstunden des 7. März 1833. Zwei Jahre zuvor, im April 1831, hatte sie zu Varnhagen gesagt: „Ich habe mir nun auch eine Grabinschrift erdacht. Sie soll heißen:

Gute Menschen,
wenn etwas Gutes für die Menschheit geschieht,
dann gedenkt freundlich in eurer Freude auch meiner!“

ANHANG

BIOGRAPHISCHE ÜBERSICHT

Rahel und ihr Kreis

1729
Gotthold Ephraim Lessing und Moses Mendelssohn, die bedeutendsten Repräsentanten der Berliner Aufklärung, geboren.

1733
Friedrich Nicolai, zeitweilig Weggefährte Lessings, geboren.

1747
Markus Herz geboren.

1749
Johann Wolfgang Goethe geboren.

1750
David Friedländer geboren.

1751
Christian Wilhelm Dohm geboren.

1756
Beginn des Siebenjährigen Krieges, des 3. Schlesischen Krieges Friedrichs II. von Preußen gegen Österreich um die Vorherrschaft im Deutschen Reich und in ganz Mitteleuropa.

1759
Friedrich Schiller geboren.

1760
Claude Henri Graf de Saint-Simon, eines der Häupter des utopischen Sozialismus, geboren.

1762
Jean Jacques Rousseau veröffentlicht sein Erziehungswerk „Emile" und sein staatstheoretisches Hauptwerk „Der Gesellschaftsvertrag".

1763
Dorothea Schlegel, Tochter des Popularphilosophen Moses Mendelssohn, und Karoline Schlegel, Tochter des Göttinger Theologen, Philosophen und Orientalisten Johann David Michaelis, geboren.

1764
Karl Gustav von Brinkmann, Friedrich Gentz und Henriette Herz geboren.

1765
Friedrich Nicolais „Allgemeine deutsche Bibliothek", das Organ der späten Berliner Aufklärung, beginnt zu erscheinen.

1766

Karoline von Dacheröden, die spätere Frau Wilhelm von Humboldts, und Germaine de Staël, Tochter des französischen Finanzministers Jacques Necker, geboren.

1767

Gotthold Ephraim Lessing verläßt Berlin und beginnt in Hamburg mit der Herausgabe der „Hamburgischen Dramaturgie". Seine Komödie „Minna von Barnhelm" wird in Preußen noch vor der Uraufführung verboten.

Moses Mendelssohn veröffentlicht in Berlin sein Buch „Über die Unsterblichkeit der Seele".

Wilhelm von Humboldt und August Wilhelm Schlegel geboren.

1768

Friedrich Daniel Schleiermacher geboren.

1769

Alexander von Humboldt, Napoleon Bonaparte und Ernst Moritz Arndt geboren.

1770

Ludwig van Beethoven, Georg Friedrich Hegel und Friedrich Hölderlin geboren.

1771

19. Mai: Rahel wird in Berlin in der Spandauer Straße 26 als ältestes Kind des Kaufmanns Markus Levin geboren.

Goethe, zweiundzwanzig Jahre alt, schreibt die erste Fassung des „Götz von Berlichingen".

1772

In der ersten polnischen Teilung eignet sich Preußen Westpreußen und den Netzedistrikt an, der Südwesten und der Osten Polens werden von Österreich beziehungsweise Rußland annektiert.

Lessings Trauerspiel „Emilia Galotti" erscheint.

Aus Rahels späterem Freundeskreis werden geboren: Friedrich Wilhelm von Burgsdorff, Prinz Louis Ferdinand von Preußen, Karl Graf Finckenstein, Friedrich Schlegel und Rahels ältester Bruder Markus.

1773

Ludwig Tieck und Wilhelm Heinrich Wackenroder in Berlin geboren.

1774

Goethe schreibt die „Leiden des jungen Werthers".

1776

Die dreizehn aufständischen nordamerikanischen Kolonien Englands erklären ihre Unabhängigkeit und verkünden die Menschenrechte als angeborene und unveräußerliche Rechte des einzelnen Menschen auf Gleichheit, freie Betätigung und Freiheit der Person.

In Deutschland erscheint Friedrich Maximilian Klingers Schauspiel „Der Wirrwarr“, das von Zeitgenossen „Sturm und Drang“ genannt wird und der Geniezeit den Namen gibt.

1777

Heinrich von Kleist und Pauline Wiesel geboren.

1778

Clemens Brentano und Rahels Bruder Ludwig Robert geboren. — Jean Jacques Rousseau und François Marie Voltaire gestorben.

1779

Lessing dichtet „Nathan den Weisen“ und Schiller „Die Räuber“. Georg Wilhelm Bokelmann geboren.

1780

Lessings „Erziehung des Menschengeschlechts“ erscheint.

1781

Lessing stirbt. — Kants „Kritik der reinen Vernunft“ erscheint. Achim von Arnim, Adelbert von Chamisso und Rahels Schwester Rose geboren.

1782

Schiller schreibt das Trauerspiel „Kabale und Liebe“.

1784

Johann Gottfried Herder veröffentlicht den ersten Band seiner „Ideen zur Philosophie der Geschichte der Menschheit“.

1785

Ein Aufstand Waldenburger Weber mißglückt.

Bettina von Arnim, Karl August Varnhagen von Ense und Rahels jüngster Bruder Moritz geboren.

1786

Friedrich Wilhelm II. besteigt als Nachfolger Friedrichs II. den preußischen Thron.

Mozarts Oper „Figaros Hochzeit“ uraufgeführt.

Moses Mendelssohn stirbt, Ludwig Börne geboren.

1787

Goethe, seit dem Vorjahr in Italien, vollendet „Iphigenie“ und „Egmont“. — Mozart komponiert „Don Juan“.

Alexander von der Marwitz geboren.

1788

In Preußen werden die seit Friedrich II. auf religiösem und literarischem Gebiet bestehenden beschränkten Freiheiten durch das Religionsedikt und das Presseedikt wieder aufgehoben.
Kant veröffentlicht seine „Kritik der praktischen Vernunft".
Der englische Dichter George Gordon Lord Byron geboren.

1789

Mit dem Sturm auf die Bastille (14. Juli) beginnt die erste Etappe der bürgerlichen Französischen Revolution. In einigen deutschen Staaten kommt es zu Bauernunruhen.

Rahels Vater Markus Levin stirbt. In diesen Jahren bildet sich in ihrem „Dachstübchen" Jägerstraße 54 Rahels erster Salon, und die Freundschaft mit David Veit beginnt.

1790

Kants „Kritik der Urteilskraft" erscheint.
Astolphe de Custine geboren.

1791

Mozart komponiert seine von bürgerlichen Humanitätsideen erfüllte Oper „Die Zauberflöte". — Langhans vollendet den Bau des Brandenburger Tors in Berlin.

1792

Die Intervention der Feudalmächte gegen das revolutionäre Frankreich beginnt. Auch Preußen läßt sich für den Kreuzzug gegen Frankreich gewinnen, zu dem sich Österreich, Spanien, England, Holland zusammenfinden.

1793

Preußen schließt sich der 1. Koalition gegen Frankreich an und erobert Mainz. — In der zweiten polnischen Teilung, in der sich Preußen mit Rußland zusammenfindet, fallen Danzig, Thorn und Südpreußen an den Hohenzollernstaat.
Bauernunruhen und Weberaufstand in Schlesien.
Ohne Angabe des Verfassers erscheint Fichtes Schrift „Zurückforderung der Denkfreiheit von den Fürsten Europens, die sie bisher unterdrückten". Herders „Briefe zur Beförderung der Humanität".

1794

Die revolutionär-demokratische Diktatur der Jakobiner in Frankreich findet im Thermidor-Umsturz ein Ende. Konterrevolutionäre Kräfte gewinnen die Oberhand.
In Jena schließen Goethe und Schiller ihren Schaffensbund. Ebendort nimmt Wilhelm von Humboldt seinen Wohnsitz, erscheint des

Studenten Hölderlin Fragment „Hyperion", läßt Fichte, der an der Universität seine Vorlesungen aufnimmt, seine Lehrbücher „Über den Begriff der Wissenschaftslehre" und „Grundriß und Grundlage der gesamten Wissenschaftslehre" drucken.

Rahel besucht Verwandte in Breslau.

1795

In Frankreich wird ein Direktorium als oberste Regierungsgewalt eingesetzt. – Preußen scheidet aus der Koalition gegen Frankreich aus (Frieden von Basel). In der dritten polnischen Teilung reißt es weitere Gebiete mit Warschau und Bialystok an sich.
„Wilhelm Meisters Lehrjahre" von Goethe erscheinen, Schiller schreibt die „Briefe über ästhetische Erziehung", und Kant veröffentlicht seine Schrift „Zum ewigen Frieden".

Rahel macht die Bekanntschaft von Burgsdorff, verbringt mit der Schauspielerin Friederike Unzelmann und der Gräfin Josephine Pachta Sommerwochen in Teplitz. In Karlsbad begegnet sie zum ersten Male Goethe. Im Winter lernt sie Karl Graf von Finckenstein kennen.

1796

Napoleon Bonapartes Weg zur Macht beginnt mit seinem Siegeszug nach Italien.

Rahel verbringt mit Freunden den Sommer in Teplitz und Karlsbad. Sie macht die Bekanntschaft Schleiermachers.

Die Brüder Schlegel und Karoline Schlegel, die „Muse der Romantik", nehmen in Jena Wohnsitz. – Schleiermacher wird Prediger am Charité-Krankenhaus in Berlin. – Varnhagens Jugendfreund Chamisso läßt sich in Berlin nieder.

1797

Nach dem Tode Friedrich Wilhelms II. wird Friedrich Wilhelm III. König von Preußen.
Heinrich Heine geboren. – Schiller bricht mit beiden Schlegel; der Gegensatz zwischen Klassik und Romantik wird offenbar. – August Wilhelm Schlegel beginnt mit der Übersetzung der Dramen Shakespeares. – In Berlin, wo sich Schleiermacher und Friedrich Schlegel begegnen, erscheinen Wackenroders „Herzensergießungen eines kunstliebenden Klosterbruders" und Tiecks „Volksmärchen". – Friedrich Schlegel wendet sich gegen die späte Berliner Aufklärung, deren Paladin Friedrich Nicolai ist.

1798

Abermals erheben sich die Weber in Schlesien. Napoleon Bonaparte versucht vergeblich, Ägypten zu erobern.

Goethes bürgerliche Idylle „Hermann und Dorothea" entsteht. Schlegels Zeitschrift „Athenäum", das Organ der jungen Romantiker, beginnt zu erscheinen (bis 1800), Clemens Brentano stößt in Jena zur Romantik. Tieck veröffentlicht „Franz Sternbalds Wanderungen, eine altdeutsche Geschichte".
Eduard Gans geboren.

1799

Napoleon Bonaparte stürzt in Paris das Direktorium und macht sich als Erster Konsul zum Alleinherrscher und militärischen Diktator von Frankreich.
Alexander von Humboldt tritt seine Westindien-Reise an. — Beethovens „Sonata pathétique" erklingt zum erstenmal. — Fichte kommt nach Berlin. — Schleiermacher hält seine „Reden über die Religion an die Gebildeten unter ihren Verächtern". Friedrich Schlegel, der 1800 Berlin verläßt, veröffentlicht seine „Lucinde", Novalis schreibt „Die Christenheit oder Europa".

1800

Schiller schließt die „Wallenstein"-Trilogie ab.

Rahel hebt das Verlöbnis mit Finckenstein auf. Sie hält sich vom Sommer 1800 bis zum Frühjahr 1801 gemeinsam mit der Gräfin von Schlabrendorf in Paris auf. Hier lernt sie Wilhelm Bokelmann kennen.

1801

Frankreich annektiert im Frieden von Lunéville Belgien und das linke Rheinufer.
Novalis stirbt. — August Wilhelm Schlegel siedelt nach Berlin über und beginnt seine bis 1804 währenden Vorlesungen. — Fichte nimmt gegen Nicolai Stellung. — Die Blütezeit der Berliner Romantik setzt ein.

Rahel reist von Paris zur in Amsterdam verheirateten Schwester Rose und kehrt mit ihrer Mutter nach Berlin zurück. Sie lernt Friedrich Gentz und Raphael d'Urquijo kennen, mit dem sie sich 1802 verlobt.

1802

Wilhelm von Humboldt wird preußischer Resident (Gesandter) in Rom. — Gentz verläßt Berlin und tritt in österreichische Dienste. — Schleiermacher wird Hofprediger in Stolpe. — Friedrich Schlegel begibt sich zum Studium nach Paris.
Victor Hugo geboren.

1803

Unter dem Druck Napoleons werden im sogenannten Reichsdeputationshauptschluß insgesamt 112 Reichsstände (geistliche Fürsten,

Reichsstädte, reichsunmittelbare Fürsten und Grafen) aufgelöst und, überwiegend als Entschädigung für Gebietsverluste links des Rheins, den deutschen Mittelstaaten zugewiesen. Hannover wird durch französische Truppen besetzt. In Frankreich wird das bürgerliche Gesetzbuch (Code Napoléon) eingeführt.

Friedrich Schlegel entwickelt von Paris aus in der Zeitschrift „Europa" das nationale Kunstprogramm der jüngeren Romantik („Reise nach Frankreich"). — August Wilhelm Schlegel beginnt sich der spanischen Dramatik zu widmen. — Ludwig Tiecks „Minnelieder aus dem schwäbischen Zeitalter" und der letzte Band von Jean Pauls „Titan" erscheinen. — Beethoven komponiert die Dritte Sinfonie („Eroica"), Schiller dichtet die „Braut von Messina". — Napoleon Bonaparte verbannt Germaine de Staël.

Friedrich Gottlieb Klopstock, Markus Herz und Saint-Martin sterben.

1804

Napoleon Bonaparte läßt sich im Mai zum Kaiser ausrufen und am 2. Dezember im Beisein des Papstes krönen.

Friedrich Schiller vollendet sein letztes Schauspiel „Wilhelm Tell". — Alexander von Humboldt trifft nach Beendigung seiner fünfjährigen Forschungsreise nach Mittel- und Südamerika in Paris ein. — Madame de Staël bereist (seit 1803) Deutschland und hält sich besonders in Weimar und Berlin auf; August Wilhem Schlegel, von Goethe empfohlen, folgt ihr als Erzieher nach Coppet. — Kant stirbt.

Rahel trennt sich von Raphael d'Urquijo.

1805

England vernichtet bei Trafalgar zwar die französische Flotte, aber die Heere Napoleons bleiben auch im 3. Koalitionskrieg siegreich.

Friedrich Schiller stirbt. — Alexander von Humboldt trifft im November in Berlin ein.

1806

Napoleon bildet zur Sicherung der Herrschaft in Deutschland den Rheinbund, dem sechzehn deutsche Fürsten beitreten. Das Heilige Römische Reich Deutscher Nation löst sich auf, der Kaiser legt die Krone nieder. Preußen, das sich dem napoleonischen Expansionsdrang zu spät entgegenstellt, wird in wenigen Wochen vernichtend geschlagen.

Napoleon zieht am 27. Oktober in Berlin ein. Rahels erster Salon löst sich infolge der Kriegsereignisse auf. Kriegs- und Besatzungslasten sowie die Veränderung der wirtschaftlichen Beziehungen beeinträchtigen auch das Familienvermögen der Levins, das Rahels ältester Bruder verwaltet.

Prinz Louis Ferdinand findet im Gefecht bei Saalfeld den Tod. Die Professoren Schleiermacher und Friedrich August Wolf siedeln von Halle, wo die Universität auf Befehl Napoleons geschlossen wird, nach Berlin über. Schleiermacher wird 1809 Prediger an der Trinitatiskirche und 1810 Professor an der Universität.
Im gleichen Jahr erscheinen der erste Band von Ernst Moritz Arndts „Geist der Zeit" und Hegels „Phänomenologie des Geistes". — Arnim und Brentano veröffentlichen in Heidelberg „Des Knaben Wunderhorn. Alte deutsche Lieder. Erster Band", und Joseph Görres gibt „Die deutschen Volksbücher" heraus. — Kleists Novelle „Michael Kohlhaas" entsteht.

1807

Im Frieden von Tilsit verliert Preußen alle Gebiete links der Elbe und die in der zweiten und dritten polnischen Teilung besetzten Gebiete. Im Oktober tritt Stein an die Spitze der preußischen Zivilverwaltung und beginnt mit der politischen Erneuerung des Staates: Oktoberedikt, Gewerbefreiheit, neuzeitliche Städteordnung, Religionsfreiheit.
Im Winter hält Fichte in Berlin seine „Reden an die deutsche Nation". — Beethoven komponiert in Wien seine Fünfte Sinfonie. — Bettina Brentano besucht zum erstenmal Goethe.

1808

Napoleon befindet sich auf dem Höhepunkt seiner Macht (Fürstentag in Erfurt, Begegnung mit Goethe). Er fordert Steins Entlassung (die im November erfolgt) und zwingt dem Lande weitere Kontributionen und eine Beschränkung des Truppenbestandes auf 42 000 Soldaten auf. Die französischen Besatzungstruppen verlassen Berlin. — Stein muß aus Preußen fliehen.

Rahel lernt im Frühjahr Karl August Varnhagen kennen, der sich im Herbst nach Tübingen begibt, um seine medizinischen Studien zu beenden. Rahel zieht aus der Jägerstraße in die Charlottenstraße 22.

Alexander von Humboldt reist im offiziellen Auftrag nach Paris und nimmt dort bis 1827 seinen ständigen Wohnsitz. — Goethe läßt den Ersten Teil des „Faust" erscheinen. — In Heidelberg versucht Achim von Arnim die Romantiker um seine „Zeitung für Einsiedler" zu sammeln. — August Wilhelm Schlegel hält in Wien Vorlesungen über dramatische Kunst und Literatur. — Kleists Lustspiel „Der zerbrochene Krug" erlebt in Weimar in der Uraufführung einen Mißerfolg; seine Tragödie „Penthesilea" erscheint, sein Drama „Die Hermannsschlacht“ entsteht in Dresden. Friedrich und Dorothea Schlegel treten zur katholischen Kirche über.

1809

Vergeblich versuchen die Österreicher, sich gegen Napoleon zu erheben. Ein Aufstand der Tiroler wird niedergeschlagen — Metternich wird Leiter des Auswärtigen Ministeriums in Wien; er verwaltet dieses Amt ununterbrochen 38 Jahre. Er wird 1821 zugleich zum österreichischen Haus-, Hof- und Staatskanzler ernannt und 1826 mit der obersten Leitung des gesamten Staatswesens beauftragt. — Der Schillsche Befreiungsversuch wird niedergeschlagen.

Rahel lernt Alexander von der Marwitz kennen. Varnhagen bricht seine Studien ab, kommt nach Berlin und tritt in österreichische Militärdienste. Rahels Mutter Chaiche Levin stirbt.

Wilhelm von Humboldt wird zum Geheimen Staatsrat und Direktor der Sektion Kultus und Unterricht im Ministerium des Innern ernannt. — Goethe schreibt den Roman „Die Wahlverwandtschaften“. — Karoline Schlegel, seit 1803 geschieden und mit Schelling verheiratet, stirbt. — Arnim, Kleist und Adam Müller siedeln nach Berlin über, wo sich auch Brentano einfindet, der 1811 unstet weiterzieht.

1810

Hardenberg wird preußischer Staatskanzler. Er setzt die Reformen Steins fort (Aufhebung der Steuerfreiheiten des Adels, Einführung der Gewerbefreiheit, Einziehung der Klöster und geistlichen Stifter, rechtliche Gleichstellung der Juden).
Die Universität Berlin wird gegründet. Fichte ist der erste Rektor. Ihr Schöpfer, Wilhelm von Humboldt, hat abermals um Entlassung aus dem Staatsdienst ersucht; er wird Außerordentlicher Gesandter in Wien.

Rahel nimmt, dem Beispiel ihres Bruders Ludwig folgend, den Familiennamen Robert an. Sie zieht in die Behrenstraße 48.

Kleist schreibt in Berlin das Schauspiel „Prinz Friedrich von Homburg“. Das „Käthchen von Heilbronn“ sowie die Novelle „Michael Kohlhaas“ erscheinen in Buchform. — Clemens und Bettina Brentano, Eichendorff und andere Romantiker wählen zeitweilig Wien zum Aufenthalt.
Friedrich Schlegel tritt als Hofrat in österreichische Dienste.

1811

Rahel verbringt einige Sommermonate mit Varnhagen in Teplitz, wo sie Beethoven begegnet. Auf der Rückreise trifft sie in Dres-

den mit Alexander von der Marwitz zusammen. — Karl Graf Finckenstein stirbt.

Goethes „Dichtung und Wahrheit“ beginnt zu erscheinen.
Alexander von Humboldt beginnt in Paris mit der Veröffentlichung der Forschungsergebnisse seiner Amerikareise.
Heinrich von Kleist geht in den Freitod. — Friedrich Nicolai stirbt. — Karl Gutzkow wird geboren. — Bettina Brentano und Achim von Arnim heiraten und nehmen ihren Wohnsitz in Berlin und Wiepersdorf; die Christlich-deutsche Tischgesellschaft wird gegründet.
Arndt geht nach Rußland, wo u. a. auch Freiherr vom Stein und Clausewitz, Boyen und Chasot, Gruner und Pfuel für die Vorbereitung der Befreiung Deutschlands wirken.

1812

Napoleon fällt in Rußland ein, das sich im Vaterländischen Krieg gegen den Eindringling erhebt und ihn zurückschlägt. Der Kommandeur des preußischen Hilfskorps, General von York, verweigert am 30. Dezember Napoleon die Waffenfolge und gibt damit das Zeichen zur Erhebung in Preußen. — Das Edikt über die bürgerlichen Verhältnisse der Juden gewährt den Juden in Preußen grundsätzlich Rechtsgleichheit mit den anderen preußischen Untertanen. — Der englische utopische Sozialist Robert Owen veröffentlicht seine „Neue Ansicht von der Gesellschaft“.

Varnhagen veröffentlicht im „Morgenblatt“ Äußerungen über Goethe aus Rahels Briefwechsel mit Varnhagen.

Der Brüder Grimm „Kinder- und Hausmärchen“ (bis 1815) und Tiecks „Phantasus“ erscheinen.

1813

Preußen schließt sich der russischen Erhebung gegen Napoleon an. Nach wechselvollen Kämpfen und einem Waffenstillstand tritt auch Österreich an die Seite der Verbündeten. Napoleons Niederlage in der Schlacht bei Leipzig (16.—19. Oktober) entscheidet über den Kriegsverlauf.

Während sich Varnhagen dem russischen Korps unter Tettenborn anschließt und auch von der Marwitz zu den Waffen eilt, entschließt sich Rahel Anfang Mai, Berlin, das vom Kriege bedroht ist, zu verlassen. Über Breslau und Reinerz wendet sie sich nach Prag, wo sie bei Bentheims Freundin Auguste Brede wohnt und alsbald lebhaften Anteil an der Fürsorge für Verwundete nimmt, bis sie selbst schwer erkrankt. Sie nimmt den verwundeten von der Marwitz bei sich auf und sieht u. a. Gentz, Tieck, Brentano wieder.

Georg Büchner und Friedrich Hebbel geboren. Wieland stirbt.

1814

Das napoleonische Frankreich wird von den Verbündeten niedergeworfen. Ende Mai wird der erste Pariser Frieden geschlossen, im September beginnt der Wiener Kongreß; er dauert bis zum Juni 1815.

Alexander von der Marwitz stirbt den Soldatentod in Frankreich.

Rahel trifft Varnhagen im Sommer in Teplitz. Nachdem sich entschieden hat, daß er im preußischen Staatsdienst Verwendung finden wird, schließen beide am 27. September in Berlin die Ehe. Rahel hat sich zuvor taufen lassen und die Namen Antonie Friederike angenommen. Sie folgt Varnhagen, der dem preußischen Staatskanzler als Gehilfe beigegeben worden ist, im Oktober zum Kongreß nach Wien.

Johann Gottlieb Fichte stirbt. — Beethoven komponiert die Neufassung seiner Oper „Fidelio". — E. T. A. Hoffmann schreibt die „Elixiere des Teufels" und Chamisso „Peter Schlemihls wundersame Geschichte". — Görres' „Rheinischer Merkur" beginnt zu erscheinen.

1815

Napoleon kehrt aus der Verbannung nach Frankreich zurück, so daß der Krieg neu entbrennt. Die Schlacht bei Waterloo beendet Napoleons „Herrschaft der hundert Tage". Die Alliierten ziehen ein zweites Mal in die französische Hauptstadt ein. Im zweiten Pariser Frieden muß Frankreich beträchtliche Summen für Kriegskosten und Kriegsschäden zahlen. — Schon vorher schließt der Wiener Kongreß, durch den Europa nach dem „Grundsatz der Legitimität" gegliedert wird. Preußen vergrößert seinen Besitz besonders im Rheinland und durch die Annexion sächsischer Gebiete. Der Deutsche Bund, „ein wahrer Hohn auf die deutsche Einheit" (Mehring), dient ebenso der Erhaltung der reaktionären Feudalordnung gegen den demokratischen Fortschrittswillen und die Einheitsbestrebungen im Volke wie die Heilige Allianz (das Bündnis der Herrscher von Rußland, Preußen und Österreich).

Varnhagen folgt den preußischen Unterhändlern von Wien nach Paris, während Rahel nach einigen Sommerwochen in Baden bei Wien in Erwartung einer endgültigen Bestimmung über die Verwendung ihres Ehegatten im August nach Frankfurt am Main reist, wo Varnhagen im November eintrifft. Im September findet Rahels zweite persönliche Begegnung mit Goethe statt. — Sie lernt Astolphe de Custine kennen.

1816

Johann Gottfried Schadow wird Direktor der preußischen Kunstakademie in Berlin. – Goethes „Italienische Reise“ und die „Deutschen Sagen“ der Brüder Grimm erscheinen.

Varnhagen wird zum preußischen Ministerresidenten in Baden ernannt. Das Ehepaar siedelt im Sommer nach Karlsruhe über.

1817

Auf dem Wartburgfest der Jenaer Burschenschaften (18. Oktober) bekennen sich Studenten und Professoren zur deutschen Einheit; Schriften und Symbole der Reaktion werden verbrannt.
Germaine de Staël stirbt in Paris.

1818

Karl Marx geboren.
August Wilhelm Schlegel kehrt aus Paris nach Deutschland zurück; er nimmt eine Professur für Kunstgeschichte und Literatur an der neugegründeten Universität Bonn an. — Hegel wird nach Berlin berufen. — Friedrich Schinkel baut das Berliner Schauspielhaus.

1819

Der Student Karl Ludwig Sand ermordet den als Reaktionär verhaßten Schriftsteller August von Kotzebue. Die Staaten des Deutschen Bundes ergreifen auf Österreichs Betreiben in den Karlsbader Beschlüssen schärfste Maßnahmen zur Unterdrückung der nationalen und demokratischen Bewegung. Es werden u. a. Ausschüsse zur Verfolgung „revolutionärer Umtriebe und demagogischer Verbindungen“ eingesetzt. Unter der großen Zahl der Verfolgten und Gemaßregelten befinden sich Ernst Moritz Arndt und Ludwig Jahn. Wilhelm von Humboldt, im Januar zum Minister für ständische Angelegenheiten ernannt und im August für immer nach Berlin und Tegel zurückgekehrt, wird am Jahresende mit Beyme, Boyen, Grolman aus dem Staatsdienst entlassen.

Varnhagen wird bereits im Juli abberufen und nach längerer Unklarheit über seine weitere Verwendung zur Disposition gestellt. Im Oktober nehmen die Varnhagens ihren Wohnsitz wieder in Berlin.

1820

Friedrich Engels geboren.
Claude-Henri de Saint-Simon, einer der Hauptvertreter des utopischen Sozialismus in Frankreich, erkennt die Bedeutung des Proletariats und fordert eine Neuordnung der Gesellschaft. Eduard Gans habilitiert sich als Privatdozent an der Universität Berlin.

Christian Wilhelm Dohm stirbt.

1821

Das griechische Volk erhebt sich gegen die Türkei, um seine nationale Selbständigkeit zu erkämpfen. — Napoleon stirbt in der Verbannung auf der Insel St. Helena.

Heinrich Heine kommt nach Berlin und macht im Frühjahr Rahels Bekanntschaft.

Carl Maria von Weber schafft mit seinem „Freischütz" die deutsche Volksoper. — Goethes „Wilhelm Meisters Wanderjahre" erscheinen. — Tieck gibt aus Kleists Nachlaß u. a. seine Schauspiele „Prinz Friedrich von Homburg" und „Die Hermannsschlacht" heraus.

1822

Ein erster Band „Gedichte" von Heinrich Heine wird in Berlin gedruckt. Der preußische Staatskanzler Fürst von Hardenberg und Wilhelm von Burgsdorff sterben.

1823

In Wien erklingt Beethovens „Missa solemnis"; die Neunte Sinfonie in d-Moll geht der Vollendung entgegen.

1824

Robert Owen beginnt seine Experimente mit Produktionsgemeinschaften auf genossenschaftlicher Grundlage.

Varnhagen gibt den ersten Band seiner „Biographischen Denkmale" heraus.

Leopold Ranke veröffentlicht den ersten Band seiner „Geschichten der romanischen und germanischen Völker von 1494 bis 1535" und wird im folgenden Jahr zum Professor der Geschichte an die Universität Berlin berufen. — Heine verläßt Berlin.

1825

In Rußland scheitert eine revolutionäre Erhebung gegen das zaristische Regime (Dekabristen-Aufstand). — In England verkehrt zwischen Stockton und Darlington der erste Eisenbahnzug; er wird durch eine von Stephenson gebaute Lokomotive gezogen. Claude-Henri de Saint-Simon stirbt.

1826

Heinrich Heine veröffentlicht erste „Reisebilder". — Es erscheinen Tiecks Novelle „Aufruhr in den Cevennen" und Eichendorffs „Aus dem Leben eines Taugenichts".

Rahels Bruder Markus stirbt.

1827

Heinrich Heine übergibt dem Publikum sein „Buch der Lieder". — Goethes Werke, Ausgabe letzter Hand in vierzig Bänden, beginnen zu erscheinen (bis 1842). — Alexander von Humboldt kehrt aus Paris nach Berlin zurück und beginnt seine „Kosmos"-Vorlesungen.

Ludwig van Beethoven stirbt.

Rahel siedelt aus der Französischen Straße 20 in die Mauerstraße 36 über.

1828

Goethe übergibt den „Briefwechsel zwischen Schiller und Goethe" der Öffentlichkeit. — Unter Alexander von Humboldts Vorsitz tagt in Berlin die 7. Versammlung deutscher Naturforscher und Ärzte. — Victor Hugo, der bereits durch frühere Romane das Zeichen zur romantischen Bewegung in Frankreich gegeben hat, feiert in seinem Gedichtband „Orientales" die Erhebung der Griechen und die Schönheit des Orients.

1829

Das griechische Volk beendet siegreich seinen Befreiungskampf.

Rahel hält sich aus Gesundheitsgründen im Sommer in Baden auf, wo sie auch Pauline Wiesel wiedersieht.

Karoline von Humboldt und Friedrich Schlegel sterben.

1830

In Frankreich wird im Juli die restaurative Monarchie der Bourbonen durch das Volk gestürzt; zur Herrschaft gelangt die Finanzbourgeoisie. — Durch eine bürgerliche Revolution löst sich Belgien von seiner Zwangsvereinigung mit Holland (seit 1815). — In Polen bricht ein Aufstand gegen die zaristische Herrschaft aus. Charles Fourier fordert eine Änderung der bestehenden Gesellschaftszustände und schlägt die Errichtung von Genossenschaften zur Ausschaltung des Unternehmergewinns vor.

Die Aufführung von Victor Hugos „Hernani" am Vorabend der Revolution führt zu einer scharfen Auseinandersetzung zwischen französischen Klassizisten und Romantikern.

Ludwig Börnes „Briefe aus Paris" beginnen zu erscheinen (bis 1834).

1831

Die polnische Erhebung wird niedergeschlagen und dem Lande die Selbstverwaltung genommen. — In Berlin bricht im Hochsommer die Cholera aus.

Heine emigriert nach Paris. — Victor Hugos Roman „Notre Dame de Paris" erscheint.

Georg Wilhelm Friedrich Hegel, der Reichsfreiherr vom und zum Stein und Achim von Arnim sterben.

1832

Auf der Maxburg bei Hambach versammeln sich süddeutsche Demokraten, um für die deutsche Einheit und die republikanische Staatsform zu demonstrieren (Hambacher Fest). Die Verfolgung fortschrittlich gesinnter Bürger findet in Preußen einen neuen Höhepunkt im sogenannten Demagogengesetz („Gesetz zur Aufrechterhaltung der öffentlichen Ruhe und gesetzlichen Ordnung"); die fortschrittliche Presse wird mundtot gemacht, politische Vereine werden verboten, die Versammlungsfreiheit und die akademische Lehrfreiheit beschränkt.
Goethes „Faust. Zweiter Teil" wird der Öffentlichkeit übergeben. Goethe stirbt.

Aus Rahels Kreis verscheiden ihr Bruder Ludwig Robert, dessen Frau Friederike Robert und Friedrich Gentz.

1833

Rahel stirbt am 7. März und wird, ihrem Wunsche entsprechend, auf dem Dreifaltigkeitsfriedhof in Berlin in einem Gewölbe beigesetzt und später ebendort zusammen mit Varnhagen von Ense, der sie um ein Vierteljahrhundert überlebt hat, begraben.

1834

Der von Friedrich List bereits 1819 angeregte Deutsche Zollverein wird Wirklichkeit; im innerdeutschen Handel werden die Zollschranken aufgehoben und eine handelspolitische Einheit geschaffen. — In Paris gründen emigrierte deutsche Handwerksgesellen die Geheimorganisation „Bund der Geächteten", von der sich zwei Jahre später der revolutionäre Flügel als „Bund der Gerechten" löst.

Varnhagen veröffentlicht aus dem Nachlaß seiner Frau „Rahel. Ein Buch des Andenkens für ihre Freunde".

Friedrich Daniel Schleiermacher und David Friedländer sterben.

1835

Zwischen Nürnberg und Fürth wird die erste deutsche Eisenbahnstrecke dem Verkehr übergeben. — Der Deutsche Bundestag verbietet die Schriften des sogenannten „Jungen Deutschland", einer Gruppe fortschrittlicher deutscher Schriftsteller, zu denen Heine, Börne, Gutzkow, Laube, Mundt, Wienbarg u. a. gezählt wurden. Varnhagen nimmt sich ihrer fördernd an. — Bettina von Arnim schreibt „Goethes Briefwechsel mit einem Kinde".
Wilhelm von Humboldt stirbt.

1836

Karl Marx beginnt seine Studien in Berlin. Während seines Aufenthaltes vermittelt Bruno Bauer die Bekanntschaft mit Varnhagen.

1837

Sieben Göttinger Professoren, darunter die Brüder Grimm, werden entlassen, weil sie den vom König August von Hannover geforderten Eid als „Diener des Königs" verweigern; sie wollen damit gegen die Aufhebung der 1833 gegebenen liberalen Verfassung protestieren.
Ludwig Börne stirbt.

1838

Die Eisenbahn zwischen Berlin und Potsdam wird eröffnet.
Adelbert von Chamisso stirbt.

1839

Der kleinbürgerliche französische Sozialist Louis Blanc fordert, das Elend des Proletariats dadurch zu beseitigen, daß der Kapitalismus abgeschafft wird.
Dorothea Schlegel und Eduard Gans sterben.

1840

Friedrich Wilhelm IV., 45 Jahre alt, folgt Friedrich Wilhelm III. auf dem preußischen Thron. Die auch von Varnhagen, Bettina von Arnim und Alexander von Humboldt geteilte Hoffnung auf eine Liberalisierung der Verhältnisse in Preußen erfüllt sich nicht. Der romantische Monarch gerät bald unter den Einfluß reaktionärer und klerikaler Kräfte.

1841

Karl Marx verläßt nach Abschluß seiner Studien Berlin. Bettina von Arnim, Alexander von Humboldt u. a. bewirken die Berufung der Brüder Grimm nach Berlin. — Auch Ludwig Tieck, Peter Cornelius und Friedrich Wilhelm Schelling werden veranlaßt, nach Berlin überzusiedeln.

1842

Clemens Brentano stirbt.

1843

Bettina von Arnim veröffentlicht „Dies Buch gehört dem König". — Der erste Band der „Denkwürdigkeiten und vermischten Schriften" von Varnhagen von Ense erscheint; weitere sechs folgen bis 1846. Die Bände 8 und 9 gibt später (1859) seine Nichte Ludmilla Assing heraus, die auch Varnhagens weiteren umfangreichen Nachlaß (darunter die 14 Bände „Tagebücher") der Öffentlichkeit zugänglich macht.

1844
Ein Hungeraufstand schlesischer Weber in den Dörfern Langenbielau und Peterswaldau wird von preußischem Militär niedergeschlagen.
Heinrich Heines satirische Versdichtung „Deutschland — ein Wintermärchen“ erscheint.

1845
Alexander von Humboldt veröffentlicht im 75. Lebensjahr den ersten Band seines „Kosmos. Entwurf einer physischen Weltbeschreibung“.
August Wilhelm Schlegel stirbt.

1847
Marx und Engels arbeiten in London im Auftrag des Bundes der Kommunisten an der Grundsatzerklärung und am Programm des Kommunismus, dem „Manifest der Kommunistischen Partei“.
Heinrich Heine veröffentlicht seinen „Atta Troll“.
Henriette Herz, Georg Wilhelm Bokelmann und Karl Gustav von Brinkmann sterben.

1848
Die Februarrevolution in Paris mit dem nachfolgenden gescheiterten Aufstand des Proletariats greift auf verschiedene Zentren Europas über. In Berlin wird am 18. März anläßlich einer Kundgebung des Volkes vor dem Schloß vom Militär geschossen. In der dadurch ausgelösten Märzrevolution fallen einhundertsiebenundachtzig Barrikadenkämpfer. — In der Paulskirche zu Frankfurt am Main tritt im Mai die Deutsche Nationalversammlung zusammen.
Pauline Wiesel stirbt.

1849
Die Frankfurter Nationalversammlung beschließt im März eine Reichsverfassung und trägt dem König von Preußen die deutsche Kaiserkrone an, erliegt aber der Konterrevolution und fällt auseinander.

1850
Eine königliche Botschaft oktroyiert dem preußischen Volk eine Verfassung, die bar ist aller wesentlichen freiheitlichen Rechte; eine neue Epoche der Reaktion beginnt.

1851
Louis Napoleon löst die französische Nationalversammlung auf und macht sich im Jahr darauf zum Kaiser der Franzosen.
In London findet die erste Weltausstellung statt.

1852

Jakob und Wilhelm Grimm beginnen mit der Herausgabe des „Deutschen Wörterbuches".

1853

Bettina von Arnims „Sämtliche Werke" erscheinen in einer elfbändigen Ausgabe.

Ludwig Tieck stirbt.

1854

Heinrich Heines „Vermischte Schriften" erscheinen als letzte Veröffentlichung zu seinen Lebzeiten.

1856

Heinrich Heine stirbt in Paris.

1857

Astolphe de Custine stirbt.

1858

Karl August Varnhagen von Ense stirbt.

1859

Alexander von Humboldt und Bettina von Arnim sterben.

Gelegentlich wurden besonders prägnante Fassungen aus den als Quellen benutzten Handbüchern in der „Biographischen Übersicht" wörtlich wiedergegeben.

PERSONENVERZEICHNIS

LITERATURHINWEISE

Rahel. Ein Buch des Andenkens für ihre Freunde (aus dem Nachlaß herausgegeben von K. A. Varnhagen von Ense), 3 Bände, Berlin 1834.

Rahel. Ein Buch des Andenkens für ihre Freunde. Bearbeitet und eingeleitet von Hans Landsberg, Berlin 1912.

Rahel und Alexander von der Marwitz in ihren Briefen. Ein Bild aus der Zeit der Romantiker. Nach den Originalen herausgegeben von Heinrich Meisner, Gotha/Stuttgart 1925.

Ludmilla Assing, Aus Rahels Herzensleben, Leipzig 1877.

Briefwechsel zwischen Rahel und David Veit (aus dem Nachlaß Varnhagens von Ense), 2 Bände, Leipzig 1861.

Briefwechsel zwischen Varnhagen und Rahel (aus dem Nachlaß Varnhagens von Ense), 6 Bände, Leizpig 1874/75.

Briefe von Chamisso, Gneisenau, Haugwitz, W. v. Humboldt, Prinz Louis Ferdinand, Rahel, Rückert, L. Tieck u. a. (nebst Briefen, Anmerkungen und Notizen), von Varnhagen von Ense. Aus dem Nachlaß, 2 Bände, Leipzig 1867.

Briefe von Stägemann, Metternich, Heine und Bettina von Arnim (nebst Briefen, Anmerkungen und Notizen), von Varnhagen von Ense, Leipzig 1865.

Briefe von Alexander von Humboldt an Varnhagen von Ense aus den Jahren 1827 bis 1858. Nebst Auszügen aus Varnhagens Tagebüchern und Briefen von Varnhagen an A. v. Humboldt. Zweite Auflage, Leipzig 1860.

Rahel Varnhagen. Briefwechsel mit Alexander von der Marwitz, Karl von Finckenstein, Wilhelm Bokelmann, Raphael d'Urquijo, herausgegeben von Friedhelm Kemp, München 1966.

Rahel Varnhagen. Briefwechsel mit August Varnhagen von Ense, herausgegeben von Friedhelm Kemp, München 1967.

Rahel Varnhagen im Umgang mit ihren Freunden (Briefe 1793 bis 1833), herausgegeben von Friedhelm Kemp, München 1967.

Rahel Varnhagen und ihre Zeit (Briefe 1800—1833), herausgegeben von Friedhelm Kemp, München 1968.

K. A. Varnhagen von Ense, Rahel von Varnhagens Freundeskreis. Galerie von Bildnissen aus Rahels Umgang und Briefwechsel, o. J.

K. A. Varnhagen von Ense, Biographische Porträts, Leipzig 1871.

K. A. Varnhagen von Ense, Denkwürdigkeiten des eigenen Lebens. Bearbeitet und eingeleitet von Karl Leutner. Dritte, erweiterte Auflage, Berlin 1955.

K. A. Varnhagen von Ense, Denkwürdigkeiten und vermischte Schriften, Band 8 (darin u. a.: Der Salon der Frau von Varnhagen, Berlin, im März 1830; und Rahel Levin und ihre Gesellschaft. Gegen Ende des Jahres 1801).

K. A. Varnhagen von Ense, Vermischte Schriften, Leipzig 1876.

Hannah Arendt, Rahel Varnhagen. Lebensgeschichte einer deutschen Jüdin aus der Romantik, München 1959.

Otto Berdrow, Rahel Varnhagen. Ein Lebens- und Sittenbild, Zweite, veränderte Auflage, Stuttgart 1902.

Emma Graf, Rahel Varnhagen und die Romantik, Berlin 1901.

Ellen Key, Rahel. Eine biographische Skizze, Berlin 1907.

Claire May, Rahel Varnhagen. Ein Berliner Frauenleben im 19. Jahrhundert, Berlin 1951.

Carl Misch, Varnhagen von Ense in Beruf und Politik, Gera und Stuttgart 1925.

T. H. M. (Theodor Mundt), Rahel und ihre Zeit (in: Charaktere und Situationen), Wismar und Leipzig 1837.

Wilhelm Neumann, Rahel (in: Schriften. Erster Teil), Leipzig 1835.

Eduard Schmidt-Weißenfels, Rahel und ihre Zeit, Leipzig 1857.

Oscar F. Walzel, Rahel Antonie Friederike Varnhagen von Ense (in: Allgemeine deutsche Biographie, Band 39).

Augusta Welcker-Steinberg, Rahel Varnhagen von Ense. Ein Frauenleben in Briefen, Potsdam 1925.

Berliner Leben 1806—1847. Erinnerungen und Berichte. Herausgegeben von Ruth Köhler und Wolfgang Richter, Berlin 1954.

Max von Boehm, Biedermeier. Deutschland von 1815 bis 1847, Berlin 1911.

Georg Brandes, Das junge Deutschland (Hauptströmungen der Literatur des 19. Jahrhunderts, 6. Band), Leipzig 1896.

Fr. W. Aug. Bratring, Statistisch-topographische Beschreibung der gesamten Mark Brandenburg, Berlin 1804.

Ernst Dronke, Berlin. Frankfurt 1846 (neue Ausgabe, Berlin 1956).

Th. Flathe und H. Prutz, Restauration und Revolution im neunzehnten Jahrhundert. Zweite Auflage, Berlin o. J.

Roger Garaudy, Die französischen Quellen des wissenschaftlichen Sozialismus. Mit einem Vorwort von Winfried Schröder, Berlin 1954.

Ludwig Geiger, Geschichte der Juden in Berlin, Berlin 1871.

Ludwig Geiger, Berlin 1688—1840. Geschichte des geistigen Lebens der preußischen Hauptstadt. 2 Bände, Berlin 1892/95.

Geschichte der Neuzeit. Erster Band, 1640—1789. Unter der Redaktion der Professoren W. W. Birjukowitsch, B. F. Porschnew und S. D. Skaskin, Berlin 1954.

Geschichte der Neuzeit, 1789—1870. Herausgegeben von Prof. A. W. Jefimow. Zweite, durchgesehene Auflage, Berlin/Leipzig 1949.

Ernst Heilborn, Zwischen zwei Revolutionen. Der Geist der Schinkelzeit, Berlin 1927.
Jürgen Kuczynski, Die Geschichte der Lage der Arbeiter in Deutschland 1789 bis in die Gegenwart. Band I. Erster Teil 1789 bis 1870. Sechste, verbesserte Auflage, Berlin 1954.
Heinrich Löwenthal, Köpfe und Käuze. Berliner Kulturbilder, Berlin 1951.
Marx, Engels, Lenin, Stalin, Zur deutschen Geschichte, Berlin 1953/54.
Franz Mehring, Historische Aufsätze zur preußisch-deutschen Geschichte, Berlin 1946.
Friedrich Meinecke, Das Zeitalter der deutschen Erhebung (1795 bis 1815), Bielefeld und Leipzig 1906.
Paul Reimann, Hauptströmungen der deutschen Literatur 1750—1848. Beiträge zu ihrer Geschichte und Kritik, Berlin 1956.
Adolf Streckfuß, Berlin im 19. Jahrhundert, Berlin o. J.
Joachim Streisand, Deutschland von 1789 bis 1815, Berlin 1959.
Achim von Arnim und Bettina Brentano. Bearbeitet von Reinhold Steig, Stuttgart und Berlin 1913.
Karoline Bauer, Aus meinem Bühnenleben. Herausgegeben von K. Wellner, Berlin 1871.
Alfred Bergmann, Goethe in Frankfurt am Main 1815 (in: Goethe-Kalender auf das Jahr 1933).
Bettine. Eine Auswahl aus den Schriften und Briefen der Bettina von Arnim-Brentano. Auswahl und Einführung: Gisela Kähler, Berlin 1952.
Lily Braun, Im Schatten der Titanen. Erinnerungen an Baronin Jenny von Gustedt, Berlin 1929.
Briefwechsel zwischen Clemens Brentano und Sophie Mereau. Zwei Bände, Leipzig 1908.
Wilhelm von Burgsdorff. Briefe an Brinkmann, Henriette von Finckenstein, Wilhelm von Humboldt, Rahel, Friedrich Tieck, Ludwig Tieck und Wiesel. Herausgegeben von Alfons Fedor Cohn, Berlin 1907.
Therese Devrient, Jugenderinnerungen, Stuttgart 1905.
J. Fürst, Henriette Herz. Ihr Leben und ihre Erinnerungen, Berlin 1850.
Eduard Gans, Rückblicke auf Personen und Zustände, Berlin 1836.
Friedrich Wilhelm Gubitz, Erlebnisse, Berlin 1868.
Eugen Guglia. Friedrich von Gentz. Eine biographische Studie, Wien 1901.
Eugen Guglia, Leopold von Rankes Leben und Werke, Leipzig 1898.
Karl Gutzkow, Lebenserinnerungen (in: Ausgewählte Werke, herausgegeben von H. H. Houben, 10. bis 12. Band), Leipzig 1908.

Karl Gutzkow, Unter dem schwarzen Bären. Autobiographische Aufzeichnungen, Bilder und Erinnerungen. Herausgegeben von Fritz Böttger, Berlin 1959.

Karl-Heinz Hahn, Bettina von Arnim in ihrem Verhältnis zu Staat und Politik, Weimar 1959.

Wilhelm von Humboldt. Sein Leben und Wirken. Dargestellt in Briefen, Tagebüchern und Dokumenten seiner Zeit. Ausgewählt und zusammengestellt von Rudolf Freese, Berlin 1955.

Jugenderinnerungen von Henriette Herz. Mitteilungen aus dem Literatur-Archiv in Berlin 1896.

Heinrich Laube, Meine Reisenovellen, Mannheim 1837.

Fanny Lewald, Meine Lebensgeschichte, Berlin 1871.

Joachim Maass, Kleist. Die Fackel Preußens. Eine Lebensgeschichte. Wien, München, Basel 1957.

Golo Mann, Friedrich von Gentz. Geschichte eines europäischen Staatsmannes, Zürich und Wien 1947.

Pauline de Pange, August Wilhelm Schlegel und Frau von Staël. Eine schicksalhafte Begegnung. Deutsche Ausgabe von Willy Grabert, Hamburg 1940.

Gustav Parthey, Jugenderinnerungen, Berlin 1907.

Johannes Proelß, Das junge Deutschland. Ein Buch deutscher Geschichte, Stuttgart 1892.

Leopold von Ranke, Zur eigenen Lebensgeschichte. Herausgegeben von Alfred Dove, Leipzig 1890.

Ludwig Rellstab, Aus meinem Leben, Berlin 1861.

Charles Augustin Sainte-Beuve, Literarische Porträts. Ausgewählt und eingeleitet von Katharina Scheinfuß, Leipzig 1958.

Herbert Scurla, Alexander von Humboldt. Sein Leben und Wirken, Berlin 1955.

Henrik Steffens, Was ich erlebte, Berlin 1840/44.

Julius Steinberg, Liebe und Ehe in Schleiermachers Kreis, Dresden 1921.

Alexander von Sternberg, Erinnerungsblätter aus der Biedermeierzeit, Berlin—Potsdam 1919.

INHALT